陀区政区图

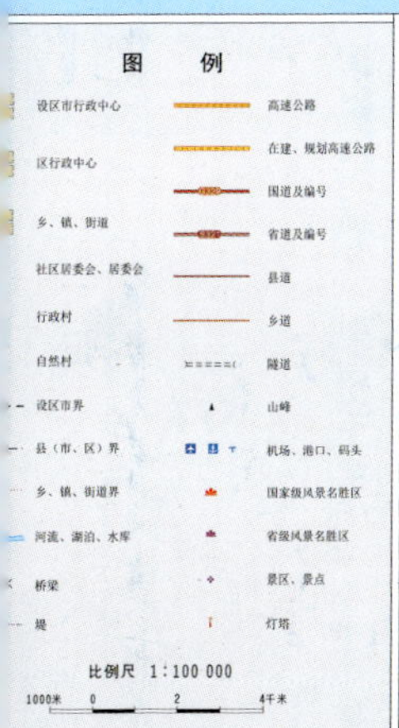

注：本图界线不作划界依据
基础地理底图资料由浙江省自然资源厅提供

普陀区行政区划简表

乡(镇)、街道	村民委员会	社区居民委员会	居民委员会
沈家门街道	大岙 沙头 竹东 大山 教场 蒲湾 马岭 大干 中弄 东岙 涧湾 鲁家峙 平阳浦 蚂蚁岛	中大 新街 教场 西河 大干 海星 中洲 茶湾 墩头 中兴 泗湾 荷东 荷外 西大 东大 小干 鲁西 鲁东 大蒲湾 小蒲湾	
东港街道	红旗 南岙 芦花 塘头 浦东 曙光 蒲岙 葫芦 永兴 陈家后	文康 和津 安康 莲安 新北 中昌 灵秀 兴普 浦西 莲洋	
展茅街道	螺门 晓峰 凌横 沙井 大展 横街 黄杨尖 茅洋新村		沙井
朱家尖街道	中欣 莲兴 三和 莲和 莲花 南沙 西岙 沙湾 新校 白沙港 大洞岙 顺母新村	福兴一	
虾峙镇	黄石 湖泥 东晓 灵和 昆港 兴港		灵和
桃花镇	沙岙 茅山 盐厂 对峙 公前 塔湾 青龙		公前
东极镇	东极		
六横镇	悬山 军夏 青联 苍洞 小湖 杜庄 梅峙 高峰 台门 田岙 平峧 和润 青山 嵩山 积峙 山西 五星 佛渡 张家塘新村 沙浦新村 礁潭新村 洋山新村 双塘新村 龙山新村 峧头新村 大脉坑 小郭巨 滚龙岙 石柱头 双屿港	台门 棕榈湾 东靖 蟑螂山 新民	
普陀山镇		龙沙 中山 合兴 白华	

地图审核：浙舟S（2022）008号

舟山市普陀年鉴

2022

《舟山市普陀年鉴》编纂委员会　编

方志出版社
Publishing House of Local Records

图书在版编目（CIP）数据

舟山市普陀年鉴 . 2022 /《舟山市普陀年鉴》编纂委员会编 .
—北京 : 方志出版社 , 2022.12
ISBN 978-7-5144-5558-8

Ⅰ . ①舟… Ⅱ . ①舟… Ⅲ . ①区 (城市) —舟山— 2022 —年鉴
Ⅳ . ① K295.54

中国版本图书馆 CIP 数据核字 (2022) 第 257334

责任编辑：高孟君
责任校对：张玉霞
责任印制：梅中英
出 版 者：方志出版社
地　　址：北京市朝阳区潘家园东里 9 号（国家方志馆 4 层）
邮　　编：100021
网　　址：http://www.zgfzcb.cn
发　　行：方志出版社图书营销中心（010-67110500）
印　　刷：舟山明煌印业有限公司
开　　本：889 毫米 ×1194 毫米 1/16
印　　张：37.5
字　　数：945 千字
版　　次：2022 年 12 月第 1 版
印　　次：2022 年 12 月第 1 次印刷
定　　价：300.00 元

庆祝中国共产党成立100周年
1921

领 导 关 怀

2021 年 10 月 20 日，省委书记袁家军（中）到普陀区矛盾调解中心调研（沈磊摄）

2021 年 12 月 3 日，省委副书记、代省长王浩（中）在舟山国际水产城调研
（舟山国际水产城提供）

重要会议

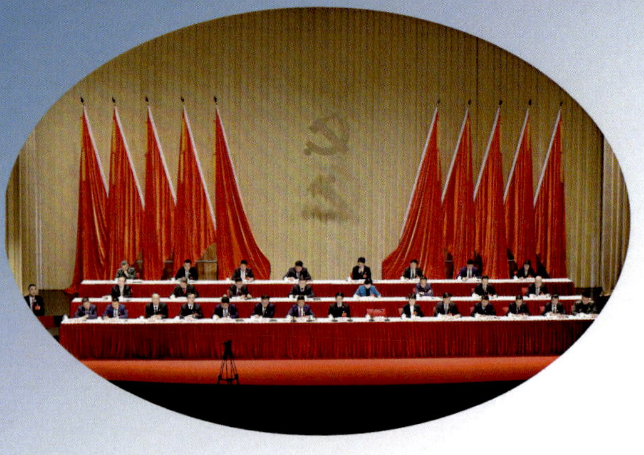

区第十四届党代会第一次会议主席台
（诸葛晓明摄）

区委书记孙志龙在区第十四届党代会第一次会议上作报告　（诸葛晓明摄）

党代会

12 月 27—29 日，中国共产党舟山市普陀区第十四次代表大会在东港召开
（诸葛晓明摄）

人代会

区人大常委会主任戴灵芝作人大常委会工作报告　　（诸葛晓明摄）

代区长徐炜波作政府工作报告

（诸葛晓明摄）

1月18—21日，舟山市普陀区第十七届人民代表大会第五次会议在东港召开

（区人大办提供）

区政协主席张禾波作政协工作报告
（诸葛晓明摄）

政协会议会场一角 （诸葛晓明摄）

政协会议

1月17—21日，中国人民政治协商会议第五届舟山市普陀区委员会第五次会议在东港举行
（诸葛晓明摄）

重大活动

4月27日上午，第十三届中国国际普陀佛茶文化节在东港街道塘头佛茶文化园开幕
（区文广旅体局提供）

5月15日，由市政府主办、市文化和广电旅游体育局与普陀区政府承办的“越野东海——2021舟山群岛穿越之旅”在普陀开赛
（郑宝森摄）

9 月 23 日，由市农业农村局、区政府主办的中国舟山（普陀）第四届农民丰收节暨展茅街道第七届五匠文化节在普陀田园综合体开幕　　　　（郑宝森摄）

9 月 28 日，由中国休闲垂钓协会、市文化和广电旅游体育局、区政府、六横管委会共同主办的 2021 全球网络直播钓鱼公开赛在六横国际海钓文化广场开幕

（六横管委会提供）

10 月 23—24 日，由市农业农村局、区政府主办，区农业农村局、区文化和广电旅游体育局、展茅街道办事处承办的 2021 普陀海稻音乐节在普陀田园综合体上演。图为休闲区 （区文广旅体局提供）

10 月 29—31 日，由中国足球协会、省体育局、市政府共同主办，省足球协会、市文化和广电旅游体育局承办的“普陀山杯”2021 年第十三届全国沙滩足球锦标赛总决赛在朱家尖南沙举行 （普朱管委会提供）

11 月 5 日上午，2021 年浙江省暨舟山市全民终身学习活动周总开幕式在普陀大剧院举行（诸葛晓明摄）

编 辑 说 明

一、《舟山市普陀年鉴》以马克思列宁主义、毛泽东思想、邓小平理论、“三个代表”重要思想、科学发展观、习近平新时代中国特色社会主义思想为指导，坚持辩证唯物主义和历史唯物主义的立场、观点和方法，实事求是记述普陀区各项事业发展情况。行文一般用记叙或说明文体。力求资料翔实，数据准确，用词朴实，语言精练，层次分明，集思想性、资料性、科学性、实用性于一体。

二、《舟山市普陀年鉴》（原名《普陀年鉴》）是中共舟山市普陀区委、普陀区人民政府主办的地方综合年鉴。《舟山市普陀年鉴（2022）》（简称“本年鉴”）是普陀区第十一部地方综合年鉴。

三、本年鉴记载时限从2021年1月1日起至2021年12月31日止。部分内容为说明事情本源，适当追溯到2021年以前。

四、本年鉴以普陀区行政区域为界，凡在全区范围内的机关、团体、企事业单位等，不论其归属，一般均记述在内。

五、本年鉴采取分类编辑法，设类目、分目和条目3个层次。全书设特载、专记、区情总述、大事记、中共舟山市普陀区委、区人民代表大会、区人民政府、政协舟山市普陀区委员会、纪检监察、区直机关及街道镇负责人名录、民主党派和知联会、群众团体、法治、军事、海洋与渔业、农业农村与水利、工业、旅游、商贸、交通与邮政、港航与口岸管理、开发建设、城乡建设与生态环境保护、金融、综合经济管理、市场监督管理、教育、科学技术、文化与体育、新闻传媒与信息产业、卫生健康、人力资源和社会保障、民政、社会生活、街道（镇）与管委会综情、先进集体与先进人物共36个类目。

六、数字用法、标点符号分别采用国家标准《出版物上数字用法》（GB T15835-2011）、《标点符号用法》（GB T15834-2011），计量单位采用国家技术监督局1993年12月发布的《量和单位》系列国家标准。

七、本年鉴所用数据，以统计部门提供为准，统计部门没有的，则以职能部门提供为准。本年鉴部分统计数据与之前出版的年鉴不符，是因统计数据有修订所致。区境内勾山区块由浙江舟山群岛新区新城管理委员会千岛街道管辖，普陀山、朱家尖（不含白沙）由浙江舟山群岛新区普陀山—朱家尖管理委员会管辖，故大部分职能部门提供的2021年“全区”数据不含这两个区块。凡用“全区(不含普朱)”表示的一般不包括以上两个区块，而用“全区域”“区境内”表示的则全部包括。“辖区”表述看语境而定，或指普陀区所辖范围，或指某职能部门所管辖区域范围。数据范围有变化尽量注以说明。

八、本年鉴涉及名称、人名除引文外，均直书其名，不加褒贬之词，必要时加职务、职称。各种名称第一次出现时均用全称，多次使用者在第一次全称时加注简称，后即用简称。文中常用的“中国共产党”简称“中共”，“人民政府”简称“政府”等不再加注说明。“镇、街道、区属功能区管委会”合称“街道镇”。缺省地名的行政区域“区”“全区”等指舟山市普陀区，“市”指舟山市，“省”指浙江省，“新区”指浙江舟山群岛新区。部分单位全称与简称对照见下页《部分组织机构全称、简称对照表》。单位名称用作目（类目、分目、条目）标题，为避免字数过多或过于简化，部分运用半简称的形式（如类目“中共舟山市普陀区委”“区人民政府”等）。

九、本年鉴表中“任职年月”栏的“续”指2021年1月前已在任。“区直机关及街道镇负责人名录”收录区直属机关正科级以上单位的正科职以上领导。

十、本年鉴采用的文稿，均由区属各有关部门、单位和街道镇落实专人撰写或提供，并经供稿单位领导审核。撰稿人或供稿人姓名加圆括号“（）”列在条目后面右下方。

十一、本年鉴采用的照片，多由各撰稿单位提供，部分向个人征集。单位提供的，在照片说明文字后括注该单位提供，单位名称一般用简称；个人摄影作品括注拍摄人姓名。

部分组织机构全称、简称对照表

全称	简称
中国共产党浙江省委员会	省委(或“中共浙江省委”)
浙江省人民代表大会常务委员会	省人大常委会
浙江省人民政府	省政府
中国人民政治协商会议浙江省委员会	省政协
中国共产党浙江省纪律检查委员会(浙江省监察委员会)	省纪委(省监委)
中国共产党舟山市委员会	市委(或“中共舟山市委”)
舟山市人民代表大会常务委员会	市人大常委会
舟山市人民政府	市政府
中国人民政治协商会议舟山市委员会	市政协
中国共产党舟山市纪律检查委员会(舟山市监察委员会)	市纪委(市监委)
中国共产党舟山市普陀区委员会	区委(或“中共舟山市普陀区委”)
舟山市普陀区人民代表大会常务委员会	区人大常委会
舟山市普陀区人民政府	区政府
中国人民政治协商会议舟山市普陀区委员会	区政协
中国共产党舟山市普陀区纪律检查委员会（舟山市普陀区监察委员会）	区纪委(区监委)
中共舟山市普陀区委员会办公室	区委办
舟山市普陀区人民代表大会常务委员会办公室	区人大办
舟山市普陀区人民政府办公室	区政府办
政协舟山市普陀区委员会办公室	区政协办
中共舟山市普陀区委组织部	区委组织部
中共舟山市普陀区委宣传部	区委宣传部
中共舟山市普陀区委统一战线工作部	区委统战部
中共舟山市普陀区委政法委员会	区委政法委
中共舟山市普陀区委舟山市普陀区人民政府信访局	区信访局
中共舟山市普陀区委台湾工作办公室、舟山市普陀区人民政府台湾事务办公室	区台办
中共舟山市普陀区委新经济与新社会组织工作委员会	区委两新工委
中共舟山市普陀区委机构编制委员会办公室	区委编办
中共舟山市普陀区委直属机关工作委员会	区委直属机关工委
舟山市普陀区精神文明建设指导中心(区创建中心)	区创建中心

续上表

全称	简称
舟山市普陀区民族与宗教事务局	区民宗局
舟山市普陀区社会治理综合服务中心	区社治中心
舟山市普陀区人民法院	区法院
舟山市普陀区人民检察院	区检察院
舟山市普陀区人民政府外事办公室（区政府港澳事务办公室）	区外事办（区港澳办）
舟山市普陀区发展和改革局	区发改局
舟山市普陀区经济和信息化局	区经信局
舟山市公安局普陀区分局	区公安分局
舟山市普陀区国有资产监督管理委员会	区国资委
舟山市普陀区人力资源和社会保障局	区人力社保局
舟山市普陀区退休职工管理委员会办公室	区退管办
舟山市普陀区住房和城乡建设局	区住建局
舟山市普陀区文化和广电旅游体育局	区文广旅体局
舟山市生态环境局普陀分局	区生态环境分局
舟山市普陀区机关事务管理中心	区机关事务中心
舟山市普陀区审批服务与招投标管理办公室	区审招办
舟山市普陀区供销（集团）总公司（舟山市普陀区供销合作社联合社）	区供销社
浙江普陀经济开发区管理委员会	经开区管委会
中国（浙江）自由贸易试验区普陀综合事务中心	区自贸中心
浙江普陀医院	普陀医院
舟山水产品中心批发市场有限责任公司	舟山国际水产城
舟山市普陀区国有资产投资经营有限公司	区国资公司
东港投资发展集团有限公司	东港集团
舟山普陀城市投资发展集团有限公司	区城投集团
舟山普陀交通投资发展集团有限公司	区交投集团
舟山普陀文化旅游集团有限公司	区文旅集团
舟山市普陀区智创城西开发有限公司	区智创城西公司
浙江舟山群岛新区六横管理委员会	六横管委会
浙江舟山群岛新区普陀山-朱家尖管理委员会	普朱管委会
舟山普陀山机场有限公司	普陀山机场
舟山市普陀区融资担保有限公司	区融资担保公司
国家税务总局舟山市普陀区税务局	区税务局
舟山市市场监督管理局普陀分局	区市场监管分局
舟山市自然资源和规划局普陀分局	区资规分局
舟山市港航事业发展中心普陀分中心	区港航分中心

续上表

全　称	简　称
舟山市港航事业发展中心六横分中心	六横港航分中心
中华人民共和国舟山沈家门海事处	沈家门海事处
中华人民共和国舟山普陀山海事处	普陀山海事处
中华人民共和国舟山六横海事处	六横海事处
舟山出入境边防检查站执勤七队	边检执勤七队
舟山出入境边防检查站执勤一队	边检执勤一队
中华人民共和国舟山海关六横办事处	海关六横办事处
舟山市公安局交通警察支队普陀大队	普陀交警大队
舟山市住房公积金管理中心普陀分中心	区公积金分中心
中国人民银行浙江省分行舟山市普陀区支行	区人民银行
中国银行保险监督管理委员会舟山监管分局普陀监管组	区银保监组
中国人民解放军浙江省舟山市普陀区人民武装部	区人武部
共产主义青年团舟山市普陀区委员会	团区委
舟山市普陀区妇女联合会	区妇联
舟山市普陀区残疾人联合会	区残联
舟山市普陀区工商业联合会	区工商联
中国国际商会普陀区商会	区国际商会
舟山市普陀区科学技术协会	区科协
中国国际贸易促进委员会舟山市普陀区委员会	区贸促会
舟山市普陀区文学艺术界联合会	区文联
舟山市普陀区社会科学界联合会	区社科联
舟山市普陀区归国华侨联合会	区侨联
舟山市普陀区台胞台属联谊会	区台联
舟山市普陀区计划生育协会	区计生协会
中国国民党革命委员会舟山市委员会普陀区支部委员会	民革普陀支部
中国民主同盟舟山市委员会普陀区支部	民盟普陀支部
中国民主建国会舟山市工作委员会普陀区支部	民建普陀支部
中国民主促进会舟山市委员会普陀区支部	民进普陀支部
中国农工民主党舟山市委员会普陀区总支部	农工党普陀总支
九三学社舟山市委员会普陀支社	九三学社普陀支社
舟山市普陀区党外知识分子联谊会	区知联会
舟山商贸集团有限公司普陀分公司	普陀商贸分公司
舟山市自来水有限公司普陀营业所	普陀自来水所
舟山市蓝焰燃气有限公司普陀销售分公司	蓝焰普陀燃气公司
中国农业发展银行舟山市普陀区支行	农发行普陀支行
中国工商银行股份有限公司舟山普陀支行	工行普陀支行

续上表

全 称	简 称
中国农业银行股份有限公司舟山普陀支行	农行普陀支行
中国建设银行股份有限公司舟山普陀支行	建行普陀支行
中国银行股份有限公司沈家门支行	中行沈家门支行
交通银行股份有限公司浙江自贸区支行	交行自贸区支行
中国邮政储蓄银行股份有限公司舟山市普陀区支行	邮储银行普陀支行
浙江舟山普陀农村商业银行股份有限公司	普陀农商行
浙江舟山普陀稠州村镇银行有限公司	普陀稠州村镇银行
浙江稠州商业银行股份有限公司舟山分行	稠州商业银行舟山分行
中国人民财产保险股份有限公司舟山市普陀支公司	人保财险普陀支公司
中国太平洋财产保险股份有限公司舟山市普陀支公司	太保财险普陀支公司
中国人寿保险股份有限公司舟山市普陀支公司	中国人寿普陀支公司
中国太平洋人寿保险股份有限公司舟山市普陀支公司	太保寿险普陀支公司
中国邮政集团公司舟山市普陀区分公司	普陀邮政公司
中国电信股份有限公司舟山普陀区分公司	普陀电信公司
中国移动通信集团浙江有限公司普陀分公司	普陀移动公司
中国联合网络通信有限公司舟山市普陀区分公司	普陀联通公司
舟山普陀华数广电网络有限公司	普陀华数公司
中国铁塔股份有限公司舟山市分公司普陀区办事处	普陀铁塔办事处

目　　录

特　载

专　记

区情总述

大事记

中共舟山市普陀区委

区人民代表大会

区人民政府

政协舟山市普陀区委员会

纪检监察

民主党派和知联会

群众团体

法　治

军 事

海洋与渔业

农业农村与水利

工　业

旅　游

商　贸

交通与邮政

港航与口岸管理

开发建设

城乡建设与生态环境保护

金　融

综合经济管理

市场监督管理

教　育

科学技术

文化与体育

新闻传媒与信息产业

卫生健康

人力资源和社会保障

民　政

社会生活

街道(镇)与管委会综情

区直机关及街道(镇)负责人名录

先进集体与先进人物

特　　载

致力高质量　走好共富路
为建设现代化新普陀而努力奋斗

——2021 年 12 月 27 日在中国共产党舟山市普陀区第十四次代表大会上的报告

区委书记　孙志龙

中国共产党舟山市普陀区第十四次代表大会，是在“两个一百年”奋斗目标交汇的历史节点召开的一次重要会议。大会的主要任务是，高举习近平新时代中国特色社会主义思想伟大旗帜，深入贯彻党的十九届六中全会、省委十四届十次全会、中央及省委经济工作会议精神，总结区第十三次党代会以来的工作，明确今后五年的奋斗目标和重点任务，选举产生中共舟山市普陀区第十四届委员会和纪律检查委员会，动员全区党员和广大干部群众，弘扬伟大建党精神，致力高质量、走好共富路，为建设现代化新普陀而努力奋斗。

一、回顾过去五年，高水平全面建成小康社会

区第十三次党代会以来，区委坚持以习近平新时代中国特色社会主义思想为指导，团结带领全区各级党组织和广大干部群众，锚定开放活力美丽的幸福普陀建设总目标，聚力打造“自由贸易先行区、海洋产业新高地、海上花园会客厅”，顺利实现区第十三次党代会确定的各项目标任务，先后创成国家生态文明建设示范区、国家健康促进县（区）、国家级创业孵化示范基地、全省首批全域旅游示范区、全省新时代美丽乡村建设示范区，连续 16 年获评省级“平安区”，成功捧回“一星平安金鼎”，连续 4 年蝉联“中国最具幸福感城市”，交出全面建成小康社会的优异答卷。

五年来，我们向海图强、积蓄动能，经济发展更稳、实力更强。全力顶住经济下行和新冠疫情双重压力，转变发展方式、优化经济结构，发展质量和效益不断提升。地区生产总值达 450 亿元，人均 GDP 达 14 万元，跻身 2020 中国县域综合实力百强。临港制造、现代渔业、滨海旅游等产业集聚成势，建成全国绿色修造船基地，创成省级渔业转型发展先行区，入围全国市辖区旅游综合实力百强区前十、省级“十大海岛公园”，外轮修理量占全国的 25%，金枪鱼精深加工量占全国的 60%，远洋渔业产量占全国的 20%，旅游接待人次占全市的 60%以上。创新驱动转型发展，规上工业企业研发机构实现全覆盖，全区国家高新技术企业、省级科技型企业数均翻两番，涌现出一批“专精特新”和隐形冠军企业；引进“高精尖”人才 72 人、高校毕业生 11507 人，人才引进任务完成率和增速均列全市第一。

五年来，我们深化改革、扩大开放，发展质态更优、后劲更足。坚持以改革破难题增动力，以开放汇资源拓空间，区域竞争新优势叠加释放。数字化改革“1+5+2”体系建设全面拉开。全省首发“最多跑一次”负面清单，首推“窗口无否决权”，首开“异地打证明”先河，首创村（社区）“证明直通车”，实现航运企业跨省迁移“船舶不停运”，民生服务事项“一证通办”全覆盖，企业开办时间压缩到2小时以内，新增各类企业5280家，入选2020中国综合投资热力百佳县市。高标准建设自贸试验区，国际海事服务基地、大宗商品金融创新服务基地、国际健康旅游先行区建设全面推进，6项改革创新成果全国复制推广。全国首创多项船用燃料油业务，全国首制船用燃料油专供船成功投用，船用燃料油加注量、结算量占全国的15%和40%，外贸进出口总额突破500亿元大关。引进全市首个QFLP项目、首个期现对冲风险管控企业浙期实业，成功落地中石化LNG、浙能LNG、金钵盂临港产业园等重大产业类项目，引进超5亿元项目7个、超10亿元项目6个、超100亿元项目2个。

五年来，我们统筹布局、描城绘海，全域面貌更美、品质更精。共建美丽环境、共享美好生活，城镇化率提升至69.6%，省级大花园典型示范成功命名，为近三年我市唯一获省政府督查激励事项。城市有机更新全线推进，实施老旧住宅改造1.9万余户，棚户区（城中村）改造累计征收住宅6922户，动迁总量远超之前十年总和。破解雨污分流、排水防涝等痛点、难点，解决背街小巷脏乱、车辆乱停乱放、流动摊贩反复等短板问题，助力高分创成全国文明城市。时尚现代的滨海城市基本成型，交通路网、商业配套更加完善，滨海大道普陀段、东西快速路、普陀山机场改扩建等重大项目全面完工，建成杉杉·普陀天地、内湖商圈、海印路商圈等标志性商业综合体。海岛乡村更富魅力，白沙港村入选中国美丽休闲乡村，六横、东极创成省级美丽城镇样板镇，展茅、桃花创成省级特色农业强镇，获评省级农业绿色发展先行区，连续3年获评全省实施乡村振兴战略优秀单位。生态环境更添气质，垃圾分类实现全覆盖，蓝色海湾整治、海岸线生态修复等行动顺利实施，中街山列岛海洋特别保护区升格为国家级海洋公园，一举创成国家森林城市、国家园林城市，荣获全省治水最高奖“大禹鼎”。全区环境空气质量优良率上升至98.3%，提高6.3个百分点，生态环境公众满意度连续两年全市第一。

五年来，我们为民惠民、维护稳定，幸福指数更高、民心更暖。坚持以人民为中心的发展思想，城乡居民人均可支配收入年均分别增长7%和8%，收入倍差从1.7缩小到1.62。高质量办好民生实事、关键小事，区级财政用于民生支出累计142.4亿元。获评首批省级“无欠薪”区，城镇登记失业率为1.53%，远低于全省平均水平。义务教育标准化学校、等级幼儿园覆盖率均达100%，教育现代化发展水平连续四年列全省第一梯队。打造海岛特色医共体，基层医疗卫生机构标准化率提高到90.5%。示范型居家养老照料中心实现全覆盖。基本养老保险参保率上升至95.6%。累计交付各类保障住房7960套，享受租金补贴保障家庭2373户，困难群众居住条件得到有效改善。形成“15分钟文体服务圈”，实现每万人拥有公共文化设施面积6353平方米，创成首批省级基本公共文化服务标准县区。创成省级食品安全区。在全省率先设立集矛盾纠纷调处化解、社会治理事件处置、社会风险研判于一体的区级社会治理综合服务中心，率先实现三级中心（站）全覆盖，系统打造县域社会治理共同体，社会治理“普陀模式”在全国两会获得肯定，相关做法在全国全省推广。全面依法治区深入推进，创成法治浙江（法治政府）建设示范单位。

五年来，我们扛起责任、管党治党，奋进力量更足、风气更正。坚持和加强党的全面领导，始终把政治建设摆在首位。深入学习习近平新时代中国特色社会主义思想，推进“两学一做”学习教育、“不忘初心、牢记使命”主题教育、党史学习教育常态化制度化。全面落实意识形态工作责任制，蚂蚁岛精神成为浙江“红色根脉”重要组成部分，建成红色教育基地。基层党建工作进一步提升，首创小区“兼合式”党组织模式，海岛城市基层党建模式获评全国城市基层党建创新优秀案例。党员先锋模范作用有效发挥，各级党员干部不惧艰辛、冲锋在前，打好疫情防控总体战，牢牢顶住海上疫情输入压力，及时妥善处置全省首例冷链食品核酸阳性事件、全国首起德尔塔变异毒株引起的境外输入聚集性疫情。把握新时代好干部标准，提任在重大项目、招商引资、疫情防控等岗位上表现突出的干部143名，占提任干部总数的54.8%。坚持“三个区分开来”，为6名干部澄清正名，对2项事例予以容错免责。纵深推进全面从严治党，全面完成省委巡视反馈意见整改，狠抓中央八项规定精神落实，持之以恒纠治“四风”，运用监督执纪“四种形态”处理1359人次，党纪政务处分341人，“四项监督”质效持续提升，清廉普陀建设取得显著成效。

五年来，区委持续加强自身建设，支持和保证人大、政协、监察、审判、检察机关依法履职，巩固发展最广泛的爱国统一战线，加强与各民主党派、工商联、无党派人士合作共事，民族、宗教、外事、对台等工作取得新成绩，工会、共青团、妇联、科协、残联等群团组织的桥梁纽带作用进一步发挥，党管武装、军民融合、双拥共建等工作得到加强，形成了和衷共济、团结奋进的良好局面。

回首过去五年，奋斗的历程令人难忘。全区广大干部群众万众一心抗击新冠疫情，众志成城创建文明城市，不眠不休抵御台风袭击，严阵以待应对洪涝灾害，动真碰硬完成吸砂船整治，用心用情推动社区村体制改革、城中村征迁，在大战大考中坚定了必胜信念，在攻坚克难中取得了重大成就，在开拓进取中谱写了发展新篇章。看似寻常最奇崛，成如容易却艰辛。这些成绩的取得，来自党中央和省委、市委的正确领导，来自历届区委和广大老领导、老同志打下的坚实基础，来自全区各级党组织和广大党员干部群众的扎实工作，来自各民主党派、人民团体、无党派人士、驻普部队、驻普单位、社会各界的共同奋斗。在此，我谨代表中共舟山市普陀区第十三届委员会，向所有积极参与、关心支持普陀发展的同志们、朋友们，表示由衷的感谢和崇高的敬意！

回首过去五年，积累的经验弥足珍贵。我们深深体会到：必须始终把党的全面领导作为根本原则。我们切实发挥党“总揽全局、协调各方”的领导核心作用，把抓好党建作为最大政绩，始终坚持上级有要求、普陀有行动、落实有成效，注重调动各方积极性主动性创造性，持之以恒转作风、提效能、作表率，形成了政通人和、心齐劲足的良好氛围。必须始终把加快发展作为根本任务。我们全面贯彻落实新发展理念，牢牢把握普陀发展的阶段性特征，紧紧咬住发展第一要务，一以贯之绘蓝图、一心一意抓落实，对标先进地区、聚焦实体实业、着眼协调均衡，大力推进产业转型、城市转型、社会转型，推动普陀发展行稳致远。必须始终把改革创新作为根本动力。我们抢抓机遇、创新突破，以准确识变的清醒、科学应变的智慧、主动求变的勇气，在探索性、创新性、引领性发展上下更大功夫，创造了一批在全市、全省、全国叫得响的普陀模式、普陀经验，激发了活力潜能、增创了发展优势。必须始终把人民立场作为根本立场。我们牢记初心使命，坚持把群众的“表情包”作为检验工作的“晴雨表”，积极回应民生关切，认真兑现民生承诺，真正将民生实事、关键小事办到人民群众的心坎上，让人民群众有了更多的获得感、幸福感和安全感。

回首过去五年，存在的问题更需直面。我们的产业规模不够大，产业结构不够优，经济高质量发展仍需多元破题；城乡发展还不够均衡，偏远海岛地区基础设施、公共服务相对落后，创造人民幸福美好生活仍然任重道远；人口老龄化还在加剧，碳达峰、碳中和带来新要求，生产生活方式仍需转变提升；社会风险、金融风险挑战依然存在，维护安全稳定仍需抓紧抓细；个别干部思想僵化、担当不足、能力欠缺，一些领域消极腐败现象依然存在，全面从严治党仍需久久为功。对此，新一届区委将采取有效措施，积极应对，认真加以解决。

二、展望今后五年，奋力建设现代化新普陀

同志们，党的事业薪火相传，一代人有一代人的奋斗，一个时代有一个时代的担当。带着实现全面小康的胜利喜悦，带着

伟大建党精神的深刻激励，带着现代化建设的历史使命，我们信心满怀地站上了新的历史起点。全区上下必须精准研判时与势、辩证分析危与机，更好地奋进新时代、开启新征程，勇立现代化建设潮头、勇闯现代化建设新路、勇开现代化建设新局。

今后五年，是普陀牢记政治嘱托，迈进现代化新征程的黄金五年。党的十九届六中全会是在中国共产党开启新百年新征程、中国特色社会主义展现新时代新气象、中华民族伟大复兴续写新奇迹新篇章的关键时期，召开的一次具有里程碑意义的大会，为我们奋进新时代、夺取新胜利注入了强大信心和巨大力量。省委十四届十次全会进一步动员全省上下从党的百年奋斗历程中不断汲取智慧和力量，把思想和行动统一到六中全会精神上来，坚定不移沿着习近平总书记指引的道路奋勇前进。普陀是习近平总书记记挂的地方，他在浙江工作期间，四次踏上这片土地，对海洋经济发展、海岛建设、海洋文化、民生事业等提出了诸多期望。当前，我们已经开启了社会主义现代化建设的新征程，踏上了实现第二个百年奋斗目标新的赶考之路，必须坚决扛起政治责任，牢记嘱托、勇担使命，以现代化的理念、标准、思路谋划推进所有工作，集中精力办好普陀的事，在“没有先例”方面做出成功案例，在“普遍在做”方面创新创优，为社会主义现代化建设探索新路、多作贡献。

今后五年，是普陀加快经济转型升级，致力高质量发展的关键五年。世纪疫情冲击下，百年变局加速演进；周边城市你追我赶、竞展所长，区域格局深刻调整；资源受限、要素短缺不同程度制约我区发展。当前及今后一个时期，机遇和风险交织激荡，内外环境更趋严峻复杂。如何在“变局”中稳住“船舵”，在“逆风”中架好“舟楫”，是适应经济新常态的现实考题。高质量发展，是保持经济社会持续健康发展的必然选择，是社会主义现代化建设的必由之路，我们要以高质量发展应变、求变，找准普陀发力点、切入点，答好时代发展的考卷。习近平总书记多次强调建设海洋强国，在浙江主政期间，他就把浙江新一轮发展的视野投向了广阔的“蓝色国土”，并将海洋经济发展写入“八八战略”。普陀区位岸线资源得天独厚、港口基础设施相对完善，是全省海洋经济发展前哨。特别是近年来，临港产业蓬勃发展，新能源、新材料等产业前景广阔，一批引领未来发展的涉海产业项目集聚落地，为我们转型升级、结构优化提供了强劲动能。普陀因海而兴、拓海而富，海洋经济是普陀高质量发展的有力支撑。我们要不断推进“八八战略”在普陀深化、细化、具体化，找好实践落点，以科技创新为引领，以海洋产业发展为重心，加快新旧动能转换，打牢实体经济基础，提升企业竞争力，推动经济发展实现量的合理增长和质的稳步提升。

今后五年，是普陀改善人民生活品质，推动共同富裕的重要五年。以习近平同志为核心的党中央，把共同富裕作为现代化建设的重要目标，并赋予浙江“高质量发展建设共同富裕示范区”的光荣使命。历届普陀区委在建设美好家园、创造品质生活上进行了积极探索、努力实践，实现经济民生同建设、城乡发展相协调、生产生态齐优化，为共同富裕奠定了坚实基础。普陀有条件、有需求、更有责任将共同富裕摆在经济社会发展更加重要的位置。未来五年，我们必须把共同富裕作为现代化建设的重要导向，作为新一届区委的历史责任，作为各项工作的着力点和落脚点，牢牢把握生活富裕富足、区域协调协同、环境宜居宜业、社会和谐和睦、服务普及普惠、精神自信自强等方面要求，逐步推动全体人民共同富裕。

纵观全局，今后五年是我区大有可为的战略机遇期、不进则退的转型关键期、干事创业的发展黄金期。我们必须准确把握普陀所处的历史方位，突出普陀发展的特色优势，接续发展海洋产业，奋力建设海岛花园，不断创新社会治理，一代接着一代干、一任接着一任干，以尺寸之功，积千秋之业，推动普陀步履坚实地迈进现代化建设新征程。

今后五年发展的总体要求是：高举习近平新时代中国特色社会主义思想伟大旗帜，深入学习贯彻党的十九大和十九届历次全会精神，弘扬伟大建党精神，贯彻落实党中央和省市委各项决策部署，坚持稳中求进工作总基调，完整准确全面贯彻新发展理念，加快构建新发展格局，忠实践行“八八战略”，奋力打造“重要窗口”，聚焦“现代海洋产业新高地、现代品质海岛大花园、现代社会治理新样板”发展定位，牢记嘱托、砥砺奋进，致力高质量、走好共富路，为建设现代化新普陀而努力奋斗。

围绕上述总体要求，今后五年的奋斗目标是：聚力海洋引能、开放聚能、数字赋能、品质筑能、服务增能、文化蕴能，推动港产、港贸、港城一体化发展，全力争创国家海洋经济发展示范区、国家全域旅游示范区、国家乡村振兴示范区、国家级“绿水青山就是金山银山”实践创新基地，为基本实现社会主义现代化奠定坚实基础。

——突出海洋引能，在提升综合实力、产业发展上迈出战略性步伐。坚持富民强区，构建起支撑共同富裕的经济结构，确保经济持续健康发展。现代化海洋产业体系基本成型，重点发展临港工业、海洋渔业、滨海旅游业和海洋新兴产业等具有国际影响力的产业集群，海洋经济占全区 GDP 比重 75%以上。

——突出开放聚能，在涌入新动力、拓展新空间上实现突破性进展。自贸试验区引领高水平对外开放，先行先试作用充分显现。市场化、法治化、国际化的一流营商环境基本形成，市场主体更加活跃，总量突破 5 万家。深度融入“一带一路”建设、长三角一体化发展，开放型经济优势更加凸显，实现外贸年进出口总额 650 亿元。

——突出数字赋能，在推动社会变革、增创优势上取得标志性成果。以数字化改革撬动各领域各方面改革，推动经济社会运行体制机制不断完善，数字技术与城乡生产生活持续融合。紧抓科技创新“牛鼻子”，突出产业创新“主战场”，激发企业创新“源动力”，全社会创新活力竞相进发，科技动能明显增强，研究与试验发展（R&D）经费支出占 GDP 比重 2.5%以上。

——突出品质筑能，在推进城乡发展、环境提升上得到实质性改变。城乡一体化协调统筹发展，城市有机更新和海岛乡村振兴同步推进，常住人口城镇化率达 73%以上。建成完善的生态文明制度体系，生态安全屏障更加牢固，空气质量保持全国领先。经济社会发展全面绿色转型，碳达峰、碳中和稳步推进，绿色产业、清洁能源加快发展，创成省级首批低碳能源示范区。

——突出服务增能，在提升人民群众幸福感上展现引领性成就。群众普遍拥有更稳定工作、更满意收入、更舒适居住条件、更安全生活环境。财富分配更加均衡，城乡居民收入倍差缩小到 1.5 以内。公共服务更加优质，教育、医疗、社会保障水平走在省市前列，偏远海岛服务供给显著改善。释放“数治红利”，形成“共治矩阵”，打造具有时代特征、普陀特色的社会治理样板。平安建设体系更加完善，基本建成最安全城区。

——突出文化蕴能，在提升精神文明、城市气质上彰显独特性魅力。文化自信进一步坚定，蚂蚁岛精神广泛弘扬，争创国家级爱国主义教育基地。海洋文化得到有效保护和传承，文化创造力、传播力、影响力显著增强。公共文化服务体系更加完善，文化产业规模逐步扩大，公民文明素质和社会文明程度明显提高。

建设现代化新普陀，是对“争创社会主义现代化先行省”的具体实践，是对历届区委发展定位、发展思路的传承深化，顺应了全区人民对美好生活的新期待。建设现代化新普陀，必须旗帜鲜明、坚定方向。干好工作有千条万条，最重要的一条是忠诚核心、维护核心。要从信仰价值最高点、思想灵魂最深层、知行合一最实处，坚定不移拥护“两个确立”、做到“两个维护”，自觉把各项工作放到宏观大势、工作大局中去考量，切实找准普陀发展的“坐标系”，全方位、深层次融入新发展格局。必须解放思想、争先进位。进一步打开思想空间、认知空间、发展空间，敢定“跳一跳、够得着”的目标，敢做“拼一拼、办得到”的事情，以高标准引领高质量发展，在千帆竞发、百舸争流的激烈竞争中，干出新气势、拼出新位次。必须担当作为、真抓实干。以敢为人先的魄力、敢“啃骨头”的劲头、敢于担当的作风，在稳增长、促改革、调结构、惠民生、防风险上破难题、克难关，创造无愧于时代、无愧于人民的崭新业绩。必须凝心聚力、砥砺前行。坚决扛起新时期的使命责任，握紧接力棒、跑好接力赛，团结一致、齐心协力，以更坚定的信心拥抱未来，更宽广的视野谋划未来，更扎实的工作创造未来，共同奏响接续奋斗的恢宏乐章！

三、把握目标任务，开创各项事业新局面

蓝图已绘就，使命在召唤，奋进正当时。建设现代化新普陀必须强化系统观念、底线思维、数字理念，抓好九大关键领域核心任务，推动重大改革出经验、重大项目出成效、重点工程做示范，为争创社会主义现代化先行省贡献“普陀力量”，以优异成绩迎接党的二十大胜利召开。

（一）加快构建现代化海洋产业体系。紧抓海洋强省建设契机，突出数字化引领、撬动、赋能作用，加快推进海洋产业基础高级化、产业链现代化。做优做强临港先进制造业。加快推进船舶制造业转型升级，拓展玻璃钢船、LNG船等首型船舶研制。加强船舶修理新技术、新设备研发，推进产业链延伸，打响普陀绿色修船国际品牌。全面提质升级水产加工业，做强金枪鱼、鱿鱼、海洋生物肽产业链，推动海洋健康食品向高值化、高质化进军。加快推进金钵盂临港产业园项目建成投产，打造普陀不锈钢综合产业园、海工装备制造产业园等下游配套园区。实施新一轮制造业“腾笼换鸟、凤凰涅槃”攻坚行动，深化亩均论英雄，整合提升经济开发区、小微园区。提升发展现代渔业。深化渔业转型发展先行区建设，建成国家绿色渔业实验基地创新中心。探索组建渔业全产业链综合性公司，持续壮大远洋渔业船队规模，全面提升渔业组织化水平。支持现代海水养殖业发展，高标准建设国家级海洋牧场示范区。加快发展现代服务业。持续壮大滨海旅游业，重点发展海上旅游、岛上旅游、岸上旅游新业态，基本建成国际海岛旅游目的地。大力发展国际海事服务，加快国际海事服务产业园建设，打造全球重要的低硫油加注基地。着力发展高端化、专业化的生产性服务业，壮大新型国际贸易、金融服务等产业，培育楼宇经济、总部经济。着力培育战略性新兴产业。持续壮大LNG产业，打造六横“海上能源岛”，加快推进中石化LNG、浙能LNG项目建设。大力发展海上清洁能源产业及相关产业链，谋划建设海上风电产业园，推进滩涂光伏、漂浮式光伏等项目建设，招引一批氢能制备、氢能应用等“高精尖”项目和企业。积极培育新材料、高端装备制造、海洋生命健康等产业。加速发展数字经济。深耕制造业数字化转型，建成一批示范智能工厂和数字化车间。推动数字技术对现代渔农业、现代服务业的“云化”改造，发展智慧渔业、无船承运、互联网医疗等新模式。大力培育海洋电子信息产业，发展海洋大数据、船舶电子、海洋通信、海洋感知装备等产业。

（二）加快构筑开放合作新格局。始终坚持招商引资“一号工程”，打造链接双循环的重要节点，不断提高开放型经济质量和水平。全力推进项目招大引强快建。发挥省市重点项目工程引领作用，围绕海洋产业发展方向，大抓“链主型”企业和关键企业招引，落地落实更多投资强度大、技术含量高、辐射带动力强的大项目、好项目。实施新一轮扩大有效投资行动，全力保障重大产业项目、重大基础设施项目、重要生态环境项目以及补短板、强弱项的民生项目建设。高水平建设自贸试验区。深化自贸试验区首创性和差别化改革探索，加大油气全产业链建设，吸引国际油气领域企业、项目、资本集聚。助力建设大宗商品储运基地，谋划打造有色金属岛，提升大宗商品资源配置能力。积极推进“期现合作”，探索建设以天然气为主的大宗商品现货交易市场。招引央企、国企来普设立分支机构、功能性总部，推动区域能源贸易消费结算中心建设。引育生物制药、医疗美容、健康养老等龙头企业、成长型企业，建成树兰（普陀）医院。打造陆海双向战略节点。建设六横甬舟一体化合作先行区，举全区之力推进重大项目落地、基础设施建设和产业集聚发展，加快建设六横大桥。融入长三角一体化发展，对接先进地区科创、金融、人才等要素资源，全力承接产业链配套项目、科技企业产业化基地项目、大企业区域布局项目，加速产业协同、发展融合。积极参与舟山江海联运服务中心建设，优化江海联运物流组织，提升现代

港航物流能力。畅通国内国际双循环。积极推动内外贸一体化发展，支持企业提升产品附加值、品牌影响力，拓展国内国际两个市场。谋划打造国际水产城跨境电商集聚区，发展外贸综合服务、数字贸易等新业态新模式。推动消费结构优化和提档升级，打造滨海文旅消费区、夜经济集聚区、特色商贸区等一批高品质消费新场景，推进建设省级文化和旅游消费试点城市、文旅产业融合试验区。

（三）持续提升科技创新能力。坚持创新在现代化建设全局中的核心地位，加快形成产业创新体系，让创新成为普陀发展的主旋律。打造高能级创新平台。积极参与舟山滨海科创大走廊建设，高起点、快速度建设城西未来智创城，建成全国海洋科技产业孵化基地。布局建设一批战略科技平台、产业创新平台、功能服务平台，形成集聚各类创新要素的“强磁场”。充分发挥海洋科技与产业研究院作用，对接浙江大学、浙江海洋大学等科创资源，加快成果转化。强化企业创新主体地位。开展科技企业培育行动，实现5年内新增高新技术企业60家、省级科技型中小企业200家。鼓励企业加强研发投入和科技攻关，推动研究与试验发展（R&D）经费投入年均增长15%以上。统筹实施“凤凰、雄鹰、雏鹰”行动，培育上市企业、“专精特新”、“单项冠军和隐形冠军”企业，推动企业制度创新、结构优化、层次提升。做好人才引育工作。实施更加开放的人才政策，构建更有竞争力的人才支撑体系，开展人才“汇普”行动，吸引和集聚各类创新创业、重点产业发展需要的专业、技能人才（团队），5年新引进“高精尖”人才100人以上、高校毕业生2万人以上。

（四）纵深推进重点领域改革。健全完善改革工作体系架构，以数字化改革为总抓手和实施路径，加速改革更好服务经济社会发展大局。全面推进数字化改革。加快重大应用省、市、县、乡四级全线贯通，“152”体系与“141”体系有机衔接，让各大应用跑起来、用起来、活起来。加快数字赋能东极未来海岛、渔业全产业链、幸福社区迭代升级等特色改革项目建设，打造一批有特色有亮点、具备牵引性和撬动性的重大应用，推动数字化改革取得更多标志性成果。谋划构建“舟山大脑”普陀平台，加快推进数字孪生应用场景、数据底座和联动机制的建立，有效解决城市治理难点、堵点和痛点。牢牢抓好“牵一发动全身”重大改革。强化重点领域攻坚、重点问题突破、制度成果建设，扎实推进“共同富裕”“县乡一体、条抓块统”“国土空间治理”等重大改革，全面推动改革由单项突破、简单整合向一体融合、系统集成转变，不断健全完善高质量发展、高效能治理、高品质生活的体制机制。统筹推进各领域改革。围绕发展所需、基层所盼、民心所向，统筹推进经济、民主法制、文化、社会事业、生态文明、党的建设、纪检监察七大领域重点改革。聚焦经济体制改革，推出一批有利于提高资源配置效率、调动各方面积极性的改革举措。开展国企改革三年行动，加快处置低效无效资产，推动国有企业做强做优做大。深化“放管服”改革，创建智能速办新模式，打造优化营商环境升级版。实施新时代渔农村集成改革试点，合理有效盘活渔农村闲置资源。

（五）促进城乡融合发展。建立健全城乡融合发展体制机制，协调推进新型城镇化和海岛乡村振兴，加快城乡互补、协调发展、共同繁荣。提升海岛花园品质。实施老城区城市有机更新，推进内涝治理、街巷改造，实现老旧街区、老旧小区、老旧园区旧貌换新颜。迭代更新“一港两岸”形态业态，重塑沈家门渔港“十里繁华”。高水平规划建设城市景观，提升绿化、美化、亮化、彩化品质，实现300米见绿、500米见公园，推动“山海港城”一体的城市形态显现、魅力绽放。加快健全城市功能，蓬勃都市经济空间，建成夏新未来社区，打造生产空间集约高效、生活空间宜居适度、生态空间碧水蓝天的都市核心区。加快海岛乡村振兴。高水平实施城乡风貌整治提升和新时代美丽乡村建设行动，建成一批未来乡村，形成各具特色的乡村品牌。优化海岛功能布局，提高虾峙岛、桃花岛等主要岛屿功能集中度，加快葫芦岛、黄兴岛等偏远小岛基础设施短板提升，打造人居岛、开发产业岛、保护生态岛。实施新一轮村级集体经济提升发展行动，培育渔农村经济新业态，推动展茅、白沙、登步等发展田园旅游、休闲渔业、民宿经济、运动康养等产业，形成城乡携手共富良好态势。优化城乡交通格局。积极谋划高铁时代交通布局，打造海陆综合交通枢纽，加快启用半升洞码头，谋划建设莲花洋码头，构筑高效快捷的联运体系。实施“蓝色岛链”特色工程，完善岛际交通网络，实现船舶运力、客运服务、航线布局迭代升级。

（六）建设绿色低碳美丽环境。坚持生态立区、绿色发展，把环境治理、生态保护、绿色转型有机统一起来，加快建设人与自然和谐共生的美丽家园。强化全域环境保护。严守生态环境保护红线，常态长效推进生态环境保护治理。深入打好治水治气治土治废治塑攻坚战，加快建设“品质河道”“无废城市”，城镇生活小区实现“污水零直排区”全覆盖，渔农村生活污水治理行政村覆盖率和出水水质达标率均达95%以上。高质量完成中央生态环保督察问题整改。强化生态城市建设。扎实推进“美丽海岛”“蓝色海湾”“绿色渔港”等工程，加强海陆生态修复和海洋生物多样性保护，保持自然海岸线比例不降低。开展园林绿地、郊野森林、近岸湿地、美丽水系和滨海生态走廊建设，持续推进“花海彩林”建设工程，打造高品质美丽湾区。强化生态价值转化。常态化开展生态系统生产总值（GEP）核算，探索具有海洋海岛特色的核算应用体系。高标准编制碳达峰、碳中和实施方案，谋划打造“零碳岛”“零碳乡镇”。推进海洋蓝色碳汇能力建设，探索落实碳排放权交易制度。开展“两山银行”试点，联动推进自然资源资产产权制度、农村产权制度改革和绿色金融产品创新，加快实现生态富民惠民。

（七）打造智治善治县区。切实发挥社会治理“普陀模式”的先发优势和首创优势，打造更舒心、更安心、更放心的社会环境。提升社会治理新效能。健全“四治融合”县域治理体系，全面加强基层治理体系和治理能力现代化建设。整合提升三级社会治理综合服务中心（站），让群众享受更便捷更高效服务。完善多元参与社会治理机制，进一步发挥“东海渔嫂”“银发好网民”等社会组织作用，打响更多治理品牌。树立“法治普陀”新典范。深入推进依法治区，加快建成现代公共法律服务体系，提升全民法治素养、规范社会行为、引领社会风尚。稳步推动“大综合一体化”行政执法改革，构建全覆盖的政府监管体系和全闭环的行政执法体系，加快推进基层“一支队伍管执法”和跨部门跨领域综合执法。构筑高效司法监督体系，提升司法执法质量、效率和公信力。健全社会信用体系，构建诚信建设长效机制，争创省级信用县（区）。迈上“平安普陀”新台阶。全力抓好重大活动服务保障，强化重要节点重点人员管控，慎终如始抓好疫情防控，坚决守住不发生影响社会稳定的重大事件底线。围绕渔业生产、水上交通、建筑施工、工矿商贸等重点领域，实施精密智控工程，坚决守住不发生重大生产安全事故底线。加强经济安全风险预警、防控机制和能力建设，坚决守住不发生区域性金融风险底线。常态化开展扫黑除恶斗争，依法化解影响平安稳定的重大风险隐患，坚决守住不发生系统性风险底线。年度安全感满意率、平安指数达97%以上，全力争取更高星级“平安金鼎”。

（八）创造“普有”美好生活。坚持人民至上，打造“普有”系列民生品牌，加快构建覆盖全生命周期的高质量民生服务体系，扎实推进共同富裕。实现“普有厚得”。系统推进“扩中”“提低”行动，坚持就业优先导向，持续壮大中等收入群体规模，全面拓宽低收入群体增收渠道，实现城乡常住居民人均可支配收入年均分别增长7.5%和8.0%，加快形成橄榄型社会结构。实现“普有善育”。提升优生优育服务水平，落实三孩生育政策，多渠道降低生育、养育、学前教育成本，持续提升孕产妇医疗保健服务、婴幼儿照护服务、普惠托育服务，营造育儿友好型社会环境。实现“普有优教”。建设优质均衡有温度的现代化海岛教育体系，创成全国义务教育优质均衡区、学前教育普及普惠区，教育现代化水平保持全省前列。实现“普有健康”。全域推进医共体、医联体建设，推动体卫融合、全民健身。加速优质医疗资源下沉城乡社区，改善海岛医疗条件。完善公共卫生体系、重大疫情救治体系和公共卫生应急保障体系，提升突发公共卫生事件应对能力。实现“普有长寿”。构建幸福养老服务体系,发展普惠性养老和互助性养老,完善家庭养老支持政策,持续推进生活困难老人家庭适老化改造,推动建设老年友好型社会。实现“普有安居”。健全保障性住房全流程管理机制,鼓励多元主体参与保障住房、租赁住房建设运营,多途径解决住房困难家庭、稳定外来务工人员、长期居住本岛的海岛困难群体和引进人才基本住房需求。全面完成危房解危、无卫生设施住宅改造。实现“普有众扶”。完善城乡居民社会保障机制,精准服务低保、低保边缘和特困人群,实现救助对象应保尽保。加强对残疾人等特殊和急难群体的帮扶救助,保障妇女、儿童、老年人的合法权益。全面打造“爱心普陀”,推动慈善事业持续健康发展。

(九)构筑海洋文化高地。大力培育和弘扬社会主义核心价值观,推动精神涵养、文化创新、文明提升,让普陀处处涌动文明风尚、奋进热潮和蓬勃朝气。以红色文化领航思想进步。深入实施习近平新时代中国特色社会主义思想传播工程,继承弘扬伟大建党精神,坚决扛起“红色根脉”责任担当,传承发扬新时代蚂蚁岛精神,凝聚起现代化建设强大奋进力量。以海洋文化彰显城市底蕴。高标准谋划建设博物馆、美术馆、艺术馆等文化地标,加快建设海洋文化会客厅。深入实施文化基因解码工程,将“海洋文化”全方位植入城市空间,打造普陀特有城市形象。深入实施文化惠民工程,完善镇街文化阵地建设,创成省公共文化服务现代化先行县(区)。发展壮大文化产业,培育新型文化业态,开发特色文创产品,办好海稻音乐节、帆船跳岛拉力赛、全国海钓名人精英赛等节庆赛事。以内涵素养催生文明新风。完善城市长效管理机制,持续开展“全民清洁日”等志愿服务活动,助力擦亮全国文明城市“金字招牌”。推进新时代文明实践中心建设,倡导文明新风、提升公民素养,引导全区人民共建共享美好家园。形成尊重差异、守望相助、温馨包容的城市价值认同,使每一个新老普陀人都能在普陀找到归属感。

四、强化党的建设,纵深推进全面从严治党

实现未来五年奋斗目标,必须始终坚持和加强党的全面领导,不断推进新时代党的建设新的伟大工程,为建设现代化新普陀提供坚强保证。

一是永葆信念坚定、对党忠诚的政治品格。坚持把党的政治建设摆在首位,树牢“四个意识”、坚定“四个自信”,争当“两个确立”忠诚拥护者、“两个维护”示范引领者。学深悟透习近平新时代中国特色社会主义思想,贯彻落实习近平总书记重要讲话和重要指示批示精神,深化党史学习教育,坚定理想信念,补足精神之钙。建立健全以“七张问题清单”为牵引的党建统领机制,完善党委研究经济社会发展战略、重大政策工作机制,充分发挥党委议事协调机构职能作用,确保党中央大政方针和省委、市委、区委决策部署落地见效。落实意识形态工作责任制、网络安全工作责任制,加强传播手段建设和创新,推动媒体融合发展,营造良好发展氛围。

二是筑牢凝聚力量、促进发展的战斗堡垒。大力实施“红色根脉强基工程”,实现基层党建水平整体跃升。着力加强新业态、新就业群体党建,做实产业链、行业链党建工作,提升两新党组织“两个覆盖”水平,有力推进党组织形态与发展形态耦合融合。积极探索党建统领先富带后富路径,全面推行“全域党建联盟”,打造一批示范样板,形成辐射效应。健全完善党员“进出管育爱”全链条,有效促进党员发挥先锋模范作用,着力把基层党组织建设成为推动发展、凝聚人心、促进和谐的坚强堡垒。

三是锻造素质过硬、堪当重任的干部队伍。加快建设变革型组织,提高领导干部塑造变革能力,更加注重生成性学习、保持创造性张力,强化系统观念、战略素养、前瞻思维,打造一支与现代化建设要求相适应的干部队伍。坚持党管干部、制度选人,全面落实好干部标准,注重梯次培养,加大年轻干部选配力度。树立“为了做事才当官,而不是为了当官才做事,更不能为了保官不做事”的鲜明价值导向,健全容错免责机制,不能让干部干事越多风险越大,形成敢干事、能干事、干成事的好氛围,营造

激浊扬清、优胜劣汰的好环境，让“为官尽责”者升得了迁、让“为官不为”者过不了关，激励更多想作为、能作为、善作为的干部大显身手。

四是营造干净干事、风清气正的政治生态。做深做实政治监督，深化“四责协同”机制，高质量制定和完成新一届区委五年巡察规划，压紧压实全面从严治党政治责任。始终保持惩治腐败高压态势，积极探索不敢腐、不能腐、不想腐一体推进的有效载体、具体办法，系统施治、标本兼治。持之以恒落实中央八项规定精神，坚决防止“四风”反弹回潮，坚决为干净干事者保驾护航，既不拿“干事”为“不干净”找理由，更不以“干净”为“不干事”找借口，着力整治群众身边腐败和作风问题。持续深化纪检监察体制机制改革，切实把制度优势转化为治理效能。纵深推进清廉普陀建设，大力弘扬清廉文化，营造崇廉尚洁的新风正气，持续巩固和发展良好政治生态。

同志们，建设现代化新普陀，必须充分调动一切积极因素，广泛团结一切可以团结的力量。区人大、政府、政协和法院、检察院党组以及全区各级党组织都要紧紧围绕区委中心工作，埋头苦干、激情奋进，共同团结带领党外人士、非公有制经济人士、民族宗教人士、港澳台同胞、海外侨胞、普陀乡贤以及全区人民，形成推动发展的强大合力。

同志们，时代呼唤奋发作为，事业要求砥砺奋进。展望未来岁月，谱写发展华章，我们唯有坚定信心不动摇，咬定目标不放松，狠抓落实不懈怠，才能无愧今天的使命担当，不负明天的伟大梦想。让我们更加紧密地团结在以习近平同志为核心的党中央周围，做“两个确立”的忠诚拥护者、“两个维护”的示范引领者、“红色根脉”的坚定守护者、新时代“重要窗口”的优秀建设者、人民至上的不懈奋斗者、“八八战略”的忠实践行者、高质量发展建设共同富裕示范区的先行探路者。以只争朝夕的昂扬斗志、干则必成的信心决心，致力高质量、走好共富路，为建设现代化新普陀而努力奋斗！

政府工作报告

——2022年2月13日在舟山市普陀区第十八届人民代表大会上

区长　徐炜波

一、过去五年工作回顾

区第十三次党代会以来的五年，是普陀发展进程中极不寻常的五年，在市委、市政府和区委的坚强领导下，在区人大和区政协的监督支持下，我们坚持以习近平新时代中国特色社会主义思想为指导，全面贯彻党的十九大和十九届历次全会精神，坚持稳中求进工作总基调，完整准确全面贯彻新发展理念，加快构建新发展格局，坚定不移推动高质量发展，以极大的定力推进“自由贸易先行区、海洋产业新高地、海上花园会客厅”建设，全力打造开放活力美丽的幸福普陀，谱写了经济社会发展的精彩篇章。

过去五年，我们破浪前行、蓄势积能，综合实力显著增强。坚持以发展为第一要务，推动经济实现量的稳步增长和质的快速提升。地区生产总值达444.8亿元，人均地区生产总值达14万元。一般公共预算收入达33.5亿元，年均增长3.2%。城乡居民人均可支配收入年均分别增长7.4%和8.9%，收入倍差缩小至1.59，优于全省平均水平。规上工业增加值达67.4亿元，社会消费品零售总额达195亿元，外贸出口总额达395亿元。港口货物吞吐量超1亿吨，位列全国第27位。沈家门渔港小镇获评省级特色小镇，国际水产城高居“中国商品市场百强”第17位。2家企业上榜中国民营企业500强。重点项目建设满弓劲发，累计实施省市区重点项目248个，完成固定资产投资550亿元。历史以来单体投资超百亿元的中石化LNG、浙能LNG取得国家发改委赋码，青山金钵盂临港产业园、中奥能源油品储运、盛达保税燃料油基地等重大产业项目先后落地，普陀健康养老综合体、观音文化园、波音737完工和交付中心等70个亿元以上项目建成投用。盘活土地、厂房93万平方米，亩均税收实现翻番。全面打赢能耗“双控”和能源保供硬仗，万元GDP综合能耗下降18.7%，入围全省首批低碳试点县。连续4年入选中国最具幸福感城市，荣膺全省首批大花园示范县，跻身全国县域综合实力百强。

过去五年，我们顺势而行、转型突围，海洋产业不断夯实。坚持转变发展方式、优化产业结构，现代海洋产业体系加快构建。传统产业迭代升级。船舶修造业向绿色化、高端化方向突围。建成全国最大的绿色修船基地，外轮修理量占全国的25%，鑫亚、中远、龙山跻身全球十大修船厂。造船能力达350万载重吨，全球首艘DP3动力定位海工生活驳船、顶级穿梭油轮等高附加值船型相继交付。水产加工向精深发力，海洋肽产业创新破题，金枪鱼精深加工量占全国的60%。建成全省首批渔业转型发展先行县（区），远洋渔业产量占全国的20%。新兴动能持续增强。数字经济借风启航，新增智能工厂3家、“上云”企业2920家，核心产业营收年均增长17%。健康产业蓬勃发展，细胞技术、医疗器械等产业初具规模，建成国家药物临床试验基地、中药药效评估中心，形成全省领先的药物研发产业链。清洁能源底气十足，海上光伏、渔光互补、氢燃料电池等低碳产业蓄势待发，建成全省首个海上风电项目、首座海上加氢站和全国首个潮流能试验平台。文商旅体深度融合，获评全省首批夜间经济样板城市和首批全域旅游示范县（区），摘得全省大花园耀眼明珠桂冠，高居全国旅游综合实力百强区第七位。

过去五年，我们勇毅笃行、全面发力，双向循环加速构建。坚持改革创新驱动发展，各项改革呈现多点突破、纵深推进态势。重大改革落地落实。全省首发“最多跑一次”负面清单，政务服务事项网上可办率达100%，143件“一件事”一次办成，工程审批时限压缩50%。数字化改革全面起势，20个特色应用场景上线运行，“普陀山一码通”获全省数字化改革最佳应用，普陀湾（上海）众创码头入选全省数字经济飞地示范基地。完成政府机构和事业单位改革。区属国有企业整合重组，国资规模突破750亿元。综合执法、社区村体制、景区一体化等系列改革渐次推进、亮点频频。对外开放蹄疾步稳。油气全产业链创新发展，中石化全球船供油结算中心、浙江天然气交易市场、浙期实业等总部项目接续落地，大宗商品贸易额突破800亿元。全国首创多项船用燃料油业务，加注量和结算量分别占全国15%和40%。落户全国大宗商品金融服务创新中心服务基地，集聚金融企业360家，融资租赁企业占全省的1/4，成功落地自贸区首个QFLP试点。强化区域合作共赢，六横公路大桥一期开工，二期工程勘探全面完成，舟山国际邮轮港盘活启用。普陀山机场升格为中型国际空港，年旅客吞吐量全国排名第80位。做好东西部协作和对口合作，助力四川万源提前脱贫“摘帽”。科技创新活力迸发。规上工业企业研发机构实现全覆盖，高新技术企业、省级科技型中小企业数均翻两番，正源标准件、金鹰食品机械、飞鲸新材料获评国家专精特新“小巨人”企业。全市首个院士研究院挂牌运行，普陀湾众创码头获评国家级创业孵化基地，高层次人才引进数较前五年增长7.5倍。

过去五年，我们协调并行、绿色发展，城乡面貌更加靓丽。坚持以现代理念和绣花功夫建设管理城市，成为展示海上花园城市美景的最佳窗口。城市格局重塑拓展。高质量编制国土空间总体规划，控规覆盖率由46.5%提升至81%。深入实施“东优、西进、南联、北拓”发展战略，建成区面积拓展到26.6平方公里，常住人口城镇化率达到70%。花园形象精致提升。有机更新加码加力，完成17个棚户区（城中村）和旧厂区近80万平方米征迁，提升改造老旧住宅765幢，实现准物业管理全覆盖。东西快速路、滨海大道普陀段等城市主干道竣工通车，鲁家峙海底隧道全线贯通，18个陆岛交通码头正式投用，智慧停车上线运行，群众出行更加便利。创成全省美丽城镇样板镇2个、省新时代美丽乡村特色精品村27个，获评全省新时代美丽乡村示范县（区）、“四好农村路”省级示范县（区），连续3年列为全省实施乡村振兴战略优秀单位。生态治理成效明显。扎实推进中央、省生态环保督察等反馈问题整改。坚决打好蓝天、碧水、净土、清废保卫战，空气质量优良率上升至98.3%，市控断面Ⅲ类以上水质达标率100%。根本性启动解决老城区雨污不分、城市内涝等痛点难题，新增污水日处理能力6.3万吨，荣获全省治水最高奖“大禹鼎”。高质量完成蓝色海湾整治，修复生态岸线21.76公里，中街山列岛海洋特别保护区升格为国家级海洋公园。实施国土绿化6643亩，创成国家森林城市、国家园林城市。摘得国家生态文明建设示范区“金字招牌”。

过去五年，我们风雨同行、攻坚克难，大战大考全面胜利。始终把人民群众的利益放在第一位，以“越是艰险越向前”的顽强斗志，应对好每一场重大风险挑战，保持了经济社会大局稳定。面对突如其来的新冠肺炎疫情，我们同舟共济、守望相助，坚决守牢海上和进口冷链食品防疫主阵地，成功处置全国首起德尔塔境外输入聚集疫情，全省首次成功阻断批量阳性进口冷链食品流入市场。我们众志成城、勠力同心，实现美丽普陀“一年一个样，三年大变样”，跻身全国文明城市行列。我们日夜鏖战、科学调度，成功抵御超强台风“米娜”“烟花”正面登陆，努力将损失降至最低。我们重拳出击、铁腕惩治，严厉打击各类海上非法采砂行为，切实保护海洋生态环境，维护海上治安稳定。

过去五年，我们民生先行、普惠共享，幸福指数不断走高。累计民生支出155.2亿元，占一般公共预算支出的77.8%。高质量办好民生实事和关键小事200件。社会保障更加健全。新增城镇就业19491人，城镇登记失业率低至1.53%，获评全省首批“无欠薪”县(区)。基本养老、基本医疗保险参保率分别达到95%和99%以上，年低保标准超万元，累计发放老年渔民补贴3.2亿元。完成危房解危近8万平方米，交付各类保障性住房7960套。推动海岛供水一体化，12.2万人受益。建成区残疾人托养中心。创成省级食品安全县(区)。公共服务增量提质。入选首批国家基本公共服务标准化试点。建成普陀二中武岭校区、城北小学、鲁家峙小学等学校6所，义务教育标准化学校、等级幼儿园在全省率先达到100%，教育现代化发展水平连续4年位居全省第一梯队。系统推进“双减”工作，中小学课后服务实现全覆盖，学科类校外培训机构压减66.7%。建成海岛特色医共体，县域就诊率达90%，人均期望寿命达80.52岁，健康浙江建设受到省委省政府通报表彰，获评全国优秀健康促进区。建成“15分钟文体服务圈”，入围全省五个公共文化服务现代化先行县(区)培育名单之一。退役军人创业园成为全省唯一获评全国爱国拥军模范单位。现代治理守正创新。设立全省首个社会治理综合服务中心，社会治理“普陀模式”获全国两会肯定并在全国推广，解决各类诉求近28万件，获评中国社会治理百强县(区)。破获刑事案件5131起、涉黑涉恶案件278起。生产安全事故起数、死亡人数分别下降54.5%和57.7%。圆满完成建党百年、新中国成立70周年等安保维稳工作。连续16年获评省级“平安区”，捧得全省首批一星平安金鼎。

过去五年，我们砥身砺行、高效施政，治理水平持续提升。坚持把党的全面领导作为根本原则，持续学懂弄通做实习近平新时代中国特色社会主义思想，推进“两学一做”学习教育、“不忘初心、牢记使命”主题教育常态化制度化，扎实开展党史学习教育，坚定不移做“两个确立”忠诚拥护者、“两个维护”示范引领者。全面深化依法行政，实现重大行政决策、规范性文件合法性审查全覆盖，获评法治浙江(法治政府)建设示范单位。定期向区人大报告工作、向区政协通报情况，高质量办好各类议案、建议和提案1200件，满意和基本满意率达100%。深入开展“我为群众办实事、我为企业解难题、我为基层减负担”活动，成功解决葫芦岛供水、困难老人白内障医治、送药上山进岛等一批群众“急难愁盼”问题。着力建设变革型组织，发挥数字化改革的引领、撬动、赋能作用，开设“区长创新课堂”，全面提升领导干部的战略视野和执政能力。纵深推进全面从严治党，深入贯彻落实中央八项规定及其实施细则精神，高标准完成省委巡视反馈意见整改，驰而不息纠治“四风”，“三公”经费压减30.1%。

人民武装、民族宗教、口岸、打击走私、海防、消防、侨台外事、气象、红十字等工作取得了新成绩，融媒体、档案、慈善、工、青、妇、儿童和残疾人等事业全面发展。

上下同欲者胜，风雨同舟者兴。面对百年变局和世纪疫情的叠加冲击，我们动真碰硬，啃下了阻碍发展的“硬骨头”；我们危中求机，培育了多元发展的新动能；我们不忘初心，谱写了民生幸福的新图景。所有的成绩，是在以习近平同志为核心的党中央坚强领导下取得的，是省委省政府、市委市政府和区委正确领导、关心支持的结果，是历届区政府继往开来、接续奋斗的结果，是全区干部群众团结一致、奋力拼搏的结果。在此，我谨代表区人民政府，向在各行各业辛勤工作的全区人民，向所有支持普陀发展的朋友们，表示衷心的感谢！特别要向奋战在经济建设、疫情防控、创城一线的广大建设者、医护人员、公安干警、基层干部、志愿者，致以崇高的敬意！向给予政府工作支持和监督的人大代表、政协委员，向驻普陀的人民解放军、武警部队、广大民兵和预备役人员，向在普陀的部、省、市属单位，向各民主党派、工商联、人民团体和社会各界人士，向关心和支持普陀发展的港澳台同胞和海内外朋友，表示衷心的感谢！

回顾五年的奋斗，我们深刻体会到：唯有方向正确才能行稳致远。我们始终以习近平新时代中国特色社会主义思想定向领航，科学应对各种复杂局面，取得了一系列发展成果。实践证明，只有坚定不移做“两个确立”忠诚拥护者、“两个维护”示范引领者，才能够找准前进方向、激发奋进力量，在新征程上不断取得新胜利！唯有人民至上才能无往不胜。我们始终坚持以人民为中心的发展思想，在全社会形成了同心同德、群策群力、共建共享的良好局面。实践证明，只有我们把人民放在心中最高位置，用心用情用力解决群众"急难愁盼"的问题，才能够赢得人民群众的信任和支持，凝聚起推动高质量发展的强大力量！唯有勇争一流才能跨越赶超。我们始终践行新时代蚂蚁岛精神，察大势、变局、观未来，不断增强"虎口夺食"的精气神、"无中生有"的谋划力，加快融入"双循环"经济新格局。实践证明，只有充分发挥区位资源禀赋优势，抢抓自贸区建设、长三角一体化、海洋强国、世界一流强港等重大战略机遇，谋划招引一批"牵一发而动全身"的"链主型"新产业，才能以一地一域精彩为全局全域添彩！唯有担当作为才能铸就辉煌。我们始终树立"没有走在前列也是一种风险"的观念，顶住疫情冲击下经济下行压力、发展空间制约、安全环保整改等考验，确保了社会大局稳定。实践证明，只有始终把责任扛在肩上，提升斗争本领，不为任何困难所阻，不为任何风险所惧，才能够战胜一切困难，不断书写新的精彩篇章！

在肯定成绩的同时，我们也清醒地看到，我区经济社会发展还存在不少短板和问题：海洋产业规模偏小、产业结构单一，链主型产业项目尚未全面发力，创新资源不足，招商引资缺乏撬动性的产业平台，经济高质量发展的基础仍需进一步夯实；产业与城市发展空间受限，区域融合发展仍需深化，资源配置、流通性瓶颈制约亟须破题；偏远海岛乡镇仍是实现共同富裕的薄弱环节，基础设施建设、公共服务供给与人民对美好生活的向往还有一定差距；人口老龄化加剧，出生率较低，人口结构亟待优化；少数干部能力素质还跟不上发展的新形势，担当意识、改革思维、攻坚劲头还有待加强。对此，我们一定要高度重视，采取更加有力的措施认真加以解决。

二、今后五年发展主要目标任务

时代风起、东海潮涌，未来五年是普陀乘势而上全面推进社会主义现代化建设、向第二个百年奋斗目标进军的关键时期，对做强海洋产业、打造海上花园、推动共富先行、加快建设现代化新普陀，具有奠基开局的重要意义。作为海洋大区，我们要始终立足"两个大局"，心系"国之大者"，特别是要深刻领悟习近平总书记关于"舟山一直以来潜力在海，希望在海，优势也在海"的重要嘱托，以前所未有的力度和广度拥抱海洋、深耕海洋、向海图强，增强"窗口"意识、抢抓"裂变"机遇，坚定不移把海洋产业作为高质量发展的主攻方向和突破口，进一步完善产业链、畅通供应链、提升价值链，为海洋强省建设打头阵、唱主角、挑重担、作贡献，全面开启现代化新普陀建设新征程。

今后五年发展的总体要求是：高举习近平新时代中国特色社会主义思想伟大旗帜，深入学习贯彻党的十九大和十九届历次全会精神，弘扬伟大建党精神，贯彻落实党中央和省、市、区委各项决策部署，坚持稳中求进工作总基调，完整准确全面贯彻新发展理念，加快构建新发展格局，忠实践行"八八战略"，统筹疫情防控和经济社会发展，统筹发展和安全，扎实做好"六稳""六保"工作，以争做"两个确立"忠诚拥护者、"两个维护"示范引领者的高度政治自觉，奋力打造"重要窗口"，聚焦"现代海洋产业新高地、现代品质海岛大花园、现代社会治理新样板"发展定位，致力高质量、走好共富路，争当高质量发展建设共同富裕示范区先行典范，为建设现代化新普陀而努力奋斗。

围绕上述总体要求，今后五年的奋斗目标是：聚力海洋引能、开放聚能、数字赋能、品质筑能、服务增能、文化蕴能，推动港产、港贸、港城一体化发展，全力争创国家海洋经济发展示范区、国家全域旅游示范区、国家乡村振兴示范区、国家级"绿水青山就是金山银山"实践创新基地，为基本实现社会主义现代化奠定坚实基础。到2026年，地区生产总值达650亿元；海洋经济占全区GDP比重达75%以上；累计完成固定资产投资900~1000亿元；规上工业增加值突破100亿元；城乡居民人均可支配收入年均分别增长7.5%和8%。为实现上述目标，未来五年，我们将着重做好以下四方面工作：

(一)以科技创新为引擎,打造结构优化、产业高端的现代化新普陀。坚持创新在普陀现代化建设全局中的核心地位,全力构建现代化海洋产业新体系。

坚持创新驱动发展。全面融入舟山滨海科创大走廊建设,高起点、快速度建设城西未来智创城,建成全国海洋科技产业孵化基地。开展科技企业培育行动,支持行业龙头企业与高校院所共建研发机构、组建创新联合体,力争全社会研发强度达2.5%以上。统筹实施"凤凰、雄鹰、雏鹰"行动,积极培育上市企业、"专精特新"小巨人、单项冠军和隐形冠军企业。坚持引才育才并举、用才留才并重,5年新引进"高精尖"人才100人以上、高校毕业生2万人以上。

做优做强海洋制造业。实施新一轮制造业"腾笼换鸟、凤凰涅槃"攻坚行动,深化"亩均论英雄"改革。加快推进船舶修造业迭代升级,拓展LNG船等首型船舶研制及非船业务,加强船舶修理新技术、新设备研发,打响普陀绿色修船国际品牌。做强金枪鱼、鱿鱼、海洋生物肽产业链,推动水产加工业向高值化、高质化进军。加快推进青山金钵盂临港产业园项目建成投产,拉长不锈钢产业链。

培育壮大新兴产业。着力打造"清洁能源岛",加快推进中石化和浙能LNG项目建设,拓展海上风电、海上光伏等新能源产业,建立海洋特色氢能产业体系,推动风电、光电、氢能、储能、蓝碳等装备制造项目落地,力争LNG接收能力达3000万吨以上,风电、光电累计装机容量达220万千瓦。创新发展细胞技术、健康养生、生物制药、辅助生殖等健康产业,实现产值100亿元。大力发展现代服务业,壮大新型国际贸易、航运服务、金融服务等产业,培育楼宇经济、总部经济。

提速发力数字经济。推进产业数字化转型,实施"5G+工业互联网"工程,建成一批示范智能工厂和数字化车间。推动数字技术对现代渔农业、现代服务业的"云化"改造,发展智慧渔业、无船承运等新模式。推进数字产业化发展,大力培育海洋电子信息产业,发展船舶电子、海洋通信、海洋感知装备等产业。利用六横清洁能源的强大优势,积极探索低能耗、低排放的绿色海洋大数据中心建设。

(二)以开放合作为引领,打造循环畅通、环境一流的现代化新普陀。积极推动内外贸一体化发展,不断提高开放型经济质量和水平。

高标准建设自贸试验区。积极争取油气、海事、金融、健康产业等领域政策突破,探索形成和复制推广一批高水平制度创新成果。推动油气全产业链开放发展,吸引国际油气领域企业、项目、资本集聚,油品储存能力、油气进出口贸易量分别达到3000万立方米、1500万吨。探索建设有色金属全球资源配置中心和大宗商品现货交易市场,打造区域能源贸易消费结算中心,提升大宗商品资源全球配置能力,力争交易规模达3500亿元。大力发展国际海事服务,打造全球重要的低硫油加注基地,力争船用燃料油加注量突破500万吨,实现海事服务产值30亿美元。建设海洋金融服务先行区,推进融资租赁、商业保理、航运金融等产业多元化发展。

构建内外循环战略链接。深度参与"一带一路"、长三角一体化发展,全力承接先进地区外溢资源,加速产业协同、发展融合。深度融入甬舟一体化发展,加快建设六横公路大桥二期、北仑圆山码头项目工程。助推舟山江海联运服务中心建设,打造通江达海的江海联运节点,港口货物吞吐量达到1.3亿吨。推进国际农产品贸易中心建设,打造国际水产城跨境电商集聚区,发展外贸综合服务、数字贸易等新业态新模式,实现外贸进出口总额650亿元。

推动内需增长积厚成势。以数字化改革撬动各领域改革,推动经济社会运行体制机制不断完善,打造优化营商环境升级版。实施新一轮扩大有效投资行动,做到一切围着项目转、一切盯着项目干,全力推进重大产业项目、重大基础设施项目、重要生态环境项目以及补短板、强弱项的民生项目建设,奋力跑出重大项目建设"加速度"。推进建设省级文化和旅游消费试点城市、文旅产业融合试验区,打造滨海文旅休闲消费区、夜经济集聚区、特色商贸区等一批高品质消费新场景,实现海洋文旅总收入达750亿元以上,基本建成国际海岛旅游目的地。

(三)以城乡融合为突破,打造优势互补、协调发展的现代化新普陀。坚定不移走以人为核心的新型城镇化道路,深入实施乡村振兴战略,加快城乡联动、共同繁荣。

提升海岛花园品质。推进沈家门城市有机更新,实现老旧街区、老旧小区、老旧园区旧貌换新颜,迭代更新“一港两岸”形态业态,大力推进东港二期北部开发,打造城市新地标、滨海靓丽天际线。增强城市防洪排涝能力,建设海绵城市、韧性城市。建立常态化高效管理机制,实现城市管理长效化、智慧化、精细化。

加快海岛乡村振兴。高水平实施城乡风貌整治提升和新时代美丽乡村建设行动,优化海岛功能布局,精心打造一批美丽人居岛、产业开发岛、生态保护岛。深化渔业转型发展先行县(区)建设,持续发展远洋渔业,建成桃花、白沙等国家级海洋牧场示范区。深化新时代渔农村集成改革试点,实施渔农民收入万元新增工程,培育渔农村经济新业态,形成城乡携手共富良好态势。

优化基础设施体系。全力争取甬舟铁路延伸线设点,谋划建设莲花洋客运枢纽综合体,启用半升洞码头,打造海陆综合交通枢纽。实施“蓝色岛链”特色工程,完善岛际交通网络,实现船舶运力、客运服务、航线布局迭代升级。统筹推进水资源、防灾减灾、绿色环保等保障体系建设,实现海岛供水一体化。

聚力生态文明建设。深入打好污染防治攻坚战,增强沈家门污水处理能力,加快建设“品质河道”“无废城市”,确保空气优良率稳定在95%以上、市控断面Ⅲ类以上水质全达标。加强生态修复和生物多样性保护。落实“双碳”战略,创造条件尽早实现能耗“双控”向碳排放总量和强度“双控”转变,打造全省低碳能源发展示范区。开展“两山银行”试点,常态化开展生态系统生产总值(GEP)核算,推动生态价值高效转换,加快实现生态富民惠民。

(四)以改善民生为追求,打造共同富裕、智治善治的现代化新普陀。打造“普有”系列民生品牌,扎实推进共同富裕。

织密社会保障安全网。系统推进扩中提低行动,实施居民收入十年倍增计划,城乡居民收入倍差缩小至1.5以内,加快形成橄榄型社会结构,发展均衡度领先全省。深入推进安居工程,低收入家庭申请公租房和住房安全实现应保尽保。倾力打造“爱心普陀”,推动慈善事业持续健康发展。加强对低保、低保边缘、残疾人等特殊和急难群体的帮扶救助,保障妇女、儿童、老年人的合法权益,确保共同富裕道路上一个都不掉队。

打造公共服务样板区。新建成学校6所,高质量普及学前至高中段15年教育,创成全国义务教育优质均衡区、学前教育普及普惠区,教育现代化发展水平保持全省前列。高标准推进健康普陀建设,持续提升医疗服务水平和突发公共卫生事件应对能力,人群主要健康指标达到高收入国家水平。关注“一老一小”等重点人群需求,构建幸福养老服务体系,加强3岁以下婴幼儿照护服务,推进托幼一体化发展,实现镇(街道)婴幼儿照护服务机构全覆盖。深入实施文化惠民工程,创成省公共文化服务现代化先行县(区)。

争当社会治理排头兵。深入践行社会主义核心价值观,传承发扬新时代蚂蚁岛精神。健全“四治融合”县域治理体系,完善多元参与社会治理机制,持续擦亮“海上枫桥”“东海渔嫂”等社会治理品牌。深化法治普陀、信用普陀建设,争创省级信用县(区)。强化大平安体系建设,全力争取更高星级“平安金鼎”,基本建成最安全城区。守牢地方金融、公共卫生等安全底线。

三、2022年主要工作安排

2022年是普陀高质量发展建设共同富裕示范区先行典范的深化之年,也是新一届政府工作的起步之年,做好今年各项工作意义重要、关系重大,必须踔厉奋发、笃行不怠,确保经济运行在合理区间,确保社会大局稳定。

综合分析宏观环境和自身条件,建议今年全区经济社会发展主要预期目标为:地区生产总值增长6.5%左右,一般公共预算收入与经济增长基本同步,固定资产投资增长8%,规上工业增加值增长9%,城乡居民人均可支配收入分别增长7.5%和8%,完成市下达的节能减排和大气、水环境质量目标任务。重点要抓好以下七个方面的工作：

(一)更强定力夯实发展基础。实施好扩大内需战略，充分发挥投资“压舱石”“助推器”作用和消费基础性作用，率先走出动力澎湃、后劲十足的实力进阶之路。精准高效招商引资。紧紧围绕海洋新材料、清洁能源、绿色石化、有色金属、高端装备、海洋电子信息、海洋大数据、海洋生物医药等产业链条，瞄准北上广深等产业高地，主动承接高端优质资源。深化招商体制机制改革，强化平台主战场、主力军意识，创新实施“跳档评优”，更大力度激发招商活力。围绕海洋经济“六大百亿”产业集群，绘制产业链招商“鱼骨图”，建立“一个产业、一个领导、一个专班、一个方案”招商机制，进一步加强对新兴产业龙头企业、补链强链关键项目招引，精心组织好系列投资促进活动，确保新招引10亿元以上项目3个，其中，产业类项目2个，亿元以上项目16个，力争到位市外资金超百亿元、实际利用外资1.15亿美元。

实施“项目攻坚年”行动。落实省扩大有效投资政策二十条，加快推进中石化LNG、浙能LNG、青山金钵盂岛临港产业园、六横电厂二期等35个重大产业项目，实施新能源新材料生产基地、海上风电装备制造产业园等临港产业项目。深入实施省市县长项目工程，确保落地率超50%。着力优化投资结构，确保制造业投资、民间项目投资、高新技术产业投资、生态环保、城市更新和水利设施投资增长快于面上投资增长，交通投资增速与上年持平。用足用好地方政府专项债，适度超前开展基础设施投资，扎实推进市民中心、半升洞客运站场等项目建设。推动全要素精准直达重大项目，建立项目前期“资金池”，精准配置土地、能耗、岸线等资源，力争以重大项目争先获省产业基金、督查激励等方面奖励。

多措并举激活消费。大力培育消费新场景，建成运营半升洞宝龙街区、城北水街、长乔海洋世界，推动杉杉普陀天地、湖滨广场一体化发展，打造“520幸福街”2.0版。发展数字生活新服务，高质量办好“浙里来消费”系列活动，精心办好舟山群岛马拉松、佛茶文化节等品牌活动。创建省级县域商业体系建设示范区。加快旅游市场恢复，探索邮轮新航线、新产品。打造普陀海岛公园主题IP产品、旅游精品线路，持续擦亮沈家门渔港文旅品牌，力争旅游总收入增长10%。推动先进制造业和现代服务业深度融合，

培育科技服务、现代物流、智慧供应链等生产性服务业，力争服务业增加值增长7%。支持企业出口转内销，开拓国内市场。

(二)更大魄力推动产业提质。充分发挥“在海”“用海”优势，围绕产业链部署创新链、围绕创新链布局产业链，率先走出“腾笼换鸟、凤凰涅槃”的海洋强区之路。

用好科技创新关键变量。积极参与舟山滨海科创大走廊建设，推动产业链上中下游、大中小企业融通创新，加快建设全国海洋科技产业孵化基地。强化企业创新主体地位，新认定高新技术企业15家、省级科技型中小企业40家、省级企业研发机构3家，实现研发投入增长20%。实施关键核心技术“揭榜挂帅”项目5个，引育科研成果产业化项目40个以上。突出重点产业人才招引导向，力争新增高技能人才1700人以上，引进“高精尖”人才20名、创新团队20个、大学生3800名以上。

打造硬核现代海洋产业。实施产业基础再造和产业链提升工程，坚定不移向绿色化、智能化、高端化方向迈进。扎实推进中远蟑螂山厂区、丰宇海洋肽等重大技改项目，确保技改投入增长20%以上。推进风电运维船、豪华邮轮、电动船舶、无人船艇等新船型研发制造，加快拓展非船业务。扩大LNG船舶、特涂修理等高附加值修船业务规模，确保绿色修船产值超50亿元。拉长金枪鱼、鱿鱼产业链，深化海洋肽产业布局，建设普陀海洋食品精深加工产业园，建成水产品精深加工全流程自动化生产线示范项目2个，谋划启动国际水产城冷链物流空间项目建设。聚力打造“清洁能源岛”。实施“风光倍增工程”，加快推进六横百万千瓦级海上风场，开建虾峙千亩滩涂光伏、登步渔光互补项目，探索近海漂浮式光伏应用。谋划打造氢能产业园，力争落地绿氢工厂、加氢站各1座。建设青山数科“零碳”工业岛。深化国际健康旅游先行区建设，推进树

兰医院、生物样本库等标志性项目，积极对接央企医药平台，引进制药企业2家，做大细胞技术产业，拓展生物制药、海洋健康食品等板块。

推进数字经济2.0版建设。推进20个重大数字赋能项目，力争数字经济核心产业营收增长15%。狠抓数字产业化，加快六横绿色海洋大数据中心落地，积极培育人工智能、网络通信、智能光伏等产业，超前谋划量子科技、元宇宙等未来产业。狠抓产业数字化，推进“产业大脑+未来工厂”建设，谋划打造船舶、渔业等数字平台，启用绿色修船数字化指挥中心，新增企业智能化改造项目6个、数字化标杆企业4家，加快形成正山智造、万邦重工等企业为代表的“新智造”群体。

优化资源要素配置。深化亩均论英雄、岸线效益论英雄，全面开展亩均税收5万元以下企业整治提升，力争工业亩均税收达13万元。统筹统配全域土地指标，清理整备成块连片土地，推进建设用地复垦，力争新垦造耕地300亩、消化“批而未供”土地200亩。推动六横小郭巨、虾峙等历史围填海问题处理，全力以赴争取土地指标奖励。加速平地水库改造，深入谋划钓梁三期、朱家尖西岙等区块，拓展产业发展空间。做强产业金融，设立新能源等产业基金，引导创投机构等资本支持高成长企业发展。

（三）更高水平深化双向循环。抢抓新机遇、争创新优势，率先走出海陆通达、内外互济的高效循环之路。推进自贸区创新发展。加快建设区域能源贸易消费结算中心，扩大中石化船供油结算中心、浙江天然气交易市场规模，争取新增煤炭、不锈钢交易板块，谋划打造有色金属岛，确保油气结算量超1000万吨、大宗商品贸易额超1000亿元。打造国际海事服务产业园，完善油品检测、船舶供给、航运保险等海事服务生态链，试点开展LNG加注业务，力争船用燃料油加注量达300万吨。积极向上争取运力指标，谋划打造LNG运输船队。高标准推进海洋金融发展，争取获得民营银行、金融租赁牌照。

深化区域协同联通。抢抓区域全面经济伙伴关系协定生效机遇，落实好出口退税、出口信贷等稳外贸政策，扩大小微企业出口信保覆盖率，推动跨境电商、外贸综合服务等新型贸易发展，支持机电零配件、水产品等开拓国际市场，确保外贸出口额增长8%。深化“海陆普陀”战略合作，迭代升级普陀湾（上海）众创码头等“双创”空间。全面融入世界一流强港建设，协助开展宁波舟山港总体规划修订，谋划梅山—六横智能集装箱港集群发展，攻坚突破六横公路大桥、北仑圆山码头建设，扎实推进清洁能源材料产业园项目。加强与普朱、新城等联动发展，实现优势互补、资源共享。巩固拓展东西部脱贫攻坚成果，高标准做好对口合作工作。

加快改革系统集成。坚持以数字化改革引领撬动各领域改革，整合提升“152”体系与“141”体系贯通迭代，着力构建“1512”体系，加快数字赋能东极未来海岛、渔业全产业链、幸福社区迭代升级三大特色改革项目建设，进一步集成便民惠企、高频刚需等特色应用，实现政务服务“一网通办”率达90%以上。打造“办事不出岛”2.0版，解决偏远海岛服务延伸难问题。开展“大综合一体化”行政执法改革，确保综合行政执法事项占整体事项达20%以上。深化国资国企改革，试行职业经理人管理制度，提高国有企业经营能力，稳步推动国企市场化运营。

打造一流营商环境。全面落实减负强企政策，加大中小微企业、个体工商户纾困力度，确保政策直达企业。实施融资畅通工程2.0版，建立修造船等重点领域“清单式”对接机制，确保民营经济、普惠型小微企业贷款分别增长8%、15%，实现综合融资成本稳中有降。完善企业梯次培育机制，力争新增上市企业1家、培育“专精特新”企业10家、“小升规”企业20家，新认定“品字标”企业2家、“浙江制造”标准制定企业2家。健全政企沟通机制，全面消除一切折腾企业的行为，打造更有温度的政策环境。

（四）更优建管提升城市品质。提升精致规划、精美建设、精细管理水平，率先走出处处是景、岛岛花园的城市发展之路。

加快城市有机更新。强化规划“一张图”统筹机制，高质量完成国土空间规划编制和“三线”划定方案。竞争性推进成片危房解危，推动原区政府大楼、沈家门一小、陈家塘区块联动发展，加快半升洞区块项目建设，谋划打造沈家门“文商旅学”新中心。精心打造普陀湾滨海景观带，启动滨海大道沿线码头提升改造，谋划建设“十里莲花大道”。推进东港城市风貌样板区建设，加快打造科技产业孵化园、能源大厦等城市新地标。谋划本岛区域水系连通工程，打造城北特色水系典范。

提升精细管理水平。建设更高水平文明城市，深入实施背街小巷改造等城乡环境综合整治行动，打好存量违法建筑“清零攻坚战”，完成积水点改造30个。新增省级垃圾分类高标准小区9个，实现垃圾减量化资源化无害化。提升改造老旧住宅173幢，扩面老旧小区电梯加装，全面清零无卫生设施住宅，打造一批阳光共享空间、“席地能坐”休憩区等社区精致生活场景。扎实推进增绿添彩行动，提速中央山体公园、江湾公园建设，新增微型公园5个，完成绿化彩化提升2000亩。

完善城市基础设施。建成运行鲁家峙海底隧道，加速海天大道南侧次干道建设，新建改建城市道路33条、陆岛交通码头3座，构建内联外畅的立体交通网络。加快半升洞智能停车库建设，谋划北安路立体停车场项目，实现智慧停车城区全覆盖。着力打造海绵城市，新建改建污水管网8公里、防洪排涝设施4座，新增排涝能力1万吨/小时，彻底改变沈家门老城区雨污分流能力不足问题。推进城镇燃气管网更新改造，完善岛际燃气运输体系，有效防范化解燃气安全风险。

（五）更大决心推进海岛振兴。坚持农业农村优先发展，推动全面绿色转型，率先走出人文塑魂、生态塑韵的美丽海岛之路。

打造美丽宜居乡村。推进新时代“千万工程”，“串岛成链”构建省级“红动蓝湾·和美海岛”共同富裕示范带，建成展茅全省美丽城镇样板镇，新增新时代美丽乡村精品村7个。统筹推进渔农村垃圾、厕所、污水“三大革命”，深化渔农村生活垃圾分类，新建改建一批渔农村星级厕所和污水处理设施。推动乡村畅行，新增“四好农村路”8公里，实现农村百姓一公里范围乘车。加快城乡供水一体化布局。推动光纤进村、千兆入户，打造东极岛、黄杨尖省级未来乡村试点。加强和改进乡村治理，新增省级民主法治村（社区）3个、善治（示范）村10个。

聚力渔农产业发展。促进海洋渔业转型提升，探索组建渔业全产业链综合性公司，新增玻璃钢示范渔船10艘，提升改造冷链渔船250艘。推进近海捕捞稳产增收，力争远洋渔业产量增长6%。谋划深远海智能养殖项目，加快桃花、白沙等国家级海洋牧场建设，争取海水养殖规模达3.8万吨。实现渔业全产业链产值250亿元。大力实施科技强农、机械强农行动，深化耕地“非农化”“非粮化”整治和高标准农田建设，全力抓好粮食生产和重要农产品供给，持续做精“普陀禅农”品牌。大力实施以农村集体经济为核心的强村富民集成改革，深化“两进两回”行动，合理有效盘活渔农村闲置资源，激活闲置农房150套，力争80%以上的村年经营性收入达50万元以上。

共建绿色低碳家园。高标准完成中央环保督察和长江经济带警示片反馈问题整改。深入推进清新空气行动，保持空气质量全国领先。深化“五水共治”碧水行动，创建“污水零直排区”小区33个。加强土壤污染治理和修复，推进大宗固体废物综合利用，争创省级“无废城市”。实施新一轮蓝色海湾整治行动，充分挖掘蓝色碳汇潜力，探索发展海洋碳汇渔业。推动减污降碳协同增效，争取重大项目能耗单列、新增可再生能源抵扣等政策，申请蓝碳交易市场试点，系统推进能源等重点领域绿色低碳转型。

（六）更深情怀改善民生福祉。以百姓之心为心，加快推进人的全生命周期公共服务优质共享，率先走出以人为本、全面进步的共同富裕之路。

健全社会保障体系。抓好扩中提低重点改革任务，推动低收入群体持续快速增收，确保低收入农户人均可支配收入增长10%以上。强化就业优先导向，扎实做好就业困难人员兜底保障，城镇登记失业率控制在3%以内。提升社会保险覆盖面，确保基本养老、基本医疗保险参保率稳定在95%和99%以上。健全重特大疾病医疗保险和救助制度，防范因病致贫返贫。加强对海岛留守儿童、老年人、残疾人的关爱服务。完善住房保障体系，实施保障房项目 6 个，交付保障性住房 600 套，保障迁居特困老人住房 20 套。压实“菜篮子”“鱼篮子”负责制，新增平价供应网点 2 个，推动国际水产城渔获物直销，确保菜价物价稳定。

推动社会事业发展。坚持教育优先发展战略，深入实施海岛教育、学前教育补短提升工程，推动跨地区教共体结对，巩固扩大“双减”成果，全面提升教学质量和课后服务水平。深入实施健康普陀行动，提升医共体服务能力，优化慢病服务管理，改善海岛就医条件。积极推进康养联合体建设，建成东港养老院，提升扩建老年大学，丰富老年人精神文化生活。实施三孩生育政策及配套支持政策，大力发展普惠性托育服务，新增托育机构 2 家。彰显普陀人文魅力，实施沈家门渔港复兴、蚂蚁岛红色记忆展示等工程，加快建设舟山市美术馆（普陀区美术馆）。广泛开展全民健身，完善公共体育设施，创成省级体育现代化县（区）。促进军民融合深度发展，全力创建全省首批双拥模范县（区）。

从严抓好除险保安。完善风险闭环管控的大平安机制，整合提升三级社会治理综合服务中心（站）。坚决做好党的二十大、亚运会等重大活动安保维稳工作。深入开展“遏重大”攻坚战，重点抓好涉海涉渔、水陆交通、城市运行等安全监管，全面排查整治风险隐患，确保生产安全事故起数和死亡人数“双下降”。强化食品药品安全监管。依法稳妥处置房地产领域风险，促进房地产市场健康发展和良性循环。加强经济安全风险预警和防控处置，守住区域金融风险底线。常态化推进扫黑除恶，依法严厉打击各类违法犯罪活动。突出“动态清零”、保持快响激活，加快构建疫情防控六大机制，织密海港口岸、进口冷链防疫网，精准有力做好常态化疫情防控。

（七）更高站位狠抓自身建设。全面提升政府服务效能，率先走出全域覆盖、上下贯通的整体智治之路。

坚持政治立身。全面贯彻习近平新时代中国特色社会主义思想，把政府工作的政治标准牢固树立起来，争做“两个确立”忠诚拥护者、“两个维护”示范引领者，坚决做到“总书记有号令、党中央有部署、省市委有要求，普陀见行动”。不断巩固和扩大党史学习教育成果，切实提高政治判断力、政治领悟力、政治执行力。扛牢意识形态工作责任制，切实维护政治安全。

坚持依法行政。自觉运用法治思维和法治方式开展工作，严格执行重大行政决策法定程序，全面实行行政许可事项清单管理，实现“清单外无许可”，争创全国法治政府示范区。提升依法执法能力，推动规范公正执法。接受人大法律监督，自觉接受政协民主监督，加强审计监督、舆论监督和社会监督，认真办好人大代表议案、建议和政协提案。深入实施“八五”普法，全面提升公共法律服务质量和水平。

坚持改进作风。大力弘扬实干精神，紧盯民生实事、关键小事，集中整治损害群众利益的突出问题，不断把群众的“需求清单”转化为“满意清单”。深化拓展“三服务”2.0 版，扎实推进“助企开门红”等活动，开展“全员+全域”走访调研座谈，完善企业、群众、第三方评价机制，做到政府服务既“无处不在”又“无事不扰”。

坚持提升效能。加快打造数字政府，全力打通“数据壁垒”，连通“信息孤岛”，推动服务管理和执行更加高效有力。深化“区长创新课堂”，狠下功夫加强学习，干什么学什么、缺什么补什么，不断提高综合素养和专业化能力。筑牢上下贯通、层层负责、闭环管控的责任链，严把时度效，加强督查结果考核运用，切实营造“争先进位”的浓厚氛围。

坚持廉洁从政。压实各级政府和部门党委（党组）主体责任，严格落实中央八项规定及其实施细则精神，锲而不舍纠治“四风”，营造风清气正的干事创业环境。坚持政府过“紧日子”，确保一般性支出压减 10%，把宝贵的财政资金用在支持市场主体和保障基本民生上，让群众过上“好日子”。

各位代表！带领人民创造幸福生活，是我们始终不渝的奋斗目标，今年我们将集中办好 10 件“普有”民生实事，按照民生实事“群众提、代表定、政府办”的理念，经过广泛征集和充分讨论，梳理形成了“普有安居”“普有老幼”“普有菜惠” 等 12 项候选项目，提请各位代表票决。我们将根据票决结果，紧扣目标要求，认真抓好落实，把好事办好、实事办实。

各位代表！历史的画卷，总是在砥砺前行中铺展；时代的华章，总是在新的奋斗里书写。让我们更加紧密团结在以习近平同志为核心的党中央周围，高举习近平新时代中国特色社会主义思想伟大旗帜，在市委市政府和区委的坚强领导下，致力高质量、走好共富路，加快建设现代化新普陀，以优异的成绩迎接党的二十大胜利召开！

舟山市普陀区第十七届人民代表大会常务委员会工作报告

——2022 年 2 月 14 日在舟山市普陀区第十八届人民代表大会第一次会议上

区人大常委会主任　戴灵芝

过去五年的主要工作

区十七届人大常委会任期的五年，是普陀全力应对风险挑战、取得转型发展新成效的五年，也是人大工作适应新常态、开创新局面的五年。五年来，区人大常委会在中共舟山市普陀区委的坚强领导下，坚持以习近平新时代中国特色社会主义思想为指导，全面贯彻党的十九大和十九届历次全会精神，紧紧依靠全体代表和全区人民，切实行使宪法和法律赋予的职权，在服务大局中推动科学发展，在发展民主中维护人民权益，在推进法治中促进社会稳定，在注重规范中谋求工作创新，为推进幸福普陀建设作出了积极贡献。五年来，共召开常委会会议 44 次，常委会主任会议 73 次，听取审议工作报告 118 项，对 24 部法律法规执行情况开展检查和督查，对 97 件规范性文件进行备案审查，作出决议决定 68 项，提出审议意见 56 件，任免国家机关工作人员 416 人次；其中，议案建议办理、海岛“双联系”两项创新性工作获“省人大与时俱进奖”，圆满完成了本届人大常委会的各项工作任务。

一、过去五年，我们始终坚持党的领导，锻造真心向党的“人大忠诚”

五年来，常委会坚持党对人大工作的全面领导，深入贯彻落实中央和省市区委人大工作会议精神，提高政治站位，把准履职方向，更好地推动人民代表大会制度在普陀的生动实践。

提高政治站位，自觉将人大工作置于党委领导之下。不断提高政治判断力、政治领悟力、政治执行力，树牢“四个意识”、坚定“四个自信”，争当“两个确立”忠诚拥护者、“两个维护”示范引领者。坚决维护区委总揽全局、协调各方的领导权威，充分发挥人大常委会党组把方向、管大局、保落实的领导作用，认真贯彻区委《关于高水平推进新时代人大工作和建设的意见》，列出任务清单、抓好责任落实。坚持重大事项向区委报告制度，主动向区委请示报告重大问题、重要事项、重要情况 56 件，确保区委决策部署按照法定程序和要求抓好贯彻落实。

强化理论武装，扎实开展学习教育活动。始终把学习贯彻习近平新时代中国特色社会主义思想作为首要政治任务，学深悟透习近平法治思想，立足人大实际，切实把学习成果转化为推进人大工作的强大动力。深入学习、深刻领会习近平系列重要讲话精神，持续推进“两学一做”学习教育、“不忘初心、牢记使命”主题教育、党史学习教育常态化制度化，精心开展建党 100 周年和“六讲六做”大宣讲等活动。举行常委会党组集体学习 58 次，举办常委会专题讲座 21 场，不断强化理论武装，以理论清醒保证政治坚定，以思想自觉引领行动自觉。

加强上下联动，不断推进人大制度和人大工作完善发展。深入贯彻中央和省市区委关于加强县乡人大工作和建设的意见，按照新时代人大工作高质量高水平发展的新要求、新部署，打造展示根本政治制度优越性的“重要窗口”，及时与各镇(街道)党(工)委和人大沟通，形成两级人大合力，有力地推动了有关精神落实，全区两级人大的建设得到新加强，人大依法履职的能力和水平得到新提升，全过程人民民主的实践经验得到新完善。加强区人大组织机构建设，增设专门委员会 4 个，常委会工作机构

2个，为充分履行人大的各项职能提供了有力保障。坚持党管干部和人大依法任免有机统一，依法做好人事任免和任后监督工作，确保党组织推荐的人选经过法定程序成为国家机关领导人员，确保干部干事热情得到不断激发。加强基层人大建设，指导和支持各镇（街道）人大加强组织建设，建立街道民主议事制度，依法规范镇人代会的召开，健全镇人代会预算审查办法，完善民生实事项目票决工作，推进镇（街道）人大工作民主化、科学化、法治化。加强对换届选举工作的组织和指导，结合中央关于县乡人大换届选举的相关指示精神以及省市人大的相关要求，依法主持并指导做好疫情防控背景下的区、镇两级换届选举工作，圆满完成各项换届选举任务。

二、过去五年，我们始终坚持服务大局，彰显奋发有为的“人大担当”

五年来，常委会聚焦区委重大决策部署和政府重点、难点工作，切实强化监督，有力推动我区经济社会高质量发展。

全力贯彻新发展理念。审查批准“十四五”规划和二〇三五年远景目标纲要，听取审议“十三五”规划实施中期评估报告，每年组织听取“一府一委两院”工作、计划、财政等执行情况报告，大力支持“六稳”“六保”工作，推进“五大会战”深入实施，促进经济社会发展主要目标和重大任务顺利完成。围绕高质量发展要求，在助力经济转型升级上主动作为，聚焦增量提升，听取审议自贸区建设、招商引资、大健康产业等专项报告，助力培育增长新动能；着眼存量优化，听取审议传统产业转型升级、渔业捕捞产业转型、数字经济发展等专项报告，聚焦民营经济高质量发展，首次开展专题问询，推动政府出台促进民营经济发展21条意见，检查《浙江省民营企业发展促进条例》实施情况，促进降本减负、“两直”等惠企纾困政策的落地，为我区经济发展注入新活力。围绕推动乡村振兴战略实施，实现渔农民持续增收，听取审议乡村振兴三年行动计划执行情况、渔农村集体经济发展和消薄工作等专项报告，检查劳动法、农产品质量安全法等法律法规实施情况；助推美丽乡村建设，跟踪督办82个创建项目，推动建成18个精品特色村；组织代表集中视察新农村建设、农旅产业融合发展等工作，不断激活渔农村经济发展内生动力，推动普陀实现农业强、农村美、农民富。围绕促进区域、城乡协调发展，听取审议“和美小岛”建设、老城区改造、海岛旅游发展等专项报告，开展国土空间规划调研，把牢可持续发展的空间蓝图，推动城乡统筹发展，提高共建共享水平。围绕科技创新引领高质量发展，开展科技创新发展工作专题调研，促进政府更加重视和加快科技创新催生新发展动能。

倾力参与“两战”工作。坚决贯彻习近平总书记关于统筹打赢“两战”的重要讲话精神，全面落实省人大关于依法做好新冠肺炎疫情防控工作的决定和省市区委决策部署，第一时间向全区人大代表发出倡议，号召各级人大代表投身战疫一线。第一时间研究制定助推“两战”工作意见，及时听取和审议全区疫情防控专项报告，审查批准新增抗疫特别国债，积极支持政府及相关部门依法做好疫情防控和经济社会发展有序恢复工作。常委会组成人员、机关干部和广大代表持续深入镇街、村社和企业，调查研究、帮扶指导，自觉扛起了战疫情、促发展的特殊使命。疫情进入常态化防控后，认真抓好常委会审议意见落实这个关键点，紧盯全区公共卫生应急管理体系建设，推动政府不断提升公共卫生突发事件防控能力。

助力文明城市创建。创城是破解城市建设管理难题的一项综合性工作，也是构建和谐社会的重要载体，党委政府关切，人民群众关注。为此，常委会将创城作为重点工作开展持续监督，听取审议创城工作、城中村改造、城管执法体制运行等专项报告，连续检查道路交通安全法、文明行为促进条例、物业管理条例等法律法规实施情况。围绕城市环境改善、市民素质提升、长效机制建立等创建重点难点，举办创建全国文明城市电视问政并进行专题审议。制定关于深入推进创城专项活动的实施意见，开展“我为创城再奉献”“全民清洁代表在行动”“文明交通志愿行”等各类代表主题活动，参与代表达8000余人次。组织省、市、区三级代表投身创城国测点位视察监督，寓监督于参与之中。一系列“组合拳”打出了人大助力创城的强大气势，为成功创建全国文明城市作出了人大应有贡献。

着力强化财政监督。践行依法理财理念，突出抓好预算编制、执行、决算、绩效和审计“全链条监督”，推动建立规范透明、标准科学、约束有力的全口径预算制度。抓住部门预算审查关键，建立现场报告和询问制度，先后对21个重点部门进行预算审查，调整部门预算项目11个，促进政府财政更规范、更透明、更有效。推动预算审查重点从执行向绩效拓展，先后对旅游、工业、村集体经济发展、文化体育发展等专项资金使用情况开展绩效评估，形成事前、事中、事后的监督闭环，不断提高专项资金使用绩效。加强国有资产管理，听取审议国有企业、行政事业单位、自然资源资产等国有资产管理专项报告以及综合报告，督促健全国有资产配置、使用、处置制度，促进国有资产保值增值。改进审计查出问题整改报告机制，连续4年听取审议政府整改情况报告，并进行评议，督促被审计单位建立整改“销号制”，打通审计整改“最后一公里”，查出问题逐年减少，屡审屡犯问题有效改善。

三、过去五年，我们始终坚持依法治区，加大依法监督的“人大力度”

五年来，常委会认真落实“全面依法治国”方略，以法治中国示范区建设为指引，法治普陀建设为重点，保障法律法规正确实施为目的，推动“一府一委两院”提升运用法治思维和法治方式深化改革发展的能力，推进治理体系和治理能力现代化。

推进法治宣传常态化。加强对法治宣传教育工作的监督和指导，深入开展“七五”普法和“六五”依法治区决议贯彻执行情况的检查，及时作出关于开展第八个五年法治宣传教育的决议，提出要持续提升公民法治素养，着力完善法治宣传教育工作机制，努力营造尊崇宪法、崇尚法治的浓厚氛围。认真做好任前法律知识考试、宪法宣誓等工作，五年来，共组织新任人员宪法宣誓134人次，切实增强选举任命干部的法治观念和人大意识。

推进法律监督实效化。加强执法司法工作监督，抓住法治政府建设关键少数，听取审议法治政府建设情况报告，21个区政府组成部门主要负责人向人大常委会报告个人依法履职情况，进一步增强政府法治思维，健全行权制约机制，强化依法为民理念。把开展部门工作评议作为监督政府依法行政的重要抓手，先后对6个部门开展工作评议，促进被评议部门进一步转变作风，提升依法履职意识。切实维护公平正义，推进司法公开公正，听取审议扫黑除恶专项斗争工作情况报告，促进公检法司机关严格依法办案。高度关注法院执行难问题，连续3年听取法院关于执行工作情况的报告，努力推动实现“基本解决执行难”的工作目标。做深做实检察法律监督的监督工作，先后听取审议民事行政检察、监所检察、公益诉讼和刑事检察等工作，研究出台检察法律监督的跟踪监督办法，实现对检察法律监督工作的制度化监督，有力推进执法规范、司法公正。常态化开展“两官”履职评议，先后对10名员额法官、检察官开展履职评议，以点带面推进“两院”队伍职业化、司法规范化。进一步完善备案审查工作机制，研究出台规范性文件备案审查办法，实现对“一府两院”的全覆盖，维护了法制统一。

推进社会治理现代化。开展矛盾纠纷调处化解“最多跑一地”专项监督，充分发挥区域社会治理聚合力的优势，促使各类社会矛盾纠纷得到快速、有效化解，助力社会治理“普陀模式”成效提升。持续5年开展“最多跑一次”改革专项监督，采取电视问政、专题询问会、专题督察会等方式，提出促进改革发展的针对性建议42条，有力助推我区“最多跑一次”走在全省先进行列。以良法促善治，通过上下联动、专题调研、听取专项工作报告等形式，先后对禁毒法、残疾人保障法、宗教事务条例等24部法律法规实施情况进行检查，对13部法律法规检查意见落实情况进行了“回头看”，并积极参与地方立法，充分发挥立法联系点作用，配合省市人大开展28部地方性法规的立法调研和立法后评估工作，为法律法规的制定实施积极献策。始终把信访工作作为联系群众、拓宽监督的渠道，积极融入全区“大信访”工作格局，认真及时处理群众来信来访案件105起，较好地发挥了人大信访监督作用。

推进依法决定重大事项规范化。贯彻落实中央关于健全人大讨论决定重大事项等意见，出台《讨论决定重大事项相关规定》《政府重大投资项目审查监督办法》，人大讨论决定重大事项的相关工作机制更加完善，依法行使决定权更加坚决。围绕经济建设和社会发展中带有全局性、长远性、根本性问题，在深入调查、充分论证、集思广益的基础上，及时对我区政治、经济、文化和社会生活中的重大事项作出决议决定，内容涉及规划编制、财政预算调整、债务限额、重大投资项目等，有力保障和推动我区经济社会发展。在出台讨论决定重大事项规定的基础上，着重在决定重大事项常态化、规范化上下功夫，规范政府重大投资项目立项、实施、变更等各环节审查内容和程序，对投资额5000万元以上新建项目开展审核，严把项目决策的合法性、实施的可行性和资金来源的合规性。共表决通过了东港新建初中等11个投资总额45.96亿元的重大投资项目，促进政府进一步完善决策制度。

四、过去五年，我们始终坚持人民至上，坚守一心为民的"人大情怀"

五年来，常委会坚持以人民为中心的发展理念，紧扣人民群众日益增长的美好生活需要，回应社会关切，推动解决人民群众最关心、最直接、最现实、最迫切的问题，不断提升人民群众的获得感、幸福感、安全感。

促进更健全的民生实事项目票决工作。我们创造性开展民生实事项目代表票决工作，始终将其作为行使重大事项决定权和监督权的重要载体，根据区委关于民生实事项目人大代表票决制工作实施意见，制订出台民生实事项目实施办法、票决办法、满意度测评办法等一系列制度，健全民生实事项目"群众提、代表定、政府办、人大评"的全链条工作机制。推动全区民生实事项目票决制工作全覆盖，五年来共票决、票选产生区、镇（街道）民生实事项目281件，一大批老百姓关心关切的项目按时建成并投入使用。综合运用多种监督形式推动项目落地见效，建立项目跟踪督办机制，定期听取进度计划和实施情况报告，并引入项目绩效评估，实现民生实事项目从前期大会票决到中期跟踪督办再到后期评议问效的全链条闭环管理。为有效提高民生实事项目的办理质量，组织开展了民生实事项目电视问政和专题审议，聚焦项目建设及运行过程中的短板和不足，抓整改、促提升，确保民生实事项目真正办进老百姓的心坎里。

促进更满意的公共服务。围绕推动教育均衡优质发展，先后听取审议学前教育发展、城区义务教育资源配置、中心城区学校及幼儿园建设规划等专项报告，促进全区教育事业持续、健康发展。着眼更公平更高效的医疗保障体系建设，开展中医药改革、医共体建设等专项监督，聚焦海岛医疗设施不全、药品保障有限、医务人员紧缺等薄弱环节，推动政府着力解决"看病难、看病贵"问题。重视人民群众健康安全，听取审议老旧小区改造、海岛饮用水保障等专项报告，检查食品安全"一法两规"、粮食保障条例等法律法规实施情况，开展防洪排涝、"菜篮子"等工程专题视察，织密筑牢民生保障网。关注特殊人群的民生需求，对残疾人、城区老人居养、渔业外来劳动力管理、社区矫正等工作进行专题调研及审议，努力保障特殊人群的合法权益。致力打造文化强区，听取审议公共文化基础设施建设、群众体育等专项报告，促进全区文体事业健康、均衡发展，不断提升群众幸福指数。

促进更优美的生态环境。牢固树立"绿水青山就是金山银山"的理念，全面实行环境状况报告制度，把听取生态环境状况和环境保护目标完成情况列为常委会每年必审议题，检查固废污染防治一法一条例、土壤污染防治法、海洋环境保护法、国家级海洋特别保护区管理条例等法律法规实施情况，坚决打好蓝天、碧水、净土保卫战，促进环境质量持续改善。举办城区生活垃圾分类电视问政，代表问出了民意和深度，政府答出了责任和承诺，强力推动生活垃圾精准分类。跟踪监督中央环保督查反馈意见整改落实情况，组织城市污水处理专项视察，推动政府解决污水处理难题。积极关注城乡环境综合整治工作，听取审议小城镇环境综合整治专项报告，开展劣五类水剿灭战专项督查，督促有关部门将良好生态环境作为最普惠的民生福祉，促进城市更靓丽、乡村更美丽。

五、过去五年，我们始终坚持代表主体，展现履职尽责的“人大风采”

五年来，常委会注重发挥人大代表在实践全过程人民民主中的主体作用，积极探索新形势下开展代表工作的有效途径，完善服务保障机制，构建联系代表平台，创新工作载体形式，代表工作有了新的活力。

加强服务保障，代表履职更有底气。以全力服务区委中心工作为主方向，以县处级领导干部人大代表“集中进站月”活动为主引领，精心组织代表参加专题问询、专项监督、执法检查、电视问政、工作评议、旁听庭审、检察开放日、集中视察等闭会期间活动，参与代表3700余人次，汇总意见建议1029条，编发《民声传递》10期，为推动党委政府中心工作起到了积极作用。着眼提升代表履职能力，共举办代表履职培训班6期，实现十七届人大代表履职培训全覆盖。落实无固定收入代表履职活动经费，保障代表履职尽责。出台普陀区人大代表履职管理办法，运用代表履职服务数字化场景，实现代表履职管理规范化、信息化。

加强平台建设，代表履职更接地气。着力构建“中心+站+室”的联民服务体系，成立普陀区人大代表联络服务中心，出台推进代表联络站建设的实施意见，质效提升9家代表联络站，12家联络分站，57个代表联络点，新建8家海岛民情联络室，实现联络站“全覆盖、制度化、常活动”的工作目标。坚持和完善“双联系”制度，提炼“海岛地区创新人大‘双联系’工作的普陀实践”，得到省、市人大的肯定。建立深化列席常委会会议的代表座谈机制，进一步拓宽代表履职渠道。

加强建议督办，代表履职更加硬气。围绕代表建议“提好、办好”目标，建立代表建议集中面商、集中办理、协同督办等机制，提高了建议办理的解决率和满意率。推动议案建议办理从答复满意向结果满意转变，探索形成“53753”议案建议办理模式，有效解决议案建议办理“被满意率”高的难题，获首届“浙江人大工作与时俱进奖”，为全省议案建议办理工作提供了普陀经验。拓宽闭会期间代表意见建议交办渠道，出台人大闭会期间代表日常建议处理意见，构建意见建议办理的“双循环”。本届以来，共收到代表提出的议案建议427件，办复率达100%，其中，城市精细化管理、服务民营企业高质量发展、老城区基础设施完善等23件重点建议得到了更有效的落实。

六、过去五年，我们始终坚持凝神聚气，锤炼求真务实的“人大品格”

五年来，常委会主动适应新形势新任务的需要，努力用发展的眼光研究人大工作，用创新的思维推动人大工作，不断提高依法履职能力。

扎实开展思想作风建设。坚持中心组理论学习、会前学法、读书会等制度，组织开展各类专题培训63期，共培训2100人次，不断提高人大干部的理论素养，增强人大工作谋在“一线”、服务“一线”的意识和能力。持之以恒抓好作风建设，引导机关党员全力投身创城、疫情防控、“三服务”等中心工作，精心统筹组织安排人大党员干部下沉到企业、结对小区和社区兼合式党支部协助开展志愿服务活动，展现人大干部的担当作为。纵深推进“清廉人大”建设，不折不扣落实中央八项规定及其实施细则精神和区委实施办法，压紧压实全面从严治党责任。扎实推进“模范机关”创建，加强对机关党组巡察整改工作的领导，把落实整改与促进工作相结合，进一步健全党建工作闭环管理和责任体系。

不断加强宣传研究和制度建设。讲好普陀的民主故事、人大故事，举办“历史记忆、使命担当”纪念地方人大及其常委会成立40周年图文展，制作5期普陀人大履职纪录片，推出60期代表风采系列报道，点击量达20多万次；建立普陀人大公众号，在市级以上媒体发表普陀人大信息270余篇，连续4年荣获省市人大系统宣传先进，推动人民代表大会制度深入人心。坚持靠制度管人、按制度办事，编撰完成《普陀区人大工作手册》与《普陀区人大常委会机关工作制度汇编》，对2009年以来制定的议事、行权、内控、廉政等一系列制度进行了全面梳理、充实和完善，制定修订常委会及机关工作制度22项，进一步推进了人大工作的制度化、规范化。

探索创新人大工作方式。在传承历届人大常委会好经验、好做法的基础上，就增强监督刚性、提升审议质量、扩大民主参与等作了积极的探索和实践。在建立制度闭环上求创新，紧扣提高审议质量这个人大工作的“牛鼻子”，出台审议意见督办办法，健全审议意见交办会、反馈会等制度，形成审议、交办、督办以及满意度测评的全链条监督闭环，推动审议意见高质量，意见办理高质量。在加强工作深度上求创新，建立民生实事项目代表票决、部门预算重点审查、代表部门面对面谈等机制，确保决定权和监督权的更有效行使。在打造监督合力上求创新，充分运用电视问政、专题问询、工作评议、绩效评估等多重监督手段，使专业技术力量深度参与人大监督，使人大监督和舆论监督、社会监督有机结合，切实增强代表监督的实效性。在撬动履职质效上求创新，坚持数字赋能促人大工作变革提升，打造具有人大辨识度的应用场景，其中，“数检督”自主应用场景已在全市推广使用，实现数字赋能法律监督工作全路径监督闭环。代表议案建议办理、代表履职服务等应用场景已上线试运行，推动人大工作系统迭代、高效协同、整体提升。

各位代表！区十七届人大常委会所取得的成绩，是区委正确领导的结果，是全体代表、常委会组成人员、各专门委员会组成人员和人大机关工作者辛勤付出的结果，是“一府一委两院”和各镇（街道）人大密切配合的结果，是全区人民和社会各界大力支持的结果。在此，我谨代表区人大常委会，向大家表示衷心的感谢，并致以崇高的敬意！

回顾五年的工作实践，我们进一步加深了对人民代表大会制度科学内涵和本质特征的认识，进一步深化了对人大工作定位和工作规律的认识，我们深切体会到，做好人大工作：

必须旗帜鲜明讲政治，始终把坚持党的领导作为人大工作的根本遵循。我们始终把坚持党的领导作为人大工作的生命线，确保人大工作与党委工作同心同力。坚持重要工作和重大问题及时向区委报告，确保区委的重大决策部署经过法定程序成为全区人民的共同意志。我们坚信坚持党的领导是人民代表大会制度的最大政治优势，是牢固树立制度自信，坚定不移走中国特色社会主义政治发展道路的关键所在。实践证明，党的领导是人民当家作主和依法治国的根本保证，也是坚持和完善人民代表大会制度、做好人大工作的根本保证。

必须主动作为敢担当，始终把促进改革发展作为人大工作的主要任务。我们始终向中心聚焦、为大局出力，突出党委决策重点、政府工作焦点、群众关注热点、人大履职要点来谋全局、促发展。我们坚持把围绕中心、服务大局贯穿于人大履职的全过程各方面，将人大工作的重点放在推动普陀开发开放和推进改革创新上，放在保障改善民生和深化依法治理上，放在推动生态文明建设和促进区域协调发展上，实现人大工作与全区中心工作的同频共振。实践证明，只有立足大局求实效，才能在新普陀建设中更好地发挥人大的职能、展现人大的作为。

必须一心为民守初心，始终把人民当家作主作为人大工作的本质特征。我们始终把维护人民群众的根本利益作为第一责任，把群众满意作为第一追求，牢固树立以人民为中心的发展思想，努力发挥人大自身优势，形成深入了解民情、广泛集中民智、充分反映民意的民主决策机制，持续推动事关民生民计的热点难点问题的解决，努力使发展成果更好地惠及各方百姓。实践证明，只有全心全意为人民群众解难事、办实事、做好事，才能得到人民群众的肯定和支持，才能使人大工作根深叶茂。

必须情系代表激活力，始终把发挥代表主体作用作为人大工作的重要支撑。我们始终注重发挥人大代表参与决策、监督推动、桥梁纽带和模范带头作用，努力为代表依法履职创造条件、提供服务，不断扩大代表对常委会工作的参与，进一步拓宽与代表和人民群众联系的渠道。实践证明，只有充分发挥人大代表的主动性、积极性和创造性，人大工作才能有坚实的基础和保证，才能更好地发挥人大常委会作为国家权力机关、工作机关、代表机关的作用。

必须守正创新强基础，始终把坚持与时俱进、开拓创新作为人大工作的活力源泉。我们始终坚持一切从实际出发，因地制宜，总结传承，积极探索新时代常委会依法行权的运行机制，探索增强监督实效的方式方法，探索充分发挥代表作用的载体平台，探索公民参与政治生活的有效途径。我们综合运用各种监督手段，更加精准、更有针对性地开展监督，创新加强跟踪问效的方式方法，确保监督事项有始有终，推动当前存在的"短板"转化为加快发展的"样板"。实践证明，只有理论思考不停滞，探索实践不止步，人大工作才能富有生机、充满活力。

在肯定成绩、总结经验的同时，我们也清醒地认识到，常委会工作与新形势、新任务、新要求相比，与各位代表和人民群众期望相比，还存在着差距，主要有：统筹运用监督方式有待丰富，监督的精准性和实效性需要进一步提升；人民群众、人大代表参与人大工作有待深化，人大在发展全过程人民民主中的优势需要进一步放大；人大数字化改革有待深入推进，与现代化先行相匹配的人大干部队伍建设需要进一步加强。这些都需要在今后的工作中认真加以研究，切实予以解决。

今后工作建议

各位代表，区第十四次党代会为我们擘画了未来五年普陀发展的宏伟蓝图。本次大会即将选举产生的区十八届人大常委会，承载着全区人民的期望，肩负着新时代的重任。我们建议新一届人大常委会要在区委的坚强领导下，坚持以习近平新时代中国特色社会主义思想为指导，全面贯彻党的十九大和十九届历次全会精神，中央人大工作会议精神以及习近平总书记系列重要讲话精神，坚持党的领导、人民当家作主、依法治国有机统一，紧紧围绕区第十四次党代会提出的目标任务，依法履职、奋发有为，为致力高质量、走好共富路、建设现代化新普陀提供有力保障。为此，建议做好以下四个方面：

一要牢牢把握人大政治机关的定位，把党的领导贯穿于人大工作全过程各领域。始终把学习贯彻习近平新时代中国特色社会主义思想作为首要政治任务，把学懂弄通做实习近平总书记关于坚持和完善人民代表大会制度的重要思想摆在突出位置。发挥常委会党组政治保证作用，主动把人大工作置于区委领导之下，严格执行请示报告制度，坚决贯彻执行区委的各项决策部署和工作要求。以打造"重要窗口"、推进高质量发展建设共同富裕示范区在普陀的生动实践为统领，自觉把人大工作放到现代化新普陀建设的大场景中去谋划、去思考、去推进，力求重大决定体现区委改革需要，人事任免落实区委决策意图，监督重点紧贴区委工作大局，充分体现人大的政治属性。

二要牢牢把握人大权力机关的定位，推动全过程人民民主在普陀的生动实践。完善全过程人民民主的方式、程序、机制，有效贯通民主选举、民主协商、民主管理、民主监督，做深做实重大事项决定权的行使，完善重大决定的实现形式，把人民当家作主具体地现实地落实到人大工作各方面。坚持民有所呼、我有所应，聚焦经济社会建设、民生事业发展、社会治理提升，为保障公共安全、保护生态环境、维护人民群众合法权益提出务实管用的人大建议，充分体现人大的民主属性。

三要牢牢把握人大工作机关的定位，全面担负起宪法法律赋予的各项职责。坚持正确监督、有效监督、依法监督，增强服务中心和大局的实效。聚焦工作监督，锚定"十四五"发展任务和二〇三五年远景目标，紧扣普陀未来五年发展任务，在推动产业转型、城市建设、社会治理、民生保障、重点领域改革等中心工作上，精准选题、增强监督质效。聚焦法律监督，深化法治政府建设的监督，深入推进检察机关法律监督工作，常态化开展两官评议和部门工作评议，加强各类执法检查，实现各项工作法治化，充分体现人大的法治属性。

四要牢牢把握人大代表机关的定位，充分发挥代表在全过程人民民主中的作用。坚持代表主体地位，着力强化"职权由代表赋予、工作请代表参与、成效由代表评价"的理念，注重加强代表履职服务保障，开展新一届全体代表履职培训，践行代表工作“五个一”目标，开展代表履职积分管理，力促代表“能为”。注重议案建议办理，完善代表重点建议督办和闭会期间建议办理机制，力促代表“愿为”。注重同人民群众保持密切联系，做好“双联系”和代表联络站的提质增效等工作，力促代表“有为”，充分体现人大的人民属性。

各位代表，回顾过去，我们为普陀所取得的成就而深感自豪。展望未来，我们对普陀更加美好的前景而充满信心。我们坚信，在区委的坚强领导下，新一届人大常委会一定能不忘初心、承前启后、继续前行，更好地担负起历史重任，不断开创全区人大工作新局面，为致力高质量、走好共富路，建设现代化新普陀贡献新作为、展现新担当，以优异成绩迎接党的二十大的胜利召开！

政协第五届舟山市普陀区委员会常务委员会工作报告

——2022 年 2 月 11 日在政协第六届舟山市普陀区委员会第一次会议上

区政协主席　张禾波

一、五年来的工作回顾

政协第五届舟山市普陀区委员会任期的五年，是我区不断深化改革、加快发展、向海图强，高水平全面建成小康社会的五年，也是我区人民政协工作不断加强改进、提质增效、创新发展的五年。五年来，在中共舟山市普陀区委的坚强领导下，区政协常委会坚持以习近平新时代中国特色社会主义思想为指导，全面贯彻中共十九大和十九届历次全会精神，认真落实中央和省、市、区委政协工作会议部署，紧紧围绕全区工作大局，牢牢把握团结和民主两大主题，坚持建言资政和凝聚共识双向发力，切实发挥专门协商机构作用，干出了新时代人民政协的新样子，为助力高水平建设开放活力美丽的幸福普陀、高水平全面建成小康社会作出了积极贡献。

（一）强化党的领导，把握政治方向更加坚定

五年来，我们始终坚持党对政协工作的全面领导，以高度的思想自觉、政治自觉、行动自觉，确保政协工作始终沿着正确的方向前进。

政治建设持续加强。始终把坚持习近平新时代中国特色社会主义思想作为共同思想政治基础的主轴，旗帜鲜明讲政治、围绕中心讲大局、严守纪律讲规矩，深入领会“两个确立”的决定性意义，切实增强“四个意识”、坚定“四个自信”、做到“两个维护”，不断提高政治判断力、政治领悟力、政治执行力。坚决在区委的领导下开展政协工作，不折不扣落实区委各项要求，确保政协履职与全区中心大局同向共进。认真贯彻落实中央和省、市、区委政协工作会议精神，严格执行重大事项请示报告制度，做到重大问题及时汇报，重要工作及早对接，围绕区委部署的政协工作主要任务要求，如期抓好推进落实。

理论武装走深走实。认真推进“两学一做”学习教育常态化制度化，深入开展“不忘初心、牢记使命”主题教育、党史学习教育及“树好新时代人民政协新样子”专题活动，认真学习贯彻习近平总书记在中央政协工作会议暨庆祝中国人民政治协商会议成立 70 周年大会重要讲话、庆祝中国共产党成立 100 周年大会重要讲话精神。认真做好以中共党史为重点的“四史”学习教育各项工作，有力引导各民主党派团体和各界人士明理增信、崇德力行，坚定不移听党话、跟党走。完善以党组理论学习中心组学习为引领，党组会议、主席会议集体学习和常委会读书会、专题讲座、委员培训等相配套的学习制度体系，扎实开展“书香政协”读书活动，通过打造“委员书吧”、网上学习发言、委员朗读经典、“品”书“荐”书等举措，提高读书活动的有效性、趣味性。2018 年被省委宣传部和省直机关党委命名为“书香机关”。五年来，共举行党组理论学习中心组学习 35 次、组织委员和机关干部各类学习宣传活动 90 余次，向委员赠书 1000 余册，完成调研报告和政协重点理论研究课题 40 篇，获评省、市级优秀理论文章 5 篇，在政协形成了“重学习、凝共识、促工作”的浓厚氛围。

党建工作全面提升。发挥区政协党组把方向、管大局、保落实的作用，贯彻落实新时代政协党建工作要求。成立区政协党建工作领导小组，召开全区政协系

统党建工作座谈会，全面部署新时代政协系统党建工作。成立区政协机关党组，夯实机关党建工作基础。设立5个专委会兼合式党支部，在委员学习培训、外出考察等重要活动时设立临时党支部，发挥党员委员带头引领作用，推动党的组织对党员委员全覆盖、党的工作对政协委员全覆盖。配合区委巡察组做好机关党组政治巡察工作，认真抓好问题整改落实。支持纪检组开展工作，持之以恒推进正风肃纪。落实意识形态工作责任制，加强政协新闻舆论阵地建设和管理，抓好机关干部思想建设。

（二）强化协商主业，服务发展大局更有成效

五年来，我们始终坚持围绕中心、服务大局，积极发挥政协作为协商民主重要渠道和专门协商机构作用，为推动全区经济社会高质量发展献计出力。

聚焦自由贸易先行区建言献策。紧紧围绕我区自由贸易先行区的发展定位，开展系列调研、协商议政，为推进我区大开发、大建设献计献策。以常委会调研、视察协商的形式，开展“自由贸易先行区、探索经济发展新路径”课题调研，提出了建设国际海事服务、海洋金融服务、国际健康旅游等“三个先行”的总体思路和对策建议，助力我区深化改革、扩大开放。重点关注本岛片区发展，围绕深化沈家门渔港小镇建设、东港如意海湾建设等课题，深入开展专项调研协商，提出建设性对策建议，助推本岛重点区块发展。密切关注海洋临港产业发展，以主席会议和委员视察的形式，开展六横LNG产业园、金钵盂临港产业园区建设视察，积极为六横、虾峙等地发展建言献策，助推特色功能岛建设。发挥省、市政协委员履职平台作用，向上提交了《建立六横—梅山协同发展试验区　助推义甬舟大通道高质量发展》《关于浙江自贸试验区财税统筹的建议》等提案163件、《加快中心城区向本岛东部迈进　开启“莲洋时代”》《打造“普陀湾”世界海岛公园的建议》等大会发言40篇，助力我区争取上级的各项支持。

聚焦海洋产业新高地献计出力。紧紧围绕我区海洋产业新高地发展定位，切实发挥政协各大协商平台作用，助力我区向海图强。发挥政治协商会议平台的作用，就“十四五”规划编制开展专题协商，提出的“提高传统支柱产业地位、擦亮沈家门渔港名片”等20多条意见建议被区委区政府吸收采纳，列入普陀区经济和社会发展“十四五”规划。发挥专题议政性常委会会议协商平台的作用，围绕高铁时代背景下的普陀应对策略研究课题，提出“谋划东港板块新战略、构筑综合交通新路网、提升全域旅游新品质、开辟现代商务新市场、打造人才集聚新高地”等五方面前瞻性的对策建议，供区委区政府决策参考，以期在高铁时代的大潮中赢得先机。围绕《复兴沈家门渔港、重振“世界渔都”辉煌》课题，从发展定位、城市更新、交通瓶颈、海洋文化等方面提出对策建议，助推沈家门渔港复兴和城区有机更新。发挥“请你来协商”平台的作用，举行“现代渔业高质量发展”“加强校地合作推进发展”等专题协商会，邀请高校专家学者、政协委员与职能部门交流互动，在渔业品牌化规模化发展、渔业经营管理体制等方面提出建设性意见建议，为现代渔业发展、校地合作把脉支招。关注民营企业在“六稳”“六保”中的重要作用，举行“普陀水产品加工业高质量发展”专题协商会，开展贯彻落实《浙江省民营企业发展促进条例》民主监督，助力民营企业健康发展。

聚焦海上花园会客厅务实资政。紧紧围绕我区海上花园会客厅发展定位，发挥专门协商机构在社会治理体系中的重要作用，助力区委区政府谋良策、抓落实，共建美丽环境、共享美好生活。依托全体会议的大会发言，每年组织委员围绕中心提出协商建议。五年来，共形成大会发言99篇，其中《打造普陀城市IP赋能文商旅经济的建议》《守护创城成果　让文明之花常开》《精准助力后疫情时代新常态生活方式构建的建议》等10多篇大会发言，得到区委区政府主要领导批示。关注沈家门夜排档提升改造，通过深入调研论证，提出了统筹宝龙天地、半升洞客运大楼改造、中央山体公园建设、鲁家峙—东港公路“五位一体”规划建设的建议，助力唱响渔港“金名片”、打造舟山“夜明珠”。依托政协常委会会议的议政协商，深入开展海岛美丽大花园调

研，先后听取疫情防控、食品安全管理、新时代调解工作、幸福社区创建等情况通报20次，提出协商意见建议90余条，有效助推社会治理和海上花园会客厅建设。依托“请你来协商”活动，围绕“优化交通出行”“加快大数据应用 创新社会治理方式”等议题召开专题协商会，提出加快“智慧城管”建设、完善交通标志等协商建议48条，有力促进沈家门旅游大巴临时停靠、城区交通标志划线等措施的落实。依托提案办理协商形式，开展“全装修住宅监管”“沈家门片区无障碍环境有机更新”等重点提案协商，推动相关政策的出台和措施的落实。依托提案、协商“回头看”形式，对政协履职成果闭环管理，助推原沈一小地块成功拆迁、蚂蚁岛等红色旅游研学基地建设等项目落实。

（三）强化履职为民，助力民生福祉更贴民心

五年来，我们始终坚持人民政协为人民，把助力民生改善、促进共同富裕作为履职的着力点，助力党委政府破解民生难题、增进人民福祉。

关注民生实事深入调研视察。密切关注涉及群众切身利益的实际问题，共同把脉我区民生事业发展瓶颈，建言献策提出破解方案。围绕政府重点实事项目、“六个一百”工程、全域旅游示范区创建、城西开发、乡村振兴、教育“双减”、残疾人托养服务和幸福社区创建等重点内容，组织委员开展视察活动50余次，助力重点工作、重点事项的推进落实。围绕居家养老服务、旧城改造、渔都特色餐饮业发展、区域“医共体”建设、应急管理等社会关注的热点问题，深入开展专题调查研究，形成的《老年人意外伤害保险工作应尽快明确职能》《关于运用“互联网+”智慧养老——建立居家乐养老服务中心的建议》等46篇政协专报、社情民意信息，得到市、区党政领导批示肯定。

关注民生热点开展民主监督。连续3年联动开展城乡生活垃圾分类处理专项集体民主监督，组织各民主党派团体和委员成立6个监督组和暗访组，对全区各镇、街道、管委会及7个部门开展监督调研，提出合理化的意见建议。围绕高水平全面建成小康社会补短板、推进美丽大花园建设，协同省、市政协开展三级政协联动专项集体民主监督，有力助推我区全面建成小康社会。聚焦创建全国文明城市，组织委员深入全区重点区块，开展创建全国文明城市工作民主监督，全面了解掌握实情，认真梳理问题清单，在查漏补缺、汇聚各方力量、构建长效机制等方面提出针对性的意见建议，为创建全国文明城市谏真言、献良策。聚焦“五水共治”、小城镇环境综合整治、“最多跑一次”改革成效、“菜篮子”工程建设等民生项目持续开展专项民主监督，不断突出监督的针对性和实效性。五年来，共组织开展专项民主监督14次，充分发挥人民政协民主监督的独特优势和重要作用，有效助推相关决策部署的落地见效。

关注民生需求畅通服务渠道。突出提案在政协履职中的重要地位和作用，不断提升提案工作质效，有力助推党政中心工作和民生热点问题解决。五年来，政协各参加单位和委员共提出提案833件，经审查立案728件，所有立案提案得到区委区政府高度重视及有关部门认真办理，提案面商率、办复率均达100%。完善信息报送和筛选机制，提高信息报送的针对性和有效性。五年来，共整理编报各类社情民意信息519期，转报省、市政协170件，其中《推广沈家门渔港海上停车场管理模式》《青少年吸“笑气”现象增多亟需引起高度重视》等多条信息分别被全国政协、省政协采用，建议被区属职能部门采纳率逐年提高。每年组织委员开展“三服务”“六送服务”等活动，帮助企业和基层群众解决实际问题。

（四）强化团结联谊，凝聚各界共识更显合力

五年来，我们始终重视发挥人民政协作为统一战线组织的大团结大联合优势，广泛联系和动员各界人士，画大画好同心圆，凝聚强大向心力。

壮大合作共事“朋友圈”。深化党派团体合作共事，出台《关于为民主党派、无党派人士在政协更好发挥作用创造条件的实施意见》，做到重要议题共同协商、重大活动共同组织、重点课题联合调研，民主和谐的氛围日益浓厚。坚持政协参加单位联席会议制度，发挥好工、青、妇等人民团体的桥梁纽带作用，为各党

派团体履职搭建各类平台。五年来，各民主党派、工商联、人民团体提出集体提案168件、大会发言57篇。完善主席会议成员联系区级党派团体等制度，推进联络联谊工作健康发展。密切同各民主党派、工商联、无党派人士和人民团体的沟通联络，加强与非公有制经济人士、新社会阶层人士的联络，在联络联谊中凝聚共识。有效发挥专委会基础作用，强化专委会与政府部门的联系。注重加强与上海普陀区等县区政协的友好交流，积极探索区域战略合作，推动实现互利共赢。

画出更好更美“同心圆”。推进凝聚共识工作制度化，出台《关于加强和促进凝聚共识工作的实施意见》。落实“一府两院”向政协通报工作制度，每年召开政协常委（扩大）会议，听取区政府关于经济运行和社会发展的情况；以主席会议的形式，听取法、检两长关于法院、检察院工作情况的通报，进一步畅通委员知情明政的渠道。用好省、市、区三级委员会客厅（工作室），积极为省、市、区政协委员履职创造条件，增进与社会各界人士联系交流。面对新冠肺炎疫情，广大委员积极响应号召，在关键时刻站出来、冲在前、顶上去，奋战在志愿服务、群防群控等一线，积极反映社情民意信息，建言防控举措，在疫情防控多条战线中展现责任担当，聚起同心抗疫强大合力。五年来，委员累计捐款捐物1000余万元。以“同心向党”文艺汇演、书画展等形式，先后举行庆祝改革开放40周年、人民政协成立70周年、舟山解放70周年、中国共产党成立100周年、纪念辛亥革命110周年等活动，唱响主旋律，弘扬正能量，使各民主党派、团体和各界人士紧紧团结在党的周围。

唱响政协工作“好声音”。持续开展“政协委员与幸福普陀同行”主题活动，连续3年创建结对幸福社区，助推数字赋能幸福社区迭代升级，助力普陀连续四年获评“中国最具幸福感城市”。开展百名委员“走进界别”联系群众、“大调研、大走访、大建言”等活动，协助党委政府做好宣传政策、协调关系、解疑释惑、化解矛盾工作。发挥政协文史“存史、资政、团结、育人”作用，史料征编成果丰硕，挖掘东极渔民营救英俘及“春日丸”舟山遇险事件，深入开展调查研究、学术研讨和相关史实研究活动。挖掘普陀红色基因，编撰出版《近代报刊中的普陀（上、中、下）》《血战登步岛》《“里斯本丸”史实的追寻之路》等书籍，讲好普陀故事。深化政协宣传阵地建设，办精《普陀政协》《普陀文史》杂志、普陀政协网站，不断扩大微信公众号的覆盖面。五年来，共有129篇信息报道在《人民政协报》《联谊报》《同心苑》等省级以上媒体刊登，连续5年荣获省政协《联谊报》宣传工作先进单位称号。

（五）强化实践创新，培塑工作品牌更具影响

五年来，我们始终坚持在实践中创新、在创新中发展，按照省、市政协的部署要求，突出普陀味、政协味，统筹推进“请你来协商”“委员工作室”“民生议事堂”三大平台建设。“请你来协商”“探索创新联络联谊”“推进政协协商与基层协商有效衔接”三项工作分别在省政协工作会议上作经验交流。

“请你来协商”提质增效。着眼更好发挥专门协商机构作用，2019年倾力打造“请”有机制、“你”有范围、“来”有场所、“协”有重点、“商”有成效的“请你来协商”平台，认真落实“6+X”的协商频次，弘扬“公正理性、求真务实、平等互信、开放包容”的协商文化，严把选题策划、调查研究、活动组织、成果转化等工作环节，以小切口研究大问题，推进“请你来协商”活动规范有序开展，政协专门协商机构“专”的特色、“专”的质量、“专”的水平更加凸显，使之成为政协最具影响力的工作品牌。“请你来协商”平台启用以来，共举行“提升全民健身品质”“深化‘东海渔嫂’参与社会治理”“完善养老体系建设”和“规范殡葬管理”等专题协商会19场、微协商36次，委员提出的320余条意见建议被区委区政府吸收采纳，并由相关职能部门予以落实。

“委员工作室”扩面做强。着眼“学习交流新载体、联系群众新纽带、协商民主新路径、团结联谊新平台”的功能定位，依托界别优势和委员“专”的特长，“委员工作室”不断提升扩面，创设了1个省政协委员会客厅、1个市政协委员普陀工作室、9个区政协委员工作室，先后开展委员工作室活动“促进年”“规范

年”“质量提升年”等活动，推进委员工作室“建管用育”一体化。各工作室（厅）立足自身优势，发挥牵头委员和团队成员作用，积极践行“互学互鉴、同心同行”工作理念，以学习工作结合、线上线下融合、联合联动聚合的形式，推动活动经常化、实效化。委员工作室成立以来，累计开展各类主题活动208次，有效架起了委员联系界别群众的“连心桥”。

“民生议事堂”有序推进。依托“请你来协商”平台，2021年制订了《打造“请你来协商·民生议事堂”平台 推动政协协商与基层协商有效衔接的工作方案》，坚持高起点高标准，率先在全市打造“民生议事堂”示范点建设，按照不建机构建机制的要求，建立委员履职小组和协商议事工作机制，开展调查研究、协商议事活动，推进政协协商与基层协商渠道相衔接、同社会治理相融合，推动协商民主有制可依、有规可守、有章可循、有序可遵。“民生议事堂”平台自去年启用以来，聚焦群众关心的热点难点问题，已举行民宿村建设、海岛交通出行、农旅融合谋共富等协商议事活动8场，提出意见建议75条，助力基层与相关职能部门达成共识，有效营造了“有事好商量，众人的事情由众人商量”的良好氛围。

（六）强化自身建设，树好政协新样子更为优良

五年来，我们始终坚持固本强基练内功，不断健全工作制度，强化委员管理，深化机关建设，推动政协工作制度化、规范化、程序化。

履职制度更加健全。五年来，建立完善党建工作制度5项，制定修订全体会议工作规则、常委会议事规则、委员履行职责等履职制度37项。规范区政协机关内部运行机制，制定修订办文、办会、办事等方面规定办法14项。梳理制度建设成果，编印《区政协规章制度汇编》，为政协各项工作开展提供操作指南。加快数字政协建设，积极承接省市政协数字化改革各项任务，积极参与全区党政机关整体智治系统建设，建好掌上履职平台、掌上办公平台，推行网上履职建言，提升政协工作质效。

委员能力不断提升。突出政协常委会自身建设，推行政协常委向常委会会议进行年度履职述职，不断增强常委会的组织力和推动力，发挥好常委会组成人员的带头和引领作用。强化委员学习培训，连续5年举办委员履职能力和综合素质提升培训班，将委员学习培训有机融入履职工作，在培训实践中不断提高履职能力。优化委员服务管理，健全委员履职规定，强化委员履职考核，不断激发委员履职活力。委员履职平均分为70.58分，最高分达191分。

机关建设全面推进。优化专委会机构设置，增设委员工作委，配齐配强人员，有效破解基础工作、人员力量“两个薄弱”问题。建立各专委会主要工作职责，厘清工作职能，完善专委会通则、联系界别委员和对口党政部门等制度，进一步发挥专委会基础性作用。开展“清廉机关”、“模范机关”建设，推行政协机关专职委员向主席会议年度述职测评，积极营造比学赶超、奋勇争先的浓厚氛围，激励机关干部在履职尽责、助力疫情防控、创建全国文明城市等中心工作中担当作为。五年来，机关干部参与疫情防控、创建全国文明城市等中心工作4200余人次。

各位委员，五届区政协五年来所取得的成绩，是中共舟山市普陀区委坚强领导和省市政协有力指导的结果，是区政府大力支持、各有关部门密切配合的结果，是全区各民主党派、工商联、无党派人士、各人民团体和全体委员共同努力的结果。在此，我谨代表五届区政协常委会，向所有关心、支持政协工作的各位领导和社会各界人士，向政协各参加单位和广大政协委员，表示衷心的感谢！

回顾五年的工作，我们也清醒地看到，面对新时代、新方位、新使命，政协工作还存在着一些差距和不足，主要有：协商成果转化机制还需进一步完善，数字赋能政协工作的思路举措还需进一步深化，政协协商向基层延伸还需进一步推进，政协委员和机关干部能力建设还需进一步加强等等。这些都需要在今后积极探索，切实加以改进。

二、五年来的主要经验和体会

各位委员，回顾五届区政协五年来的履职历程，我们在工作实践中感慨良多、体会至深，主

要有以下六个方面：

——必须坚持中国共产党的领导，把贯彻区委的决策部署作为政协履职的正确方向。中国共产党的领导是中国特色社会主义最本质的特征，是人民政协事业发展进步的根本保证。实践让我们深切体会到，只有始终坚持中国共产党对人民政协的领导，才能确保政协工作沿着正确的政治方向行稳致远。务必发挥好政协党组在政协工作中的领导核心作用，确保把牢方向、管好大局、保证落实。认真贯彻区委的部署，坚决执行区委的决定，确保政协工作与党委中心工作同步合拍、协调一致。

——必须坚持人民政协的性质定位，把发挥专门协商机构作用作为政协履职的坚强基石。人民政协是爱国统一战线的组织、多党合作和政治协商的重要机构。实践让我们深切体会到，只有准确把握人民政协性质定位，严格依照宪法和政协章程履行职能，才能确保政协工作到位。务必围绕解决“政协是什么、政协干什么、政协怎么干”的认识问题和实践问题，发挥好专门协商机构的作用，利用好政协的话语权，发挥好政协的影响力，切实做到协商有据、监督有力、议政有方。

——必须坚持围绕中心服务大局，把助力普陀发展作为政协履职的工作主线。围绕党委、政府中心工作履行职能，是政协开展工作必须遵循的重要原则。实践让我们深切体会到，只有围绕中心大局履职尽责，政协工作才能不负新时代，谱写新篇章。务必把政协工作放到全区大局中去思考、谋划和推进，找准履职着力点、切入点和结合点，做到区委区政府工作部署到哪里，政协履职就跟进到哪里，智慧力量就凝聚到哪里，使各项履职活动更加贴近中心工作，更加符合决策需要，更加彰显政协在服务改革发展稳定大局中的独特价值。

——必须坚持人民政协为人民，把助力群众民生改善作为政协履职的服务宗旨。坚持以人民为中心，是政协履职的出发点和落脚点。实践让我们深切体会到，政协工作务必践行履职为民理念，围绕民生热点、难点问题，开展协商议政。主动深入基层倾听群众呼声，了解民心、体察民情、帮解民困。通过调研、提案、社情民意信息等形式，及时向区委区政府反映群众的愿望和诉求，积极为幸福普陀建言、为共同富裕献策，让人民群众感到政协委员就在身边、人民政协离群众很近。

——必须坚持大团结大联合，把凝聚共识作为政协履职的中心环节。政协具有广泛代表性、巨大包容性。实践让我们深切体会到，只有把团结的旗帜举得高，把民主的氛围搞得浓，才能使政协的制度优势更好地转化为治理效能。务必把凝聚共识融入协商议政、视察考察、调查研究等履职活动全过程和各个环节。坚持一致性和多样性统一，努力营造团结民主、生动活泼的氛围，鼓励政协委员和各界人士畅所欲言、各抒己见，努力寻求最大公约数，画出最大同心圆，汇聚起推动现代化新普陀建设的磅礴力量。

——必须坚持强化责任担当，把发挥委员主体作用作为政协履职的重要根基。政协委员既是荣誉，更是责任，既要政治过硬、也要本领高强。实践让我们深切体会到，务必把加强委员队伍建设作为做好政协工作的活力之源、固本之举。不断强化委员意识和服务意识，引导委员把责任扛在肩上、把事业放在心上，认真履职尽责，切实提高委员的政治把握能力、调查研究能力、联系群众能力和合作共事能力，充分发挥在政协工作中的主体作用、本职工作中的带头作用、界别群众中的代表作用。

三、今后五年工作建议

今后五年，是我区牢记政治嘱托，迈进现代化新征程的黄金五年；是加快经济转型升级、致力高质量发展的关键五年；也是改善人民生活品质，推动共同富裕的重要五年，做好新一届区政协工作意义重大。为此建议：六届区政协要高举习近平新时代中国特色社会主义思想伟大旗帜，深入贯彻中共十九大和十九届历次全会精神，弘扬伟大建党精神，贯彻落实中央和省、市、区委政协工作会议部署，在中共舟山市普陀区委的坚强领导下，围绕完整、准确、全面贯彻新发展理念，加快构建新发展格局，紧扣区第十四次党代会确定的奋斗目标履职尽责，聚焦致力高质量、走好共富路，切实发挥专门协商机构作用，积极践行全过程人民民主，更好地凝聚共识，为建设现代化新普陀凝聚智慧力量。

（一）增强政治定力，努力在强化政治引领上扛起新担当。坚持把加强思想政治建设贯穿于政协工作的各方面和全过程，巩固拓展党史学习教育成果，从百年党史中汲取智慧力量，深入学习贯彻中共十九届六中全会精神，进一步学深悟透笃行习近平新时代中国特色社会主义思想，统一思想、统一意志、统一行动，在忠诚维护“两个确立”、坚决做到“两个维护”上当好表率。全面加强区政协系统党的建设，研究部署更加符合政协特点的党建工作思路举措，扎实推进党风廉政建设、组织建设、宣传思想和意识形态等工作，深化“书香政协”建设。坚持区委对政协工作的全面领导，自觉贯彻落实区第十四次党代会精神，切实把广大委员的思想行动、各界人士的智慧力量凝聚到区委的决策部署上来，努力使政协成为坚持和加强党对各项工作领导的重要阵地、用党的创新理论团结教育引导各界人士的重要平台、在共同思想政治基础上化解矛盾和凝聚共识的重要渠道。

（二）紧扣中心大局，努力在履行主责主业上作出新贡献。牢牢把握新时代人民政协的新方位新使命，自觉把政协工作置于全区发展大局中来谋划，围绕区第十四次党代会提出的“现代海洋产业新高地、现代品质海岛大花园、现代社会治理新样板”发展定位，聚力海洋引能、开放聚能、数字赋能、品质筑能、服务增能、文化蕴能，找准政协工作的结合点、着力点和切入点，制定并实施年度重大协商工作计划，更好发挥专门协商机构的潜能效能。聚焦建设现代化新普陀九大关键领域的核心任务，聚力强产业、促效能，深入调研视察，精准协商建言，助推港产、港贸、港城一体化发展。发挥协商式监督特点优势，寓协商、服务于监督之中，集成运用视察考察、调研协商、联动监督等方法，协助区委区政府更好地发现问题、推动落实。围绕共同富裕各项行动中群众关心的民生实事、关键小事开展协商议事，助推“普有”系列民生项目办实办好。健全民情通达机制，提高提案、社情民意信息质量。做实政协“三服务”“六送服务”等为民惠民活动，统筹整合资源，精准对接需求，倾力增进民生福祉。

（三）坚持团结民主，努力在广泛凝聚共识上谱写新篇章。坚持把凝聚共识摆在更加重要的位置来抓，牢牢把握团结和民主两大主题，切实做好强信心、聚人心、筑同心大文章。着力加强与社会各界的团结联合，促进各大关系和谐。发挥人民政协作为实行新型政党制度重要活动形式和组织形式作用，支持和保障各民主党派、工商联、人民团体、无党派人士参与政协履职活动，为他们更好地在政协履职创造条件。落实重点关切问题情况通报制度，畅通委员知情明政渠道。深化联络联谊，推进合作交流，巩固扩大文史工作经验，发挥普陀书画院在文化交流等方面的重要平台作用，讲好普陀故事、政协故事。主动顺应统战对象新变化、新特点，不断丰富“委员会客厅”“委员工作室”内涵功能，更好地发挥对党外知识分子、非公有制经济人士、新的社会阶层人士等联系纽带作用，把更多的人团结在党的周围，为普陀新一轮发展汇聚更加磅礴的力量。

（四）立足守正创新，努力在推进协商民主上实现新突破。加快探索构建程序合理、环节完整、运行有效的协商民主体系，放大“协商之治”与“数字之治”的融合叠加优势，更好地把人民政协制度优势转化为治理效能。进一步擦亮政协履职创新金名片，持续优化升级“请你来协商”平台，创新协商模式，丰富协商内容，培育协商文化，不断提高协商工作质效。认真总结“请你来协商·民生议事堂”示范点经验，建立健全“请你来协商·民生议事堂”工作长效机制，推动政协协商与基层协商相衔接、与社会治理相结合，不断拓展协商于民、协商为民的履职实效。迭代深化“数字政协”建设，推进数字赋能履职增效，依托“浙政钉”完善掌上履职平台、掌上办公平台建设，构建政协数字履职新模式，让委员思想在线、智慧在线、联系不断线，大力推动“指尖上的协商民主”。

（五）夯实履职根基，努力在提高履职能力上激发新潜能。主动适应提高现代化能力的要求，大力推进政协履职能力建设。加强委员队伍建设，开展新一届委员大轮训工作，厚植担当情怀，强化修养作为，不断提升政治把握能力、调查研究能力、联系群众能力和合作共事能力，打造“懂政协、会协商、善议政，守纪律、讲规矩、重品行”的委员队伍。加强专委会建设，组建政协新智库，优化对口联系党政部门、界别委员等制度，提高专委会工作质量。加强界别建设，支持界别开展自主调研、党外委员专题视察等履职活动，推动界别之间沟通联系、联动履职。加强机关干部队伍建设，从理念方法行动机制层面推动建设变革型组织，提升专业化能力，打造思想过硬、业务过硬、作风过硬的高素质干部队伍。

各位委员，勇毅前行奋进新征程，勠力同心再谱新华章。让我们更加紧密团结在以习近平同志为核心的党中央周围，在中共舟山市普陀区委的坚强领导下，同心同德，致力高质量、走好共富路，奋力助推现代化新普陀建设，以优异成绩迎接中共二十大胜利召开！

专　　记

党史学习教育

【概况】 2021年2月1日，中共中央决定在全党开展党史学习教育。省委、市委先后贯彻落实。3月11日，中共舟山市普陀区委召开全区党史学习教育动员部署会。区委研究制定《普陀区关于开展党史学习教育的实施工作方案》，明确五大专项20项活动。从各单位抽调7人组建党史学习教育工作领导小组办公室，下设5个专项组，建立覆盖全区各单位的215人联络协同工作机制。在学习教育中，普陀区贯彻落实省委、市委决策部署，把握学史力行，把“学党史、悟思想、办实事、开新局”贯穿全过程，推动全区党史学习教育走深走实。

【统筹部署开展学习教育】 区委党史学习教育工作领导小组办公室统筹开展党史学习教育各项工作，结合普陀实际，编印工作要点6期，发布重点任务107项，对学习任务细化、量化、项目化。迎接省、市巡回指导组工作检查14次，部署配合完成实地检查、会议部署、活动开展25场次。按照要求梳理汇总理论学习、宣传教育、专题实践等各类工作台账22大册，各项内容均达到上级指导组的检查标准。全区累计编发区级简报132期，市级简报录用信息35期，省级简报录用信息7期，信息报送率和录用率全市前列。《全国第一个渔区人民公社旧址背后的故事》等8篇红色故事被中央党史办录用、3篇被省党史办录用，并在学习强国刊播。

【理论学习教育】 党员领导干部带头兴起学习热潮，采取“辅导报告+集体自学+研讨交流”，学习《论中国共产党历史》《毛泽东　邓小平　江泽民　胡锦涛关于中国共产党历史论述摘编》《习近平新时代中国特色社会主义思想学习问答》《中国共产党简史》4本指定用书，《中华人民共和国简史》《改革开放简史》《社会主义发展简史》《习近平在浙江》《习近平科学的思维方法在浙江的探索与实践》，习近平总书记“七一”重要讲话精神、中共十九届六中全会精神等14大项必学内容。组织开展“六个一”专题学习活动，依托普陀红色资源打造“体验式”教学模式，拓展党史学习教育的广度深度，市、区四套班子领导先后到展茅革命史迹陈列馆专题学习。邀请国家级、省级高层次专家开展党史专题辅导，开展区委中心组专题学习会、“双休日课堂”、“人文大讲堂”、专题读书班等14次，区领导交流发言全覆盖。组织全区党员干部讲党课累计2257场次，其中，县处级党员领导87场次、科级党员领导640场次。在“干部学习在线”等新媒体平台新上线党史类课程24个，在区委党校进修班、中青年干部培训班等重点班次中增加党史类课程18个，占主体班次比例22.9%，实现全区党员干部线上党史学习培训全覆盖、全区基层党组织书记党史学习轮训全覆盖。全区788个党支部完成党史学习教育专题组织生活会。创新打造12个“党史学习教育驿站”，涵盖人流密集、群众需求大的便民服务中心、产业园区、非公有制企业等。区委宣传部、区档案馆(区史志研究室)举办“回首百年路，启航新征程——普陀区庆祝中国共产党成立100周年回顾展”，在区档案馆一楼大厅展出，30余家单位先后组织集中参观。全区推出“红星耀普陀 永远跟党走”庆祝建党100周年系列群众性文化活动46项，举办“筑梦东海·红动普陀”文化夜市、“百年辉煌·艺心向党”文艺展演等系列文化活动。表彰、宣传省市区级“两优一先”等先进典型，全区1503名党龄50年以上老党员获颁“光荣在党50年”纪念章。

6月，普陀区庆祝中国共产党成立100周年回顾展（区史志研究室提供）

【以学促行】 自全区党史学习开展至2021年12月底，全区开展党史学习教育专题实践活动1664场。针对企业融资、用工等难题，深化企业网格化“零距离”服务，建立重点企业直接联系人机制。加大对小微企业的金融支持，引导银行机构帮助企业解决资金周转问题，完成全区小微企业和个体工商户授信25.45亿元。全区拓展小微企业和个体工商户首贷户1024户，发放首贷金额9.97亿元。出台《普陀区产业工人职业技能提升行动实施意见》，完成引培高技能人才950人。解决“群众身边不满意小事”，提升群众获得感。全区141家“兼合式”党组织开展“点亮微心愿”党员志愿服务活动1238次，认领“微心愿”4507个，覆盖在职党员4900余名。完成劳资、医疗等纠纷调处化解“一件事”改革工作，群众满意率100%。实施葫芦岛供水管网安装工程，解决海岛村民用水问题。推动沈家门城区城市有机更新，解决沈家门部分老旧小区“拎马桶”问题。打好城市生活垃圾分类处理攻坚战，完成2个省级高标准示范小区创建。高水平建设全国文明城市，推动解决民生问题734条。制定出台2021年基层减负工作实施方案，针对七大领域的18个具体问题落实减负具体措施。督促推动全区21个涉村（社区）事项清单“应清尽清”。开展政治监督“五项行动”，强化对数字化改革、“三件大事”（区党代会提出的抓重大项目、开放合作、数字赋能三件大事）、“六个一百”工程（区党代会提出的目标：投资建设亿元以上项目100个，招引实际到位市外资金100亿元，新增科技型企业100家，完成城乡建设投资100亿元，优化涉企涉民服务100项，办好民生实事关键小事100件）等情况的监督检查，累计开展监督检查16次，提出意见建议27条。开展漠视侵害群众利益问题专项治理，明确15个专项治理项目，专班推进治理，专项治理成效向社会公开。

【蚂蚁岛精神宣传】 3月，蚂蚁岛精神纳入浙江“红色根脉”重要组成部分，蚂蚁岛精神红色教育基地被省委党史和文献研究室命名为浙江省党史教育基地。普陀区以此为契机，谋划打造具有全省影响力、普陀辨识度的党史学习教育优质品牌。联动省、市两级宣传部门召开“全省新时代蚂蚁岛精神”理论研讨会，组织省内外60余名领导专家开展课题研究和调研考察。《舟山日报》以连版形式推出6篇《蚂蚁岛红色视觉样本》，有关蚂蚁岛摄影作品入选全国庆祝建党100周年新闻摄影展，在北京中华世纪坛展出。联合市委宣传部、中央广电总台共同制作的大型专题纪录片《蚂蚁岛的奋斗》在中央电视台中文国际频道（CCTV-4）《国家记忆》栏目播出，引发区内外对蚂蚁岛精神关注热潮。传承弘扬蚂蚁岛精神成为是全区党员干部党史学习教育的“必修课程”，蚂蚁岛精神红色教育基地也成为全市党史学习教育的重要教学点，是全省党史学习教育最热门“打卡地”之一。2022 年，蚂蚁岛精神红色教育基地共接待学习团队 537 批、20322 人次，其中市外团队 170 批、5517 人次。《人民日报》、中新社、新华社、《浙江日报》等 20 余家中央和省级媒体对蚂蚁岛精神进行专题报道，光明日报客户端、人民日报客户端、人民网等重要平台推出专题稿件 30 余篇。串联蚂蚁岛及周边海岛推动红色线路提档升级，开发 4 条区级党史学习教育路线，打造红色读书节、红色书画展、红色故事绘等 16 个党史学习教育活动。

蚂蚁岛党建广场（蚂蚁岛管委会提供）

【丰富学习教育载体】 普陀区从推动创新理论普及、营造积极向上氛围、讲好成果转化故事三方面入手，丰富形式，创新载体，纵深推进党史学习教育。以“潮涌东海”宣讲品牌为基础，组建党史巡回宣讲团、“青浪之音”宣讲团等多支特色宣讲团队，开展对象化、分众化、互动化宣讲。落实中共十九届六中全会精神宣讲，组建“区委六中全会精神宣讲团”，形成“1+N”即“区领导+镇、街道、区属功能区管委会书记+局长+知名专家+基层干部+青年宣讲员+媒体记者”的“大宣讲团”，区委书记孙志龙带头到基层联系点开展宣讲。开展线上宣讲，录制 10 期以普陀党史故事为素材的《党史微讲堂》，线上观看 5 万人，其中 4 期被“学习强国”学习平台录用。“潮涌东海·理论快闪”和“蚂蚁岛精神宣讲”入选浙江省精彩宣讲瞬间。全年开展“峥嵘百年·潮涌东海”党史巡回宣讲活动 1875 场次。与舟山日报社合作开展“红色印记·幸福普陀”大型新闻行动，对全区 10 个镇、街道、管委会进行全媒体蹲点采访报道，在《舟山日报》《舟山晚报》共刊登稿件 61 篇，其中重要版面 21 篇。发动全媒体启动“奋斗百年路　启航新征程”大型主题宣传活动，相继推出《党的光辉照我心》《党旗飘扬在蓝海》等子栏目，累计推出相关报道 360 多条次，深度报道各地各部门开展党史学习教育的进展成效、特色亮点。其中，结合习近平总书记“七一”重要讲话推出“庆祝中国共产党成立 100 周年特别报道”，制作《不忘初心　牢记使命——新老党员“七一”真情告白》等特别节目。推出《奋斗百年路　启航新征程——普陀这十年》《党史学习教育专题实践》《党员风采录》等专题报道，全面展现幸福普陀高质量发展取得的成就和普陀党员干部勇立潮头、奋勇争先的担当风采。推出《两山理论普陀实践》等 24 个新媒体专题专栏，用稿 2000 多篇，精心制作《打卡普陀红色地标》等 H5、短视频 56 个，累计阅读量超 320 万次。利用“中央媒体看普陀”重要载体，对接中央电视台、《人民日报》、新华社、人民网、《浙江日报》等省、市主流媒体，结合普陀区实际工作，全方位深层次呈现党史学习教育引导下，幸福普陀现代化建设新气象、新成效。中央电视台新闻联播《走进乡村看小康　公共服务暖人心　乡村生活更幸福》专题报道普陀创新基层治理推进共同富裕的生动案例，财经频道、中文国际频道、新闻频道等各档招牌栏目相继报道普陀各个层面高质量发展的重要成就，《光明日报》头版头条刊文《立足红色基因　积蓄蓝色力量　推动绿色发展　蚂蚁岛的彩色生活》。全年在市级以上主流媒体刊发稿件2857篇，其中《人民日报》、中央电视台等中央级媒体录用67篇，《浙江日报》、浙江卫视等省级主流媒体录用760余篇，在"学习强国"学习平台发稿300余条，《舟山日报》《舟山晚报》1390余篇次，其中头版270篇。

【党史学习教育全面覆盖】 普陀区针对"两新"组织、流动党员、渔农村党员党史学习教育开展过程中出现的覆盖少、不深入、学习难等问题，想方设法攻克难点，确保党史学习教育"一个都不能少"。通过书记上党课集中学、党史宣讲团上门送学、党建结对共建等形式，全区"两新"组织党组织与"两新"工委成员单位协作开展专题党课100余场，组织志愿服务活动380余场，通过党史宣讲团上门送学、微党课演讲比赛等形式开展党史宣讲活动81次，覆盖党员群众2000余人。以创建渔民学习微信群定期发布新闻文章、选派渔民党员代表先学习后为其他渔民上课等方式，推动党史学习教育从陆地向海上延伸；在渔船上增设"学习阅读角""党员之家"活动室，开展"红帆扬船头——百名党员话祝福""船头微党课"等活动。发动294支"东海渔嫂"宣讲队，上船头开展"潮涌东海·党史渔嫂说"活动。组织老党员成立银发宣讲团，在渔农村文化礼堂、码头、海塘、织网场等地开展宣讲，如蚂蚁岛老党员丁荷叶、李塞成共上党课400余场，听讲人数达15000余人。依托"逢五进格"机制，联社驻村团队下沉一线，运用村口"大喇叭"用方言领读"红色书籍"。针对长期奔波在外的2000余名"候鸟"党员，普陀区通过视频远程连线开展专题党课，重温入党誓词；依托云端资源，将学习教育拓展到"学习强国"学习平台、浙政钉钉群、微信群、抖音短视频等平台，确保"候鸟"党员学习"不掉线"。

（撰稿：区委宣传部）

第十三届中国国际普陀佛茶文化节

【开幕式】 4月27日上午9点，第十三届中国国际普陀佛茶文化节在塘头佛茶园开幕。中国国际茶文化研究会会长、浙江省政协原主席周国富宣布开幕。中国国际茶文化研究会常务副会长孙忠焕，中国国际茶文化研究会副会长于辉达等出席开幕式。

本届佛茶文化节由中国国际茶文化研究会主办，普陀佛茶文化研究会承办，以"茶和世界·共享美好"为主题，开幕式活动分为茶园区和舞台区两部分。在茶园区，通过场景搭建的方式，图文并茂地呈现中国茶文化从神农时期开始萌芽，经唐宋时期发展，到明清时期真正普及并传向世界各地的演变过程，茶艺师还在现场展示了各朝代的茶文化和泡茶方式。

整个开幕式演出以佛茶的生长脉络为主线，《云水禅心》《盛世金莲开》《雨润茶山》《茶园春曲》《禅茶一味》《茶音梵乐》《茶韵禅心》《不如吃茶》《佛茶新语》等节目贯穿始终，展现种茶、采茶、炒茶、泡茶、品茶的过程，全面展现普陀佛茶的风采和韵味，感受禅意文化，感知幸福普陀。

【2021中国普陀招商推介会】 4月27日下午，第十三届中国国际普陀佛茶文化节配套活动2021中国普陀招商推介会在东港举行，吸引颐高集团有限公司、浙江天然气交易市场有限公司、国烨能源集团、浙江省空港

4月27日，第十三届中国国际普陀佛茶文化节开幕式（诸葛晓明摄）

融资租赁有限公司等近百家企业参加，现场签约舟山普陀海洋数字经济产业港项目、舟山启迪智能应用综合体项目、污泥资源化开发项目、医美功能性天然系列护肤品研发项目、健康智能化净水机系列产品研发项目、希诺赛(舟山)生命科技研究院项目、越鑫融资租赁项目等8个项目，涉及科创、健康、金融等产业。

【2021年首届舟山茶产业发展高峰论坛】 4月27日下午，由市政府、中国茶叶股份有限公司主办，浙江国际农产品贸易中心、区政府承办，浙江省茶叶产业协会协办，以“茶聚舟山共谋发展”为主题的2021年首届舟山茶产业发展高峰论坛在舟山海中洲国际大酒店举行。近60名茶学茶叶界专家学者及企业家参加，通过不同视角，为推进浙江国际农产品贸易中心快消品集散加工贸易基地建设、海上丝绸之路茶叶交易中心建设，探索舟山茶产业发展新路径提供良策。与会专家、茶产业行业代表分别以《茶资源跨界应用技术与实践》《“双循环”格局下舟山茶产业的发展路径》《未来茶饮市场发展趋势》《消费市场变化趋势与茶叶市场营销策略》等为题围绕如何利用茶文化、茶产业、茶科技统筹发展及舟山茶产业更快更好发展作报告发言。

（撰稿：区文广旅体局）

2021年度十大民生实事

【住房安居工程】 2021年，普陀区全面完成258幢老旧小区改造；完成260幢无物业居民小区物业引入，累计完成961幢无物业居民小区物业引入，实现全区居民小区物业管理全覆盖；2021年12月，开工建设普陀区DT-07地块养老公寓建设工程。

【农村饮用水提升工程】 2021年，普陀区全面完成虾峙镇自来水厂扩建，改造管网2.5千米，受益人口0.8万人；建成朱家尖至白沙海底输水管道联网工程陆上段，海上段路由获自然资源部东海局批复；桃花岛际饮用水管网工程已由市自来水公司负责后续管理工作。

【城乡防洪排涝工程】 2021年，普陀区完成全区10条海塘加固共计7.3千米，其中20年一遇标准海塘2.87千米，50年一遇标准海塘4.43千米；完成沈家门西河泵站、东河泵站、沈家门鹤龄泉山塘防洪排涝改造。

【城乡污水整治工程】 2021年，普陀区完成东河路、滨港路(半升洞段)、小蒲湾路等道路污水管网提升改造5千米；完成登步、虾峙、蚂蚁等渔农村生活污水处理设施改造，投入使用。

【交通提升工程】 2021年，普陀区完成六横镇、桃花镇、东极镇、展茅街道、东港街道等20.7千米农村公路大中修和六横镇、东港街道、登步岛等7.4千米农村公路等级提升工程；完成庙子湖北岙码头、虾峙栅棚码头、蚂蚁交通码头等3座码头风貌提升工程；加快推进建设鲁家峙至东港公路工程，于年底前全线贯通；完成朱家尖西岙旅游交通集散中心工程：2021年9月，开工建设城北大道。

【医疗便民服务工程】 2021年，普陀区完成桃花镇、东极镇、六横镇、沈家门街道、东港街道、展茅街道等16家基层医疗卫生机构品质提升工程；完成全区11家基层医疗卫生机构配置眼底镜及远程会诊系统升级联网，高血压、糖尿病患者眼底镜免费检查超1万人次；完成全区公立医疗机构共享药房信息系统改造并投入使用，实现全区海岛乡镇共享药房全覆盖，全年配送1700单以上。

【教育服务提升工程】 2021年，普陀区建成全区18所“智安校园”二期；完成全区22000余名中小学生、2700余名幼儿园大班学生视力筛查，中小学生视力监测监管服务全覆盖；完成普陀区中心幼儿园、沈家门小学东校区、北安幼儿园提升改造工程。10月，动工建设沈家门茶湾区块九年一贯制学校。

【社会保障服务工程】 普陀区市民中心项目于10月开工建设，总建筑面积5.2万平方米，年底已完成桩基工程的 20%；东港街道社会养老服务中心（敬老院）工程于 10 月开工建设。

【食品安全监管能力提升工程】

2021 年，普陀区完成西大市场、中兴市场、东港市场 3 家“五化市场”创建；完成西大市场、东港市场、阳光 365 市场、欣和市场 4 家省级放心市场创建；完成新北邻里中心农贸市场、鲁家峙农贸市场 2 家省二星级文明规范市场创建；对全区农批/农贸市场、社区菜店、渔农村集中交易点、大中型商超等食用农产品抽检，全年累计抽检各类食用农产品 435 批次（其中快检 99 批次），涉不合格食用农产品 3 批次（粑粑柑、鸡蛋、花生各 1 批次）。

【村庄环境整治工程】 2021 年，普陀区新建东港芦花村、展茅黄杨尖村 2 座渔农村公厕，改建完成展茅沙井村、虾峙黄石村、桃花盐厂村 3 座公厕；完成全年四季度渔农村环境卫生长效考评；完成白沙港村、蚂蚁岛村、东极村、沙头村、灵和村 5 个村序化整治。

（撰稿：孙斌）

编辑：胡永久

区 情 总 述

区 域

【区域位置】 舟山市普陀区地处浙江省东部，浙江舟山群岛新区东南部，长江、钱塘江、甬江入海交汇处南缘海域。位于北纬 29°32′24″~30°15′01″，东经 121°55′49″~123°13′12″。区域总面积 6728 平方千米；其中海域面积 6269.4 平方千米，陆域面积 458.6 平方千米（含潮间带 69.77 平方千米）。东西最大距离 123.8 千米，南北最大距离 78.4 千米。

区境东接东海，南到东、西磨盘礁以南与宁波市象山县海域相连，西南至汀子山岛以西与宁波市北仑区海域交接，西缘小干岛、黄杨尖山脊、钓梁围垦区中部一线与定海区为邻，西北至小板门、北至中街山列岛以北与岱山县海域相连。

【岛屿】 据舟山市普查结果（海岛调查统计结果调整为高潮时高于水面的全部海岛，不考虑面积因素），普陀区有海岛 743.5 个（舟山岛普陀区部分计 0.5 个），占全省海岛总数的 17.1%，占全市海岛总数的 35.7%。其中，有居民海岛 45.5 个，无居民海岛 698 个。海岸线总长 831.43 千米。

境内岛屿自西南向东北呈带状分布。列岛有北部的中街山列岛和南部的梅散列岛。中街山列岛位于舟山群岛东部，列岛介于岱衢洋和黄大洋间，从大长涂山以东至两兄弟屿呈东西走向条状排列，最高东福山海拔 324.3 米；小板门以西岛屿归属岱山县，小板门以东岛屿（150 余个）归属普陀区管辖；岛屿土层较薄，岸线陡峭，四周无滩涂，地处近海外缘，风浪大，周围海域为中街山渔场。梅散列岛位于舟山群岛南部，由 20 余个海岛组成，最高大尖苍海拔 158.5 米，植被以灌木、杂草为主，周围海域为磨盘洋渔场。

2021 年普陀区有居民海岛基本情况表

表 1

岛　名	总面积（平方千米）	陆地面积（平方千米）	海岸线长（千米）	最高点海拔（米）	2021 年年末人口	
					户数	人数
舟山（普陀部分）	101.02	91.38		503.6	59182	153386
梁横山	4.22	3.74			481	1496
小　干	5.90	4.21	16.13	88.0	422	1411
鲁家峙	4.36	3.97	10.04	89.0	2598	6169
葫　芦		0.91	8.71	89.0	692	1872
普陀山		11.77	33.59	283.8	2095	5089
洛迦山		0.36	3.79	101.7		
黄　兴		2.36	12.87	207.1	479	1033

续表 1

岛　名	总面积（平方千米）	陆地面积（平方千米）	海岸线长（千米）	最高点海拔（米）	2021 年年末人口	
					户数	人数
庙子湖		2.60	12.40	136.5	796	2034
青　浜		1.38	9.69	131.6	782	1832
西福山		0.59	5.50	118.0		
东福山		2.91	9.99	324.3	212	557
柱子山		0.19	2.55	68.0		
羊峙山		0.20	2.43	56.0		
朱家尖		64.33	82.20	378.4	8752	26523
后门山		0.16	2.65	45.2		
西　峰		1.51	10.24	187.7		
柴　山		0.89	4.81	163.0	356	1079
白沙山		1.45	12.89	98.8	516	1477
西　闪		0.37	3.36	51.0		
登　步		14.52	24.34	182.8	1920	5574
蚂　蚁		2.67		157.3	1188	3632
悬鹁鸪山		0.70	6.68	144.3		
桃　花		40.23	55.62	544.4	5410	15689
东白莲山		1.32	8.87	104.0	101	292
大双山		0.68	5.67	150.2	450	1190
西白莲山		0.95	4.47	120.0	125	382
小双山		0.12	2.32	37.0		
湖泥山		1.56	9.31	87.8	440	1412
金钵盂		0.85	4.38	114.0		
虾　峙		17.29	59.52	207.4	5769	17451
走马塘		0.72	6.25	141.3	92	281
牛　山		0.15	1.96	45.5		
野佛渡		0.19	2.40	69.9		
六　横		99.80	86.35	300.1	17149	55599
汀子山		0.16	1.89	58.5		
佛　渡		7.31	18.32	183.2	838	2921
凉　潭		1.12	7.62	83.7		
悬　山		6.64	32.57	158.8	913	2878
悬山后门山		0.22				
大铜盘		0.02	0.58	25.3		
对面山		0.67	5.24	121.8		

续表 1

岛　名	总面积（平方千米）	陆地面积（平方千米）	海岸线长（千米）	最高点海拔（米）	2021 年年末人口	
					户数	人数
外青山		0.12	1.70	63.4		
砚瓦山		0.54	5.45	89.3		
笔架山		0.42	6.34	112.5		
大蚊虫		0.74	6.72	105.6		

说明：1.“2021 年年末人口”栏空白的岛屿有人居住但户籍不在该岛；
2.个别岛屿滩地面积、海岸线长数据暂缺；
3.梁横山岛实际已与舟山岛相连；

【地质地貌】 普陀区境内地质属华夏古陆，是浙东华夏褶皱带浙东南沿海隆起带的一部分。地层为中生界侏罗系上统火山沉积岩系所覆盖，新生界第四系也较发育。地貌属舟山群岛—三门湾低山丘陵港湾群岛区。低山丘陵占陆地面积（不含潮间带，下同）约 2/3，港湾平原占陆地面积约 1/3。低山丘陵中，海拔高度大于 300 米高丘占 32.35%，海拔高度小于 300 米低丘占 67.65%。海拔最高为桃花岛对峙山（又名安期峰）544.4 米。

低山丘陵分布黄壤、红壤 2 土类，港湾平原分布潮土、盐土、水稻土 3 土类。植被属中国—日本森林植物亚区和亚热带常绿阔叶林地带。

【海域】 普陀区境内有黄大洋、磨盘洋、崎头洋 3 个海区。黄大洋在区境北部，与岱山县共辖，面积约 1000 平方千米。磨盘洋在区境南部，与象山县共辖，面积约 35 平方千米。崎头洋在区境中西部，与宁波市北仑区共辖，面积约 166 平方千米。

境内港湾、水道众多，水路交通便利。水道 28 条，以虾峙门、小板门、普沈水道、双屿门、佛渡水道为主要交通航道。

受沿岸流、黑潮暖流两大海流流系和江浙沿岸水团、东海暖水、黑潮次表层水、黄东海混合水 4 个水团影响，海域水温、盐度、水色、透明度常有变化，适合多种鱼类季节性洄游和生长。

海域底质以粉砂质细砂、粉砂质泥以至于泥质粉砂等较细粒物质为普遍，呈现随水深增加而颗粒渐细现象。潮流较急的窄水道底质多为中粗砂，间或有局部水下礁石、砂砾。整个海域海底微向东南倾斜。

【建置沿革】 普陀历为舟山一部分。春秋时属越之“甬东”。战国时楚灭越，遂属楚。秦统一后为会稽郡鄮县东境地。两汉、三国（吴）、两晋、南北朝（宋、齐、梁、陈）因之。隋开皇九年（589），属句章县。唐武德四年（621），属鄞州；武德八年（625），鄞州废，遂属鄮县。开元二十六年（738），舟山始建翁山县，普陀属之。大历六年（771），翁山县废，复属鄮县。五代后梁开平三年（909），复翁山县，普陀属之。北宋太平兴国三年（978），翁山县废，属鄞县。熙宁六年（1073），舟山建昌国县。元至元十五年（1278），昌国升县为州，明洪武二年（1369），复改为县，普陀皆为其东境。洪武二十年（1387），昌国县废，属定海县。清康熙二十七年（1688），原定海县改为镇海县，舟山建定海县，普陀属之。道光二十一年（1841），定海县升为直属厅，民国元年（1912）11 月，复改为定海县，普陀仍属之。1953 年，普陀始建县，隶属于舟山专区。普陀县名得之于境内佛教名山普陀山。1958 年 12 月，撤普陀县，属舟山县。1962 年 6 月复置普陀县，属舟山专区（1967 年起，舟山专区改为舟山地区）。1987 年 3 月，普陀县改为舟山市普陀区，延续至今。

普陀县、区政府原驻沈家门镇（2007 年起称沈家门街道），2012 年起，区政府移驻东港街道。

【地域特色】 普陀地处海岛，气候宜人，空气质量较好，自然风光优美。境内有普陀山国家重点风景名胜区（含朱家尖岛东部 28.8 平方千米）和省级风景区桃花岛风景区。普陀山以“海天佛国”、中国四大佛教名山之一闻名于世，朱家尖以“沙雕”等内容受国内外游客青睐，桃花岛以“金庸武侠文化”和海岛影视基地驰名，东极以边陲小岛独特风貌和“里斯本丸”号沉船历史事件吸引人们游览寻踪，蚂蚁岛以蚂蚁岛精神红色教育基地带动红色旅游事业发展，白沙岛等地以清新自然的海岛风光和淳朴的渔村风情吸引游客。旅游特产有各类海产加工食品、海洋工艺品、普陀佛茶、普陀观音饼等。

境内港口众多，自然条件优越。沈家门港是国家级中心渔港，也是兼集货物吞吐、客运、外贸运输、服务等功能的综合性港口，与挪威的卑尔根港、秘鲁的卡亚俄港并称为世界三大群众性渔港，港泊渔船与鱼货吞吐量居全国首位。沈家门是舟山渔场最大的补给中心，素有“渔都”之称。桃花港(深水良港)、台门港、虾峙港为国家一级渔港。

普陀经济以工业为主导，修造船业和水产加工业等临港工业较有竞争力。旅游业与商贸在经济中占有较大比重。海洋渔业特别是远洋捕捞在全国有举足轻重的地位。

普陀山机场地处朱家尖岛，有跨海大桥与舟山岛相连，并通过舟山西部的5座跨海大桥与大陆运输网连通。海、陆、空立体交通运输使普陀区与外界往来便捷。

普陀在文化上将海洋文化、民俗文化、佛教文化发扬光大。“普陀渔民画”“普陀船模”走向国内外，“印象普陀”及各种节庆文艺活动吸引众多国内外游客。

(撰稿：胡永久)

气　象

【概况】 普陀属北亚热带季风海洋型气候区，冬夏季长，春秋季短，四季分明。夏无酷暑，冬无严寒，年温差较小。温暖湿润，光照充足，雨量充沛，季风显著。雨量季节分布，春夏多，秋冬少。

按气候学四季标准，普陀区常年四季划分：春季3月26日至6月15日(候平均气温10℃~22℃)，冷暖空气交替频繁，风向多变，温度变化大，降水增多；主要灾害性天气有大雾、倒春寒等，偶有冰雹。夏季6月16日至9月30日(候平均气温22℃以上)，6月中旬至7月上旬为初夏梅雨期，雨量集中，暴雨增多，出梅后受副热带高压控制，多晴热天气，温度高，日照多，蒸发大；6—8月是雷暴多发期；7—9月是热带风暴或台风主要影响期，常年有3~4个影响普陀区。秋季10月1日至12月10日(候平均气温10℃~22℃)，夏季风渐转冬季风，冷空气逐渐转强，气温呈波状式下降。冬季12月11日至次年3月25日(候平均气温10℃以下)，北方冷空气频繁南下，气温迅速下降，多晴冷天和偏北大风，但无严寒，少冰雪。

2021年年平均气温比常年偏高，降水量明显偏多，日照时数偏少；降水日数、雾日偏多，大风和霾日出现偏少。2个台风对普陀区有严重影响，其中2106号台风“烟花”登陆普陀区，致灾强度为“特重”等级。

【气温】 2021年，普陀区年平均气温为17.9℃，相比常年偏高1.3℃，为历年最高，已连续9年高于常年。全年各月平均气温都高于常年，其中，1月、6—8月、11月和12月气温偏高≤1.0℃，2月偏高3.6℃，3月偏高2.3℃，其余月份平均气温偏高1℃~2℃。2月平均气温10.5℃，为历年同期最高。冬(2020年12月至2021年2月)、春(3—5月)、夏(6—8月)、秋(9—11月)四季全区平均气温分别为8.8℃、15.9℃、25.9℃、20.8℃；相比常年，分别偏高1.4℃、1.8℃、0.5℃和1.1℃；与上年相比，冬季、夏季平均气温分别偏低1.0℃和0.1℃，春季、秋季平均气温偏高0.3℃和0.7℃。年极端最高气温为33.6℃，出现在9月6日，年极端最低气温为-5.8℃，出现在1月8日。

【降水】 2021年，普陀区降水量1833.1毫米，比常年增多541.1毫米，偏多42%；比上年增多453.3毫米，偏多33%。降水主要出现在5—10月，6个月降水占全年的70%。各月降水量相比常年，1月、4月、12月降水量各偏少92%、36%、53%，且月降水量<100.0毫米，1月降水量最少为5.5毫米。6月降水量为220.4毫米，相比常年偏多30%；7月降水量最多，为415.5毫米，为历年同期之最多，相比常年偏多342%；9月降水量为254.2毫米，偏多58%；

其他月份降水量都在100.0~200.0毫米。

【日照】 2021年，普陀区日照时数为1876.1小时，相比常年减少45.1小时，偏少2%。除3月、5—8月和10月日照比常年偏少，其他月份都偏多，9月日照时数最多，为210.1小时，最少6月为110.2小时。3月、5—8月和10月日照时数分别比常年偏少9%、5%、20%、25%、17%和18%；1—2月、4月、9月、11—12月日照时数分别比常年偏多39%、2%、14%、16%、6%和18%。

【冷空气】 2021年，普陀区冷空气活动频繁。强冷空气6次，出现在1月15—16日、10月15—17日、11月7—8日、11月21—23日、11月29日至12月1日、12月16—18日。寒潮2次，出现在1月6—9日、12月24—27日。其中，1月6—9日，受强寒潮影响，普陀出现低温、大风、冰冻和小雪天气；极端最低气温（普陀站）-5.8℃（1月8日早晨），为有气象记录以来历史第二低（最低1967年-6.5℃）；此次过程低温持续时间长，7日早晨到9日上午普陀区气温基本维持在0℃以下，0℃以下和-3℃以下气温持续时间分别为50小时和17个小时；7日夜里到9日有结冰现象，7日白天出现零星小雪。受强冷空气和寒潮影响时，普陀区出现9级以上大风，对海上交通运输和各类海上作业带来较大安全风险。

【连阴雨】 8月上旬、中旬，受副热带高压边缘冷暖空气交汇影响，普陀区多雷阵雨天气。其中，8月10—17日出现持续性降水，犹黄梅天再现，历史罕见。全区面雨量114.9毫米。其中，10日、13日、16日夜里受强对流影响，普陀出现强雷电、雷雨大风和短时强降水。

【春季雷雨大风】 4—5月，全区共发生4次强对流天气。其中，4月30日夜里至5月1日早晨，受在江苏生成南下的雷暴云团影响，普陀区发生强对流天气，出现8~11级雷雨大风和强雷电。全区数千艘准备休渔的渔船提前进入安全水域，有惊无险。

【梅雨】 2021年，普陀区于6月10日入梅，较常年平均（6月15日）偏早5天；7月5日出梅（常年平均出梅时间为7月6日），梅雨期25天，较常年偏多4天。梅雨期共出现3轮较强降水过程，普陀区梅雨量165.1毫米，接近常年（170.5毫米），比近10年平均（290.5毫米）偏少43%。呈现入梅早、梅期较长、梅雨量少、梅雨不典型等特点。

【台风】 2021年有2个台风严重影响普陀。台风“烟花”7月25日在普陀区登陆，为1949年以来第五个登陆舟山（登陆点均为普陀）的台风，也是历年7月登陆浙江的最强台风。“烟花”台风移动缓慢，对普陀区影响时间长达104小时，致灾强度为“特重”等级。全区普降暴雨到大暴雨，局地特大暴雨，同时沿海伴有10~14级大风。过程雨量普遍在210~380毫米，其中最大为展茅481.0毫米。“烟花”台风造成全区133035人受灾，直接经济损失35012万元。9月13—16日，台风“灿都”紧擦舟山，并在东部海域长时间滞留回旋，路径曲折。受其影响，普陀普降大暴雨，过程雨量普遍在100~200毫米，其中最大为沈家门231.3毫米。普陀沿海伴有10~11级大风，个别测站出现12~13级。“灿都”造成全区33886人受灾，直接经济损失3990.59万元。

【雾】 2021年，普陀区雾日数为34天，较常年偏多12天。其中，3月19日深夜至20日早晨，26日半夜至28日早晨，29日下半夜至30日早晨，31日下午至夜里，出现能见度小于200米的强浓雾；4月1日至2日早晨，22日晚上至23日早晨，出现能见度小于500米的浓雾。5月出现雾日为14天。浓雾天气对海上交通影响严重，造成部分岛际客运航线停航。

（撰稿：徐叶）

环境质量

【城区空气质量】 2021年，普陀城区环境空气质量达到二级标准，符合《舟山市环境空气质量功能区划分方案》所规定的污染控制指标要求，空气质量优良。全年监测344天，根据二氧化硫（SO_2）、二氧化氮（NO_2）、可吸入

2021 年普陀城区环境空气监测数据

表 2

污染指标	监测浓度日均值范围(毫克/立方米)	年日均值(毫克/立方米)	国家二级标准年平均值(毫克/立方米)	是否符合国家二级标准	与 2020 年对比
二氧化硫	0.002~0.011	0.005	0.060	符合	持平
二氧化氮	0.002~0.056	0.018	0.040	符合	上升 5.9%
可吸入颗粒物	0.004~0.221	0.031	0.070	符合	上升 3.3%
细颗粒物	0.002~0.060	0.015	0.035	符合	下降 6.2%

颗粒物(PM_{10})、一氧化碳(CO)、细颗粒物($PM_{2.5}$)和臭氧(O_3)6 项指标监测结果统计,空气质量优良天数为 339 天,优良率 98.5%。其中,优 193 天,占监测总天数的 56.1%;良 146 天,占监测总天数的 42.4%。

【地表水质量】 全区有 1 个省控地表水监测断面(芦东水库),3 个市控地表水监测断面(展茅河、芦花河、龙山河)。水质为Ⅱ类的断面 1 个(芦东水库),占 25%;水质为Ⅲ类的断面 3 个,占 75%。100%断面全部满足水环境功能区目标水质要求。

【集中式饮用水水源地水质】 普陀区有县级集中式饮用水水源地 3 个,为芦东水库、应家湾水库和沙田岙水库;其他乡镇水库 4 个,为展茅平地水库、小攴坑水库、石棚港水库和浦西水库;千吨万人集中式饮用水水源地 6 个,为大使岙水库、茅山水库、南岙水库、大岙水库、五星水库、东岙水库;渔农村集中式饮用水水源地 1 个,为棕榈湾水库。2021 年县级集中式饮用水水源地达标率 100%;其他乡镇饮用水水源地全年总体达标率 100%;6 个千吨万人集中式饮用水水源地水质全年总体达标率 83.3%;渔农村集中式饮用水水源地水质全年总体达标率 100%。

【城市声环境质量】 2021 年,普陀区设区域环境噪声测点 39 个,区域环境噪声昼间等效声级为 42.4~70.3 分贝,平均等效声级 56.6 分贝,普陀环境噪声总体水平等级为三级,评价为一般。普陀区城市道路交通噪声监测路段总长度 9716 米,平均路宽 38.0 米,监测期间昼间平均车流量为 814 辆/小时,平均等效声级 65.8 分贝,达到国家标准控制值要求。

【农村环境质量】 2021 年,根据《2014 年浙江省农村环境质量试点监测技术方案》及市生态环境局安排,普陀区选择东港街道芦花村实施农村环境质量现状监测。监测结果,芦花村空气质量指数级别均为一级,空气质量所属类别为优;芦花村南岙水库水质为Ⅱ类,符合指定功能水质类别;芦花村 2 个生活污水处理终端废水达到排放标准;芦花村选择的农田、果园和饮用水源地周边 3 个土壤监测点位达到《土壤环境质量农用地土壤污染风险管控标准(试行)》标准。

(撰稿:朱赛霞)

区划与人口

【行政区划】 2021 年,普陀区境内有六横、桃花、虾峙、东极、普陀山 5 个镇,东港、沈家门、展茅、朱家尖 4 个街道办事处,白沙岛、蚂蚁岛、登步岛 3 个管理委员会(蚂蚁岛、登步岛地属沈家门街道,白沙岛地属朱家尖街道)。境内有建制村 88 个(含舟山新城千岛街道管辖的蒲岙、浦东、曙光),城市社区(居委会)40 个(含千岛街道管辖的浦西)。区实际管辖六横、桃花、虾峙、东极 4 镇,东港、沈家门、展茅 3 街道,白沙岛、蚂蚁岛、登步岛 3 个管理委员会,渔农村社区村民委员会 69 个,城市社区(居委会)33 个。

【人口】 2021 年年末,普陀区户籍人口总户数 111758 户,比 2020 年增加 75 户;总人口

2021 年年末社区(居委会)、村一览

表 3

街道镇	社区(居委会)或建制村	社区(居委会)、建制村名称
东港街道	城市社区	莲安、安康、中昌、灵秀、兴普、和津、文康
	建制村	芦花、红旗、南岙、永兴、陈家后、葫芦、塘头
沈家门街道	城市社区	荷东、荷外、东大、泗湾、新街、中大、西大、教场、西河、小蒲湾、大蒲湾、中洲、海星、茶湾、墩头、大干、中兴、鲁家峙
	建制村	平阳浦、大山、东岙、泗湾、教场、蒲湾、大干、中弄、鲁家峙、马峙
展茅街道	建制村	茅洋、螺门、晓辉、梁横、沙井、黄杨尖、横街、大展
	居委会	沙井
朱家尖街道	城市社区	福兴
	建制村	中欣、莲兴、大洞岙、莲花、南沙、三和、顺母、莲和、新桉、沙湾、西岙
六横镇	城市社区	棕榈湾、台门、蟑螂山、东靖、新民
	建制村	大脉坑、龙山新、沙浦新、洋山新、峧头新、石柱头、嵩山、小郭巨、双屿港、山西、积峙、五星、和润、悬山、岑夏、滚龙岙、青山、青联、双塘新、张家塘、小湖、杜庄、苍洞、梅峙、平峧、高峰、礁潭新、台门、田岙、佛渡
桃花镇	建制村	茅山、盐厂、对峙、公前、青龙、沙岙、塔湾
	居委会	公前
虾峙镇	建制村	晨港、兴港、灵和、东晓、黄石、湖泥
	居委会	灵和
东极镇	建制村	东极
普陀山镇	城市社区	龙沙、白华、中山、合兴
白沙岛管委会	建制村	白沙港
蚂蚁岛管委会	建制村	蚂蚁岛
登步岛管委会	建制村	大岙、竹东、沙头

311259 人,比 2020 年减少 2417 人。人口密度每平方千米 679 人。男性 153518 人、女性 157741 人,男女性别比为 97.32∶100。按年龄分:0~17 岁 33125 人,比 2020 年减少 709 人;18~34 岁 46320 人,比 2020 年减少 3141 人;35~59 岁 134239 人,比 2020 年减少 667 人;60 岁及以上 97575 人,比 2020 年增加 2100 人;老龄化率 31.3%,比 2020 年提高 0.9 个百分点。当年出生 1238 人,比 2020 年减少 343 人;死亡 2597 人,比 2020 年增加 13 人;人口自然增长率为-4.4‰。迁入人口 3283 人、迁出人口 4332 人,人口机械增长率为-3.4‰。街道镇人口以沈家门街道最多,普

2021 年年末普陀区各街道镇人口情况

表 4

街道镇	总户数(户)	总人口(人)
全　区	111758	311259
沈家门街道	34436	83804
东港街道	24627	68573
朱家尖街道	9626	29123
展茅街道	7418	21119

续表 4

街道镇	总户数(户)	总人口(人)
六横镇	18900	61398
虾峙镇	6977	21008
桃花镇	5410	15689
东极镇	2269	5456
普陀山镇	2095	5089

说明：沈家门街道人口包含蚂蚁岛管委会、登步岛管委会人口，朱家尖街道人口包含白沙岛管委会人口

陀山镇最少。街道镇人口流动：东港街道增加，其余都减少。

（撰稿：叶根杰　胡永久）

经济和社会发展

【综合实力】 2021年，面对复杂严峻的国际环境和国内新冠肺炎疫情散发影响，区委、区政府坚持稳中求进工作总基调，推进“自由贸易先行区、海洋产业新高地、海上花园会客厅”建设，打造开放活力美丽的“幸福普陀”。是年，普陀区获评全国“2020社会治理创新典范区”、全省提升农村人居环境工作考核优秀区，连续16年获评省级“平安区”，成功创建法治浙江（法治政府）建设示范单位，被省委、省政府评为2019—2020年省农村工作指导员工作成绩突出单位，被文化部命名为“中国民间文化艺术之乡”，位列“2021年全国市辖区旅游综合实力百强区”第七，蝉联“中国最具幸福感城市”。全年实现地区生产总值444.83亿元，按可比价计算（下同），比上年增长2.5%。分产业看，第一产业实现增加值72.53亿元，增长3.1%；第二产业实现增加值118.94亿元，增长1.2%；第三产业实现增加值253.35亿元，增长2.8%。三次产业结构比例调整为16.3:26.7:57.0。按户籍人口计算，人均生产总值14.24万元，约2.21万美元，比上年增长3.2%。按常住人口计算，人均生产总值11.58万元，比上年增长3.1%。

2021年财政总收入52.08亿元，比上年增长16.0%；一般公共预算收入33.51亿元，增长10.0%。一般公共预算收入中，增值税11.81亿元，增长41.5%；企业所得税3.58亿元，增长14.2%；个人所得税0.92亿元，下降0.1%。一般公共预算支出61.71亿元，增长1.1%。其中，一般公共服务支出6.09亿元，增长7.8%；教育支出、社会保障和就业支出、卫生健康支出分别为8.11亿元、7.45亿元、4.59亿元，分别增长13.7%、20.5%、2.3%。本级财政用于民生支出33.62亿元，增长5.6%。

全年居民消费价格(CPI)比上年上涨0.9%。其中，服务项目价格上涨0.8%，消费品价格上涨1.0%。八大类商品中，食品烟酒类价格上涨0.5%，居住类价格上涨0.9%，交通和通信类价格上涨2.9%，医疗保健类价格下降0.3%。商品零售价格上涨1.4%。

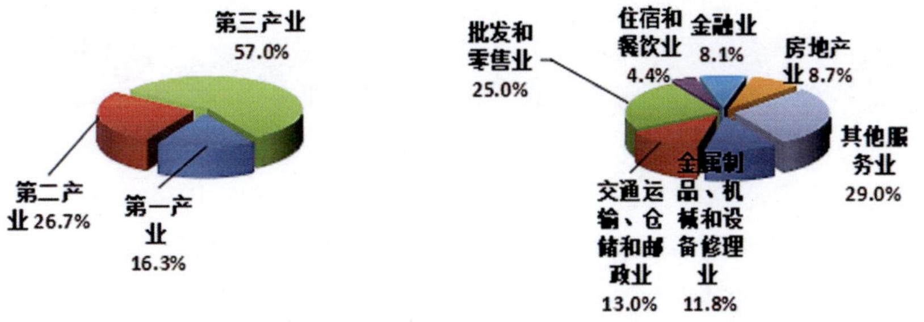

图1 2021年普陀区生产总值及第三产业增加值构成

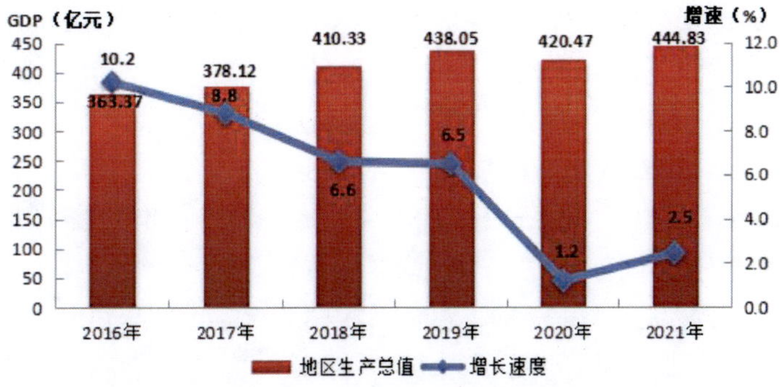

图2 2016—2021年普陀区地区生产总值

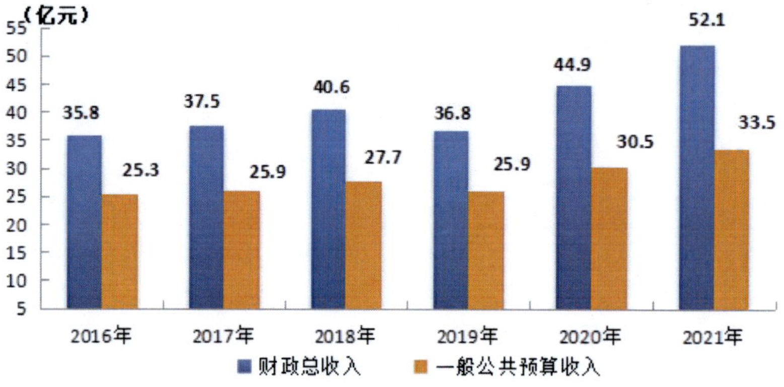

图 3 2016—2021 年普陀区财政总收入和一般公共预算收入

【渔业】 2021 年,普陀区渔业总产值 129.69 亿元(不含渔业服务业),比上年增长 3.9%。全年水产品总产量 89.37 万吨,比上年增长 4.0%。其中,国内捕捞产量 34.03 万吨,同比下降 2.0%。年末,有远洋生产渔船 448 艘,远洋渔业产量 50.56 万吨,同比增长 7.9%。海水养殖面积 1477 公顷,下降 0.9%;海水养殖产量 4.78 万吨,增长 9.7%。

年末机动渔船数 2345 艘,比上年年末减少 264 艘。其中,生产渔船 1916 艘,减少 201 艘。渔船总吨位 63.48 万吨,下降 3.3%。其中,生产渔船总吨位51.21 万吨,下降 0.5%。渔船总马力 89.01 万千瓦,下降 4.8%。其中,生产渔船 72.99 万千瓦,下降3.2%。

【农林牧业】 2021 年,普陀区实现农林牧业总产值 4.94 亿元(含农林牧渔服务业),比上年减少 1.6%。其中,农业总产值 3.77 亿元,增长 9.5%;林业总产值 0.08 亿元,与上年同期持平;牧业总产值 0.71 亿元,减少37.3%;农林牧渔服务业 0.38 亿元,增长 4.5%。全年农作物总播种面积 4082 公顷,比上年下降 5.0%。其中,粮食作物播种面积 1191 公顷,经济作物种植面积 2891 公顷。粮食产量 5507 吨,蔬菜产量 29560 吨,水果产量 21083 吨。全年肉类总产量 1874 吨,比上年增长 1.0%。其中,猪肉产量 1646 吨,下降 0.7%。禽蛋产量 330 吨,下降 16.9%。全年生猪饲养量 3.45 万头,下降 3.1%。其中,出栏 2.17 万头,下降 1.0%。

【工业和建筑业】 2021 年,全区实现工业增加值 104.43 亿元,比上年下降 1.4%。规模以上工业企业 138 家,全年规模以上工业总产值 220.50 亿元,比上年下降 5.3%。其中,重工业产值 149.70 亿元,下降 10.9%;轻工业产值 70.80 亿元,增长 9.2%。新产品产值下降 34.1%,战略性新兴产业产值下降 3.0%,高新技术产业下降 9.5%。规模以上工业销售产值 220.15 亿元,同比下降 5.1%;产销率 99.8%;出口交货值 96.84 亿元,同比下降 19.5%。全年规模以上临港工业产值比上年下降 7.5%。其中,船舶修造业产值下降 27.1%,水产加工业产值增长 9.2%,电力生产业产值增长 23.9%。全区规模以上工业企业实现营业收入 246.73 亿元,比上年下降 7.6%。实现利税总额 5.42 亿元,下降 74.9%。其中,利润总额 0.95 亿元,下降 93.4%。全年全社会用电量 18.31 亿千瓦时,比上年增长 9.3%。其中,工业用电 7.29 亿千瓦时,增长 5.0%;生活用电 3.83 亿千瓦时,增长 3.2%。全年全社会建筑业实现增加值 44.43 亿元,比上年下降 1.3%。年末全区具有资质等级的总承包和专业承包建筑业企业 56 家,建筑施工面积 325.75 万平方米,其中新开工面积 47.69 万平方米。

【固定资产投资和房地产业】 2021 年,全区固定资产投资比上年下降 4.1%。从主要投资类别看,建筑安装工程投资增长 3.5%,工业技改投资增长 1.6%,基础设施投资下降 12.1%,民间资本投资下降 21.5%。全年完成房地产开发投资 68.27 亿元,比上年下降 2.4%,其中,住宅投资 50.72 亿元,下降 1.7%。全年商品房施工面积 329.95 万平方米,增长 30.1%;竣工面积 28.22 万平方米,增长 33.1 倍;商品房销售面积 45.53 万平方米,增长 6.7%;商品房待售面积 12.43 万平方米,下降 15.3%。

【交通港口和邮电业】 2021 年年末,普陀区拥有货物运输船舶 524 艘,比上年年末减少 2 艘,总运力 223.14 万载重吨,比上年下降2.4%。全年水、陆货运量14654

万吨，增长1.4%；水、陆货运周转量1225.93亿吨千米，下降5.9%。其中，水路货运量11785万吨，水路货物周转量1166.79亿吨千米。水、陆客运量2145万人，增长10.3%；水、陆旅客周转量6.13亿人千米，下降2.3%。其中，水路客运量1895万人，水路旅客周转量1.49亿人千米。

全年港口货物吞吐量9777万吨，比上年增长5.7%。其中，进口货运量3968万吨，增长5.4%；出口货运量5809万吨，增长5.9%。分主要货物种类看，煤炭吞吐量2266万吨，增长20.3%；铁矿石吞吐量3536万吨，下降1.7%；油品吞吐量616万吨，下降25.8%。

全年实现邮电业务收入5.23亿元，比上年增长10.4%。其中，电信业务收入4.60亿元，增长10.1%。年末，全区固定电话用户6.03万户，移动电话用户49.98万户，年末宽带接入用户数19.81万户。全年投递函件21.8万件，包件103.75万件；全年订销报纸期发份数1.69万份，订销杂志期发份数1.66万份。

【旅游业】 普陀区位列“2021年全国市辖区旅游综合实力百强区”第七，2021年省级全域旅游示范区复核A档，在全国县级文化和旅游新媒体综合传播力指数排行榜排名第十。举办普陀文旅推介会，组织参加2021年中国特色旅游商品大赛、中国义乌文化和旅游产品交易博览会、杭州“未来嘉年华·平行时空”文旅展等，做好普陀旅游营销。建立“普陀鲜味”数字菜品库，形成线上线下美食和旅游同步宣传模式；推出普陀文旅市集“福集”，打造“沉浸式”文旅消费场景，办好普陀佛茶文化节、普陀海稻音乐节、“越野东海·2021舟山群岛穿越之旅”、百姓文化艺术节、“最美海岸线”荧光夜跑等活动。2021年，全区（含普陀山、朱家尖）接待游客785.3万人次，同比增长9.75%；旅游总收入105.3亿元，同比增长16.64%。限额以上住宿业营业额同比增长13.6%，限额以上餐饮业营业额同比增长8.2%。普陀有旅行社企业59家，其中，经营国内旅游业务和入境旅游业务的旅行社55家，具有出境旅游业务资格的旅行社4家。持证导游员950名，其中，专职导游832名，社会兼职导游128名。中级导游员77人，高级导游员5名，英语导游员3名。

【国内贸易】 2021年，全区社会消费品零售总额195.07亿元，比上年增长8.4%。其中，限额以上批发和零售业增长21.0%，限额以上住宿和餐饮业增长8.6%。从限额以上批发和零售业商品销售分类情况看，粮油食品类增长16.8%，服装鞋帽针纺织品类下降1.0%，金银珠宝类增长113.4%，家用电器和音像器材类下降0.8%，中西药品类下降25.9%，汽车类下降1.1%。全年批发零售业商品销售额比上年增长39.4%，其中限额以上企业增长40.8%。住宿餐饮业营业额增长11.5%，其中限额以上企业增长11.8%。年末，全区限额以上批发零售企业145家，限额以上住宿餐饮企业88家。年末全区各类消费品市场26个，全年成交额194.21亿元。其中，消费品综合市场10个，全年成交额1.54亿元；农副产品市场13个，全年成交额190.29亿元；工业消费品市场3个，全年成交额0.32亿元。

【进出口贸易】 2021年，全区实现进出口总额468.47亿元，比上年增长3.7%。其中，出口总额395.09亿元，增长17.4%。从出口类别看，船舶出口63.17亿元，下降36.6%；油品出口285.97亿元，增长46.9%；水产品出口44.06亿元，增长8.6%。从出口地

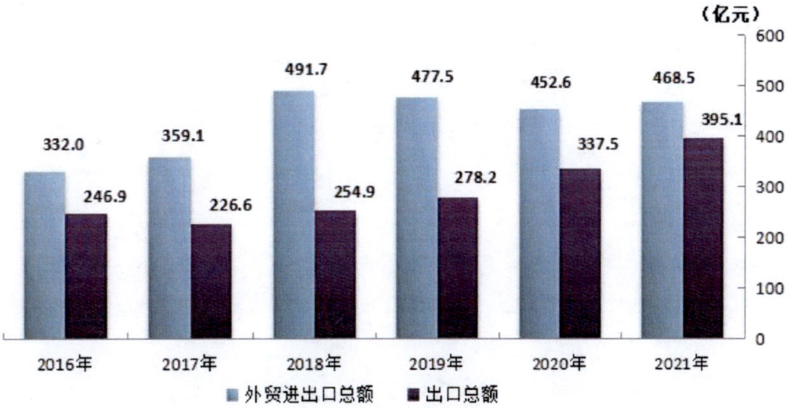

图4 2016—2021年普陀区进出口额

区看，利比里亚、巴拿马、马绍尔群岛和新加坡排名靠前。全年实际到位市外资金 83.49 亿元；其中，市外注册资金 47.06 亿元，市外固定资产投资额 36.43 亿元。全年合同外资金额 28093 万美元，比上年增长 33.7%；实际使用外资 5639 万美元，下降 37.4%。

【金融和保险业】 年末全区金融机构存款余额（本外币）599.06 亿元，比年初增加 47.29 亿元。其中，单位存款余额 204.80 亿元，比年初减少 0.10 亿元；个人存款余额 382.64 亿元，比年初增加 43.33 亿元。金融机构贷款余额（本外币）595.25 亿元，比年初增加 40.61 亿元。其中，短期贷款余额 203.79 亿元，比年初增加 18.14 亿元；中长期贷款余额 390.49 亿元，比年初增加 23.02 亿元。

全年保险公司保费收入7.01 亿元，比上年下降 11.9%。其中，财产保险费收入 2.58 亿元，下降 8.7%；人身险保费收入 4.43 亿元，下降 13.7%。保险公司赔款支出 2.53 亿元，增长 17.3%；保险公司给付支出 0.58 亿元，增长 1.8%。

【科学技术和教育】 2021 年，全区财政投入科技经费 13432 万元，比上年增长 8.2%。组织实施各类科技计划项目共 124 项；其中，省级 74 项，市级 14 项。全年科技成果数 31 项，专利授权量 865 件，其中发明专利授权量 392 件。国家高新技术企业 70 家，省级科技型企业 389 家。

年末全区共有中小学校 24 所。其中，高中 3 所，在校学生 3061 人；中等职业教育学校 1 所，在校学生 1483 人；初中 7 所，全年招生 2396 人，在校学生 6870 人；小学 13 所，全年招生 2728 人，在校学生 15907 人。幼儿园 32 所，全年招生 2405 人，在园幼儿 7656 人。全区 3~5 周岁幼儿入园率 99.99%，学前一年入园率 99.93%，小学入学率、初中入学率均为 100%。小学专任教师大专及以上学历比例 99.56%；初中专任教师本科及以上学历比例 100%。城北小学代表队参加“无人机”挑战赛获全国一等奖。沈家门第四小学“香草驱蚊水”项目获省青少年科技创新大赛一等奖。

【文化和体育】 2021 年，全区有文化馆（站）8 个，影剧院数 7 个。全年组织文艺活动 246 次，参加人数 13.12 万人次。年末图书馆藏书 360 万册，图书馆年流通 45.47 万人次。年末，全区有线电视用户共 9.14 万户，其中城区 6.93 万户，电视人口综合覆盖率达到 100%。室外广播农户覆盖率达到 99.5%，通村率 100%。

全区共有各类体育场馆数 6 个。全年参加区级以上体育运动会人数 7000 人次。在省级以上比赛获得奖牌 17 枚，其中金牌 7 枚、银牌 8 枚、铜牌 2 枚。

【卫生与健康】 2021 年年末，全区共有各类医疗卫生机构 248 个。其中，医院 13 家，社区卫生服务中心、卫生院 11 个，社区卫生服务站 14 个，村卫生室 81 个。城乡社区卫生服务人口覆盖率 100%。卫生技术人员 3107 人，其中执业（助理）医师 1320 人、注册护士 1082 人。医疗床位数 1893 张。城乡居民人均期望寿命达到 81.38 岁，孕产妇系统管理率 93.74%，7 岁以下儿童保健覆盖率 99.71%。全年出生人口 1238 人，出生率为 3.96‰；死亡人口 2597 人，死亡率为 8.31‰；自然增长率为–4.35‰。60 周岁以上人口为 97575 人，占总人口的 31.3%。

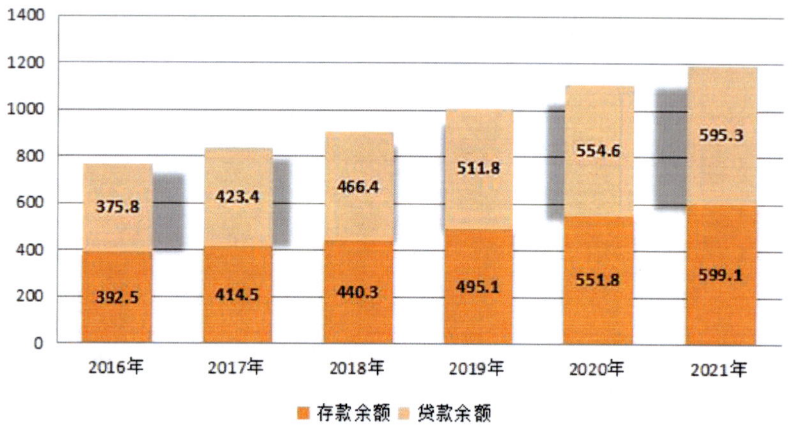

图 5 2016—2021 年普陀区金融机构存贷款余额（本外币）

【城市建设和新渔农村建设】 2021 年，普陀区有序推进全国文明城市创建复评、城镇生活垃圾分类、生态环境治理等系列行动。全年建成城区防洪排涝项目19个，改造老旧小区258幢、无卫生设施房屋667户，新增城市绿道约8.96千米，完成污水管网改造约5.2千米。城镇垃圾分类投放、收集、运输、处理系统实现全覆盖，城镇生活垃圾实现“零增长”，回收利用率达53.3%，资源化利用率和无害化处置率达到100%。全年供水总量3380万吨；其中，居民家庭用水1289万吨，生产运营用水927万吨。完成、启动美丽小岛、乡镇、风景带建设各1个，创建7个省市精品村。完成公厕新建5座，改建7座。引领壮大村级集体经济，立项2021年度集体经济发展项目7个，其中市级示范性项目3个，总投资1670万元。

【环境保护】 2021年，普陀城区环境空气质量优良，空气质量优良率为98.5%，PM$_{2.5}$年平均浓度15微克/立方米，总体达到二级标准。全区4个市控以上地表水监测断面全部满足水环境功能区目标水质要求。3个县级集中式饮用水源地监测断面全部达到Ⅱ类水质标准。区域环境噪声昼间平均等效声级为56.6分贝，总体水平等级为三级。

【人民生活与社会保障】 2021年，普陀全体常住居民人均可支配收入59483元，比上年增长9.3%。其中，城镇常住居民人均可支配收入67732元，增长8.7%；渔农村常住居民人均可支配收入42583元，增长10.3%。城镇常住居民年人均生活消费支出36435元，增长15.9%；渔农村常住居民年人均生活消费支出29082元，增长16.7%。城镇居民恩格尔系数32.3%，渔农村居民恩格尔系数30.9%。

年末，全区基本养老保险参保人数22.15万人；其中，职工基本养老保险参保人数16.21万人，城乡居民社会养老保险参保人数5.95万人。基本医疗保险参保人数27.27万人。其中，职工基本医疗保险参保人数10.36万人，城乡居民医疗保险参保人数16.91万人，参保率99.3%；工伤保险、生育保险和被征地农民保险参保人数分别为9.18万人、5.69万人和0.36万人。

年末全区各种社会福利收养性单位22个，床位2616张，在院人数928人。城镇“三无”对象集中供养率60%，渔农村“五保”老人集中供养率67%。城乡居民最低生活保障人数3228人；其中城镇低保对象464人，渔农村低保对象2764人。全年支付低保资金3229万元，城乡居民最低生活保障金标准为每人每月910元。全区社区服务设施数409个，社区综合服务设施覆盖率100%。全年新增就业人数5531人，引导和帮助失业人员再就业913人。年末城镇登记失业数1868人，登记失业率为1.5%。

（撰稿：区统计局等）

编辑：胡永久

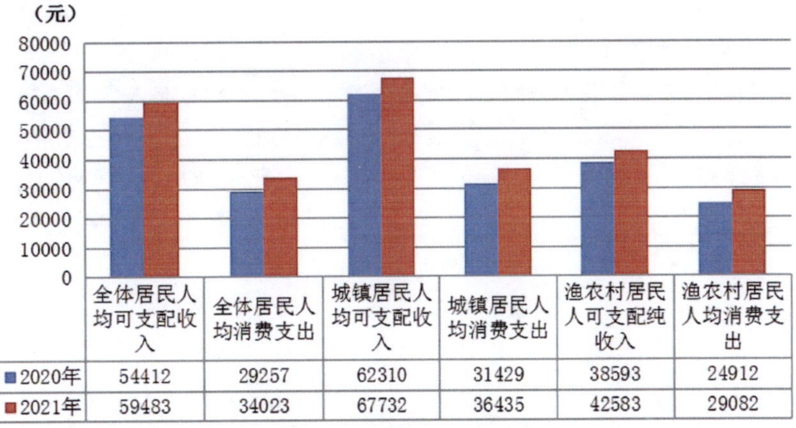

	全体居民人均可支配收入	全体居民人均消费支出	城镇居民人均可支配收入	城镇居民人均消费支出	渔农村居民人可支配纯收入	渔农村居民人均消费支出
■2020年	54412	29257	62310	31429	38593	24912
■2021年	59483	34023	67732	36435	42583	29082

图6 2010—2021年普陀区城乡居民人均收入消费情况

大 事 记

1月

4日　舟山格林食品有限公司企业监管仓通过审核验收并正式投入运行，成为全省首个进口冷链食品企业监管仓。

5日　位于鲁家峙岛的上海师范大学附属舟山中旭学校（2月7日定名舟山市普陀区上师大附属中旭实验学校）正式揭牌，开启"政企校合作，产教研融合"新型发展模式。

同日　浙江舟山人才创业园、舟山现代海洋产业创新服务综合体在普陀海洋高科技创业园内开工。

8日　受寒潮影响，最低气温-5.8℃，创50年来新低，为普陀有气象记录以来历史第二低（1967年-6.5℃）。

同日　舟山520幸福街被省商务厅等11部门确认为首批"浙江省高品质步行街"。

1月11日　由浙江锡力科技有限公司与东风汽车集团有限公司联合打造的全市首辆氢能燃料电池冷链车亮相六横。18日，首批5辆新能源公交车（氢能）在六横投入使用。

12日　由东港集团旗下东大健康产业发展有限公司投资兴建的普陀东大康复医院开业，成为舟山群岛新区首家二级康复专科医院。医院建筑面积15600平方米，其中医疗面积11880平方米，床位100张。开设内科、外科、中医科、康复科等门诊，有康复病区、老年病区、VIP病区、ICU监护等病区。

14日　省委常委、宣传部部长朱国贤到展茅路下徐调研工作。

同日　省人大常委会副主任赵光君一行到普陀医院开展"三服务"活动，并就《浙江省医疗保障条例（草稿修改稿）》进行立法调研。

15日　六横镇峧头新村、洋山新村、台门村被省委、省政府表彰为省文明村，普陀医院、浙江浙能中煤舟山煤电有限责任公司、普陀山社区卫生服务中心、浙江舟山旅游集团有限公司获评省文明单位。

17—21日　中国人民政治协商会议第五届舟山市普陀区委员会（简称区五届政协）第五次会议在普陀东港举行。会议听取并讨论区五届政协常务委员会工作报告、区五届政协常务委员会关于区五届政协第四次会议以来提案工作情况的报告，审议通过区五届政协第五次会议决议。会议期间，全体委员列席区十七届人民代表大会第五次会议，听取并讨论区政府工作报告。

18—21日　舟山市普陀区第十七届人民代表大会第五次会议在东港召开，出席代表174人。会议听取和审查政府工作报告；审查、批准普陀区国民经济和社会发展第十四个五年规划和2035年远景目标纲要；审查普陀区2020年国民经济和社会发展计划执行情况及2021年国民经济和社会发展计划草案的报告；审查、批准普陀区2020年国民经济和社会发展计划执行情况的报告及2021年国民经济和社会发展计划；审查、批准普陀区2020年财政预算执行情况及2021年财政预算的报告；听取和审查区人大常委会工作报告、区人民法院工作报告、区人民检察院工作报告；评议普陀区2020年民生实事项目，票决2021年民生实事项目。

23日　舟山市市场监督管理局普陀分局在舟山格林食品有限公司进口的冻阿根廷红虾集装箱内壁上检出冷链食品新冠病毒核酸初筛阳性，立即落实管控举措，及时处置全省首例冷链食品核酸检测阳性事件，阻断71吨冻阿根廷红虾流入市场。

25日　财政部驻浙江监管局局长何振国等一行到虾峙调研美丽乡村建设。

26日　浙江省文物局公布全省第一批不可移动革命文物名录，青龙山革命烈士纪念碑、桃花革命烈士陵园、蚂蚁岛人民公社旧址3处文物保护单位入选。

是月　舟山瀚世达船舶工程有限公司在浙江省股权交易中心成长板挂牌，成为普陀区首家在省股权交易中心成长板挂牌的企业。

2月

17日　鲁家峙红石体育公园正式营业。

18日　蚂蚁岛精神红色教育基地入选首批“省级党外知识分子思想教育基地”。

同日　六横镇党委收到百岁老人王朝宝增交的2万元特殊党费。

23日　2021年1月全国县级文化和旅游新媒体传播力指数TOP10榜单公布，普陀区入选“全国县级文化和旅游新媒体综合传播力指数TOP10”和“全国县级文化和旅游新媒体微信传播力指数TOP10”。其中，普陀区微信传播力指数居全国第七位，综合传播力指数居全国第十位。

25日　六横镇钟佩玲被中共中央、国务院表彰为全国脱贫攻坚先进个人。

27日　英国克拉克森研究所发布2020年全球修船厂排名，根据2020年修船作业次数统计，舟山鑫亚船舶修造有限公司、舟山中远海运重工有限公司、舟山龙山船厂有限公司3家船厂名列前十。

3月

1日　全国妇联下发《关于表彰全国城乡妇女岗位建功先进个人、先进集体的决定》，沈家门街道邵小燕获评全国巾帼建功标兵。

3—4日　省政协副主席孙景森调研普陀，走访考察沈家门渔港小镇、舟山国际水产城电商园区和展茅街道。

13日　“浙普远98”远洋渔业综合保障船启航仪式在舟山市普陀远洋渔业有限公司码头举行。市委常委姜建明等市领导出席启航仪式。“浙普远98”号船经升级改造，搭载全新国产北斗卫星通信系统、舟山市农科院研发的“海上菜园”，配备2名随船医生，以及手术室、远程医疗诊疗室、全自动血液分析仪、B超仪等先进医疗设施设备，基本具备一个小卫生院的功能，保障服务能力大幅提升。该船启航后赴东南太平洋公海作业渔场巡航。

17日　省委、省政府举行全省扩大有效投资重大项目集中开工活动，舟山市10个重大项目集中开工，其中普陀夏新未来社区创建项目作为全市标志性开工项目。

19日　普陀区展茅茅洋新村、登步沙头村被省委组织部列入全省百个红色美丽村庄建设名单。

23日　蚂蚁岛精神红色教育基地被省委党史和文献研究室评为浙江省党史教育基地。

同日　蚂蚁岛被省文化和旅游厅评为浙江省红色旅游教育基地。

24日　一艘满载食品、日用品、化妆品等货物的台湾籍船舶“福运”直航到达浙台（舟山普陀）经贸合作区码头，浙台（舟山普陀）经贸合作区首次实现对台小额贸易，开展实质性运营。

26日　区国资公司2021年度第一期定向债务融资工具（PPN）5亿元发行，期限3年，票面利率4.95%，发行利率处于2021年同级别同规模较低水平，为全区国有企业发行的首单PPN。

27日　普陀区被省委、省政府授予“平安牌”。

4月

1日　位于沈家门街道渔市北路6号的普舟医院投入运营。医院医疗建筑面积6670平方米，可开放床位159张。开设骨科、外科、内科、康复、老年等病区，门诊设置骨伤科、中医科、急诊科、内科外科、针灸推拿科等专业，内设百级层流手术室 2 间、万级层流手术室 1 间。

5 日　普陀区生物多样性调查技术团队在普陀发现国家一级重点保护物种中华穿山甲。该物种在普陀区历史上有过记录，但已多年未现其踪迹，这是舟山市首次由红外相机记录到中华穿山甲。30 日，区生物多样性调查技术团队在普陀发现国家一级重点保护物种小灵猫（普陀历史上也有记录）。

14 日　省委组织部副部长、省委两新工委书记马小秋一行到东港街道兴普社区香榭花园调研党建引领小区治理工作。

19 日　普陀区成功创建法治浙江（法治政府）建设示范单位。

20 日　省推进“四大建设”工作联席会议办公室发布全省首批大花园耀眼明珠名单，普陀海岛公园入选。

22 日　舟山普陀山机场“航运逸站”启用，“祥云快线”接驳巴士同步运营，开启机场与旅游“航旅互动”一体化服务新模式。

23 日　舟山医院普陀山分院揭牌。

27 日　上午，第十三届中国国际普陀佛茶文化节在东港街道塘头佛茶文化园开幕。中国国际茶文化研究会会长、浙江省政协原主席周国富宣布佛茶文化节开幕，普陀山佛教协会副会长、中国佛学院普陀山学院常务副院长会闲主持祈福仪式。开幕式演出以佛茶的生长脉络为主线，《云水禅心》《盛世金莲开》等节目贯穿始终，展现种茶、采茶、炒茶、泡茶、品茶的过程，全面展现普陀佛茶的风采和韵味。下午，第十三届中国国际普陀佛茶文化节配套节目 2021 中国普陀招商推介会和 2021 年首届舟山茶产业发展高峰论坛分别在东港的希尔顿酒店、舟山海中洲国际大酒店举行。推介会吸引 60 余家企业参加，8 个项目现场签约。

同日　应急管理部副部长宋元明、副省长刘小涛一行到普陀区调研渔业和水上交通安全工作。

29 日至 5 月 3 日　由市商务局主办，浙江省老字号企业协会承办的以“国潮舟山荟·爱尚新生活”为主题的“2021 消费促进月浙里来消费·老字号进街区（巡回展）”舟山站暨诚信示范街主题实践活动在东港 520 幸福街启动。活动汇集省内方回春堂、张小泉、钱盛康等 60 家国家级和省级老字号企业参与，涵盖食品、工艺美术、丝绸服饰、中医药等，共设 80 个展位。

30 日　国务院联防联控机制综合组新冠病毒疫苗接种驻浙江工作组、国家卫生健康委职业安全卫生研究中心副主任徐克明等一行到普陀医院听取“华洋朝阳”轮新冠肺炎疫情处置情况汇报。

4 月 1 日，普舟医院投入运营（区档案馆提供）

5 月

7 日　浙江省首个新闻道德建设基层联系点在普陀区融媒体中心挂牌成立。

11 日　普陀区图书馆被浙江省文化和旅游厅公布为全省首批“满意图书馆”。

15—16 日　由市政府主办、市文化和广电旅游体育局与普陀区政府承办的“越野东海——2021 舟山群岛穿越之旅”在舟山举行，国内外 1500 余名越野跑爱好者参加。

22 日　中共中央组织部组织二局局长石军到东港街道香榭花园调研“兼合式”党支部相关工作开展情况。

25 日　蚂蚁岛精神主题采访——“海内外媒体走进舟山蚂蚁岛探海岛振兴之路”活动在蚂蚁岛举行。《光明日报》、中新社、人民网、美国《国际日报》、意大利侨网等近30家海内外媒体到蚂蚁岛采访。

26日　普陀区政府与浙江大学医学院附属邵逸夫医院签订山海提升工程协议。6月1日，浙江大学医学院附属邵逸夫医院帮扶专家团队至普陀医院驻点。

29日　普陀区卫生健康局被浙江省人民政府妇女儿童工作委员会评为浙江省实施妇女儿童发展规划成绩突出集体。

6月

3日　蚂蚁岛精神红色教育基地被省委组织部确认为省级党员教育培训基地。

4日　2021年浙江精品西瓜评选结果揭晓，朱家尖“牛角湾”8424西瓜获三金一银，其中，朱家尖老林家庭农场、朱家尖幸福家庭农场、朱家尖小叶家庭农场获省级金奖，朱家尖牧马人家庭农场获省级银奖。

4—6日　2021年浙江省海钓锦标赛暨中国六横岛·国际海钓公园杯海钓大赛在悬山海洋牧场举行。省体育竞赛中心副主任金铁群，省钓协常务副主席孙浙东，市文化和广电旅游体育局副局长刘志勇，六横管委会副主任白希勇等出席开幕式。省内外33支代表队、66人参赛。浙江普陀山队获对象鱼团体第一名。

7日　六横鑫亚船舶修造有限公司开工修理远东航运（新加坡）有限公司旗下船舶“露西亚雄心”轮，是舟山船舶修造行业首次修理LNG（天然液化气）船舶。

7—9日　中央广播电视总台《国家记忆》栏目制作并播出3集纪录片《蚂蚁岛的奋斗》——《创业》《攻坚》《弄潮》。

8日　沈家门小学海洋教育研究团队受自然资源部宣传教育中心邀请，参加“海洋人物走进‘深海一号’能源站”活动。沈家门小学校长孙文波作为2017年度海洋人物赴海南三亚出席活动并共同签署《开发海洋资源保护海洋生态》倡议书。

17日　副省长徐文光调研普陀东河路截污纳管工程建设情况和半升洞片区城市有机更新项目。

23日　舟山中远海运重工有限公司被中国造船工程学会授予中国修船行业“绿色修船示范企业”。

25日　第二十二届中国舟山国际沙雕节在朱家尖南沙开园。该届沙雕节以“百年华诞光辉历程”为主题，长200米、宽50米的沙雕园区内展出60余组大型沙雕作品。

27日　海南省陵水黎族自治县考察团到舟山国际水产城考察沈家门渔港小镇(客厅)。

30日　中石化六横LNG接收站项目土地成功摘牌，总面积约1045亩（约69.67公顷），以“标准地”形式出让。项目位于六横岛西南部，拟用岸线约1200米，项目总投资约200亿元，建设规模为年产能1500万吨。

5月15日，“越野东海——2021舟山群岛穿越之旅”在普陀开赛（区文广旅体局提供）

7月

1日　中央电视台现场直播庆祝中国共产党成立100周年大会，中共中央总书记、国家主席、中央军委主席习近平发表重要讲话。全区各级党组织、机关事业单位组织收看收听。

6月7日，舟山首次修理LNG船舶开工仪式（区经信局提供）

25日　13时30分前后，2106号台风“烟花”在普陀沿海登陆，登陆时中心附近最大风力13级（台风级38米/秒），为1950年以来第四个登陆舟山的台风。“烟花”台风移动缓慢，对普陀区影响时间长达104小时，致灾强度为“特重”等级。全区普降暴雨到大暴雨，局地特大暴雨，同时沿海伴有10~14级大风。过程雨量普遍在210~380毫米，其中最大展茅481.0毫米。“烟花”台风造成全区133035人受灾，直接经济损失35012万元。

26日　水利部建设与管理司副司长徐元明带队到普陀区调研“烟花”台风毁损情况及指导工作。

8月

2—3日　浙江省高级人民法院党组书记、院长李占国一行到普陀调研指导工作。李占国一行先后走访舟山中远海运重工有限公司、六横社会治理与政务服务中心、六横法庭。

9日　普陀医院ICU副护士长兼EICU护士长虞雪娜获首届浙江省“仁心仁术奖”。

同日　朱家尖街道樟州村入选省林业局公布的省首批自然保护地融合发展示范镇（村）名单。

10日　2021年普陀区增殖放流仪式暨净滩清港行动在洋鞍海域举行。区领导张立军、徐炜波等参加活动。本次活动共放流石鲷31.58万尾以上、小黄鱼3000余尾。

上旬　位于六横的舟山煤炭中转码头迎来开港以来最大进口煤炭船——“宝进”轮靠港卸货。该轮全长299.94米，载重20.63万吨，刷新舟山煤炭中转码头接卸船舶的长度及吨位纪录。

17—18日　副省长王文序调研普陀白沙港里托老所、白沙幸福驿家。

18日　省委副书记黄建发到沈家门渔港码头、东极镇渔业管理服务中心等处，调研了解渔业监管和海上安全等情况。

同日　国家税务总局舟山市普陀区税务局六横税务分局获第20届全国青年文明号称号。

23日　普陀区行政中心被国家机关事务管理局、中共中央直属机关事务管理局、国家发展和改革委员会、财政部联合授予“节约型机关”称号，成为第一批节约型机关建成单位。

26日　舟山中远海运重工交付国内乃至全球首艘具备

7月25日，台风“烟花”掀巨浪（诸葛晓明摄）

DP3动力定位功能的海工生活驳船“国海安鸿”给管理方国海海工资产管理有限公司。“国海安鸿”船长115.5米，型宽34米，型深9.1米，生活区可容纳684人居住，设有厨房、餐厅、健身房、电影院等。该船配置6台发电机、6台全回转推进器，甲板安装可自动伸缩旋转平台过桥、300吨甲板工作吊以及8台定位锚泊设备。

9月

2日　普陀区文广旅体局被国家体育总局命名为“2017—2020年度全国群众体育先进单位”。

6日　普陀区全面开启义务教育阶段学校课后服务工作。

15日　普陀区工商业联合会（总商会）第八次代表大会召开。大会通过区工商联（总商会）第七届执行委员会工作报告，选举产生区工商联（总商会）第八届执行委员会主席（会长）、副主席、副会长、秘书长，聘请名誉会长。

16日　普陀区统计局被国务院第七次全国人口普查领导小组授予“第七次全国人口普查先进集体”荣誉称号。

17日　中国教育报刊社副总编辑兼中国教育报总编辑周飞等一行到朱家尖小学、朱家尖中心幼儿园采风，调研“共同富裕”背景下海岛教育的发展。

23日　蚂蚁岛村被中央农村工作领导小组办公室、农业农村部、中央宣传部、民政部、司法部、国家乡村振兴局公布为第二批“全国乡村治理示范村”。

23—25日　由市农业农村局、区政府主办的中国舟山（普陀）第四届农民丰收节暨展茅街道第七届五匠文化节在普陀田园综合体举行。

28日　由中国休闲垂钓协会、市文化和广电旅游体育局、区政府、六横管委会共同主办的2021全球网络直播钓鱼公开赛在六横国际海钓文化广场开幕。中国休闲垂钓协会会长魏宝振，区委副书记、六横管委会主任何国忠，浙江、江苏、安徽等地相关局办领导以及中国钓鱼运动协会代表、各省会员中心主任、钓协主席等出席。同日举行2021全球网络直播钓鱼公开赛暨“感恩海洋增殖放流”活动。

30日　蚂蚁岛精神红色教育基地被评为首批浙江省习近平新时代中国特色社会主义思想研究中心调研基地。

是月　省文化和旅游厅公布2020年度全省基层公共文化服务评估总排名，普陀区位居全省一类地区第五名，全市第一名。2013年以来，普陀已连续8年位列全市第一，实现“八连冠”。

10月

1日　普陀东大康复医院儿童康复中心正式开业运营。

同日　蚂蚁岛人民公社旧址保护利用案例被中国文物学会、中国文物报社评为2021全国文化遗产旅游百强案例。

4日　浙江省首次向哈萨克斯坦采购的煤炭在浙能舟山六横煤炭中转码头卸装。

11日　桃花镇塔湾村、展茅街道黄杨尖村列入省气候中心发布的全省首批40个“浙江省气候康养乡村”名单。

15日　2021中国—东盟博览会旅游展期间举行“2021全国

9月23日，中国舟山（普陀）第四届农民丰收节暨展茅街道第七届五匠文化节在普陀田园综合体开幕（郑宝森摄）

文化遗产旅游百强案例”发布仪式，“传承红色基因　弘扬新时代蚂蚁岛精神——蚂蚁岛人民公社旧址保护利用案例”入选乡村遗产主题旅游案例。

19 日　国家卫生健康委员会、全国老龄工作委员会办公室公布 2021 年全国示范性老年友好型社区名单，六横镇台门社区上榜。

20 日　下午，省委书记袁家军，省委副秘书长、省信访局局长王忠志等到普陀区社会矛盾纠纷调处化解中心下访接待普陀来访群众。

同日　农业农村部公布 2021 年全国乡村特色产业十亿元镇和亿元村名单，展茅街道上榜 2021 年全国乡村特色产业十亿元镇。

22 日　在国家市场监管总局和省政府联合主办的第十二届中国商品市场峰会上，舟山国际水产城获由中国社会科学评价研究院和中国商品市场峰会组委会联合颁发的“中国商品市场百强”“中国商品市场十大数字化领跑者”双奖。

同日　晚，2021 年普陀区“最美海岸线”荧光夜跑活动在东港莲花洋广场举行，450 余名市民参与，全程约 6.5 千米。

22—25 日　由省体育局主办的 2021 年浙江省青少年帆船帆板冠军赛在朱家尖南沙景区海域举行。杭州、温州、绍兴、台州等地 8 支帆船帆板队 74 名运动员参赛。比赛设 OP 级帆船（单人，限 15 岁以下）、激光 4.7 级帆船、帆板 3 个项目。

23—24 日　由市农业农村局、区政府主办，区农业农村局、区文化和广电旅游体育局、展茅街道办事处承办的 2021 普陀海稻音乐节在普陀田园综合体上演。

25 日　普陀山生态站入选国家林业和草原局在广西壮族自治区桂林市授牌的首批40 个“国家林草生态综合监测站”。

27 日　副省长徐文光到普陀考察了解朱家尖樟州渔业村渔港“港长制”工作和沈家门渔港渔船安全管理等相关工作。

29—31 日　由中国足球协会、省体育局、市政府共同主办，省足球协会、市文化和广电旅游体育局承办的“普陀山杯”2021 年第十三届全国沙滩足球锦标赛总决赛在朱家尖南沙举行。浙江、山东、辽宁、河北、海南等地的 11 支男子沙足代表队参赛。

是月　“读懂浙江红色精神谱系丛书”《读懂蚂蚁岛精神》出版发行。

11 月

2 日　普陀区退役军人创业园被省退役军人事务厅认定为“浙江省首批退役军人就业创业基地”。

3 日　文化和旅游部公布 2021—2023 年度“中国民间文化艺术之乡”名单，普陀区依托“普陀渔民画”成功入选。

5 日　上午，2021 年浙江省暨舟山市全民终身学习活动周开幕式在普陀大剧院举行。

同日　省自然资源厅、舟山市政府在杭州组织召开《浙江舟山六横地区 LNG 项目节约集约用海可行性论证报告》专家评审会。市委常委、常务副市长许小月出席会议并致辞，六横管委会主任何国忠等参加会议。

8 日　全省纵深推进清廉机关模范机关建设工作会议在杭州召开。区社会治理综合服务中心获评全省“双建”工作先进集体，并作为全省唯一县区属部门代表在大会上作经验交流发言。

10 日　新型双体客船“普陀祥云”号象山至普陀山航线试航成功。

11 日　区文化馆选送的女子组唱《听江南》获省第二十届群众音乐大赛金奖。

15 日　区人民调解委员会价格纠纷调解工作室在区社会治理综合服务中心举行授牌仪式，舟山市首个价格纠纷调解工作室正式成立。

18 日　文化和旅游部公示第五次全国文化馆评估定级结果，普陀区文化馆获“国家一级文化馆”称号。

19 日　舟山至临沂航线正式通航，为舟山普陀山机场始发至山东省内的第四个通航点。

30 日　舟山市观音文化园、波音 737 完工和交付中心定制厂房及配套设施建设项目工程、新城如心小镇银杏园入选中国建筑业协会发布的 2020—2021 年度中国建设工程“鲁班奖”名单。其中银杏园的施工总承包方——恒尊建设集团有限公司成为全市第一家获“鲁班奖”的本土建筑企业。

是月 “2021年全国市辖区旅游综合实力百强区”名单公布，普陀区位列第七。

是月 浙江省社会科学院编写的“中国村庄发展：浙江样本研究丛书”《耕海牧渔——舟山蚂蚁岛村发展研究》出版发行。

12月

3日 省委副书记、代省长王浩在沈家门渔港、中国舟山国际水产城考察帆张网渔船、渔获物交易等情况。

6日 六横LNG相关产业——冷能综合利用项目集中签约仪式在临城举行。中圣LNG冷能综合利用项目、华东能源LNG冷能空分项目、LNG冷能发电项目和六横管委会签署合作协议，就综合打造六横LNG冷能综合利用产业园达成合作意向，总签约金额达66.5亿元。副市长韩峻、六横管委会主任何国忠等出席签约仪式。

同日 展茅街道被浙江省关注森林组织委员会认定为省森林城镇。

同日 “普陀军创园”升级为“省级众创空间”。

8日 舟山市首家QFLP(外商投资股权投资)试点企业——浙江自贸区艾克思焦点私募股权投资基金合伙企业（有限合伙)落地普陀。

16日 普陀湾(上海)众创码头被省经济和信息化厅认定为浙江省第二批省级数字经济“飞地”示范基地。

同日 普陀区海塘安澜工程(乡镇海塘)获省水利厅优秀组织工作成果奖。

同日 普陀区被浙江省“千村示范、万村整治”工作办公室确定为2021年全省农村垃圾分类处理工作优胜县(区)；桃花镇青龙村、塔湾村被确定为省级高标准农村生活垃圾分类示范村；沈家门街道获评省美丽乡村示范乡镇；普陀区海山渔村休闲风景线获评省美丽乡村风景线；展茅街道晓辉村、桃花镇青龙村、沈家门街道大岙村、六横镇沙浦新村、杜庄村获评省美丽乡村特色精品村。

19日 舟山旅游商贸学校电商团队在全国第九届“博导前程杯”全国电子商务运营技能竞赛总决赛(线上)中获职组特等奖(电商运营赛项)。

22日 全国首个海上渔光互补漂浮试验方阵在普陀区白沙岛海域成功下水。

23日 普陀区被省委、省政府评为2018—2020年健康浙江建设先进区，区卫生健康局获健康浙江建设先进集体。

同日 六横镇综合文化站被评为浙江省一级综合文化站。

24日 全省首批城乡风貌样板区试点建设名单公布，普陀东港入选城市试点。

27日 普陀区司法局六横司法所被省司法厅命名为省级“枫桥式”司法所。

27—29日 中国共产党舟山市普陀区第十四次代表大会在东港召开。大会应到正式代表212人，实到代表206人。区委书记孙志龙代表中共舟山市普陀区第十三届委员会作题为《致力高质量 走好共富路 为建设现代化新普陀而努力奋斗》的报告。区委副书记、区长徐炜波主持会议。区四套班子主要领导出(列)席会议。大会选举产生区委委员39人、候补委员7人，纪委委员17人，出席舟山市第八次代表大会代表62人。听取、审议和通过《关于全区党费收缴、使用和管理情况的报告》《中国共产党舟山市普陀区第十四次代表大会选举办法》《中国共产党舟山市普陀区第十四届纪律检查委员会第一次全体会议选举办法》《中国共产党舟山市普陀区第十四届委员会第一次全体会议选举办法》。会议总结区第十三次党代会以来工作，明确以后五年奋斗目标和重点任务，动员全区党员和广大干部群众，为建设现代化新普陀而努力奋斗。

30日 2021中国幸福城市论坛以线上线下相结合的形式在北京举行，现场发布2021中国最具幸福感城市系列榜单，普陀区获“中国最具幸福感城市”称号，这是普陀区连续4年获此荣誉。

同日 普陀区上葡萄河被省水利厅、省美丽浙江建设领导小组河长制办公室公布为2021年省级美丽河湖。

是月 浙江自贸区艾克思焦点私募股权投资基金落地普陀区块。

（撰稿：陆行军）

编辑：胡永久

中共舟山市普陀区委

区委领导与区委工作机构

【区委领导】 2021 年年初，中共舟山市普陀区第十三届委员会常务委员会委员 11 人，书记张立军、副书记徐炜波、孙丹燕（女）、何国忠（六横管委会党委副书记、主任兼）、常委李明、徐俊军、张海斌、诸葛明海、王海涛、单伯勋、吴红卫（4 月到任，此前由虞万军暂代）。8 月 16 日，任命俞能常委职务。11 月 24 日，任命孙志龙区委书记职务，免去张立军区委书记职务，免去孙丹燕（女）区委副书记职务。12 月 1 日，任命黄林伟区委副书记职务，任命施静海常委职务，免去徐俊军、诸葛明海常委职务。12 月 29 日，中国共产党舟山市普陀区第十四次代表大会第四次全体会议选举产生中共舟山市普陀区第十四届委员会委员 12 人，书记孙志龙，副书记徐炜波、何国忠（六横管委会党委副书记、主任兼）、黄林伟，常委李明、施静海、张海斌、俞能、王海涛、单伯勋、吴红卫、李莉（女）。

表 5　2021 年区委书记、副书记、常委名录

职　务	姓　名	性别	籍贯	任职年月
书　记	张立军	男	浙江温岭	续—2021.11
书　记	孙志龙	男	浙江舟山（定海）	2021.11—
副书记	徐炜波	男	浙江舟山（定海）	续—
副书记	孙丹燕	女	浙江嵊泗	续—2021.11
副书记	何国忠	男	浙江嵊泗	续—
副书记	黄林伟	男	浙江舟山（定海）	2021.12—
常　委	李　明	男	浙江舟山（定海）	续—
常　委	徐俊军	男	浙江嵊泗	续—2021.12
常　委	施静海	男	浙江舟山	2021.12—
常　委	张海斌	男	浙江舟山（普陀）	续—
常　委	俞　能	男	浙江诸暨	2021.8—
常　委	诸葛明海	男	浙江舟山（普陀）	续—2021.12
常　委	王海涛	男	江西吉安	续—
常　委	单伯勋	男	浙江舟山	续—
常　委	吴红卫	男	浙江舟山（定海）	续—
常　委	李　莉	女	浙江舟山（定海）	2021.12—

【区委职能部门】 区委设置纪检监察机关 1 个（区纪律检查委员会与区监察委员会合署办公），计入机构限额的工作机关 6 个（办公室、组织部、宣传部、统一战线工作部、政法委员会、巡察工作领导小组办公室）。区委办公室挂区委区政府政策研究室、区委保密委员会办公室（区国家保密局）、区委机要局（区密码管理局）、区档案局牌子；区委台湾工作办公室与区委办公室合署办公，挂区政府台湾事务办公室牌子。区委组织部挂区委机构编制委员会办公室、区委直属机关工作委员会、区委老干部局、区委新经济与新社会组织工作委员会、区公务员局牌子。区委宣传部挂区政府新闻办公室、

区新闻出版局、区互联网信息办公室牌子。区委统战部挂区民族宗教事务局、区政府侨务办公室牌子。区委、区政府直属正科级事业单位有：区政策研究中心，委托区委办公室管理；区委党校（区行政学校）；区档案馆（区史志研究室）；区社会治理综合服务中心。区委直属正科级事业单位有：区融媒体中心（区广播电视台），委托区委宣传部管理；区精神文明建设指导中心（区政府创建中心），委托区委宣传部管理。

【区委议事协调机构】 区委议事协调机构10个：区委审计委员会办公室设在区审计局，区委全面深化改革委员会办公室设在区委办公室，区委全面依法治区委员会办公室设在区司法局，区委网络安全和信息化委员会办公室设在区委宣传部，区委财经委员会办公室设在区委办公室，区委国家安全委员会办公室设在区委办公室，区委外事工作委员会办公室设在区政府办公室，区委教育工作领导小组秘书组设在区教育局，区委军民融合发展委员会办公室设在区发展和改革局，区委区政府农业和农村工作领导小组办公室设在区农业农村局。

区委重要决策

【学前教育深化改革规范发展】 2021年2月9日，区委、区政府发出《关于印发〈普陀区学前教育深化改革规范发展实施方案〉的通知》，提出：加大改革创新，精准补齐学前教育短板，到2022年，形成完善普惠性民办幼儿园财政补助机制，缩小公办幼儿园和普惠性民办幼儿园差距，实现招生“服务区”制度全覆盖；到2035年，普及学前三年教育，形成完善学前教育办园体制、管理体制、经费保障机制、师资队伍发展机制和政策保障体系，全面建成学前教育公共服务体系。

【推进全面从严治党“四责协同”机制】 6月15日，区委发出《关于数字赋能深入推进全面从严治党“四责协同”机制的意见》，提出：建立健全覆盖区、街道镇、村（居）和企事业单位责任落实体系，围绕三项工作机制，升级党风廉政建设“两个责任”考评系统，搭建“四责协同”数字化平台，“线上+线下” 协同推动知责明责、履责尽责、考责问责形成闭环，营造风清气正政治生态，推动全区广大党员干部干在实处、走在前列、勇立潮头。

【推进清廉普陀建设】 6月16日，区委发出《关于纵深推进清廉普陀建设的意见》，提出：在推进清廉普陀建设各项任务基础上，深化清廉机关、清廉村居、清廉学校、清廉医院、清廉国企、清廉民企、清廉交通、清廉文化建设，到“十四五”末，各清廉单元建设全面推进并基本成型，推进全面从严治党“四责协同”机制更加健全，党员干部廉洁意识明显增强，群众身边腐败和作风问题明显下降，党风政风和社风民风良性互动，全面从严治党实效度提升；到2035年，清廉普陀建设各项制度机制成熟定型，权力运行规范有序，社风民风清朗，清廉文化深入人心，社会整体清廉程度显著提升，清廉普陀全面建成。

【新一轮村级集体经济提升发展】 8月13日，区委办、区政府办发出《关于印发〈普陀区新一轮村级集体经济提升发展五年行动计划〉的通知》，提出：以党建引领、加大融合、创新经营、结对帮扶、数字赋能促进村级集体经济发展，“十四五”期间全区村级集体经济总收入增幅不低于渔农民人均可支配收入增幅，年经营性收入增幅达5%以上，各村年经营性收入均有正增长，至2025年年底，全区85%以上村年经营性收入达50万元以上。

【推进海岛振兴】 8月17日，区委、区政府发出《关于高质量推进海岛振兴创建国家级乡村振兴示范区的意见》，提出：以产业振兴为龙头构建海岛产业体系，以魅力宜居为导向补齐海岛建设短板，以共同富裕为目标实现海岛村强民富，推进海岛集成改革、提升海岛城乡融合水平、加强党对渔农村工作的全面领导；2021年启动实施乡村振兴示范区规划，基本构建“五岛”建设指标体系、政策体系、工作体系、评价体系，清单式、项目化推进重点工作；到2025年，全区渔农业渔农村现代化取得重要进展，渔农业基础稳固，城乡居民差距缩

12 月 22 日，区委书记孙志龙（左一）陪同新区管委会党工委书记、主任、市委书记何中伟（左二）等在葫芦岛调研 （沈磊摄）

小，渔农村生态环境取得改善，乡村建设取得成效。

【发展建设共同富裕示范区先行典范】 8 月 17 日，区委、区政府发出《关于印发〈高质量发展建设共同富裕示范区普陀实施方案（2021—2025 年）〉的通知》，提出：围绕到 2025 年“推动高质量发展建设共同富裕示范区取得明显实质性进展”目标，率先在海洋经济、开放创新、城乡均衡、生态文明、社会治理、人民幸福和精神文明等方面，形成系列阶段性标志性成果，推动发展建设共同富裕示范区先行典范。

【推进中长期青年发展】 8 月 23 日，区委办印发《舟山市普陀区贯彻落实〈浙江省中长期青年发展规划（2017—2025 年）〉的实施意见》，提出：主要发展十大领域，重点实施八大项目，到 2022 年，符合普陀实际和特色青年发展政策体系和工作机制初步形成，普陀青年思想政治素养和全面发展水平提升；到 2025 年，富有普陀特色、走在全市前列青年发展政策体系和工作机制更加完善，普陀青年思想政治素养和全面发展水平明显提升。

【实施林长制工作】 10 月 11 日，区委办、区政府办发出《关于印发〈舟山市普陀区林长制工作实施方案〉的通知》，提出：2021 年 10 月底前，建立区、街道镇、管委会、村（社区）三级林长制组织体系，实现三级林长全覆盖，并逐步形成林业生态体系，森林、湿地资源得到保护和利用，全面提升普陀区森林和湿地等生态系统质量和稳定性。

区委重要会议

【中国共产党舟山市普陀区第十四次代表大会】 2021 年 12 月 27—29 日在东港召开。大会应到正式代表 212 人，实到代表 206 人。区委书记孙志龙代表中共舟山市普陀区第十三届委员会作题为《致力高质量　走好共富路　为建设现代化新普陀而努力奋斗》的报告。区委副书记、区长徐炜波主持会议。区四套班子主要领导出（列）席会议。大会选举产生区委委员 39 人、候补委员 7 人，纪委委员 17 人，出席舟山市第八次代表大会代表 62 人。听取、审议和通过《关于全区党费收缴、使用和管理情况的报告》《中国共产党舟山市普陀区第十四次代表大会选举办法》《中国共产党舟山市普陀区第十四届纪律检查委员会第一次全体会议选举办法》《中国共产党舟山市普陀区第十四届委员会第一次全体会议选举办法》。会议总结区第十三次党代会以来工作，明确以后五年奋斗目标和重点任务，动员全区党员和广大干部群众，为建设现代化新普陀而努力奋斗。

【区委十三届十二次全体（扩大）会议】 7 月 30 日下午召开。区委委员、候补委员等出席会议。学习贯彻习近平在庆祝中国共产党成立 100 周年大会上的重要讲话和省委十四届九次全会、市委七届十一次全会精神，贯彻新发展理念，围绕幸福普陀现代化建设，加快打造自由贸易先行区、海洋产业新高地、海上花园会客厅，研究部署推动共同富裕工作，动员全区上下弘扬蚂蚁岛精神，推动发展建设共同富裕示范区先行典范。

【区委十三届十三次全体(扩大)会议】 10月30日上午召开。区委委员、候补委员、区纪委委员等146人出席会议。区委书记张立军讲话。学习习近平总书记关于海洋发展系列重要论述,贯彻海洋强省建设推进会精神,研究部署新发展阶段全区海洋经济发展目标任务,推动发展建设共同富裕示范区先行典范,加快打造现代化海洋产业新高地。研究部署打造海洋产业新高地工作任务。审议通过《关于召开中国共产党舟山市普陀区第十四次代表大会的决议(草案)》。

【区委常委会会议】 十三届区委常委会召开27次常委会(第101~127次)。主要议题:研究讨论需区委协调解决的重要事项、重大问题。先后传达学习习近平总书记在省部级主要领导干部学习贯彻中共十九届五中全会精神专题研讨班开班式、中央农村工作会议上的重要讲话精神,省委农村工作会议精神,全国宣传部长会议及全省宣传思想工作会议精神,省市两会精神,十九届中央纪委五次全会精神,省纪委十四届六次全会精神,习近平总书记在中央政治局第二十六次集体学习时重要讲话及在党史学习教育动员大会、全国脱贫攻坚总结表彰大会上重要讲话精神,中央、省委、市委政法工作会议和全国、全省政法队伍教育整顿动员部署会以及国家、省信访局长会议精神,全市宣传思想工作会议精神,市纪委七届六次全会精神,习近平总书记在中央党校(国家行政学院)中青年干部培训班开班式上的重要讲话精神、在中央财经委员会第九次会议上重要讲话精神,省市平安会议精神,习近平在福建考察时重要讲话精神及在博鳌亚洲论坛2021年年会开幕式上主旨演讲和领导人气候峰会上重要讲话精神,习近平对深化东西部协作和定点帮扶工作、打击治理电信网络诈骗犯罪工作、职业教育工作重要指示精神,《中国共产党组织处理规定(试行)》《中国共产党党和国家机关基层组织工作条例》《中共浙江省委关于贯彻〈中国共产党党和国家机关基层组织工作条例〉的实施意见》《中共舟山市委关于贯彻落实〈中国共产党党和国家机关基层组织工作条例〉的具体措施》,中央和省换届工作会议及省委关于换届工作文件精神,习近平总书记在广西考察时重要讲话、在中共中央政治局第二十九次集体学习时的重要讲话精神,《中共中央国务院关于支持浙江高质量发展建设共同富裕示范区的意见》文件精神及高质量发展建设共同富裕示范区省委专题学习会精神,《中共中央办公厅关于印发〈党委(党组)网络意识形态工作责任制实施细则〉》《中共浙江省委办公厅〈关于高质量全面落实意识形态工作责任制的意见〉》文件精神,省委党员干部队伍推进现代化建设新能力暨市县乡领导班子换届工作会议和培训会精神,习近平总书记关于安全防范工作重要指示精神,习近平总书记在庆祝中国共产党成立100周年大会、"七一勋章"颁授仪式上重要讲话精神,中央政治局第三十次集体学习会精神,省委书记袁家军在浙江省庆祝中国共产党成立100周年大会上讲话精神,全国巡视工作会议暨十九届中央第七轮巡视动员部署会精神,《中国共产党组织工作条例》,市委七届十一次全体(扩大)会议精神,省纪委机关、省委宣传部《关于7起意识形态领域典型问题案例的通报》精神,中央财经委员会第十次会议有关精神,中央省委关于机要密码工作重要指示精神,《机要密码工作条例》,中共中央办公厅、国务院办公厅《关于进一步减轻义务教育阶段学生作业负担和校外培训负担的意见》文件精神和省委、省政府"双减"工作会议精神,习近平总书记在青海、西藏考察期间重要讲话精神、在参观"不忘初心牢记使命"中国共产党历史展览时重要讲话精神、在中央民族工作会议上重要讲话精神、在2021年中国国际服务贸易交易会全球服务贸易峰会上的致辞精神,中央全面深化改革委员会第二十一次会议精神,省委、市委换届工作领导小组关于加强换届风气监督的工作要求,中央《关于加强新时代检察机关法律监督工作的意见》和省委《关于进一步加强检察机关法律监督工作的若干意见》精神,省委书记袁家军在舟山调研时指示精神,习近平总书记在中央人才工作会议、纪念辛亥革命110周年大会上重要讲话精神,中央人大工作会议精神、贯彻中央人大工作会议精神部署会暨全省各级人大常委会主任学习会精神，全省贯彻落实党史学习教育中央指导组座谈会精神视频会议精神，中宣部等七部委《关于进一步加强家庭家教家风建设的实施意见》和省委学习贯彻《实施意见》文件精神，省委十四届十次全体（扩大）会议精神，全国加强换届风气监督工作电视电话会议精神，通报四川省自贡市自流井区严重违反换届纪律问题，新一届县（市、区）党政正职集体谈话会会议精神，《中共中央关于加强对“一把手”和领导班子监督的意见》《中共浙江省委印发贯彻落实〈中共中央关于加强对“一把手”和领导班子监督的意见〉的十三项实施意见的通知》《中共浙江省委办公厅关于印发加强对“一把手”和领导班子监督“五张责任清单”的通知》《中共浙江省委关于规范领导干部廉洁从政从业行为进一步推动构建亲清政商关系的意见》精神，中央经济工作会议精神，省国安相关会议精神、《关于进一步压实主体责任切实预防和严肃查处干部调配造谣传谣行为的通知》文件精神。

审议区委常委会民主生活会方案，《普陀区学前教育深化改革规范发展实施方案》，2021年政府工作报告、区人大常委会工作报告、区政协常委会工作报告、区人民法院工作报告、区人民检察院工作报告，《舟山市普陀区国民经济和社会发展第十四个五年规划和二〇三五年远景目标纲要（草案）》，2020年度街道镇和区属单位及区管单位领导干部综合考评结果，《舟山市普陀区健全落实容错纠错机制进一步激励干部担当作为的实施办法（试行）》《关于2020年度全区落实全面从严治党主体责任和监督责任检查考评情况的通报》，2020年度“最多跑一次”改革群众满意科室（窗口、站所）创建评议情况，2021年区委“三件大事”实施方案和“六个一百”工程推进方案，区纪委全会工作报告，“幸福普陀”建设突出贡献集体和个人评选情况，2021年区委理论学习中心组学习计划，《中共舟山市普陀区委贯彻落实省委关于中央巡视反馈问题整改工作方案》及“七张问题清单”，《中共舟山市普陀区委关于开展党史学习教育的实施方案》《中共舟山市普陀区委关于开展政法队伍教育整顿的实施方案》《深化生态文明示范创建，高水平建设新时代美丽普陀规划纲要（2020—2035年）》《普陀区数字化改革总体方案》，区委庆祝中国共产党成立100周年系列活动方案，《中共舟山市普陀区委常委会2021年工作要点》《2021年重点课题清单》，普陀区2020年度制造业十强企业和创新型成长企业评定结果，《中共舟山市普陀区委关于纵深推进清廉普陀建设的意见》《中共舟山市普陀区委关于数字赋能深入推进全面从严治党“四责协同”机制的意见》《2021年党风廉政建设和反腐败工作组织领导与责任分工》《普陀高质量发展建设共同富裕县域示范样板实施方案（2021—2025）》《关于贯彻落实〈中国共产党党和国家机关基层组织工作条例〉的具体意见》《关于高质量推进海岛振兴创建国家级乡村振兴示范区的意见》《新一轮村级集体经济提升发展五年行动计划》、考察对象建议名单、《中共舟山市普陀区委十三届十二次全体（扩大）会议工作报告》《关于区、镇两级人民代表大会换届选举工作的意见》《关于召开中国共产党舟山市普陀区第十四次代表大会的决议（草案）》《中共舟山市普陀区委关于中国共产党舟山市普陀区第十四次代表大会代表选举工作的通知》《政协第六届舟山市普陀区委员会人事安排工作方案》《普陀区海洋经济发展“十四五”规划》《关于加快海洋经济发展建设海洋产业新高地的实施意见》，区十八届人大代表正式候选人名单，2021年度全区政治生态建设自查自评报告，《普陀区贯彻落实第二轮中央生态环境保护督察报告整改方案》，新一届区“两委”委员候选人建议人选名单，部分部门及街道主要领导调整方案，第二批区人大代表正式候选人名单，区第十四次党代会有关事项、区第十四次党代会《区委工作报告》《区纪委工作报告》《关于建立加强对“一把手”和领导班子监督“五张责任清单”机制的通知》。审议干部人事调配方案6次、相关人员违纪违法案1次。

2021 年区委重要文件一览表

表 6

文件名	文号	发文日期
关于制定普陀区国民经济和社会发展第十四个五年规划和二〇三五年远景目标的建议	普委发〔2021〕1 号	2021.1.7
关于印发《普陀区学前教育深化改革规范发展实施方案》的通知	普委发〔2021〕3 号	2021.2.9
关于表扬 2020 年度“幸福普陀”建设突出贡献集体(全国文明城市创建工作先进集体)和 2020 年度“幸福普陀”建设突出贡献个人(全国文明城市创建工作先进个人)的通报	普委发〔2021〕4 号	2021.2.9
关于表扬“幸福普陀”建设突出贡献集体〔2020 年度全区群众满意科室(窗口、站所)〕的通知	普委发〔2021〕5 号	2021.2.9
关于表扬“幸福普陀”建设突出贡献集体和个人的通报	普委发〔2021〕6 号	2021.2.18
关于印发《深化生态文明示范创建高水平建设新时代美丽普陀规划纲要（2020—2035 年)》的通知	普委发〔2021〕10 号	2021.3.24
关于给予庄海舟等 46 名同志记三等功的决定	普委发〔2021〕17 号	2021.5.17
关于表彰普陀区优秀共产党员、优秀党务工作者和先进基层党组织的决定	普委发〔2021〕18 号	2021.7.1
关于印发《贯彻落实中国共产党党和国家机关基层组织工作条例具体意见》的通知	普委发〔2021〕24 号	2021.7.27
关于印发《高质量发展建设共同富裕示范区普陀实施方案(2021—2025 年)》的通知	普委发〔2021〕26 号	2021.8.17
关于高质量推进海岛振兴创建国家级乡村振兴示范区的意见	普委发〔2021〕27 号	2021.8.17
转发《中共舟山市普陀区委宣传部舟山市普陀区司法局关于在全区开展法治宣传教育的第八个五年规划(2021—2025 年)》的通知	普委发〔2021〕40 号	2021.12.15

区委办公室工作

【综合文稿工作】 2021 年，区委办完成区委十三届十二次全体(扩大)会议报告等重要文稿，牵头完成《高质量发展建设共同富裕示范区普陀实施方案(2021—2025 年)》等重要材料，参与草拟修改各类工作会议、调查研究会议材料、汇报材料以及其他重要文稿 210 余篇。《共同富裕示范区先行市背景下海岛建设发展的路径研究》获全市第三届蓝色经济发展论坛二等奖，《舟山普陀：“一场变革”之后》《舟山普陀区：打造“海上枫桥”升级版　促进海洋经济健康发展》在中央媒体发表。

【政策研究】 区委办围绕全区经济社会发展问题及社会群众反映热点、难点问题，组织开展“普陀建设海洋产业新高地的实践和路径研究”“新形势下打造矛盾多元化解工作闭环的研究”等 23 项重点课题调研，编辑《普陀政研》10 期，提供可借鉴可参考调研内容。1 项课题被列为市级重点课题，《普陀政研》主要领导批示率 30%以上。

【信息工作】 区委办聚焦信息成果的深度开发和综合利用，探索“一本、两会、三员、四单、五刊、六专”信息工作体系，用好“四单一网”，采取约稿、组稿、专题研究等多种形式，集中形成一批围绕中心、紧贴形势、彰显特色信息。《需加强国际航行船舶垃圾监管防范疫情输入》等参阅类信息和《普陀区“数智驱动”推进渔业全产业链数字化建设》等经验类信息被《浙江信息》等省级以上信息刊物录用。全年被省、市信息部门录用 162 篇(含中办录用 1 篇)，上报信息稿件录用量同比增长 15.7%。累计编发《普陀信息（电子版)》43 期、《普陀信息（选编)》15 期、《普陀信息(领导参阅)》17 期，区委领导批示 9 次。

【办文办会】 区委办执行公文标准化处理、精细化管理办法，实现办文指数“零扣分”；加强基层备案体系建设，完成区级24 件规范性文件备案，报市委备案 15 件，未出现被纠错或提醒的情况；重点加强批示件办理工作，落实“即批即转、即收即办”要求，已办结市委领导批示件 34 件，已办理区委领导批示件 230 件。完善会议组织程序，执行标准化会务清单制度，规范区委常委会全流程管理和“一月两次”议题申报制度，全年办理各类会议、活动申报(报备)事项审批 137 个，组织召开区第十三次党代会第五次会议等全区性重要会议 15 个，同比减少 6.7%。

【督查考核】 区委办制定《全区年度重点工作督查实施方案》，聚焦主要经济指标、“三件大事”“六个一百”“五大会战”、经济产业平台等重点，开展“争先创优”活动，完善月度通报制度，创新放出“红黑榜”，以展板形式晾晒排名、跟踪进度、督查考核。强化问题导向和效果目标，联合政府办、纪委、发改等部门针对推进较缓 73 项重点任务开展每季度综合督查。全年安排督考事项 35 项，其中督查检查 30 项、考核 5 项。推进“三服务”活动，收集问题 2120 个，办结 2120 个，办结率 100%，涵盖 654 家(次)企业、518 名群众、948 家(次)基层单位。建立健全省市区三级媒体曝光问题整改工作机制，编制《督查专报》25 期，确保《今日聚焦》曝光问题 1 个、《新区聚焦》曝光问题 18 个、《渔都聚焦》曝光问题 6 个整改到位。

【改革工作】 区委办梳理制定 2021 年全区改革重点任务，明确重大改革创新事项清合计 6 大项 28 小项，新增国家级改革试点 1 个、省级改革试点 8 个。重点谋划推进数字化改革，编制《普陀区数字化改革总体方案》和 6 个专题建设方案，开展各类培训研讨 80 余次，推出《数字化在普陀》专栏报道 39 篇。推进党政机关整体智治各项工作，普陀模块初步建成，综合应用平台底座持续升级，7 个省级重大应用在全区贯通，“争先创优晾晒台”“人大数检督”“数治东港”“幸福云家”4 个场景应用建设上线，形成《数字化改革背景下机关党建与业务工作深度融合路径探析》等理论成果 10 项，《关于进一步建立健全“七张问题清单”工作机制的通知》等制度成果 11 项。

【机要保密】 区国家保密局、区委机要局(区密码管理局)规范密码电报各项处理环节，确保密码通信安全畅通，全年无失泄密和丢失压误事故发生。保障省、市涉密会议 77 场，收发各类电报 500 余份。机要工作在全省机要系统平安考核中连续 4 年实现“零扣分”。

(撰稿：李若茗)

组织工作

【概况】 2021 年年底，全区有基层党组织 991 个，其中党委 65 个、党总支 91 个、党支部 835 个。有党员 19481 人(正式党员 19120 人，预备党员 361 人)，其中女性党员 6411 人，占党员总数 32.91%。按年龄分：35 岁及以下党员 3491 人，占 17.92%；36~45 岁党员 3585 人，占 18.4%；46 ~55 岁党员 3567 人，占 18.31%；56~60 岁党员 2024 人，占 10.39%；60 岁及以上党员 6814 人，占 34.98%。按学历分：研究生 349 人，占 1.79%；大学本科 5156 人，占 26.47%；大专学历 3603 人，占 18.5%；高中、中专学历 3657 人，占 18.77%；初中及以下 6716 人，占 34.47%。离退休人员 5462 人，占 28.04%。

全区有区管领导干部 533 人。其中，正科级(或相当于正科级)184 人，副科级(或相当于副科级)349 人；部门局办科级领导干部 368 人，街道镇、管委会科级领导干部 140 人；大学及以上学历 479 人（全日制研究生 15 人，在职研究生 49 人)，大专及以下学历 54 人；女干部 90 人；非中共党员 29 人。平均年龄 45.6 岁，其中，正科级平均年龄 48 岁、副科级平均年龄 44.3 岁。

全区有公务员（含参公）1875 人。其中，公务员 1421 人，参照公务员法管理机关（单位）454 人；区级机关 1153 人，街道机关 105 人，镇机关 163 人，群团机关 39 人，参公事业单位工作人员 415 人；女性公务员 498 人；非中共党员 495 人；博士 1 人，硕士 129 人，本科 1490 人。平均年龄 41.07 岁。

【公务员登记】 2021 年，全区新登记公务员 77 人，参照公务员 44 人。其中，2020 年录用的公务员试用期满转正 84 人，军转干部26 人，行政机关与参公单位交流人员登记 11 人。

【公务员录用及退休办理】 2021年,全区"双一流"选调生招录3人,公开招考公务员43人,其中,街道镇机关14人、区属部门29人。按学历分:研究生5人,本科37人,专科1人。办理公务员退休47人,其中,机关37人、参公10人。

【公务员培训教育】 2021年,37名新录用公务员在区委党校参加培训,主要学习公务员法、党史教育、行政机关公文写作、公务员礼仪教育、职业道德、舟山群岛新区规划等内容。21名新录用公务员在初任培训结束后参加为期6个月的基层锻炼。

【公务员考核】 区委组织部按公务员年度考核有关文件,做好2020度公务员考核审核工作,审核机关(含参公)工作人员1348人,其中优秀260人、称职1025人、基本称职0人、不称职1人、不定等次62人。5月,区委、区政府决定予2018—2020年度连续3年优秀公务员记三等功46人。

【公务员职级晋升】 2021年,根据《公务员职务与职级并行规定》,全区完成公务员职级晋升175人次。其中,晋升三级调研员6人次,晋升四级调研员7人次,晋升一级主任科员58人次,晋升二级主任科员31人次,晋升三级主任科员34人次,晋升四级主任科员39人次。

【干部调配】 2021年,组织开展干部调配5次,研究提拔或转任重要岗位领导干部52人(提任正科级领导干部13人、副科级领导干部25人、进一步使用14人)。其中,35岁以下干部13人,30岁以下干部4人,女干部7人,全日制大学及以上学历干部(含全日制研究生学历)32人。平职交流66人。退出领导职务20人。调离普陀13人。

【乡镇领导班子换届工作】 2021年,普陀区制定乡镇领导班子换届工作实施方案和总体安排,成立以区委书记为组长的乡镇换届工作领导小组,召开区镇领导班子换届工作会议。按"从严从紧、适应发展、加强统筹"原则,结合各镇发展定位和"十四五"规划,设置领导班子职数56个,对照换届政策,提炼21个硬性指标,对400余名干部建档立册形成人选数据库。组建4个专项工作组统筹推进换届考察。全区4个镇新一届领导班子中,35岁以下领导班子成员18人、党政正职3人,含党委书记1人;30岁以下领导班子成员5人,含女性党政正职1人;每个班子中均配备1名以上女干部和1名以上"五类人员"(乡镇事业编制人员、优秀村党组织书记、到村任职过的选调生、第一书记、驻村工作队员);配备比例及结构全部达到上级要求。

10月,2021年普陀区新录用公务员初任培训班活动(区委组织部提供)

【干部交流挂职和职级晋升工作】 2021年,全区累计选派310名干部到北京、四川万源、浙江嘉兴等地及市区开展疫情防控、数字化改革、党史教育、换届专班等重大中心工作组挂职锻炼。开展东西部协作干部人才互挂工作,选派2名科级干部、12名专业技术人才到万源开展挂职帮助工作,接收14名万源专业技术人才到普陀进行研修培养。选拔经过基层历练优秀干部,及时提任25名镇(街道、管委会)、重大项目一线表现优秀、实绩突出的干部,占年度总提任人数 50%。统筹做好 63 名领导干部职级晋升工作和 13 名领导干部选(调)任工作。

【干部教育与培训】 区委组织部印发《2021 年度干部教育培训班次计划》，举办数字化改革培训班、海洋产业发展培训班、海上花园城建设培训班、新提任干部培训班、党史教育网络专题轮训班、中青年干部培训班、共同富裕培训班 7 期主体班次，累计参训 1293 人次；推荐 3 名副科级干部参加市中青班学习。深化“@ 未来”共享学堂工程，做好第一届学堂总结评价、第二届学堂开班学习等工作，完善组织架构、学习形式、学员主体，通过个人自荐、单位推荐、组织点派等方式，抽调全区 88 名“90 后”干部，平均年龄 27.8 岁，全年组织开展集中授课 4 次，各小组自主学习 60 余次。实施选调生“源头工程”，加强选调生墩苗培养，统一安排 9 名市(区)级机关选调生到村任职，6 名市级机关选调生挂职任区属部门副职领导岗位。

【干部管理与监督】 区委组织部通过建立健全干部监督工作体系与长效机制，提高干部监督工作科学化、制度化和规范化水平。落实“五个主体责任”，严明换届纪律，实现换届纪律“零投诉、零上访、零违反”。根据省委组织部《关于深化容错裁定试点工作方案》文件精神，聚焦普陀海岛特色和区域发展定位，出台《舟山市普陀区健全落实容错纠错机制进一步激励干部担当作为的实施办法(试行)》，划定容错免责“普陀场景”，明确适用容错免责具体情形。对首批提交容错免责的 4 个事例进行裁定，对其中 2 个事例予以容错免责。落实领导干部报告个人有关事项“两项法规”和领导干部重大事项请示报告制度，提质增效干部日常管理。开展 2020 年度领导干部个人有关事项工作，按 10% 比例和区镇换届“四必审”工作要求，核实比对 159 位领导干部个人事项，对存在漏报、瞒报等问题干部做出相应处理，对连续两年有班子成员填报不一致的党委(党组)进行提醒。梳理不如实报告个人有关事项典型案例，印发《关于领导干部不如实报告个人有关事项典型问题的通报》。配合区委巡察工作，联合区委编办对 15 个区属部门、街道镇开展选人用人专项检查，发现问题并提出整改建议。推进领导干部离任交接管理办法，完成 17 家单位“一把手”离任经济事项集中交接会。打通“浙里好干部”系统与干部综合管理平台数据，系统内机构树、班子成员及领导干部等基础信息均可从干部综合管理平台抓取，干部立体监督信息与干部大监督系统内信息实现互通与自动更新。

6 月，庆祝建党百年系列活动“党课开讲啦”舟山主场活动在蚂蚁岛党员教育培训基地举办（区委组织部提供）

【基层组织建设】 2021 年，全区开展党史学习教育，持续开展“千场党课下基层”活动，组建由党员领导干部、基层党组织书记、先进典型等组成的党史主题宣讲团，深入村社一线授课 1319 场次，覆盖党员 19400 余人。打造蚂蚁岛省级党员教育培训基地，组织承办“党课开讲啦”舟山主场活动。推进“整乡推进、整县提升”三年行动收官，建成 4 条示范镇(街道、管委会)、5 条党建精品示范带，每个镇(街道、管委会)建成 4 个基层党建工作特色群，每个社区村有 3 项基层党建特色工作。“一村一策”打造展茅茅洋新村、登步沙头村2个省级红色美丽村庄。蚂蚁岛村党总支、虾峙镇海运商会党总支获评浙江省先进基层党组织。

【庆祝建党百年】 2021年,区委组织部开展“红色印记·幸福普陀”大型新闻行动,集中4个月时间完成10个街道镇、管委会巡礼报道,编印下发1000份红色印记主题增刊。开发上线普陀智慧党建地图,梳理15个红色教育点,制定7条常规教育线路,打造助企助农红色平台。首次对全区1503名老党员颁发“光荣在党50年”纪念章。结合“我为群众办实事”实践活动,创新深化“逢五进格”工作机制,出台实施意见,推动各级机关党员干部深入网格,帮助基层和群众排忧解困,全年各联社驻村团队累计开展走访5990次,收集并解决问题5008个。

【党员队伍建设】 2021年,全区发展党员305人。其中,男性168人,女性137人;汉族303人,少数民族2人;35岁及以下182人,36~45岁86人,46~60岁37人;研究生学历3人,大学本科学历163人,大学专科学历76人,高中、中专学历33人,初中及以下学历30人。党员受党的纪律处分85人,其中警告42人、严重警告21人、留党察看10人、开除党籍12人;出党16人,其中开除党籍12人、自行脱党除名3人、取消预备党员资格1人。做好党员评优评先工作。沈明杰被评选为浙江省优秀党务工作者,郑雷飞、林仲岳被评为浙江省担当作为好支书,5人被评为舟山市优秀党务工作者,18人被评为舟山市优秀共产党员,21人被评为舟山市抗击新冠肺炎疫情先进个人。

【城市基层党建】 2021年,区委组织部创新打造小区“党建e联盟”多跨协同应用场景,搭建汇聚社区、物业、业委会、“兼合式”党组织的线上协商议事平台和集社区服务、志愿服务、党群服务于一体的智治平台,实现小区党建云上管理、志愿服务云上组织和矛盾纠纷云上化解。在全市数字化揭榜挂帅评比中,位列四县区第一,并作为舟山市县区代表参与全省组织系统数字化改革应用场景路演。持续提升街道“大工委”和社区“大党委”运行效能,整合“网格化管理、组团式服务”“兼合式”党支部等资源力量,推进红色物业联盟建设,强化党建引领城市社区治理效能,2021年城市社区实现红色物业联盟全覆盖,召开多方议事会议158次,协商解决问题410余件。

“红色印记·幸福普陀”大型新闻行动启动仪式(区委组织部提供)

【全域党建联盟建设】 区委组织部推行全域党建联盟,把区域内关系互不隶属、层级高低不同、领域多元的各类组织联结起来,探索构建全覆盖、广吸纳、动态开放的组织运行体系,推行联席会商、契约共建、双向考核等制度,以党建共融汇聚共富力量,2021年全区建立展茅乡村振兴党建服务联盟、蚂蚁岛全岛全产业链党建红色联盟等53个。

【“两新”组织党建】 2021年,普陀区新组建“两新”组织(新经济组织和新社会组织)党组织17家,全区320家30人以上企业100%有党员,136家80人以上企业100%建立党组织,56家规模以上企业建立党组织,6家1万平方米以上商务楼宇实现党组织全覆盖。成立互联网行业党委和快递物流行业党建联席会议,全区新业态企业316家建立党组织27家。建立新就业群体服务站点34家，打造快递业党建带群建党群服务阵地。全区“两新”组织党建获评市级“精品示范”5家、“争先创优”21家、“巩固提升”55家;获评全国非公有制企业党组织“实质作用发挥”最佳实践案例1家;获评省级优秀党务工作者1人,省级先进基层党组织1家,省级“担当作为好支书”1人,市级优秀党务工作者1人,市级先进基层党组织1家。实施“蓝海红帆·八百行动”工程和党史宣讲“三学六进”，开展专题党课60余场,主题党日活动70余次，志愿服务活动90余场，参与党员近2000人,为企业解决难题50余个。做实党建引领社会组织参与基层治理,提升打造区社会组织党群服务中心,成功获评省级示范党群服务中心。由普陀物业小区联合会党委牵头,在全区物业小区推广“三红三进”基层治理工作法。组织开展全区“两新”党务工作者培训班1期,举办“两新”党建主题论坛2期。新发展“两新”组织党员56人。完成中央巡视问题整改,对标对表逐项排摸全区存在问题“两新”党组织6家,“失联、失管、漏管”党员28人,于6月底全部完成整改。

【老干部工作】 2021年,全区有离休干部22人,其中异地安置1人。组织离休干部集中政治学习6次，家庭医生签约服务团队已累计上门服务1300余次，开展重大节庆日、生日祝福、住院探望、家庭变故、临终关怀及节假日电话慰问等亲情服务234人次,做好5名离休干部殡葬抚恤事宜。出台关于开展离退休干部党建融入城市基层党建试点工作方案,承办全市“东海银辉耀基层”离退休干部党建融入城市基层党建工作推进会,举办全区离退休党建培训班。全年有1500多名离退休干部党员向属地兼合式党支部报到,组建银龄先锋队113支,城区覆盖率达到100%。动员全区各机关企事业单位积极投身参与试点工作,12个离退休干部党支部获评全市规范化离退休干部党支部。搭建银龄大课堂,组织离退休党员观看全国离退休干部网上报告会6场、“红色基因永相传”优秀主题党日展播2场、红色观影会1场,举办“共忆党史共话初心”“听老党员讲党课”等座谈会6场,到蚂蚁岛、革命烈士陵园、战争纪念馆等党建基地参观学习5次,与青年志愿者开展“信仰对话”,征集各类体会、感言百余篇。是年,区委老干部局获评全省老干部工作先进集体,1人被授予“全省先进老干部工作者”称号;《普陀区离休干部全程医养服务保障体系实施方案》入选“全省老干部服务管理百件大事”;全区2个离退休党支部、2个品牌工作室、2个志愿团队、3个驿站、3个家庭和10名个人被选树为全市“百年百佳 最美银辉”先进团体和个人。

【老年大学】 2021学年,区老年大学招收学员1164人,1492人次。设29个专业,44个班级,聘任教师27人。表彰优秀志愿团队1个,优秀志愿者58人。利用始业教育、课前5分钟政治学习等制度,宣传党和国家重大决策和战略部署,组织引导学员关注经济社会发展动态。与普陀华数公司联合开设老年大学电视云平台。设立“老干部爱心微基金”，为困难学子送上助学金合

“跨越数字鸿沟,共享智慧生活”志愿活动（区委组织部提供）

计2.55万元。运用“老党员驿站”平台，累计开展党员活动、学习培训、志愿服务、风采展示、健康宣教、党员互助等服务40余次，参加1000多人次。

【关心下一代工作】 至2021年年底，普陀区关心下一代工作委员会（简称区关工委）有成员单位21个，街道镇、管委会关工委10个，学校关工委25个，社区关工委30个，行政村关工委51个，民营企业关工委2个，特色关工委3个，行业关工委1个，青少年校外教育基地10个，工作室4个。持续开展“护苗行动”，通过举办“关爱大联盟，落细见行动”座谈会、现场认领帮扶任务、开展活动，创新护苗行动载体举措。全年开展集艺术课堂、情绪认知、心理健康等各类活动百余场，组织入校园帮扶50余次，入户走访慰问400余次，服务单亲少年儿童2000余人次。投入护苗行动困难帮扶专项资金近10万元。“六一”儿童节期间，为3所民工子弟学校送去电钢琴、饮水机等，向全区困难、困境儿童捐助物资2万余元并帮助育才学校、舟渔学校100名困难学生实现微心愿。

【人才工作】 2021年，普陀区持续推进人才工作体制机制创新，建立“月分析、季研判、年总结”机制，召开各类人才工作会议14次，协调解决相关人才问题、需求20余个。开展招才引智“百日冲刺”行动，推动人才工作目标任务落地见效。出台《特色产业工程师协同创新中心认定管理办法》，梳理航运人才专项扶持政策11条，助力国际海事服务基地打造。新引育“高精尖”人才26人，入选省级人才工程3人，5年来首次全职引进自主申报人选的省“引才计划”专家。全年新引进“银龄”人才7人，引进高校毕业生3843人。依托锐赛药效评估中心建立普陀区生命健康产业工程师协同创新中心，集聚生命健康类企业工程师30人。成功推荐申报21个人才（团队）入选“舟创未来”海纳计划。开展人才献礼建党100周年系列活动。完成智慧人才公寓和“银龄+”计划智慧管理系统应用场景。完成人才健身房建设和10套共享人才公寓升级改造并投入使用。累计完成人才认定296人，安排人才公寓82套，兑现购房补贴340万元、政府津贴331.68万元，兑现各项人才服务保障政策532人次以上。

11月，第五届舟山全球海洋经济创业大赛暨普陀区智慧海洋创新创业大赛（区委组织部提供）

【制度建设与组织工作宣传】 2021年，区委组织部出台《关于开展离退休干部党建融入城市基层党建试点工作的方案（试行）》《关于基层党组织开展纪念建党100周年系列活动的通知》《普陀区违反换届纪律问题和涉组涉干舆情快查快办方案》《普陀区新时代基层干部推动共同富裕主题培训行动计划实施方案》《普陀区新业态、新就业群体党建工作试点实施方案》《关于推进普陀区全域党建联盟赋能共同富裕示范区的实施方案》《关于充分发挥基层党组织和党员干部先锋模范作用坚决打赢疫情防控遭遇战阻击战的通知》《普陀区共享人才公寓管理意见》《关于加快促进全区航运人才集聚的实施意见》《普陀区人选省级以上“引才计划”专家奖励拨付办法（试行）》等制度及意见。完成调研文章9篇、创新项目6个。其中，《基于产业链现代化背景下海洋产业人才队伍建设问题和对策研究》获全省组织系统优秀调研成果；《赓续蚂蚁岛精神守好“红色根脉”的实践与启示》获全省组织系统优秀微调研；《县乡换届背景下进一步优化领导班子配备的问题研究》获全市组织系统优秀调研成果；《试行干部容错裁定机制》《打造“小区党建 e 联盟”多跨场景》获全市组织工作创新项目。组织工作信息被中央组织部综合录用 1 篇、被省委组织部综合录用 1 篇、被省委办录用 1 篇。有关组织工作报道，在中央级媒体报道 6 篇，省级媒体报道 90 余篇。

（撰稿：傅一笑）

宣传思想工作

【概况】 2021 年，区委宣传部贯彻落实习近平总书记“七一”重要讲话精神、中共十九届六中全会精神，以庆祝中国共产党成立 100 周年和党史学习教育为主线，推进宣传思想工作。蚂蚁岛精神成为全省“红色根脉”重要组成部分，并写入全省党史学习教育方案，蚂蚁岛精神红色教育基地列入全省习近平新时代中国特色社会主义思想研究中心首批调研基地。普陀区成功实现“最具幸福感城市”四连冠。推出全省首个《网信执法工作的实践与探索》研究课程，编入中央网信办网络培训教材。“扫黄打非”工作连续 2 年位列全市考核第一，相关案件获全国“扫黄打非”办及公安部挂牌督办并入选全国“净网”集中行动阶段成果、浙江省 2021 年“扫黄打非”十大案件。

【理论学习】 2021 年，区委宣传部围绕党史学习教育、学习《习近平在浙江》和“习近平科学的思维方法在浙江的探索与实践”研究成果，结合区委中心重点工作，组织区委理论学习中心组集中学习 8 次、举办“双休日课堂”4 场，党史学习教育报告会 2 场。制定《普陀区党委（党组、党工委）理论学习中心组学习巡听旁听制度（试行）》，新增“双向巡听旁听”模式，拓宽“巡听旁听”工作实现路径。开展“一把手”理论文章撰写活动，在《今日普陀》报纸上刊登“社科理论”专版 6 期。

【推进“潮涌东海”品牌升级】 2021 年，普陀区打造首批 12 家“党史学习教育驿站”，涵盖便民服务中心、产业园区、非公企业等。突出青年宣讲和线上宣讲导向，组建党史巡回宣讲团、“童心向党”“东海渔嫂”“榜样的力量”“银发好网民”等多支特色宣讲团队，开展“峥嵘百年·潮涌东海”党史巡回宣讲活动 2257 场次。举办并全网直播普陀区青年理论宣讲（微型党课）大赛，选树培养 20 名优秀青年宣讲员，组建“潮涌东海”青浪之音宣讲团。制作“潮涌东海”青浪之音宣讲团动画宣传片，解锁青年宣讲“新方式”。录制 10 期《“峥嵘百年·潮涌东海”党史微讲堂》，线上观看超 5 万人次，其中 4 期被“学习强国”学习平台录用。“潮涌东海·理论快闪”和“蚂蚁岛精神宣讲”入选浙江省精彩宣讲瞬间。

【蚂蚁岛精神宣传】 区委宣传部配合市委宣传部协办全省第一届新时代蚂蚁岛精神理论研讨会，省内外 60 余名领导专家实地调研考察，对蚂蚁岛精神丰富内涵进行挖掘提炼，已形成理论文章 42 篇。推动浙大、浙海大等高等学府建立蚂蚁岛精神研

开展习近平总书记在浙江的科学实践专题学习（区委宣传部提供）

究机构，完成20万字以上文献资料收集汇编，形成市区两级课题论文30多篇。中央电视台中文国际频道（CCTV-4）《国家记忆》栏目播出大型专题纪录片《蚂蚁岛的奋斗》，引发省内外高度关注。《人民日报》《光明日报》《浙江日报》、浙江卫视等20余家中央和省级媒体推出专题报道60余篇，其中《光明日报》头版头条刊登《蚂蚁岛的彩色生活》，《中国旅游报》头版头条刊登《“海上红岛”闯出旅游发展大道》。蚂蚁岛精神相关素材入选由省委宣传部、省委党史和文献研究室共同推出的微视频《浙百年》。蚂蚁岛红色教育基地成为全省汲取中共历史奋斗经验的重要打卡地，全年累计接待学习培训团队509批次、1.85万人，接待游客17.9万人。

【“幸福普陀”传播窗口品牌】 区委宣传部围绕区委、区政府中心工作，开展“四季普歌”重大主题策划报道，聚焦“三件大事”、“六个一百”、数字化改革、共同富裕示范区、海洋经济、疫情防控、学习贯彻中共十九届六中全会精神等重点主题，在《人民日报》、中央电视台、《浙江日报》等国家级、省级主流媒体推广宣传。推进“中央媒体看普陀”新闻行动，《小康中国行走进舟山普陀》专题节目于3月28日晚亮相中央电视台中文国际频道，当期节目收视同时段全国第一。中央电视台《新闻联播》推出《公共服务暖人心 乡村生活更幸福》，专题报道普陀创新基层治理推进共同富裕案例，财经频道、中文国际频道、新闻频道等各档栏目连续报道普陀各个层面发展重要成就，《人民日报》报道桃花岛党员干部发挥先锋模范作用抗击台风事迹。普陀区全年在市级以上主流媒体刊发稿件2700余篇，其中国家级媒体61篇、省级主流媒体800余篇次、“学习强国”学习平台290余条、《舟山日报》《舟山晚报》头版244篇。普陀区连续4年获“中国最具幸福感城市”称号。

5月25日，20余家海内外媒体30多名记者访问蚂蚁岛（区委宣传部提供）

【融媒体对外传播】 普陀区建强以“掌上普陀”App为龙头的“三微一端一抖”（微博、微信、微视、客户端、抖音）新媒体传播矩阵，探索新融合，加强与“学习强国”、中新社、中国蓝新闻等多个主流客户端共享新闻资源，形成集群优势。区融媒体中心入选《全国广电媒体融合实战案例蓝皮书》，作为唯一县区级媒体获2021长三角广播电视媒体融合典型案例奖。率先全市打造以Facebook、Twitter等为平台的县区级境外传播阵地，主动融入国家外宣大局。已在境外平台发布相关内容20余条。

【构建网上网下同心圆】 普陀区聚焦庆祝中国共产党成立100周年，运用全媒体手段开展网上主题宣传创作，全网展示“重要窗口”普陀靓丽风景。其中，推出建党百年宣传相关稿件500多篇，做好“和美普陀”“浙里是普陀”主题网宣活动，阅读量1.2亿人次。推出各类短视频150余条，其中《寻访红色足迹》系列短视频阅读量突破500万人次。创新开展2021年“春晓”网络资产专项排查工作，排查登记网信资产500余个。组织开展“护旗铸盾”网络安全年主题活动，制定首席网络安全官制度，实施网络安全预警抄告和网络安全约谈

4 月，参加全市 2021 年侵权盗版及非法出版物集中销毁活动（区委宣传部提供）

通报、网络安全沙龙等机制，全年已发放网络安全隐患预警抄告单 15 份。打造“银发智享”志愿服务工程，创新探索数字志愿者工程，帮助老年人学网触网，作为全省唯一县级代表在全省网信干部培训班上交流发言。提升“银发好网民”品牌，发展网络宣传队等 5 支特色队伍，推出“银发看普陀”“丁阿伯说法”等品牌活动。打造“五色瞭望哨”品牌，建立全区网信指挥中心。全年处置舆情信息 135 起，网络舆情处置数量同比增长 41.2%。

【新闻出版工作】 区新闻出版局实施行政审批制度改革，规范文化市场经营秩序，至 2021 年年底，全区有印刷（包装）企业 16 家、出版物发行单位 34 家、电影放映单位 6 家。开展中华版本资源征集，累计征集实物版本资源 8200 余件、数字版本资源 2700 余件。开展“扫黄打非”工作，办理刑事案件 29 起，相关案件入选全国“扫黄打非”办公室组织“净网”专项行动阶段性成果宣传典型案例；办理行政案件 4 起，收缴违法出版物 301 件，清理有害歌曲 706 首。推进“扫黄打非”进基层，六横镇被评为第五批全省“扫黄打非”进基层示范点。推进农村电影放映工程，做好 2021—2023 年普陀区农村电影放映采购项目招投标工作；开展“永远跟党走　奋斗百年路　启航新征程”主题电影展映，年度放映 1398 场次。持续深化全民阅读，结合党史主题教育，重点打造“奋进百年路　书香颂党恩”品牌阅读活动。

【文化产业】 区委宣传部开展 2019—2020 年文化产业专项资金补助项目推进情况专项调查，全年累计拨付 755.98 万元资金扶持文化产业。欢娱徐行（舟山）文化传媒有限公司打造“桃花猫”动漫 IP，入选 2021 年中国文创地图文创 IP 榜样、2021 玉猴奖年度十佳新锐动漫 IP 和 2021 新光奖国际原创动漫大赛“新工厂”城市文旅 IP。普陀区全年新增规模以上文化企业 2 家。开展“筑梦东海　创享普陀”文化产业主题沙龙活动 4 场。安排文化产

“筑梦东海·红动普陀”周末文化夜市活动（区委宣传部提供）

业专项资金开展“电影文化消费季”活动，发放近4万张电影券。

【主题文艺活动】 围绕庆祝中国共产党成立100周年主题，区委宣传部组织文联各艺术家协会推出“红色印记”“溯源初心”“普陀光辉”“书生意气”等书法摄影美术等活动250余场次，全年创作各类文艺作品1175篇。组织开展“筑梦东海·红动普陀”周末文化夜市活动，内容包括大型文艺演出、多点小型演出、露天电影播放等。

（撰稿：林律彧）

统一战线工作

【概况】 2021年，区委统战部围绕区委和上级统战部门中心工作，完善、落实大统战工作格局，推动统战工作提质增效。3月18日，全区统战工作会议召开，会议回顾总结2020年工作，部署2021年工作任务。

【强化思想政治引领】 区委统战部实施“三个同心”和“同心·同行”党史学习教育双系列活动，举办各类学习活动50余场次，践行学党史、办实事，助力解决跨区域证书认证等重难点问题30余件。实施“思想领航工程”，推动统战系统“四史”学习与统一战线“五史”教育齐头并进，推出“渔港会客厅”访谈系列等特色主题实践活动。聚焦建党百年重大主题，组织“同心跟党走、奋进新征程”庆祝中国共产党成立100周年文艺演出、统一战线读书会、中国共产党成立100周年专题座谈、侨界经典传唱等活动。加强区委对统一战线集中统一领导，区党政主要领导出席、参与统战各领域活动、会议，区委常委会专题研究统战工作等10余次。推动区委领导与各民主党派、无党派人士、工商联、统战团体谈心交友、走访慰问、服务民企等制度落实，将新修订《中国共产党统一战线工作条例》纳入区委理论学习中心组学习，深化大统战工作格局。

7月1日，区委统战部组织全体干部职工、老党员集中收看庆祝中国共产党成立100周年大会直播（区委统战部提供）

【服务中心大局】 2021年，区委统战部牵头落实《关于完善区领导联系民营企业工作安排的通知》，推动区四套班子主要领导和区委常委参与全覆盖。组织召开区工商业联合会（总商会）第八次会员代表大会、“亲清直通车·政企恳谈会”等会议、活动，党政主要领导同企业家交流探讨帮助企业纾困解难、推动企业高质量发展方法和举措。全年招引资金3000万元，引进项目1个。助力乡村振兴和民生事业改善，支持各民主党派向市区人大、政协提交提案议案、社情民意276件，开展送医、送教、送文化、送礼仪等活动30项，受惠群众3600余人。推进“同舟专列·一岛一品”建设，蚂蚁岛社会服务基地在全市范围内率先揭牌，各民主党派与6个海岛镇、管委会完成“一岛一品”结对。开展乡贤助力乡村振兴，指导各街道镇、管委会均成立一个以上乡贤组织，推出“乡贤三+”工作法、“同心跟党走 乡贤携手行”等系列，开展各类助力活动百余次。开展宗教领域安全生产大排查、大整治专项行动、自然灾害综合风险普查，推进私设聚会点纳规管理制度化，防范各类安全事故发生，确保全区宗教领域安全形势持续稳定。强化宗教领域形势研判，完善应急处置机制。

【民主党派和党外知识分子工作】 普陀区推进《区委2021年度民主协商计划》落实，区委书

“不忘初心学党史、同心聚力谋发展”渔港会客厅专访普陀民主党派（区委统战部提供）

记孙志龙专题走访各民主党派。打响“联合调研”品牌知名度，区委统战部组织各民主党派、知联会等开展数字化改革、海岛民宿发展等调研工作。支持民主党派加强自身建设，2021年，民主党派吸收新成员8人。抓好党外知识分子思想政治工作，蚂蚁岛精神红色教育基地获评全省首批全市首个省级党外知识分子思想教育基地。做好党外代表人士政治安排工作，完成区政协六届委员推荐提名工作。

【民族宗教工作】 2021年，区委统战部启动“文化寺院”创建工作，举办佛教界讲经交流、书画交流会等文化活动，重点抓好沈家门接待禅寺示范点建设，打造佛教文化和优秀传统文化融合为亮点园林式寺院。实施“十百千万”普法工程（指在全省宗教领域培育10个省级普法示范点，建立百个省级普法基地，开展千场普法宣讲，受众超百万人次），确定一个省级宗教法治宣传教育基地拟培育单位。以《宗教事务条例》等法规为重点，组织开展各种形式“1+X”普法宣讲活动20余场，学习培训800余人次。创新管理机制，实现全区民间信仰场所管理实施办法全覆盖。加强少数民族管理服务，成立区民族团结进步促进会，推进全区民族工作。

【民营经济领域统战工作】 区委统战部以商会建设为重点，完成区工商联（总商会）和区新生代企业家联谊会换届工作，选举产生新一届领导班子。组织做好民营企业劳动关系状况监测、社会责任、绿色低碳发展等调研工作，联合公检法部门构建法治化营商环境，深化“印象普商”“普陀商人”栏目宣传，促进非公有制经济健康发展和非公有制经济人士健康成长。联合区委“两新”工委、区公安分局、区工商联等5个部门印发《深化清廉民企建设工作方案》。

【海外统战工作】 区委统战部开展“群团星”示范点创建行动，留学生驿站入驻普陀湾众创码头。常态化开展“流动侨之家”品牌活动，助侨惠侨，更新完善侨情数据库，升级打造侨胞之家、侨暖心室等阵地。加强侨联制度体系、基层组织建设。

【港澳统战工作】 区委统战部

7月17日，区新生代企业家联谊会换届（区委统战部提供）

“群团星·耀党旗”系列活动（区委统战部提供）

加强香港舟山普陀联谊会建设，通过云直播方式召开第五届换届大会，选举产生新一届理事会成员。指导联谊会义工团参与各类义工活动，加大对青年培养吸纳，充实后备力量。

（撰稿：虞卡达）

机构编制管理

【概况】 2021年，区委机构编制委员会办公室（简称区委编办）围绕“开放、活力、美丽的幸福普陀”建设总体目标，优化资源配置，强化服务保障，统筹推进各项改革。

原区社会组织培育发展中心更名为区社会组织公共服务中心，挂区社会组织培育发展中心牌子；撤销市公安局普陀区分局平阳浦派出所，原平阳浦派出所管辖职能根据辖区行政区划相应归并至沈家门派出所和东港派出所；在区农业农村局增挂区乡村振兴局牌子；设立区医疗保障事务中心；在区文化和广电旅游体育局增挂区文物局牌子；将区商务局所属事业单位浙台（舟山普陀）经贸合作区发展中心调整为浙江普陀经济开发区党工委、管委会所属；设立区委社会建设委员会，作为区委派出机构，与区发展和改革局合署办公；设立中共浙江普陀经济开发区工作委员会，为区委派出机构，与浙江普陀经济开发区管理委员会实行合署办公、一套机构，机构规格为正科级。浙江普陀经济开发区管理委员会挂浙台（舟山普陀）经贸合作区管理委员会牌子。在区综合行政执法局增挂区综合行政执法指导办公室牌子；区安全生产行政执法监察大队更名为区应急管理行政执法队。

【配合推进“大综合一体化”行政执法改革】 区委编办会同区综合行政执法局，梳理评估现有综合行政执法事项运行情况。以东港街道为试点，探索推进基层综合行政执法改革工作，统筹在区综合行政执法局东港执法中队加挂街道综合行政执法队，实行“一支队伍，两块牌子”，街道执法监管人员和行政执法部门派驻人员融合组队。按“高频多发”“与群众生活密切”“易发现易处置”和“专业要求适宜”等原则，在省综合执法事项统一目录中，确定选择林业、历史建筑和生态环境三大方面共计36个执法项，赋权东港街道开展执法。优化调整区行政执法改革部门职责，将区司法局综合行政执法改革统筹协调职能划转至区综合行政执法局，相应调整内设机构和编制数。

【规范“属地管理”工作】 区委编办以《浙江省乡镇（街道）“属地管理”事项责任清单指导目录》为基础，编制印发全区街道镇、管委会“属地管理”事项责任清单，至年底，已梳理70个事项，涉及17个区级部门，共计部门责任400余条，街道镇、管委会责任350余条。建立清单动态调整机制，结合工作实际，及时调整清单。构建属地管理事项“五个一”体系，编制形成养犬监管、特种设备监管执法等20个事项的工作规范、流程图和典型案例，推动属地管理事项在基层应用迭代升级。

【推行执法监管清单管理】 建立健全全覆盖行政监管体系和全闭环执法体系，打造事前许可、事中监管、事后处罚及罚后评价的闭环链条。根据法律法规调整和普陀区承接上级下放的行政权力事项等情况，梳理编制并动态调整部门职责范围内监管事项清单，年底前实现应领事项认领率和行政检查事项年度覆盖率两个100%。应认领监管事项9228项，已认领9196项，事项认领率99.65%；行政检查事项应覆盖3753项，已覆盖2228项，年度覆盖率59.4%。

【加强权力清单动态调整】 根据法律法规规章“立改废”、中央及省市简政放权推进情况以及行政事业单位改革、“证照分离”改革等各项改革的要求，对照省、市、县三级行政权力基本目录库和街道镇、管委会事项目录，全面梳理本单位需要行使的各项行政权力，对尚未纳入本单位权力清单的事项或对已经取消的事项，督促各单位根据自身职能及时梳理纳入或调整删除。全区42个部门动态调整行政权力2988项，调整后区级政府行政权力事项8239项。

【用编计划审核】 区委编办按增减平衡、职责匹配、结构合理等原则，科学合理制订计划，将下达的用编计划统筹控制在年度自然减员总数以内。2021年，核准年度用编计划277名，其中行政(参公)68名，公共事业单位40名，教育系统招聘用编62名，卫健系统招聘用编84名，紧缺专业人才招聘计划23名。计划外核准调动用编22名。

【继续推行事业单位登记管理“双随机、一公开”检查】 区委编办强化事业单位法人登记事中事后监管，开展省、市、县三级联动事业单位法人公示信息“双随机”(随机抽取检查对象、随机选派检查人员)抽查工作。由省委编办按3%比例抽取单位、市登记管理局组织开展，岱山县、嵊泗县对普陀区医保中心、虾峙学校等6家单位进行交叉执法检查，通过听取事业单位工作汇报、查看办公场所、翻看台账档案等，对发现的登记事项变更不及时、证书悬挂不标准等问题，要求单位限期整改并将抽查结果纳入事业单位的登记管理档案和信用档案，在事业单位登记管理网站公示并同步向信用平台推送。

【事业单位规范化管理】 根据《浙江省事业单位章程管理暂行办法》，按省市登记管理部门工作要求，普陀区分批次启动事业单位章程制定工作。第一批教育、卫生系统53家单位已完成制定工作，第二批科教文卫系统其他事业单位在年底前完成，为其举办单位、行业管理部门、登记管理机关及社会各界实施监督评估提供重要依据。做好登记管理日常工作，已完成2家事业单位法人设立及1家机关统一社会信用代码赋码；80家事业单位登记事项变更，16家机关、群团、民主党派法定代表人变更及2家事业单位法人注销工作。完成2020年度207家事业单位年度报告书报送，相关内容通过市登记管理网站向社会公告。

(撰稿：徐舸争)

精神文明创建

【概况】 2021年，普陀区开展新一轮文明村镇和文明单位创建工作，将道德模范评选、文明城市创建等工作纳入测评指标。至年底，全区有全国文明村3个，省级文明镇3个，省级文明村13个，市级文明村30个，区级文明镇1个，区级文明村20个。全国文明单位1家，省级文明单位18家，市级文明单位30家，区级文明单位89家。加强公民道德建设，开展第五届道德模范和“最美人物”评选活动，全区选出普陀好人24个，其中，夏国平、王展、刘兆祥、李立峰入选“浙江好人”，夏国平、王展、王伟樟、郑月亚入选市级道德模范，李立峰入选“中国好人”，程荣、吴小洋入选2021年舟山魅力人物。

【拓展新时代文明实践路径】 区委宣传部统筹推进实践中心、所、站、点等四类文明实践阵地规范化建设，形成全域推进态势。2021年，全区10个街道镇实践所已全部建成，74个渔农村实践站和25个城市社区实践站建成率100%，设置实践点312个。通过“先进典型+志愿服务”“专业化社会组织+志愿服务”“社区能人+志愿服务”模式，利用覆盖各年龄段、各行业社会志愿组织资源。全区各类志愿服务团队中，社会化团队占60%以上，全

便民服务驿站（区委宣传部提供）

区注册志愿者 50548 人，有 1808 个志愿服务团队完成注册。5 月起，在“全民清洁日”设立普陀公益便民服务驿站，组织志愿者为群众提供理发、义诊、按摩、小家电维修、缝补衣物等公益便民服务，每月设立便民服务摊位 50 个左右，服务群众 3000 多人次。

【未成年人思想道德建设】 区委宣传部根据“扣好人生第一粒扣子”主题教育实践活动内容与要求，结合建党百年、文明城市建设等主题，常态化开展红色主题教育、绿色文明行动、蓝色传统文化传承、劳动教育、学雷锋志愿者活动及阳光心理健康教育等活动。2021 年，全区开展线上线下未成年人“春泥计划”活动 2000 多场次，受益 3 万人次。有 22 个未成年人公益项目立项，累计开展活动 500 多场次，受益 8000 多人次。

【全国文明城市创建】 2021 年，全国文明城市创建工作完善“三张清单”、区领导联系街道镇、牵头指导专项工作组制度、居民小区环境整治区领导包干责任制等制度，推进重点、难点问题破解；完善点位责任制，设立 813 个点位，配备 6273 名点位相关工作人员；完善考核问责机制，结合文明城市建设管理要求，制定出台《普陀区文明城市常态管理测评办法》。开展管线、车辆停放、消防安全、市容市貌等重、难点问题持续攻坚行动，通过区领导、区创建办、各专项组、两代表一委员督查、随手拍平台曝光、市民巡访等多种形式，对创建各点位、各项目区块开展督查，重点问题整治成效明显。开展公益广告宣传提升行动，结合不同点位类型，设计不同主题，在醒目位置新增景观小品 16 处，新增“文明健康　绿色环保”“建党 100 周年”系列公益公告 12338 处。舟山市在 2021 年全国文明城市首轮复评中全国排名第十一。

【渔农村文化礼堂建设】 2021 年，区委宣传部指导全区渔农村文化礼堂建设，六横镇山西村、青山村、滚龙岙村、小湖村、岑夏村、大脉坑村，虾峙镇湖泥村、黄石村，沈家门街道平阳浦村、泗湾村、蒲湾村、鲁家峙村、大山村，东港街道葫芦村、芦花村，展茅街道梁横村，登步岛管委会竹东村共 17 家渔农村文化礼堂均按要求完成建设任务。深化文化礼堂“建、管、用、育”一体化建设，提炼各村文化礼堂特色文化，打造全区 16 个数字文化礼堂。筹划开展“艺心向党　堂堂有礼”庆祝中国共产党成立 100 周年主题系列活动。开展“亮礼堂风采　走共富之路——开启建设现代化新普陀新征程”云上“我们的村晚”活动，活动当天超 15 万名观众在线收看直播。开展星级文化礼堂创建、“最美文化礼堂人”评选等活动，展茅街道横街村、桃花镇公前文化礼堂被评为 2020 年度浙江省五星级文化礼堂；虾峙镇被评为浙江省农村文化礼堂建设示范乡镇。六横镇大沙浦、桃花镇塔湾村、虾峙镇灵和村、东极镇东极村、展茅街道路下徐、白沙岛管委会白沙港村文化礼堂被评为 2021 年度全市四星级文化礼堂。六横镇张家塘新村、龙山新村浦西、双塘新村孙家、积峙村，桃花镇公前、盐厂，虾峙镇晨港村沙岐，沈家门街道大蒲湾，东港街道红旗村，展茅街道茅洋新村，登步岛管委会大岙村文化礼堂被评为 2021 年度全区三星级文化礼堂。

（撰稿：林律彧）

区委党校

【概况】 2021年,中共舟山市普陀区委党校以习近平新时代中国特色社会主义思想为指导,学习贯彻落实中共十九大精神及党的历次全会精神,围绕“红色学府、示范党校、整体智治、清廉党校”,推进党史学习教育,开创新时代党校办学新局面。年底,区委党校有讲师13人,其中高级讲师3人、中级讲师2人。

【党史学习教育】 2021年,区委党校将党史学习教育作为年度重大政治任务,拍摄纪录片《党校记忆》,举行“光荣在党50年”纪念章颁发仪式,开发“四史”专题党课7堂,打造党史系列微党课6堂,开展“红色故事分享会”、党史知识竞赛等相关趣味活动,开展“退休党员送书送教”活动。开展党史学习教育专题组织生活会,党史学习教育工作获中央党校、省委党校肯定。全年组织专题学习6次,党课辅导5次,实践活动4次。

【干部教育】 2021年,区委党校以党史党建、共同富裕、数字化改革等主题,做好全区党员干部教育培训工作。推进课堂教学改革,试行“无手机课堂”;创新教学评价模式,推出线上评价反馈系统;引进视联网设备,依托党校系统“浙里好课”等应用平台,提升教学业务数字化率;创新合作办学模式,与浙江大学、上海交大、兰德干部教育及舟山创智干部教育培训等培训平台达成战略合作,组建培训矩阵联盟,实现培训阵地共享、学员互通、资源互补、导师互派。全年举办2021年普陀区村主职干部暨基层服务人才培训班、普陀区属重点国有企业中层正职能力提升班等主体班次18期,培训1224人次。

【现场教学】 2021年,区委党校实施现场教学提升工程,走访调研已挂牌的现场教学基地,补齐问题短板。结合普陀区经济社会发展重大理论和现实问题,总结提炼基地教学价值,配合市委党校做好《干部教育在舟山》现场教学点特色案例汇编。整合现场教学资源,打造“重走习近平总书记舟山考察路线”现场教学品牌,把体验教学精品路线转化为党史学习教育“活教材”的经验做法获省委党校肯定。

2021年普陀区第二十二期中青年干部培训班(区委党校提供)

【对外培训】 2021年,区委党校坚持开放办学,主动承接对外培训业务,与杭州市富阳区委组织部、嘉兴市秀洲区政协等单位开展合作办学,扩大办学影响力。在确保完成各主体班次服务保障工作前提下,承担省、市、县(区)多个部门和单位各类培训、会议服务等,全年接待各门类培训班54期,培训人数3958人次,其中,区内45期3022人次,区外市内7期855人次,省内市外2期81人次。

【理论宣讲】 2021年,区委党校以“微培训”理念推进“红色学府”云上培训,打造党校党史系列微党课,以微党课助力红色宣讲。以党史教育为宣讲重点,借助红色讲师团、“潮涌东海”、浙江省理论宣讲服务平台等宣讲平台,提供“线上点单—送教上门”式宣讲服务,开展各类宣讲活动。全年组织教师进基层、街道镇、社区、企业等开展“义务送教上门”和理论宣讲74场次,受教干群7447人次。

表 7

2021 年区委党校主体班次培训情况

班次名称	培训人数	培训内容
2021 年普陀区村主职干部暨基层服务人才培训班	74	基层党建工作实务、农业农村现代化、村务公开与民主管理、“清廉村居”建设等
2021 年普陀区人大代表党史教育和履职培训班	59	党史教育、提升代表履职能力、人大工作创新等
普陀区委直属机关工委 2021 年发展对象培训班	56	党性教育、党史教育、改革开放史等
普陀区数字化改革专题培训班	50	党史教育、习近平新时代中国特色社会主义经济思想、数字经济与政府数字化转型、智慧城市建设等
普陀区新提任干部专题培训班	31	意识形态、廉政教育、党史教育、习近平法治思想、海洋经济、数字经济与政府数字化转型、领导干部压力管理和心理调适等
普陀区海洋产业专题培训班	45	党史教育、习近平生态文明思想、海洋产业、海洋旅游、营商环境、招商引资等
2021 年普陀区基层党务工作者培训班	78	党史教育、基层党建工作实务教学、基层党建重点工作等
普陀区海上花园城建设专题培训班	42	习近平总书记关于城市工作重要论述、花园城市建设、未来社区规划设计创新与思考等
普陀区第二十二期中青年干部培训班暨习近平新时代中国特色社会主义思想进修班	44	习近平新时代中国特色社会主义思想、党史教育、廉政教育、数字化改革、共同富裕、普陀自贸试验区建设、普陀区“十四五”规划、海洋经济等
2021 年普陀区新录用公务员初任培训班	36	习近平新时代中国特色社会主义思想、党史教育、公仆意识与职业道德教育、公务员法、干部礼仪与公务形象等
普陀区 2021 年度两新党务工作者培训班	31	习近平新时代中国特色社会主义思想、共同富裕、两新党建等
2021 年普陀区基层党组织书记推动共同富裕主题培训班	105	习近平新时代中国特色社会主义思想、习近平关于“共同富裕”重要论述、普陀区打造共同富裕先行典范的实践探索等
普陀区区管领导干部推动共同富裕主题集中轮训班(共五期)	509	习近平总书记在浙江的科学思维方法及主要实践、舟山数字经济、习近平总书记关于“共同富裕”的重要论述等
普陀区属重点国有企业中层正职能力提升班	64	党的十九届六中全会精神、国企领导干部能力、政府及集体投资项目建设工程管理等

【教学科研】 2021 年,区委党校围绕纪念中国共产党成立 100 周年、建设“共同富裕示范区”、弘扬新时代蚂蚁岛精神等重点,开展课程开发和教学研究,全年新备课 13 节,内容涵盖“四史”教育、党章党纪党规、共同富裕专题等。举办“真理的味道”微党课比赛、中青班新课全堂试讲、党校系统精品课程评选等业务比武,打造精品党课,助推形成优质教学资源。推进“数智”党校建设,接入视联网设备,与省委党校视频会议系统实现互联互通,满足多元教学需要。参加培训 29 人次(含线上 24 人次),其中省级以上培训 5 期 5 人次,参加省委党校骨干教师培训 3 人次。

聚焦中心工作,开展课题研究。全年有 6 项课题完成结题,其中省级 1 项即《发展网红经济,打通“两山”转化通道——基于“两山理论”在海岛的创新实践研究》、市社科联 2 项;有 10 项课题获立项,其中省级 3 项、市社科联 3 项;发表文章 16 篇,其中国家级期刊 1 篇、省级期刊 1 篇、市级报刊 14 篇;有 3 篇理论调研文章在省级各系统获奖;参加各类教科研比赛,有 8 人次

普陀区村主职干部暨基层服务人才培训班（区委党校提供）

在各类竞赛中获奖，其中，省级以上5人次，市级3人次；做好决策参阅，全年编印《区情调研参阅》6期，1篇参阅获区政府主要领导批示。

（撰稿：陈羽瑱）

直属机关党建工作

【概况】 2021年，中共舟山市普陀区委直属机关工作委员会(简称区委直属机关工委)紧扣机关党建"走在前、作表率"总体要求，推动区委出台《贯彻落实〈中国共产党党和国家机关基层组织工作条例〉具体意见》，夯实机关党建基础，推进清廉机关、模范机关建设，为打造"重要窗口"普陀靓丽风景、开启幸福普陀现代化建设新征程提供组织保证。年底，区委直属机关工委下辖党委12个，党总支22个，党支部192个。党员3469人，其中，女党员1101人，占党员总数的31.71%；少数民族党员28人，占党员总数的0.8%。职业分布：机关干部在职党员1377人，国有事业、企业单位在职党员1192人，非公有单位在职党员17人，离退休党员883人。年龄结构：35岁以下754人，36~45岁827人，46~55岁726人，56~60岁363人，61岁及以上799人。文化程度：研究生195人，大学本科1936人，大学专科804人，中专161人，高中、中技157人，初中及以下216人。入党时间：1937年7月至1945年9月1人，1945年10月至1949年9月10人，1949年10月至1966年4月147人，1966年5月至1976年10月194人，1976年11月至1978年12月66人，1979年1月至2002年10月1433人，2002年11月及以后1618人。

【机关党员干部教育】 2021年，区委直属机关工委通过调研走访和"三会一课"督查等，督促指导区直机关党组织抓好党史学习教育，征订习近平《论中国共产党历史》等4本必读书，组织200余名机关党员参加党史学习教育专题讲座和主题音乐会等活动。结合开展读书荐书品书活动，征集推荐优秀书目126篇，并开展优秀读书心得征集活动。实施"每周走访、月度抽查、季度反馈、年底述职评议"常态化督查联系机制，督查直属单位专题学习、组织生活会等"三会一课"开展情况16次，覆盖支部126个，查找反馈问题298个。严格党员组织关系转接和党费收缴管理，稳妥有序处置不合格党员，深化实施入党积极分子积分管理，举办区直机关发展对象培训班，新发展党员56人。举办机关党务干部培训班，以"大班教学、小班交流和个别现场教学"模式对53名直属机关党组织书记进行为期5天集中培训，以训促学提升党务干部业务能力。召开区直机关党组织编组工作座谈会，指导各编组定期开展主题党日分享和党课分享活动等，推进编组间共建共享。指导区直机关各级党组织开展庆祝建党100周年系列活动，在区直机关部署开展"两优一先"评选、新发展党员集中宣誓、集中走访慰问、"幸福普陀·最美" 系列评创等八项重点活动，向217名符合条件老党员颁发"光荣在党50年"纪念章。

【提升机关党组织组织力】 区委直属机关工委贯彻落实中央《中国共产党党和国家机关基层组织工作条例》、省委《关于贯彻

普陀区基层党务工作者培训班（区委直属机关工委提供）

〈中国共产党党和国家机关基层组织工作条例〉的实施意见》以及市委具体措施和区委具体意见，制定下发区直机关党建工作要点、任务清单和党建工作绩效指导评价办法等指导性文件，建立完善上级党组织联系指导、提醒备案机制和重要会议会前审查机制。落实“三会一课”等组织生活制度，抓好10个后进支部转化提升。常态化开展“三会一课”督查，每月随机抽查20~30个基层党支部，督查结果书面形式向党组织书记进行反馈。牵头起草《关于纵深推进清廉机关、模范机关建设方案》，印发《关于纵深推进清廉机关模范机关建设的通知》，细化“双建”工作任务清单和评价指标，完善党组（党委）主要负责人亲自研究、协调、推进，班子其他成员履行“一岗双责”，机关基层党组织具体抓落实工作机制。深化“比规范、比服务、比担当、展业绩”等活动载体，开展“建设清廉机关、创建模范机关”工作先进集体推荐评选活动，表彰一批先进单位。梳理机关党建数字化应用场景，与市委直属机关工委有关处室及区大数据中心、区委改革办保持沟通，申报机关党建相关业务应用场景。参与全景智慧党建地图建设，督促指导227家机关党组织做好全省基层党建新系统使用管理工作，做到党员信息和党组织信息完整度100%。

【推动机关党建与中心工作融合】 围绕区委“三件大事”、数字化改革等中心工作，区委直属机关工委开展“党员在身边、温暖千万家”为民服务活动，探索实施“党建领航幸福颐养”项目，构建“1+N”党建联盟联席会商机制，通过机关工委牵头，集聚民政、卫健、商务等部门服务资源，打造党建业务融合新样板。发挥机关党组织和广大党员在创城、抗台救险等工作中先锋模范作用，发动机关党员在“兼合式”党支部中发挥作用。在抗击台风“烟花”中，27家机关单位组建87支党员先锋队，冲在抗台抢险第一线。

普陀区机关党建工作会议暨机关党组织编组工作座谈会（区委直属机关工委提供）

【加强机关党风廉政工作】 区委直属机关工委组织区纪委区监委与派驻组织部纪检组负责人座谈，明确机关纪监工委职责定位，完善纪监工委双重领导体制。注重发挥机关纪委监督执行作用，加强约谈防范，对发现问题和线索，及时报告处理。牵头落实“严格公务用餐管理”专项任务，协调区财政、审计等相关部门加强公务用餐管理，开展专项督查。

（撰稿：余文君）

涉台事务

【概况】 2021年，中共普陀区委台湾工作办公室(挂普陀区人民政府台湾事务办公室，简称区台办)按上级台办统一部署，围绕区委、区政府中心工作，结合实际情况，开展各项涉台事务，服务普陀经济社会发展。参与全国创建文明城市活动，参加“文明岗”执勤、全民清洁日、社区党员志愿者等各项活动。重视对台干部队伍建设，贯彻落实全省对台工作会议精神，参加省市组织各种涉台业务培训班，了解最新对台政策和规定，提升对台业务水平和工作能力。是年，全区有涉台企业4家，台属户60多户，涉台婚姻700余对。

【推进对台经贸合作】 区台办发挥牵线搭桥作用，配合招商引资，挖掘有效信息，打造合作平台，推动对台经贸合作。4月，杭州台商协会应邀到普陀考察，双方配合开展“台商走进自贸区”活动，研讨融合舟台经济发展及“东引台资”事宜。10月中旬，区台办组织重点街道镇干部参加市级基层对台能手培训班，开拓在特色乡村游、休闲观光农业等方面的认知与思路。服务涉台企业，营造便利条件和良好环境。加强与区内2家重点涉台企业沟通联络，反映企业生产过程中难点问题，及时与相关部门协调，提供服务。10月下旬，省台办副主任章启忠一行到普陀走访调研，了解涉台企业生产经营难点问题等情况。

【普台两地交流交往】 区台办开展对台基层交流，巩固和拓展对台工作资源。按工作要求和部署，重点组织青年交流、基层社区与村(里)交流、部分友好社团的基层交流活动。2021年，重点接待两岸姐妹互助协会、两岸人文交流关怀协会、阳光创业促进会，以及台胞陈文仁、顾惜君等50余人。平时与在台各界新老朋友等保持联系，及时了解和掌握台湾岛内局势和民众的思想动态。7月下旬，重点举办2021浙台邻里节——舟山籍“大陆配偶”看浙江(普陀站)活动，由两岸姐妹互助协会、两岸人文交流关怀协会、阳光创业促进会30名舟山籍“大陆配偶”组成的参访团至展茅街道路下徐村开展交流。11月初，配合省市台办开展“第四届浙江台婚姻家庭文化之旅”活动，落实110余名两岸婚姻家庭代表采访普陀工作。对接和落实2021年度“黄和琴助学金”有关事项，督促区教育局做好捐资监管发放工作。

【涉台事务管理】 2021年，区台办做好台胞台属及赴台学生服务工作。协助解决和妥善处理各项涉台事务，维护台胞台属合法权益和涉台领域和谐安定。全年台胞台属来电来访及上级台办转发信访案件30余起，主要包

10月19日，普陀区重点村社区书记参加市台办组织的基层对台交流能手培训班（区台办提供）

走访重点涉台企业主（区台办提供）

括台胞大陆寻亲、台胞房屋受损求助、台胞子女本地就学、台湾老兵骨灰回乡、台胞房产纠纷等事宜,做到件件有回复、有落实。委托台湾两岸阳光创业促进会理事长顾希君,于8月完成护送爱国人士周自强的骨灰“魂归故里”虾峙岛。更新2021年度涉台突发公共事件应急预案。配合开展台湾居民居住证等工作,为70余名未及时办理台湾居民居住证的台胞提供服务。节假日走访慰问困难台胞台属，重点台属、返乡探亲重点台胞等。指导区台联会发挥桥梁纽带作用,加强与在台亲友感情联络。

【涉台信息收集与编撰】 区台办关注工作过程中热点焦点,针对台胞台属等服务对象思想形态新变化新情况,及时形成相关调研文章上报,为上级部门做好参谋。

（撰稿:胡佳莹）

档案工作

【概况】 2021年年底,区档案馆有237个全宗，档案80480卷、285024件,其中文书档案56648卷、223008件，业务档案4849卷、62016件，科技档案898卷，会计档案18085卷，照片档案18811张,光盘86张,实物档案1391件。馆藏图书资料8425册。

【数字档案建设】 2021年,区档案馆通过自主研发数字化管理软件,优化加工流程,推进纸质档案数字化工作。完成全区基层数字档案室室藏档案扫描183卷、0.62万件，数字化8.3万页，其中东港街道完成率达到100%。完成城建档案加工1.5万卷，目录著录及前处理20.2万条,数字化210余万页。完成区委办、区政府、区人大等馆藏档案目录著录及前处理208卷、3.1万件,数字化33万余页。对全区34家档案室进行电子文件和数字档案登记备份移交，共计428.28GB。开展电子数据检查，做好71个全宗的数据蓝光光盘备份,共计备份976.72GB。

【档案资源建设】 2021年,区档案馆通过上门服务、个别培训等办法，完成年度档案进馆任务。接收进馆满期档案31家，计5.4万件。开展各类专题档案资料征集,接收防疫档案并完成目录著录及前处理0.13万件、脱贫攻坚文书档案0.12万件、土地确权实体档案与电子档案双套接收1.52万卷。征集“三重一大”(重大决策事项、重要人事任免、重要项目安排和大额度资金使用)照片51张。

【档案信息开发利用】 2021年,区档案馆继续开展电子查档、预约查档、异地查档各类查档服务，接待利用查档2300人次、2918卷次,其中婚姻、知青等民生查档占总量的85.04%,海岛、市外等异地跨馆查档占总量71.35%,数字查档率提升明显。向区属各单位征集2020年大事记，经筛选、整理和完善,编纂2020年全区大事记。通过与相关单位对接,提供指导协助,持续跟踪,及时督促，完成57家单位2001—2010年全宗介绍编写工作。

【行政监管工作】 2021年,区档案局(馆)根据省委办公厅《关于新时代全面推进档案工作数字化转型的意见》，结合全区基层档案监管工作实际，于6月初启动普陀区档案归集智能监管服务平台建设，7月初方案纳入《数字化改革重大需求、多跨场景应用、重大改革“三张清单”S0（全省多跨场景重大应用“一本账”S0）》（征求意见版），8月纳入全区首批《普陀区数字化改革重大需求、多跨场景、改革任务“三张清单”项目》（普改办〔2021〕4号）。10月，方案通过专家评审进入招投标程序。该平台通过人工智能、数据云分析估等技术，实现实时监测，同步提醒，逐级通报等功能。是年，该项目方案完成招投标，进入设计阶段。申报省档案数据共享中心试点建设单位成功，配合省档案馆开展试点工作，报送各类档案目录数据7.99万条。督导区发改局等28家单位做好市统建平台“最多跑一次”事项电子化归档工作。全区市统建平台归档数据量达62万余条，归档率90%以上，排名四县区第一。推进电子公文单套制归档试点工作。督导试点单位区旧城改造中心开展试点工作。

完成《普陀区档案史志事业发展“十四五”规划》编制工作，对接相关部门，将档案史志事业纳入“舟山市普陀区国民经济和社会发展第十四个五年规划和二〇三五年远景目标纲要”。

开展培训督导。以小班教学代替集中培训，对全区74家进馆单位的档案员分6批进行理论结合实操培训。通过线上线下相结合方式开展档案“三服务”，监督指导完成规范化数字档案室建设创建8家，规范化档案室创建4家；完成全区10个街道镇、管委会93个村（社区）换届选举档案现场检查和指导工作，全区换届选举专题档案全部整理完毕。

【档案行政执法】 2021年，区档案局针对1950年以来渔（农）村档案数据散落、保管不齐等问题，以东港街道为试点，投入100余万元资金进行基层行政村（社区）档案治理，经调研、收集、归档鉴定、分类整理、数字扫描等程序，持续跟进督导第三方公司项目进度和质量，累计完成7个村1322卷、2.1万件整理及数字化工作，于12月8日通过省档案局验收。组织全区74家单位集中观看国家档案局档案法宣传及“十四五”全国档案事业发展规划培训视频。补充完善统一换证的执法人员库信息，开展2021年档案“双随机”掌上执法，设置5项任务，检查12家次。

【档案文化建设】 2021年，区档案馆结合历史文化和旅游资源，向省档案馆和浙江电视台新闻频道“跟着档案去旅行”专题栏目申报蚂蚁岛、东极两地为拍摄点，并全程协助拍摄、审核把关相关史料。节目在浙江电视台播出，并被省档案馆推荐上传至“学习强国”学习平台。《历史名镇沈家门》获2019—2020年度全省档案优秀编研成果奖。编辑出版《普陀记忆2020》。是年，档案工作者在《中国档案报》、《中国档案》杂志各发表文章1篇，在《浙江档案》杂志发表文章4篇。

（撰稿：陆行军）

史志工作

【概况】 舟山市普陀区史志研究室在区档案馆挂牌，负责全区党史、地方志工作。2021年，区史

11月17日，区档案局邀请市档案局、市史志研究室、区发改局等相关单位参加普陀区档案史志事业“十四五”规划征求意见会（区档案馆提供）

志研究室在党史学习教育和中国共产党成立100周年纪念活动中发挥党史职能部门作用，将编研成果应用到党史宣传中。完成《中国共产党普陀历史第二卷(1950—1978)》送审稿，做好《中国共产党普陀历史第三卷(1978—2012)》(暂名)编撰前期工作。完成《舟山市普陀年鉴(2020)》出版工作，启动《舟山市普陀年鉴(2021)》编纂并完成编辑稿，做好镇村志指导工作。开展普陀海洋历史文化研究，做好地情资料资政服务。完成《浙江文史记忆·普陀卷》初稿。

【党史编研】 2021年，区史志研究室做好《中国共产党浙江普陀历史第二卷(1950—1978)》总纂统稿、征求意见、修改核实等工作。9月，完成送审稿，经市史志研究室和区委审核同意，送出版社审阅。做好《中国共产党普陀历史第三卷(1978—2012)》编撰前期工作，拟订工作方案、规划，草拟党史三卷纲目。开展《中共普陀县（区）委重要文献选编(1978—2012)》(暂名）编辑工作，查阅档案，将有关文件进行文字识别、录入、校对。完成《党的十八大以来浙江脱贫攻坚口述史》有关普陀部分采访和文字整理，上报省委党史和文献研究室。

【党史学习教育和建党百年纪念活动】 2021年，区档案馆(区史志研究室)发挥党史职能部门作用，配合全区党史学习教育，做好中国共产党成立100周年纪念有关党史宣传活动。策划编排文字、图片，与区委宣传部联合推出“回首百年路，启航新征程——普陀区庆祝中国共产党成立100周年回顾展”，在区档案馆一楼大厅展出，分4个阶段展现普陀百年历程。与区融媒体中心合作，在手机平台推出“学党史、知党情”党史知识竞赛活动。配合区融媒体中心在《今日普陀》报、普陀电视台《普陀新闻》推出“奋斗百年路 启航新征程——寻访红色足迹”党史故事栏目，提供地方党史资料与编研成果；在《今日普陀》及相关网站报道普陀解放以来十件大事，提供署名文章与有关资料。配合市委宣传部、舟山日报社联合主办的“追光·沿着红色足迹出发”大型融媒体新闻行动，到登步岛介绍有关登步岛战役情况，有关报道在《舟山日报》《舟山晚报》及相关网络平台登载。1名干部抽调到区党史学习教育领导小组办公室工作。鼓励党史工作者进行党史理论及党史人物研究，1篇论文入选全省青年党史工作者学术沙龙，有关党史人物、普陀地方党史文章在《今日普陀》《普陀文史》刊登。《珍藏65年的〈战地日记〉手稿》等“红色文物故事”文章在中共中央宣传部主管的“学习强国”学习平台推出。

4月，蚂蚁岛精神红色教育基地举行浙江省党史教育基地授牌仪式（区史志研究室提供）

【发挥党史教育基地育人作用】 2021年3月，由区史志研究室推荐申报的蚂蚁岛精神红色教育基地被省委党史和文献研究室命名为第四批浙江省党史教育基地。至此，普陀区共有3家省级党史教育基地。是年，蚂蚁岛精神红色教育基地成为全省党史学习教育最热门的“打卡地”之一。应展茅街道要求，区史志研究室对新建茅洋会议纪念馆有关陈列内容进行初审，提出修改意见。

【《舟山市普陀年鉴》编纂】 2021年，区史志研究室完成《舟山市普陀年鉴(2020)》总纂核实、修改、定稿，由方志出版社出版。该年鉴分类目、分目和条目3个层次，设特载、专记、区情总述、大事记、中共舟山市普陀区委、区人民代表大会、区人民政府、政协舟山市普陀区委员会、区直机关及街道镇负责人名录、民主党派、群众团体、法治、军事、海洋与渔业、农业农村与水利、工业、旅游、商贸、交通与邮政、港航与口岸管理、开发建设、城乡建设与生态环境保护、综合经济管理、金融、市场监督管理、教育、科学技术、文化与体育、新闻传媒与信息产业、卫生健康、人力资源和社会保障、民政、社会生活、街道镇综情、人物与先进集体共35个类目。大16开本彩色印刷，全书106.8万字，图、照500余幅，表（含图表）88张，系统翔实反映2020年普陀区各项事业发展情况。

1月，启动《舟山市普陀年鉴（2021）》编纂，由区委办、区政府办联合发出《关于认真做好〈舟山市普陀年鉴（2021）〉编纂工作的通知》。5月起逐步进入编辑阶段。至年底完成编辑稿，并送方志出版社初审。

【志鉴与地方文史编研指导】

2021年，区档案馆（区史志研究室）完成《浙江文史记忆·普陀卷》初稿撰写任务。撰写《舟山年鉴（2021）》“普陀区”内容万余字。推进镇（街道）志及村史村志编纂，组织参加市档案馆（史志研究室）于10月28日举办的村史村志编写培训班。《虾峙镇志》《黄石村史话》相继出版。

《虾峙镇志》是虾峙镇历史上第一部地方志书。记述上限追溯至事物发端，下限迄于2016年年底，重大事项适当延伸。述、记、志、传、图、表、录诸体裁并用，以志体为主。全书共80万字。卷前有照片及地图249幅，设综述、大事记，主体部分设22编，随文照、图500多张。该志全面系统记述虾峙镇自然、经济、政治、军事、文化、社会等各方面历史与现状，突出虾峙镇渔业及临港产业等特色内容。

（撰稿：胡永久）

编辑：魏斌

区人民代表大会

综 述

2021年，舟山市普陀区人民代表大会常务委员会（简称区人大常委会）组织召开舟山市普陀区第十七届人民代表大会（简称区十七届人大）第五次会议，召开常委会会议9次，召开常委会主任会议17次。任免国家机关工作人员44人次，依法任命舟山市普陀区人民法院人民陪审员26人。听取和审议“一府两院”（区政府、区法院、区检察院）专项工作报告22项，做出决议决定20项。收到代表议案58件、建议62件、闭会建议1件，共计121件，办结率100%，满意率99.17%，基本满意率0.83%。受理群众来信来访3件、9人次。区人大常委会审议代表议案建议办理情况、城区义务教育资源优化配置情况、全区国有自然资源资产管理情况、法治政府建设情况、全区科技创新发展工作情况、全区海岛饮用水保障工作、区检察院法律监督工作情况、全区群众体育工作情况等。通过《舟山市普陀区人民代表大会常务委员会规范性文件备案审查办法》《舟山市普陀区人民代表大会常务委员会关于检察法律监督的跟踪监督办法》《舟山市普陀区人民代表大会常务委员会关于开展第八个五年法治宣传教育的决议》等，举办普陀区“民生实事项目”电视问政，执法检查《浙江省粮食安全保障条例》实施情况。开展“喜迎百年建党、助推‘十四五’开局”走访服务选民活动，组织省、市、区三级人大代表届末集中视察2017年以来全区部分政府“三重”项目和民生实事项目完成情况及会前集中视察高质量发展建设共同富裕示范区先行典范情况。区人大常委会依照宪法、选举法、地方组织法规定，根据省、市、区关于换届选举工作精神，制定《舟山市普陀区区、镇两级人大换届选举工作实施方案》，并设立舟山市普陀区选举委员会、各镇选举委员会、各街道选举办事处，决定普陀区区、镇人民代表大会代表选举日为2021年12月13日，舟山市普陀区第十八届人大代表名额218名，镇人民代表大会代表名额323名。

区人大常委会领导和工作机构

【区人大常委会领导】 区第十七届人大常委会成立于2017年2月，任期5年。2021年年底，有主任1人、副主任6人，委员20人。

2021年区十七届人大常委会主任、副主任名录

表8

职 务	姓 名	性别	籍 贯	任职年月
主 任	戴灵芝	女	浙江舟山（普陀）	续—
副主任	张伟国	男	浙江舟山（普陀）	续—
副主任	陈春汉	男	浙江舟山（普陀）	续—
副主任	王洲琼	男	浙江舟山（普陀）	续—
副主任	顾志月	男	浙江舟山（普陀）	续—
副主任	陈 红	女	浙江舟山（普陀）	续—
副主任	马亮峰	男	浙江舟山（普陀）	2021.1—

【区人大专门委员会】 2021年，舟山市普陀区人民代表大会(简称区人大) 设有财政经济委员会、法制与监察司法委员会、教育科技文化卫生与民族宗教侨务外事委员会、城乡建设环境资源保护委员会、渔农业和渔农村委员会、社会建设委员会6个专门委员会。

【区人大常委会工作机构】 2021年，区人大常委会设办公室、研究室、代表工作委员会、财政经济工作委员会、法制与监察司法工作委员会、教育科技文化卫生与民族宗教侨务外事工作委员会、城乡建设环境资源保护工作委员会、渔农业和渔农村工作委员会、社会建设工作委员会9个工作机构。

区人大重要会议

【区十七届人大第五次会议】 2021年1月18—21日，区十七届人大第五次会议在东港召开。会议代表184名，实到代表176名。会议听取、审查并通过“一府两院”工作报告及区人大常委会工作报告，审查、批准普陀区2020年国民经济和社会发展计划执行情况及2021年国民经济和社会发展计划及财政预算。会议依法选举徐炜波为普陀区区长，马亮峰为区第十七届人大常委会副主任。评议普陀区2020年民生实事项目，票决2021年民生实事项目和其他事项。大会收到代表议案建议120件，其中10人以上联名提出的议案58件，重点议案10件。

【区十七届人大常委会第三十四次会议】 1月12日召开。会议听取和初审区政府《关于2020年国民经济和社会发展计划执行情况、2021年国民经济和社会发展计划草案的报告（草案)》；听取和审议区人大财政经济委员会《关于2020年国民经济和社会发展计划执行情况、2021年国民经济和社会发展计划草案的审查报告(草案)》；审查区政府2021年重大投资项目；听取跨年度民生实事项目完成情况并进行满意度测评；听取和初审区政府《关于2020年财政预算执行情况和2021年财政预算草案的报告(草案)》；听取和审议区人大财政经济委员会《关于2020年财政预算执行情况和2021年财政预算草案的审查报告(草案)》；听取《关于区十七届人大五次会议筹备情况的汇报》；审议《区十七届人大五次会议议程（草案)》《区十七届人大五次会议日程（草案)》《区十七届人大五次会议关于通过各项决议、议案的表决办法(草案)》《区十七届人大五次会议关于议案截止时间的决定（草案)》《区十七届人大五次会议相关名单草案》《舟山市普陀区人大常委会工作报告》《区人大常委会2021年工作要点（草案)》《区十七届人大五次会议民生实事项目代表满意度测评办法(草案)》《区十七届人大五次会议民生实事项目代表票决办法（草案)》《区十七届人大五次会议选举办法(草案)》；审议区十七届人大第五次会议列席人员名单。通过有关人事任免。

【区十七届人大常委会第三十五次会议】 1月31日召开。通过人事任免。

【区十七届人大常委会第三十六次会议】 3月31日召开。会议听取区政府《关于全区2020年环境状况和环境保护完成情况报告》；听取和审议《人大街道工委关于2020年度工作情况和2021年度工作计划的报告》；审议《舟山市普陀区人民代表大会常务委员会规范性文件备案审查办法(草案)》。

【区十七届人大常委会第三十七次会议】 5月28日召开。会议听取和审议区政府《关于城区义务教育资源优化配置情况的报告》《关于全区国有自然资源资产管理情况的报告》《关于城区生活垃圾分类电视问政和审议意见落实情况的报告》。通过人事任免。

【区十七届人大常委会第三十八次会议】 7月29日召开。会议听取和审议区政府《关于2020年区本级财政决算的报告》《关于2020年区本级财政预算执行和其他财政收支审计工作的报告》《关于2021年上半年全区国民经济和社会发展计划执行情况的报告》《关于2021年上半年财政预算执行情况的报告》《关

11 月 26 日，区十七届人大常委会第四十一次会议（区人大办提供）

于法治政府建设工作情况的报告》《关于科技创新发展工作情况的报告》；听取区政府《关于防洪排涝体系建设审议意见落实情况的报告》。通过人事任免。

【区十七届人大常委会第三十九次会议】 9 月 27 日召开。会议听取和审议区政府《关于〈浙江省粮食保障条例〉贯彻实施情况的报告》《关于全区海岛饮用水保障工作情况的报告》；听取和审议区检察院《关于法律监督工作开展情况的报告》；审议《区、镇两级人大换届选举工作实施方案（草案）》；审议区人大常委会主任会议《关于区、镇人民代表大会代表选举日的议案》《关于新一届镇人大代表名额的议案》。

【区十七届人大常委会第四十次会议】 10 月 12 日召开。会议审议区人大常委会主任会议《关于提请任命舟山市普陀区选举委员会及组成人员的议案》《关于提请批准任命各镇选举委员会及组成人员的议案》《关于提请批准任命各街道选举办事处组成人员的议案》《关于区十八届人大代表名额分配的议案》。

【区十七届人大常委会第四十一次会议】 11 月 26 日召开。会议听取区政府《关于“七五”普法工作总结和“八五”普法规划情况的报告》《关于群众体育工作情况的报告》《关于十七届人大五次会议代表议案建议办理情况的报告》；审议《普陀区人民代表大会常务委员会关于检察法律监督的跟踪监督办法（草案）》。通过人事任免。

【区十七届人大常委会第四十二次会议】 12 月 23 日召开。会议听取和审议区政府《关于审计查出问题整改工作报告》并进行满意度测评；听取和审议《2020 年全区国有资产管理综合情况的报告》；审议区政府《关于要求调整 2021 年区本级地方政府债务限额和财政预算的议案》；审议《关于召开区十八届人大一次会议的决定（草案）》。通过人事任免。

【人事任免】 2021 年，区人大常委会按照《舟山市普陀区人民代表大会常务委员会任免国家机关工作人员办法》，坚持党管干部与人大依法任免相统一原则，严格执行任前法律知识考试、任命人员履职承诺和颁发任命书、进行宪法宣誓等人事任免程序。全年常委会有 6 次会议审议人

1 月 12 日，颁发任命书（区人大办提供）

事任免事项，任免国家工作人员44人次，依法任命舟山市普陀区人民法院人民陪审员26人。

代表与议案工作

【议案建议工作】 区十七届人大第五次会议期间，代表提出议案58件、建议62件、闭会建议1件，共计121件，内容涉及经济发展、城市建设、公共交通、民生保障等多方面。会后，区政府办同区人大办沟通联系，牵头做好所有议案建议的梳理、分类工作，在征求、结合各方意见后，确定任务分解，联合召开交办会。各承办单位将办理工作列入部门年度重点工作，“一把手”负总责，做到每一件议案建议均“有领导挂帅、有专人办理、有落实方案”。2021年，所有议案建议均在规定时限内办理完成，办结率100%，满意率99.17%，基本满意率0.83%。

【代表履职工作】 区人大常委会按常态化疫情防控要求，组织50余名区人大代表和基层人大代表开展一期省内培训，拓宽人大代表履职视野，提升人大代表履职能力。根据区人大常委会重点工作推进情况，邀请区人大代表列席有关会议或督查、执法检查等100余人次，邀请45名市、区人大代表参加“一府一委两院”（一委指区监察委员会）组织开展的视察调研、信访接待、旁听庭审、检察公开日等13场次。先后开展“最多跑一次”专项督查、《浙江省粮食安全保障条例》执法检查、员额检察官履职评议、政府民生实事项目实施情况跟踪监督等，组织全区各级人大代表开展“喜迎百年建党、助推‘十四五’开局”走访服务选民活动，组织人大代表参加法治政府建设、科技创新发展、海岛饮用水保障等工作调研，开展省、市、区三级人大代表届末视察，各级人大代表参与达1700余人次。组织全区各级人大代表开展走访服务选民和群众活动，开展“请进来”接待活动96次，开展“走出去”接待活动142次，通过网络收集群众反映问题44个，解决问题36个。围绕区十七届人大代表票决通过的139项民生实事项目推进进度、项目完成质量、项目管理运行和作用发挥中存在的问题，开展普陀区“民生实事项目”人大代表电视问政，8名区人大代表对7家单位涉及十大民生实事项目进行面对面发问，促进政府部门提高项目质量，加强项目绩效管理。

【人大代表换届选举工作】 7月起，区人大常委会组织到各地、驻普陀部队开展调查研究，对选区形势、选举情况、选举方法等进行梳理和分析，做好人大代表换届选举各项准备工作。区委及时批复区人大常委会党组提交的《关于做好区、镇两级人民代表大会换届选举工作意见的请示》，设立区、镇两级选举委员会和街道选举办事处，设立区、镇两级换届选举联席会议，并建立人大常委会主任、副主任换届选举工作联系点制度，形成“党委领导、人大主办、各方配合”工作格局。区人大常委会提出连任代表的建议人选，推荐连任区人大代表51名。依法规范镇人代会召开，健全镇人代会预算审查办法，完善民生实事项目票决工作，加强对镇（街道）人大换届选举工作的组织和指导，结合中央关于县乡人大换届选举的相关

11月26日，议案建议办理情况报告（区人大办提供）

指示精神以及省市人大相关要求，依法主持并指导做好疫情防控背景下的区、镇两级换届选举工作，完成各项换届选举任务。应用“浙里人大”换届选举系统，组织区、镇、街道管理员及社区村选民登记员参加培训，提高系统应用和操作能力，并与各镇、街道签订《应用场景数据安全责任书》，完成线上选民登记站设立和选区划分，线上选民登记率达95%以上。

12月，选民投票（区人大办提供）

调研与监督

【参与“两战”工作】 区人大常委会贯彻习近平总书记关于统筹打赢“两战”（疫情防控阻击战和经济发展翻身仗）精神，落实省人大关于依法做好新冠肺炎疫情防控工作的决定和省市区委决策部署，结合新冠肺炎疫情防控工作审议意见落实情况的监督，研究制定助推“两战”工作意见，听取和审议全区疫情防控专项报告，支持政府及相关部门做好常态化疫情防控和经济社会发展有序恢复工作。关注财政经济运行走势，审查批准“十四五”规划和2035年远景目标纲要，听取审议国民经济和社会发展计划、财政预决算等报告，召开“一府两院”半年度工作通报会，审查批准地方预算调整方案。加强数字经济发展审议意见落实情况，推动数字经济与海洋产业深度融合。结合科技创新发展专项监督工作，实施好《舟山市科技创新促进条例》，提高全区科技创新水平。区人大常委会入镇、街道、村社和企业，调查研究、帮扶指导。抓好人大常委会审议意见落实，紧盯全区公共卫生应急管理体系建设，推动政府提升公共卫生突发事件防控能力。

【强化财政监督】 2021年，区人大常委会依法履行财政经济监督职能，抓好预算编制、执行、决算、绩效和审计“全链条监督”，完善预算会前审查工作机制，对2021年预算草案进行会前初审，组织专委会和代表提前介入部门预算审查工作。委托新华会计师事务所，对全区2020年度文化体育发展专项资金进行绩效评价，组织调研组赴各相关单位及各镇（街道）、村（社区）对项目进行现场评价，并根据第三方打分情况，撰写专项资金绩效评价报告，对专项资金的经济性、效

11月23日，全市人大“数检督”应用场景推广会在普陀召开（区人大办提供）

11 月，省、市、区三级人大代表会前集中视察（区人大办提供）

率性、效益性等方面提出意见建议，形成事前、事中、事后的监督闭环，监督政府专项资金绩效管理。加强对全区国有自然资源资产管理工作监督，了解全区国有资产管理总体情况，重点就产业战略布局优化、监管体制机制完善等提出意见建议。改进审计查出问题整改报告机制，听取审议政府整改情况报告并进行评议。

【依法治区工作监督】 区人大常委会落实“全面依法治国”方略，推动“一府一委两院”提升运用法治思维和法治方式深化改革发展的能力，推进治理体系和治理能力现代化。加强对法治宣传教育工作的监督和指导，听取区政府《关于“七五”普法工作总结和“八五”普法规划情况的报告》，作出《关于开展第八个五年法治宣传教育的决议》。开展法治政府建设工作专项监督，21 个区政府组成部门主要负责人首次以“书面+口头”的形式向区人大常委会晾晒个人依法履职情况报告，增强政府法治思维，健全行权制约机制，强化依法为民理念。开展员额检察官履职评议工作，推动检察官队伍职业化、司法规范化，促进检察工作质效提升。深化“最多跑一次”改革专项监督，举办人大代表专题询问会，梳理汇总问题 6 个提交相关部门研究解决。做深做实检察院法律监督工作情况的专项监督，听取审议民事行政检察、监所检察、公益诉讼和刑事检察等工作，出台检察法律监督的跟踪监督办法，开发人大“数检督”数字化应用场景，推动人大监督与检察监督有机衔接，加强检察建议刚性，促进公正司法和依法行政。完善备案审查工作机制，研究出台规范性文件备案审查办法，实现对“一府两院”全覆盖，维护法制统一。

【民生实事项目监督调研】 区十七届人大第五次会议票决产生普陀区 2021 年十大民生实事项目。区人大常委会建立项目跟踪督办机制，定期听取进度计划和实施情况报告，并引入项目绩效评估，实现民生实事项目从前期大会票决到中期跟踪督办再到后期评议问政的全链条闭环管理。为提高民生实事项目办理质量，组织开展普陀区“民生实事项目”电视问政和专题审议，聚焦项目建设及运行过程中的短板和不足，抓整改、促提升。开展城区教育资源优化配置情况专项监督，促进全区教育事业持续健康发展；推进文化强区建设，开展公共文化基础设施建设审议意见落实情况监督，助力建设更完善的全民共享文化体系；落实全民健身国家战略，开展群众体育工作专题调研，督促政府加大体育事业投入，提高全区人民健康水平和生活质量。关注海岛居民饮水问题，听取和审议海岛饮用水保障工作情况报告，解决海岛地区供水难题，保障群众基本用水需求。贯彻落实习近平

11 月，“民生实事项目”电视问政（区人大办提供）

总书记关于防台防汛工作重要指示，做好防洪排涝体系建设审议意见落实情况的跟踪监督，检验全区防洪排涝体系建设成效。

宣传信访与联络站工作

【人大信息宣传工作】 2021年，区人大常委会与普陀融媒体联系，宣传报道区人大及其常委会的各类会议活动100余则，将“浙江普陀人大”公众号、普陀人大网、普陀人大微信公众号作为区人大对外宣传的主渠道，发布更新区人大各类动态信息、各类决议决定、各类监督调研工作，展示人大代表风采。拓宽区人大新闻宣传路径，在“浙江人大”“舟山人大”公众号发表信息28则，《浙江人大》录用信息20篇。2021年3月，区人大获评舟山市人大信息工作优秀单位。做好区人大常委会综合特色性宣传工作，制作完成2020年度“扬帆新时代、共谱新篇章”视频，在2021年区十七届人大五次会议期间播放。

【人大信访工作】 2021年，区人大常委会受理人民群众来信来访3件、9人次，比上年减少11件，无集体访。

8月31日，区人大常委会主任戴灵芝（右一）调研虾峙镇共同富裕建设工作情况（区人大办提供）

【人大代表联络站工作】 2021年，区人大常委会依托代表联络服务中心、代表联络站、代表之家、基层人大联络微信群等平台，深化和完善区人大常委会联系人大代表、人大代表联系群众制度。开展全区人大代表联络站“规范化、常态化、数字化”建设，改址新建5家人大代表联络站，提升改造4家人大代表联络站，完成布局设施、人员编组、工作制度、意见处置规范化，提升“中心+站+室”的海岛联民平台整体水平，实现线上线下、网络平台协同推进。各镇、街道联络站、点累计开展活动101次（其中主题活动17次），接待群众420余人次，收集意见建议229条，解决133条。坚持和完善县（处）级领导干部人大代表“集中进站月”活动，有17名县（处）级领导干部人大代表走进9个镇、街道人大代表联络站，开展联系人大代表和选民活动，编发1期《民声传递》（专刊），巩固和深化全区人大代表联系人民群众工作。

（撰稿：潘君飞）

编辑：陈莉

区人民政府

区政府领导与工作机构

【区政府领导】 区第十七届人民政府2021年年初在任领导：代区长徐炜波，常务副区长张海斌，区政府党组成员王海涛，副区长张宏华、杨海滨、李莉、张勇、乐舟龙、钱善凤。1月，徐炜波任区长；5月，杨海滨辞去副区长职务；12月，屠定玉、朱彦波任副区长；免去张勇副区长职务。至年末，在任领导：区长徐炜波，常务副区长张海斌，区政府党组成员王海涛，副区长张宏华、李莉、屠定玉、朱彦波、乐舟龙、钱善凤。

2021年区人民政府领导名录

表9

职　务	姓　名	性别	籍贯	任职年月
代区长	徐炜波	男	浙江舟山(定海)	续—2021.01
区　长	徐炜波	男	浙江舟山(定海)	2021.01—
常务副区长	张海斌	男	浙江舟山(普陀)	续—
区政府党组成员	王海涛	男	江西吉安	续—
副区长	张宏华	男	浙江宁波	续—
副区长	杨海滨	男	浙江舟山(普陀)	续—2021.5
副区长	李　莉	女	浙江舟山(定海)	续—
副区长	屠定玉	女	贵州六盘水	2021.12—
副区长	朱彦波	男	浙江舟山	2021.12—
副区长	张　勇	男	浙江舟山(普陀)	续—2021.12
副区长	乐舟龙	男	浙江舟山(普陀)	续—
副区长(挂职)	钱善凤	男	江苏姜堰	续—

注：5月，杨海滨(涉嫌严重违法)辞去副区长职务；

【区政府工作机构】 2021年，区政府工作机构22个（计入机构限额21个）：办公室、发展和改革局、经济和信息化局、教育局、公安分局、民政局、司法局、财政局、人力资源和社会保障局、住房和城乡建设局、交通运输局、农业农村局、商务局、文化和广电旅游体育局、卫生健康局、退役军人事务局、应急管理局、审计局、统计局、综合行政执法局、海洋与渔业局、区委区政府信访局。其中，区委区政府信访局与区委办公室合署办公，不计机构限额。区政府办公室挂区政府外事办公室(区政府港澳事务办公室)、大数据发展管理局、口岸与海防管理办公室牌子；区发展和改革局挂区政府金融工作办公室牌子，与区委社会建设委员会合署办公；区经济和信息化局挂区科学技术局牌子；区司法局挂区行政复议局牌子；区财政局挂区国有资产监督管理办公室牌子；区住房和城乡建设局挂区人民防空办公室、区民防局牌子；区农业农村局挂区水利局、区乡村振兴局牌子；区商务局挂区粮食和物资储备局牌子；区卫生健康局挂区医疗保障局牌子；区综合行政执法局挂区城市管理局、区综合行政执法指导办公室牌子；区海洋与渔业局挂海洋行政执法局、浙江普陀中街山列岛海洋特别保护区管理局牌子。市级部门派出机构3个：市生态环境局普陀分局、市自然资源和规划局普陀分局、市市场监督管理局普陀分局。其中,市生态环境局普陀分局不计机构限额。

区政府重要会议

【区政府全体会议】 2021年3月18日下午在东港召开区政府全体会议。主要内容:贯彻落实市委、市政府和区委决策部署,部署区政府2021年重点工作任务。

8月25日下午在东港召开区政府全体会议。主要内容:贯彻落实习近平总书记重要指示批示精神和党中央、国务院决策部署,落实省政府第九次全体会议、市委七届十一次全体(扩大)会议、市政府第九次全体会议和区委十三届十二次全体(扩大)会议精神,总结上半年工作,部署下半年工作。

【区政府常务会议】 2021年召开10次(第49~58次)。1月6日,召开区政府第49次常务会议,听取2020年普陀区食品安全工作汇报、审议《关于普陀区学前教育深化改革规范发展实施方案(送审稿)》《关于加快新旧动能转换推动氢能产业强势发展的若干意见》等相关事宜;1月11日,召开区政府第50次常务会议,审议《2021年区政府工作报告》《舟山市普陀区国民经济和社会发展第十四个五年规划和二〇三五年远景目标纲要(草案)》《关于舟山市普陀区2020年国民经济和社会发展计划执行情况及2021年国民经济和社会发展计划(草案)的报告》《关于2021年普陀区政府投资项目计划安排、2021年区重点建设项目计划安排、2021年民生实事安排的报告》和《关于舟山市普陀区2020年财政预算执行情况、2021年财政预算(草案)的报告》;2月22日,召开区政府第51次常务会议,审议《普陀区长江经济带生态环境问题警示片反映问题整改方案及责任清单》《普陀区农村房屋安全隐患排查整治工作实施方案》《区政府投资及国有企业投资项目工程总承包招投标实施规程(试行)》《2020年度区政府质量奖(提名奖)拟获奖企业名单》《舟山市普陀区行政机关合同管理办法》;3月23日,召开区政府第52次常务会议,审议《深化生态文明示范创建,高水平建设新时代美丽普陀规划纲要(2020—2035年)》《舟山市普陀区"绿水青山就是金山银山"实践创新基地建设实施方案》《全区关于坚决打赢遏制重大生产安全事故攻坚战的实施意见和"遏重大"攻坚实施方案》和"桃远605"等6艘远洋渔船要求下达建造补助资金的事宜;4月30日,召开区政府第53次常务会议,听取区疫情防控办《关于"华洋朝阳"轮输入性集聚病例处置情况的汇报》;5月6日,召开区政府第54次常务会议,审议《2021年度普陀区重大行政决策项目目录编制工作情况》《普陀区居民小区物业服务质量考核及奖励办法(送审稿)》《普陀区用能权有偿使用的定价说明》;5月31日,召开区政府第55次常务会议,审议《新一轮村级集体经济提升发展五年行动计划》《关于高质量推进海岛振兴创建国家级乡村振兴示范区的意见》《关于沈家门城区旧城改造项目原海研所周边地块国有土地上房屋征收决定》《关于进一步加快推进农贸市场建设的实施意见》《推动油气全产业链开放发展的行动方案》《舟山市普陀区低效企业整治提升工作方案》,听取普陀中心城区棚户区(城中村、旧厂区)改造计划(2021—2023)及推进情况、沈家门城区无卫生设施住宅提升改造工作进展、关于增资上海蓝梦邮轮公司有关情况汇报,协商征迁区域直管公房房改事宜,学习传达中央、省统计工作会议精神、《统计法应知应会》手册内容、习近平总书记在中央农村工作会议上关于粮食安全重要讲话精神;8月16日,召开区政府第56次常务会议,审议《普陀区政府投资项目造价审核办法》《舟山市普陀区政府投资项目预算管理办法》《普陀区市政设施移交管理办法(试行)》《普陀区城镇危房实质性解危三年行动方案(2021—2023)》《沈家门城区成片危旧住宅区竞争性征收试点工作推进方案》《金钵盂岛临港产业园项目补充协议》《舟山市普陀区人民政府关于公布重要水域名录的通告》等议题,听取普陀区建筑立面亮化工程管理和电费承担的情况、普陀区永久基本农田核实整改补足划定工作的情况等事宜汇报;9月9日,召开区政府第57次常务会议，审议《关于对居住在普陀城区的部分小岛生活困难家庭继续实行住房保障的暂行规定》《学习贯彻中央“双减”文件精神努力打造优质均衡有温度的人民满意教育》《舟山市普陀区反走私综合治理举报奖励办法实施细则（试行）》《普陀区 2021 年度国内捕捞渔船“减船转产”实施方案》，听取渔业安全生产工作的汇报和关于渔船天通船载卫星电话建设方案的汇报；10 月 13 日，召开区政府第 58 次常务会议，听取普陀区 2021 年度重点建议和重点提案办理情况汇报，审议《关于进一步发展开放型经济的若干意见》《关于促进商贸流通业加快发展的若干意见》，研究普陀大剧院建设项目概算调整相关事宜。

【区长办公会议】 2021 年召开 3 次。3 月 21 日，专题讨论《一流强港双循环经济先行区发展战略课题研究项目》课题相关事宜。8 月 25 日，专题协调金钵盂青山不锈钢产业园项目相关事宜。9 月 1 日，专题研究恒大地产相关事宜。

【区政府专题会议】 2021 年召开 45 次。会议主要议题：研究和协调处理需要区政府统筹协调、组织实施的某一重要问题、重要事项。会议具体内容：1 月 14 日，协调区审批服务中心大楼等资产使用相关事宜；1 月 15 日，协调墩头区块城中村改造所涉沈家门街道新港股份经济合作社资产的征收相关事宜；1 月 19 日，研究在沈家门小干岛设立临时装卸作业点等相关事宜；1 月 28 日，协调华晨民爆仓库搬迁相关事宜；2 月 3 日，协调虾峙门等航道整治渔船征收证书处置事宜；2 月 5 日，研究虾峙镇金钵盂海塘建设工程相关事宜；3 月 11 日，研究展茅街道田园阳光线路上改下改造工程相关事宜；3 月 15 日，研究落实 1 万吨/日生活污水临时处理设施事宜；3 月 20 日，研究东港街道 PT-22-01-08 地块（黄沙湾）和 PT-22-01-15 地块（黄陀岙）供地、沈家门接待寺南侧 DT-07 地块开发等事宜；3 月 23 日，协调莲花岛生态艺术岛、朱仁民艺术馆提升运营及沈家门渔港文旅驿站建设有关事宜；3 月 30 日，协调虾峙镇西白莲岛石料外运设置临时装卸作业点相关事宜；4 月 6 日，研究海天大道吴家岙侧新塘路口至天吴路口段临时道路建设事宜；4 月 8 日，研究鲁家峙临时作业点转移相关事宜；4 月 8 日，研究不动产见证工作相关事宜；4 月 14 日，洽谈普陀区投资建设天然气发电项目等事宜；4 月 29 日，研究普陀区海上小型休闲船艇管理相关事宜；5 月 7 日，研究舟渔公司污水处理站提升扩容事宜；5 月 17 日，研究海岛医疗废物集中回收处置事宜；5 月 20 日，研究普陀山公安分局房屋租赁相关事宜；5 月 17 日，研究加快推进鲁家峙美术馆装修项目相关事宜；5 月 27 日，研究沈家门街道困难“三老”人员住房适老化改造相关事宜；5 月 29 日，研究普陀螺塘线沿线安全问题相关事宜；6 月 2 日，协调区婚姻登记管理服务中心选址事宜；6 月 3 日，研究重新设立东白莲岛华泰临时装卸作业点相关事宜；6 月 3 日，协调信访人提出的关于要求解决其六级伤残军人医疗费待遇问题事宜；6 月 4 日，研究螺门渔港配套通道工程Ⅰ标段工程结算事宜；6 月 11 日，研究朱家尖西岙片区通信综合管道事宜；6 月 30 日，专题研究本区义务教育教师工资待遇保障长效机制；8 月 3 日，协调普陀芦塔线与洪南线交叉口安全隐患整改事宜；8 月 11 日，研究舟山普陀长宏国际船舶修造有限公司增加船舶修理业务相关事宜；8 月 17 日，研究加快推动成都盟升电子技术股份有限公司“浙江海洋卫星通导产业园项目”相关事宜；9 月 6 日，研究区交投集团已完工公路移交相关事宜；9 月 18 日，研究扬帆集团蚂蚁岛修造船项目不动产权分割抵押等相关事宜；9 月 23 日，研究普陀区海上综合执法（搜救）主力船艇船长、轮机长配备相关事宜；9 月 26 日，研究提高幼儿园劳动合同制教师收入问题；9 月 27 日，协调普陀区海洋与渔业局事业编制职务船员岗位工资待遇事宜；10 月 27 日，研究启迪海洋科技产业研究院使用大学生公寓等相关事宜；11 月 2 日，研究普陀国际健康产业中心康养酒店项目推进相关事宜；11 月 4 日，研究加快推动正源智能智造产业园项目建设相关事宜；11 月 5 日，研究普陀展茅螺门后门山至梁横山桥梁工程相关事宜；11 月

11日，研究区综合行政执法局1人因公负伤后治疗费用等事宜；11月23日，研究区投资促进中心杭州联络处相关事宜；12月3日，研究原审批服务中心大楼维修改造项目停工事宜；12月15日，协调原半升洞区块征收所涉舟山市普陀荷外实业总公司征收安置遗留问题相关事宜；12月15日，协调沈家门墩头农贸市场及三弄区块房屋征收所涉舟山市金穗房地产开发有限公司后续征收遗留问题。

区政府重要决策

【加快经济发展】 为统筹推进旅游产业扩消费、稳投资、拓市场等工作，助力全区经济社会高质量发展，2月22日，区政府办下发《关于印发普陀区旅游专班工作方案的通知》。为确保完成2021年全区国民经济和社会发展目标任务，3月17日，区政府办下发《关于印发2021年全区主要经济指标建议目标任务分解计划的通知》。为做好GDP核算相关统计事宜，3月23日，区政府办下发《关于印发普陀区2021年"四上"纳规百强企业责任清单的通知》。为推进全区预算绩效目标管理和绩效评价工作，提高财政资金使用绩效，4月6日，区政府办下发《关于下达2021年度财政支出绩效管理工作计划的通知》。为准确把握发展环境变化趋势，积极承接国家和省市重大战略，4月9日，区政府下发《关于印发舟山市普陀区国民经济和社会发展第十四个五年规划和二〇三五年远景目标纲要的通知》。为实现开放活力美丽幸福普陀总体目标，打造"重要窗口"普陀靓丽风景，5月19日，区政府下发《关于下达2021年国民经济和社会发展计划的通知》。为应对新冠疫情及国内外复杂经济形势冲击，推进全区工业经济平稳发展，5月25日，区政府办下发《关于印发2021年度工业经济指标填缺口保增量行动方案的通知》。为推进高质量发展，促进全区产品、工程、环境、服务质量总体水平提升，5月27日，区政府下发《关于公布2020年度普陀区政府质量奖及提名奖获奖企业的通知》。为重点推进低效企业整治提升，提升资源要素产出效率，5月31日，区政府办下发《关于印发舟山市普陀区低效企业整治提升工作方案的通知》。为优化全区开发区（园区）空间布局和功能定位，持续提升开发区（园区）产业层次和发展能级，7月13日，区政府办下发《关于印发舟山市普陀区开发区（园区）整合提升方案的通知》。为激发全区各部门招商引资积极性和主动性，提高招商引资工作成效，8月10日，区政府办下发《关于进一步强化全区各部门招商引资责任的工作实施方案（试行）》。为加强政府投资项目预算管理，提高政府投资效益，防范政府投资债务风险，9月3日，区政府办下发《关于印发舟山市普陀区政府投资项目预算管理办法的通知》《关于印发舟山市普陀区政府投资项目造价审核管理办法的通知》。为贯彻落实中央"六稳""六保"决策部署，加快构建国内国际双循环新发展格局，11月1日，区政府下发《关于进一步发展开放型经济的若干意见》。为贯彻落实中央"六稳""六保"决策部署，培育发展普陀区现代商贸流通业，11月1日，区政府下发《关于促进商贸流通业加快发展的若干意见》。为预防、控制金融机构突发公共事件，指

4月30日，区长徐炜波（中）带队检查节前安全生产（区政府办提供）

导、规范金融机构突发公共事件的应急处置工作，12 月 1 日，区政府办下发《关于印发舟山市普陀区处置金融机构突发公共事件应急预案的通知》。

【深化改革创新】 为抢抓能源革命、绿色革命发展机遇，提速氢经济发展，1 月 26 日，区政府下发《关于加快新旧动能转换推动氢能产业强势发展的若干意见》。为推动政府数字化转型、信息化基础设施集约建设和信息资源共享利用，3 月 2 日，区政府办下发《关于印发舟山市普陀区政府投资信息化项目管理办法的通知》。为贯彻党中央、国务院有关推进生态文明建设战略部署，3 月 23 日，区政府下发《关于印发舟山市普陀区“绿水青山就是金山银山”实践创新基地建设实施方案(2021—2023 年)的通知》。为争创首批省级大花园示范县建设单位，4 月 28 日，区政府办下发《关于印发普陀区大花园典型示范建设 2021 年工作要点的通知》。为贯彻落实全省数字化改革大会精神，建立健全数字化改革工作推进机制，4 月 29 日，区政府办下发《关于组建普陀区数字化改革数字经济组的通知》。为实施数字经济“一号工程”2.0 版，加快数字产业化发展和产业数字化转型，5 月 12 日，区政府办下发《关于加快数字经济核心产业发展的若干意见》。为贯彻落实全省数字化改革大会精神，加快数字社会建设，5 月 18 日，区政府办下发《关于组建普陀区数字化改革数字社会组的通知》。为推动中国(浙江)自由贸易试验区普陀区块改革创新措施落地生效，8 月 11 日，区政府办下发《关于印发舟山市普陀区推动油气全产业链开放发展行动方案（2021—2025 年)的通知》。为率先实现碳达峰与碳中和，打造全省能源低碳发展的“普陀样板”，11 月 23 日，区政府办下发《关于印发普陀区低碳试点县建设实施方案的通知》。

【推进城乡建设】 为打造全省低碳能源示范区，3 月 9 日，区政府办下发《关于印发普陀区长江经济带生态环境问题警示片反映问题整改方案及责任清单的通知》。为贯彻 2021 年市、区“两会”精神，补齐全区交通短板，提升交通运输发展质量，4 月 29 日，区政府办下发《关于印发普陀区 2021 年综合交通大会战实施方案的通知》。为推进国土绿化美化，为“海上花园城市会客厅” 建设提供生态基础，5 月 25 日，区政府办下发《关于印发 2021 年度舟山市普陀区高质量推进国土绿化美化行动方案的通知》。为基本实现全区污水“应截尽截、应处尽处”，推动城镇水环境质量改善，6 月 8 日，区政府办下发《关于印发舟山市普陀区“污水零直排区” 建设攻坚行动方案(2021—2022 年)的通知》。为推进全区生态环境治理体系和治理能力现代化，深化新时代美丽普陀建设，6 月 10 日，区政府办下发《关于印发普陀区建立健全环境污染问题发现机制实施意见(试行)的通知》。为巩固全国文明城市和国家卫生城市创建成果、提高城市整体品位、推动乡村振兴，6 月 28 日，区政府下发《舟山市普陀区人民政府关于进一步加快推进农贸市场建设的实施意见》。为推进自然资源统一确权登记法治化、规范化、标准化、信息化，7 月 9 日，区政府办下发《关于印发舟山市普陀区自然资源统一确权登记工作方案的通知》。为推进普陀区城乡彩化美化工作与生态文明建设，7 月 20 日，区政府办下发《关于印发普陀区打造 “花海彩林”三年行动计划的通知》。为推进“十四五”规划开局之年生活垃圾分类工作迈向更高水平，8 月 10 日，区政府办下发《关于印发普陀区 2021 年城镇生活垃圾分类行动计划的通知》。为深化“千万工程”，推进新时代美丽乡村“五美联创”，推进城乡基础设施同规同网，整治全区渔农村架空线“蜘蛛网”现象，11 月 11 日，区政府办下发《关于印发普陀区新时代美丽乡村杆线序化整治实施方案的通知》。

【强化民生保障】 为持续推进健康知识普及行动，倡导和促进全民健康生活方式，1 月 21 日，区政府办下发《关于印发健康知识普及行动试点区(普陀)建设工作方案的通知》。为保障人民群众身心健康，提升全民心理健康素养，2 月 9 日，区政府办下发《关于印发心理健康促进行动试点区(普陀)建设工作方案的通知》。为保证粮食供给，稳定粮食市场和价格，提高紧急情况下粮食应急保障能力,确保全区粮食供应安全,维护社会稳定,4月6日,区政府办下发《关于印发舟山市普陀区粮食安全应急预案的通知》。为提升食品药品安全区域治理现代化水平,确保食品药品安全群众满意度持续提升,7月9日,区政府办下发《关于印发2021年普陀区食品药品安全工作要点的通知》。为创新推进全域旅游发展,加快构建全区现代化旅游产业体系,7月20日,区政府办下发《关于印发普陀区旅游业"微改造、精提升"五年行动方案(2021—2025)的通知》。为加强耕地保护和保障粮食安全,8月17日,区政府办下发《关于印发普陀区粮食安全专项督查整改实施方案的通知》。为解决全区部分由偏远小岛迁居到普陀城区生活困难家庭住房需求,完善全区住房保障体系,9月30日,区政府办下发《关于对居住在普陀城区的部分小岛生活困难家庭继续实行住房保障的暂行规定的通知》。为完成全区城乡居民基本医疗保险集中参保和缴费工作,10月19日,区政府办下发《关于印发普陀区2022年度城乡居民基本医疗保险费集中征缴工作实施意见的通知》。为预防、控制和消除突发公共事件引起市场价格异常上涨,规范市场价格异常上涨事件应急处置工作,减少市场价格异常上涨事件所带来危害,11月11日,区政府办下发《关于印发舟山市普陀区市场价格异常上涨事件应急预案的通知》。为推动全区海岛地区供水保障能力建设,11月12日,区政府办下发《关于印发普陀区海岛供水能力水质双提升实施方案的通知》。

【提高公共服务水平】 为规范全区公共安全视频资源的建设、使用、管理、共享,提高视频资源对政府管理和服务支撑作用,4月27日,区政府办下发《关于印发舟山市普陀区公共安全视频资源管理指导意见的通知》。为提高突发公共事件物资能源应急保障能力,减少突发公共事件所造成损害,保护公众健康和生命财产安全,6月9日,区政府办下发《关于印发舟山市普陀区突发公共事件物资能源应急保障行动方案的通知》;为规范全区海岛民用燃气运输、储用管理,打造规范安全海岛民用瓶装燃气监管环境,8月18日,区政府办下发《关于印发普陀区海岛民用燃气规范化管理实施方案的通知》。为指导和规范全区各类突发公共卫生事件的应急准备与处置工作,预防、及时控制事件并消除危害,12月15日,区政府办下发《关于印发舟山市普陀区重点传染病疫情应急预案、舟山市普陀区突发公共卫生事件应急预案等5个应急预案的通知》。

【建设平安和谐社会】 为加强对重大火灾隐患整改工作力度,督促落实消防安全措施,4月27日,区政府办下发《关于公布第二十一批区级重大火灾隐患整改单位的通知》。为赢"遏重大"攻坚战,扭转海上事故频发势头,确保人民群众生命财产安全,5月20日,区政府办下发《关于印发舟山市普陀区海上船舶专项整治行动方案的通知》。为提高突发公共事件人员基本生活应急保障能力,6月9日,区政府办下发《舟山市普陀区突发公共事件人员基本生活应急保障行动方案》。为整合各种社会资源,形成物资能源应急保障体系,6月9日,区政府办下发《关于印发舟山市普陀区突发公共事件物资能源应急保障行动方案的通知》。为增强渔业安全生产意识、夯实渔业安全生产基础,实现全区海上交通安全形势稳定,7月21日,区政府办下发《关于印发普陀区渔业领域"百组百长千员"瞭望护航铁桶工程实施方案(试行)的通知》。为加强对烟花爆竹安全生产监管工作,10月12日,区政府办下发《关于进一步规范普陀区烟花爆竹举报处置工作的通知》。为建立健全全区火灾事故应急处置机制,保障公众生命和财产安全,10月29日,区政府办下发《关于印发舟山市普陀区重特大火灾事故应急预案的通知》。为预防和正确、快速处理电网大面积停电事件,11月11日,区政府办下发《关于印发舟山市普陀区大面积停电事件应急预案的通知》。为推进"十四五"时期消防事业发展,11月23日,区政府办下发了《关于印发舟山市普陀区消防事业发展"十四五"规划的通知》。为推进普陀区气象防灾减灾救灾能力建设、提升气象现代化水平,11月23日,区政府办下发《关于印发推进高水平气象现代化和防灾减灾救灾“第一道防线”建设实施意见的通知》。为保障公众健康和环境安全，维护社会稳定，11月23日，区政府办下发《关于印发舟山市普陀区辐射事故应急预案的通知》。为预防、及时处置普陀区特种设备事故，11月23日，区政府办下发《关于印发舟山市普陀区特种设备事故应急预案的通知》。为建立健全应对自然灾害救助体系和运行机制，12月8日，区政府办下发《关于印发舟山市普陀区自然灾害救助应急预案等六个应急预案的通知》。为提升全区县级及以上集中式饮用水水源地突发环境事件应急处置能力，12月8日，区政府办下发《关于印发舟山市普陀区县级及以上集中式饮用水水源地（应家湾水库和芦东水库）突发环境事件应急预案的通知》。为提高政府预防和处置各类旅游突发事件能力，12月15日，区政府办下发《关于印发舟山市普陀区旅游突发公共事件应急预案等应急预案的通知》。为建立健全处置本区大规模暴力犯罪事件应急机制，12月16日，区政府办下发《关于印发舟山市普陀区大规模暴力犯罪事件应急处置预案等六个应急预案的通知》。为处置因欠薪引发群体性突发事件，保障劳动者合法权益，12月16日，区政府办下发《关于印发舟山市普陀区群体性欠薪突发事件处理应急预案的通知》。为建立健全全区重大道路交通事故应急处置机制，12月17日，区政府办下发《关于印发舟山市普陀区重大道路交通事故应急预案等三个应急预案的通知》。为减轻突发动物疫情对全区畜牧业以及相关产业造成危害，12月21日，区政府办下发《关于印发突发重大动物疫情应急预案、药品（医疗器械、化妆品）安全事件应急预案的通知》。

4月16日，省、市防汛工作视频会议普陀会场续会（区政府办提供）

【建设法治政府】 为规范行政机关合同管理，防范合同风险，3月2日，区政府办下发《关于印发舟山市普陀区行政机关合同管理办法的通知》。为激励和教育政府工作人员忠于宪法、遵守宪法、维护宪法，依法履职尽责，推进法治政府建设，10月19日，区政府办下发《关于印发舟山市普陀区人民政府及其各部门任命的国家工作人员宪法宣誓实施办法的通知》。为防范行政机关合同风险，规范行政机关合同管理，11月15日，区政府办下发《关于2021年普陀区行政机关合同管理相关情况的通报》。

区政府办公室工作

【做好参谋助手】 2021年，区政府办围绕政府中心工作，开展企业、基层调研，梳理总结特色亮点和经验做法，重点关注海洋产业发展、清洁能源大区打造和无卫城市建设等问题，发挥“智囊团”“参谋部”作用，为领导决策建言献策。起草各类领导讲话、汇报材料160余篇。抓好统筹协调，配合应急管理部和省政府完成普陀渔业安全生产和水上安全调研工作，做好台风“烟花”防范工作及蓝梦之星首泊舟山邮轮港组织工作，全年出具专题会议纪要43份，督促落实区政府主要领导批示、交办事项279件，确保区政府各项决策落到实处、各项工作顺利推进。

【规范办文办会】 2021年，区政

区政府重要文件目录

表 10

文件名	文号	发文日期
关于印发舟山市普陀区突发公共事件总体应急预案的通知	舟普政发〔2021〕1 号	2021.1.6
关于加快新旧动能转换推动氢能产业强势发展的若干意见	舟普政发〔2021〕4 号	2021.1.26
关于设立禁渔区的通告	舟普政发〔2021〕5 号	2021.2.1
关于印发舟山市普陀区“绿水青山就是金山银山”实践创新基地建设实施方案(2021—2023 年)的通知	舟普政发〔2021〕8 号	2021.3.25
关于 2020 年度渔业抢险救助情况的通报	舟普政发〔2021〕10 号	2021.4.7
关于 2020 年度全区伏季休渔管理工作情况的通报	舟普政发〔2021〕11 号	2021.4.7
关于印发舟山市普陀区国民经济和社会发展第十四个五年规划和二〇三五年远景目标纲要的通知	舟普政发〔2021〕13 号	2021.4.9
关于印发普陀区 2021 年伏季休渔管理工作实施方案的通知	舟普政发〔2021〕16 号	2021.4.28
关于下达 2021 年国民经济和社会发展计划的通知	舟普政发〔2021〕17 号	2021.5.19
关于印发沈家门片区污水专项规划的通知	舟普政发〔2021〕18 号	2021.5.19
关于公布 2020 年度普陀区政府质量奖及提名奖获奖企业的通知	舟普政发〔2021〕19 号	2021.5.27
关于进一步加快推进农贸市场建设的实施意见	舟普政发〔2021〕20 号	2021.6.28
关于公布重要水域名录的通告	舟普政发〔2021〕22 号	2021.8.24
关于进一步发展开放型经济的若干意见	舟普政发〔2021〕23 号	2021.11.1
关于促进商贸流通业加快发展的若干意见	舟普政发〔2021〕24 号	2021.11.1
关于印发《普陀区“大综合一体化”行政执法改革实施方案》的通知	舟普政发〔2021〕26 号	2021.12.1
印发《舟山市普陀区人民政府东港街道办事处综合行政执法改革实施方案》的通知	舟普政发〔2021〕30 号	2021.12.29

府办强化办文办会办事全流程监管，做好急件急办、实时督办，累计收文 1944 件，发文 485 件。实行三密文件管理制度，维护档案完整、准确与安全，全年没有失密泄密现象发生。推进基层减负，印发政府三类文件 35 件，政府部门三类文件 56 件。整理完成 2020 年各类档案，其中，永久 351 件、长期 379 件、短期 1161 件。提升办会质量，持续施行会议审批制度，规范落实会议签到和主要负责人请假制度，全年审批会议及活动 61 个，组织召开大中型会议 24 次、小型会议 70 次。

【落实政务督办】 2021 年，区政府办重抓 120 余项《政府工作报告》任务分解，紧盯全区“五大会战”“三件大事”“六个一百”完成情况以及全区重点项目、各类经济运行目标等完成情况，运用月度、季度通报机制，督查各责任单位工作进度，累计下发各类通报文件 19 期。推进民生实事项目，通过座谈、催办等方式，力促民生实事项目按时保质完成，累计下发各类督办通知单 17 件。至 11 月底，涉及全区 40 项省、市政府民生实事，已基本完成建设任务；10 大项 25 个子项区级民生实事项目，5 个子项已提前完成。做好电视问政相关协调工作，并开展“回头看”。做好建议提案办理，推进区党代表提案、人大代表建议和政协委员提案等“三案”并联督办工作。创新设立“面商情况表”机制，确保任务分解精准、责任落实到位，全年办理市人大代表建议 7 件、市政协委员提案 12 件，办结率和满意率均达 100%；协调推动区级党代表提案、人大代表建议、政协委员提案 269 件顺利办结，满意率 100%，确保人大依法监督和政协民主监督工作开展。

【推进电子政务】 2021 年，区政府办强化“互联网+政务服务”平台建设。推进“浙政钉”“浙里办”应用，“浙政钉”用户日活跃率 88%，活跃人数 13000 多人。推出“浙里办”舟山城市频道普陀专区，上线“烟花爆竹”等 10 个特色应用。做好权力事项网上办、掌上办配置审核，全年审核网上办事项 151 次、掌上办事项 100 次。政务服务事项总数为 2226 项，网办率达到 96.5%。持续更新机关内部“最多跑一次”事项，共有可办事项 294 项，高频办事事项 100%实现“最多跑一次”，非涉密办事事项网上办实现率 100%。累计线上办件量 62372 件，按期办件量 61646 件。加强对政府门户网站日常监测和检查，累计发布周报 48 次，各类信息 5000 多条，点击阅读量 900 多万次。规范优化申请办理流程，处理依申请公开 6 件，按时答复 6 件，指导区属部门处理依申请公开 20 件。累计政府信息公开月度通报 9 期。加强政务新媒体平台建设和管理，整改、整合和下线处理，政务新媒体数量从上年的 51 个下降到 31 个，并已全部纳入浙江省政务新媒体监管平台。

（撰稿：徐祎）

外事工作

【概况】 2021 年，区外事办按中央外事工作方针政策及战略部署，贯彻落实省市外事精神，聚焦“自由贸易先行区、海上花园会客厅”两大定位，做好外事各项管理服务工作。

【对外交流】 7 月 14 日，市外事办领导和相关工作人员实地调研沈家门渔港小镇。确定国际水产城、宝龙商业街和夜排档、鲁家峙灯塔和普陀海洋文化创业园、刺棚山 4 处参访点。

9 月 9—10 日，区外事办派翻译陪同副区长乐舟龙一行赴上海波特曼丽思卡尔顿酒店与好莱坞制片人 Michael Lechner von Leheneck（奥地利籍）等商讨星际港项目。

8—9 月，为纪念中国共产党成立 100 周年，区委宣传部决定拍摄相关微纪录片，邀请 2 名常住普陀外国友人参与拍摄，区外事办协助落实拍摄任务。普陀区保持与友好城市韩国谷城郡线上交流，在结好 20 周年之际，双方互赠纪念品留念。

【涉外人士和案（事）件管理与服务】 区外事办执行外事部门涉外事（案）件处置规定，健全涉外突发事件处置机制，履行上传下达职责，妥善处理涉外事（案）件，2021 年，配合处理 2 起涉外事（案）件。开展 2021 年《舟山市普陀区涉外突发公共事件应急预案》修订工作，加强与上级外事部门和预案各相关单位沟通联系，对应急预案内容进行调整修改，完成预案修订工作。

4 月，派 1 名工作人员参加省外事办组织的浙江省因公出

7 月 14 日，市外事办领导和相关工作人员实地调研沈家门渔港小镇（区外事办提供）

国(境)一件事系统培训工作。后多次配合省市外事办参与系统测试。

(撰稿:沈洁)

信访工作

【概况】 2021年,区委区政府信访局(简称区信访局)重点聚焦重复信访事项化解、重大信访问题清单整改等工作,解决群众反映问题,保持社会持续稳定。

实行每日区领导值守接访制度。区委、区政府主要领导批阅群众来信10件,区领导接访群众131批次、945人次,占县级登记比例69.31%。中国共产党成立100周年期间,开展集中下访月活动,区领导深入社区村集中下访27次。

全区受理信访件总量12932件次,同比上升43.61%。其中,来访188批次、1061人次(集体访31批次、794人次),比上年批次下降18.97%、人次上升42.42%(集体访批次下降48.33%、人次上升69.66%);来信78件,网上信访1405件(上级转送网信303件、领导信箱252件、普陀网上信访850件),比上年件次上升,内联名信6件次、139人次,比上年件次下降14.28%、人次上升33.65%;来电11261件次。

是年,区信访局被省信访局评为"人民满意窗口工作成绩突出集体";普陀区被省信访工作领导小组评为2020年度全省无信访积案县(区)。

【信访内容】 2021年,信访件按信访目的分:意见建议类760件,咨询类1489件,申诉类694件,求决类9867件,揭发控告类101件,其他类22件。按信访内容分:经济综合类占3.53%,纪检监察类占1.6%,政法类占2.9%,劳动社保类占2.72%,卫生计生类占7.35%,教育类占1.17%,交通运输类占5.71%,民政类占2.86%,农村农业类占0.99%,城乡建设类占49.65%,自然资源类占1.17%,市场管理类占6.61%,文体旅游类占0.99%,生态环境类占10.66%,其他类占2.09%。其中,因小区建设引发的问题、商品房精装修质量问题、环境污染问题、拆迁引发的信访问题比较突出。

【领导下访调研督查】 10月20日下午,省委书记袁家军,省委副秘书长、省信访局局长王忠志,省水利厅党组副书记、副厅长李锐等领导,到普陀区社会矛盾纠纷调处化解中心下访接待普陀来访群众,袁家军主持并对信访工作做出指示。市区有关领导等陪同。

11月17日上午,省信访局督查专员朱传日率第五督导组一行3人到普陀区矛盾调解中心开展督查工作。区委副书记孙丹燕、区信访局局长朱伟汇报普陀区信访工作情况。

【区委政法工作会议暨全区信访工作会议】 3月4日上午,普陀区召开区委政法工作会议暨全区信访工作会议。会议贯彻落实习近平总书记在中央政法工作会议上重要讲话精神,贯彻落实省委、市委政法工作会议、全省信访工作会议精神,总结2020年全区政法信访工作,研究部署2021年全区政法信访工作任务。区委副书记、政法委书记孙丹燕出席会议并讲话,副区长、区公安分局局长张宏华主持会议。

会议以视频形式召开,各街道镇设分会场。会上通报2020年度全区平安建设社会治安综合治理工作考核情况、信访工作目标管理考核情况,表扬各类成绩突出集体和个人。

【全区信访积案化解决战攻坚会】 2021年,普陀区贯彻落实中央联席办(信访工作联席会议办公室简称联席办)、省联席办、市联席办关于重复信访积案化解工作和市、区领导批示精神,攻坚全区信访积案化解。4月21日下午,召开全区信访积案化解决战攻坚会,研究部署攻坚国家级、省级、市级重复信访积案和历史积案。区委副书记、政法委书记孙丹燕出席会议。

【重复信访事项治理】 2021年,中央和省、市信访联席办陆续向普陀区交办52件重复信访事项(国家交办36件、省交办16件),成功化解47件(国家交办32件、省交办15件),国家交办化解率88.88%、省交办化解率93.75%。10月,交办第二批重复事项5件(国家交办1件、省交办4件),制定出台专项攻坚行

10月20日，省委书记袁家军到区社会矛盾纠纷调处化解中心下访接待群众（区信访局提供）

动方案，明确化解目标要求和节点任务，落实区领导包案和“一事双交”机制，实体化解2件。

【信访队伍建设】 2021年，区信访局通过党风廉政教育、党史学习教育、业务培训、集中分析研判等形式，提升信访干部为民务实清廉意识和总体业务水平。2021年，区委区政府表彰信访工作先进集体10个、先进个人42人。

（撰稿：余军科）

经济合作与招商引资

【概况】 2021年，区投资促进中心紧扣“自由贸易先行区、海洋产业新高地、海上花园会客厅”发展定位，围绕全年招商引资工作目标，转变招引思路，完善工作机制，创新方式方法，加快构建“2+5+X”产业体系，招商引资取得新成效。普陀区实际到位市外资金51.37亿元；累计实际利用外资5639万美元。

【重大项目签约】 2021年，普陀区引进亿元以上项目20个。其中，20亿~50亿元重大产业项目1个：投资20亿元的浙江龙源新能源项目；10亿~20亿元重大产业项目4个：投资12.5亿元的武汉众宇氢能燃料电池生产基地、投资10.5亿元的浙江海洋卫星通导产业园、投资10亿元的海洋生物肽及未来食品城和投资10亿元的浙期实业期货贸易项目；其他亿元以上项目15个：投资3.5亿元的希诺赛（舟山）生命科技研究院项目、投资5000万美元的艾克思焦点基金项目、投资2亿元的浙江越鑫融资租赁项目、投资2亿元的浙江蒙创融资租赁项目、投资2.6亿元的云上华佗数字健康项目、投资1.66亿元的温州帆顺危货运输船队项目、投资1.2亿元的南京新瑞达化学品船队项目、投资1.1亿元的大型智能储存库制造及无人车间智能数控中心项目、投资1.05亿元海勤机械智能制造项目、投资1.05亿元的智能金属包装生产线设备制造项目、投资1.05亿元的欧深泰海洋科技水下直升机项目、投资1.02亿元的无菌冷罐装设备生产项目、投资1亿元的丰达船务项目、投资1亿元的普陀中集风电项目、投资

3月4日，区委政法工作会议暨全区信访工作会议（区信访局提供）

1亿元的融家乐门诊部项目。

【完善招商体制机制】 2021年，区主要领导先后拜访与接洽绿地集团、明阳智能、振龙集团、贝壳社、武汉众宇、雄韬氢雄、康佳集团等企业，推动重大项目。区出台下发《普陀区“招引实际到位市外资金一百亿元”工程推进方案》《关于进一步强化全区各部门招商引资责任的工作实施方案(试行)》，推动各街道镇、区属相关部门“一把手”带头招商，重点区域开展小分队上门招商、专业招商，落实“一号工程”。围绕全区产业发展需求，区投资促进中心班子成员到北京、上海、深圳、成都、杭州等地开展上门对接，重点拜访一道新能源、永新华控股集团、申能集团、奥特莱斯、多利农业、上海海昌等企业近百家，寻求项目合作上突破。建立招商引资工作排名通报评比机制，按月发布《普陀区招商引资进度月报表》，晾晒招商指标进度，推动招商工作提质增效。

【夯实招商基础工作】 区投资促进中心排摸梳理区内闲置资源，将全区招商可推介地块、楼宇、闲置厂房资源汇总成册，定期更新。持续完善项目库和企业库，完善招商微信平台，策划制作新版招商宣传片，更新招商推介PPT、招商地图等，实现招商项目、投资主体与政府信息共享和对接。建立招商小组微信群，定期分享行业前沿资料、企业研报。结合企业走访调研，撰写形成普陀招商考察报告5期、《2021普陀生物医药产业发展与招商研究报告》《2021普陀氢电产业发展与招商研究报告》《苏博特及其行业情况整理》《招商局集团投资合作分析材料》等。把区投资促进中心人员分为4个招商组，通过扁平化管理，明确责任分工，推动内部全员招商。先后选派5名干部职工参加各级招商培训，形成专业化招商人才队伍。

【优化营商环境】 2021年，普陀区先后举办佛茶文化节招商推介会、民盟企业家协会走进普陀活动、量子点显示大会等，参加市投资促进中心组织的深圳招商会、上海推介会、国际经贸代表团浙江行走进舟山等各类宣传推介活动8场次。区投资促进中心多次会同区财政局、区资规分局、区司法局等部门商讨招商引资扶持政策，并听取代表性企业意见，完成区新一轮招商政策《普陀区关于投资促进和产业扶持的若干意见》起草。加强与区属相关部门联动，针对项目规划、审批、建设中出现问题，召开项目推进联席工作会议，实现项目一包到底、全程服务，促进项目尽快签约、开工、投产。与区审招办开展合作，优化项目审批环节，为企业提供全流程保姆式服务。开展“我为企业解难题”专题实践活动，走访帮扶企业20余家，并结合企业实际情况，建立问题清单，帮助企业解决包括人才公寓、子女就学等个性化需求。

【2021中国普陀招商推介会】 4月27日下午在舟山希尔顿酒店召开，吸引国内130余名企业家参加。区委书记张立军致辞，副区长乐舟龙作招商推介。在推介会上有8个项目现场签约，分别为舟山普陀海洋数字经济产业港项目、舟山启迪智能应用综合体项目、污泥资源化开发项目、医美功能性天然系列护肤品研发项目、健康智能化(直饮)净水机系列产品研发项目、希诺赛(舟山)生命科技研究院项目、越鑫融资租赁项目、氢能燃料电池生产基地项目，涉及科创、健康、金融等产业。浙江青山数科科技有限公司、宁波希诺赛生物科技有限公司等企业代表作介绍发言。

【普陀区制造业高质量发展大会暨招商引资工作会议】 5月13日上午在东港商务中心5号楼1楼1号会议室举行。区长徐炜波主持会议，区委书记张立军讲话，区领导张禾波、张海斌、张勇、乐舟龙出席。区属有关单位、各街道镇主要负责人，八大经济产业平台牵头单位，2020年规模以上工业企业、部分规模以下企业、部分重点工业项目等单位，部分重点金融机构主要负责人参加。会议通报表扬2020年度制造业十强企业、创新型成长企业和招商引资大会战考核先进单位，签订2021年度招商引资工作责任状，六横镇、经开区管委会、青山数科、正源标准件、中创海洋科技负责人作交流发言。

(撰稿：王晶莹)

2021 中国普陀招商推介会（区投资促进中心提供）

应急管理

【概况】 2021 年，区应急管理局构建基层应急管理体系，实施第二轮安全生产综合治理三年行动，统筹开展自然灾害防御，提升应急处突水平，做好全区安全生产、应急管理和自然灾害防治工作。全区发生纳入统计直报系统各类生产安全事故 15 起，死亡 11 人，未发生因火灾、自然灾害和森林火灾导致人员伤亡事故，事故起数和死亡人数同比前两年平均数分别下降 21.1%和 24.1%。区应急管理局被评为浙江省市县防震减灾工作考核优秀单位。

【安全生产体制机制建设】 普陀区健全区安全生产委员会（简称安委会）、专委会组织机构，完善安委会、专委会“1+9”工作机制，制发《普陀区安委会及专委会工作规则》《普陀区安委会 2021 年重点工作任务清单》，督促指导各专委办制定《专委会工作规则》《专委会年度工作任务清单》，建立专委会重点工作推进情况和专委会、专委办机制运行情况日报、周报、月报机制，融合固化专委办和三年行动工作专班实体化运作机制。修订完善三年行动“遏重大”方案，编辑三年行动“遏重大”工作简报、专报 20 期。修订完善全区安全生产目标管理责任制考核办法和实施细则，调整被考核单位；明确将自然灾害应急救援、安全生产监管执法、危险化学品安全管理、烟花爆竹安全监管四大类纳入全区街道镇“属地管理”事项责任清单；制发《普陀区安全生产述职制度》，明确各街道镇安委会主任及成员单位主要负责人年度述职述廉述法述德时一并述安（安全生产述职）。推进基层应急管理体系和能力建设，督促全区各街道镇建立党委、政府主要领导挂帅、分管政法副书记任常务副主任的基层应急管理委员会，并挂牌成立应急管理站。

【安全生产综合监管】 区应急管理局部署开展全区重点领域安全生产“遏重大”攻坚行动，组织各专委办召开专题会商会 8 次，确定“渔业船舶、道路运输、水上交通、消防、危险化学品、建设施工、工业、旅游和城市运行”9 个重点领域开展“遏重大”攻坚行动。部署开展安全生产风险普查，督促各专委办按“条块结合，行业为主”原则明确企业安全生产风险普查任务，各街道镇和技术指导方协同推进落实，全区 2684 家单位企业完成风险普查数据填报；开展城市安全风险普查，完成城市供电、客运、污水处理、旅游景区等领域城市安全风险普查数据填报任务。落实国务院安全生产考核组对全区涉渔涉海领域开展检查相关工作，做好应急管理部副部长宋元明在本区考核检查和组织水上安全监管座谈会等会务事项；做好省安委会对本区水上交通安全生产督查工作和渔业重大事故措施落实“回头看”工作，协调区海洋与渔业局上报渔业督查问题整改落实情况。跟踪督办省安委办和市长何中伟在中秋、国庆安全生产暗访中反馈 32 项问题隐患。组织开展全区渔业安全生产专项督查，协调区海洋与渔业局开展全区“三无”船（筏）专项整治，下发关于清理取缔“三无”船（筏）政府通告，协调渔业、旅游、海事、交通、公安、宣传部门落实“五一”“暑期”“十一”重点时段小型休闲船艇安全监管。处置某

5月25日上午，区长徐炜波（前）带队开展“大排查大整治专项行动”安全生产督查（区应急管理局提供）

渔船触礁侧翻人员死亡事故和某休闲渔船非法载客事件，协调区港航部门调查某轮机舱失火情况；下发《关于切实加强水上货运船舶安全监管工作的警示督办通知》，做好区政府对普陀港航、桃花镇、沈家门街道3家单位负责人约谈事宜；专项督查排查整改各地基层渔业安全管理问题57项，渔业船舶现场安全隐患61项。组织开展全区平安护航建党百年安全隐患大排查大整治专项行动，全区各单位开展排查918次，整改隐患471项，责令停产、罚款、立案188起，其中责令停产停业7家，罚没款66.36万元。督促9个相关行业部门整改省安委会平安护航建党百年安全隐患大排查大整治第四暗访组发现的35项问题隐患。组织开展全区工业厂房防范坍塌事故大检查、瓶装液化气专项整治、集中隔离医学观察点专项检查、防范路面塌陷专项检查等工作。

【安全生产风险防控】 区应急管理局根据区委“七张问题清单”的“重大安全生产问题清单”部署排查整改工作，研究制定报送制度。以“条块结合”方式，督促重要部门和属地每月一次梳理问题，各专委办每季度组织一次风险研判，区安委办及时汇总问题工作清单和开展情况，确保行业领域问题精准报送，问题隐患及时落实整改。危化品领域开展第二轮危化品领域安全生产综合治理三年行动，对油气贸易（批发无仓储）企业实行全环节监管，创新开展油气贸易企业安全准入和事中事后监管工作。率先全市成立油气贸易企业服务中心，引入服务平台10家、企业301家。开展油气贸易批发无仓储企业事中监管，分批分段全面督查危化企业失信违法行为，注销企业124家，撤销许可82家，进入整改流程41家。全市首创对违法经营、不守承诺企业实施依法撤销经营许可流程，整改企业229家，办理注销125家，撤销经营许可94家；针对异地执法难题，办理全市应急管理系统首例远程数字执法案件，维护油气贸易企业发展环境。探索事后监管，开展油气贸易企业跨部门联合“双随机”检查，对10家企业开展“双随机”安全执法检查行动。推进烟花爆竹运输、销售、购买、燃放全环节数字化服务监管，开发普陀特色“烟花爆竹在线”应用场景，依托“浙里办”和“浙政钉”客户端覆盖全区10个街道镇29家经营点，包含50余项烟花爆竹指导价格、150余个禁燃区域，累计访问量约10万人次；开展全区工矿商贸和市政建设工程防触电工作预警及大风、大雾、寒潮等灾害性天气预警工作。针对辖区涉氨制冷领域138家重点企业制定专项方案、成立工作专班、组织专项培训，开展“遏重大”攻坚工作，结合安全生产风险管控体系建设，督促涉氨制冷企业安全生产风险管控体系建设100%全覆盖。

【安全生产行政执法】 2021年，区应急管理局发出现场检查记录410份，发出责令限期整改指令书171份、整改复查意见书258份、现场处理措施决定书20份。办理行政许可433件、行政处罚41件、行政强制1件，罚没款合计119万元，其中非事故类案件37起，罚款50万元。落实企业申请许可“最多跑一次”，资料审核控制在3个工作日内，现场审核控制在7个工作日内，确保企业上门后所有事项一次性办结；推进“零跑次”，为企业提供上门服务、邮寄服务，实地查看现场，提高危险化学品行政许可和备案工作效率。完成行政许可 335 次，其中包括 3 家危化品生产企业、4 家气体类危化品经营企业、7 家油漆类危化品经营企业、313 家危化品（批发无仓储）经营企业、4 个加油站、4 家烟花爆竹经营户；完成 16 家危险化学品重大危险源企业备案及 4 个矿山建设项目安全设施设计“三同时”审查。

【安全生产宣传教育】 区应急管理局筹划第二十个全国“安全生产月”系列活动，开展安全生产“五进”“安全生产月咨询日”“安全生产公众开放日”和安全生产“大讲堂”“大家谈”“公开课”“微课堂”基层宣讲等活动 968 场，参与 3 万人次。组织学习《生命重于泰山——学习习近平总书记关于安全生产重要论述》电视专题片，安全生产月期间各单位安排理论学习中心组专题学习 88 次，参与 2019 人次；组织职工干部集中学习 139 场，参与 3673 人次。以区委办公室名义举办“双休日课堂”，邀请国家减灾委专家委员会副主任、原国务院应急管理专家组组长、原国务院参事闪淳昌主讲《防范化解重大风险挑战切实加强安全生产工作》专题讲座，区四套班子领导等 160 余人参加学习。融合传统主流媒体平台和互联网新媒体阵地开展安全生产、应急管理和防灾减灾救灾宣传，全年报纸刊登报道 10 余篇，微信推送 158 期，原创 172 篇。选取浙江冠素堂有限公司和沈家门街道西河社区科普馆，分别打造全区工厂安全小学生体验基地和社区安全体验馆。继续推进“企业百万员工安全大培训”，突出对生产加工型小微企业、危险性较高企业和高危行业企业三大类型企业负责人、安全管理人员和重点岗位人员、特种作业人员等群体开展针对性培训，制作发放“浙江安全生产网络学院”操作手册 7000 份，全年线上注册人员 1.3 万余人，完成线上培训 9362 人；做好“5·12”防灾减灾周和“10·13”国际减灾日宣传，联合相关部门和“东海渔嫂”赴安康社区、北安公园、东港社会服务中心及东极镇开展 5 场现场宣传，发放宣传册 4000 余份、宣传品 5600 余份。

4 月 25 日，普陀区开展油气生产经营企业安全专项检查（区应急管理局提供）

【应急演练和预案管理】 2021 年，全区 49 个区级专项应急预案（行动保障方案）完成修订 36 个，达到市规定要求，并按省、市要求督促全区相关单位完成所有应急预案修订工作。以沈家门、东港、虾峙、展茅为试点，加强应急物资配备，完善物资管理维护制度，建成 10 个综合应急救援站。以桃花、六横 2 个全市试点区域，在全区范围内开展综合性应急救援队伍建设工作，所有街道镇建立 30 人以上综合性应急救援队伍，全区 97 个村（社区）组建应急突击队。组织开展舟山市暨普陀区防汛防台应急综合演练，市、区领导及区防指成员单位主要负责人 42 人参加，全市各街道镇近千人通过网络平台收看直播。组织开展全区森林防灭火业务培训和以水灭火技术比武活动，各街道镇消防、武警、公安等 14 支森林防灭火队伍、70 余名队员开展灭火实战竞技。投入 600 多万元建成区级综合应急指挥平台并投入运行。区应急指挥平台整合气象、城管、海洋渔业、水利等单位自建系统数据资源，接入全区视频

6月17日，普陀区"第二十个全国安全生产月"咨询日活动（区应急管理局提供）

监控平台和公安、水利、城管等多家单位视频点位，实现数据调用一网连接。推动可视化指挥建设，实现市、区、街道镇三级视频管理平台对接，落实基层可视化移动指挥设备（移动单兵）配备应用，强化应急指挥数字化应用。结合防汛防台实际梳理出低洼地、河道、水库等重点视频点位，初步完成"全区防汛防台应急一张图"构建。

【防汛防旱防台】 2021年，普陀区夯实"县领导包乡、乡领导包村、村干部包户到人"工作责任制；落实重点行业、重点领域防汛防台责任人。更新基层防汛防台信息平台中96个村（社区）各类基层责任人、巡查网格员等信息，对全区1112名各类防汛责任人实现定岗定人定责监管。组织开展全区防汛防台责任人（尤其新任防汛责任人）培训，落实防汛防台责任人培训全覆盖。防御"烟花""灿都"台风，落实"预案+指南+规则"制度体系，压实防汛防台责任；搭建"1+12+X"指挥专班，台风期间进驻指挥中心联合值守、研判风险。"烟花"台风应急响应持续171小时，区应急管理局人员全程值守，实现"不死人，少伤人、少损失"目标。做好普陀区第一次全国自然灾害综合风险普查工作，按"统筹安排、统一标准、分步实施、全部覆盖"原则，发挥第三方机构技术优势，调动各部门和街道镇协同推进各项工作。

【救济救灾】 区应急管理局梳理更新全区应急抢险救灾队伍162支、2330人；清查防汛物资并加强排水泵车、抢险机具、救生器材和照明通信报警类应急物资储备和村（社区）"三大件""四小件"等常规储备物资配备；建成4个规范化避灾安置场所并实现可视化管控；成功创建沈家门街道茶湾社区为省级综合减灾示范社区。全区年初受干旱影响，饮水困难人口1754人，投入抗旱资金3785万元；受台风"烟花"影响，转移受灾人员7999人，开放避灾安置场所66个、实际使用44个，集中安置人员2289人；受台风"灿都"影响，转移受灾人员4841人，开放避灾安置场所66个、实际使用26个，集中安置人员1230人。2021年全区累计投入防汛防台抗旱资金5785万元，投入救援力量3301支，出动人员44521人次，投入装备1650台（套），消耗物资17万件。

【防震减灾】 区应急管理局修订完善《普陀区地震应急预案》，细化区、街道镇两级政府应急响应机制和应急处置，建立地震预案备案管理制度。多次参加省、市局组织开展的地震应急演练培训。做好普陀强震台和东极地震台日常管理维护工作。开展"5·12"和"10·13"两个时点防震减灾宣传。

【森林防火】 普陀区调整全区森林防火指挥部组织机构和领导成员，修订完善森林防灭火工作职责和森林火灾事故应急预案。组织召开全区森林防灭火工作会议，签订2021年度森林防灭火工作责任状。开展全区森林"扑火安全警示教育整治周"活动和"3·19"森林消防宣传主题活动。做好全区森林防灭火工作预警，针对春节、清明、五一、国庆、秋冬季森林火灾风险防范，连续下发6个风险预警通知；组织开展全区野外火源治理和查处违规用火专项行动，协调林业、供电部门对全区林区输配电

10 月 13 日上午,舟山市暨普陀区第 32 个"国际减灾日"宣传活动(区应急管理局提供)

设施火灾隐患展开专项排查治理行动,各地组织检查组 186 支,检查人员 349 人,排查整改隐患 147 项。协调东港街道和公安、海洋、林业等单位成功处置"1·19"葫芦岛山林火灾事故。开展各街道镇、管委会和社区(村)两级森林防灭火物资清点检查确认和统计报送工作,并向沈家门、东港、展茅街道配发护林员便携式森林灭火器材,为东港、东极、白沙、登步、蚂蚁街道镇配置 22 个储水桶(每个 3 吨存量)。连续 6 次组织各地和森林防火指挥部相关成员单位参加应急管理部森林火灾扑救业务培训;组织森林防火指挥部办公室、区公安巡特警大队、武役森林防火救援队有关人员赴宁波参加全国森林火灾指挥员巡回培训。

【消防应急救援】 2021 年,全区发生火灾 14 起,未造成人员伤亡,直接经济损失 28.49 万元,无较大及以上火灾事故。同比上年火灾起数下降 17.6%,直接经济损失下降 57.5%,总体保持平稳。全区接警出动 653 次(接火警 328 起,到场未实施处置 116 起,中途返回 89 起),出动车辆 1250 辆次、出动警力 7119 人次,抢救和疏散被困人员 89 人,抢救和保护财产价值 812.29 万元。

【火灾防范】 区消防安全委员会组织召开全区年度消防工作会议,与各部门签订《消防安全目标管理责任书》,健全领导带队检查、警示约谈等工作机制,将独居老人居室消防安全条件提升、合用场所消防整治、专职队志愿队提档升级、高层建筑消防治理、消防宣传云平台推广等 5 项工程纳入民生关键小事;在全市率先审议通过《舟山市普陀区消防事业发展"十四五"规划》。压实消防安全综合治理三年行动工作责任,组织召开各类消防专项会议 5 次,协调安排区委、区政府主要领导带队开展消防检查督察 8 次。实施告知承诺制,推行网办、掌办等线上办理,简化申请受理环节;推行监督员、消防文员驻岛联勤消防工作机制,开展驻岛服务工作 40 余人次。部署开展居住出租房、沿街店铺等合用场所消防安全整治,发动各街道镇、公安、城管、市场等部门检查沿街店铺 3100 余家,发现整改各类隐患 1250 项,腾退清理违规住宿人员 65

12 月 2 日上午,普陀区开展 2021 年森林以水灭火技术比武(区应急管理局提供)

人；深化电动自行车违规停放、充电问题综合治理，发动各地建设电动自行车集中停放点智能充电位1.2万余个，处罚电动自行车违规停放充电行为31起；开展工业企业消防安全大检查，委托第三方消防技术服务机构开展专项检查，改善小微企业消防条件；推进高层建筑消防安全综合治理，排查出因地基沉降严重损坏消防设施的高层住宅小区4个，完成消防安全培训高层住宅小区楼长171人、高层公共建筑经理人59人。全年区消防救援大队累计检查单位1200余家，发现及督促整改火灾隐患600余处，下发处罚决定书87份，临时查封6起，责令“三停”11家，行政拘留1人，罚款46.19万元。整改完成省消防安全委员会挂牌重大火灾隐患单位1家、区级政府挂牌督办重大火灾隐患单位3家；完成独居老人居室消防安全提升改造5000余户。

【消防安全知识宣传】 普陀区开展消防宣传“五进”工作，全年入户宣传提示2万余次；派员帮扶企事业单位开展消防安全培训和灭火演练110次，免费发放消防宣传资料上万份；推广“全民消防安全学习云平台”，注册人员1200余人；向社会推广应用“浙里办”App“隐患随手拍”，推进全民消防建设；线上预约或电话预约模式参观消防站活动中，全区3个执勤消防队站开放60余次，接待社会各界人士5000余人。

（撰稿：李永伟　林露青）

审批服务与招投标管理

【概况】 2021年，普陀区审批服务与招投标管理办公室（简称区审招办）推进“放管服”改革，持续深化“三个中心”建设，提升全区营商环境，展现窗口服务为民形象。全年受理各类行政审批事项378502件，办结377501件（含上年转办）。区级招投标平台实施各类交易513宗，成交额38.07亿元，节约（增收）资金4.3亿元，节约（增收）率10.31%。

【智能化办事大厅】 普陀区实施政务服务2.0智能大厅改造，整合公安车辆管理事项和社保、医保分中心，实现政务服务、公共服务事项100%进驻。优化设立大厅“24小时自助服务区”“互联网+政务服务”体验区、政务服务综合受理区等智慧化功能布局，建立统一的智能排队叫号系统、好差评系统等，全面实现政务服务线上可办、无感智办。

【疑难办件办理】 区审招办以“审批受理无否决”行动为牵引，建立线下疑难办件窗口并实现全覆盖，建立完善“红马甲领衔办理”和“首问部门会商办理”等制度，各窗口累计受理疑难办件2500余件。推行证明事项告知承诺制，涉及证明事项7项。推动基层证明事项清理，取消涉村（社区）出具证明和盖章事项27项。

【政银联动服务】 2021年，区审招办创新政银联动基层服务机制，将农信金融网络建设成智慧政务服务的延伸窗口，200余项政务服务进驻全区6家支行33家分理处。重点关注老年人等特殊群体，开展“适老化”专属定制，通过客户经理预约上门服务形式实现政务服务空白岛屿服务全覆盖。

【深化“一件事”改革】 区审招办重点对涉及商事登记、投资项目审批、便民服务等领域的“一件事”事项进行整合和梳理归集，优化再造流程，简化审批手

整修一新现代化办事办证大厅（区审招办提供）

续。“出生一件事”“退休一件事”“军人退役一件事”“企业开办一件事”等已形成常态。

表 11

普陀区 2021 年度审批办证统计

办证部门	收件数	办结数	其中	
			办结上年件数	转下年办结件数
发改窗口	192	200	10	2
经信窗口	69	69	0	0
公安窗口	43369	43369	0	0
民政窗口	2009	2009	0	0
住建(人防、房管)窗口	9251	9251	0	0
自规窗口	540	540	0	0
交通窗口	1821	1821	0	0
海洋与渔业窗口	2925	2925	0	0
文广旅体窗口	135	135	0	0
卫健窗口	931	931	0	0
生态环境窗口	52	53	1	0
农业农村窗口	664	664	0	0
城管窗口	908	908	0	0
税务窗口	49068	49068	0	0
市场监督窗口	27812	27812	0	0
烟草窗口	1382	1382	0	0
消防窗口	154	154	0	0
婚姻登记中心	4126	4126	0	0
不动产窗口	34685	33675	3501	4511
综合窗口	2043	2043	0	0
出入境窗口	2245	2245	0	0
公积金窗口	2822	2822	0	0
应急管理窗口	253	253	0	0
人才办窗口	294	294	0	0
退役军人窗口	809	809	0	0
医　　保	65886	65886	0	0
社　　保	108959	108959	0	0
代开发票	3996	3996	0	0
港航窗口	102	102	0	0
市民卡窗口	11000	11000	0	0
合　　计	378502	377501	3512	4513

说明：部分审批办证事项因审批时限跨年办结。部分窗口因撤出办证中心，统计数据为撤出前数据。“代开发票”为 1—5 月数据，“港航窗口”“市民卡窗口”皆为 1—3 月数据

【服务企业和基层】 区审招办建立企业综合服务“专窗+专员”工作模式，推动涉企服务事项“一站式”解决。开通建设工程容缺预审服务，在确保工程质量安全基础上深化施工图审查改革，加快推进项目实施。实施企业不动产登记 VIP 服务机制，办理时间从 2 小时缩减至半小时以内，登记环节和材料压减 50%。全市首创商事登记“一号通”，搭建条线清晰、分工专业的市场监管业务咨询平台，提供商事领域专业化、精准化服务。

深化“东海渔嫂”代办员队伍，通过“岛内+岛外”“村内+村外”“线上+线下”模式，为基层群众提供代办帮办服务。深化“网格助跑”服务，及时掌握需求、提供信息，努力为基层群众跑完“最后一公里”。全年全区“东海渔嫂”代办员和“网格助跑员”合计代办事项 3000 余件。

【公共资源交易数字化】 普陀区在全市率先推进“不见面开标”系统建设，推广建设工程电子保函应用，完善统一 CA 认证，完成建设工程、政府采购、产权交易全流程电子交易全覆盖。推进公共资源交易数字化整合，配合完成全市公共资源交易平台一体化，交易流程电子化，交易市场统一化。

【招投标审核】 制定出台《区政府投资及国有企业投资项目工程总承包招投标实施规程》《区村级小微工程建设项目行组织发包操作规程》等，落实抓早抓

小要求，筑牢招投标制度防线。执行各类项目的审批程序，严把改变建设工程招标方式、政府采购采购方式、公有资产协议出租审核关。加强各类项目备案管理，严格审核各类招标公告、招标文件、中标通知书，努力为节约政府公共资金、降低廉政风险提供源头保证。

【招投标监管】 2021年，区审招办加强进场交易项目全过程监管，实施常态化开评标现场监督、评审专家抽取监督、远程监督等制度。健全和理顺投诉处理机制，协助行业监管部门做好5起案件投诉处理，及时化解矛盾。深化扫黑除恶专项行动成果，重点对招投标领域违法分包、违法挂靠等行为开展专项整治打击，净化全区招投标市场环境。

【招投标服务前移】 2021年，区审招办对普陀经济开发区管委会、区交投集团、虾峙镇、蚂蚁岛管委会等重点项目建设单位进行走访调研，开展“组团式”服务，帮助解决相关问题，确保全区重点项目推进。开展企业回访和代理机构走访服务工作，及时提供相关业务咨询和政策解读。优化非必招工程和政府采购项目方式审批流程，缩短审批时间，提高招标效率。

（撰稿：应锡锋）

机关事务管理

【概况】 2021年，区机关事务管理中心围绕区委、区政府中心工作，加强会务接待、智慧后勤、节能降耗等各项工作，提升机关后勤管理服务水平。区机关事务管理中心获国家级节约型机关示范单位荣誉称号，入选市机关事务管理系统第一批数字化改革示范基地。新华社、浙江后勤、凤凰网等媒体专门刊发区机关事务管理中心特色工作情况。

7月2日，区行政服务中心窗口骨干人员在虾峙开展“组团式”服务（区审招办提供）

【会务接待】 2021年，区机关事务管理中心重点做好区党代会和区两会以及省、市在普陀举办的重要会议和活动服务保障工作。保障会务服务各个环节，会议室新增充电宝租借服务，增设会前提示音环节，升级改造1号报告厅，安装集成吊顶380平方米，提升会议室整体视听感受。经常性组织会务人员开展站姿礼仪、公务接待形象准备、公务接待技巧、公务接待规定、服务意识教育等培训，开展座位牌打印、电子屏幕输入、会场布置、倒茶技能等各类测试。全年保障区级各类会议活动943场次、42717人次，其中重要会议1881人次。

【智慧后勤】 按区委、区政府关于数字化改革总体规划及要求，区机关事务管理中心投资110万元启用“智慧后勤”新系统，实现机关内部常规服务项目（食堂、公车、会议）等线上办理。普陀智慧后勤已覆盖行政中心内全部干部职工及中心外部分企事业单位，使用单位76家，注册使用3800余人，日均访问人数82人。投资30万元开发使用智能餐盘、阳光厨房、自动传输带等设备，开通七大智慧功能板块，实现一卡通消费及线上充值、餐饮外卖、设备报修、来访预约、公务用餐、会议预约、金点子等在线无感操作。通过智能管理过程中大数据分析、过程动态监控等环节，及时收集服务意见，优化工作流程，使“智慧后勤”项目真正实现便民惠民利民。

垃圾分类落实情况专项督查（区机关事务管理中心提供）

【垃圾分类】 区机关事务管理中心制定《普陀区东港商务中心机关事业单位生活垃圾精准分类工作实施方案》《普陀区东港商务中心机关事业单位生活垃圾精准分类工作督查考核表》，联合区垃圾分类办公室，采取定期与不定期相结合，台账查看和现场检查并行方式，对全区183家机关事业单位生活垃圾分类情况开展全面检查2次，抽查1次，对检查结果进行排名监督，对分数靠后单位以督办函形式要求限期整改并反馈。已组织65家区级机关事业单位完成垃圾分类示范创建工作，创建达标率35%以上。运用商务中心LED显示屏、楼宇电视、公众号、宣传手册、多媒体显示屏等媒介，并通过垃圾分类知识展板、现场分发宣传册、倡议签名活动等形式向机关干部职工宣传垃圾分类知识。

【节能降耗】 区机关事务管理中心开展节能降耗综合施策：上下班高峰期提倡多人合乘一部电梯；停开三楼以下电梯；停运中央空调；停亮景观灯或亮化灯；定时设置开水器、电子显示屏、电脑、打印机。节约洗手间、绿化用水，提倡循环用水，推广喷灌、微灌、滴灌等节水灌溉方式。推行无纸化办公，提倡双面用纸及复印纸和信封等再利用，尽量少用餐巾纸等一次性制品。通过一系列节能措施，实现绿色环保低碳和公共机构节能降耗双目标，完成全区公共机构人均综合能耗、单位面积综合能耗和人均水耗分别下降1.2%、1%和1.4%指标任务。商务中心各大楼水、电、气使用量同比分别下降0.5%、6.02%、3.97%。2021年8月23日，普陀区行政中心被国家机关事务管理局、中共中央直属机关事务管理局、国家发展和改革委员会、财政部联合授予“节约型机关”称号。

【公务用车】 普陀区开展2021年度公务车辆（包含驻点车辆）

7月，开展2021年全国节能宣传周和低碳日活动（区机关事务管理中心提供）

自查自纠工作，区机关事务管理中心联合区纪委对全区公务用车合规使用及运行轨迹开展不定期督查。合理安排车辆出行路线和用车人员搭配，减少车辆空驶里程、提高公务用车使用效率。做到车辆定点维修、定点加油、能耗公示。统一做好2021年度平台车辆报废及更新，并做好更新车辆购置、上牌、车辆保险等系列工作，统一建立车辆管理档案，推进公务用车全生命周期管理示范点工作。逐步提升公务用车电动化率。全年平台日常公务用车保障累计派车1.4万次，接送人员4万人次，行驶总里程61万千米。

【制止餐饮浪费】 区机关事务管理中心按《普陀区坚决制止餐饮浪费行为行动方案》(普止餐办〔2021〕1号)文件，落实公务接待、食材采购、做餐配餐用餐等各方面节约措施。机关食堂除大宗食品招投标统一配送外，采购员按计划定量采购生鲜食材，每日做好剩菜率统计，对剩菜进行综合分析，动态做好数量调整，运用大数据数字化手段优化采购、库存、备餐等环节，减少损耗。在机关食堂常态化开展“光盘行动”，制止“舌尖上的浪费”。继续推进机关食堂“4D、5H”标准化试点项目建设，开展个性化餐饮供应，提供半份菜、小份菜、拼盘菜，按需取量，按量计价，避免浪费。机关食堂推行不主动或免费提供一次性餐具，菜肴打包提倡使用可降解材料餐具或自带保温盒。联合区制止餐饮浪费办公室，按省级部门发布的《“反对浪费”“公筷公勺”餐饮文明指数测评指标（试行）》(浙市监〔2021〕3号)文件精神，对全区45家机关事业单位及国企和中小学食堂开展专项督查7次，对存在问题单位发出整改通知3份。

（撰稿：李璐）

编辑：魏斌

政协舟山市普陀区委员会

综　述

2021年，中国人民政治协商会议舟山市普陀区委员会(简称区政协)开展党史学习教育，参与省"百名政协主席进百厅讲党史"活动，举办"百年辉煌同心筑梦"庆祝建党100周年书画展等活动，承办"同心跟党走　奋进新征程"庆祝中国共产党成立100周年文艺演出。

区政协围绕"一府两院"工作报告、全区主要经济指标、政府实事项目、财政收支预算编制等开展联组讨论。围绕全区新冠疫情防控、新时代调解工作、经济运行和社会发展等协商议政，为区委、区政府决策提供参考。以"请你来协商"为平台，围绕"东海渔嫂"参与社会治理、芦东水库整治、现代渔业高质量发展等议题开展专题协商会，提出协商建议，并被吸收采纳。"民生议事堂"围绕民宿村建设、海岛交通出行、农旅融合谋共富等议事活动，联通政协委员、政府部门和基层乡镇协商议政。

区政协履职民生改善、促进共同富裕，助力党委政府破解民生难题、增进人民福祉。围绕沈家门渔港小镇建设、高铁时代应对、蚂蚁岛精神传承、渔农村闲置农房盘活、现代化学校建设等热点问题，组织委员调研视察，形成《以"渔"为特色、以"港"为亮点、以"游"为核心，高质量推进"沈家门渔港小镇"建设》等政协专报、社情民意信息。围绕"深入推进美丽大花园建设，加快建设美丽中国先行示范区"开展三级政协联动专项民主监督，通过实地督查和座谈交流、听取汇报和查阅资料相结合的方式，助推城乡环境基础建设。区五届政协第五次会议以来立案的127件民生类提案全部办复，全年共整理编报各类社情民意信息87期，转报省市政协41期。

区政协出台《关于加强和促进凝聚共识工作的实施意见》，完善主席会议成员联系区级党派团体等制度。深化"委员工作室""书香政协""网络议政"等平台作用。举办委员履职能力和综合素质提升培训班，组织委员参与政协协商议政、视察调研、民主监督活动。以创建"清廉机关""模范机关"为抓手，深入推进党风廉政建设，通过廉政谈话、签订党风廉政建设责任书。

区政协领导与工作机构

【区政协领导】　中国人民政治协商会议第五届舟山市普陀区委员会(简称区五届政协)任期5年，始自2017年2月，设主席1

2021年区政协主席、副主席名录

表12

职　务	姓　名	性别	籍　贯	任职时间
主　席	张禾波	男	浙江奉化	续—
副主席	丁宏斌	男	浙江舟山(普陀)	续—
副主席	孙德明	男	浙江舟山(普陀)	续—
副主席	沈聪	男	上海市	续—
副主席	吴壮青	男	浙江温岭	续—
副主席	杨建华	男	宁波市	续—

人，副主席5人，秘书长1人，主席、副主席和秘书长组成主席会议，负责处理常委会日常工作。

【区政协工作机构】 2021年，区政协工作机构设办公室和提案委员会、委员工作委员会、经济委员会、渔农与资源环境委员会、教科卫体委员会、社会法制民族宗教与港澳台侨外事委员会、文史文化和学习委员会7个专职工作委员会。

政协重要会议

【区五届政协第五次会议】 2021年1月17—21日，区五届政协第五次会议在东港召开。应到委员183人，实到委员176名。张禾波作《政协第五届舟山市普陀区委员会常委会工作报告》，丁宏斌作《政协第五届舟山市普陀区委员会第四次会议以来提案工作情况的报告》。区政协各参加单位、各专委会和政协委员共提交大会发言材料25份，12名委员作大会发言。与会委员听取和审议区政协常委会工作报告和提案工作报告，列席区十七届人大第五次会议，听取政府工作报告及其他有关报告，分成8个小组及4个联组组织开展政府工作报告、政协常委会工作报告等专题讨论会。

【区五届政协第二十七次常委会会议】 1月8日上午召开。区政协主席张禾波主持会议，副主席丁宏斌、孙德明、沈聪、吴壮青、杨建华，秘书长林伦出席会议。会议协商全区"十四五"规划纲要(草案)；审议通过区政协常委会工作报告、区五届政协第四次会议以来提案工作情况的报告、区五届政协第五次会议各次大会执行主席和主持人名单、区五届政协常委会工作报告报告人和区五届政协第四次会议以来提案工作情况的报告人名单及区五届政协第五次会议秘书长、副秘书长名单。

【区五届政协第二十八次常委会会议】 1月20日晚召开。区政协主席张禾波主持会议，副主席丁宏斌、孙德明、沈聪、吴壮青、杨建华，秘书长林伦出席。会议听取大会秘书处关于各组讨论情况综合汇报；审议通过区政协提案委员会关于区五届政协第五次会议提案审查情况的报告(草案)及区五届政协第五次会议决议(草案)。

【区五届政协第二十九次常委会会议】 3月30日上午召开。区政协主席张禾波主持会议，副主席丁宏斌、孙德明、沈聪、吴壮青、杨建华，秘书长林伦出席。会议听取关于普陀区新冠疫情防控情况的通报；传达全国十三届政协第四次会议、省十二届政协第四次会议、市七届政协第五次会议精神。

【区五届政协第三十次常委会会议】 6月24日下午召开。区政协主席张禾波主持会议，副主席丁宏斌、孙德明、沈聪、杨建华，秘书长林伦出席。会议听取区政府关于加强新时代调解工作，助推县域治理体系和治理能力现代化的情况通报；审议通过《关于加强和促进人民政协凝聚共识工作的实施意见》。

【区五届政协第三十一次常委会会议】 8月20日下午召开。区政协主席张禾波主持会议，副主席丁宏斌、孙德明、沈聪、吴壮青、杨建华，秘书长林伦出席。区委副书记、区长徐炜波应邀参加会议。会议通过普陀区上半年度经济运行和社会发展情况。

【区五届政协第三十二次常委会会议】 10月29日下午召开。区政协主席张禾波主持会议，副主席丁宏斌、孙德明、沈聪、吴壮青、杨建华，秘书长林伦出席。会议听取区城投集团运营情况的通报；审议通过区政协常委会重点调研课题《高铁时代背景下普陀的应对策略研究》。

【区五届政协第三十三次常委会会议】 12月31日下午召开。区政协主席张禾波主持，区政协副主席丁宏斌、孙德明、沈聪、吴壮青、杨建华，秘书长林伦等出席。区委副书记、区长徐炜波应邀参加会议。会议听取区政府关于2021年度提案办理情况的通报；审议通过2021年区政协委员年终视察报告，有关人事事项，区六届政协第一次会议召开时间的决定，区六届政协第一次会议议程、日程(草案)，区五届政协常委会工作报告报告人名单，区

8 月，区政协常委暑期读书会 （区政协办提供）

六届政协第一次会议秘书长、副秘书长建议名单(草案)。

【区政协常委暑期读书会】 8 月 18—19 日在桃花镇召开，区政协主席张禾波参加读书会并讲话，副主席丁宏斌、孙德明、沈聪、吴壮青，秘书长林伦参加读书会。会议学习传达全省政协主席暑期读书会暨宣传思想工作会议精神、区委十三届第十二次全体(扩大)会议精神。张禾波传达全省政协主席暑期读书会暨宣传思想工作会议精神，与会成员围绕如何助力助推高质量发展建设共同富裕示范区先行典范进行交流。

政协重要活动

【党史学习教育】 3 月 12 日，区政协召开党组会议，学习习近平总书记在党史学习教育动员大会上的重要讲话精神和省、市、区党史学习教育动员部署会精神，对区政协党史学习教育进行动员和部署。通过邀请党校老师举行党史学习教育专题讲座、召开党史学习教育专题会、学习交流发言、开展主题宣讲、集中收看庆祝中国共产党成立 100 周年直播等形式，促进党史学习教育取得实效。

【政协委员综合素质提升培训班】 5 月 24—28 日，区政协举办政协委员综合素质提升培训班。培训采取集中授课和现场教学相结合，通过课堂讲座、现场教育、分组讨论及外出学习，引导政协委员认识政协的性质定位，把握政协工作的方向、方法和路径，提升委员综合素质与协商能力。

【庆祝中国共产党成立 100 周年书画展】 5 月 20 日，举行“百年辉煌　同心筑梦”庆祝中国共产党成立 100 周年书画展，区政协委员、区政协机关干部 60 余人参加活动，张禾波致辞。共展出书法、美术作品 57 幅，通过书画展览，增进对中国共产党和中国特色社会主义的政治认同、思想认同、理论认同、情感认同。

【庆祝中国共产党成立 100 周年文艺演出】 6 月 11 日，由市政协、市委统战部主办，区政协、区委统战部承办的“同心跟党走　奋进新征程”庆祝中国共产党成立 100 周年文艺演出在普陀青少年活动中心举行。区政协主席张禾波出席活动并致辞。区委副书记、政法委书记孙丹燕，区委

5 月，庆祝中国共产党成立 100 周年书画展 （区政协办提供）

6月11日，庆祝中国共产党成立100周年文艺演出（区政协办提供）

常委、宣传部部长李明，区委常委、统战部部长诸葛明海，市委统战部、市政协相关领导，部分区政协委员等200余人观看演出。

【委员年终视察活动】 12月1—2日，区政协开展委员年终视察活动。视察活动分为重大项目、开放合作、数字赋能，交通便民领域，教育服务领域，住房安居领域等四大组。主席张禾波，副主席丁宏斌、孙德明、沈聪、吴壮青、杨建华等领导牵头相关专委会，带领80余名政协委员分别视察全区重大项目、城区智慧停车、普陀第二中学武岭校区、人才公寓保障房。并以“请你来协商·民生议事堂”形式，召开协商议事会，提出视察建议，与有关部门进行协商。

【“六送服务”活动】 5月21日、6月18日，区政协组织机关干部与政协委员分别到沈家门街道、展茅街道开展以“学党史、颂党恩、助智治、暖民心”为主题的“六送”服务，为当地居民送去医疗健康、文化体育、法律咨询、科技咨询、为老便民、党史宣传等服务。

政协委员与联络联谊

【政协委员构成】 2021年年底，政协第五届舟山市普陀区委员会有委员183名，27个界别。其中，中共委员73名，占39.9%；非中共委员110名，占60.1%；妇女委员55名，占30%；少数民族委员2名，占1.1%；宗教界人士4名，占2.2%。按学历职称分，具有大专以上学历162名，占88.5%。

【联络联谊】 2021年，区政协密切与党政部门、各党派团体、各界人士和新闻媒体的联络联谊。发挥各党派团体和无党派人士作用，坚持重点履职事项事先听取意见，事中邀请参加，事后及时反馈。坚持政协参加单位联席会议制度，发挥好工、青、妇等人民团体的桥梁纽带作用。全年党派团体参与调研视察20余次，通过举办中国共产党成立100周年文艺演出等，增进与各界人士联系交流。

2021年区五届政协委员各界人士人数及所占比例

表13

界别名称	委员人数（人）	比例（%）	界别名称	委员人数（人）	比例（%）
中共	28	14.5	文艺	4	2.2
民革	5	2.8	科技	4	2.2
民盟	5	2.8	社科	7	3.9
民进	5	2.8	经济	29	16.1
农工	7	3.9	农（渔）业	16	8.3
九三	5	2.8	教育	6	3.3
无党派	7	3.9	体育	2	1.1
共青团	3	1.7	新闻	2	1.1
总工会	4	2.2	医卫	5	2.7
妇联	7	3.9	社会福利	6	3.3
青联	3	1.7	少数民族	2	1.1
工商联	5	2.8	宗教	4	2.2
科协	4	2.2	特邀	4	2.2
侨联	4	2.2	合计	183	100

【委员培训】 5月24—28日，区政协举办为期5天的政协委员综合素质提升培训班，有51名委员参加培训。5月24日开班，市委党校副教授于海腾作题为《中国共产党的百年道路与初心使命》的讲座；25—28日到衢州市委党校继续培训，内容包括学习习近平新时代中国特色社会主义思想、政协提案撰写讲座，参观考察特色小镇、美丽乡村建设等。

【委员工作室活动】 3月12日，区政协召开委员工作室活动提质推进会，以加强委员工作整体建设为重点，推进委员工作室活动高质量发展。制订和印发《政协舟山市普陀区委员会委员工作室考核计分细则（试行）》，推进委员工作室长效机制建设。妇女界委员工作室、周信国委员工作室、马狄委员工作室、朱存跃委员工作室联合举办“守护家庭，让爱同行”为主题的系列活动，紧贴妇女儿童和家庭需求，提升“东海渔嫂”社会组织参与社会治理能力。2021年，9个委员工作室共开展大小活动61次。

【履职活动】 区政协开展2021年“政协委员与幸福普陀同行”主题实践活动。举办“委员履职在路上”的渔农画展览活动，激励委员为“十四五”规划起好步、开好局。开展委员阅读“一百册红色书籍”和“朗诵经典图书”等活动，推进党史学习教育和书香政协活动。组织全体政协委员参与“万名委员上线”网上学习会和主题议政活动，推动数字政协有效开展。组织妇女界委员工作室、周信国委员工作室、马狄委员工作室、朱存跃委员工作室、傅国庆委员工作室参与省政协开展以“同心向党”为主题的千场界别学习座谈，推进政协委员学习贯彻中共十九届六中全会精神。加强委员履职考核管理，按新修订《政协舟山市普陀区委员会关于委员履行职责情况统计与通报办法》，对政协机关外的150名委员进行履职情况统计。

提案与社情民意信息工作

【提案工作】 2021年，区政协收到提案127件，涵盖经济发展、城市建设、商贸旅游、教育文化等内容，面商率、办结率、满意率均达100%。有关问题得到解决或基本解决（A类）87件，占提案总数68.5%；列入计划逐步解决（B类）37件，占提案总数29.1%；因条件和政策所限，留作参考（C类）3件，占提案总数2.4%。区政协提案委员会重视提案工作质量，完善提案工作制度，发挥提案在人民政协建言资政、凝聚共识中作用。许多意见建议得到采纳或落实。

【社情民意信息工作】 2021年，区政协开展收集社情民意信息工作，拓宽信息来源渠道，加大整理编报力度，强化评优评先机制，提升社情民意信息的数量和质量，推动社情民意信息工作在服务党政、科学决策、畅通民生诉求上发挥更大作用。全年共收到社情民意130件，整理编报88期，其中，区级47期，转市政协

区政协五届五次会议以来优秀提案名单

表14

提案者	案由
民革普陀区支部	关于进一步激发“潮生夜市”活力的建议
民盟普陀区支部	关于推进普陀区渔业规模化品牌化融合发展的建议
民进普陀区支部	关于发展普陀“蓝海经济”的建议
农工党普陀区总支部	关于全方位吸引和培养乡村服务人才多措并举推动新时代乡村振兴的建议
九三普陀区支社	关于把普陀打造成为老年友好型城市的建议
区残联	关于推进沈家门片区无障碍环境有机更新的建议
贺海苗	关于做好住人岛屿集中配送瓶装液化石油气的建议
张　伊	关于构建后疫情时代新生活方式的建议
忻春雷	关于在文化礼堂建设中加强民俗文化传承的建议
吕红军	关于加快建设“世界渔都”沈家门渔港休闲街区的建议
周　挺	关于蚂蚁岛精神红色教育基地升级版打造的建议
应高君	关于抢抓机遇加快构建LNG产业链的建议
胡　刚	关于发展普陀城市旅游的几点建议

23 期，转省政协 18 期。

经济委员会工作

【专题协商】 9 月，区政协围绕现代渔业高质量发展开展“请你来协商”活动。区委书记张立军，区委常委、常务副区长张海斌应邀出席会议。区发改局、区经信局、区财政局、区商务局、区海洋与渔业局、舟山国际水产城等负责人与部分区政协委员、浙江海洋大学专家协商，听取委员、专家建议。

【民主监督】 8 月，区政协开展《浙江省民营企业发展促进条例》落实情况。副主席孙德明率经济委员会相关人员及部分政协委员，到浙江中科立德新材料有限公司、舟山市正山智能制造科技有限公司调研并召开座谈会，重点了解普陀区《浙江省民营企业发展促进条例》落实情况，听取意见建议，反映普陀区企业用电困难等存在情况。

【调研视察】 3 月，省政协副主席孙景森调研沈家门渔港小镇建设工作。5 月，区政协经济委员会开展提升渔都餐饮业水平调研，组织部分委员到舟山市餐饮协会、区相关局办及企业调研，助推高佳庄进驻舟山国际水产城。7 月，组织部分委员到白沙、东极调研，开展和美小岛建设情况视察。9 月，开展交通强区三年行动实施情况视察，组织部分委员视察鲁家峙海底隧道、半升洞码头建设、沈家门路面改造、东港海莲路改造等项目，提出意见建议。10 月，组织部分委员赴虾峙开展交通基础配套设施视察，助推虾峙镇交通设施提升及车渡船通航。

区政协“六送”服务活动（区政协办提供）

渔农与资源环境委员会工作

【专题协商】 5 月，区政协围绕芦东水库环保督察整改落实情况开展“请你来协商”活动，市政协副主席张伟平出席会议。会上 3 名委员结合实地走访调研提出意见建议。市农业农村局、区政府办、区公安分局、区农业农村局、区综合行政执法局、区自然资源和规划分局、区市场监管分局、区生态环境分局、市水务集团、东港街道等负责人现场做出回应。市政协副主席张伟平、区政协主席张禾波、副区长张勇分别讲话，对推进芦东水库整改问题责任落地提出具体要求。8 月，区政协围绕完善普陀区殡葬管理工作开展“请你来协商”。副区长李莉应邀出席。区民政局、区财政局、沈家门街道、东港街道、区殡仪馆等负责人现场做出回应。

【民主监督】 区政协围绕“深入推进美丽大花园建设，加快建设美丽中国先行示范区”到区发改局、区生态环境分局、区住建局、区文广旅体局等部门开展三级政协联动专项民主监督，《关于推进美丽大花园建设打造美丽中国先行示范区专项民主监督报告》获区委书记张立军批示。5 月 18 日，省政协九三学社界别组到舟山就“海洋大花园建设”“海洋生态保护”“绿色低碳转型发展”等情况进行专项集体民主监督调研。

区政协委员年终视察活动（区政协办提供）

【调研视察】 3月，市政协副主席张伟平到展茅街道开展“盘活渔农村闲置农房，增加渔农民收入”调研。4月，区政协组织部分市、区政协委员到芦东水库现场及区综合行政执法局、区生态环境分局等部门进行调研。8月，组织部分政协委员到区气象局，对气象部门为“三农”服务情况开展视察。9月，组织部分政协委员到东港街道、沈家门街道、区住建局、自然规划和资源分局、旧城办、区城投集团等开展全区旧城改造开展情况调研。10月，组织相关委员走访调研区城投集团，了解区城投集团运营情况和发展问题，并提出意见建议。

教科卫体委员会工作

【专题协商】 7月，区政协围绕“关于提升全民健身品质”开展线上主题议政与“请你来协商”专题协商会，5名委员围绕“全民科学健身宣传力度不足、体育场馆利用率不高、社会组织团队不够、体医融合和非医疗健康干预力度不足”等问题提出13条建议，区教育局、区财政局、区文广旅体局、区卫健局、区文旅集团、区城投集团等负责人与部分区政协委员协商，听取意见建议并答复。副区长钱善风出席会议并提出工作要求。11月，围绕“关于深入做好校地合作促进发展”召开“请你来协商”专题协商会，3位委员针对“加强校地对接、产业项目合作、科研成果转化”等提出意见建议。舟山旅游与健康职业技术学院、区经信局、区教育局、区财政局等负责人现场做出回应。副区长张勇出席会议并提出工作要求。

【视察调研】 4月，区政协组织8名市区政协委员到蚂蚁岛开展“关于促进普陀区研学旅行”协商成果落实情况“回头看”视察，了解研学旅行开展情况，听取区教育局和区文广旅体局负责人汇报。6月，组织部分政协委员走访调研城北小学，了解学校软硬件设施、教育教学等情况，并座谈听取汇报，提出意见建议。12月，组织市区政协委员到普陀第二中学武岭校区进行视察，并围绕新建学校设施布局、“双减”政策执行情况等召开协商议事会。

【民主监督】 2021年，区政协教科文体委员会参与结对的桃花镇、沈家门街道荷外社区、中兴社区等区域的全国文明城市创建管理民主监督。深入医院、学校等倾听界别群众心声，围绕“新冠疫情常态化防控、城区教育资源布局、教育“双减”政策执行”等存在的问题，提出意见。

社会法制民族宗教与港澳台侨外事委员会工作

【专题协商】 4月，区政协围绕“深化‘东海渔嫂’参与社会治理”开展“请你来协商”。区委副书记、政法委书记孙丹燕应邀出席。区委宣传部、区委政法委、区公安分局、区妇联等负责人与政协委员开展协商。张禾波与孙丹燕分别讲话，就进一步发挥普陀区“东海渔嫂”作用、深化“东海渔嫂”参与社会治理水平提出意见和要求。

【民主监督】 4—12月，区政协开展助推数字赋能幸福社区迭

政协委员调研现代化学校建设 （区政协办提供）

代升级活动，传达会议精神，动员委员参与。6月，听取区政府关于加强新时代调解工作，助推县域治理体系和治理能力现代化通报。7月，听取区人民法院、区人民检察院工作通报，与会委员对“两院”工作给予肯定，并建言献策。

政协委员视察六横镇LNG项目 （区政协办提供）

【视察调研】 8月，区政协调研普陀区社会组织在推进、服务社会治理工作的现状及存在的问题和原因，并提出对策措施。9月，开展普陀区社会综合治理“三级中心”建设视察。通过实地察看、听取汇报，对普陀区社会综合治理“三级中心”建设工作给予肯定，并提出意见建议。

文史文化和学习委员会工作

【文史工作】 2021年，区政协文史文化和学习委员会完成《普陀文史》2期的编辑出版发行任务，共编辑20万字。召开纪念辛亥革命110周年文史工作座谈会。开展“坚定文化自信，熔铸普陀精神”调研，通过分析观音文化、海洋文化、红色文化，提炼出“仁和诚信、开放包容、自强奋进”普陀精神。完成“五届政协文史工作的主要成绩、成功经验和存在不足的思考”的调研报告。

【书画院工作】 为庆祝中国共产党成立100周年，区政协以普陀书画院为平台，组织开展书画展。展出书法作品30幅，绘画作品27幅。书画作品汇编成《百年辉煌同心筑梦》一书。

（撰稿：王力）

编辑：陈莉

纪检监察

综 述

2021年,全区各级纪检监察组织推进全面从严治党、党风廉政建设和反腐败斗争,持续推动纪检监察工作高质量发展,发挥监督保障执行、促进完善发展作用。全年开展疫情防控督查162批次、下发督办单289份、推动整改问题975个,查处违纪违规问题10起19人。全区各级纪检监察组织处置问题线索380件,立案112件,党纪政务处分99人(其中科级干部6人),比上年分别增长13.1%、13.1%、37.5%,移送司法机关14人。查处享乐主义、奢靡之风问题8起10人,党纪政务处分5人。查处形式主义、官僚主义问题20起22人,党纪政务处分6人。通报曝光典型问题5起。受理信访举报35件,同比下降36.4%。有序推进三轮对37个单位党组织巡察工作,完成十三届区委巡察全覆盖。

重要会议与活动

【十三届区纪委第七次全体(扩大)会议】 2021年2月25日在东港商务中心举行。会议贯彻落实中共十九大和十九届二中、三中、四中、五中全会精神,按中共十九届中央纪委五次全会、省纪委十四届六次全会、市纪委七届六次全会和区第十三次党代会第五次代表会议部署,总结全区2020年纪检监察工作,部署2021年任务。区委书记张立军出席全会并讲话。区交通运输局党组书记、舟山水产品中心批发市场有限责任公司党委书记述责述廉,区纪委委员评议测评。与会人员观看警示教育片。区委常委、区纪委书记、区监委主任徐俊军代表区纪委常委会作题为《围绕中心强监督 担当作为促发展 为奋力开启幸福普陀现代化建设新征程提供坚强保障》的工作报告。会议审议通过工作报告和全会决议。市纪委市监委第二监督检查室主任洪炬东,区四套班子领导,区检察院检察长,区政协秘书长,区纪委委员、区监委委员,各街道镇、区属功能区管委会党(工)委书记,办事处主任、镇长,纪(工)委书记,区属各单位主要负责人,党组织关系在普陀的省市属有关单位主要负责人、纪检工作负责人,区委巡察组组长、各派驻纪检监察

2月25日,十三届区纪委第七次全体(扩大)会议在东港商务中心举行(区纪委区监委提供)

组组长、区属重点国企纪委书记、委机关各科室主任，区监委特约监察员代表，党风政风监督员代表和有关列席人员等155人参加会议。

6月25日，区纪委区监委机关举办党史学习教育专题党课（区纪委区监委提供）

【十四届区纪委第一次全体会议】 2021年12月29日在东港铂尔曼酒店举行。施静海主持会议。区纪委委员应到17人，实到17人。全会以无记名投票方式，选举中共舟山市普陀区第十四届纪律检查委员会书记、副书记和常务委员会委员，并经区委十四届一次全会通过。施静海当选为书记，贺方忠、金科当选为副书记。

【区纪委常委会会议】 2021年，召开区纪委常委会会议31次，传达学习习近平重要讲话、上级党委、纪委和区委重要会议精神等，研究召开区纪委全会、全区纪检监察工作会议事项，讨论有关人事事项，研究加强政治监督、深化监察体制改革、派驻机构改革、党风廉政建设、作风建设、宣传教育、信访举报、审查调查等工作事项。其中，讨论干部人事调整问题7次，研究有关案件工作24次。

【区纪委区监委机关党史学习教育】 3月16日，区纪委区监委机关召开党史学习教育动员部署会。区委常委、区纪委书记、区监委主任徐俊军主持会议并作动员讲话。会上区纪委区监委领导班子成员签订年度党风廉政建设责任书。

6月25日，区纪委区监委机关举办党史学习教育专题党课。徐俊军主持会议并讲话。区纪委区监委领导班子成员等参会，区委直属机关党组织第三编组成员单位代表、“蓝海红帆·八百行动”结对党组织代表应邀参加会议。

12月29日，十四届区纪委第一次全体会议在东港铂尔曼酒店举行（区纪委区监委提供）

【学习习近平总书记在庆祝中国共产党成立100周年大会上的重要讲话精神】 7月1日上午，区纪委区监委组织全体纪检监察干部集中观看庆祝中国共产党成立100周年大会直播盛况，聆听中共中央总书记习近平发表的重要讲话。7月14日，区纪委区监委举办学习习近平总书记在庆祝中国共产党成立100周年大会上的重要讲话精神专题读书班暨理论学习中心组专题学习会。区委常委、区纪委书记、区监委主任徐俊军主持会议并讲话。17人围绕主题作交流发言。

党风廉政建设和反腐败工作

【政治监督】 2021年，区纪委区监委督促推动全区各级党委（党组）学习宣传贯彻中共十九届六中全会精神，开展党史学习教育及“六讲六做”宣讲活动（省委提出的中共十九届六中全会精神宣讲实践要点）。保障重大决策部署落地生效。严明政治纪律和政治规矩，加强对贯彻落实习近平总书记关于疫情防控、生态环保、安全生产等工作重要讲话和指示批示精神、“六稳”“六保”、共同富裕示范区建设、数字化改革等党中央、省委、市委决策部署监督检查，全年开展疫情防控督查162批次、下发督办单289份、推动整改问题975个，查处违纪违规问题10起19人。紧扣区委中心工作，实施政治监督“五项行动”，推进“六个一百”、自贸区建设、美丽乡村建设等情况监督检查。抓好中央巡视联动整改和监督工作，加强换届风气监督，落实政治监督“四清单”“两档案”“两报告”制度。严把党风廉政意见回复关，全年回复意见164批4470人次。压实管党治党政治责任。协助区委制定出台深化“四责协同”机制意见、推进清廉普陀建设意见和建立加强对“一把手”和领导班子监督“五张责任清单”机制，持续开展季度廉情分析，印发全面从严治党“四责协同”工作考核办法，常态化开展“线上+线下”考评、述责述廉、履行主体责任情况报告等工作；专班督促推进清廉机关、清廉国企、清廉学校、清廉交通等八大清廉单元建设，培育清廉示范点，推动清廉浙江、清廉舟山建设在普陀生动实践。

12月13日，区纪委书记施静海（右二）带队到舟山国际水产城开展疫情防控和创城攻坚“回头看”督查 （区纪委区监委提供）

【正风肃纪反腐】 2021年，区纪委区监委保持惩治腐败态势，重点整治政法、国企、粮食、招投标、拆迁拆违等领域腐败问题，查办某公司、某村相关人员严重违纪违法案件，其中1人涉案金额990余万元，创全市国企领域涉案金额之最。开展审查调查工作，发挥反腐败协调小组作用，率先开展海上防逃工作。全区各级纪检监察组织处置问题线索380件，立案112件，党纪政务处分99人（其中科级干部6人），同比分别增长13.1%、13.1%、37.5%，移送司法机关14人。纠正“四风”。重点整治违规吃喝、违规收送礼品礼金等问题，开展违规参与“两局一场所”（酒局、牌局和娱乐场所）、行业协会不规范、公务车加油卡等问题专项治理，查处享乐主义、奢靡之风问题8起10人，党纪政务处分5人。紧盯重大决策部署表态多落实差、不担当不作为等问题，查处形式主义、官僚主义问题20起22人，党纪政务处分6人。通报曝光典型问题5起。深化为基层减负监督执纪工作，推动21个减负清单外事项“应清尽清”，年度综合考评“最多考一次”改革被央视《焦点访谈》栏目宣传报道。丰富“三不”（不敢腐、不能腐、不想腐）一体推进实践载体。坚持“开门亮纪”传统，协助区委召开作风建设大会，固化应用“纪律教育基层行”活动成果，联合创办“普廉微课堂”，分别强化对“一把手”等关键少数和“绝大多数”的廉政纪律教育。坚持查办案件与以案促改统筹谋划、一体实施，将教育与惩处、整改有机结合起来，完善“一案一警示、一案一建议、一案一专报”以案促改机制，探索在案件查办期间深入案发单位开展警示教育做法，敦促8人主动投案，制发纪检监察建议书16份。持续提升清廉文化影响力、渗透力，打造展茅黄杨尖清廉园、东极“廉旅融合”样本、桃花“侠廉文化园”等清廉阵地在内的清廉文化研学路线8条，《五匠传百世·清廉润千岛》在第三届“玉琮杯”清廉微电影微视频大赛中获奖，沈家门街道《传承蚂蚁岛精神 强化清廉村居建设》、六横镇《乡村振兴——六横的“海上清舟”》在全市乡镇（街道）村社主要负责人说廉活动中获佳绩。

【护航民生领域】 2021年，区纪委区监委坚持“一领域一专项、一项目一方案”，会同13家职能部门对电信诈骗、校外培训机构乱象等15项漠视侵害群众利益问题开展专项治理，成效向社会公开，接受群众监督。聚焦重点领域，开展工程招投标领域腐败和作风问题专项治理，查处违规违纪问题18起18人、党纪政务处分2人，督促相关部门制定运行操作规程和风险防控流程图。开展国有资产管理、公办养老机构供养经费、村级“三不”合同签订等专项治理，助推基层治理效能提升。推动清廉村居建设提级升档。持续深化信访举报“三清三提升”活动，优化矛调中心驻点工作，创建“无积访村”“无积访岛”，全区各级纪检监察组织受理信访举报35件，同比下降36.4%。持续深化“三清九廉强村居行动”，推进清廉村居（特色）示范村创建，新增市级清廉村居示范点7个、清廉村居特色示范点3个，展茅街道黄杨尖村创评2021年省级清廉村居标杆村；优化升级“村级小微权力21条”，常态化开展扫黑除恶“打伞破网”。提升基层监督制度化规范化水平。以基层监督“提质增效年”活动为牵引，发挥街道镇派出监察办作用，处置问题线索164件，立案60件，自办案件20件，连续2年实现街道镇自办案件“破零”。结合实际创设“十个一”标准，指导村（社区）监察工作联络站规范化建设，制定出台村（社区）监察工作联络站工作例会、片组协作等制度，全面推动规范履职，全区村（社区）监察工作联络站共开展交叉监督、联合检查28次，发现问题144个，转问题线索16条。“村级集体经济合同监察监督‘四问’工作法”入选2021年度省纪委第二批基层监督特色应用场景。对2个村开展“提级监督”，推进村社主职干部“一肩挑”、班子任期“三改五”后权力规范运行。

【彰显巡察作用】 2021年，区纪委区监委统筹常规巡察、机动巡察、专项巡察，有序推进三轮对37个单位党组织的巡察工作，完成十三届区委巡察全覆盖。全年发现问题647个，移交问题线索31个，党纪政务处分2人。健全联动协同工作机制。贯彻落实上级关于加强巡视巡察上下联动要求，与市级同步开展公安系统、资源规划系统等联动巡察，交叉完成岱山县粮食购销领域腐败问题专项巡察，出台巡察机构与纪检监察、组织、审计、政法、信访等相关部门工作协调机制，贯通巡察监督与其他监督，增强监督合力。强化与纪律、监察、派驻监督贯通融合，构建巡察机构统筹监督、纪检监察机关和组织部门日常监督、派驻机构全天候监督的巡察整改监督链条，形成巡察监督闭环管理机制。对2家单位开展巡察“回头看”，对45家单位开展专项检查，推动十三届区委巡察发现问题整改完成率98.9%，深化以巡促改、以巡促建、以巡促治，持续提升巡察监督治理效能。

【提升纪检监察改革综合效能】 2021年，区纪委区监委深化运用监督执纪“四种形态”，做到宽严相济、精准科学、惩救相融，累计处理363人次，第一、二、三、四种形态分别占比69.7%、20.7%、4.1%、5.5%。与组织部门联合制定落实容错纠错机制，对6名受到不实举报干部予以澄清正名，对20名干部开展回访教育。探索实施“五时三色”监督预警机制，实现抓早抓小常态化、严管厚爱可视化、日常监督时度效“三个提升”，累计送达绿卡6张、黄卡52张、橙卡121张，获评“2021年全市纪检监察系统揭榜挂帅优秀项目”。持续深化派驻机构改革。深化委机关和派驻机构“六个一体化”，健全完善派驻机构“三为主一报告”、“室组地”联合办案、“四位一体”片区协作、“1+5”国企监督联动等机制，派驻监督质效持续提升，工作经验以书面形式在全省深化纪检监察派驻机构改革工作推进会上交流。将浙江普陀经济开发区和市自然资源和规划局普陀分局纳入区纪委区监委派驻监督范围。推进“智慧纪检监察”建设。有序推进数字化改革、信息化建设，成为全市“四责协同多维智慧监督平台”唯一试点县区，落实党政机关整体智治系统建设各项工作任务，推进纪检监察内网信创替代项目。推进基层监督数字化改革，依托全省“基层公权力大数据监督”应用平台实现村居工程、“三资管理”等小微权力监督全覆盖，处置红色预警信息80条，转问题线索8条，对5人作进一步处置。

6月25日，区纪委区监委举行党史学习教育专题党课暨“光荣在党50年”纪念章颁发活动（区纪委区监委提供）

【干部教育管理监督】 2021年，区纪委区监委常委会带头强化自身建设，完成区纪委换届工作。开展党史学习教育和“我为群众办实事”实践活动，组织颁发“光荣在党50年”纪念章，持续创建“海上清舟·廉岛先锋”党建品牌。深化“一月一主题、两月一论坛”学习教育、青年纪检监察干部学习工作交流会等制度，全覆盖开展综合业务培训；探索实施“青蓝工程”师徒结对机制，加大干部上挂下派、实战练兵等力度，提升纪检人员履职水平。实施自我约束监督。执行“七带头七不准”行为规范，建立健全“360”监督管理、廉政档案管理等制度机制，抓好重大事项请示报告、饮酒报批报备、打听案情过问案件干预办案报告登记等制度执行，实施纪检监察干部全生命周期管理，持续做好连心家访、谈心谈话等工作，推动依规依纪依法履职尽责。

（撰稿：赵晨伊）

编辑：魏斌

民主党派和知联会

民革普陀支部

【概况】 中国国民党革命委员会舟山市委员会普陀区支部委员会(简称民革普陀支部)成立于1993年12月25日。2021年发展新党员2名,年底有党员25人,其中在职17名,退休8名。女党员10人,男党员15人。大学本科以上20人,其中硕士2人。在职党员中政府部门7人,教育界3人,法律界1人,经济界4人,医卫界2人。2021年7月19日,民革普陀区支部在东港商务中心召开全体党员大会,会议选举孙燕芬为新一任支部主委。2021年,民革普陀支部围绕高质量发展共同富裕示范区、海上花园城市、海洋产业新高地建设等中心工作献计献策,投身社会服务。

【思想建设】 2021年,民革普陀支部按民革舟山市委会和中共普陀区委的有关要求和具体部署,先后集中传达学习《中共中央、国务院关于支持浙江高质量发展建设共同富裕示范区的意见》、习近平总书记“七一”讲话精神、中共十九届六中全会精神,市、区经济工作会议精神,学习中国共产党党史和民革党史、中国国民党革命委员会章程、民革纪律处分条例等,加强党员对多党合作制度的认识,教育党员用习近平新时代中国特色社会主义思想武装头脑、指导实践、推动工作,提高政治自觉。

2月10日,民革普陀支部委员入户走访民革老党员,送去温暖、聆听建议。5月1日,支部委员参加普陀电视台渔港会客厅民主党派专访。民革普陀支部组织参加全区党外人士党史教育培训班,参与市委会组织的书画展,组织党员家属领略书画民革。8名民革党员参与由市政协、市委统战部主办,区政协、区委统战部承办的庆祝中国共产党成立100周年文艺演出。

【参政议政】 2021年,民革普陀支部党员围绕市、区政治经济发展大局和社会关注的难点,开展调查研究,做好参政议政工作,为地方政府的施政决策提建议、

6月11日,民革普陀支部组织参加庆祝中国共产党成立100周年文艺演出(民革普陀支部提供)

献良策。是年撰写市两会大会书面发言2篇，建议提案2件，区“两会”大会发言1篇，集体提案5件，个人提案8件，市区社情民意10余篇。开展海岛医疗保障、新能源充电、本岛南部码头整合优化等多个课题调研工作，为下年度“两会”准备建议提案。

【奉献社会】 2021年，民革普陀支部社会服务活动平均参与率达到80%。响应区委统战部开展海岛结对号召，确定庙子湖岛作为支部“一岛一品”项目基地，支部党员多次到庙子湖岛调研，为建设海上花园岛出谋划策。关注少年儿童主题，打造“幸福成长、育健未来”品牌。参与区公安分局“警娃之家”创办，赠送幼儿读物200余册。组织“你们守护平安，我们呵护警娃” 志愿服务活动。组织党员携手文康社区工作人员和30余名小学生走进沿街商铺宣传垃圾分类，派发垃圾分类手册120份。春节期间，支部组织党员至大干社区慰问疫情中留普服务的新居民代表，表示感谢慰问并送春节祝福。

（撰稿：边金峰）

民盟普陀支部

【概况】 中国民主同盟舟山市普陀区支部委员会(简称民盟普陀支部)，成立于1989年11月。第九届主委陈红，第九届支部委员5名。至2022年5月底，支部共有盟员36人，其中女盟员17人。盟员组成以医卫、文教人员为主，其中，硕士学位3人，在职盟员25人，离退休盟员11名，高级职称18名，中级职称13名。盟员中有市政协委员2名、市人大代表2名，区人大代表3名，区政协委员6名。

2021年，民盟普陀支部开展“一支部一品牌”创建活动，在思想建设、组织发展、制度完善等方面提升支部工作水平，被民盟浙江省委会评为脱贫攻坚先进集体。陈柯被民盟浙江省委会授予社会服务先进个人荣誉称号。

【思想建设】 2021年，民盟普陀支部加强理论学习，完成民盟舟山市委会2021年学习资料汇编中的学习内容，学习中共十九大五中、六中全会精神，贯彻中共舟山市委和民盟浙江省委重要会议精神，推进“不忘合作初心，继续携手前进”主题教育，引导全体支部盟员坚持读原著、学原文、悟原理、夯实共同思想根基。围绕庆祝中国共产党成立100周年、民盟成立80周年开展党史、盟史学习交流。引导广大盟员牢记光荣传统，坚定跟党走、共赴新征程。支部全年共组织开展专题学习会4次，组织盟员参加市、区统战部门的新盟员培训、参政议政培训、社情民意工作培训等。

【组织建设】 2021年，民盟普陀支部发展盟员2名，分别为行政界别和经济界别。至年末，支部共有盟员36名，在职盟员25名。大学以上学历28名，其中硕士学位3名。高级职称18名，中级职称13名。是年分别组织盟员排练参加庆祝中国共产党成立100周年文艺演出2次。推进“盟员之家”活动开展，组织盟员到展茅街道路下徐村参观美丽新农村建设，国庆期间组织盟员及家属观看爱国主义影片《长津湖》。到岱山调研舟岱大桥建设情况，参观金维映纪念馆，开展红色教育。走访老盟员、骨干盟员，体现“盟员之家”的温暖和关怀。

6月11日，民盟普陀支部组织参加庆祝中国共产党成立100周年文艺演出（民盟普陀支部提供）

【参政议政】 2021年,民盟普陀支部开展民主监督视察工作。民盟界别政协委员随界别小组视察住宅小区生活垃圾分类、“东海渔嫂”等调研活动,监督视察并提出意见和建议。党派政协委员多次在“请你来协商”座谈活动上发言。在区“两会”上提交7件集体提案和7件个人提案,舟山市政协会议上提交集体提案1件、个人提案3件,内容涉及文化教育、城市规划、民生改善、文明城市创建等多方面内容,其中《关于规范城区公共区域停车管理的建议》被评为重点提案。《推进渔业规范化品牌化发展 促进渔业增效渔民增收》在区政协会议上发言交流。开展调查研究,关注偏远海岛渔村建设情况、留守老人生活现状,形成调研报告《如何解决悬水小岛“最后一公里”蔬菜配送的几点建议》。支部全年向市、区两级政协提交社情民意25件,向民盟舟山市委会、区政协、区委统战部报送盟务工作信息7条。

【社会服务】 2021年,民盟普陀支部打造“美丽乡村志愿行”品牌服务活动,到结对社区茅洋社区开展送绿活动,开设“桃李传承遇见蔚蓝”民盟桃花岛青少年公益课堂。2人分获民盟浙江省委会、民盟舟山市委会社会服务先进个人荣誉称号。

11月5日,“桃李传承”青少年公益课堂(民盟普陀支部提供)

(撰稿:孙瑜)

民建普陀支部

【概况】 中国民主建国会舟山市工作委员会普陀区支部(简称民建普陀支部)成立于2018年5月。主委鲍中南。2021年发展会员2人,年底有会员16人。其中,企业高级管理人员9人,机关事业单位和国有企业7人。大专以上学历占87.5%,硕士研究生以上学历占18.8%,经济界会员占56.3%。

2021年,民建普陀支部全体会员履行参政议政、民主监督、政治协商三项基本职能,围绕能力提升、夯实基础加强自身建设。鲍中南被市政协评为2020年度优秀委员,4名会员被民建舟山市工委评为2021年度先进个人,4名会员被区委统战部评为2020年度“立足本职、争先创优”先进个人。

【组织建设】 2021年,民建普陀支部带领全体会员加强交流学习,提高自身素质。1月,召开民建普陀支部2020年度工作会议。4月,组织代表到磐安开展与磐安支部山海协作结对仪式,组织会员参观定海徐正国博物馆刘鸿生纪念展,组织会员参加2021年度全区各民主党派联合调研活动。6月,组织会员参加2021年舟山市民主党派“同舟专列·一岛一品”虾峙岛服务活动。11月,组织会员到蚂蚁岛参加民建林揭牌仪式暨红色主题教育活动;与民建浙江海洋大学支部开展联谊活动。

【思想建设】 2021年,民建普陀支部重视强化会员政治思想教育,提升队伍凝聚力。3月,2名会员参加普陀区党外人士“党史教育”培训班。5月,开展中共党史学习教育专题报告会暨动员部署会、参政议政会议与民建“读党史”活动。6月,组织3名会

4 月，民建磐安支部与普陀支部举行山海协作结对仪式（民建普陀支部提供）

员与 1 名入会考察对象参加“同心跟党走　奋进新征程”庆祝中国共产党成立 100 周年文艺演出。6 月，主委鲍中南与 2 名委员到井冈山开展中共党史学习教育活动。

【参政议政】 2021 年，民建普陀支部履行参政议政职责，全年上交政协提案 8 篇，其中市政协提案 5 篇、区政协提案 3 篇。胡刚《关于发展普陀城市旅游的几点建议》在区政协会议书面发言交流。全年提交报社情民意 3 篇，其中牛振振所作《关于“后疫情”时代我国远洋渔业发展的问题思考及建议》被民建中央、中共省委办、省政协录用。

【社会服务】 2021 年，民建普陀支部围绕“思源”“扶贫”展开社会服务工作。3 月，组织文化助残“五个一”工程走进小沙街道敬老院。9 月，在市委统战部“同舟专列·一岛一品”蚂蚁岛结对活动中捐助 4.86 万元支持民建林项目建设，由蚁族生态建设有限公司（会员刘永勇企业）负责实施，舟山高佳庄百鲜餐饮管理有限公司（会员张振华企业）为蚂蚁岛创作“艰苦创业”菜系。9 月，参加民建中央“捧着初心而来，为决胜脱贫下单”消费扶贫专项行动，购买河北省丰宁县消费扶贫产品 2 万元。

（撰稿：白云）

3 月 31 日，民建普陀支部参加文化助残“五个一”工程走进小沙街道敬老院活动（民建普陀支部提供）

民进普陀支部

【概况】 中国民主促进会舟山市委会普陀区支部（简称民进普陀支部）成立于 1997 年 8 月。2021 年设主委 1 名（林韩群），副主委 1 名，委员 3 名，共有会员 25 人，其中女会员 14 人，会员平均年龄 52.48 岁；会员中具有本科以上学历 19 人，高级职称 11 人，中级职称会员 5 人；会员中任市政协委员 1 人，任区人大代表 1 人，任区政协常委 2 人，任区政协委员 6 人。

【思想建设】 2021 年，民进普陀支部深入贯彻中共十九大和十九届五中、六中全会精神，以政治建设为引领，加强自身建设，提高履职能力。上半年，支部以中国共产党成立 100 周年为契机，组织会员参加市委、区委统战部、民进舟山市委会开展的普陀区党外人士“党史教育”培训班、庆祝中国共产党成立 100 周年文艺演出“同心跟党走，奋进新征程”、庆祝中国共产党成立 100 周年“唱支渔歌给党听”文艺

民进普陀支部"迎七一"党史知识竞赛活动（民进普陀支部提供）

演出等活动。7月，支部组织会员开展"迎七一"党史学习暨知识竞赛活动。

【组织建设】 2021年年初，民进普陀支部为激发会员撰写社情民意信息的工作热情，修改完善《民进普陀支部信息宣传奖励办法》，专门设置"提供社情民意信息源"奖励。完善《支部会员履职积分制管理办法》，提升会员履职参与热情和履职能力。支部把社情民意信息工作作为组织生活重要内容，把撰写社情民意信息作为入会积极分子和新会员学习必要内容，发挥支部委员和信息骨干引领示范作用，培育壮大年轻参政议政骨干队伍，增强广大会员参政议政的意愿和积极性。严格把关，吸纳优秀人士入会，是年，民进普陀支部发展会员2人。

【参政议政】 2021年，民进普陀支部围绕各级关注的海洋经济、海岛旅游、养老服务、幸福社区创建、智慧城市建设、弘扬传统文化等方面提出意见建议。在市、区"两会"期间，支部提交市、区两级集体提案共6件，委员个人提案及人大建议16件。《关于打造市级综合电商平台的建议》《经略海洋　逐梦深蓝　让碧海银滩也成为金山银山》等分别在市、区两级政协大会上发言，并获市长何中伟和区委书记张立军、区长徐炜波批示。支部引导会员深入社会与群众，关心热点问题，发动会员参与社情民意撰写和"献一策"活动，全年在"献一策"社情活动中向市委会提交有关农产品质量、智慧停车、人口老龄化、方言保护等建议14篇，获评"民进全国反映社情民意信息工作先进集体"。

【社会调研】 2021年，民进普陀支部发动会员走访相关部门，及时了解党政决策的信息需求。组织会员分别于4月、12月开展"蚂蚁岛红色旅游"和"沈一小地块拆迁"提案落实"回头看"活动，针对提案落实情况与相关部门做好沟通联系，促进社情民意工作的采纳与转化落实。6月，在区委统战部支持下，由民进普陀支部牵头的党派联合调研组，围绕"访美丽乡村，助乡村振兴——

5月，民进普陀支部在展茅沙井开展"走进基层"送服务活动（民进普陀支部提供）

加快新农村建设”主题，深入台州临海、天台和金华磐安等地开展“后岸村建设、磐普山海协作产业园”等调研活动，进行交流探讨学习，为普陀区新农村建设工作建言助力。

【服务社会】 3月，民进普陀支部组织开展“走进普陀中学义卖助学活动”，所得善款用于普陀中学贫困学子助学活动。5月，民进普陀支部会同区政协到展茅沙井开展“走进基层六送服务”活动，获群众欢迎和好评。

（撰稿：叶奇勇）

农工党普陀总支

【概况】 中国农工民主党舟山市普陀区委员会（简称农工党普陀总支）成立于2000年3月。2021年新发展党员2人，年底共有党员53人。其中，在职29人，退休24人；男性29人，女性24人；年龄最大85岁，最小28岁。医药卫生、人口资源和生态环境主体界别30人，占党员总数55.56%；研究生学历4人，占党员总数7.5%；副高及以上职称的22人，占党员总数41.5%。设主任委员1人（周艳）、副主任委员2人。

2021年，农工党普陀总支学习贯彻中共十九届五中、六中全会精神，贯彻落实农工党中央、省委会、市委会提出的各项目标任务，参与中国共产党建党百年系列活动，把加强思想政治引领、广泛凝聚共识作为工作主线，加强党派自身建设，做好参政议政工作，动员广大党员积极履职，为助推高质量发展建设共同富裕示范区先行典范做出参政党的贡献。农工党普陀总支被农工党中央评为“脱贫攻坚工作先进集体”，在中共舟山市委统战部和各民主党派市委会（工委）“一支部一品牌”创建评比中，获“聚民意　筑同心”参政议政品牌，被农工党浙江省委会评为2021年度组织工作先进集体、2021年度宣传工作（纪念中国共产党成立100周年活动）先进集体。

【思想建设】 2021年，农工党普陀总支重视政治理论学习。采取集中学习、自主学习、微信群讨论等多种形式，提升党员政治素质和理论水平。全年共组织总支委学习6次，全体党员学习3次。开展中共党史学习教育系列活动，组织党员到茅洋会议旧址开展中共党史学习，接受革命精神洗礼。组织党员参加由市政协、市委统战部主办，区政协、区委统战部承办的“同心跟党走 奋进新征程”庆祝中国共产党成立100周年文艺演出，参加农工党舟山市委会组织的“庆祝中国共产党建党100周年红歌会”，参加区政协组织的“莲洋诵读”读党史活动。做好与3个局办的对口联系工作，对相关局办工作提出意见建议。

是年，郭燕龙被农工党中央评为“脱贫攻坚工作先进个人”，周攀被市人大常委会评为2020年度代表活动积极分子，夏璐璐创编节目获第四届“虹彩杯”少儿舞蹈展演（上海市各区及周边城市参加）作品一等奖，个人获评“虹彩杯”少儿舞蹈展演优秀园丁、浙江省“小舞蹈家”比赛优秀园丁与普陀区“三八红旗手”等荣誉称号。缪立获中国科学院附属肿瘤医院（浙江省肿瘤医院）第一届“星火”影像技能竞赛暨2021年度浙江省癌症筛查与早诊早治培训班第三期学员毕

5月21日，农工党普陀总支组织党员到茅洋会议旧址开展中共党史教育（农工党普陀总支提供）

业汇报比赛三等奖。柳海斌被浙江省绿地与自然保护委员会授予2021年度“省绿化奖章”。

【参政议政】 2021年，农工党普陀总支关注民生、经济等领域热点和难点问题，为建设普陀、建设舟山建言献策。在2021年区政协五届五次会议、市政协七届五次会议及市人大七届五次大会期间共提交集体提案11件，个人提案20件。其中，周艳主笔的《坚持共建共治共享 推进社区治理现代化》被市政协列为重点提案，《守护创城成果 让文明之花常开》在区政协会议中发言交流。孙毅鸿受邀参加区“两会”特别节目——提问“十四五”。集体提案《关于进一步提升全民健康素养 推进健康普陀建设的建议》被评为区政协五届四次会议以来重点提案，并获评年度优秀提案。沈聪、周艳被市政协评为2020年度优秀委员，周艳被市政协评为2020年度反映社情民意信息工作先进个人。全年共撰写社情民意40余篇，被省级以上录用4篇、市级录用7篇。其中周艳、邬宏纪撰写的《关于进一步加强海岛地区全科医生服务能力的建议》被全国政协、省委办公厅、省政协等录用，并得到省长郑栅洁批示。

【社会服务】 2021年，农工党普陀总支以关爱弱势群体为目标，发挥界别优势，打造服务品牌。朱存跃作为区志愿者之家负责人长期服务在志愿者第一线，张芬君带头成立“老吾老”志愿服务队并数次参加区“东海渔嫂”志愿服务活动。部分骨干党员组织或参加“弘扬雷锋精神共建幸福普陀”送医药与特色公益活动、“关爱候鸟，欢度六一”走进新居民子弟学校“普陀向阳小学”活动、“童心向党·花开未来”——庆祝建党100周年“六一”文艺义演。农工党员参与对抗超强台风“灿都”的志愿服务活动。农工党普陀总支中的政协委员响应区政协组织的“六送”活动。

6月18日，农工党员参加区政协“六送服务”进社区活动（农工党普陀总支提供）

全年参加各级各类社会服务活动的农工党员60余人次。

（撰稿：蒲斌军）

九三学社普陀支社

【概况】 九三学社舟山市普陀支社（简称九三学社普陀支社）2021年共发展社员2人，至2021年年底支社有社员39人，平均年龄51.6岁；女社员14人，占36%；有高级职称13人，占33%；中级职称18人，占46%。胡恩凯任主委。社员刘倩倩被九三学社浙江省委员会评为年度优秀社员。

【思想建设】 2021年，九三学社普陀支社共组织社员学习和举行其他会议4次，参加人数130余人次。学习贯彻习近平新时代中国特色社会主义思想，开展中共十九届六中全会精神学习会，以及市委宣传部、区委统战部组织的学习会、通报会。

【参政议政】 2021年，九三学社普陀支社有市人大代表2人、市政协委员3人、区政协委员8人（其中兼任市政协委员2人）。1名社员担任市、区政协特邀信息员，经济环境行政效能、创建文明城市、教育系统、旅游行风监督员等。支社全年提交市政协会议提案4件、市人大议案1件、区政协会议提案11件。大会发言3件，分别为《关于加快航运金融业发展的建议》《以大数据共享推动城市精细化管理的建

九三学社普陀支社庆祝中国共产党成立100周年（九三学社普陀支社提供）

议》《关于加快海事金融发展的建议》。支社在区政协《意见与建议》《社情民意》《普陀政协》等刊物上发表建议24篇。

【社会服务】 2021年，九三学社普陀支社与展茅街道茅洋社区联系结对，通过座谈会和现场调研，了解社区实际情况。新春时节向茅洋村送上价值1万元的盆栽与鲜花，“七一”建党节慰问2名“共产党同龄人”。11月13日，和区红十字会开展阳光守护活动，关怀慰问5名单亲家庭儿童。

（撰稿人：曹振）

区知联会

【概况】 普陀区无党派人士联谊会成立于2008年10月，2013年12月更名为普陀区党外知识分子联谊会（简称区知联会），第三届会长吴壮青。区知联会有六横镇、桃花镇、虾峙镇、东极镇、东港街道、沈家门街道、展茅街道、区卫计界、区教育界8个知联分会和1个普陀湾众创码头新联会。2021年年底，共有理事54人，其中女理事22人，理事中硕士及以上学历4人，中级以上职称17人。

【组织建设】 区知联会注重做好理事的培养、推荐、使用工作，推荐优秀理事加入民主党派，2021年吸收4人为区知联会理事。完成社团登记工作，配备兼职出纳和会计，加强区知联会经费的规范管理。以“同心”思想为引领，推进教育学习建设，组织开展对习近平新时代中国特色社会主义思想以及习近平总书记在庆祝中国共产党成立100周年大会上的重要讲话和中共十九届六中全会精神、省市区统一战线读书会精神等传达学习。3月，组织参加普陀区党外人士“党史教育”专题培训会，听取《中国共产党与党外人士合作史》专题宣讲课。6月，组织部分知联会理事参演和观看“同心跟党走、奋进新征程”庆祝中国共产党成立100周年文艺活动；组织区知联会成员开展党史教育专题活动，参观展茅茅洋会议旧址，考察路下徐新农村建设，进行党史教育学习交流座谈。11月，组织区知联会调研考察组到区委改革办等相关单位对普陀区党政机关数字化改革进展情况进行专题调研。全年参加各民

九三学社普陀支社向茅洋村送盆栽与鲜花（九三学社普陀支社提供）

主党派、知联会负责人季度联席会议暨学习工作交流会4次，开展以“五史”（中共党史、新中国史、改革开放史、社会主义发展史、人民政协史）教育为主题的工作研讨1次。组织召开各类会议10余次。

3月，区知联会理事参加中共党史教育专题培训会（区委统战部提供）

【参政议政和社会服务】 区知联会发挥人才、智力优势，引导理事通过人大、政协平台，围绕区委、区政府中心工作及重点难点问题，建言献策，履行民主监督和参政议政职责。多次组织召开理事沙龙活动及会长会议，通报区知联会工作情况，审议通过2021年区知联会新进和退出理事名单及新的理事分组调整安排， 做好2022年课题调研准备。区知联会走访慰问东港街道安康社区的3户困难群众，送上慰问金3000元。各行业分会和基层知联会也开展相关社会服务活动。

（撰稿：唐铎晔）

编辑：陈思羽

群众团体

区总工会

区总工会表彰"十佳名师" (区总工会提供)

【概况】 普陀区总工会是区委领导下的职工自愿结合的群众组织，下辖区工人文化宫和职工服务中心 2 个事业单位。2021年，全区有工会组织 1201 个，职工 104300 人，工会会员 101986人。其中，女职工会员 33044 人，农民工会员 45918 人。

【加强政治引领与文化引领】 2021年，区总工会开展党史学习教育，教育全体党员干部锤炼党性修养，强化担当作为。围绕庆祝建党 100 周年，开展"我心向党·劳动筑梦"系列活动。组织劳模、工匠和工会志愿者 15 次拜访企业进行"群团星、耀党旗"党史宣讲、志愿服务等活动；开展"职工心向党、礼赞幸福普陀"职工征文比赛，组织全区职工学习党史并开展党史知识竞赛；举办"奋斗百年路、启航新行程"书画美术展等；开展"创文明厂区、做文明职工"活动，表彰第三批区"双创"先进集体和个人，助推"创城"活动。是年，区总工会在《今日普陀》连续刊登 5 期"劳模风采"专栏，弘扬劳模精神、工匠精

区总工会举办 2021 年普陀区"庆国庆"职工羽毛球精英赛（区总工会提供）

神。区总工会新建职工书屋(劳模书架、职工阅读点)5家,组织开展职工羽毛球精英赛、荧光夜跑2次全区性大型职工文体活动,丰富职工业余精神文化生活。

【基层工会组织建设】 2021年,区总工会出台实施《加强镇街道工会建设的意见》,发挥镇、街道工会"桥头堡"作用。结合"三服务",开展"工会服务在行动""当一周工人、体工会初心"等活动,转变工作作风,贴近基层、贴近职工促发展、强服务。为推进"三新"领域(以新产业、新业态、新商业模式为核心的新兴经济领域)工会组建,区总工会新组建"沈家门商圈联合工会"等10家工会,做到"应建尽建"。指导市、区委"群团星"示范点水产城工会等建设,新创建龙山船厂等10家模范"职工之家",举办有50多名基层工会干部参加的业务培训,开展2期"工会主席来讲课"活动,提升基层工会活力。

【产业工人队伍建设改革】 2021年,区总工会做好与有关部门的联系协调,促进产业工人队伍建设改革政策衔接落地。加强指导,试点企业普遍建立"学习""竞赛""关爱""参与"四大平台,发挥企业主体作用。表彰区首批"十佳名师",组织2批50名优秀一线职工免费疗休。完成"万名职工受培训,千名职工得休养,名师带徒超百名,十名标兵获表彰"的产业工人队伍建设改革工作年度目标。

【实施"职工技能登高行动"】 2021年,区总工会指导基层工会开展技能竞赛55场。新创建普陀医院邵伟、区税务局郑金岳2家"劳模创新工作室",掀起岗位练兵和技能比武新高潮。持续实施"职工技能登高行动",建设知识型、技能型、创新型职工队伍,发挥区工人文化宫平台作用,整合成人学校、职业培训机构等社会教育培训力量,开展送培训进企业活动,组织各级工会培训职工1.2万人次以上。

【数字工会建设】 2021年,区总工会探索数字工会建设,完善工会实名制数据库,打好数字化改革基础。发挥"普陀区总工会"微信公众号作用,开设思想政治教育、幸福普陀建设成就、劳模和工匠精神宣传与工会服务职工政策解读等板块,探索建立服务职工的"智慧平台"。

【维护职工合法权益】 2021年,区总工会加强法治宣传,先后10次深入武岭校区建设工地等开展送法律"进企业、到班组、下工地"活动,提高职工法治意识和法治能力。加强源头维护,推进企业民主管理和厂务公开制度化、规范化,将恒尊集团工会的企业民主管理经验推广到全市。加强劳动争议调处,基层劳动争议调解组织覆盖面达95%以上,推动"无欠薪区、县(市)"创建。开展"安康杯"竞赛,规模以上企业参赛率100%,保障职工身心健康。实施集体协商提质增效,签订工资集体协议书980份,覆盖职工70888人。

【工会补助与职工帮扶】 2021年,区总工会加强工会经费管理,执行与街道镇总工会经费预、决算管理制度,服务职工民生。加大工会活动经费补助力度,减免企业工会经费480万元,补助各级基层工会活动经费50万元。监管工会经费,对区供销联社等10家基层工会开展经费审查,提高工会经费使用效

2月,区总工会慰问留普陀务工人员 (区总工会提供)

能。区总工会与相关部门联系协调，调整、完善困难职工档案，组织开展劳模慰问、送温暖、高温慰问、金秋助学和职工大病医疗互助保险等工作，筹资发放 105 万元。

（撰稿：胡永明）

共青团普陀区委

【概况】 共青团舟山市普陀区委员会（简称团区委）是区委领导下负责全区青年工作的群众团体。区青年联合会、区志愿者协会和中国少年先锋队舟山市普陀区工作委员会（简称区少工委）均设在团区委。普陀区青少年宫为团区委下属事业单位。年末，全区有街道镇团（工）委 10 个，区属单位团组织 22 个，社区、村团组织 93 个，"两新"团组织 67 个。新注册成立区青少年事务服务中心，全区有团员 3628 人，注册志愿者 58860 人。

【基层团建工作】 2021 年，团区委推进基层组织改革全国试点工作。按普陀区"4+X"积分入团机制新发展团员 189 名，在区县率先实现中学推优入团程序规范化全覆盖。11 月，出台《普陀区共青团员"三亮三比"亮分制管理》《普陀区共青团推优入党》等实施办法，完善团员先进性评价体系。完善团干选用机制，联合区委组织部制定《关于加强新形势下基层党建带团建工作的实施意见》，明确团干部（含挂兼职）管理、使用、培养、考核、奖惩

"情系小哥　幸福派送"快递外卖行业青年关爱周活动（团区委提供）

机制等细则，形成团区委向区委推荐团优秀基层工作骨干长效机制。持续开展"青年大学习"行动，全年开展网上主题团课 35 期，参学超 4 万人次。线下组织青年专题学习习近平总书记"七一"重要讲话、中共十九届六中全会精神等，组织参与舟山市"红船杯"党团知识竞赛。5 月，成立快递外卖"小哥"团青联盟，扩大服务覆盖面。

团区委推进"青浪之音"宣讲行动，联合举办区青年理论宣讲（微型党课）大赛，组建"潮涌东海·青浪之音"宣讲团，打造"党史·青年说"微讲堂，通过上门宣讲、街头快闪、短视频等形式宣传党的创新理论。实施青少年"真善美"种子工程，新成立区教育团工委，配备教育团工委书记 1 名，带动团教协作整体升级。组织开展"请党放心·强国有我""高举队旗跟党走·红色基因代代传"等主题团、队日活动。全年组织青年骨干宣讲员 50 余人，发动各级团组织累计开展宣讲 100 余场，覆盖 2300 余人次。

团区委发挥典型示范引领作用，组织评选"新时代好少年"，12 月，邀请全国抗疫先进个人、援鄂护士虞丹旎等青年典型分享奋斗故事，弘扬奉献精神。围绕普陀经济社会发展大局，带领广大团员青年立足岗位职责，发挥生力军和突击队作用。助力防台风、抗疫，组建社会志愿服务队 6 支，组织千余名青年志愿者投身防汛抗台志愿服务，开展防台风宣传、隐患排查、群众安置、应急抢险等各项工作。

【青年人才工作】 2021 年，团区委围绕"双招双引"，深化青年引航人才行动。以解政策、推平台、谈乡情等为主题，开展海燕归巢、人才交流等活动 3 场以上，推动联络站在外活动规范化、常态化。结合产业园区团建工作，新建团组织 1 个以上，配套符合青年利益需求、受青年欢迎的活

5月，“越野东海 奔跑青春”2021普陀青年玫瑰跑（团区委提供）

动，畅通团组织联系服务青年员工的渠道，完善青年人才服务机制，为园区团结、引领、留住外地优秀青年人才。

【青年就业创业工作】 2021年5月，团区委联合舟山国际水产城团委在舟山国际水产城创建嗨创电商联盟，提供沙龙交流、导师分享、创业指导等相关服务。是年，通过短视频推介、微信推文等多种方式，为虾峙河泥漕、登步杨梅季、展茅家庭农场阳光玫瑰葡萄、六横黄金桃等农特产品、美食、美景推广宣传，开展针对性推广推介5场，帮助实现销售额15万余元，比上年增长50%。

【青少年民生关爱工作】 2021年，团区委加强重点青少年、贫困青少年帮扶，提供资金援助、心理疏导、走访慰问等服务。加强和各级团组织、各类社会组织等相关部门合作，针对每一位重点青少年建立“村干部+团干部”帮扶模式，畅通青少年诉求反映渠道，利用“亲青筹”“亲青帮”等共青团品牌平台满足维权诉求。多方筹措资源，开展“关爱小桃人”“小海豚圆梦计划”“星宝梦工厂”等困境青少年帮扶项目，通过项目帮扶青少年198人次，达成微心愿34个。“圆梦大学”“精实助学”项目资助学生13人，资助金额超过6万元。依托“亲青筹”“腾讯99公益日”平台，筹集资金4万余元，专款帮扶青少年12人。全年开展走访和帮扶重点青少年200余人次。2021年10月，新注册成立普陀区青少年事务服务中心，吸纳公检法、社会组织、志愿者团队、团办青年社团等27支队伍入驻，开展“法治第一课”“中高考心理健康教育”“安全自护”等巡讲23场，影响青少年近万人。

5月，舟山国际水产城成立嗨创青年电商联盟（团区委提供）

【志愿服务工作】 2021年，团区委启动普陀区智愿学堂建设，举办首届普陀区公益论坛，建立健全、常态、长效的培训教学机制，组织、培育、服务全区志愿服务组织带头人和骨干志愿者，推动普陀区志愿服务社会化、品牌化、专业化发展，锻造志愿品牌，提质升级参与社会治理。深化“邻距离”公益超市项目建设，推动向海岛覆盖，打造群众触手可及的志愿服务平台。围绕数字化改革，依托线上点单、派单服务平台强化“群众点单·志愿者服务”模式，通过数字赋能提升志愿服务管理科学性。

（撰稿：王伶伶）

区妇女联合会

【概况】 舟山市普陀区妇女联合会（简称区妇联）下辖镇、街道妇联7个，管委会妇工委2个，城市社区妇联31个，渔农村妇联74个，区属单位妇工委（妇委会、妇联）13个。2021年，全区妇联系统以红色、实干、为民、数智和品牌妇联建设为目标开展引领联系服务工作。

【妇女创业创收行动】 2021年，区妇联深化“巾帼云创”行动，组织参加“东海渔嫂”电商培训4期，培育“巾帼云代言”和培训“巾帼村播”。开展女性创业创新培训6次，巾帼科技助农活动11场次，受益近400人次。深化“东海渔嫂”巾帼创业贷，为渔嫂创业创新提供政策支撑，举办春风送岗女性专场招聘及线上“直播带岗”，提供女性招聘就业岗位180个，参与直播互动2000余人次，打造家庭游网红线路4条，开展“妈妈的味道”展示推广活动2次，加大对创业女性扶持力度。在水产城干品交易区成立“东海渔嫂”（家庭）创业联盟，实行联盟管理成员亮牌经营、亮牌履职，推进区域自治管理；建设联盟直播站，以渔嫂花样带货带动线下销售模式“触网”转型。展茅伟叶家庭农场余叶被省妇女联合会、省农业农村厅评为浙江省百名最美巾帼新农人。

【巾帼竞赛活动】 2021年，区妇联打造巾帼文明岗优质服务品牌，丰富巾帼文明岗创建内涵，促进职业女性岗位成才、岗位建功。全区各级各领域巾帼文明岗立足岗位，通过“业务拓展”“绿色通道”“上门服务”“一窗办理”等方式，展巾帼风采。是年共申报省级岗5个，评定区级岗4个。沈家门街道妇联主席邵小燕被中华全国妇女联合会评为全国巾帼建功标兵。

【文明家庭创建】 2021年，区妇联发挥“东海渔嫂”参与社会治理指导中心作用，制定完善《“东海渔嫂”管理办法》《“东海渔嫂”守则》《“东海渔嫂”须知》，打造“东海渔嫂”会客厅，评选区优秀“东海渔嫂”32人、区优秀“东海渔嫂”领军人物9人、区一类“东海渔嫂”社会组织5个、二类“东海渔嫂”社会组织8个，形成“东海渔嫂”女性社会组织培育发展长效机制。建立“东海渔嫂”组织枢纽站1个，培育点3个，培育“东海渔嫂”社会组织10个，创新拓展东海渔嫂“交管员”队伍。紧贴妇女和家庭参与基层社会治理工作需求，以东港安康社区、沈家门墩头社区、六横台门社区为试点，推进集一站、一课、一卡、一榜、一市和X支“东海渔嫂”队伍于一体的幸福家庭积分管理线下实践基地建设，配套谋划“普陀幸福云家”应用，横跨10个条线单位，贯穿区、镇（街道）、社区三级，建立家庭档案库、“东海渔嫂”库两个数字基础，实施积分管理、需求服务和分类治理三项业务闭环，集成家情分析大脑，形成一套与现代化新普陀相匹配的家庭建设数字化体系。“5+X”幸福家庭积分管理项目获评全市群团组织创新项目优秀奖。“普陀幸福云家”应用完成在浙里办、浙政钉上线，并获评2021年度全市妇联系统优秀改革创新项目。东港街道翁瑛瑛家庭、六横镇虞和松家庭被省委宣传部、省妇女联合会评为2020年度浙江“最美家庭”。

3月12日，“5+X”幸福家庭积分管理项目暨“文明驻我家 我在幸福家”启用活动（区妇联提供）

【维护妇女儿童合法权益】 2021年，区妇联健全妇联执委工作站三级网络体系，建立执委工作站（室）3个，推出区级执委认领项目15个。举行童心同乐关爱项目结对，组织“小候鸟”走访慰问·游普陀活动，开展党报大篷车、微心愿认领等活动，走访慰问老村妇代会主任、困难妇女儿童等500余人次，发送慰问金40余万元。联合教育、民政等部门推进家长学校、儿童之家规范化建设工作。开展“法治新征程 平安进万家”妇女维权访谈、以案释法情境表演，召开女童性侵保护“一站式”取证研讨会，承办全市平安家庭建设研讨会，完善与公检法司联动机制，联合区公安分局打造全市首个警娃之家，构建妇女儿童安全防护网。聚焦民生短板，购买妇女儿童和家庭类服务项目5个，多举措强化与女性社会组织的联络。拓展服务路径，流动妇儿活动中心进基层送课59场次，服务1700余人次。

【组织建设】 2021年，区妇联以东港街道文康社区为重点推进小区妇联建设，新建妇联组织13个，实现文康社区小区妇联全覆盖；以国有企业、巾帼文明岗单位等为重点推进新领域妇联组织建设，新建妇联组织5个，建立机关事业单位妇联组织2个。建立妇联执委“四必访”线上管理机制，通过“任务派单—接单认领—提交结果”闭环管理，实现妇联执委“四必访”履职责任清单化、履职情况可视化和履职考核便捷化，全区774名执委走访服务辖区内应访家庭4838户，走访9459户次，走访率达100%，帮助解决和反馈各类问题751个。发挥“群团星”示范点建设牵头部门作用，整合资源，分类指导，推进示范点边打造边服务边完善，聚力打造具有引领凝聚效应、集成群团元素的综合类和单项类服务温馨驿站13个。开展“海上清舟·渔嫂助廉”系列活动20余场次。7月19日，省妇联常委（扩大）会暨“学百年党史·谋共同富裕”理论研讨会在普陀区召开。

7月19日，省妇联常委（扩大）会议暨“学百年党史 谋共同富裕”理论研讨会在普陀区召开（区妇联提供）

（撰稿：杨琳）

3月24日，举办普陀区女童性侵保护“一站式”取证工作研讨会（区妇联提供）

区科学技术协会

【概况】 舟山市普陀区科学技术协会（简称区科协）是由镇（街道）科协、区属学（协）会、企业及园区科协组成的科学技术工作者的群众组织。2021年，有六横镇、桃花镇、虾峙镇、东极镇、沈家门街道、东港街道、展茅街道、朱家尖街道8个镇（街道）科协，会员 566 人；有区医学会、区中医药学会、区健康教育协会、区性病艾滋病防治协会、区护理学会、区水产学会、区农学会、区土木建筑学会、区质量协会、区老科技工作者协会、区反邪教协会、区教育学会、区青少年科技教育协会、区兰花协会、区会计学会、区旅游协会 16 个区属学（协）会，团体会员 379 个，个人会员 3788 人；有 9 个企业科协，1 个园区科协，1 个校园科协；另有专业技术协会 7 个。

【科学普及】 2021 年，区科协围绕 2021 年全国科普日 “百年再出发，迈向高水平科技自立自强”活动主题，发动并组织全区各级科协组织开展科普宣传活动。9 月 18 日晚，在杉杉普陀天地中心广场举办普陀区第十九届科普节暨 2021 年全国科普日科普集市活动，以科普文艺演出、科普知识有奖竞答、科普画板展览、科技咨询及健康服务制就科普大餐，拉开科普节序幕。活动共发放书籍及资料 1 万余册，科技咨询及健康服务 500 余人次，科普竞猜 200 余条，受益人群 2000 余人。科普日期间开展科普讲座、青少年科技实践、科普培训、“普陀科协”微信公众号线上科普竞答等系列科普活动 30 余项。其中普陀萌娃海洋科考活动被中国科协评为 2021 年全国科普日优秀活动。组织参加 2021 年舟山新区科技活动周，制作小 K 移动科普巡回展览宣传科普知识，印制碳达峰、碳中和等科普宣传册 3000 余份发放到各社区（村）。

【科普基地建设】 2021 年，区科协完善田园综合体的 “科普+旅游”建设，推荐申报省级科普教育基地。在蚂蚁岛开展“科普+产业园”建设，结合蚂蚁岛艰苦创业精神宣传虾皮产业相关科普知识。完善、推进桃花岛“科普+果园”建设，集水果和中药材种植、采摘、休闲、养生于一体的“仙岛绿园”于 10 月开园。新命名 “冠素堂食品文化体验园”和“普陀区青少年科技俱乐部”2 家单位为区级科普教育基地，美丽普陀田园综合体获批市级科普教育基地。

【科普惠农】 2021 年，区科协以农函大平台为依托，培育新型渔农民，提高渔农民增收致富能力。2021 年区分校开设专业 80 余个，开办一年制长班 207 班，培训学员 9650 人次，短期培训讲座 390 期 33190 名学员。组织 2 名基层农技协负责人参加省级农函大培训，提升渔农村实用人才素质。依托区科协传统项目“金桥工程”，搭建科技专家与种养殖户的桥梁，以“一对一”结对帮扶形式为渔农村种养殖项目提供服务，2021 年实施项目 20 项。推进 2021 年基层科普行动计划实施，24 万元中央补助资金落到实处。

【院士（专家）工作站建设】 2021 年，普陀区引进上海市胸科医院胸外科主任医师、教授张杰，建成普陀医院张杰专家工作站。张杰专家及其团队定期到普陀接诊、手术以及开展学术交流培训。跟进服务已建院士（专家）工作站，分批次完成普陀医院韩燕专家工作站的首次考核验收，以及浙江宏宇工程勘察设计有限公司院士专家工作站和普陀医院蔡秀军专家工作站的绩效考

9 月 18 日，普陀区第十九届科普节暨 2021 年全国科普日科普集市活动现场（区科协提供）

5月18日，普陀医院张杰专家工作站建站评审会（区科协提供）

核工作。制定印发《舟山市普陀区专家工作站考核办法》，规范专家工作站考核工作。

【深化科协改革工作】 2021年，区科协启动“银龄跨越数字鸿沟”科普专项行动，计划3年内完成1.8万人次以上的老年人智能手机应用科普培训。整合师资、场地等资源，依托成校、农函大、老年大学、渔农村文化礼堂、移动公司等力量，设立教学点，并为老年人“量身定制”培训课程。是年全区开设教学点29个，举办老年人智能手机培训170余场次，印发培训教材5000余册，培训7000余人次，获老年人认可。配合省科协做好数字科协平台建设，完成组织管理系统数据采集及录入，逐步完善区本级及镇（街道）科协、学协会、企业科协、农技协组织及人员信息，推广普及“银龄跨越数字鸿沟”科普专项行动数字化平台应用。

5月12日，“银龄跨越数字鸿沟”老年人智能手机培训（区科协提供）

【组织建设】 2021年，区科协在市“群团星·耀党旗”示范点舟山国际水产城新建企业科协组织，凝聚企业科技工作者。吸收区旅游协会加入科协组织，促进科普文旅的融合。新建普陀区青少年科技俱乐部，助力青少年学生科技教育、培训、实践活动。6月，区科协基层科普能力素质提升培训班赴嘉兴南湖结合党史教育进行参观学习。

（撰稿：朱咪呐）

区归国华侨联合会

【概况】 普陀区归国华侨联合会（简称区侨联）与区政府侨务办公室（在区委统战部挂牌）合署办公。2021年，全区有东港街道、沈家门街道、展茅街道、六横镇4个基层侨联组织。有省五星级村（社区）“侨界之家”1家，四星级3家。设有舟山市普陀区留学人员和家属联谊会，年底在册会员80人。

【组织建设】 2021年，区侨联组织根据区委办印发《舟山市普陀区侨联改革实施方案》，拟定《舟山市普陀区归国华侨联合会职能配置、内设机构和人员编制规定（草案）》，加强侨联制度体系建设。举办“流动侨之家”、党史宣讲等系列活动。3月，召开普陀

区侨联获市侨联“侨心向党 同心同行”红歌合唱比赛活动第一名（区侨联提供）

区侨联七届三次全委会议。4月，开展“寻访红色足迹·坚守初心使命”侨界党史教育活动，参观展茅革命烈士史迹陈列室和茅洋会议旧址，挖掘3名宣讲员开展党史宣讲。组建归侨侨眷合唱队，6月参加由市侨联主办的“侨心向党 同心同行”红歌合唱比赛并夺得第一名。8月，召开七届五次常委会会议。参与省市侨联组织的各类侨务培训会议。5月，组织40余名侨联委员、留联会理事、侨之家志愿者等侨界代表参加全市侨界人士培训班，10月，参加由宁波市侨联举办的“甬舟侨务一体化”基层组织建设培训会。

【社会服务】 2021年，区侨联结合“千侨（团）扶千村”活动，完成与5家企业14个社区（村）达成合作结对，发展“侨浙里”品牌经济，探索推广“侨家乐”富村模式，激活侨商回归的资本潜力，助推乡村振兴、就业增收。通过“志愿汇”平台管理，为志愿服务提供意外保险。5月，开设“群团星·耀党旗”归侨侨眷兴趣培训班报名活动，受到群众欢迎和好评。普陀医院神经精神科主任、主任医师王明受邀在沈家门大蒲湾社区讲授“抑郁症的防治”健康知识，40余名侨胞侨眷和居民参加。6月，组织普陀区侨界医生到沈家门平阳浦社区开展义诊和健康科普咨询活动，服务100余名居民。9月，开展“迎中秋”侨界人士趣味健身游艺会，有50余人参与。春节期间走访慰问困难和重点归侨侨眷，送上祝福和慰问品。全年累计走访慰问重点人士52户。

【维护侨谊】 2021年，区侨联依法维护侨胞侨眷合法权益，常态化助侨惠侨。继续聘请法律顾问，为来信来访的华人华侨、归侨侨眷排忧解难，全年提供法律援助5次，主要涉及房产清理与房产合同纠纷方面。区侨联通过舟山市侨联公众平台公布疫苗接种联系电话，开通留学生疫苗接种绿色通道。

（撰稿：陈琰）

普陀侨界志愿者医生义诊活动走进沈家门街道平阳浦社区（区侨联提供）

区台胞台属联谊会

【概况】 普陀区台胞台属联谊会（简称区台联会）是由居住在普陀区内去台湾人员眷属，台湾回乡人员、在普陀台湾籍台胞自愿组成的非营利性社会团体。区台联会在市台联会的指导和区台办的支持下发挥桥梁纽带作用,开展各项工作。2021年,有会员61名,理事21名,常务理事7名,会长李作昌。年底,有台属60余户,涉台婚姻700余对。

【宣传教育】 2021年,区台联每季度召集台联会理事集中学习习近平总书记对台工作重要论述、中共十九届六中全会精神、省委十四届十次全会精神等党中央对台方针、政策、规定。号召全区广大台属每日收看《海峡两岸》栏目,密切关注台湾岛内动态以及台海形势趋势。在会亲访友、接待交流过程中,向台湾亲朋好友赠送宣传大陆经济社会建设新成就的相关资料。

【组织建设】 2021年4月,区台联召开台联会常务理事会议,推荐参加市联会换届选举大会人选。多次召开会议听取理事、会员们的意见建议,研究新老会员的更替工作,对下届会长、秘书长的候选人进行先期考察。发挥普陀区联会作用,配合市台联会完成第七届理事会理事人选推选工作。

【交流联络】 2021年,区台联协助区台办做好杭州台商协会、两岸姐妹互助协会、两岸人文交流关怀协会、阳光创业促进会等重点参访团的交流接待工作。配合开展台胞陈文仁骑行大陆游、台胞顾惜君护送爱国青年周自强骨灰"魂归故里"虾峙岛等活动。区台联号召广大台属发挥自身优势,克服新冠疫情影响,通过电话、微信等多种渠道保持与在台亲友"云联系",关注思想动态,加强感情联络,群策群力做好台湾人民工作。

【服务台胞台属】 2021年,区台联全年受理台胞大陆寻亲、台胞房屋受损求助、台胞子女本地就学、台湾老兵骨灰回乡、台胞房产纠纷等台胞台属求助事宜30余件,做到件件有回复、有落实。做好涉台企业、困难台胞台属、重点台胞台属的走访慰问工作,在元旦前走访重点涉台企业、台资公司6家,重点台属5户,返乡探亲重点台胞8人,在春节前夕配合省市台联会、市台办慰问7户困难台胞台属家庭,共计发放慰问金8400元。不定期走访普陀区重点台属和返乡探亲重点台胞,增强乡亲情谊,增进统一共识。

(撰稿:胡佳莹)

8月,台胞顾惜君(右)护送爱国青年周自强骨灰"魂归故里"虾峙岛获赞誉(区台联提供)

区工商业联合会

【概况】 舟山市普陀区工商业联合会(简称区工商联)与普陀区商会实行一套班子、两块牌子,2021年有基层商会7家(六横商会、桃花海运商会、虾峙海运商会、东港商会、沈家门海运商会、朱家尖商会、展茅商会),行业商会1家(普陀石化海运联合会),其他商会4家(普陀上海商会、普陀北京工商业企业家联合会、普陀杭州商会、区新生代企业家联谊会)。会员总数620个,执委118个。2021年1月,孟阿荣担任普陀区工商联党组书记、区工商联(商会)副主席(副会长)。

【组织建设】 2021年9月,区工商业联合会(商会)召开第八届会员代表大会，区领导张立军、徐炜波、戴灵芝、张禾波、诸葛明海，市委统战部副部长、市工商联党组书记张军华出席。会议选举产生 118 名执委，36 名常委，1 名主席。

是年，区工商联做好优秀民营经济人士作为各级党代表、人大代表、政协委员的推荐工作，考察推荐 27 名企业家为市工商联执委，6 名区政协委员。实施"浙商青蓝接力工程"培养扶持新生代企业家，完成沈家门商会成立和新生代企业家联谊会换届、桃花海运商会换届工作。完善所属商会组织"以奖代补"考评，做好基层商(协)会"以奖代补"申报工作，表彰一批优秀商会和优秀会员。六横商会、虾峙商会分别被评为省工商联"百家示范商会"和全国"四好"商会。区工商联"以奖代补"工作入选全省工商联县级工商联服务"两个健康"工作年度最佳案例。普陀上海商会获评"浙江省在沪特色商会"，普陀北京工商业企业家联合会会长嵇晓华获首届"赛先生"科学和医学公共传播奖。

【教育引导】 2021 年，区工商联组织召开主席会议、会员代表大会、执委会、基层商(协)会秘书长等工作会议，组织广大民营经济人士学习习近平总书记重要讲话精神以及省、市、区委全会和经济工作会议精神。先后 5 次组织民营经济人士开展党史学习教育活动，邀请市委党校专家给企业家上党课，弘扬"爱国、敬业、创新、诚信、守法、贡献"的优秀中国特色社会主义事业建设者精神。制定实施《普陀区工商联纵深推进清廉民企建设方案》。全年开展 9 次党课，每月 1 次以上党组中心组学习，组织会员企业及新生代企业家分别到蚂蚁岛、大陈岛参观学习，组织观看蚂蚁岛精神纪录片和《红船》等电影，聆听相关历史故事，通读《中国共产党简史》《论中国共产党历史》等著作。加强所属商会党建工作，以商(协)会党建为重点，构造工商联党组、会机关党支部、基层商(协)会党支部、会员企业党组织"四级党建联动品牌"。全区基层商(协)会党支部覆盖率 100%。

9 月 15 日，区工商联召开第八次代表大会（区工商联提供）

【服务企业】 2021 年，区工商联创新开展深化轮值会长制度、做好商务配对服务的会务活动。修订完善《轮值会长制度》和2021 年轮值会长安排表，全年安排 8 名民营经济人士副主席（副会长）担任轮值会长，在信息、人才、维权、商务、融资、协调等方面做好服务工作，助推企业高质量发展。开展 7 家上规模企业调研工作，相继完成民营企业劳动关系状况监测调查、"万家民企评银行"、民营企业运行状况调查、上规模民营企业调研、社会责任调研、民营企业绿色低碳发展基础和成效调查 6 个调研和上报工作；走访上海、杭州、北京等异地商会和基层商协会。全年调研、走访 83 家单位，收集意见建议 30 余条，为企业解决实际困难 10 余条。

区工商联利用政府搭建的各类产学研用对接平台发挥民营企业在科技创新和成果转化中的积极作用，帮助对接民营企业与省内外一流企业和优秀国有企业交流合作，提升经营能力和管理水平。牵线民企之间产品、项目、人才等方面的紧密合作，搭桥区内外商(协)会、社团和知名客商的联络交流、考察，谋求合作发展、互利共赢。有 4 家企业商务信息有效配对，超额

4 月，区工商联举办“两个健康”培训班（区工商联提供）

完成招商指标。

利用与舟山网合作的“印象普商”专栏、工商联微信公众号、微信工作交流群等新媒体，宣传民营经济工作，宣传普陀商人、总结提炼发展区域经济好的做法和创新发展的典型，弘扬普陀企业家精神。相继在人民网、《舟山晚报》、掌尚舟山等新闻媒体报道 40 余篇。实施“品质浙商提升工程”，聚焦“两个健康”（非公有制经济健康发展和非公有制经济人士健康成长）。4 月，举办全区民营企业“两个健康”培训班，46 家企业参加培训。

【参政议政】 2021 年，区工商联推动创建政企沟通机制，维护企业所需所求，助推企业健康发展。开展“亲清直通车”活动，会同有关职能部门相继组织开展科技自立自强促发展、学党史，办实事、政商面对面、能耗“双控”等为主题的 4 场政企恳谈会，60 余家企业与政府点对点对接、面对面交流，对企业提出的 50 多个问题形成反馈意见并跟踪评价。走访 32 家企业组织撰写有关“共同富裕”主题调研报告，为区委、区政府科学决策提供依据。引导民营经济代表人士履职尽责，在区“两会”上，区工商联（商会）的政协委员和人大代表提出提案和建议，全年向区委、区政府建言献策、反映问题 10 多件。

区工商联加强商会人民调解委员会建设，聘请常年法律顾问，加强与法院、检察院的沟通，举办“法律进民企”“法律进商会”等专项活动，向基层商会发放反诈宣传材料，帮助民营企业增强法律意识，增强预防风险能力。组织企业家参加区检察院队伍教育整顿座谈会，配合实施省工商联、省司法厅、省律师协会“千所联千企”活动，联合区司法局、市律协普陀分会举行“律所联商会”签约仪式，9 家基层协会与有关律师事务所签约结对。

【光彩事业】 2021 年，区工商联引导民营企业，通过村企结对方式参与消除集体经济薄弱村的工作。多次组织召开座谈会听取意见建议，下发《关于开展“村企结对帮扶，助推乡村振兴”活动的实施方案》，49 家企业与社区村结对、签约。参与助推全省 26 县跨越式发展计划，组织普陀区 12 家企业与磐安县相关部门结对联系。引导非公经济人士开展“义行天下，积极回报社会”、“送温暖”惠民大行动等慈善活动，全区民营企业向社会捐款390 余万元。

（撰稿：洪建丰）

区文学艺术界联合会

【概况】 普陀区文学艺术界联合会（简称区文联）辖区作家协会（简称区作协）、区摄影家协会（简称区摄协）、区美术家协会（简称区美协）、区音乐家协会（简称区音协）、区戏曲家协会（简称区戏协）、区书法家协会（简称区书协）、区舞蹈家协会（简称区舞协）、区民间文艺家协会（简称区民协）8 个协会。2021 年有会员 689 人（新增 29 人）。其中，国家级会员 22 人，省级会员 119 人，市级会员 318 人。

2021 年，普陀区文联围绕庆祝中国共产党成立 100 周年、创建全国文明城市和建设“开放活力美丽的幸福普陀”等中心工作，在队伍引领、服务中心大局、开展文艺惠民、深化文联改革等方面推出群众喜闻乐见的文艺作品。全年举办各类活动 250 余场次，参与观众 14 万余人次，文学、美术、书法、摄影、戏曲、音乐、舞蹈、民间文艺等 1175 篇（件、首、部）在全国、省、市级中获奖、展出、展演。

【推进文联改革】 2021年，区文联根据省委、市委、区委关于加强和改进党的群团工作会议精神和《浙江省文联深化改革实施方案》《舟山市文联深化改革实施方案》，结合普陀实际，制定《舟山市普陀区文联深化改革实施方案》，完成区文联社团注销及群团登记工作。开展首家乡镇文联组织——六横镇文联筹建工作，推动乡镇文艺的繁荣与发展。

【实施清廉文化精品打造计划】

2021年，区文联按照清廉文化学习教育计划要求，把清廉题材纳入区文联文艺创作精品工程并给予重点扶持。全年举办“海上清舟”廉政文艺下乡巡回演出5场，创作演出一批以清廉文化为主题的歌舞、小品等作品。为区纪委培训、辅导摄影学员40人。创作《红色蚂蚁岛》情景剧和《清舟廉岛颂》《海上廉歌》两首歌曲，创作的舞台剧《检察官日记》获全省检察机关主题文化展示银奖。全年创作清廉渔民画作品40余件，其中，6件渔民画作品被全国廉政渔民画优秀作品展收藏，25件作品入选舟山清廉渔民画展。组织区文联各协会参加由省文联组织的“艺心向党·崇德尚艺”做有担当的新时代文艺工作者专题报告会，推动清廉文化走向基层，走近大众。

【展示展演活动】 2021年，区文联围绕2021年中国共产党成立100周年，开展系列庆祝活动。“红色印记”普陀篆刻精品展、“溯源初心”书法小品展、“普陀光辉”舟山市美协走进普陀美术作品展、“初心百年·光影筑梦”普陀区庆祝中国共产党成立100周年摄影展分别在普陀文化精舍展出；举办“普陀非遗衍生产品和手工文创产品创新成果展”、“星耀普陀·舞庆百年”普陀区少儿舞蹈大赛、“党在我心中”主题征文大赛、“佛茶雅韵”诗歌征文、“情系国家，同心圆梦”美术作品大展、“重温来时路，开创新征程书法篆刻展”、“红色老物件展”、“建党100周年红色记忆”灯谜竞猜、“2021迎春画展”、“幸福普陀·红心颂党”2021年下乡巡回演出等系列活动。强化服务能力，推动基层文艺活动。区作协配合中国普陀国际佛茶文化节开展“佛茶雅韵”诗歌征文比赛，庆祝建党100周年“茶和世界共享美好”诗歌朗诵会，“党在我心中”主题征文比赛以及“幸福普陀红色礼赞——2021中国沈家门渔港诗歌”征文评选；区戏协、区音协和区舞协举办“一起过个幸福年”2021年普陀网络春和“普陀过年，乐享幸福”云享课堂两个节目录制工作，参加“幸福普陀，红心向党”2021年普陀区文艺下乡85场巡演、“幸福普陀，红心向党”暨十二届兴普社区邻里节文艺晚会、“海上轻舟，普陀廉岛”2021年普陀区“廉戏下乡”5场文艺演出、“幸福普陀情，同谱共富曲”2021年普陀区“三团三社”展演、“幸福普陀，全民文艺”越剧公益培训班、“返普归真 福满仙陀”2021年舟山普陀文旅合肥蜀山推介会和宁波海曙推介会文艺演出；区美协举办“识名画 学党史”讲述中国共产党故事相关美术征品征集，举办“普陀光辉”——舟山市美协走进普陀二中巡回展；区书协举办第三届春联书法网络展；区摄协完成记录小康工

“艺心向党 崇德尚艺”专题报告会（区文联提供）

“返普归真　福满仙陀”文化走亲安徽合肥演出（区文联提供）

“星耀普陀·舞庆百年”普陀区少儿舞蹈大赛（区文联提供）

程”图片汇总，协助市摄影家协会完成“发现六横”摄影大赛、“奋斗百年潮起东海”建党100周年摄影展；区民协举办“穿越千年　美在东方”戎峰雷艺术盘扣展和三场公益灯谜竞猜活动。区文联在百姓艺术大课堂中开设文学、书法、摄影、美术、舞蹈、音乐、戏曲、民间工艺等文艺辅导培训活动，全年开展各类培训辅导600余次，受训人员达1万余人次。区作协“乡土文学进校园”，区戏协“幸福普陀　全民学艺”越剧公益培训班，区书协书法篆刻加工培训班，区摄协纪检干部摄影培训班，区音协“圆梦青苗”以艺育美农村未成年人美育课堂音乐课，区舞协面向舟渔小学和残联进行的《舟山锣鼓》辅导培训，区民协灯谜创作、刺绣盘扣、布艺制作、渔绳丝、中烹技能、船拳等培训辅导工作，获社会广泛好评。

【“筑梦东海·红动普陀”周末文化夜市活动】　由区委宣传部主办，区文联承办，内容包括大型文艺演出、多点小型演出、露天电影播放等。6月25日晚，在东港莲花洋广场举办“百年辉煌·艺心向党”区文联庆祝中国共产党成立100周年艺术展演，“筑梦东海·红动普陀”周末文化夜市活动正式启动。7月16日举办“永远跟党走”红色戏剧专场演出，17日举办“红歌献给党”乐队专场演出。

【文艺志愿者活动】　2021年，区文联根据区委《“群团星·耀党旗”普陀区群团组织庆祝建党100周年主题系列活动方案》，多次参与“群团星·耀党旗”志愿者服务行动，通过传授鱼拓画及渔绳结技艺，赠送小幅书法、绘画作品使群众体验传统文化的魅力。配合市文联参加“学党史·传精神·跟党走”文艺志愿者走进蚂蚁岛志愿者服务活动，丰富群众文化生活。

【区作家协会】　2021年，区作协有会员115人。其中，中国作家协会会员1人，省作家协会会员11人，市作家协会会员45人，主席陈桂珍。

区作协全年共创作各类作品400篇（件、首、部），其中省级以上发表刊登61件。有1名会员加入省作协，5名会员加入市作协。是年，青年作家陈周蕾编辑的“小青春”美文系列丛书再版发行；陈小字小说《叔叔的池塘》发表于《海燕》2021年2月号、小说《佛塔》发表《文学港》2021年第3期；陈桂珍《走在蚂蚁岛上》（组诗）入选《共和国诗人》（作家出版社）、诗歌《干施岙》入选《建党100周年全国文艺家精品大系》；徐豪壮小小说《背影》发表于《金山》杂志2021年3月号、诗歌《爱》（外一首）发表于《现代作家》2021年11月号，小小说《画圈》、诗歌《我心中的祖国》（外一首）、小小说《武夷山》《麻雀》分别发表于《关东美文》2021年2月号、2021年3月号和第4、第5期，小小说《出海》《凌晨五点》和诗歌《牵挂》《爱》分别发表于《启明星·校园文学》2021年第10期和2021年第2期；袁敏敏的诗歌《追忆》《自毁书》《咳嗽》《时间》《在南沙踏浪》《元宝湖记》《牧山》《下山》《路过樟林》《一只发光的乌鸦》发表在《爱你·教师文学》第2期，《灵峰访石》《追忆》发表于《中国校园文学》第5期，《山中怀古》《山旋水转》《山前》发表在《扬子江诗刊》第4期，《东福山象鼻峰》《六横漫行》《登狼山》发表在《中国地学诗歌双年选2017—2020年合卷》（中国大地出版社），评论《胡弦〈绳结〉推荐语》发表于《星星·诗歌理论》第1期；韩萍波散文《风霜萋萋石马岙》发表于《紫藤》；孙鼎期散文《从南湖到大海》发表于《浙江园林》2021年第二期。会员作品200余篇发表于《舟山日报》《舟山晚报》《海中洲》《今日普陀》等报刊。10余名会员作品入选《舟山市抗疫文学作品选》。

【区民间文艺家协会】 2021年，区民协有会员83人。其中，国家级会员1人，省级会员16人，市级会员38人，主席忻怡。全年共创作各类作品73篇（件、首、部），其中省级以上发表刊登11件。

2021年，忻怡为中国民间文学系列丛书中的舟山市“歌谣卷”整理编写80余首歌谣交省民间文艺家协会；完成《普陀渔民画》一书编纂，全书约25万字；胡瑞琪完成《嬗变——沈家门渔港的100年》编校和《浙江省文史记忆·普陀卷》初稿撰写；孙峰作品《蚂蚁岛精神史料汇编》列入浙江省文化工程研究项目，专著《翁洲走书》获得2017—2018年度社会科学优秀成果三等奖，在舟山广播交通频率开设《舟山老故事》专栏，于《舟山日报》《舟山晚报》发表舟山历史文化文章等40余篇；忻怡、赵学敏根据舟山历史上“弘进轮”事件创作传统曲艺翁洲走书《弘进轮》，于8月23日参加舟山市文艺创作节目调演；丁安龙所作反映知青生活的散文集《我在北大荒》由中国科技人文出版社出版，全书19万字。

在第五届浙江工艺美术双年展暨第八届浙江省民间文艺映山红奖、优秀民间工艺美术作品评选活动中，区民协选送的12件作品有10件被选中入展，入展作品数量为全市首位。岑国和制作的“舟山绿眉毛三桅木帆船模型”被浙江省非遗馆永久收藏并颁发收藏证书，船模作品《郑和宝船》获第十六届中国义乌文化和旅游产品交易博览会荣誉金奖；蒋德叶获第十六届中国义乌文化和旅游产品交易博览会铜奖，参加中国农民书画展丰收节网上展，参与中央电视台中文国际频道中国舆论场采访拍摄；斌恒渔民画作品《连年丰收闹渔港》入选长三角传统美术精品展，渔民画《全面小康创丰年》入选浙江省文化部举办的三团三社文艺精品展；翁鉴智原创产品“浙香好礼·泊云二十四品、四时益神香”获2021中国特色旅游商品大赛铜奖，“浙香好礼·五行养生香”获2021中国旅游商品大赛（健康主题）银奖；傅誉杰作品《夜泊》获中国工艺美术学会中艺杯铜奖。

【区音乐家协会】 2021年，区音协有会员55人。其中，国家级会员1人，省级会员15人，市级会员30人，主席徐益男。

区音协全年共创作各类作品9件，其中5件作品参加省级展演。顾颖作词、王娅君作曲的音乐作品《听江南》获“致敬百年唱响未来”2021舟山新民歌创作大赛十佳歌曲奖、2021浙江省第二十届群众音乐大赛金奖，顾颖作词、徐益男作曲的音乐作品《桃花的亲人》获2021浙江省第二十届群众音乐大赛入围奖、2021年舟山市创作作品展演金奖。

【区舞蹈家协会】 2021年，区舞协有会员67人。其中，国家级会员1人，省级会员7人，市级会员26人，主席吴萍儿。

区舞协全年共创作各类作品4件，其中3件参加省级比赛。舞蹈作品《VR少年》参加舟山市创作文艺展演获创作一等奖，舞蹈《天边的号子》参加浙江省第三十一届群众舞蹈大赛展演。

【区戏曲家协会】 2021年，区戏协有会员47人。其中，国家级会员2人，省级会员10人，市级会员26人，主席顾颖。

区戏协全年共创作各类作品7件。顾颖编导的小品参加浙江省第三十二届群众戏剧小品大赛并获银奖，编导的小品《谁的卡》参加浙江省首届喜剧小品竞赛活动并获金奖；金哲慧获浙江省青年宣讲大赛二等奖，为浙江海洋大学辅导的诗朗诵《我没有忘记》《祖国的稻花熟了》获浙江省大学生诵读大赛二等奖，编导的舞台剧《检察官日记》获全省检察机关主题文化成果展示银奖；蒋海儿在中共绍兴市委宣传部、绍兴市文化广电旅游局主办的第六届全球越迷嘉年华活动中获评“越迷兰花”个人折子戏竞演最佳个人。

【区书法家协会】 2021年，区书协有会员105人。其中，国家级会员3人，省级会员25人，市级会员61人，主席鲍如钦。

区书协全年共创作各类作品200余件，其中7件获省级展出。张连辉、鲍飞波、张峰作品入展“陆维钊奖”第九届浙江省中青年书法篆刻展。立定、余海龙作品入选“陆维钊奖”第九届浙江省中青年书法篆刻展。张志华作品入展浙江省第二届新人书法篆刻作品展。王照国作品入选浙江省第二届新人书法篆刻作品展。24名会员作品入展“峥嵘岁月·庆祝中国共产党成立100周年”舟山市书法篆刻大展。

【区美术家协会】 2021年，区美协有会员81人。其中，国家级会员6人，省级会员25人，市级会员75人，主席王小平。

区美协全年共创作各类作品130件。21件作品入选“庆祝建党100周年　潮涌百年——舟山美术作品大展”。6件作品入选6月举办的庆祝建党100周年舟山市工艺美术精品展。省级以上共有40余件作品入选，2件作品获提名奖。2件作品入选省美术家协会主办的“万象更新——浙江省油画作品展”，王舟其《海角变奏曲》在展览中获学术提名奖；1件作品入选“乡村振兴·童话云和”浙江省美术作品展；3件作品入展省美术家协会主办、宁波美术馆承办的“浙江省第十六届水彩粉画展”，王舟其《暗夜里的星》获“学术提名奖”。4月，区美协会员10件渔民画作品入选“颂歌献党长三角传统美术精品交流”；6月，13件作品入选“衢州有礼·运动柯城”浙江省农民画作品展；4名会员的作品入选“庆祝中国共产党成立100周年——第二十一届江南之春美术作品展”；4名会员的4件作品入选2021年长三角现代民间绘画(农民画)交流展。10月，杨素亚的《新时代幸福生活》、缪亚娟的《渔家追梦奔小康》入选“幸福小康　美好生活”全国农民画作品展。

【区摄影家协会】 2021年，区摄协有会员94人。其中，国家级会员7人，省级会员16人，市级会员51人，主席柯军。

区摄协共创作各类作品250件。4名会员的6件作品入选由中国民俗摄影协会主办的中国四大名山摄影大赛；郭嘉康作品《船板的故事》组照获第二届舟山市摄影艺术展金奖；黄竞奋作品《灯光璀璨醉渔港》入选“浙江省第七届群星视觉综合艺术优秀作品展”，《舟马奔腾闹渔都》在浙江省“迎杭州亚运，展体育风采”摄影赛中获优秀奖；余苏君作品《普陀渔民防控防疫助力复工复产》获浙江省慈善总会庆祝中国共产党成立100周年摄影展优秀奖；夏江祥作品《敬老爱老过重阳》、陈芝芬作品《日落滩涂》在《中国摄影报》刊登；李海峰5件作品入选港深珠澳摄影联盟、Aphoto雅昌影像联合主办的“定·位|Aphoto当代摄影艺术收藏展”，《太空房》在福建省摄影艺术协会举办的首届中国定制家具行业摄影大赛中获优秀奖。

(撰稿：蔡真)

区贸促会

【概况】 中国国际贸易促进委员会舟山市普陀区委员会(简称区贸促会)成立于2019年7月。2021年年底，普陀区共有38家区贸促会委员单位，55 家区国际商会会员企业。是年，区贸促会落实普陀区重大发展战略，打造贸易投资促进和商事法律服务两个核心，发挥贸促会连接政府与企业的中介纽带作用，推进各项工作开展。围绕庆祝建党 100 周年系列活动“进企业”“进机关”开展党史宣讲活动。

【招商与投资促进交流】 2021 年，区贸促会面对海外疫情不断反复的新情况，依靠省、市贸促会平台，发挥贸促会组展的传统优势，帮助企业开拓国内外市场。组织企业参加“浙江出口网交会”“浙江名品水产行业线上展”“中东欧贸易投资交流会”等一系列线上线下展会 10 余场，推进服务贸易创新发展与国际合作，推动传统外贸向线上交易模式转变，为普陀区外贸企业搭建国际经贸交流新渠道。

6 月，区贸促会在市贸促会牵头下与可津润山控股集团在区智创城西公司进行初步接洽，并考察可招商地块。7 月，与省贸促会对接，推进“走进普陀”项目的协作交流，撰写关于组织省国际商会企业走进普陀开展交流会方案初稿。8 月，参与协助市贸促会做好“国际经贸代表团浙江行走进舟山”活动及其投资环境推介会的准备工作。

【商事法律服务】 3 月，区贸促会举办涉外企业法律商事服务培训会，了解企业生产诉求情况，提升企业商事法律风险预防和应对能力，40 余家涉外企业参与。6 月，在省贸促会支持下，设立浙江省国际商事法律服务中心普陀联络点，增强县区商事法律服务力量，使商事法律服务向基层延伸、向企业覆盖。

8 月，国际经贸代表团进舟山投资发展环境推介会召开（区贸促会提供）

【搭建服务平台】 2021 年 9 月，区贸促会组织普陀企业参加市贸促会（国际商会）与农业银行联合举办的金融助企推进会，有 3 家普陀企业与银行建立对接关系，意向融资额度 1.48 亿元。深化“三服务”，10 月走访调研展茅 2 家金枪鱼企业，了解普陀水产行业现状及发展趋势，收集企业关于外贸出口中遇到的各种问题，参加市贸促会组织的舟山水产企业座谈会。

区贸促会利用自身平台优势，收集、整理各类优质经贸信

9 月，舟山市金融助力外贸企业推进会召开（区贸促会提供）

息，及时向有关企业推送。累计发布各类经贸信息100余条，主要包括政策解读、关税情况、国际市场热点等。开展国际商事调解宣传，通过发布涉外商事法律实务问题研究、典型案例等为企业提供涉外商事法律服务，帮助企业防范和规避经贸风险。

（撰稿：翁晨露）

区残疾人联合会

【概况】 2021年，普陀区残疾人联合会（简称区残联）配备兼职副理事长1名、挂职副理事长2名；全区8个镇（街道）残联配备理事长，各街道镇残联和110个社区（村）选聘残疾人专职委员。

【残疾人社会保障】 2021年，区残联完成2021年度残疾人基本状况和需求调查，平台系统采集10230人，手机App采集率100%，入户率90.03%；完成55户全国残疾人家庭收入状况调查工作。新办残疾人证651本，换发345本，注销残疾人证312本，8次上门助残评残服务涵盖全区所有乡镇街道，服务残疾人193人。

残疾人“两项补贴”共发放2144.92万元。其中，重度残疾人护理补贴发放1547.90万元，困难残疾人生活补贴发放597.02万元，享受人次分别为5637人次、2181人次。制定出台《舟山市普陀区残疾人就业创业扶持实施细则》，扶持全国职业技术技能比赛第一名的张海斌经营服装工作室等项目，全年累计发放就业创业补助74.45万元。

落实从事个体经营及灵活就业的残疾人城镇职工基本医疗保险补助政策。发放医疗保险补助18.34万元，惠及残疾人63人。完成10164名持证残疾人实施伤害保险及重大疾病医疗保险参保工作。配合民政部门完成2020年度共11家集中安置残疾人单位养老保险补贴和超比例安置奖励政策补助共计24.59万元。完成桃花镇残疾人之家三星升四星机构提升项目，下拨运行经费88.18万元。2021年全区创建“残疾人之家”7家，其中四星级2家，三星级4家，二星级1家，日间照料残疾人106人。

推进普陀区残疾人托养中心建设项目，争取省残疾人服务能力提升工程专项激励资金900万元。项目已完成大楼主体建设和装修工程，通过竣工验收。启动第四批省级无障碍社区改造工作，下拨创建资金5万元，明确桃花镇公前村为创建单位，对照验收标准完善基础设施建设，邀请专家指导加强部分设施整改，通过验收。完成65户困难残疾人家庭无障碍改造，改造资金31.18万元。

2021年，区残联将残疾人权益维护工作纳入“平安建设”考核内容，累计接待来信来访19件、23人次，答复办结率100%。拓宽残疾人和残疾人组织民主参与渠道，完成政协提案协办件1件，其中《去存量增新量推进沈家门片区无障碍环境有机更新》在政协大会上进行发言，获区委书记、区长批示。

【残疾人康复服务】 2021年，区残联为5566名残疾人提供康复服务，其中有483名享受助明、助听、助行行动优惠政策。配发助听器237台，下肢假肢23条，轮椅类190辆，护理床类41张，货币补贴类20件，髋或膝关节置换手术33例。落实残疾儿童康复服务制度，为59名残疾儿童提供康复训练，为1名残疾儿童实施人工耳蜗植入手术，为8名残疾儿童适配矫形器，为3名困难家庭的残疾儿童提供康复训练生活补贴。有41名儿童在普陀区首家民办非企业儿童机构普陀区“小海星儿童关爱中心”接受康复服务。创新残疾人康复机制，与普陀医院合作成立“普陀区残疾人医疗康复中心”，为39名患者提供远程康复医疗服务，提供康复治疗服务1320人次。做实做细残疾人家庭医生签约服务和精神病人免费服药制度。2021年家庭医生签约服务残疾人9223人，签约率90.91%。

【残疾人教育培训】 2021年，区残联为12名残疾学生发放学费和生活补助资金5.85万元。全区培训残疾人221名；组织14名残疾人分别参加省、市残联组织的电商客服、中级盲人按摩保健师、宠物美容、民乐及无人机操作等培训。组织9名残疾人参加全市残疾人职业技能竞赛，烹饪竞赛连续2年获第一名。

【残疾人文体活动】 2021年，全区残疾人文体参与率90.25%。区残联开展第三十一次“全国助残

区残联参加新区残疾人文艺汇演获团体第一名（区残联提供）

日”系列活动，区级和各镇（街道）共组织开展助残日系列活动。在展茅街道、东港体育馆举办“群团星·耀党旗”庆祝中国共产党成立100周年文艺演出，完成特殊艺术进农村文化礼堂巡演活动6场，于4月在舟山群岛新区第三届残疾人文艺会演获团体第一。选送4个节目参加省第九届残疾人艺术会演，获一等奖2个，优秀奖和创作奖1个。巩固提升残疾人文化体育示范基地2家。完成康复体育进家庭35户，组织5名残疾人运动员参加市级飞镖比赛，其中2人分获女子组第一、第二名，组团参加市第三届残疾人冰壶锦标赛，获所有3个类别第一名，取得团体总分第一。

【志愿服务及协会工作】 2021年，普陀区有257名助残志愿者累计注册。区残联组织助残志愿者上门为残疾人理发、打扫卫生等志愿助残活动24次。强化专门协会组织建设，落实运作经费5万元，开展第64次“国际聋人节”活动，组织聋人协会10余名聋人参加桃花残疾人之家农疗基地志愿服务活动，组织盲人协会10余名盲人到朱家尖观音圣坛、南沙活动。开展党员助残志愿服务行动，为“残疾人之家”提供志愿服务残疾人30人次。开展“观影无障碍·志愿暖人心”无障碍观影20场、1350人次。

5月21日，市残联调研张海斌服装工作室（区残联提供）

【残疾人事业调研】 5月21日，市残联党组书记、理事长楼世峰到普陀区调研残疾人工作，先后调研张海斌服装工作室和区残疾人托养中心。8月12日，楼世峰一行到普陀区调研六横镇残疾人种养业大户台风受灾情况和扶残助残政策落实情况。10月12日下午，楼世峰一行到展茅街道横街社区就持证残疾人基本状况调查等情况开展监督检查。11月11日上午，市残联副理事长马兰中率由市残工委成员单位组成的市级综合验收组一行6人到桃花镇验收公前村第四批省级无障碍社区创建工作。

（撰稿：严甦甦）

区红十字会

【概况】 2021年，全区街道镇和中小学校红十字会组织实现全覆盖，红十字个人会员1.1万余人；各类志愿服务队8支，红十字注册志愿者 79 人。区红十字会围绕应急救护、社会救助、义诊服务与数字化建设展开工作，全年共组织志愿服务活动 147 场次，服务群众 17790 人次。

区红十字会启动展茅街道黄杨尖村博爱家园省级项目试点，完成前期项目建设。发展村红十字会员 20 人，组建为老服务志愿服务队 1 支。中昌社区建立普陀区城市社区第一个红十字会，被省红十字会列为全省开展红十字基层组织建设提升试点项目。普陀区红十字博爱新生基金项目被省红十字会评为 2018—2019 年度浙江省“突出贡献红十字人道公益项目”，区红十字会被省红十字会评为 2020 年度浙江省红十字会工作先进单位。沈飞轮被评为浙江省红十字会新冠肺炎疫情防控先进个人。

【开展应急救护培训】 2021 年，区红十字会共举办应急救护普及培训 116 期，培训 12682 人次；救护员培训 12 期，培训 487 人次。首次举办应急救护进军营活动，更新各救护培训基地救护相关设备物资。在东港菜场、区社会治理综合服务中心、普陀第二中学、六横行政服务中心等城区和公共场所新布设 AED（自动体外除颤器）5 台，首次在农村社区设置 AED 一台，共开展相关工作人员 AED 操作培训 300 余人。

【社会救助与义诊服务】 2021 年，区红十字会开展“助医、助学、助困”活动，共收到社会捐赠 45718.7 元。开展“红十字博爱送万家”活动，年初发放救助款 24.15 万元。“六一”儿童节期间，整合区计划生育协会等群团资源，慰问沈家门第一小学、沈家门第四小学、普陀区育才学校、向阳小学等学校 37 个困难学生，发放慰问款 0.91 万元；慰问 39 户生育关怀计生困难家庭共计 4.2 万元；定向发放器官捐献家庭助学慰问款 2 万元；提供疾病和生活困难救助 4 人，发放救助款 2.85 万元。以博爱家园为依托，整合红十字志愿服务队伍，发挥医疗服务、救护培训、心理慰藉等志愿团队专业优势，为中小学生、海岛空巢孤寡老人、残疾人、慢性病人等重点人群提供各类服务，受益群众 7600 余人次。

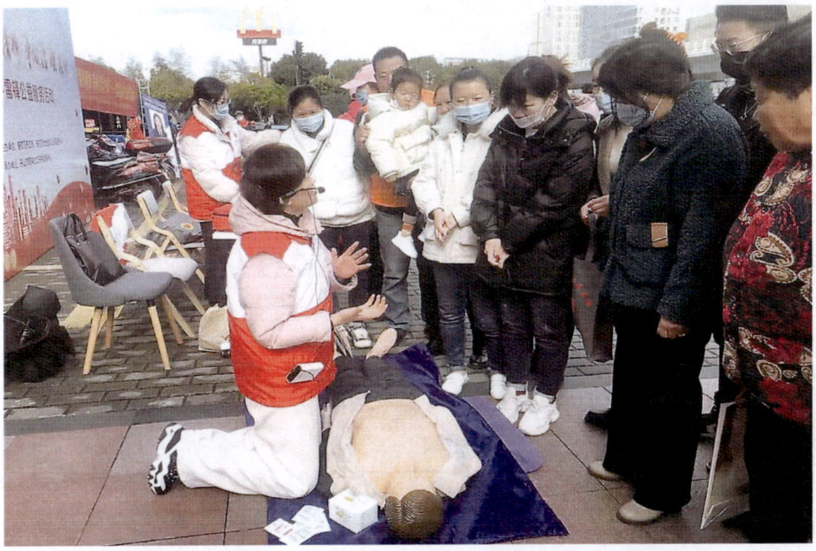

百姓幸福会所应急救护培训 （区红十字会提供）

区红十字会做好 2021 年流动医院免费巡回医疗服务，全年组织流动医院到湖泥、蚂蚁、展茅等地免费巡回医疗服务19 次，服务群众 4621 人次，免费发放药品 83298 元。

【建设数字红会】 区红十字会完成数字红会系统基础数据录入工作，实现志愿者注册、人体器官（遗体、组织）和造血干细胞捐献登记、会员入、转、退及会费缴纳等网上快速服务，共录入会员电子档案 920 人，实现会员入、转、退一网通办。用户通过 APP 红十字会模块，可进行爱心捐赠、报名参加应急救护培训，以及申请造血干细胞捐献登记入库、器官（遗体）捐献登记，并可查找全区范围内所有 AED 布设位置。

【推进“三献”工作】 2021 年，区红十字会继续推进无偿献血活动，全年共有 3830 人次参与无偿献血，献血总量为 766050 毫升。加大人体器官（遗体、角膜）捐献宣传动员工作力度，全年新增造血干细胞捐献志愿者 50 人。

（撰稿：许玉竹）

区计划生育协会

【概况】 普陀区计划生育协会(简称区计生协会)是区委领导下的地方性群团组织。2021年年末,全区建有区计生协会组织1个和各级人口家庭协会组织117个,其中,街道镇人口家庭协会10个(不含朱家尖)、社区(村)人口家庭协会97个、企业单位人口家庭协会6个,流动人口家庭协会4个。全区有会员小组508个,会员1.18万余人,会员之家102个,志愿者4279人。

【组织建设】 2021年,区计生协会开展镇村两级计划生育协会更名工作,全区115个原计划生育协会组织统一更名为人口家庭协会。新建沈家门街道大干社区流动人口家庭协会和展茅街道浙江企润食品有限公司人口家庭协会2家特色人口家庭协会组织。召开2021年全区计划生育协会工作会议,组织区、镇、村三级104名协会工作者参加全省生殖健康社工知识和能力万人培训,全员通过考试。融入大群团工作格局,开展"群团星·耀党旗"主题系列活动。全年举办基层业务工作巡回培训班6场。逐级开展《中共中央、国务院关于优化生育政策促进人口长期均衡发展的决定》等专题学习活动。

2021年,展茅街道蒲公英暖心家园负责人方萍儿获评全国"暖心之星"工作者,六横镇人口家庭协会副秘书长刘迪获评全省计生协会系统"十佳会员",展茅街道蒲公英暖心家园入围全省计生协会系统"十佳基地"。区级表彰全区计生协会工作先进集体17个、先进个人24人。

8月19日,全区基层计生协会业务工作巡回培训在东港街道开班(区计生协会提供)

【生育关怀】 2021年,区计生协会组织实施生育关怀系列项目31个,包括区级宣传教育服务活动类、家庭健康促进类、关怀救助类和组织建设类项目27个、市级项目3个、省级项目1个,合计下发项目资金36.05万元。5月27日,区委副书记、政法委书记孙丹燕慰问沈家门街道计生困难家庭。春节和"5·29"会员活动日期间,全区各级协会共走访慰问计生困难家庭330余户,发放慰问金24万余元。元旦、春节前夕,联合市计生协会、中国人寿普陀支公司开展第七轮"生育关怀—圆梦微心愿"活动,关怀困难群众40人。六一儿童节期间联合区关工委、区红十字会进校开展献爱心活动,慰问困难学生37人。在六横镇建成运行全市第二家省级"暖心家园"基地,蒲公英暖心家园和六横镇暖心家园全年组织开展服务活动30场次,服务计生特殊家庭近1000人次。完成计生特殊家庭保险招投标工作,投入新一期保费36.12万元,惠及全区计生特扶对象和计生手术并发症人员1032人,全年理赔41.65万元。提供服务经费3.66万元,为全区122名渔农村60周岁以上计生特殊家庭老人提供春节、重阳和生日慈善关怀服务。

【家庭健康】 区计生协会开展"永远跟党走——'5·29'会员活动日"宣传服务活动,全区开展各类活动147场次,服务群众1.19万人次。在"7·11"世界人口日、"9·26"世界避孕日、"10·28"

六横镇计生特殊家庭"5·29"会员活动日系列活动暨暖心家园联谊活动（区计生协会提供）

男性健康日、"12·1"世界艾滋病日等纪念日期间，广泛开展上街宣传、便民服务等群众性宣传服务活动，全区各基层协会开展各类活动年均达4次以上。结合全区健康素养进渔农村文化礼堂工作，全面开展家庭健康促进行动，在全区举办生殖健康、优生优育、疾病预防等主题的家庭健康知识讲座22场次，参与群众1200余人次。开展青春健康教育进校园活动14场，服务青少年6300余人次。参与婴幼儿照护服务工作，在六横镇试点开展优育优教系列活动13场，600余人次参与。

（撰稿：杨燕玲）

区社会科学界联合会

【概况】 舟山市普陀区社会科学界联合会（简称区社科联）成立于2012年10月，是区委领导下的社会科学学术性群众团体。2021年年底，有区工商行政管理学会、区农学会、普陀海洋文化研究会、区教育学会、区会计学会、区财政税务学会、普陀佛茶文化研究会、区法学会、区办税协税员协会、区民营企业协会、区个体劳动者协会、区政工师协会、区渔农家乐协会、区退休教师协会、区网络文化协会、区女干部联谊会、区台胞台属联谊会、区健康教育协会、区社会工作师协会、区企业家环境保护联谊会、区两新组织党务工作者联谊会、区青年人才发展促进会、普陀物业小区联合会、区汉文化协会、区志愿者协会25个团体会员单位。区社科联主席戴燕红。

【市区重点课题】 2021年，区社科联下发《关于做好2021年度普陀区社会科学研究课题申报的通知》，完成13篇课题申报，有5篇列入市级课题。其中，《数字赋能推进未来海岛建设的路径研究》列入市级重点课题，《数字化时代与红色教育变革：蚂蚁岛精神红色教育基地智慧发展策略研究》列入市蚂蚁岛精神研究专项课题，《激活"廉洁基因"推进"海上清舟"建设的路径研究》《双循环新发展格局下浙江自贸试验区的制度创新——以普陀片区为例》等3篇列入市级一般课题。在《今日普陀》报纸上刊登"社科理论"专版共6期，包括相关职能部门"一把手"理论文章和调研文章。组织参加市第四届"蓝色经济"发展论坛征文活动，其中《共同富裕示范区先行市背景下海岛建设发展的路径研究——以东极镇为样本案例》获二等奖，《壮大村级集体经济 扎实推进共同富裕——关于普陀新一轮村级集体经济提升的对策思考》获三等奖。

【社科理论宣讲】 区社科联打造首批12家"党史学习教育驿站"，涵盖便民服务中心、产业园区、非公企业等。突出青年宣讲和线上宣讲发力导向，组建党史巡回宣讲团、"童心向党""东海渔嫂""榜样的力量""银发好网民"等多支特色宣讲团队，开展"峥嵘百年·潮涌东海"党史学习教育巡回宣讲活动。录制10期《"峥嵘百年·潮涌东海" 党史微讲堂》，线上观看超5万人次，其中4期被"学习强国"录用。"潮涌东海·理论快闪"和"蚂蚁岛精神宣讲"成为全市唯一入选浙江省精彩宣讲瞬间。开展普陀人文大讲堂6期，邀请中国作家协会

5 月 10 日上午，“峥嵘百年·潮涌东海”党史学习教育巡回宣讲活动启动（区社科联提供）

副主席、中华文学基金会理事长、中国报告文学学会会长何建明作“革命者的初心”专题讲座，围绕“‘传承红色基因 守好红色根脉’大力弘扬蚂蚁岛精神”等主题开展专题讲座。

【示范基地创建】 2021 年，区社科联开展省市社科普及示范基地创建评选活动。展茅街道海岛乐园科普基地发挥礼孝学堂、五匠馆和百鸟园等阵地作用，与学校联合，通过“旅游+定制”方式，推出“传统文化体验班”等社科活动，全年接待游客近万人次。区博物馆以国际博物馆日、社科普及日、文化和自然遗产日、“我们的节日”等重要节庆为契机，采取固定展览结合临时展览、文博讲座走进校园、“指里行间”互动微课堂、流动博物馆服务活动等，为广大市民特别是青少年群体送去社会科学普及活动。区博物馆全年开展各类社科活动共 25 场次，受惠 2 万余人次。

（撰稿：周洁）

编辑：陈思羽

法　治

区委政法委

【概况】 2021 年，中共舟山市普陀区委政法委员会（简称区委政法委）围绕区委中心工作，为建设幸福普陀创造安全稳定社会环境。普陀区连续 16 年被省委、省政府命名为“平安区”，刑事立案比前三年平均数下降 22.2%，受理治安案件比前三年平均数下降 19.9%。全区政法系统获省级以上表彰 37 人，市级以上表彰 79 人。其中，区委政法委机关 1 人获评 2019—2020 年度全省反邪教工作成绩突出个人，1 人获评全市扫黑除恶专项斗争先进个人。区委政法委获评全市扫黑除恶专项斗争先进集体。

【全区建设平安普陀、法治普陀暨扫黑除恶专项斗争总结表彰会议】 4 月 22 日在东港召开，区委书记张立军出席会议并讲话，区委副书记、区长徐炜波主持会议，区领导戴灵芝、张禾波、孙丹燕等出席会议。会议通报表扬 2020 年度区级平安建设突出贡献集体和个人、信访工作先进单位和突出贡献个人、法治普陀（政府）建设优秀单位、“十佳网格员”，命名 2020 年度平安村（社区）和优秀村（社区）。区公安分局、区市场监管分局、东港街道、沈家门街道中洲社区负责人与“十佳网格员”代表作交流发言。

4 月 22 日，全区建设平安普陀、法治普陀暨扫黑除恶专项斗争总结表彰会议召开（区委政法委提供）

【服务保障新区发展】 2021 年，区委政法委制定《关于全区政法机关服务保障高质量发展建设共同富裕示范区的实施方案》，明确 4 大项、15 小项工作任务。组织开展“三为”实践活动，通过精准服务、联动服务、智慧服务，帮助基层解决问题 134 个。推进重大决策社会风险评估工作，全年累计对沈家门老旧小区改造、中奥能源集团有限公司油品储运扩建等 51 个项目出具备案文书。持续加强疫情防控，建立完善联防联控、严防严控、群防群控工作机制，落实专班联勤、专人驻点、专项督查。围绕区、镇两级换届选举及“双减”“双控”等中心工作，督促各地排查梳理影响区、镇两级人大换届选举潜在风险、社会面涉稳隐患，建立完善风险清单、责任清单和任务清单。

【维护社会稳定】 围绕中国共产党成立100周年、中共十九届六中全会等重大会议敏感节点，区委政法委落实稳控责任和稳控举措，总体情况平稳。结合房地产全装修领域矛盾多发特点，指导相关部门出台《普陀区住宅全装修项目质量监管办法（试行）》，为防范化解该领域问题隐患提供制度保障。持续做好海上非法采砂整治，工作成效获省委常委王昌荣批示肯定。常态化开展扫黑除恶斗争，全年破获九类涉黑涉恶案件25起，采取强制措施96人，其中起诉81人，审结恶势力犯罪团集团1件9人。开展黑恶警情联动查处案件43起，排摸倒查65起，列管黑恶犯罪人员及前科劣迹人员105人，成功从境外劝投涉黑涉恶逃犯3人。

【社会治理】 2021年，区委政法委推进数字法治系统建设，对照全省多跨场景重大应用一本账，组织开展"三张清单"迭代工作；申报海上矛盾纠纷化解、"智慧矫正"、渔船出入港报备、裁判文书生效证明、涉法涉诉信访协同办理、流动人口积分管理等应用场景6个并完成项目评审，至12月，"海上矛盾纠纷化解一件事"多跨场景已完成招投标；"流动人口积分入学入住一件事"多跨场景已在"浙里办"上架，并在普陀数字法治门户网站上线，累计形成《矛调"三十六"策》等制度理论成果5项。

开展三级矛调中心"强实力、强实战、强实效"提升年活动，区矛盾纠纷调处指导服务中心创新研发建设"区级调解文书智能管理平台"并投入使用。构建风险预警信息互通、矛盾纠纷联动化解工作机制，全年累计化解矛盾纠纷和群众诉求3996件，同比上升14.2%。8月，普陀区三级矛调中心建设经验获全市现场会推广。

推进县域社会治理共同体建设，制定《普陀区"东海渔嫂"管理办法》，开展"东海渔嫂"队伍提质扩面工作，至年底，全区有"东海渔嫂"社会组织291家，专业骨干队伍146支、2000余人；组织开展社工周公益服务、红色治理系列服务周等公益项目600多场，解决社会治理问题100余个。培育打造东海嘉苑、大岭下新兴园、美丽心灵工作室、沈妈妈、"东海渔嫂"(家庭)创业联盟等个性化、特色化品牌组织。搭建全国首个远洋渔船"综合法律体检"工作平台，累计检查中外船员2000余人次，发现合同纠纷、劳动保障、人际矛盾等风险20余条。推进"智安小区"和"科技管控港"建设，累计建成"智安小区"142个。建立乡边区域合作框架，与宁波等地签订海上协作协议，打造"章奎定"等品牌调解室；是年，86起跨县区、市纠纷全部得到解决，纠纷化解率和履行率均达100%。

推进网格管理服务提升，制定下发网格管理办法和网格工作考核细则，推进全区"智慧村社"建设，组织参观学习定海马岙街道经验做法，推进"微连心"小程序推广应用；全年邀请75737个，粉丝数94851人，累计发布各类民情资讯信息6285条。加强信息督查督办，全年累计采集、流转、处置各类网格动态信息67101件。开展流动人口居住证量化管理积分入学、积分体检工作，受理入学、体检申请963人，审核通过积分入学500人，入围积分体检100人。

【平安建设】 区委政法委制定《中共舟山市普陀区委建设平安普陀领导小组办公室及专项组

"东海渔嫂"美丽心灵工作室活动照（区委政法委提供）

组成方案》，细化分解年度平安普陀建设责任清单，修订完善年度平安社区和区级机关平安综治维稳工作评分标准，开展平安普陀争先进位“百日攻坚”大会战，分区域、分系统、分行业层层压实平安建设责任。强化考核激励，通报表扬10个突出贡献集体和30名个人，命名2020年度优秀平安村（社区）27个，平安村（社区）66个。落实平安普陀建设常态评价机制，分析研判全区平安建设存在问题、风险隐患，全面掌握涉及各地各部门重大事项和相关指标数据。2021年，相关成员单位排查整改问题隐患131个。组织区级暗访督查2轮，发现问题隐患13处39个，回访复查省、市两级检查发现问题隐患28处54个，全部整改到位。完善政法一体化办案体系、社会矛盾纠纷化解体系等7项平安建设专项指标列全市第一。开展“平安普陀主题宣传月”活动，以平安医院、平安旅游、平安交通、平安企业、平安校园等系统平安创建为重点，每月一次开展平安创建宣传活动，累计开展活动17次，参与12.4万余人次，发放宣传资料6.2万余份、宣传品11.8万余份。围绕“平安三率”，通过组织开展“平安普陀我参与”集中签名、集中设摊、入户宣传等方式普及平安知识，发放宣传品2.1万余份。

【执法监督】　区委政法委结合政法队伍教育整顿开展重点案件评查，落实一案一表、一案一报告、一案一确认“三个一”背书程序，累计评查重点案件1500件，发现瑕疵案件54件，并按规定落实分类处理。做好涉法涉诉信访工作，全年受理信访案件4件5人。办理司法救助案件5件5人，发放救助资金10万元。

4月1日，普陀区举行政法队伍教育整顿“学英模、比贡献、践行动”先进事迹报告会（区委政法委提供）

【政法队伍建设】　区委政法委牵头开展全区政法队伍教育整顿，抽调委机关及政法各单位19名业务骨干组建实体化工作专班，聚焦“筑牢政治忠诚、清除害群之马、整治顽瘴痼疾、弘扬英模精神”四项任务、“学习教育、查纠整改、总结提升”三大环节，细化69项具体任务，建立“周提示、日收集、周汇报”工作机制，牵头组织各类教育活动6场次，举办政治轮训2班次，举办普陀区“学英模、比贡献、践行动”先进事迹报告会。落实“自查从宽、被查从严”政策，干警填报问题总数5164个，受理处置问题线索38件40人次，查处违纪违法干警（含辅警）33人次，排查整改执法司法顽瘴痼疾502个，建立健全制度机制29项，中央第七督导组和省委第二指导组督导检查总体反馈情况较好。

（撰稿：虞佳美）

社会治理综合服务

【概况】　2021年，普陀区社会治理综合服务中心（简称区社治中心）发挥社会治理“普陀模式”先发优势和首创优势，推动服务提档升级，打造“公平效率最高、流程机制最优、问题解决最快、人民群众最满意”县级中心。3月23日，《法治日报》以《跑一地是底线，跑一次是常态，不用跑是目标》为题，宣传报道区社治中心经验做法。区社治中心获2021年度全省“建设清廉机关、创建模范机关”工作先进集体、全市

"拥军优属"先进集体、"最强党支部"等称号。

【部门整合】 区社治中心驻有诉讼服务中心、巡回法庭、公共法律服务中心、法律援助中心、劳动关系科、劳动人事争议仲裁院、劳动监察大队、海事渔事调处中心、"智慧城管"指挥中心、"12345"公共服务中心、区信访接访中心、房屋质量与物业纠纷调处中心、医疗纠纷调处中心、公安信访办、区纪委区监委信访室、舟山市保险行业协会16个成建制入驻部门;以轮驻形式入驻有"12309"检察服务中心、一米阳光心理咨询室、区税务局、区价格认证中心4个部门;以随驻形式入驻有区委政法委综治室、区人大信访室、区交通事故调处中心、区退役军人服务中心、区委老干部局向日葵工作室5个部门。区社治中心设立综合受理(2个)、法律援助、医疗纠纷、劳动争议(2个)、城市管理、房屋质量纠纷、公安信访、民商事立案、跨域(网上)立案、缴付款结算、诉讼保全、文书送达、绿色通道共15个办事窗口,以及区调委会、区海事渔事调委会、区医疗纠纷调委会、区劳动争议调委会、区道路交通调委会、区婚姻家庭调委会、区房屋质量与物业纠纷调委会、区学生伤害纠纷调委会、区城管环保调委会、区总商会调委会、区调委会检察院工作室、区行政争议调解中心、区金融纠纷人民调委会等13个专业性、行业性调解组织。对入驻部门和人员实施以区社治中心为主管理模式,由区社治中心进行日常督查、年终考核和评优评先。

【工作机制】 2021年,区社治中心推动工作机制标准化、法律服务集成化、案件办理数字化,深化矛盾化解"最多跑一地"改革。对排查梳理出的欠薪纠纷、海损纠纷、涉旅纠纷、道交纠纷、漏水纠纷、医疗纠纷、离婚纠纷、借款纠纷等八大类矛盾纠纷,逐一制定出台改革方案,明确入驻中心各部门之间、中心和区属各职能部门、中心和各属地街道镇(管委会)之间职责边界,明确首办责任部门,细化协同化解工作流程,强化中心总揽协调和兜底化解功能,建立完善纵向联通、横向协同、内部一体的"一件事"协同化解工作机制。提升群众维权便捷性和有效性,打造矛盾化解"最多跑一地"2.0版本。

3月15日,为依法保护消费者合法权益,区社治中心运用多元化解机制处理消费者权益争议,发挥"一站解纷"引领作用,联合区法院、区消费者权益保护委员会共同制定并签发《关于建立消费纠纷多元化解工作机制的实施意见》(普治发〔2021〕3号)。3月23日,为发挥专家在调解工作中积极作用,区社治中心联合区信访局、区司法局在全区建立信访和矛盾纠纷调解专家库和业务专家库(普治发〔2021〕5号)。5月26日,为推动税收协同共治,区税务局入驻区社治中心,制定并签发《关于税务部门全面融入区社会矛盾纠纷调处化解中心的指导意见》。6月28日,区社治中心联合区法院制定并签发《舟山市普陀区公证调解工作实施细则(试行)》(舟普法〔2021〕20号)。

【成绩成效】 2021年,区社治中心累计流转处置各类案件85231件,比上年增长21.76%。其中,意见建议700件,同比增长36.7%;咨询服务4201件,同比增长16.9%;矛盾纠纷17813件(网格员采集10667件),同比增长8.87%;投诉举报62517件(城管信息采集员52176件),同比增长26.3%。83件包含人身死亡案件在内的重大疑难复杂纠纷得到妥善处置,调成率、协议履行率均达100%。全年区社治中心累计接待省内外单位参观调研48批次、550人次,其中,省内29批次、省外19批次。印发《普陀区社会治理综合服务工作简报》61期,编撰印发《矛调三十六策》500册。

【宣传推广】 3月23日,《法治日报》以《跑一地是底线,跑一次是常态,不用跑是目标》为题,宣传报道区社治中心经验做法。7月20日,"学习强国"学习平台以《舟山普陀:实现矛盾纠纷化解从"最多跑一地"向"就近最多跑一地"升级》为题,对区社治中心相关工作进行专题报道。11月8日,全省纵深推进清廉机关模范机关建设工作会议在杭州召开。区社治中心获评全省"双建"工作先进集体,并作为全省唯一县区属部门代表在大会上作经验

1月6日，省司法厅厅长、省委建设县级矛调中心小组成员马柏伟(右三)调研区社治中心　(区司法局提供)

交流发言。区社治中心经验多次在《浙江日报》《浙江新闻客户端》《浙江法制报》等媒体刊登报道。

【领导考察调研】　1月6日，省司法厅厅长、省委建设县级矛调中心小组成员马柏伟调研区社治中心，市委副书记徐张艳陪同。3月31日，省政法队伍教育整顿指导组组长、省政府原副秘书长夏海伟考察区社治中心，市委副书记徐张艳陪同。4月14日，省委组织部副部长马小秋调研区社治中心，市委组织部部长蒲晓斌陪同。6月17日，宁波海事法院院长张宏伟率队调研区社治中心，区法院院长冯曙波陪同。9月8日，省改革办副主任谢小云率队调研区社治中心，区委副书记孙丹燕陪同。10月20日，省委书记袁家军考察区社治中心并接访，市委书记俞东来陪同。

(撰稿：黄欢)

公　安

【概况】　2021年，舟山市公安局普陀区公安分局(简称区公安分局)接报有效警情29898起(日均81.9起)，刑事立案949起，比前三年平均数分别下降7.2%、22.2%；破获刑事案件434起，其中，命案发2起破2起，“两抢”(抢夺和抢劫)和“五类”案件各发1起破1起；打击处理615人，抓获逃犯54人；查处各类治安案件2084起，违法人员1441人，比上年分别下降17.76%和22.15%。

是年，区公安分局设职能科室(大队)25个、监管场所2个，下辖治安派出所7个、专业派出所2个、保留2个派出所。5月，撤销区公安分局平阳浦派出所，原平阳浦派出所管辖职能根据辖区行政区划相应归并至沈家门派出所和东港派出所。区公安分局有29个集体、193名个人获各级表彰。其中，区公安分局获评“全省扫黑除恶专项斗争先进集体”；区公安分局刑侦大队获评“全国公安机关我为群众办实事成绩突出集体”；区看守所获评“全国公安监管部门抗击新冠肺炎疫情成绩突出集体”。

【反恐工作】　2021年，区公安分局推动反恐怖工作社会化，联合行业主管部门实施“社会治理八

2月9日，在全区公安工作会议上表彰先进　(区公安分局提供)

项实名制”(寄递物流办理、客运购票货物运输、瓶装煅气灌装、散装汽油灌装、手机卡办理、出租房屋等提供住宿的场所、机动车租赁和网络用户登记)，完善反恐怖“四联三防”(联建、联保、联防、联控,防车辆冲撞、防刀斧砍杀、防爆炸)工作机制,推进“洞见 2021”等专项行动,查破暴恐视频案件 4 起,核查关注对象 450 人次,排查各类漏洞隐患 20 余处,发整改意见书 8 份,新建“四联三防”点 2 个。

【打击暴力犯罪】 2021 年,区公安分局组建命案积案工作专班,梳理历年未破命案相关线索,开展物证检材复检,拓展对比思路和资源,组织技术力量前往云贵川渝地区采集历年积案重点人员血样，合计采集男性血样 412 份。快侦快破“5·14”故意伤害致死案、“8·26” 故意杀人案,“两抢”和“五类”案件各发 1 起破 1 起,案件破案率 100%。

【扫黑除恶】 2021 年,区公安分局常态化推进扫黑除恶斗争,开展重点行业线索排摸、黑恶警情滚动联处、涉网黑恶专项打击等工作,破获九类涉黑涉恶刑事案件 30 起，查处六类涉恶治安案件 90 起,打处黑恶犯罪人员 112 人,移送起诉 88 人,治安拘留 63 人，摧毁恶势力犯罪集团 1 个，劝投逃犯 3 人。

【打击侵财犯罪】 2021 年,区公安分局开展打击侵财犯罪 “利剑”行动,深化“破小案”工作,挖掘违法犯罪线索,控制侵财类高危人员,强化案件经营和串并打处，破获传统侵财型案件 829 起,打击处理 339 人,移送起诉 158 人。

【打击治理电信网络新型犯罪】 2021 年,区公安分局组建打击治理电信网络工作专班,构建“刑侦主侦、技网联侦、派出所主防、所队联打”打防治理模式,运用“三流（网络流、信息流、资金流)”追踪、要素分析、案例建模等手段,依托“云剑”“卡断”等专项行动,破获电信网络新型案件(含掩饰隐瞒犯罪所得、犯罪所得收益、帮助信息网络犯罪活动等)108 起，打击处理 239 人,打掉团伙 21 个，退赃 1034.4 万余元,并协助外地公安机关侦破网约案件 4 起。

【打击治理跨境赌博犯罪】 2021 年,区公安分局以“资金链、技术链、推广流、赌客流”打击为重点,通过“监管+排摸”联动、“广泛+秘密” 结合、“线上+线下”同步等方式，常态推进 “扫楼”行动，加强本地涉赌人员综合治理，累计破获跨境赌博案件 32 起,采取强制措施 130 人。

【刑事执法办案】 2021 年,区公安分局刑事拘留犯罪嫌疑人 588 人，取保候审 506 人（直保 188 人),监视居住 2 人,提请批准逮捕 256 人，移送起诉 335 起 615 人,刑事下行 92 起 193 人。

【刑事技术】 区公安分局继续推进十五类案件现场全区统勘制度,督导推行分级分类统勘机制,实现全部案事件现场按需纳入刑事技术人员统勘。加快刑事技术转型升级,打造涉网新型案件勘察研判室,研判新型案件“三流”线索。全年勘验传统案件现场 677 起,涉网新型案件 508 起,传统案件及新型案件勘查率均达到 100%。提取涉诈 App162 起,制作研判报告 242 份。勘验电子物证 95 份,出具鉴定书 150 份。利用痕迹物证认定、突破 22 人。

【视频侦查】 区公安分局落实视频侦查专业队伍建设,强化涉案视频信息挖掘和大数据分析、共享,推进人脸识别系统布点建设。全年破获传统型案件 134 起，提供打击对象 178 人，服务于疫情防控等相关工作 23 次。在省涉案视频实战应用平台采集案件视频 171 起,其中传统刑事案件采集率 55.69%,协助破案 98 起。

【打击毒品犯罪】 2021 年,区公安分局推进 “一打三防”“猎毒”“净边 2021”等专项行动,建成东海渔嫂“禁毒示范点”教育基地,围绕涉毒关注人员、重大警情、线索核查等常态任务,注重情报信息研判、“风洞” 系统应用、网上涉毒线索挖掘。破获网上网下涉毒刑事案件 7 起,移送起诉 12 人,查获吸毒人员 5 人,强制隔离戒毒 2 人，缴获各类毒品162.46 克，铲除罂粟原植株 200 余株。破获全市首起网上制造贩卖毒品案,捣毁网络制毒窝点 1 个。

10月27日上午，区人大代表到区公安分局调研“东海渔嫂”禁毒示范点建设工作（区公安分局提供）

【易制毒化学品管控】 2021年，区公安分局依托浙江省物品管理系统，加强易制毒化学品监管力度。全区48家易制毒化学品企业逐一建立台账，签订禁毒责任书，实地检查139家次，发现问题4处。办理第二类、第三类易制毒购买备案证明114份。

【打击经济犯罪】 2021年，区公安分局组织开展“猎狐2021”、打击涉税犯罪“百城会战”、打击侵犯知识产权护航企业发展“蓝剑2021”等系列专项行动，推进经济犯罪案件侦破，累计破案16起，抓获犯罪嫌疑人55人，挽回经济损失2100余万元，劝投“猎狐”逃犯1人。

【打击网络犯罪】 2021年，区公安分局依托网络“大数据”平台上资源优势，强化对帮信、非法利用信息网络罪等11类网安主侦案件情报信息收集和落地核查工作，破获各类网安主侦涉网案件13起，采取刑事强制措施60人。协助破获各类侵财案件120余起，抓获犯罪嫌疑人240余人。加大对网上逃犯等缉捕对象研判工作，抓获网上逃犯25人。4月派员到省公安厅网安总队开展网约犯罪专项会战，预警并协助上海、福建等地公安机关处置侦破网约持枪抢劫、雇凶伤人等案件4起。

【网络基础管理】 2021年，区公安分局开展网络资产排查工作，摸清全区政务系统资产底数，走访政务系统和辖区企业百余家，新录入单位10家，备案7家，注销不使用和无人维护更新的网站10家，对3家有隐患单位进行限期整改。开展网络安全监督检查专项工作。

【等级实验室建设】 区公安分局加强电子数据取证分析等级实验室建设，8月，通过公安部三级实验室等级评定。对100余起案件近千个涉案手机、电脑开展电子取证工作，出具电子数据鉴定书200余份，为相关案件诉讼提供证据保障。

【“大巡防”体系建设】 2021年，区公安分局实施“机动车巡、三骑联巡、视频监巡”于一体、“分区布警、网格屯警、巡处结合、就近处警”相结合勤务模式，开展“平安护航建党百年”千警万民护旗大巡防攻坚行动和“零发案社区、村、海岛”创建活动，发动“警保联盟”等群防群治力量开展义务巡逻1200余次。全区传统侵财、人身伤害、涉黄、涉赌等警情比前三年平均值分别下降40.95%、6.68%、33.92%、30.52%。

【“枫桥式公安基层所队”创建】 区公安分局深化“枫桥式公安派出所”创建，出台《全区公安机关提升新时代公安派出所“八个能力”助推“六大警务”建设实施方案》，配套出台《社区警务工作攻坚计划》、工作任务措施清单、工作落实情况督查清单等，细化8大类32小项，深度培育8个“枫桥警务”品牌。5个警务室被评为“枫桥式先锋警务室”，4项技战法入选市局“十佳基层基础技战法”，六横分局“警企共建海上枫桥”、沈家门所“港域智理”等经验做法在多家主流媒体上发表。

【公安政务“最多跑一次”】 2021年，区公安分局实行多警种融合

9月，浙江警察学院国际学院副院长叶宁一行到区公安分局调研指导工作（区公安分局提供）

服务，设立“网办中心”，推进公安政务服务“无差别”旗舰店（行政审批中心）、“1+X”连锁店（基层便民服务中心）、5G自助警务亭（重点街区）、临时身份证明“自助机”（重要交通枢纽）等“一窗通办”多元站点建设，15个出入境“一窗通办”事项列入基层服务窗口实施清单，80个高频民生事项纳入公安窗口全部通办，跨省户口实现“一地受理、网上迁移”。累计为群众调取共享材料6327份，办理公民身份信息连锁变更“一件事”16件、“全城通办”事项578件、“大都市圈”业务934件、“长三角一站式户籍迁移”394件。

【涉黄涉赌整治】 2021年，区公安分局持续打击地下流动赌场、整治涉黄重点区域，累计查破传统黄赌案件261起，打掉团伙7个，采取强制措施37人，治安处罚719人，挤压涉黄人员224人次，关停涉黄场所19家，重点区域涉黄举报警情同比下降23.68%。

【涉酒娱乐场所管理】 2021年，区公安分局推出“十个一”管控意见（构建一个管理体系、执行一套工作规范、编制一张巡查网络、严格一项清场机制、安装一套智能系统、落实一项警情回访、建立一份准入名单、秉持一套严管措施、组建一个应急梯队、用好一个执法平台），提升涉酒娱乐场所管控水平。累计检查涉酒娱乐场所960余家次，处罚24家次，约谈业主76人次，涉酒娱乐场所警情同比下降8.6%。

【危爆物品管理】 2021年，区公安分局开展打击整治枪支爆炸物品违法犯罪专项行动，实行易制爆单位样板化管理制度，“全链条”管控枪支弹药、民爆物品、管制刀具和易制爆危化品。全年检查民爆从业单位89家次、易制爆危化品单位139家次，发现整改问题隐患33处，处罚1家单位，发放整改通知书15份，约谈相关单位负责人3次。审批民爆物品购买运输申请1176次，销毁子弹、气枪弹、钢珠弹3012发及炸药360千克。

【化解矛盾纠纷】 2021年，区公安分局融入“基层治理四平台”，

区公安分局成功捣毁一组织淫秽表演犯罪集团，3月14日凌晨，赴成都专案组凯旋（区公安分局提供）

探索建立东港夜排档、六横船企集聚区、东极旅游民宿等区域性“吹哨报到”机制，实施“警调衔接”“警律联调”“警综联动”等多元调处模式，选拔60名骨干民警入驻7个街道镇矛调分中心、94个村(社)矛调微中心，累计依托多元调处机制化解各类矛盾纠纷787起，涉及金额269.6万元，调处成功率98.5%。

【反诈】 2021年，区公安分局推动“智慧融媒体反诈”“心防+技防”分别入选区委“民生关键小事一百件”和全市“十大法治惠民工程”，开展防范电信网络诈骗“心防工程”百日攻坚行动，创成“无诈社区”1个、“无诈楼道”100条，举办反诈主题宣传400余场，劝阻疑似被骗群众4800余人，电诈案件受理数、案损额同比分别下降35.9%、47.9%。

【旅游警务】 2021年，区公安分局优化旅游警务品牌，组建“旅游警察大队”，推行网红景点“假日警务”“一线驻点”等工作机制，完善涉旅重大突发敏感案事件应急处置机制，会同交通、旅游等部门不定期开展联合执法、乱象整治，全区涉旅案件同比下降67.0%，涉旅矛盾纠纷现场调处成功率达97.0%。

【消防安全管理】 2021年，区公安分局推进消防安全“遏较大”整治攻坚行动，会同消防部门检查“三合一”场所、10人以上出租房等4103家，行政处罚129家(人)次，发现整改火灾隐患369处，走访独居老人9600余户，指导改造电气线路1100余户，安装独立式烟感火灾探测器4000余户。

3月24日下午，区公安分局与普陀移动公司举行普陀平安联盟启动仪式（区公安分局提供）

【境外人员管理】 2021年，全区入境境外人员25501人次，其中住宿登记接待8280人次；入境境外船1082艘次，境外船员17221人次。发生涉外案事件14起，其中，境外人员逾期非法居留5起，外国人未按规定申报住宿登记案件4起，查处“三非”外国人5人。

【出境与往来港澳台管理】 2021年，区公安分局受理各类出国境证照1433人次，同比下降48%，其中，受理因私出国申请362人次，因私赴台50人次，赴港澳1021人次。采集录入不准出境人员报备数据1153条，扣留不准出境人员证照26本，宣布作废105本；采集录入变更撤销国家工作人员备案新增数据78条。

【“情指行”一体化改革】 2021年，区公安分局搭建“1+3+1”(“1”即情指行一体化合成作战中心，“3”即侦查中心、智治中心、警风民意访评中心，“1”即巡防中心）情指行一体化作战架构，在5个重点派出所综合指挥室组建“4+N”(“4”即值班接警、指挥调度、视频侦查、信息研判）作战单元，建立“3+5”(“3”即局领导、情指中心、承办部门三级责任主体，“5”即局领导按需批办、情指中心统一推送、有关部门协同联办、指挥长绑单跟办、责任民警听令落地五级联办)政令指令闭环执行、“5+1+X”(即5分钟内签收、1小时内部署并反馈、补充)跟办督办工作制度，完成117件领导批示件、指令单等，反馈率、结单率均达100%。深化“110”接处警系统治理，实施“1358”“017”等工作机制，全区8分钟到场率84.92%，城区所8分钟到场率95.88%，重复警情

1月4日晚，区公安分局组织开展“岁安”5号集中清查行动（区公安分局提供）

报警同比下降16.11%；警情现场处结率、当日处结率、7日内处结率分别达80.63%、98.4%、100%；纠纷类警情实现100%跟进处结，警情处置满意率99.47%。

（撰稿：俞波）

检　察

【概况】 2021年，舟山市普陀区人民检察院（简称区检察院）有检察长1人、副检察长2人，检察委员会委员10人、员额检察官23人，司法辅助人员31人，司法行政人员7人，法警5人。在编干警66人，其中，法律专业本科学历以上51人，获法律硕士学位14人。

是年，区检察院贯彻落实中央、省市区委各项决策部署，定期向区人大及其常委会报告工作，向区政协通报工作情况。落实区人大常委会关于民事行政检察专项审议意见。举办专题检察开放日、公开审查等活动19次，先后邀请60余名人大代表、政协委员、人民监督员、“东海渔嫂”监督员等参与听证。发布案件程序性信息794条、生效法律文书397份、重要案件信息28件。获区级以上荣誉51项。区检察院获评2019—2021年省级文明单位、全省先进基层检察院；区检察院控申部门被最高人民检察院授予全国检察机关“文明接待室”。1人被新疆生产建设兵团人民检察院第一师检察分院记个人三等功1次；2人分别被市检察院记个人三等功1次。王琤获评全省扫黑除恶专项斗争先进个人；3人获评全市扫黑除恶专项斗争先进个人。

【政法队伍教育整顿】 2021年，区检察院开展政法队伍教育整顿工作，组织各类专题学习20余次，主动自查出各类问题92个，针对问题进行逐项整改，出台相关工作机制10个。召开警示教育会3次，参加市、区廉政教育报告会2次，通过解读法律法规、通报违纪违法案例、观看警示教育片等形式，教育检察干警守住法纪底线。经过3轮158人次谈心谈话、3次政策解读等，引导干警主动查摆问题92个，出台专项整治方案，逐项整改。强化纪律与作风整治，开展检务督察18次，整改问题4个。

【防范金融风险】 2021年，区检察院推进“断卡”（手机卡、银行卡）行动，打击电信网络犯罪及“两卡”犯罪。全年办理该类案件43件127人，提起公诉19件41人，其中办理牛某等人诈骗案涉案金额达1500万余元，杜某等人帮助信息网络犯罪案件单案银行流水达1.4亿余元，依法提起公诉的汪某等人采用油卡充值优惠等方式实施网络诈骗案件中，5人被判处有期徒刑10年以上，汪某被判处有期徒刑14年；打击为网络赌博提供资金结算服务非法获利“闲聊”平台开设赌场系列案。坚持依法办案和化解风险、追赃挽损、维护稳定有机结合，协助做好群体疏导和涉案资产追缴、处置等工作。

【护航民营企业】 2021年，区检察院贯彻《浙江省民营企业发展促进条例》，坚持依法保障企业权益与促进守法合规经营并重，审慎办理涉民营企业和企业家的案件8件37人。探索企业合规工作，督促企业完善内部风险控制机制。开展涉民营企业“挂案”清理工作，对涉企积案进行清查，

3月，政法队伍教育整顿活动省指导组一行到区检察院调研指导工作(区检察院提供)

督促侦查机关及时结案移送。

【依法惩治各类刑事犯罪】 2021年，区检察院受理移送审查逮捕案件145件272人，移送审查起诉案件428件773人。其中，批捕危害公共安全犯罪3人、起诉59人，批捕侵犯公民人身和民主权利犯罪22人、起诉39人，批捕侵犯财产权利犯罪63人、起诉131人，批捕妨害社会管理秩序犯罪83人、起诉263人。打击故意杀人、强奸、抢劫、贩卖毒品等破坏社会和谐稳定、侵犯群众合法权益严重刑事犯罪17件26人。加强与区纪委区监委等部门协作配合，依法办理职务犯罪案件4件11人，保持惩治腐败高压态势。

【扫黑除恶】 区检察院出台《舟山市普陀区人民检察院常态化开展扫黑除恶工作巩固专项斗争成果实施意见》，落实推进扫黑除恶常态化工作。对一起9人恶势力犯罪集团提起公诉，其中主犯唐某犯“四宗罪”被判处执行有期徒刑十二年六个月；落实“一案三查”“两个一律”工作要求，将摸排“保护伞”线索作为办案必经环节并写入审查报告，对“保护伞”线索排摸结果进行备注，加强线索归口管理，规范线索分流处理和跟踪反馈。

【维护特殊群体权益】 区检察院持续打造未检“蔚蓝工作室”特色品牌，以新修订未成年人保护法、预防未成年人犯罪法施行为契机，在中小学开展法治宣讲6场次，覆盖学生1800人次。与区妇联建立涉未性侵案件关爱保护合作机制，由区妇联挂牌入驻未检“蔚蓝工作室”，避免对被害人造成二次伤害。多元化开展司法救助，办理司法救助案件4件，发放救助金8万元。6月，区检察院《推动未成年人用工违法问题治理　保障未成年人合法权益》获评全省检察机关未成年人司法保护典型案例。

【构建社会治理新格局】 2021年，区检察院融入全区矛盾纠纷调解大格局，将检察长接访制度与领导服务综治接访工作相融合，带头接访、带案下访，检察长“面对面”倾听群众诉求成为检察服务新常态，将每月两次检察长接待日延伸至日常，院领导轮流在区社治中心带班接访。对群众诉求现场了解、现场记录、现

区检察院对一起串通投标案件作出相对不起诉决定（区检察院提供）

场落实、亲自包案。对重大疑难信访案件，以院领导包案形式，将稳控工作落到实处，确保矛盾化解质效。全年接收群众来信 79 件，接待群众来访 42 批 43 人，其中，检察长接访 20 批 20 人次，均予以妥善处理。

【诉讼监督】 2021 年，区检察院加强刑事诉讼监督，依法立案监督 9 人，追诉漏犯 2 人，制发纠正违法通知书 6 份、侦查活动监督通知书 11 份，口头提出纠正违法意见 32 份，采纳率 100%。加强审判监督，提出抗诉 1 件，获采纳。推进认罪认罚从宽制度，适用率 85%，量刑建议采纳率 96%。加强刑事执行监督，提出书面纠正意见 4 件，对司法机关审前社会调查笔录不规范、监管活动不当及社矫人员脱管等情况进行口头纠正。审查提请、决定暂予监外执行案件 19 人次。对 11 名犯罪嫌疑人开展重大案件侦查终结前讯问合法性核查工作，防止冤假错案。

【民事检察】 2021 年，区检察院优化民事生效裁判监督，办理民事生效裁判监督 7 件，提出再审检察建议 5 件，收到法院再审裁定回复 6 件。深化审判程序和审判人员违法监督，依职权办理公民代理领域审判程序违法监督案件 10 件，维护司法公信力。开展类案监督，对信用惩戒措施、涉不动产查封、司法网络拍卖等重点领域开展专项监督活动，摸排线索 100 余条，办理民事执行监督案件 27 件，制发检察建议 20 件，均得到回复并整改落实。

5 月，区检察院蔚蓝工作室"检爱同行　共护未来"校园巡回宣讲活动（区检察院提供）

【行政检察】 2021 年，区检察院深化行政检察监督理念，探索行政违法监督工作，携手公安机关、生态环境部门破解办理环保案件行政拘留难突出问题，所办案件入选浙江行政违法行为法律监督典型案例。开展非诉执行监督工作，排查相关线索 112 件，成案 31 件。加强调查研究，形成《渔具网目尺寸过小严重影响海洋渔业资源亟须多方联手重拳整治》等专题报告，为党委政府提供决策参考。办理行政争议实质性化解案件 7 件，妥善处理群众关于社会处罚决定的争议，化解矛盾风险。

【公益诉讼】 区检察院结合普陀区域特点，做强"海洋""海岛"公益保护，创建"海洋资源和海岛文物保护公益诉讼检察创新实践基地"，改造升级公益诉讼信息化展示区。全年办理公益诉讼案件 46 件，其中，行政公益诉讼 40 件，民事公益诉讼 6 件。联合多部门合力打造普陀特色多元化公益保护模式，与区海洋渔业局对接升级增殖放流流动基地，共同参与增殖放流大黄鱼、乌贼鱼苗 110 万尾，涉及生态修复补偿金 20 余万元。在普陀山、六横镇等多个古树保护群竖立"古树群检察公益保护牌"。

【倡导人文司法】 区检察院树立少捕慎诉慎押理念，全年依法作出不批准逮捕决定 91 人，不起诉决定 156 人；开展羁押必要性审查专项工作，对 53 人次开展羁押必要性审查，审查后变更强制措施 15 人，减少社会对立面。继续推进认罪认罚从宽制度，适用率 81.33%，确定刑量刑建议采纳率 99.3%。敦促犯罪嫌疑人在检察环节主动退赃 51 件，合计金额 218 万余元，为被

6月，区检察院第五检察部干警陪同非法捕捞当事人在朱家尖附近海域以增殖放流方式履行生态修复补偿义务（区检察院提供）

害人挽回经济损失；移诉案件适用速裁程序、简易程序占比58%，提高诉讼质效、节约司法资源。

【规范执法办案】 区检察院实施执法司法规范化水平提升年活动，规范办案程序，优化内部监督，完善检察官联席会议、案件质量评查、业务数据分析研判等机制，出台《流程监控案件化办理工作规范指引》，用制度规范推动案件质量过硬、效果优良。全年办理流程监控案件22件，提出口头纠正意见22件次，督促办案部门及时整改。开展案件质量评查活动7次，涉及案件954件，其中，诉判不一、存疑不诉、久拖不决等重点案件750件。检委会研究讨论重大、疑难、复杂案件6件次。

【提升改革实效】 2021年，区检察院落实司法责任制和案件质量终身追究制，院领导带头办案101件，检察长、副检察长列席同级法院审委会5次。深化派驻公安机关检察官办公室实体化运作，落实员额检察官巡回驻点责任，提前介入重大案件11件次，引导侦查取证，提高办案质效。落实员额检察官、司法辅助人员、司法行政人员三类人员分类管理制度，推动检察官职业保障政策落实。

【数字赋能检察】 区检察院推进检察数字化改革，以数字驱动重塑检察监督办案模式、提升监督质效。深化政法一体化办案系统应用，推行单轨制协同办案；研发暂予监外执行检察监督协同应用，入选全省浙里政法一体化办案应用第二批多跨子场景；自主开展“公安机关违法未执行行政拘留类案监督”，入选浙江省检察机关第三批数字监督办案指引；确立研发“涉法涉诉信访协同办理”应用场景，申报参加省院第二届数字检察创新应用创意设计方案。

【六横检察室】 2021年，六横检察室履行各项职能，依法对公安机关派出机构、人民法庭、司法所及相关行政执法单位的执法司法活动进行法律监督。联合本院第二检察部在六横海警工作站设立检察官办公室，对六横辖内发生涉海刑事案件加强侦查引导。提出各类意见建议12件次，主办民事监督案件10件，协助办理行政非诉执行案件2件。收集、移送辖内公益诉讼线索8件，成案4件。强化对辖内行政执法部门监督，开展辖区内公益诉讼工作，排查与移送公益诉讼线索，针对辖内环境与资源保护及文物保护等领域开展集中走访排查，在古树保护领域成案3件，联合区检察院公益诉讼部在六横杜庄村建立检察公益保护林基地。融入基层社会治理工作，加强与镇综治部门、公安、法庭等部门联系交流，定时驻点六横社会治理与政务服务中心，开展涉法涉诉信访受理与法律咨询等项工作，累计接待来访12批22人次，均予以妥善处置与答复。开展行政争议实质性化解工作，针对当事人对行政行为有争议案件，会同行政与公益诉讼部门共同开展实质性化解工作，帮助基层群众解决问题。推进“东海渔嫂”监督员工作，主动发挥“东海渔嫂”监督员作用，提供线索，共同参与调查取证，实地查访等工作。

（撰稿：黄云霞　赵质群）

法 院

【概况】 2021年,舟山市普陀区人民法院(简称区法院)辖有六横、桃花、虾峙、朱家尖4个派出人民法庭和1个巡回人民法庭。有政法编干警103人,事业编人员6人,聘用人员48人。在编干警中,本科及以上学历106人,占96.36%,其中研究生学历20人。全年区法院新收各类案件6964件,办结6783件(含旧存)。

是年,丁汉民被最高人民法院授予扫黑除恶专项斗争先进个人,李忠禧被最高人民法院授予司法警察先进个人,周群被最高人民法院授予党建工作先进个人、被省高级人民法院政治部授予全省法院党建工作先进个人;马利斌被省委依法治省委员会守法普法协调小组授予2016—2020年全省普法工作成绩突出个人;刑事审判庭被舟山市委授予全市扫黑除恶专项斗争先进集体,2人被市委授予全市扫黑除恶专项斗争先进个人。

【刑事审判】 2021年,区法院新收一审刑事案件273件,办结290件,同比分别下降17.27%、19.22%。审结"两抢一盗"、故意伤害、涉毒等犯罪案件86件100人。审结非法吸收公众存款、套路贷、电信网络诈骗及下游犯罪案件30件79人。审结贪污、受贿等案件4件11人。总结扫黑除恶专项斗争经验,将涉黑恶案件"一案三查"等经验做法机制化、常态化,审结涉黑恶案件1件9人,执行到位罚金7万元,退赔及追缴到位276万元,向区扫黑除恶专项斗争领导小组办公室移送各类线索3条。推进认罪认罚从宽制度,审结适用认罪认罚案件223件。贯彻刑事诉讼辩护全覆盖要求,为220名被告人指定辩护,保障被告人辩护权的行使。对128名具有从宽处理情节的罪犯依法适用缓刑,缓刑率27.6%,确保宽严得当。

【民商事审判】 2021年,区法院新收一审民商事案件2728件,办结2556件,同比分别上升8.64%和1.51%。审结婚姻家庭、抚养赡养、继承等家事纠纷案件313件。审结人身损害、交通事故、医患纠纷等各类侵权赔偿纠纷案件248件,涉案标的5356万元。审结劳动争议、劳务合同等纠纷案件77件。审结各类合同、合伙合作、公司股权等纠纷案件1849件。立足疫情防控常态化,妥善处理因新冠肺炎疫情引发的各类民商事纠纷24件,包括因对租金减免产生争议引发的房屋租赁合同纠纷、因协议无法履行引发的合同纠纷和消费纠纷等,以司法手段助力复工复产。

【行政审判】 2021年,区法院新收一审行政诉讼案件60件,办结65件,同比分别上升27.66%、30%。审查行政非诉申请执行案件26件。注重行政审判与行政执法良性互动,建立常态化沟通机制,邀请部分行政机关负责人及行政执法人员旁听行政审判示范庭审,促进行政机关提升依法行政意识;向区人大常委会汇报近3年行政案件审理情况、行政机关依法行政情况,助推法治政府建设;通过府院联席会议,完善合法性审查府院衔接、行政争议多元化解、重要信息双向推送等制度,深化府院联动。

【执行工作】 2021年,区法院新收执行案件2965件,执结2954

1月,开庭审理"小水滴"案 (区法院提供)

件，同比分别上升 12.87% 和 12.48%，执行到位标的额 2.5 亿元。依法开展对失信行为的惩戒，发布限制高消费令 2072 人次，限制出境 498 人次，列入失信被执行人名单 957 人次；罚款 509 人次；将 4 名涉拒执行为的被执行人移送公安机关立案侦查，审结拒执罪案件 1 件 1 人，依法追究刑事责任。司法网络拍卖成交金额 16395.27 万元，溢价率 48.41%。开展涉民生案件集中执行行动，执结 10 万元以下小标的案件 227 件，执行到位 280.65 万元；涉民生案件 227 件，执行到位 323.83 万元；涉小微企业案件 30 件，执行到位 406.85 万元；涉金融案件 94 件，执行到位 633.11 万元；涉黑恶财产案件 2 件，执行到位 399.49 万元。年初，加强与劳动仲裁部门对接，提前启动查控措施，确保某建筑工程有限公司 173 名工人 630 余万元工资款全部到位。争取党委政府支持，推动由区委全面深化改革委员会办公室出台《协同推进司法处置不动产登记“一件事”数字化改革工作实施方案》及配套工作指引，将 15 家协作单位拉入不动产处置“一张网”，完善综合治理执行难大格局。

【诉源治理】 2021 年，区法院深化“普陀模式”，促进社会治理现代化。加强与相关部门和组织的对接、联动，助推区社治中心引入消费者权益保障调委会，设立公证调解工作室，拓展和优化“一站式”多元解纷工作机制。全

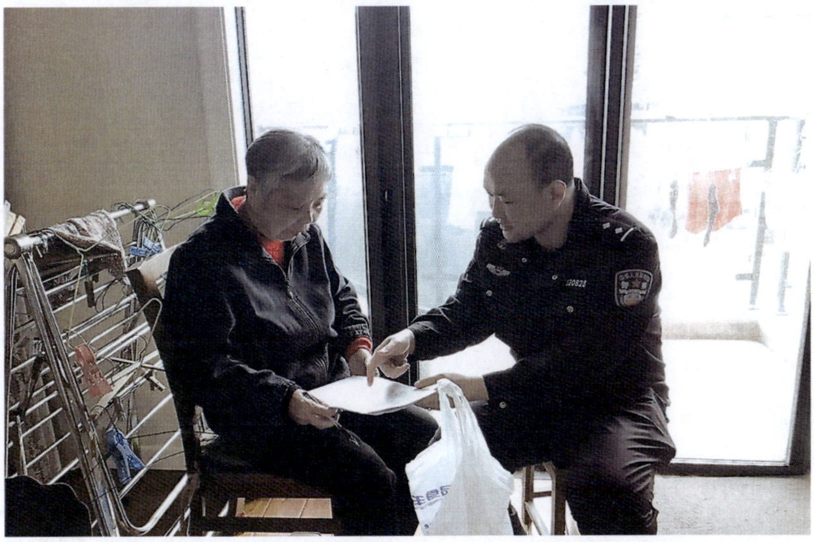

4 月，执行干警上门给患病的申请执行人办理手续（区法院提供）

年区社会治理综合服务中心累计成功调解纠纷2542 件。推动诉源治理工作向基层法庭延伸，承办全市法院人民法庭“双下沉”工程现场推进会，在会上作经验介绍。将诉源治理与数字化改革结合，推进“共享法庭”建设，完成“一期”43 个点位建设，涵盖各街道镇、调解组织及全区 30%社区村，通过浙江解纷码、移动微法院、庭审直播等网络系统的集成应用，突破实体法庭的物理空间限制，实现调解指导、网上立案、在线诉讼、普法宣传等功能，有效拓展诉源治理工作格局。

【服务发展大局】 2021 年，区法院贯彻谦抑、审慎、善意的司法理念，依法维护企业和企业家合法权益。坚持对涉困企业差异化处置，加快破产案件审理节奏，审结破产案件 6 件，盘活企业存量资产 1.04 亿元，释放土地资源 83.06 亩、房屋 2.68 万平方米，化

全市首件公正参与诉前调解案件结案（区法院提供）

解金融债权3.78亿元。对舟山市普陀大北农水产制品有限公司清算一案，协调股东提出重整方案并获债权人认可，推动企业从强制清算转为破产重整，并实现债权清偿率100%。打击逃废金融债务行为，审结金融纠纷406件，涉案标的3.44亿元，推进涉银行不良资产司法处置，维护金融安全。

【维护社会稳定】 2021年，区法院发挥人民法院综治维稳职能，妥善应对社会矛盾。要求全体法官落实判后答疑工作制，加强法律释明，努力做到案结事了，从源头上减少涉诉信访产生。开展多轮裁判文书上网和庭审公开情况集中排查清理工作，排查案件34175件，清理28件。成立安全管理领导小组，对院机关和基层法庭安保工作进行自查自纠，排除安全隐患。开展院领导大接访、大走访活动，深入基层听取人民群众意见建议，集中接待涉诉信访当事人，均妥善化解或就地稳控。

【司法业务提升及联络宣传】 2021年，区法院完善审判执行质量效率保障机制，落实院庭长对“四类案件”监督管理职责。开展常规评查、重点评查、专项评查等。实行质效指标每月通报机制，提升审判执行质量效率。健全疑难案件集中研讨机制，举行专业法官会议90次，促进裁判尺度统一，提高审判质量。开展裁判文书质量、效果提升攻坚行动，提升裁判文书制作水平。

落实区人大常委会对部分员额法官履职评议的整改建议，并向区人大常委会专题汇报整改落实情况。邀请部分人大代表、政协委员走进法院、旁听案件庭审、开展座谈，接受意见建议。依法接受检察机关法律监督，邀请检察长列席审委会5次。主动公开法院工作，聘任新一届院外特约监督员11人，组织公众开放日活动3次、新闻发布会1次，在各级媒体进行宣传报道180余篇，开展庭审网络直播2274次，向社会各界发送《工作通报》1200余册。

（撰稿：田建红）

司法行政

【概况】 2021年，全区司法行政系统贯彻习近平法治思想，对标“重要窗口”，推进法治建设、平安建设和法律服务等工作，以法治服务，助力推动发展建设共同富裕示范区先行典范。

是年，普陀区成功创建法治浙江（法治政府）建设示范县（区）。区司法局被省司法厅评为“法雨春风进万家”爱民实践活动表现突出先进集体、“枫桥式”司法所建设表现突出集体；被依法治市办公室评为2016—2020年全市“七五”普法总结验收先进单位。六横司法所被省司法厅评为2016—2020年全省依法治理创建活动成绩突出单位、成功创建“枫桥式”司法所。俞海峰被评为2016—2020年全国普法工作先进个人。普陀区人民调解委员会“陈忠岳调解工作室”获评省级金牌人民调解工作室。

【依法治区工作】 区司法局履行依法治区办及秘书科职能，协调召开2021年度法治政府建设推进会暨府院联席会议，签订“府院联动”备忘录，创新构建府院常态化联动工作机制。强化党政主要负责人履行法治建设第一责任人职责，落实区委专题听取法治政府建设情况汇报、法治（政府）建设年度报告制度。提高法治建设工作在全区综合考核指标体系中分值，将述法工作与述职述廉述学工作同部署、同推进、同落实。常态化推进法治巡察，对东港街道、区审计局、区退役军人事务局3家单位开展法治巡察。协调召开区委全面依法治区委员会守法普法协调小组第二次会议，审议并原则同意通过《关于在舟山市普陀区开展法治宣传教育的第八个五年规划（2021—2025年）（审议稿）》。落实《浙江省重大行政决策事项目录编制指引（试行）》《舟山市普陀区人民政府重大行政决策档案管理办法（试行）的通知》相关要求，指导、推进全区21家单位公布年度重大行政决策目录。

【法制监督事务】 2021年，区司法局审核备案规范性文件51件、纠正瑕疵文件2件；组织开展涉及“烦企扰民”规定的全区行政规范性文件专项清理工作5次，废止（含失效）21件。推行行政机关合同“五统一”管理机制，以数字法治建设为契机，全年实

2021年度法治政府建设推进会暨府院联席会议（区司法局提供）

现线上重大合同审查全覆盖，审查招商引资类、区政府重大合同35件，部门备案登记700余件，累计标的额约63.4亿元。建立街道镇合法性审查工作季度督查机制，2021年政府合同合法性采纳率98.4%，同比增长354.3%。深化普陀区“执法监管无偏见”专项行动，持续推进落实行政执法“三项制度”。出台《舟山市普陀区政府法律顾问管理办法》，全区政府法律顾问继续保持区、街道镇两级全覆盖，34家单位聘请政府法律顾问，参与重大行政决策、重大项目推进、合同审查等活动300余次。

【行政复议应诉】 巩固行政复议规范化建设成果，统筹推进行政复议“以案治本”和“复议为民促和谐”专项行动；改进复议审理模式，发挥行政复议咨询委员会作用。2021年全区收到行政复议申请15件，受理13件，召开听证会7件（次），经调解主动撤回5件，调撤率达38%。其中，召开案件协调会2次，行政机关自行纠错2件。出台《关于加强和改进行政应诉工作的通知》，设立行政败诉案件及时报送和约谈制度。全区新收一审行政应诉案件46件，以区政府为被告的行政诉讼案件无一败诉，行政机关负责人出庭率100%。

【普法与依法治理工作】 区司法局以开展习近平法治思想、民法典等学习宣传为重点，明确2021年区属单位重点普法任务清单、法治宣传教育责任清单、普法依法治理工作要点，落实“谁执法谁普法”责任制。出台《普陀区贯彻落实习近平总书记在中央全面依法治国工作会议上的重要讲话精神分工方案》。制定印发《中共舟山市普陀区委宣传部舟山市普陀区司法局关于在全区开展法治宣传教育的第八个五年规划（2021—2025年）》。依托“法律十进”“三服务”等活动载体，加强国家工作人员、青少年等重点普法对象法治宣传教育，全区全年累计开展各类普法宣传活动百余场次。开展防范电信网络诈骗宣传工作，“技防+心防”反诈工程入选全市十大法治惠民工程。有序推进民主法治村（社区）创建工作，成功创建省级民主法治村（社区）5家、市级18家。至年底，全区有国家级民主法治村（社区）3家、省级21家、市级44家，区级创建面100%。

【人民调解工作】 区司法局贯彻落实加强新时代人民调解工作相关文件精神，系统性构建区、街道镇、村社+社会组织“3+X”矛盾化解体系，完善矛盾纠纷闭环化解。深化“警调衔接”“律师驻所”“司法确认”等矛盾纠纷化解模式，创新实施“民警村官制”“驻企指导员”等机制，主动化解群众矛盾纠纷。2021年，成功化解各类矛盾纠纷5990起，其中，重特大疑难复杂案件92件，调处成功率100%，涉及金额2.3亿元。在全市率先出台《关于在村社试点推行专职人民调解员实施方案》，在全区11个村社试点推行聘任村社专职人民调解员11名。巩固提升“东海渔嫂”调解员队伍品牌，全年化解各类矛盾纠纷991件，其中，参与重特大疑难复杂案件44件，调解成功率达到100%。和舟山海警局普陀第一工作站对接联系，建立驻海警“东海渔嫂”调解员工作室；成立全市首个价格纠纷调解工作室。年底，全区有专

7月，区司法局开展“快乐暑假 法护成长”送法进校园宣传活动（区司法局提供）

职人民调解员 85 人。

【司法行政队伍建设】 区司法局抓好政法队伍教育整顿和党史学习教育。队伍教育整顿期间，调查核实办结举报线索 1 条、主动报告违纪律师 1 人，组织开展社区矫正案件评查 643 件，排查梳理岗位廉政风险防控点 21 个，新建制度 8 个。依托“岗位大练兵”活动载体，派出 24 名骨干干部参加全市司法行政系统岗位技能比武活动，提升干部业务素养。开展“我为群众办实事”实践活动，全年开展各类进基层活动 50 余场次、为群众解决困难和诉求问题 1500 余个。

【公共法律服务】 持续“减证”便民，形成《舟山市普陀区惠企政策清单》，含惠企条款 82 条、规范性文件 23 件；依托“舟山市惠企政策汇聚平台”，向社会公布惠企政策 23 条。牵头启动普陀区全面推行证明事项告知承诺制工作，梳理拟实施告知承诺制的证明事项 7 项。打造“无证明城市 3.0”，推动基层证明事项清理，清理证明事项 101 项，其中实施告知承诺的 61 项。紧扣疫情防控和复工复产工作要求，持续深化“双月十日”活动品牌，开展“我为群众办实事”实践活动、“法雨春风” 服务月活动等，发挥“1+X+1”司法行政专项法律服务团队“智库”和“高参”作用，开展法治宣传 50 余场次，走访服务村（社区）282 家次，受教育群众达 5 万余人次。创新推出《渔港先锋说法》《“戴” 你学法》《“马” 上说法》等普法微视频 6 期；清理涉及“烦企扰民”规范性文件 7 件，线上线下“法治体检”企业 1807 家，协调解决破产管理、劳动人事、合同违约等方面法律问题 678 个；协调解决破产管理、劳动人事、合同违约等方面法律问题 678 个，及时化解涉企纠纷 197 件，提出专业法律意见 1486 个；依托律师参与调解工作机制，参与调解 525 起，成功调处 381 起，成功率 72.5%，标的额 590 余万元。启动律师事务所与工商联及所属商会联系合

10 月，2021 年度普陀区等级人民调解员和骨干“东海渔嫂”调解员培训班（区司法局提供）

作机制（简称“千所联千会”机制），落实签订三方战略合作框架协议，全区9家律所和13家商会签订顾问协议，惠及市场主体41982家，搭建律师服务民营企业新平台。

【法律援助】　区司法局根据区域实际，相继推出“法律援助不出岛”“容缺受理”“经济困难状况承诺制”等惠民便民举措，为群众提供便捷、专业法律服务。2021年，全区法援案件涉及容缺受理13件，经济困难承诺制3件，全岛通办1件。开展法律援助专项行动，受理农民工讨薪案件319件，帮助农民工讨回欠薪1381.8万元。办理法律援助案件660件、认罪认罚359件，群众满意率100%，连续13年保持法律援助案件“零投诉”。

【律师事务所】　2021年，全区有律师事务所14家。其中，浙江震舟律师事务所、浙江星舟律师事务所、浙江明达律师事务所、浙江民鸿律师事务所、浙江恒顺律师事务所为合伙所，北京大成（舟山）律师事务所、浙江泽大（浙江自贸区）律师事务所为分所，浙江星岛律师事务所、浙江晓纬律师事务所、浙江松臻律师事务所、浙江松立律师事务所、浙江宁久律师事务所、浙江长路律师事务所、浙江畅洲律师事务所为个人所。有基层法律服务所2家：舟山市普陀区星光法律服务所和舟山市普陀区星欣法律服务所。年底，全区有专职律师92人，辅助人员21人；法律服务工作者7人，辅助人员2人。全区律师担任党政机关、企事业单位、社会团体组织法律顾问527家。聘用44名律师、基层法律服务工作者担任全区108个社区（村）法律顾问，实现社区法律顾问全覆盖。是年，律师事务所办理各类诉讼案件2903件，仲裁案件116件，非诉案件209件，业务总收入10242万元。基层法律服务所办理各类诉讼案件230件，代写法律文书并解答法律咨询440件，担任法律顾问2家，业务总收入184万元。

（撰稿：徐敏）

编辑：魏斌

4月，依托“双月十日”设摊提供免费法律咨询（区司法局提供）

军　　事

人民武装

【概况】 中国人民解放军浙江省舟山市普陀区人民武装部(简称区人武部)续隶舟山警备区建制,受舟山警备区和普陀区委、区政府双重领导,下辖街道镇武装部9个、企事业单位武装部7个。2021年,区人武部围绕贯彻落实省军区、舟山警备区党委扩大会议精神,聚焦中心抓备战,推进人武工作持续发展。六横镇武装部获全市先进基层武装部称号;普陀民兵应急连获全市先进民兵分队称号;6人分获舟山警备区2021年度优秀专武干部(2人)、优秀民兵连连长(3人)、优秀民兵信息员(1人)称号;1人获评2021年度全省征兵工作优秀个人。

【党管武装工作】 2021年1月22日上午,区委书记、区人武部党委第一书记张立军主持召开区委议军会议暨党管武装工作会议。区领导徐炜波、孙丹燕、张海斌出席会议。区委常委、区人武部政委单伯勋汇报2020年度党管武装工作情况。会议还通报2020年党管武装工作先进单位和先进个人;虾峙镇、沈家门街道、白沙岛管委会党(工)委书记作党管武装工作述职。

是年,区人武部学习贯彻中共十九届五中、六中全会精神和习近平总书记“七一”讲话精神,开展党史学习教育,提升民兵队伍思想认识,增强全区后备力量理论武装能力。国防教育内容纳入党委中心组织理论学习计划。

【组织新年度开训动员】 1月4日,区人武部围绕贯彻落实习近平主席训令,着眼于强化军事斗争准备,根据上级统一部署,带领民兵分队60余人参加指挥演练和野外开训动员。其间围绕重要目标防卫、保障部队行动等重要使命课题,依托指挥方舱参加师团两级国防行动推演,开展野外徒步拉练,落实实弹射击训练,完成野战餐饮保障检验。

【规范抓好日常战备】 2021年,区人武部规范作战(机关)值班、应急分队值班等各要素值班,抓好战备等级转进工作。结合节日战备及日常任务,以处置突发事件为背景,以民兵调整改革检验拉动考核为契机,以检验按指挥流程实施应急指挥快速到位为要点,拉动民兵应急连3次,防抗台风集中备勤2次,提升民兵分队应急能力。

【落实机关训练制度】 区人武部落实党委议战议训常态化制度,两级首长参加机关集训考核,组织全体现役文职人员完成上级下发的作业册,组织全体现役文职人员及职工进行体型体能、基本业务技能和轻武器训练考核,完善各类登记统计资料。全年组织4次考核、28份作业,合格率达85.7%。

【专武干部与民兵训练】 2021年,区人武部先后4次组织专武干部集训,抓业务基础、识图用图、体能技能等;遴选3名专武干部参加省军区集训;组织20名专武干部进行年终考评,合格率达到100%。

结合民兵点验时机,同步组织指导各街道镇开展基干民兵入队训练。4月初,组织开展民兵教练员训练、民兵干部骨干训练、应急连共同基础训练。8月,遴选民兵骨干,参加舟山警备区第四届岗位练兵比武。在按纲规范训练"四落实"基础上，改进训练模式，分批次组织民兵应急连、专业分队基地化轮训，组织海上民兵参加专业训练跨区联训，协调军兵种部队开展挂钩训练，并以任务行动为牵引，结合演习演练、岗位练兵比武等时机，组织以实战化模拟方式展开针对性任务行动训练。11月，参与上级组织联合实兵演习和实兵验证任务，受到上级首长肯定和表扬。

【抓海上应对行动准备】区人武部围绕"海上侦察重在提质、海上动员重在强能"，推进全区海上新型动员力量建设。年初，全区采取"结合疫情防控网上搞教育、按照实际劳逸结合抓培训"方法，借助"情报信息工作讲评会""报知周""渔船老大安全"等活动时机，先后组织200余名信息员进行网上学习教育和技能培训。6月，组织海上民兵参加海上跨区联训，分批次完成海上火眼系统安装和技术指导。针对海上搜救专业要求高的特点，把搜救课目列入海上民兵训练内容，定期开展搜救知识、技能培训和综合演练，提升海上联合救援和情报侦搜能力。

【民兵整组】2021年，全区民兵调整改革工作按"建战一致、建用一致"原则，统筹考虑人口分布、经济发展、交通道路、地理位置等潜力，区分3大类、12个分类形式进行编组，完成民兵队伍编组任务。年初，召开潜力调查任务部署会，协调辖区50余家行业企业，落实船舶、人员等十大类数据统计。召开民兵整组工作协调推进会，科学制定民兵编组方案，确保基干民兵队伍编到实处。4月，召开民兵整组点验大会，检查基干民兵队伍，检验队伍质量，对存在问题及时整改。6月，迎接省军区民兵调整改革工作检查，推进民兵调整改革工作。年底，先后迎接上级民兵调整改革检查考评"回头看"及民兵应急队伍能力检验，提高民兵应急处突遂行多样化军事任务能力。通过协调区委、区政府相关部门，先后组织核查核验民兵身份性质信息3次，调整更换15人次，更改错漏信息50余处。

【征兵工作】2021年，区人武部探索"一年两征"模式，完成新兵征集任务，大学生占比94%(大学毕业生占43%)，征集任务均超指标完成。全年没有退兵情况和廉洁征兵问题发生。

【练兵备战建设】2021年，区人武部按省军区要求，自上而下开展规范化建设，结合第一季度基层规范化建设现场观摩会。3月，区人武部牵头承办舟山警备区基层规范化建设现场会，投入规范化建设装备器材各项经费，推进基层规范化建设。10月，区政府继续提供经费支持，用于全区基层武装部、村社区民兵连部规范建设，以平时能应急、战时能应战为标准，落实增配单兵物资器材；初步完成厢包化库室建设，配备防台抢险各类物资，基本实现库室建设科学化、规范化、实战化、功能化要求。为落实战备要求，全区集中编建民兵分队，采取适时组织集中训练、应急拉动等方式，锤炼队伍快速反应能力。

【安全和保密工作】区人武部结合百日安全活动，按安全检查考评细则，严格安全管理，落实定期风险评估、安全形势分析、安全隐患排查等制度，牵头落实各项安全工作重点，杜绝重大安全问题。针对疫情防控、季节变换、重大任务、课题训练等特点，确保安全稳定。6月，迎接中央军委国防动员部安全交叉检查考评及"四个秩序"规范化建设检查，受到上级肯定。

协助做好大项任务中各类保障工作。10月，保障省军区首长对军事设施勘察调研。

做好区人武部本级安全保密工作，按上级下发检查细则，定期开展自查自纠，梳理矛盾问题，完善各类台账资料。迎接警备区安全保密工作检查4次、省军区安全保密工作检查2次，针对检查出问题，抓好整改落实。

【国防动员】2021年，区人武部组织召开常委议军会、党管武装工作会议、国防动员委员会全体会议等，学习习近平主席关于加强国防建设重要讲话精神，抓好国防动员工作落实。及时调整国防动员委员会及其9个办公室领导成员，细化国动委"一委九办"工作职能，常态落实国防动员工作例会、潜力核查、业务培训、检查考评等工作制度，规范形成专兼结合、职能明确、关系顺畅的国防动员工作机制。落实国防动员潜力统计调查工作任务，召开任务部署会和业务培训会，采取纵向普查和横向核查相结合的办法，利用1个多月时间对辖区内综合潜力、人民武装、经济动员、人民防空、交通战备、信息动员、政治动员和重点潜力进行摸底排查，基本摸清9个方面42类近千项重要潜力指标。5月，完成《普陀2021兵要地志》短片拍摄。该短片对普陀区自然条件、人文环境、行政区划、交通状况、国防动员潜力、贯彻军事需求等情况进行说明。8月，做好2021国防兵员动员演习工作。区人武部和驻普部队支援地方扶贫攻坚、文明创城等工作，民兵和部队官兵协助地方完成防抗疫情、防抗台风等急难险重任务，与学校、企事业单位开展军民共建活动，营造全社会军爱民、民拥军良好风尚。

【国防教育】 区人武部利用民兵整组、点验、训练等时机，对民兵预备役人员完成16课时政治教育内容。利用蚂蚁、桃花、登步、东极等海岛红色资源优势，以东港街道多功能国防教育文化长廊为基础，推广到各街道镇退伍军人服务站和青年民兵之家建设中，增强全民国防意识和国防观念。落实党管武装述职、任前谈话、现场办公等制度，增强各级领导干部关心支持国防建设自觉性和责任感。发挥强军文化引领教化作用，将军人荣誉墙延伸到各社区（村）文化礼堂，国防教育橱窗开设到全区中小学校，在全区营造关心国防、关爱军人氛围。调整国防教育领导小组领导成员，落实国防教育经费和专职人员。全区抓好以党政领导干部、学校学生、民兵预备役人员、企业职工、小商品市场等为重点全民国防教育，国防教育覆盖率达到95%。9月30日，组织官兵、民兵参加国家公祭日活动。结合民兵训练、征兵工作、国防教育等时机开展党史学习教育，宣传“八一光荣榜”普陀籍上榜官兵、“最美退役军人”等典型事迹。落实每季度安全、保密、“四反”、预防犯罪等教育内容，全年组织讲授政治教育课20余次、党课教育9次。

（撰稿：梁焕）

边　防

【海上治安管理】 2021年，区公安分局严密海上通道管理，开展提升海防基础管控效能试点建设工作，构建“触网汇总、云端分析、落地核查、靶向打击”智能管控闭环。全年采集进港船舶数据6万余条，建立港口人员档案5.3万余份，本区籍船舶、所属船员报备率均超95%，本地船企、无人岛屿、出海休闲旅游企业等涉海治安要素采集率100%。破获各类涉海案件50余起，抓获逃犯12人，调处海上矛盾纠纷82起，海上警情、案件同比分别下降25%、38.7%，相关经验做法在全市推广。

【打击走私】 2021年，区公安分局组织开展“成品油整治”“陆上堵截”“非法流动加油车整治”等反走私行动，“零盲区”构筑海陆一体预警防线，“零障碍”构筑警地双向联动防线，“零死角”构筑基础动态监管防线，推进对油品、冻品、烟草等常见走私违法犯罪严打态势。全年查破各类走私违法犯罪案件13起，打击处理22人，查处油品350余吨、冻品100余吨、烟草26万余条，累计案值5500余万元。查扣船舶4艘、车辆10辆，对27艘不合规油污接收船舶落实强制上排，对8艘涉嫌走私“三无”船舶进行上排拆解。

（撰稿：俞波）

人民防空

【概况】 2021年，舟山市普陀区人防事务中心贯彻落实《中华人民共和国人民防空法》和《浙江省实施〈中华人民共和国人民防空法〉办法》，坚持“长期准备、重点建设、平战结合”方针，围绕新时期城市防空袭斗争准备，推进组织指挥、通信警报、防护工程、人防宣传、专业队伍等体系建设，拓宽人防发展空间，改善人防发展环境。确定人防工程产权制度改革试点，推进改革工作。

【人防宣传教育活动】 “3·1”国际民防日宣传期间，区人防事务中心组织相关社区开展以“关爱民生、关注民防”为主题的人防民防宣传活动。展出人防知识图板 12 块,发放防空防灾必读手册 100 余份,发放宣传品 50 余份。

5 月 12 日,区人防事务中心联合沈家门街道茶湾社区在和润金樽小区开展人防宣传展览活动,展出图板 24 块,发放人防[illegible]

5 月 12 日，人防宣传现场（孙旺挺摄）

10 月 20 日,“浙江金盾–21”(舟山·普陀)演习现场 (孙旺挺摄)

【人防指挥机构(平台)建设】 5 月 12 日上午，根据全省统一部署,区人防事务中心组织茶湾社区在和润金樽小区开展人员防空防灾疏散演练,来自沈家门街道不同社区近 200 名居民参加。演练全程通过现场直播方式传至浙江省人民防空指挥部。普陀区人防指挥部指挥长及成员单位分管领导 27 人，在普陀区人防指挥部地面指挥大厅进行指挥和观摩。

9 月 16 日,区人防指挥部召开工作会议，指挥部 26 家成员单位参加会议,会议明确“浙江金盾—21”(舟山·普陀)演习任务和各指挥部成员单位工作职责。

10 月 20 日，区人防事务中心组织开展“浙江金盾—21”(舟山·普陀)人民防空实战化演习。省人防办二级巡视员张旭明、舟山市警备区副司令员郑定距、浙江舟山群岛新区总规划师周建军、舟山市人防指挥部领导和相关县区领导及普陀区物业小区项目经理近 190 人观摩此次演习。

【人防指挥通信体系建设】 “5·12”防灾减灾日及“9·18”国防日，全区多台警报器试鸣,覆盖率和鸣响率 100%。

“5·12”防灾减灾日期间,对 1 处防空警报器安装位置进行迁移;并新增 1 台防空警报器。

（撰稿:孙旺挺）

编辑:魏斌

海洋与渔业

综　述

2021年，普陀区有涉渔街道镇11个、渔业村（社、公司）71个，经农业农村部批准有远洋渔业资格的企业20家。渔业人口73596人，渔业从业人员49595人，其中直接下海捕捞渔民37053人。市外捕捞渔工11142人，占下海捕捞渔民总数30.07%。

2021年，全区水产品总产量89.37万吨，比上年增加4.0%；渔业总产值132.74亿元，同比增加4.4%。其中，国内捕捞产量34.03万吨，同比下降2.0%，产值33.02亿元，同比增加1.86%；远洋捕捞产量50.56万吨，同比增长7.91%，产值45.65亿元，同比增加6.29%；海水养殖产量4.78万吨，同比增加9.74%，产值8.10亿元，同比增加1.55%。海水养殖面积1477公顷，同比下降0.9%。

年末机动渔船数2345艘，比上年末减少264艘。其中，生产渔船1916艘，减少201艘；内有远洋生产渔船448艘。渔船总吨位63.48万吨，下降3.3%。其中，生产渔船总吨位51.21万吨，下降0.5%。渔船总马力89.01万千瓦，下降4.8%。其中，生产渔船72.99万千瓦，下降3.2%。

8月18日，省委副书记黄建发调研普陀渔业发展（区海洋与渔业局提供）

海洋与渔业综合管理

【概况】2021年年底，区海洋与渔业局辖事业单位5个：区海洋行政执法中队、区水产科学技术推广站、区渔船检验站、区渔港管理站、区远洋渔业产业发展中心；其他单位2个：浙江渔业互保协会普陀办事处、舟山（普陀）国家绿色渔业实验基地和创新中心。推进国家绿色渔业实验基地建设，建造16艘玻璃钢渔船。做好渔业资源增殖放流工作。全区明确经营主体的休闲渔船有62艘，总功率10763千瓦，全年接待游客39.82万人，总产出5827万元，税后利润2759万元。

【国家绿色渔业实验基地建设】区海洋与渔业局推进国家绿色渔业实验基地建设，发展新材料船舶相关产业，打造玻璃钢船舶及装备产业中心，全年固定资产投入达 1 亿元以上，引进玻璃钢产业上、下游相关企业 5 家，建造 16 艘玻璃钢渔船。打造新材料船舶综合服务平台，平台用户数已超 800 个，交易额超 5000 万元。

【渔业资源增殖放流】 全区投入资金 410 万元，开展海洋水生生物增殖放流活动，放流苗种主要有大黄鱼、厚壳贻贝、曼氏无针乌贼、海蜇、黑鲷、黄姑鱼、三疣梭子蟹、褐菖鲉、小黄鱼、葛氏长臂虾等 18 个物种。其中，褐菖鲉（又名虎头鱼）和小黄鱼是 2021 年新增放流物种，作为改善和优化海域群落结构的探索性试验投放。全年投放 11 批次，计 2.23 亿个单位。

【浙江省渔业互保协会普陀办事处】 2021 年，浙江省渔业互保协会普陀办事处组织 1854 艘渔船参加渔船互助保险，15388 名渔工参加雇主责任互助保险，9 家海水鱼养殖单位参加水产养殖互助保险，2395 名休闲渔船（小快艇、小舢板）船员、游客参加承运人责任险，7 家渔业制冰厂参加团体意外险，1 家渔业船舶修造厂和 28 座渔港码头参加财产保险。推动 60 马力以上作业渔船船东投保雇主意外身故险保额 120 万~150 万元/人、意外致残险保额 70 万元/人以上，推广附加第三者人身伤亡险、渔船足额保险，意外事故保障金额基本满足会员实际赔偿需求。互保费达 8100 余万元，提供风险保障服务 246 亿元，会员享受各级财政补贴 820 万元，享受无理赔奖励金 835 万元。全区作业渔船安全生产风险保障覆盖率 99%以上。全年理赔案件结案 661 起，提供灾后经济补偿 6844 万余元。

建造玻璃钢渔船（区海洋与渔业局提供）

海洋捕捞与海水养殖

【国内捕捞】 2021 年年底，全区有机动渔业船舶 2345 艘，比上年末减少 264 艘。总吨位 63.48 万吨，总功率 89.01 万千瓦，下降 4.8%；其中，生产渔船 1916 艘，减少 201 艘。总吨位 51.21 万吨，总功率 72.99 万千瓦，下降 3.2%。捕捞渔船 1903 艘，总吨位 51.13 万吨，总功率 72.80 万千瓦，下降 0.5%。捕捞渔船中 600 马力（441 千瓦）以上 433 艘。养殖渔船 13 艘，总吨位 769 吨，总功率 1854 千瓦。辅助渔船 429 艘，总吨位 122667 吨，总功率 160190 千瓦。国内捕捞渔船作业主要有拖网、围网、刺网、张网、蟹笼、钓具、杂渔具等。2021 年全区国内捕捞产量 34.03 万吨，同比减少 2.00%；产值 33.02 亿元，

2021 年普陀区国内捕捞分品种产量统计

表 15 单位：吨

项　目	2020 年	2021 年	2021 年比 2020 年增减（%）
海洋捕捞产量	347228	340273	-2.00
一、鱼类	194677	187678	-3.60
其中：海鳗	9849	8665	-12.02
鳓鱼	530	1147	116.42
鳀鱼	847	844	-0.35
沙丁鱼	2122	1773	-16.45
鲱鱼	1248	1073	-14.02
石斑鱼	46	25	-45.65
鲷	661	447	-32.38

续表15

项　目	2020年	2021年	2021年比2020年增减(%)
蓝圆鲹	3223	4520	40.24
白姑鱼	5162	4183	-18.97
黄姑鱼	3693	3236	-12.37
鮸鱼	7949	10406	30.91
小黄鱼	12452	10541	-15.35
梅童鱼	28092	26108	-7.06
方头鱼	916	2065	125.44
玉筋鱼	10043	9965	-0.78
带鱼	30085	26568	-11.69
金线鱼	74	160	116.22
梭鱼	305	20	-93.44
鲐鱼	14387	10640	-26.04
鲅鱼(马交鱼)	2226	3881	74.35
龙头鱼	4304	4716	9.57
金枪鱼	234	203	-13.25
鲳鱼	10450	10105	-3.30
马面鲀	572	702	22.73
竹荚鱼	742	986	32.88
鲻鱼	1883	1731	-8.07
其他	42582	42968	0.91
二、甲壳类	145292	144457	-0.57
1.虾	121203	118298	-2.40
其中:毛虾	18323	11947	-34.80
对虾	27729	28299	2.06
鹰爪虾	43359	44245	2.04
虾蛄	11109	8754	-21.20
2.蟹	24089	26159	8.59
其中:梭子蟹	23175	25188	8.69
青蟹	9	17	88.89
蟳	679	600	-11.63
三、贝类	5744	5929	3.22
四、藻类	4687	4651	-0.77
五、头足类	1515	2209	45.81
其中:乌贼	726	848	16.80
鱿鱼	668	1284	92.22
章鱼	121	77	-36.36

同比增长1.86%。

【远洋捕捞】2021年年底,全区有各类远洋渔船448艘(含中国水产舟山海洋渔业公司、中水集团远洋股份有限公司等所属远洋渔船),其中,直接捕捞渔船434艘,占全市远洋渔船总数70%。总投资8000万元,申请国家补助资金2220万元对4艘老旧远洋渔船实施更新改造。实行远洋前教育培训,全年举办远洋船员法制心理健康教育培训班63期,培训人员累计4027人次,新配备治安管理员60名。组织集中应急演练(4~6艘船只联合)27次,参与人数1911人。2021年全区远洋捕捞总产量50.56万吨,同比增长7.91%,占全市75%,占全省58%;产值45.65亿元,同比增长6.29%。

【海水养殖】2021年,全区海水养殖总面积22155亩(1477公顷),同比减少0.87%;产量4.78万吨,同比增长9.74%;产值8.10亿元,同比增长1.55%。其中,浅海养殖面积3480亩(232公顷),同比增长18.97%;产量1.59万吨,同比增长26.72%。浅海养殖主要品种有海带、贻贝等。滩涂养殖面积3075亩(205公顷),同比减少22.05%;产量6862吨,同比减少1.34%。滩涂养殖主要品种有蛏、蚶、泥螺、蛤等。围塘养殖面积1013公顷,同比下降1.84%;产量2.50万吨,同比增长11.38%。全年培育海水鱼苗1000万尾(其中大黄鱼苗550万尾),虾苗4.08亿尾(其中南美白对虾苗 1.78 亿尾），蟹苗 1.05 亿只（其中梭子蟹苗 1.04 亿只）。同时实施渔用配合饲料替代冰鲜或冰冻小鱼虾行动，推广应用配合饲料围塘养殖面积 1.55 万亩（约 1033.33 公顷），浅海标准网箱 4880 只。

【重启鱿鱼统一销售】受新冠疫情影响，鱿鱼滞销严重。普陀区于 2021 年 7 月 30 日重新启动鱿鱼统一销售。2020 年库存鱼货 12.89 万吨全部合同销售完；2021 年新入库 6.08 万吨，已完成合同销售 3.97 万吨。

10 月 27 日，副省长徐文光（右三）调研普陀渔业（区海洋与渔业局提供）

渔港建设

【概况】2021 年年底，全区有渔港 20 个。其中，国家级中心渔港 2 个，为沈家门中心渔港、舟山中心渔港；一级渔港 3 个，分别为虾峙渔港、台门渔港和桃花渔港；二级渔港 4 个；三级渔港 4 个；自然岙口 7 个。

【渔港建设项目】2021 年，区海洋与渔业局完成国家级沈家门中心渔港和一级渔港虾峙、台门扩建工程，完成舟山中心渔港、虾峙一级渔港维护疏浚工程，完成沈家门渔港美化亮化一期工程 6 个续建项目交工质量验收。在建工程完成年度投资 1817 万元。其中，沈家门小型渔业船（艇）舶休闲基地项目完成年度投资 840 万元，沈家门渔港美化亮化二期工程完成年度投资 330 万元，原兴业集团有限公司码头维修改造工程完成年度投资 431 万元，普陀区渔港渔船污染物智能化防治项目完成年度投资 152 万元，其他码头设施维修、钢结构改造、码头临时水电安装等小微项目完成年度投资 64 万元。

【沈家门渔港保洁】2021 年，清理沈家门渔港公共水域、公共边滩固体废弃物，渔港公共水域边滩保洁费用从 298 万元提高到 326.4 万元，公共水域及边滩垃圾清理船从 4 艘增加至 11 艘，边滩巡查人员从 2 人增加至 18 人，保洁范围从沿岸 11.5 千米延伸至 18.5 千米。全年累计清运处置各类漂浮垃圾和废弃杂物1243 吨，处理渔港油污水 600 千克，疏浚海底淤泥 10.82 万立方米。

渔业安全监管

【概况】2021 年，普陀区渔业船舶领域发生等级以上渔业水上事故 4 起，死亡（失踪）3 人，未超过省、市、区下达的控制指标。是年，《普陀区渔业领域“百组百长千员”瞭望护航铁桶工程实施方案（试行）》正式实施。完善“千员”瞭望机制，防范海上交通事故。破解渔船疏于瞭望，疲劳驾驶的问题，受到副省长刘小涛肯定，并在全省推广。开展涉海涉渔“遏重大”百日攻坚行动，推进渔船安全隐患排查整治行动。

【“百组百长千员”护航铁桶瞭望工程】2021 年，普陀区实施渔业领域“百组百长千员”护航铁桶瞭望工程。重新梳理 193 个编组，通过提名选拔等方式确定编组长和瞭望长，明确各自责任。配套制定《普陀区加强值班瞭望，防止疲劳驾驶若干规定》，通过“定编定岗定责”，建立“千员”瞭望体系，明确每艘渔船设立“瞭望员”岗位，船员轮流到岗值班，并要求航行作业期间必须保持“一驾驶一瞭望”。7 月下旬和

9月初，邀请海洋大学教授和沈家门海事处领导，分3批对全区编组长和瞭望长进行教育培训，重点指导编组长、瞭望长按规定强化编组管理和值班值守等工作，落实海上值班瞭望制度。为每艘渔船发放《渔船值班瞭望日志》和《渔船编组瞭望日志》，要求每日规范填写，各级点验中心对出海渔船日志填写情况进行抽查。对制度落实不到位的渔船定期进行通报，并按相关规定处罚。加大执法检查海上和港口巡查检查力度，将日志记录情况作为日常执法检查重点内容。制定《普陀区优秀编组长、瞭望长和瞭望员船等考核奖励实施办法》，设计荣誉激励体系，递进开展入编、荣誉、物质、政策、推优激励。开展编组长和瞭望长定期考评，如因编组长和瞭望长制度落实不到位，导致同编组渔船发生事故的，将对其职务船员证书进行扣分。

【"遏重大"百日攻坚行动】 由区领导牵头开展渔业领域"遏重大"工作，重点开展"五大行动""三大工程"，实行清单量化管控。推进渔船安全隐患排查整治行动。累计检查渔船316艘，包含高危渔船184艘，发现问题394个，现场整改问题241个，限期整改问题141个，扣证书4本，停航整顿8艘。将全区省内挂靠渔船65艘全部转出，挂靠在外地的4艘渔船已全部转入，实现"清零"。将原有的27个渔船管理服务站整合为17个，并在街道镇成立11个渔船点验分中心，实现规范化、制度化、程序化管理。以东极镇渔船管理服务站为试点，推进基层渔船管理组织规范提升，健全基层渔船管理组织考评机制，继续深化"港长制"运行，完善四级渔业安全管理体系。对渔船安全隐患进行全面整改，确保"船证相符"、安全设备"应配尽配"。规范审批登记检验，停止高危渔船和证业不符渔船的审批建造，遏制高风险渔船增量。全区完成223艘渔船设备改造升级，对397艘渔船进行营运检验。全年累计培训渔业船舶船员7993人次(其中，职务船员2258人次、普通船员5542人次、渔船瞭望长193人次)。组织渔船船东船长"面对面"安全教育2556人次，其中集中组织安全教育1995人次（含渔船编组长193人、其他渔船船东船长2102人）；组织重点渔船小班化教学178人次（含帆张网渔船船东船长59人次、涉氨冷藏渔船船东船长10人次、休闲渔船船东船长82人次、大型钓具渔船船东船长27人次)；组织商渔船船东船长"互登互学"38人次；组织违规渔船船东船长强制学习45人次。

4月30日，水上安全工作会议召开（区海洋与渔业局提供）

【老旧渔船专项整治】 2021年，全区有老旧渔业船舶519艘(原农业部规定的船龄)。其中，捕捞渔船505艘(船长24米以上277艘、24米以下228艘)；辅助渔船14艘（船长24米以上10艘、24米以下4艘)。经过专项整治，共减船转产74艘，拆解处置201艘，合规整治244艘，整改率达到100%。

海洋与渔业行政执法

【区海洋行政执法中队】 区海洋行政执法中队为区海洋与渔业局所属公益一类(执法)正股级事业单位，挂区渔业应急处置指挥中心牌子。有海洋与渔业执法船艇6艘：中国渔政33022船、中国渔政33111船、中国渔政33112船、中国渔政33113船、中国渔政33122船、中国渔政33126船(借调中街山列岛海洋特别保护区使用），船艇吨位37~365吨，航速11~25节不等，能适应中、近海海上行政执法检查和抢险救灾等任务。

【浙江渔场修复振兴暨“一打三整治”行动】 2021年，区海洋行政执法中队开展海上渔政执法检查1448次，检查渔船2689艘次，现场整改安全隐患渔船159艘，责令限期整改渔船564艘（停航整改408艘），查处各类违规案件212起，收缴罚没款397.5万元。整治“三无”船（筏）987艘，其中，整治纳规388艘，执法查获“三无”船（筏）174艘，清理收缴违禁网具2967顶、违规流刺网1.1万余米，依法移送司法机关11起、25人，其中行政拘留6人、取保候审6人。伏休陆上执法检查111次，检查市场、排档、酒店1016家次，收缴查获违禁渔获物1865.13千克，放生活体梭子蟹幼蟹合计325千克。联合开展“两航道一锚地”执法巡查1466次，劝赶碍航渔船63艘。

【虾峙门等航道禁渔整治】 区海洋行政执法中队全年累计出动执法船艇、护航船1358艘次，出动执法人员8626人次，航时8806.5小时，航程31231海里（约57840千米），劝离驱赶渔船数63艘。开展联合集中专项执法行动，及时警示提醒有向航道禁渔区内作业倾向渔船。每日指派4艘护航船轮流在“两航道一锚地”开展巡查，劝赶、阻止航道禁渔区作业行为。区海洋与渔业局应急指挥中心保持实行“两航道一锚地”24小时专职值班员制度，运用船位系统实时监控航道禁渔区域，发现有渔船进入航道禁渔区内，立即进行动态干预，并及时通知在现场执法船、护航船前往查看。组织各镇（街道、管委会）渔办、渔船管理服务中心通过以案说法开展教育活动，结合日常巡查管理“面对面”向渔船主开展宣传教育。

（撰稿：许振磊）

【浙江省海洋维权巡航执法基地】 浙江省海洋维权巡航执法基地为省农业农村厅下属副处级公益一类事业单位，主要负责省海洋与渔业执法总队执法船艇调度及后勤保障补给、执法船员日常管理、海上定点值班、参与抢险救灾及海上突发事件处置、协助海上打私、辅助海洋与渔业执法及维权巡航等工作。办公地址在朱家尖街道福利门路23-8号。基地有使用岸线200米，陆域占地总面积50亩（约3.33公顷）。建有指挥中心综合楼、船员宿舍等，总建筑面积3454.8平方米，配套建有2000吨级、600吨级海监船停靠固定码头各1座，快艇停靠浮码头1座，有扣船区、网络指挥中心、短波通信等设施。执法船艇5艘，即中国海监7008船（1500吨级）、中国渔政33001船（500吨级）、中国渔政33002船（300吨级）、中国渔政33003船（100吨级）、中国海监7005船（快艇），总资产3亿余元。

2021年，省海洋维权巡航执法基地实施新时代浙江“三农”工作“369”行动要求，做好海洋综合行政执法工作，狠抓海上渔船安全，全年调度5艘执法船艇参加任务，总计118航次、521天，航程26523海里（约49121千米）、航时2492小时，累计查获违规案件220起，立案181起、移交39起。

2021年，省海洋维权巡航执法基地以实施长江“十年禁渔”和海洋伏季休渔制度为重点，全面落实休禁渔制度及其他各项资源养护措施。分赴嵊泗北部及长江口附近海域推进“四无目标”海上大排查、大整治行动，开展省管辖水域巡航值班及专项执法检查，参与跨省联动监督、联合执法，严打违法违规行为，严管鳗苗和刀鲚捕捞，维护长江口水域生态安全。开展常态化巡航扫海，结合伏休阶段特点开展专项执法行动及特许作业监管执法，严管严控重点渔船；多跨协同，持续深化部门间、省市间联合执法，加强全链闭环执法。参与春节、清明节期间田湾等有界域争议岛屿维稳值守工作，做好中国共产党成立100周年重大活动、世界互联网大会及进博会期间浙江海域海底国际海光缆巡护执法行动，调度执法船艇完成海上特定区域扫海警戒任务。推进“铁拳”行动和涉海涉渔领域“逿重大”专项执法行动，持续抓好渔船安全执法检查、敏感海域渔船执法监管、台风等特殊期间执法监管和海上疫情防控，严查重处各类违反渔业安全生产规定行为，全年累计整改安全隐患407个。开展春季和秋冬季

省海洋维权巡航执法基地执法船编组执法（省海洋维权巡航执法基地提供）

渔政船定点值班和日常安全生产监管巡查16航次，做好安全救助、渔事纠纷调处和涉渔管控工作，及时消除渔船安全隐患，预防和减少渔船安全生产事故。参与浙海1156船、浙象渔76026、苏启渔03434船、浙岭渔22522船、浙岱渔06609船等救助，全年累计抢险救灾12航次，救助渔船10艘、渔民84人。

（撰稿：颜芬玲）

远洋渔业企业选介

【舟山宁泰远洋渔业有限公司】舟山宁泰远洋渔业有限公司成立于2009年8月，注册资金3000万元，有农业部颁发的远洋渔业企业资格证书，主营船舶管理、远洋捕捞、冷藏运输、销售与贸易、仓储冷链。公司有60余艘组成的现代化远洋船队，其中，鱿钓渔船49艘、全市首批印度围网渔船2艘、配套远洋冷藏运输船9艘，是全国最大的鱿钓及冷藏运输民营企业。2021年赴北太平洋、东南太平洋、西南大西洋、印度洋公海鱿钓作业，捕捞量61912吨。冷藏运输船队年运输量达20个航次，年转载鱼货量近20万吨，航行往返从各公海渔场及各港口间，主要有浙江舟山港及台州港、山东石岛港、福州马尾港，并开拓台湾远洋市场运输业务。是年，公司获评舟山市首批“蓝海先锋号”。

公司拥有欧盟注册的渔船8艘，运输船6艘，打通公司运输欧盟鱿鱼从捕捞、运输到加工的全链条。在渔船的通导设备、船位监控设备、监控探头、电子渔捞日志、船队网络布局后台系统建设上，通过与科研院校、设备供应商、网络服务商的联动，逐步实施海上组网方案，探讨出驾驶台无人值守警报系统、温控传感系统等新型管理方式，完善海上信息化水平。公司参与中国远洋渔业协会关于鱼货捕捞、销售和贸易等方面团体标准制订工作，为鱿鱼市场定价提供参考价值。2021年，鱼货销售额超8亿元，贸易额超6亿元，客户主要分布于中国沿海城市，并有部分初加工品和原料出口。

公司多次承担部、省、市级公海渔业资源探捕项目。完成日本地震及福岛核辐射造成污染的北太平洋渔场核辐射检测任务；拓展远洋鱼货短驳巴拿马港口集装箱中转运回国内的新项目。建立渔场网格化管理，健全渔船安全管理体系，夯实远洋渔

“宁泰冷5”远洋渔业冷藏运输船（区海洋与渔业局提供）

船安全管理水平。2021年10月，公司通过CCS远洋安全企业管理体系符合证明，船队安全管理日趋科学化、标准化。

【平太荣远洋渔业集团有限公司】 平太荣远洋渔业集团有限公司成立于2007年，总注册资本3.76亿元，从业人员1400余人，是集远洋捕捞、运输、加工、储藏、销售、集装箱冷链物流、货物进出口、石油化工、生物技术研发运用、餐饮服务、职业培训及船舶修造于一体的综合性集团企业，是浙江省远洋渔业协会副会长单位、舟山市远洋渔业协会副会长单位、金枪鱼分会会长单位。集团下设13家子公司。有专业化远洋船队，2021年，共运营51艘金枪鱼延绳钓船和2艘6000吨级远洋超低温（仓储温度达到−60℃）运输船。其中，低温和超低温延绳钓船47艘，合作监管低温延绳钓船4艘。船队年鱼货捕捞量2.5万吨，运输量近3万吨。是年，公司获评舟山市首批“蓝海先锋号”。

（撰稿：许振磊）

编辑：陈莉

农业农村与水利

综　述

2021年，普陀区农林牧业总产值4.94亿元（含农林牧渔服务业），按可比价计算，比上年减少1.6%。其中，农业总产值3.77亿元，增长9.5%；林业总产值0.08亿元，与上年持平；牧业总产值0.71亿元，减少37.3%；农林牧渔服务业0.38亿元，增长4.5%。渔农村常住居民人均可支配收入4.26万元，完成脱贫增收攻坚战，全面消除家庭人均收入9000元以下低收入渔农户、集体经济薄弱村。

全年农作物总播种面积4082公顷，比上年下降5.0%。其中，粮食作物播种面积1191公顷，经济作物种植面积2891公顷。粮食产量5507吨，蔬菜产量29560吨，水果产量21083吨。全年肉类总产量1874吨，比上年增长1.0%。其中，猪肉产量1646吨，下降0.7%。禽蛋产量330吨，下降16.9%。全年生猪饲养量3.45万头，下降3.1%。其中，出栏2.17万头，下降1.0%。

2021年，普陀区贯彻中央一号文件和浙江先行探索高质量发展建设共同富裕示范区精神，制定出台《高质量发展建设共同富裕示范区普陀实施方案（2021—2025年）》《关于高质量推进海岛振兴创建国家级乡村振兴示范区的意见》《普陀区新一轮村级集体经济提升发展五年行动计划》等文件，推进海岛乡村振兴工作。蚂蚁岛村入选全国乡村治理示范村，展茅街道上榜全国乡村特色产业十亿元镇。普陀区连续第四年被推荐为省级乡村振兴工作先进县区。获全省提升农村人居环境工作考核优秀区，被评为省农村工作指导员工作成绩突出单位。

全域打造新时代美丽乡村，创建完成1个省级美丽乡村精品村和6个市级美丽乡村精品村，建设完成全域创建项目即美丽小岛、美丽乡镇、美丽风景带各1个（条），启动全域创建项目即美丽小岛、美丽乡镇、美丽风景带各1个（条）。做好渔农村乡镇（街道）文明城市建设管理。东极村打造以庙子湖为主体，青浜、东福山、黄兴岛协同发展的“一体三翼”特色示范区。

2021年，全区74个渔农业村（股份）经济合作社，村级集体经济总收入19623.09万元。经工商注册登记渔农民专业合作社147家，合作社成员2100人，全年农民专业合作社总收入21000万元，盈余1000万元。区级以上示范性专业合作社52家，其中国家级3家、省级8家。区级以上示范性家庭农场44家，其中省级16家、市级12家。

2021年，全区完成水利建设投资3.7亿元。其中舟山市海塘加固工程普陀区项目完成投资6000万元，舟山市普陀区海塘安澜工程（乡镇海塘）完成投资6000万元，舟山群岛新区定海强排工程普陀区项目完成投资15000万元，农村饮水达标提标、水库加固、闸站工程建设、河道整治、城区防洪排涝工程和农业水价综合改革等工程年度投资10000万元。

（撰稿：唐科梦）

新渔农村建设

【美丽乡村建设】 2021年，普陀区全域打造新时代美丽乡村，对照《新时代美丽乡村建设规范》

和《舟山市渔农村评价标准》，创建完成1个省级美丽乡村精品村和6个市级美丽乡村精品村，建设完成全域创建项目即美丽小岛、美丽乡镇、美丽风景带各1个(条)，启动全域创建项目即美丽小岛、美丽乡镇、美丽风景带各1个(条)；巩固、提升A级景区村全覆盖创建成果，完成年度抽查复核工作；以数字赋能，打造乡村样板，申报开展未来乡村试点村建设，其中展茅街道黄杨尖村、东极镇东极岛片区列入全省首批未来乡村试点村；申报全省先行先试数字化应用项目2个，其中“跟着节气游乡村”项目、智慧田园项目均完成浙政钉门户上线，完成浙里办上线。

省级历史文化村落——东极大树湾（区农业农村局提供）

虾峙灵和精品村村口（区农业农村局提供）

【历史文化村落打造】 区农业农村局做好东福山历史文化重点村保护利用工作。对历史文化(传统)村落调查排摸，新增蚂蚁岛村、沙头村2个村人历史文化村落保护名单库。完成省级历史文化重点村东福山三年期建设，通过省级验收。申报第十批历史文化(传统)村落保护利用重点村和一般村，确定蚂蚁岛管委会蚂蚁岛村为第十批一般村建设对象。

【渔农村环境卫生】 区农业农村局出台《普陀区渔农村环境卫生长效管理暂行办法》，从项目管理、检查考核、资金监管、奖惩办法、工作内容、评分细则等方面对渔农村人居环境卫生管理维护进行全面细化。由农业农村工作领导小组办公室牵头，通过招投标委托第三方机构每季度按照现场打分、拍照留档的程序，对全区61个行政村进行常态化检查考评，通过以考促进各级主体责任，推动渔农村环境卫生向好发展。将每季度考核结果通过文件和报纸的方式通报公示，并与资金奖补、单位绩效、个人考核、村民奖励挂钩，推动问题整改。2021年，共整改各类问题1800余处，查出问题从第一季度700余处至第四季度400余处，环比下降42%，全区行政村环境卫生70分以上合格率由第一季度65.6%到第四季度93.9%。

【农村厕所革命】 区农业农村局围绕达标规范、提档升级、评星创优目标，持续推进农村公厕建设改造，提升渔农村公厕服务水平。编印下发《渔农村新建(改建)公厕规范文件汇编》，召集业务主管部门、设计施工单位和全区各镇(街道、管委会)负责人召开以“用地性质合规、满足居民需求、体现当地特色、融入村容村貌”为主题的公厕建设改造对标指导培训会议,解读相关标准规范，弄懂弄清建设标准规范。抓好建设改造,按《浙江省农村公厕建设改造和管理服务规范》,启动 2021 年公厕服务提升行动，完成 11 座农村公厕建设任务,其中,新建 4 座、改建 7 座,累计投入资金 280 余万元。争创省级星级,根据《浙江省农村公厕星级评定表》，牵头组织住建局、自然资源和规划局、旅游局、卫建局等单位实地逐厕验收评定，全年共有 11 座渔农村公厕被省评为星级公厕,其中 3 座渔农村公厕被省评为示范公厕。

E 网扫净·农村生活垃圾分类（区农业农村局提供）

黄杨尖公厕外景（区农业农村局提供）

【全国文明城市创建】 为全面巩固文明城市创建成果,提升日常建设管理水平,实现文明城市常态长效管理,区农业农村局做好渔农村乡镇(街道)文明城市建设管理。对渔农村乡镇(街道)文明城市建设管理专项组进行调整完善,成立六横镇、虾峙镇、桃花镇、展茅街道 4 个专项督查小组,指定明确各组责任领导和成员,在细化渔农村乡镇(街道)文明城市常态化建设管理实施方案的基础上,组织全员进行学习培训,增强责任意识和履职能力。各督查小组按照每周实地督查不少于 1 次的要求，围绕镇(街道）政府所在地 2 千米范围进行常态督查,2021 年 6 月以来,共检查督查 51 次,累计派出督查人员 132 人次。各督查小组将发现的问题以位置照片的方式反馈给相关镇(街道),同时对问题整改情况进行跟踪督导,做到问题不整改不放手,累计发现问题 138 处,问题整改完成率 100%。

【垃圾分类数字化改革】 区农业农村局遵循“用数据说话,用数据决策,用数据管理,用数据创新”的设计思路，牵头建设 E 网扫净·农村生活垃圾分类,已完成分类主体基础信息管理、设施设备基础信息管理、易腐垃圾基础信息管理、收运人员监管考核系统、分类收集管理系统等功能模块的设计开发,实现“一屏”知全局、“一网”全监管、全域数字化,于 2021 年 11 月在浙里办及浙政钉数字化改革门户上线,在黄杨尖村试点，试运行以来，试点村易腐垃圾收集量超过15吨，村民获取积分奖励超过29万分，垃圾分类参与率95%，2021年，被省农业农村厅列入全省农业农村数字化改革第一批“优秀应用”名单。

（撰稿：王翔）

【乡村振兴工作】 2021年，普陀区贯彻中央一号文件和浙江先行探索高质量发展建设共同富裕示范区的精神，制定出台《高质量发展建设共同富裕示范区普陀实施方案（2021—2025年）》《关于高质量推进海岛振兴创建国家级乡村振兴示范区的意见》等文件，围绕省、市的92项乡村振兴任务制定下发《2021年舟山市普陀区乡村振兴任务清单》和《2021年舟山市普陀区乡村振兴工作考核办法》，申报新时代美丽乡村集成改革试点县区、渔农村卫生保洁和基础设施运行考评机制等两项乡村振兴地方特色任务，打造一批海岛乡村振兴“金名片”，对任务清单实施完成情况进行进度跟踪和年终分类考核，普陀区连续第四年获得乡村振兴工作考核优秀单位受到市委、市政府办公室通报表彰，并连续第四年被推荐为省级乡村振兴工作先进县区。

【善治（示范）村工作】 2021年，普陀区围绕浙江省乡村振兴领导小组办公室印发的《浙江省善治村认定暂行办法》，创建省级善治（示范）村17家，其中善治示范村3家（虾峙镇黄石村、桃花镇盐厂村、登步管委会大岙村）；善治村14家（六横镇五星村、山西村、高峰村、龙山新村、和润村、张家塘新村、岑夏村、青联村、田岙村、佛渡村、沙浦新村，东极镇东极村，展茅街道晓辉村，东港街道葫芦村）。做好乡村治理示范村镇创建对象申报推荐工作，蚂蚁岛村获全国第二批乡村治理示范村称号。

【渔农村指导员工作】 2021年，普陀区选派指导员44名，其中市派7名、区派25名、镇派12人，兼第一书记的4名，实现村、指导员及其所在单位对接，推动各类要素向乡村集聚。强化指导员属地管理制度，施行“双岗位”，加强发挥指导员派驻村服务指导工作。全体指导员走访渔农户6871户，走访困难家庭1129人次，联系落实困难家庭帮扶结对454对，落实扶贫资金231.3万元，帮助农户销售各类农产品10.26吨，帮助落实水电路等基础设施项目20个，落实公共服务项目15个，调处化解矛盾纠纷494起，发现并上报重大安全隐患13起，避免（劝阻）集体上访或群体事件8起，组织渔农民教育、培训等授课活动149次，联系（或组织）进社区各类为民服务活动187次，协助社区（村）制订规章制度16项，协助社区（村）制订各类建设规划、方案17项，召开座谈会113次，帮助社区建立各类管理服务自治组织2个，帮助解决减轻基层负担事项20项，指导党组织生活109次，协助发展党员80名，帮助基层解决各类政策问题27个，帮助基层开展环境整治418次。派出单位领导看望指导员40次，发挥“最多跑一次”改革中作用（代办申报、帮助准备各种材料、向部门提意见建议、政策宣传）3004次。累计报送信息263篇，录用160篇；报送调研报告28篇。8月31日，普陀区被省委、省政府评为2019—2020年省农村工作指导员工作成绩突出单位。

（撰稿：沈治志）

【渔农民教育培训】 普陀区以“海韵乡村、幸福普陀”新时代美丽海岛建设为要求，抓好农村实用人才及渔农民职业技能培训，

桃花镇乡村振兴实用人才专题培训班（区农业农村局提供）

结合“一乡一品、一乡一业”发展要求，开展“民宿民居”“渔农家乐提升”“精致果农”“农村电子商务”“乡村治理及社会发展”等培训。2021年，培训总人数1888人。其中，实用人才培训13期461人，高素质农民培训2期70人，职业技能培训23期1208人，其他各类培训149人。补助培训资金73.1万元。

（撰稿：倪平飞）

【全国农村固定观察点】 2021年，普陀区开展青龙村鹁鸪门固定观察点调查，指导固定观察点调查样本户新记账本记账方法，以日常记账动态管理和驻村蹲点常规调查相结合的方法，组织完成全国固定观察点常规调查2项，完成农村专项调查、农户专项调查、农村劳动力返乡留乡情况、农民家庭可支配收入情况、农户劳动力就业及进城情况、农民负担调查6项专项调查，对列入观察点调查系统的2家家庭农场、2家农民专业合作社、1家农业产业化龙头企业开展问卷调查，为全国和省固定观察点提供资料。

（撰稿：沈治志）

【渔农业产业化】 2021年年底，普陀区有430户渔农家乐经营户（民宿）。创建白沙岛委员会和东极镇政府为省级休闲乡村，虾峙镇东晓村为省级农家乐集聚村。登步岛委员会为舟山市乡村产业融合示范区。全年渔农家乐接待游客97.95万人，收入11.76万元。

（撰稿：蒋洁）

【扶贫工作】 2021年，普陀区完成脱贫增收攻坚战，全面消除家庭人均收入9000元以下低收入渔农户、集体经济薄弱村；针对低收入渔农户扶贫结对工作，区委办、区政府办联合发出《关于做好新一轮扶贫结对帮扶工作的通知》，做好领导干部和1477户低收入渔农户结对工作。

是年，普陀区争取到全省低收入户帮促系统扩面试点县区资格，先行先试推进低收入农户帮促数字化系统迭代升级试点工作，以数字化改革助力普陀区脱贫攻坚成果同乡村振兴衔接，促进政府帮促精准化、社会帮促平台化，推动低收入农户同步实现现代化。以“浙农码”为总入口，农户信息集成一个码，帮扶政策集成一张清单，帮促动态集成一套指标，帮促效果集成一幅地图。运用掌上应用程序，开通“浙政钉”“浙里办”低收入农户码上办事模块，低收入农户逐户赋码，提升农户在信息查询、政策咨询、帮促情况、提出需求等便捷度。打通部门数据壁垒，智能抓取低收入农户政策享受情况，动态跟踪低收入农户生产生活现状，实时掌握各部门政策帮促成效和社会帮促成效，建立返贫预警机制。动态汇总每个低收入农户享受财政补助等政府类帮促情况，逐户列出“幸福清单”，实现帮促情况低收入农户知晓率100%、帮促干部知情率100%。围绕低收入农户帮促效果的可量化、可视化要求，统一归集低收入农户分布空间、幸福清单等数据，实现精准帮促。低收入农户数据更新同步完成率、每月低收入农户—帮促干部结对率已达到100%，农户的空间数据、农户“两不愁三保障”图片录入工作全面完成，浙政钉“低收入农户帮促”（干部端）功能和浙里办“低收入农户帮促”（农户端）功能已全面上线。

（撰稿：刘雪萍）

桃花镇青龙村鹁鸪门固定观察点调查（区农业农村局提供）

【宅基地审批及闲置农房盘活利用】 2021年，全区宅基地审批366宗，面积68.01亩(约4.53公顷)。盘活利用闲置农房410套。东极村获评"2021年度市级闲置农房盘活利用示范区"，打造以庙子湖为主体，青浜、东福山、黄兴岛协同发展的"一体三翼"特色示范区，发展东极大树湾历史文化村落新业态。已收储42幢房屋，将闲置农房盘活与传统文化传承保护、传统古村落保护利用结合起来，聚焦村中的古民居进行修缮保护，发展文化旅游新业态。

东极示范区闲置农房盘活（区农业农村局提供）

农村经营管理

【村级集体经济】 2021年，普陀区出台《新一轮村级集体经济提升发展五年行动计划》。上报村级集体经济项目7个，其中，薄弱村项目3个，总投资1450万元。2021年，全区74个渔农村(股份)经济合作社，村级集体经济总收入19623.09万元，其中，经营收入10089.48万元，发包及上交收入3937.19万元，投资收益2280.80万元，补助收入2297.95万元，其他收入1017.67万元，74个村全部完成村集体经济总收入30万元以上，经营性收入15万元的目标，完成省农业农村厅"到2025年全省集体经济年收入30万元且经营性收入15万元以下行政村基础消除"任务目标。

【新型经营主体】 2021年，经工商注册登记渔农民专业合作社147家，其中土地股份合作社1家。合作社成员2100人。全年农民专业合作社总收入21000万元，当年盈余1000万元。全区经工商注册登记家庭农场236家，经营土地面积11000亩(约733.33公顷)，家庭成员劳动力530人，年销售农产品总值8000万元。认定区级以上示范性专业合作社52家，其中国家级3家、省级8家。认定为区级以上示范性家庭农场44家，其中省级16家、市级12家。培育农创客150人。

桃花镇塔湾集体经济示范村（区农业农村局提供）

【清廉村居】 2021年，普陀区各街道(镇、管委会)申报创建沈家门街道蒲湾村、展茅街道沙井村、东港街道芦花村、桃花镇塔湾村、虾峙镇晨港村、六横镇五星村、蚂蚁岛管委会蚂蚁岛村7个清廉村居试点村。2021年12月中旬，检查组通过查看台账、实地检查、座谈访问等形式对全区清廉村居试点村进行自查考核验收。7个试点村达到清廉村居建设内容及评价标准。

（撰稿：沈依雯）

展茅街道黄杨尖村清廉村居建设（区农业农村局提供）

种植业

【种植业生产情况】 2021年，农作物总播种面积4082公顷，比上年减少5.0%。其中，粮食播种面积（含马铃薯）1191公顷，比上年增长0.5%；产量5507吨，比上年减少0.8%。水稻播种面积约308公顷，稻谷总产量1196吨；番薯播种面积约275公顷，番薯产量1382吨；马铃薯播种面积126公顷，马铃薯产量513吨；玉米播种面积109公顷，玉米产量478吨；大豆播种面积96公顷，大豆产量230吨；油菜种植面积455公顷，比上年增长25.8%；产量815吨，比上年增长1.6%。蔬菜种植面积1829公顷，比上年减少4.4%；产量29560吨，比上年增长8.2%。经济作物播种面积约2890公顷。果用瓜种植面积437公顷，比上年减少22.1%；果用瓜产量10682吨，比上年增长4.3%。果园面积688公顷，比上年减少21.3%；园林水果产量10398吨，比上年减少44.9%。茶园面积153公顷，比上年减少18.6%；茶叶总产量36.93吨，比上年增长2.6%。2021年，普陀区重视粮食生产，对六横小郭巨等低产盐碱地改造并种植高粱、油菜等旱作。对原来种植柑橘等水果种植园等非粮化土地进行非粮化整治。故蔬菜、瓜果、果树、茶叶等经济作物面积减少，而水稻、油菜等粮油作物面积增加。

【粮食生产】 2021年，普陀区完成粮食播种面积17865亩（约1191公顷），其中，早稻播种面积570亩（38公顷）、晚稻播种面积约4550亩（约303.33公顷），旱杂粮播种面积12000余亩（约800公顷），粮食产量5507吨。抓粮食功能区“非粮化”整治工作。粮食功能区内的果园播种面积718.4亩（约47.89公顷），苗圃播种面积106亩（约7.07公顷），荒地面积274.3亩（约18.29公顷），水塘面积29.4亩（约1.96公顷），累计约1128亩（约75.2公顷）“非粮化”土地得到整治并种植粮油作物。

【数字农业】 2021年，普陀区推动“数字农业”发展。培育六横丹燕家庭农场、六横桔龙果蔬专业合作社、普陀兴岛生态禽果专业合作社联合社、浙江仙璟梅林果业有限公司登步杨梅基地4个

“非粮化”土地整治工作（区农业农村局提供）

“数字种植”基地。基地内建成农业物联网，推广环境智能控制、智能灌溉、测土配方施肥等新技术。推进“肥药两制”数字化管理平台应用，实施定额制管理。培育应用“肥药两制”数字化管理平台主体60家，通过培训掌握应用技术，已全部激活使用。实施农业应急指挥系统项目建设，促进农业灾害预防、监测、快速评损等工作。

11月，在展茅街道的乡村振兴学院召开首届“普陀好稻米”的推介评审大会（区农业农村局提供）

【高标准农田】 2021年，普陀区改造提升高标准农田2036亩（135.73公顷）。其中，六横镇高标准农田263亩（17.53公顷），展茅街道高标准农田120亩（8公顷），桃花镇高标准农田553亩（36.87公顷），登步岛管委会高标准农田1100亩（73.33公顷），总投资210万元。建设内容主要是沟、渠、路等基础设施的修补与完善。

【田园整治】 美丽田园建设。区农业农村局在展茅区域实施1190亩（约79.33公顷）油菜—水稻轮作，其中油菜171亩（11.4公顷）单轮，打造创意图案4个，草花面积16695平方米；在桃花区域种植单轮油菜3000多亩（约200公顷），草花面积11350平方米，共补贴95万元。抛荒地整治，全区共对626亩（41.7公顷）抛荒地复垦种植，增加农作物种植面积，改善田园景观。对农田环境整治，重点是对污染农田环境的废弃包装物和废弃农用薄膜进行回收或无害化处理。2021年累计回收废弃包装物110万只，回收废弃农用薄膜24吨，全区废弃农膜回收处理率90%以上，实现废弃包装物和废弃农膜回收或无害化处理。东港街道对破旧管理房进行统一提升改造。

美丽田园建设（区农业农村局提供）

【品牌农业建设】 区农业农村局做好“普陀禅农”系列产品线上线下布局，重点打造普陀禅农之系列门店。新增沈家门“普陀农特产品牌店”和虾峙沟头井土猪系列门店。2021年11月11日在展茅街道的乡村振兴学院召开首届"普陀好稻米"推介评审大会,提高"观音米"品牌效应,推进普陀"观音米"商品化发展。与普陀融媒体中心联合制作普陀十大农特产小视频(抖音),普陀水仙和观音米的推介活动上线。

(撰稿:江鸿飞)

畜牧饲养业

【养殖概况】 2021年,普陀区有猪场5家。全年全区生猪饲养量3.45万头,比上年减少3.1%;年末存栏1.28万头,同比减少6.6%。羊全年饲养量0.19万头,比上年减少9.5%;年末羊存栏0.12万头,与上年持平。獐年末存栏260只。牛全年饲养量21头,比上年减少25.0%;年末存栏8头,比上年减少33.3%。家禽全年饲养量16.66万羽,比上年减少11.8%;年末存栏6.58万羽,比上年减少29.7%。肉类总产量1874吨,比上年增长1.0%。其中,猪肉产量164吨,比上年减少0.7%;禽肉产量214吨,同上年增长18.9%。禽蛋总产量330吨,比上年减少16.9%。

【疾病防控】 2021年,区农业农村局做好年出栏5000头以上生猪规模养殖场和生猪屠宰场的非洲猪瘟自检;抓好强制免疫,重点开展高致病性禽流感、猪瘟、牲畜口蹄疫、猪蓝耳病等7种动物疫病强制免疫工作;全区免疫生猪口蹄疫、猪瘟46446头次,高致病性禽流感61421羽次,羊口蹄疫2090头次,小反刍兽疫1589头次。使用猪口蹄疫疫苗15万毫升,猪瘟疫苗15.912万头份,禽流感疫苗6.95万毫升,牛羊口蹄疫苗0.645万毫升,小反刍兽疫0.57万头份;做好强制免疫抗体的监测,全年共采集家禽样本395份,家畜样本577份,兽医实验室检测家禽样本1580份,家畜1899份,免疫抗体总体合格率70%以上;抓好动物及动物产品的流通监管,全区累计动物及产品调入备案76批次,调入家禽7450羽,调入动物产品305.684吨;做好病死猪无害化处理,全年在屠宰环节检出病死猪40头,病变内脏3996千克,养殖环节处置病死猪2629头,均按要求进行无害化处理。

【环境整治】 2021年年底,全区6家规模畜禽养殖场建成美丽生态牧场,其中,省级美丽牧场4家、市级美丽牧场2家,实现所有规模养殖场美丽化、生态化全覆盖。做好畜禽养殖污染治理工作,开展养殖污染治理巡查,开展畜禽污染隐患再排查行动,查漏补缺、防微杜渐。

【畜产品安全】 区农业农村局抓好动物检疫,落实非洲猪瘟检测结果和检疫出证联动制度,2021年,全区生猪产地检疫21588头,屠宰检疫7829头。加强瘦肉精检测,在养殖环节分别抽检盐酸克伦特罗、莱克多巴胺、沙丁胺醇76批次1870头,屠宰环节分别抽检350批次2052头,未发现阳性样品。开展多部门联合执法行动,全年出动检查人员100余人次,对区内各农贸市场、大型超市、畜产品经营门店进行检查,确保上市畜产品质量安全。

(撰稿:胡磊挺)

农业机械

【新农机具引进推广】 2021年,全区有农业机械总动力363657千瓦,比上年增长1.5%。大中型农用拖拉机17台,耕作机械653台,增氧机5754台,水稻插秧机9台,联合收割机11台,植保机械608台,排灌机械1416台,农副产品加工机械481台。其中,新增引进水稻插秧机3台,蔬菜耕整机11台,增氧机125台,农用拖拉机5台,收割机2台,粮食烘干机5台。在茶园、蔬菜田块和大棚内、水产养殖等广泛使用,省时、省力、省工。

【农机作业量】 2021年,全区机械耕地面积1.4万亩(约933公顷)。"机器换人"建设推进,机械植保及机械收割面积提升。机械植保面积8605亩次(约574公顷),机械收割面积16254亩次(1083.6公顷),机电灌溉面积57860亩次(约3857公顷),总体机耕面积有提高。

【农机经营管理】 2021年,全区累计培训农机人员78人次,主要是拖拉机驾驶员,新农具操作手、修理工及农机监理人员。区以下农机队伍有所缩减,农机经营效率有所下降。农机人员总数680人,农机专业户680户,农机服务收入74万元，农机作业收入74万元。农机安全管理工作主要是拖拉机和联合收割机年度检验，驾驶员培训、牌照管理与发放、农机维修网点检查及外籍农用拖拉机等监管工作，累计车辆年检25台，牌照发放7张。开展路查、纠正违章、清理“黑车”“非驾”安全整治活动。2021年度拖拉机和联合收割机检审验率92%以上，累计路查18人次，纠正违章3人次。

（撰稿：虞乐艇　黄文光）

农口水利行政执法

【农业投入品管理】 根据《中华人民共和国种子法》《农药管理条例》《饲料和饲料添加剂管理条例》《兽药管理条例》《肥料登记管理办法》等法律、法规，开展农产品质量安全专项整治、“绿剑”系列集中执法行动，强化农药、“瘦肉精”、兽用抗生素、生猪屠宰监管、农资打假专项整治力度，2021年，抽检农业投入品50批次，查处农业违法案件8起，罚没款人民币14458元。加强对农资生产经营单位管理培训，全区有农药经营门店14家，全部安装并启用农资信息化系统，培训率、承诺书签订、告知书发放及巡查覆盖率100%，全年农资网上销售台账89491笔，同时，加大对农资经营主体扶持力度，通过“以奖代补”激励手段，调动农资经营主体提升改造的积极性和主动性，全区有12家农资经营主体完成提升改造，推进农药实名制登记工作，农资信息化系统运转良好。

【农产品质量安全监管】 根据《中华人民共和国农产品质量安全法》《浙江省农产品质量安全规定》及有关文件的规定，开展农产品质量安全监管工作。2021年，农产品定量检测127批次，快速检测2100批次，实现年度监测覆盖辖区内每个生产经营主体。推进农产品生产主体合格证使用建设工作，发放合格证使用告知书400余份，做好农产品追溯主体指导告知，全区合格证追溯率97%以上，全年农产品生产经营主体打印浙农码14752张。开展农产品法律法规和科普宣传活动，组织参与5场现场宣传活动，发放宣传资料2000多份，现场咨询市民500多人次，同时，通过报纸、短信、微信公众号等宣传农产品安全等相关知识。

（撰稿：虞乐艇）

【水政监察】 区农业农村局围绕“启航新征程　共护幸福水”主题开展宣传，完成“3·22”世界水日和中国水周宣传活动，向社会群体宣传节水短信3万余条。坚持每月4~5次巡查，监管对象53个，巡查河道长度264.54千米，巡查水库面积6平方千米，出动人员144人次，出动车辆53车次。采用“互联网+监管”模式对取水许可、水资源费依法征收，建设工程水土保持治理等使用掌上执法进行专项检查，并检查相关法律法规落实情况等。

（撰稿：郑娇）

水利围垦工程

【海塘建设】 2021年，普陀区加固6条海塘，总长5548米，总投资9908万元。新开工建设加固海塘2条，续建加固海塘4条。其中，50年一遇海塘3条，计3073米；20年一遇海塘3条，计2475米。完工4条、4085米（其中，50年一遇2条、2315米，20年一遇2条、1770米）。

2021年，普陀区续建海塘安澜工程（乡镇海塘）项目2项，总投资3065万元。完工1项。

【闸站建设】 2021年，普陀区在建闸站2座，总投资2550万元。完工1座。

【水库除险加固】 2021年，全区在建水库除险加固1座（新建东港街道南岙水库除险加固工程），总投资836万元，完工1座。

【“百项千亿”强排工程】 普陀区实施“百项千亿”防洪排涝工程，2021年有4个在建项目，总投资35773万元，4个强排工程完工，完成年度投资15000万元。

【农业水价综合改革】 2021年，普陀区完成4个灌溉泵站提升（桃花镇茅山村客浦1号泵站、客浦2号泵站，展茅街道上潘孙村海螺泵站、章鱼泵站）、1个灌区灌片（登步岛大岙、沙头两村的登步黄金瓜基地）、1个农民用水管理主体（展茅街道田园牧歌

表 16

2021 年海塘建设情况

工程类别	工程名称	建设单位	建设内容	总投资（万元）	建设年限
海塘加固工程	湖泥保护区海塘加固工程(三八海塘)	虾峙镇	50 年一遇海塘 705 米,改建水闸 2 座	1086	2020—2021
	湖泥保护区海塘加固工程(老厂跟海塘)	虾峙镇	50 年一遇海塘 758 米,改建水闸 1 座	835	2021—2022
	登步大联海塘加固工程	登步岛管委会	50 年一遇海塘 1610 米,水闸 5 座,排水泵站 1 座	2573	2020—2021
	登步冯家海塘加固工程	登步岛管委会	20 年一遇海塘长 705 米,新建排水泵站 1 座	762	2021—2022
	塘头南塘加固工程	东港街道	20 年一遇海塘 900 米，水闸 3 座,排水泵站 1 座	1706	2020—2021
	六横镇捕南东塘海塘加固工程	六横镇	20 年一遇海塘870 米，水闸 4 座,排水泵站 1 座	2946	2020—2021
海塘安澜工程	中弄海塘配套闸站建设工程	沈家门街道	改建 2 孔×3 米水闸 1 座，新建 10.84 立方米/秒强排泵站 1 座	2339	2020—2021
	学耕海塘提升工程(一期)	桃花镇	建设规模3 台×2.0 立方米/秒	726	2020—2022

生态农业专业合作社)、1 个水利基层站所（六横镇水利管理站）创建工作,完成投资 100 万元。

【水利工程标准化管理】 普陀区根据《浙江省水利数字化改革实施方案》以及省水利厅考核要求,实施水利数字化建设,完成普陀水利数字大屏建设,并将水利工程基本信息及水位雨量等实时动态结合到平台中,推进水利工程防汛和日常管理工作。根据《普陀区水利工程标准化运行管理与维修养护绩效考评奖补办法》，将水利工程管护补助资金与每季度考评挂钩,依据评估等次在补助定额范围内予以奖补，对管护情况进行每季度通报,加强水利工程标准化运行管理与维修养护,确保水利工程安全、高效、持久运行。

中弄海塘配套闸站建设工程（区农业农村局提供）

【水利工程安全鉴定及竣工验收】 区农业农村局根据省水利厅办公室《关于切实做好海塘工程安全鉴定工作的通知》等要求,2021 年完成工程安全鉴定 18 项。其中,水库 10 座为大岙水库、大使岙水库、浦西水库、沙田岙水库、小坟坑水库、小蒲岙水库、徐家岙水库、台门平地水库、大沙浦水库、东岙水库,总库容 739.77 万立方米;海塘 8 条为蛏子港海塘、王家岙海塘、金钵盂海塘、下长坑海塘、小郭巨一期海塘、渔工商海塘、永亨外海塘、渔丰外海塘,共计 6.96 千米。普陀区针对遗留工程中存在疑难

2021年闸站泵站工程一览

表17

工程名称	建设单位	建设内容	总投资（万元）	建设年限
六横镇勤丰海塘配套闸站建设工程	六横镇	新建闸站，闸2孔×2米，泵2×2.5立方米/秒；整治上游河道160米，新建河道220米；封堵水闸	2132	2020—2021
平阳水闸改建工程	沈家门街道	改建2孔×2米水闸1座	418	2020—2021

平阳水闸（区农业农村局提供）

问题，邀请各参建单位座谈，逐个落实解决方案和时间，全年完成12项遗留工程竣工验收，完成竣工验收遗留工程清零工作。

【水旱灾害防御】 普陀区开展隐患排查工作。在汛前检查基础上，对辖区内水旱灾害防御工作进行摸排检查，重点对全区40座水库、120条海塘及其附属交叉建筑物、128个重点山塘与18座排涝泵站的责任制落实、工程调度运用、预案方案修订、水毁工程修复等工作开展“回头看”。针对检查中发现的风险隐患和薄弱环节，制定整改措施，消除隐患，确保安全度汛。加强监测预报预警工作。加强雨水情的监测预报预警工作，密切与气象部门协作，加强会商分析研判，提高预报精度、延长预见期。依法科学调度水利工程。密切监视雨水情变化，按照批复调度方案，科学精准调度水利工程，发挥工程体系防灾减灾整体功效。抓好水库安全度汛。落实水库防汛“三个责任人”，规范水库汛期调度运用，严禁擅自超汛限水位运行。做好小流域山洪灾害防御工作。结合基层防汛防台体系建设，着重做好17个小流域山洪

2021年扩排工程建设一览

表18

项目名称	建设单位	建设内容	总投资（万元）	建设年限
板桥头闸改建工程	沈家门街道	改建气盾坝1座21.2米，改造交通桥1座	2031	2018—2021
六横龙山片防洪扩排工程	六横港城建设开发公司	新开挖龙腾河长467米；建设龙腾闸站水闸规模为4孔×2.0米、泵站排涝流量12立方米/秒；改建龙泉老闸3孔×2.0米	14966	2019—2021
展茅流域水系综合整治工程	展茅乡村振兴投资发展有限公司	整治水系长18千米	7879	2018—2021
舟山群岛新区普陀本岛中小流域舵岙河(应家湾水库—新塘闸段)综合治理二期工程	普陀港福开发建设有限公司	新建生态护岸1.08千米，新建1.5立方米/秒配水泵站1座，铺设配水管道4.54千米，布置调蓄池2处	10897	2019—2021

中小流域舵岙河（应家湾水库—新塘闸段）综合治理二期工程（区农业农村局提供）

桃花镇自来水净水能力提升工程（区农业农村局提供）

灾害重要村落防御对象排摸、预警指标确定、雨量站点关联等相关工作，落实乡级包片领导、驻村干部、预警责任人和转移责任人等，完成对危险区人员的安全码赋码工作。开展小流域山洪灾害重点集镇调查评估，提高防御能力。健全完善小流域山洪灾害自动化预警体系，做好山洪灾害监测预警平台更新以及全区73个监测站点维护工作，投入使用山塘实时水位监测系统，投入资金174万元新建更新各类监测站点28处，扩大雨量水位实时监测范围。加强汛期值班值守和信息报送。做好汛期24小时值班值守工作，严格执行领导带班、干部值班各项制度，必要时增加值班力量，严禁出现脱岗现象。密切关注汛情、工程运用情况和防御工作，及时报送水旱灾害防御信息。做好台风“烟花”“灿都”等防御工作。

【美丽河湖创建】 2021年，普陀区创建“美丽河湖”类工程9项，创建省级“美丽河湖”工程1个为展茅街道田园综合体上葡萄河，“水美乡镇”1个为六横镇，“美丽山塘”3个为六横镇中央岙山塘、东港街道塔岭下李家山塘、东港街道冷水坑山塘，“美丽池塘”4个为六横镇小郭巨村1号池塘、小教场池塘、嵩山村2号池塘、新贺家池塘。年末，上葡萄河通过省级“美丽河湖”创建验收，六横镇通过“水美乡镇”创建验收，“美丽山塘”与“美丽池塘”通过市里验收。

【水文站点工程】 2021年，区农业农村局对全区78个水文遥测站点进行日常维护和保养工作。根据《浙江水文补短板实施方

2021年普陀区水文遥测站点建设情况

表19

站点名称	乡镇街道	类型	观测项目
湖泥雨量站	虾峙镇	—	雨量
新镇区河道站	虾峙镇	竖井式	水位雨量
田公岙水库站	展茅街道	雷达式	水位雨量
大展河河道站	展茅街道	雷达式	水位雨量
五星水库站	六横镇	竖井式/雷达式	水位雨量
大沙浦水库站	六横镇	竖井式	水位雨量
舵岙河水位站	东港街道	雷达式	水位雨量

2021 年农村饮用水提升改造工程一览

表 20

工程名称	建设内容	完成年度投资（万元）
虾峙镇自来水厂扩建工程	建设 500 吨清水池 1 座，管网改造 2.5 千米，更新水表闸阀 1000 只，受益人口 5000 余人	400
虾峙镇河泥槽村级供水站扩建工程	建设管理房，超滤净化设备提标改造，供水能力提高到 250 吨/日	100
桃花镇自来水净水能力提升工程	建设 320 吨/小时沉淀池、过滤池及相应配套设施设备，受益人口 12000 余人	200
朱家尖至白沙岛海底输水管道联网工程	实施朱家尖至白沙岛陆上和海底输水铺设工程，总投资 6000 万元。受益人口 2600 余人	600
青浜饮用水保障工程	铺设饮用水管网 4 千米，采购水净化设备，新建蓄水池，受益人口 1800 余人	750
翁家岙自来水提升工程	自来水管网延伸，新建泵站 4 座，受益人口 150 余人	230
六横镇农村饮用水泵站提升工程	改造 9 座泵站，泵站总功率 630 千瓦，受益人口约 10 万人	197
桃花镇对峙村乌石子区域管网联网工程	铺设塔湾到乌石子供水管网 5 千米，受益人口 1600 余人	300

案》《浙江省水利厅关于下达 2021 年水文测报能力提升建设计划的通知》《舟山市水文防汛“5+1”工程建设实施方案(2021 年度)》等要求，新建虾峙湖泥雨量站，新镇区双保障河道站、田公岙水库站、平阳闸潮位站 4 个站点，改造舵岙河、大展河 2 处河道和五星水库、大沙浦水库 2 座水库，升级改造大岙水库、东岙水库等 20 座水库。

（撰稿：李承言）

【农饮水提升改造】 2021 年，全区实施农村饮用水提升改造工程 8 项，其中完成当年度任务 7 项，实施跨年度任务 1 项。完成年度总投资2777 万元。

（撰稿：丁琪挺）

编辑：陈莉

工　　业

综　述

2021年，普陀区坚持经济建设和新冠疫情防控“两手抓、两战赢”，抓政策引导、企业服务，做好传统产业转型升级、科技创新、数字赋能等工作，助推工业经济高质量发展。全年实现工业增加值104.43亿元，比上年下降1.4%。工业技改投资增长1.6%。规模以上工业产值220.50亿元，比上年下降5.3%。其中，重工业产值149.70亿元，下降10.9%；轻工业产值70.80亿元，增长9.2%。新产品产值下降34.1%，战略性新兴产业产值下降3.0%，高新技术产业下降9.5%。规模以上工业销售产值220.15亿元，下降5.1%；产销率99.8%；出口交货值96.84亿元，下降19.5%。全年规模以上临港工业产值比上年下降7.5%。其中，船舶修造业产值下降27.1%，水产加工业产值增长9.2%，电力生产业产值增长23.9%。全区规模以上工业企业实现营业收入246.73亿元，比上年下降7.6%。实现利税总额5.42亿元，下降74.9%，其中利润总额0.95亿元，下降93.4%。全年全社会用电量18.31亿千瓦时，比上年增长9.3%。其中，工业用电7.29亿千瓦时，增长5.0%；生活用电3.83亿千瓦时，增长3.2%。

2021年，全区有工业企业500余家，其中规模以上企业138家，有省级技术中心8家，市级技术中心11家；省级创新型示范中小企业7家；舟山中远海运重工有限公司为省级“三名企业”，4家市级“三名企业”；舟山海洋渔业集团有限公司、浙江富丹旅游食品有限公司等8家企业被评为市级水产加工名企（全市15家）；浙江炜驰机械集团有限公司、浙江同博科技发展有限公司等7家企业被评为市级“专精特新”企业（全市22家）。舟山市正源标准件有限公司、浙江同博科技发展有限公司等8家企业被评为隐形冠军培育企业；舟山市正源标准件有限公司、浙江金鹰食品机械有限公司、浙江飞鲸新材料科技股份有限公司获评国家专精特新“小巨人”企业；舟山海洋渔业有限公司“明珠”、浙江冠素堂食品有限公司“冠素堂”为中国驰名商标。省、市级水产名牌产品40余个；舟山中远海运重工有限公司、舟山鑫亚船舶修造有限公司、万邦船舶重工

扬帆集团股份有限公司建造的7800PCTC汽车滚装船（区经信局提供）

2021 年规模以上工业产值

表 21

名称	2021 年	
	产值(万元)	同比(±%)
规模以上工业产值	2204981	-5.30
水产加工业	642674	9.20
船舶工业	801688	-26.5
船舶修造	771867	-27.1
船舶修理	529635	-30.7
船舶制造	242232	-17.5
电力生产业	417301	23.9
机械制造业	109140	-1.9
石料开采业	50221	-10.8
电子机电业	19470	-8.1

(舟山)有限公司、六横龙山船厂有限公司 4 家企业成为中国 18 家修船企业 “斯佩克”(SPCC)成员单位。其中,万邦船舶重工(舟山)有限公司、舟山中远海运重工有限公司被中国造船工程学会授予 “绿色修船示范企业”称号(全国仅有的 2 家)。船舶修造业和水产加工业是普陀区工业两大支柱产业。全区有船舶修造企业 28 家，其中规模以上船舶修造企业 11 家，有扬帆集团股份有限公司、舟山中远海运重工有限公司、舟山鑫亚船舶修造有限公司、万邦船舶重工(舟山)有限公司等龙头企业。全区船舶企业总坞容超 228 万载重吨,有万吨级以上船坞 18 座,其中 10 万吨级及以上船坞 11 座 (包括 30 万吨级船坞 3 座,20 万吨级 2 座);万吨级以上船台 5 座,船台总吨位达到 40.5 万载重吨,最大船台为 9.25 万吨。年造船能力 350 万载重吨，最大单船建造能力 30 万载重吨，造船能力约占全国 5%;年修船能力 8000 万载重吨，最大单船修理能力 40 万载重吨。2021 年,全区船舶修造业实现规模以上产值 77.2 亿元,同比下降 26.59%,占全区总产值比重 35%,其中造船业实现产值 24.2 亿元,同比下降 18.4%,造船能力约占全国的 5%；修船业实现规模以上产值 53 亿元，同比下降 29.8%，外轮修理产值约占全国的 25%。全区有水产加工企业 200 余家,其中规模以上水产加工企业 63 家，占全市规模以上水产加工企业总数的 60%以上,占全区规模以上工业企业数 46.7%。全区有各类现代化水产品加工生产线 150 余条,年加工能力 70 多万吨，有冷库 150 多座,冷藏能力 30 万多吨,自动化设备普及率 60%以上,水产品精深加工率 55%以上，产品远销美、日、韩及欧盟 100 多个国家和地区。2021 年,全区规模以上水产加工业实现产值 64.3 亿元,同比增长 9.2%,占全区总产值的 29.2%。

2021 年,普陀区工业主要集中在六横镇、沈家门街道、东港街道、展茅街道、朱家尖街道,占全区工业总产值的 95.6%，其余乡镇(街道)工业产值占全区工业总产值的 4.4%。

船舶修造业

【概况】 2021 年,普陀区实现规

舟山鑫亚船舶修造有限公司修理的集装箱船 (区经信局提供)

2021 年分街道(镇)规模以上工业总产值

表 22

街道(镇)	规模以上工业总产值(当年价)	
	2021 年产值(万元)	同比增减(±%)
全区总计	2204981	-5.3
六横镇	1022061	-9.2
沈家门街道	365427	-12.3
东港街道	306988	4.7
展茅街道	307331	8.8
朱家尖街道	106747	13.8
虾峙镇	62531	-14.4
蚂蚁岛管委会	29732	-23.5
登步管委会	4163	-12.1

模以上工业产值 77.19 亿元，同比下降 26.59%，占全区规模以上工业产值的 35.01%，其中船舶制造产值 24.22 亿元，同比下降 18.38%，船舶修理业实现产值 52.96 亿元，同比下降 29.82%。全区有船舶修造企业 28 家，其中规模以上船舶修造企业 11 家，有扬帆集团股份有限公司、舟山中远海运重工有限公司、舟山鑫亚船舶修造有限公司、舟山万邦永跃船舶修造有限公司等企业。全区船舶企业总坞容超 228 万载重吨，有万吨级以上船坞 18 座。其中，10 万吨级及以上船坞 11 座(包括 30 万吨级船坞 3 座，20 万吨级 2 座)；万吨级以上船台 5 座，船台总吨位达到 40.5 万载重吨，最大船台为 9.25 万吨。年造船能力 350 万载重吨，最大单船建造能力 30 万载重吨，造船能力约占全国 5%；年修船能力 8000 万载重吨，最大单船修理能力 40 万载重吨。全年船舶修造业实现规模以上产值 77.2 亿元，同比下降 26.59%，占全区总产值比重的 35%，其中造船业实现产值 24.2 亿元，同比下降 18.4%；修船业实现规模以上产值 53 亿元，同比下降 29.8%，外轮修理产值约占全国的 25%。

舟山市鑫亚船舶修造有限公司修理的 LNG 船（区经信局提供）

【船舶修造重大成果】 舟山中远海运重工有限公司成功交付全国首制具备 DP3 动力定位功能的海工生活驳船，152K 动力定位穿梭油轮获省首台(套)装备认定。国际一流绿色修船基地建设取得进展，全区 4 家船企为中国顶级修船企业“斯佩克”(SPCC)发起单位，舟山万邦永跃船舶修造有限公司、舟山中远海运重工有限公司被中国造船工程学会授予“中国修船行业绿色修船示范企业”(全国仅有的 2 家)，全区规模以上修船企业实现绿色修船装备技术应用全覆盖，完成全省首艘 LNG 船舶、全省首艘大型冰极 LNG 运输船舶修理修理业务。是年，舟山万邦永跃船舶修造有限公司自主研发绿色坞修装备 20 余款，已向国内外船企销售推广各类装备 20 套，远销新加坡、印度尼西亚等国外市场。绿色修船“普陀经验”获工业和信息化部、中国船舶协会等推广，形成品牌效应，成为全国标杆。

水产品加工业

【概况】 2021 年，全区水产加工企业200 余家，约占全市水产加工企业总数 63.4%，规模以上水产加工企业 63 家，占全市规模以上水产加工企业总数的62.5%，占全区规模以上工业企业数46.7%。水产加工业实现产值64.3亿元，同比增长9.2%，占全区总产值比重29.2%。直接从业水产人员2万余人，涉渔人口7万余人。全区有水产品冷库150余座，日速冻能力5000余吨，一次性冷藏能力20万吨，有各种现代化水产品加工生产线150余条，年加工能力70余万吨，年产值上亿水产企业20家。水产类中国驰名商标1个，即中国水产舟山海洋渔业有限公司“明珠”，省、市级水产名牌产品40余个，有“海星”“栋栋”“银豪”“富丹”“渔婆婆”“璐久”“甜爱”等。

浙江富丹旅游食品有限公司的鱿鱼干晒场（区经信局提供）

舟山佳必可食品有限公司金枪鱼加工车间（区经信局提供）

【促进水产品加工业发展】 2021年，普陀区加强对水产加工业生产线自动化技术改造，全区水产加工自动化设备普及率60%，精深加工率55%。持续做优海洋肽特色产业，通过与浙江大学海洋学院、浙江海洋大学等院校合作，舟山市常青海洋食品有限公司、浙江平太荣生物科技有限公司等企业成功研发牡蛎肽、海参肽、金枪鱼皮肽等海洋生物肽产品并实现销售。组织中国水产舟山海洋渔业公司、舟山市海王水产食品有限公司等20余家企业参加青岛渔博会、上海进博会等展会，帮助企业对接网易严选、叮咚买菜等电商平台。浙江融创食品工业有限公司、浙江海士德食品有限公司等企业研制的金枪鱼泥系列辅食、三文鱼风味颗粒罐头、海鲜系列预制菜等产品成功上线销售。

（撰稿：丁欢）

电力生产与供应

【概况】 普陀供电分公司供电区域458.60平方千米。2021年，全区有220千伏变电所2座（岑山变电站、渔都变电站），变电总容量90万千伏安；110千伏变电所8座，变电总容量86.3万千伏安；35千伏变电所9座，变电总容量25.8万千伏安。10千伏配电变压器（公用）2092台，变电总容量120.755万千伏安。10千伏配电公用线路208条、2214.487千米，环网室170座，配电室385座；岛际10千伏海缆10条、34.013千米。

电力生产企业有浙江浙能中煤舟山煤电有限责任公司和

国电电力浙江舟山海上风电开发有限公司的风电机组（区经信局提供）

国电电力浙江舟山海上风电开发有限公司2家。浙江浙能中煤舟山煤电有限责任公司位于六横岛东北岸，有2台1000兆瓦超超临界机组在运行，超低排放设备与主机同步配套建成投产，是全国首个新建燃煤机组实行“超低排放”的电厂，其中湿式电除尘技术是生态环境部的示范项目。国电电力浙江舟山海上风电开发有限公司位于六横镇台门，主要经营风力发电的开发、建设、生产与销售，风电技术开发咨询、技术服务等业务。国电舟山普陀6号海上风电场2区工程是浙江省第一个海上风电项目。

2021年普陀区各行业用电比重

表23

行业	用电量(万千瓦时)	所占比重(%)
全社会用电总计	183136	100
农、林、牧、渔业	1844.93	1.00
工业	72862	37.24
建筑业	6494.10	3.52
交通运输、仓储和邮政业	8746.78	4.75
信息传输、软件和信息技术服务业	2777.12	1.51
批发和零售业	14902.43	8.09
住宿和餐饮业	12725.24	6.90
金融业	586.78	0.32
房地产业	3699.25	2.01
租赁和商务服务业	4217.11	2.29
公共服务及管理组织	16379.06	8.89
城乡居民生活用电	38329	23.50

【电力经营】 2021年，普陀区全社会用电量18.31亿千瓦时，比上年增长9.3%。其中，工业用电7.29亿千瓦时，增长5.0%；生活用电3.83亿千瓦时，增长3.2%。售电量18.43亿千瓦时，同比增长10.90%；上网电量78.73万千瓦时，电能替代量4000万千瓦时，社会最高用电负荷38.642万千瓦，同比增长1.5%，创历史新高；综合线损率1.906%，下降9.6个百分点；全年综合电费收入10.03亿元，同比下降7.90%。平均电价为0.652元每千瓦时。全营销稽查经济成效87.5045万元，完成率125%；全口径供电可靠率99.9739%，停电时户数9428.11时户数，较上年压降25.11%，户均停电时间下降至2.28小时/户；自动化总有效覆盖率提升至82.5%，同比提升20%。2021年，普陀区域总用户数为224138户，业扩报装数为1948户，完成报装容量7.8万千伏安，业扩服务时限达标率100%。采集覆盖率99.99%，全用户采集成功率99.76%。

【电力配网建设】 全年完成新建配电网工程项目27个、续建配电网工程项目1个，配电网建设资金1.82亿元，同比增长8.3%。推进110千伏北塘输变电工程前期工作。配合市公司发展部推进六横电厂—岑山220千伏线路工程前期工作。推进展茅110千伏骐骥输变电工程前期工作；迎峰度夏前完成展茅35千伏创世变投运相关工作，缓解展茅北部工业园区近远期的负荷接带压力，助力地方经济发展；因地制宜完成东极青浜岛老旧铁塔更换、庙子湖岛和美线、六横岛佛渡线、桃花岛稻蓬线新建等工程，实现海岛配网供电能力和联络率提升。完成半升洞地块、天吴隧道、塘头滨海道路等管线路径布局，配网网架廊道资源得以拓展。小干岛9条道路、六横中奥能源管线等工程进入施工阶段。推进旁路作业、中压发电机保电模式，全年完成各类大型不停电作业31次。首次实施六横佛渡线新建工程全线不停电作业，92档架空线路单回改双回工作，实现“零停电”时户数，先进典型经验推广应用到全市。六横所二级业主项目部获浙江省电力有限公司“2021年度配电网工程优秀业主项目部”。六横大支线网架优化工程获浙江省电力有限公司“2021年度配电网二十佳优质工程”。

【供电服务】 普陀供电分公司开展“互联网+营销”工作，全面推广“能效账单”“力调电费码”，主动服务客户减少企业电费成本。推进电价市场化改革，网格化做好宣传告知，引导舆情平稳。落实电力营商环境先行示范三年行动，全市首家临时变租赁案例获评“省公司优化营商环境典型案例”。完成国家能源局、省能源监管办公室综合监管现场督导迎检工作。全面推进客户“刷脸办电”服务模式，城区中心营业厅首批实现“刷脸办电”，率先实现500米外线工程施工承诺备案制落地，“获得电力”水平持续提升。助力乡村振兴发展，打造10个新时代乡村电气化村、1个数智化供电所、1个红船电力驿站、1个无人化营业厅、2个示范星级供电所。

推动普陀区政府、普朱管委会、六横管委会成立能耗“双控”和电力保供专班。2021年9月底起，全区持续32天电力紧缺，落实24小时应急联动，加强数据赋能，有效监控500余家专变用户，支撑大电网安全运行。加强技术赋能，率先构建面向全业务、全区域、全时段的“一键响应强执行”需求侧管理，全年打造3.1万千瓦需求响应资源池，实现负荷资源统一管理、统一调控，助力“精准、有序、有效”保供。加强组织赋能，创新实施“政府+电网”合署办公机制，国庆期间政企联动打赢电力保供的攻坚战，“吃干榨尽挖潜能”最大限度保障普陀区旅游经济用电，度过缺电以来的最大难关。

（撰稿：刘波）

电力工人在施工现场（普陀供电分公司提供）

海水淡化

【白沙岛海水淡化厂】 白沙岛海水淡化厂建成于2014年，位于白沙岛大水潭，占地面积1500平方米。由原白沙乡政府委托舟山市水利勘测设计院、杭州水处理技术研究开发中心有限公司对白沙岛海水淡化工厂项目勘测设计，建设500吨/日海水淡化工厂1座，设计年生产淡化水能力12万吨，投资750万元，由省有关部门和区政府出资。2021年，投入100万元对外立面及周边环境进行提升改造。有2台海水淡化设备［设计净水量250吨/(日·台)］，实际可制净水400吨/日。2021年，总计供水20000余吨。水价为阶梯式收费，对居民生活用水和经营性用水采取不同的收费标准。

（撰稿：鲍佳乐）

【东极海水淡化】 东极海水淡化建设工程由东极镇政府建设，分东福山、青浜、庙子湖3个岛实施，主要建设6套150吨/日反渗透海水淡化机组及配套建设海水取水、海水预处理、反渗透海水淡化、产水后处理及供水管道等设施设备，配套建设厂房3座，总建设面积1044平方米。计划总投资2415万元，其中中央预算内投资498万元。东福山岛海水淡化建设工程于2018年完工，累计投资750.52万元，已投入使用。庙子湖岛海水淡化建设工程于2020年完工，累计投资722.1万元，已投入使用。青浜海水淡化建设工程于2020年7月启动，建设海水沉淀池，安装海水管网，连接西风湾海水淡化厂、沙浦坑道、洞库蓄水点、青浜蓄水池、青浜池、芝麻坑，管网铺设长度约2050米，2021年完成投资148.7万元。

（撰稿：吴汶真）

其他工业门类

【其他工业门类发展情况】 2021年，全区电力生产业实现规模以上工业产值41.73亿元，同比增长23.9%；机械制造业实现规模以上工业产值10.91亿元，同比下降1.9%；石料开采业实现规模以上工业产值5.02亿元，同比下降10.8%；电子机电业实现规模以上工业产值1.95亿元，同比下降8.1%。

【舟山市正山智能制造科技股份有限公司】 成立于2017年8月30日，位于展茅街道展辉3号，是正源实业有限公司旗下的子公司，注册资本3000万元，占地面积为50亩（约3.33公顷，其中20亩正在筹建中），固定资产1.26亿元。有员工50人，其中具有中、高级技术职称人员5名。2020年10月完成厂房建设并投产。公司年生产能力2万吨，产品主要应用领域为海上风电、陆上风电、石油化工、核能核电、桥梁、高铁、重型机械等产业链，开发智能螺栓等高精产品。公司有生产设备108台（套），其中数字化设备有101台（套），主要有钢棒感应加热调质线3条、剥皮矫直生产线2条、全自动金属圆锯机生产线6条、数控车床50台等，大多数连线均为自动化设备，并配备机械手，实现机器人作业。引进德国永恒力立体库，存储吨位约2500吨。公司建有600平方米的实验室，拥有先进检测设备20余台。公司建立大数据指挥中心，依托产品全生命周期管理（PLM）、生产制造执行信息系统（MES）、数据采集及控制、企业资源计划（ERP）、协同办公（OA）等信息系统，实现公司信息共享、产品设计数字化、制造过程自动化、数据互联互通等功能，打造工业4.0模式智能工厂。公司自主研发的所有软件或系统均向国家版权局进行申报，已拥有6项软件著作权。2020年，公司被评为舟山市首个省级数字化车间、舟山市智能制造试点示范工厂，通过钢结构用紧固件生产企业综合特级认证，取得ISO9001国际质量管理体系证书。2021年，被评为2020年度舟山市智能制造十佳企业、2021年市级“未来工厂”培育试点，并为成立国家CMA实验室、紧固件检测试验中心、省级企业研究院、浙江省技术标准研究创新基地等做努力。

工业性投入

【概况】 2021年，全区工业投资项目56个，完成工业投资9.16亿元。其中，技术改造项目32个，完成投资4.15亿元。按乡镇分：六横镇完成投资3.77亿元；沈家门街道完成投资1.30亿元；东港街道完成投资0.33亿元；展茅街道完成投资3.51亿元，虾峙镇完成投资0.01亿元，其他完成投资0.24亿元。按投资规模分：1亿元以上项目10个，完成投资17.85亿元；5000万~1亿元项目7个，完成投资3.85亿元；1000万~5000万元项目29个，完成投资5.31亿元。按行业分：船舶修造15个，投资额14.16亿元；食品水产13个，投资额4.57亿元；机械化工5个，投资额2.07亿元；能源项目14个，投资总额5.92亿元；其他行业9个，投资额0.89亿元。

【舟山（普陀）万洋众创城项目】 项目用地120亩（8公顷），建

舟山市正山智能制造科技股份有限公司（区经信局提供）

筑面积 20 万平方米，将形成海洋生物科技、海洋装备制造、海洋电子信息等支柱产业。建设年限 2019—2021 年，计划总投资 10 亿元。2021 年项目进展情况：05 地块交付投产；04 地块主体工程完成，装饰工程施工；20 地块主体工程施工。完成年度投资 13690 万元。

【海欣海洋生物精深加工及海洋肽制造项目】 项目用地面 40 亩(约 2.67 公顷)，主要建设生产车间、仓库及配套设施建设，总建筑面积约 27000 平方米，建设 6000 吨冷库，非生产类建筑(包含科研、办公及宿舍等)；生产鱼极等中高端鱼糜制品、海洋鱼类蛋白源抗氧化肽、抗冻肽、抗疲劳肽等海洋生物制品等系列产品。建设年限 2020—2022 年，计划总投资 12000 万元。2021 年项目进展情况：完成冷冻鱼糜车间、鱼糜制品车间、海洋生物制品车间、仓库的建设；完成科研办公楼、宿舍及配套的建设；完成海洋生物活性制品生产线及公用设备的选型，订购、安装、调试、生产。完成年度投资 9580 万元。

【浙江丰宇海洋生物制品公司海洋生物肽、药品研发产业化基地项目】 新建丰宇海洋生物肽、药品研发产业化基地项目，总用地面积 13517.41 平方米，总建筑面积 23925 平方米。该项目分一、二期实施。一期工程建筑面积约 5000 平方米，二期工程建筑面积约 18925 平方米。建设年限 2020—2021 年，计划总投资 6000 万元。2021 年，完成年度投资 2150 万元。

【华泰检测基地项目】 用地面积 20.27 亩(约 1.35 公顷)，建造高层厂房一栋及配套附属设施，总建筑面积 13515 平方米。建设年限 2020—2021 年，计划总投资 7000 万元。2021 年，完成桩基础施工，开展主体工程，完成年度投资 2450 万元。

【华超海洋生物科技有限公司新建厂房项目】 总建筑面积 13439.45 平方米，主要建设厂房及配套设施。建设年限 2020—2021 年，计划总投资 5000 万元。2021 年完工，完成投资 5690 万元。

【现代智能冷链物流平台项目】 建设智能冷藏、物流配送、商务服务等物流功能区，总建筑面积 4 万平方米。建设年限 2020—2022 年，计划总投资 15000 万元。2021 年完成主体工程的 90%，完成投资 11720 万元。

浙江丰宇海洋生物制品有限公司的酶解车间（区经信局提供）

舟山市正山智能制造科技股份有限公司的螺纹套自动生产线（区经信局提供）

【鑫亚船舶修造有限公司1号舾装码头(20万吨级)改造工程项目】 对原1号舾装码头（20万吨级)的平台进行改造,改造方式为高桩梁板式结构的透水构筑物,在原海域新增透水构筑物约1公顷，及相应的设备设施，原1号舾装码头的平台作为后方场地周转使用，不新增岸线。建设年限2020—2021年，计划总投资13000万元。2021年完工,完成投资13000万元。

【万洋众创城投资集团有限公司六横仪表、船配产业园建设项目】 项目总用地约339亩(22.6公顷)，其中一期约111亩(7.4公顷)，建设生产车间15.8万平方米，非生产性用房2.8万平方米。建设年限2020—2022年，2021年计划投资5000万元。2021年完成产业园区一期总工程量的35%。

【金钵盂临港产业园项目】 占地820亩(约54.67公顷),计划总投资20亿~25亿元,拟将金钵盂岛建设成国际大宗金属及商品物流贸易中心和仓储物流基地,以及年产60万~70万吨冷轧钢制造基地。建设年限2021—2022年,2021年计划投资2.5亿元。完成矿山招拍挂,项目一期陆域建设工程完成40%。原码头改造工程开始施工。完成新码头图纸设计工作。

企业管理服务

【提升企业发展内动力】 2021年,普陀区制定实施“小升规”企业三年培育计划,夯实工业经济发展基础,全年新增“小升规”企业19家。鼓励企业走“专精特新”道路,舟山市正源标准件有限公司、浙江金鹰食品机械有限公司、浙江飞鲸新材料科技股份有限公司获评国家专精特新“小巨人”企业。鼓励企业联合高校科研院所,建立完善协同高效的技术创新体系,打好产业核心技术攻坚战。全区实现省级工业新产品备案15个。深化企业智能化改造。支持和鼓励企业实施“机器换人”、数字化车间、智能工厂以及智能制造新模式应用项目建设。实施丰宇“海洋生物肽、药品研发产业化基地”、万邦重工“数字化生产指挥中心及绿色生产单元体”等技改项目。舟山市正山智能制造科技股份有限公司获评2021年度市级“未来工厂”，舟山中远海运重工有限公司获评2021年度市级“智能工厂”。

【开展企业服务】 面对2021年9月能源“双控”政策实施，综合企业生产实际、亩均效益、基本保障等因素，普陀区制定“一企一策”用电方案，保障全区工业经济稳步运行。普陀区全面使用“企业静态码”，在650家企业进行推广发放。完善普陀专区功能，包括政策查询、政策解读、政策兑现、码上直播、线下活动等。政策兑现功能拟通过市级中小企业服务平台开展，已基本开发完成，处在内测阶段，应用后可实现惠企资金线上及时申报、及时兑现。深化产业扶持政策引导。出台《关于加快新旧动能转换推动氢能产业强势发展的若干意见》，推动绿色氢能产业集聚发展。全市首批氢能源公交车在六横交付使用，首个撬装式加氢站在建。

（撰稿：丁欢）

编辑：陈莉

旅　　游

综　述

2021年，普陀区位列“2021年全国市辖区旅游综合实力百强区”第七位；普陀海岛公园获省级十大海岛公园2020年工作评估优秀等级；《普陀海岛公园建设规划（2020—2035年）》通过省级评审；2021年省级全域旅游示范区复核A档，成为全省入选七大县（市、区）之一。推进普陀区省级试点县（区）、景区城景区村单项试点单位“微改造、精提升”工作，开展AAAA级景区城、桃花AAAA级景区镇、黄杨尖村AAA级景区村庄创建。对接上市企业、品牌民宿，做好酒店项目招商服务，通过深圳文博会、义乌文交会等平台扩大招商范围，全年实到市外资金7509万元。推进文旅体产业扩消费、稳投资、拓市场，做好微信、微博、抖音、视频号自媒体营销矩阵建设，普陀区在全国县级文化和旅游新媒体综合传播力指数排行榜排名第十。举办普陀文旅推介会，组织参加2021中国特色旅游商品大赛、中国义乌文化和旅游产品交易博览会、杭州“未来嘉年华·平行时空”文旅展等展会，做好普陀旅游目的地营销。以省级百县千碗数字化试点县（区）建设为抓手，逐步建立“普陀鲜味”数字菜品库，形成线上线下美食和旅游同步宣传模式。推出普陀文旅市集“福集”，打造沉浸式文旅消费场景，办好普陀佛茶文化节、普陀海稻音乐节、越野东海、百姓文化艺术节、“最美海岸线”荧光夜跑等海洋海岛特色IP节赛活动。全区全年限额以上住宿业营业额累计同比增长13.6%，限额以上餐饮业营业额累计同比增长8.2%。普陀区（含普朱）接待游客785.3万人次，比上年增长9.75%，旅游总收入105.3亿元，同比增长16.64%。

（撰稿：何慧芬）

旅游开发建设

【海岛公园建设】　2021年，中街山列岛海岛公园样板区建设取得初步成效，基本完成庙子湖倒陡街民房民宿亮化、青浜岛标识标牌安装等工程，投入资金25万余元。推进东福山外立面改造、特色街打造等项目。推进蚂蚁岛精神红色教育基地提升项目，文化衫、文创雪糕等特色文创产品开发已批量投入市场；完成蚂蚁岛三八海塘提升项目、避风塘北侧打卡点建设，投入资金400余万元。蚂蚁岛精神红色教育基地获评浙江省红色旅游教育基地。普陀海岛公园获评省级十大海岛公园2020年工作评估优秀等级；《普陀海岛公园建设规划（2020—2035年）》通过省级评审。

【旅游开放重点项目建设】　2021年，全区在建项目34个，其中市区两级重点项目13个。总投资规模112亿元，年计划投资额36.75亿元，实际完成投资33.35亿元。

半升洞高端休闲街区项目：完成年度实际投资4.2亿元，住宅部分处于交付阶段；商业广场完成竣工备案，公寓及广场正在内部装修；酒店桩基施工完成，围护桩完成65%。

普陀水街旅游综合开发项目：完成年度实际投资1.07亿元。C-11地块，外墙涂料完成80%，玻璃幕墙完成50%，完成干挂石材龙骨、窗框安装、楼地面工程；03B 地块，外墙真石漆完成 80%，玻璃幕墙完成 50%，完成小青砖外墙铺贴、屋面瓦片、窗框安装，楼地面工程；08A 地块，内外墙面涂料完成约 70%，瓦片完成约 50%，完成屋面防水、保温；03A 地块，外墙小青砖完成 50%，瓦片完成 50%；完成内外墙面涂料、屋面防水、保温；10B 地块，一、二层结构墙体砌筑，钢结构构件进场，河道挡墙石材铺贴完成 80%，景观附属工程，完成景观塔、环楼结构屋面工程。

中央山体公园建设工程：完成年度实际投资 3000 万元，完成总工程量的 70%。分区一完成透水混凝土面层的 80%，台阶、平台铺装 95%，整体绿化 90%。分区二完成清水混凝土地面铺装和绿化种植，栏杆玻璃安装完成 50%。分区五完成大草坪区块绿化。

【普陀海岛民宿】 2021 年，普陀区新建民宿 6 家，投资 5700 万元。有海岛精品民宿 34 家。完成省、市两级精品民宿评选，创建浙江省金宿级民宿 1 家，浙江省银宿级民宿 4 家，浙江省文化主题民宿 1 家，舟山市“岛居舟山”最美民宿 5 家，至年底，全区有最美民宿 28 家，金宿级民宿 3 家、银宿级民宿 15 家、文化主题（非遗）民宿 1 家。

（撰稿：刘倩倩）

旅游节庆活动

【2021 普陀海稻音乐节暨第四届中国农民丰收节活动】 10 月 23—24 日，市农业农村局、区政府主办，区农业农村局、区文广旅体局、展茅街道办事处承办的 2021 普陀海稻音乐节在普陀田园综合体举行。活动将农耕文化、海洋文化与自然生态相融、音乐与旅游相合，打造具有本土特色音乐节品牌，具有摇滚、民谣、流行乐、爵士等多种音乐风格，活动现场设有星空帐篷营地、烧烤、晚风集市等，塑造沉浸式体验空间。音乐、美食、市集汇聚一堂，结合互动体验方式。2 天时间接待游客 5000 多人次、拉动展茅当地农民旅游收入近 60 万元。

10 月 23 日，2021 普陀海稻音乐节（区文广旅体局提供）

【普陀福集】 5 月 13—16 日，由区广旅体局主办的普陀福集文旅市集活动在莲花洋畔举行，活动分鼓乐·福生、品海·福味、匠心·福礼、岁月·福缘 4 大板块、10 大场景、30 余个展位展示展销，让游客与本地市民一起赏传统非遗技艺、品本土美食佳肴、购特色文创产品，汇集口福、眼福、耳福、清福、祈福的“五福”文化和旅游消费新体验，为市民游客提供沉浸式文化和旅游消费体验，成为文旅消费新场所。活动期间市集总交易额 32.3 万元。

【2021 年“中国旅游日”普陀主题活动】 5 月 16 日，2021 年“中国旅游日”普陀主题活动举行，本次活动由区文广旅体局主办。活动期间推出“中国旅游日”系列惠民活动，联合景区、餐饮、文创、特产企业商户在“嗨普陀”平台开展惠民活动，当天全区景区针对全国游客推出门票免费政策，在“嗨普陀”平台上发放 29 万元文旅体消费券、1075 份文旅团购产品和 140 份现场秒杀产品，活动期间总交易额 43.22 万元，带动消费超 216 万元。

5月，普陀福集文旅市集活动（区文广旅体局提供）

市场开发与宣传促销

【普陀四季采风主题活动】 2021年，区文广旅体局围绕“海岛公园”建设，以樱花季国风演绎为主题，策划“幸福普陀，樱你定格”主题采风活动；以普陀“福集”文旅品牌市集为背景，策划“开市集福，情满仙陀”采风活动；以登步岛、蚂蚁岛红色旅游元素为背景，策划“红色跳岛游”达人采风活动；以虾峙岛亲子游为背景，策划“虾知道”多好玩达人体验游活动；以桃花仙侠、爱情元素为背景，策划“桃”你喜欢，桃花岛达人体验游活动；邀请旅游大咖多次在普陀开展采风活动，拍摄推广海岛美景美食、民宿民俗等元素，挖掘各海岛特色故事，探索网红线路和打卡地。全年采风活动累计产生照片日志819组，视频44条，图片10314张，在微博“返普归真　福满仙陀”话题阅读量累计7.2亿次，讨论次数超6.8万次，宣传覆盖携程旅拍、去哪儿、马蜂窝、小红书等34个平台。

【“返普归真　福满仙陀”2021舟山普陀文旅推介会】 5月30日，区文广旅体局在宁波海曙开展“返普归真　福满仙陀”2021舟山普陀文旅（宁波）推介会，旨在加强普陀与宁波文旅文化交流与合作，深化景区、民宿等目的地市场营销，共同推进两地旅游经济和文化发展。活动以生态立岛、创意活岛、文化润岛、旅游兴岛为内容，现场举行两地“全面深化海普文旅战略”合作签约、两地旅行社战略合作签约、两地景区优惠政策签约，并引入普陀海岛特色“福集”，让客源地受众体验普陀特色文化风物。

10月19日，区文广旅体局在合肥蜀山万达广场开展“返普归真　福满仙陀”2021舟山普陀文旅（合肥）推介会。活动以大众化、年轻化推广形式，通过可看、可玩、可体验沉浸式互动，展示普陀海岛风情旅游资源、特色创意旅游产品及非遗文化，推广幸福普陀旅游品牌。推介会期间，普陀与蜀山两地就全面深化蜀普文旅战略签订合作协议。

普陀四季采风主题活动（区文广旅体局提供）

5月30日，舟山普陀·宁波海曙文化走亲暨文旅推介会（区文广旅体局提供）

【2021年“嗨普陀”八季线上惠民活动】 区文广旅体局结合“世界读书日”、五一劳动节、普陀福集、“5·19中国旅游日”、“返普归真 福满仙陀”2021舟山普陀文旅（宁波）推介会、开学季、第十六届中国义乌文化和旅游产品交易博览会、国庆节、“返普归真

福满仙陀”2021舟山普陀文旅推介会、2021杭州“未来嘉年华·平行时空”文旅展、2021—2022普陀惠民季等活动，联合景区、餐饮、民宿、酒店、影院、书店、特产、体育等上百家企业，在“嗨普陀”平台上开展八季线上惠民活动，活动合计发放文旅体消费券260万元，文旅体优惠大礼包、爆款产品和秒杀产品7788份，产生交易额299.2万元，拉动普陀文旅体消费1496万元。

（撰稿：崔思媛）

旅游管理服务

【旅游行业管理】 2021年，全区有旅行社企业59家，其中经营国内旅游业务和入境旅游业务旅行社55家、具有出境旅游业务资格旅行社4家。持证导游员950人。其中，专职导游832人，社会兼职导游128人；中级导游员77人，高级导游员5人，英语导游员3人。开展旅行社品质提升工作，舟山普陀旅游集散中心有限公司、浙江恒尊旅游文化发展有限公司品质旅行社创建工作成功通过市文广旅体局评定验收；配合市文广旅体局对金秋旅行社、运通旅行社四星级品质旅行社，普陀旅行社、海洋旅行社、广岛旅行社、新洲旅行社、佛国旅行社、海景旅行社三星级品质旅行社完成复评。实施旅行社“一团一档”数字化管理工作，通过市文广旅体局搭建舟山市旅游团队电子行程单系统，指导旅行社将原来纸质“一团一档”逐一录入系统，加强对全区所有旅行社团队旅游品质实时监管。

推进“诗画浙江·百县千碗”工作，沈家门夜排档被评为“诗画浙江·百县千碗”省级美食街区。组织参加全市饭店服务技能大赛，4人获奖，其中，二等奖2名、三等奖2名。建立疫情防控机制，继续指导旅游行业企业按要求做好疫情防控工作。召开2021年全区旅游安全（消防）工作会议，与旅游企业签订旅游安全责任书，全年出动安全检查人员286人次，开展安全检查133次。

（撰稿：俞皓）

【旅游市场执法管理】 2021年，区文广旅体局开展“双随机”抽查工作和“百日护航建党百年”、“暑期整治”、秋冬文旅体市场综合整治等专项行动，出动执法人员160人次，检查旅行社66家次，旅行社分社2家次，旅行社服务网点1家，在线旅游经营者11家次。完善旅游领域跨部门联合执法机制，提升旅游综合管理服务水平，加强旅游市场联合执法，会同城管、公安、交通、市场监管等部门联合整治旅游市场突出问题，规范旅游市场经营秩序。开展联合执法16次，出动执法人员102人次，检查涉旅企业117家，劝离非法揽客人员50人次。

（撰稿：何慧芬）

旅游服务业

【浙江海中洲国际旅行社】 成立于1999年，隶属浙江海中洲集团，总部地址东港街道沙田街66号普陀商会大厦2102—2104室，注册资金330万元。有员工40余人，辖5个直营门店，分别位于东港、沈家门、临城、定海、六横。2013年，通过市旅游局星级考评成为四星级品质旅行社，2017年和2019年分别通过复审。2015年，经国家旅游局审批通过成为具有出入境旅游资质国际旅行社。2019年年初，经浙江省外事办审核备案具有因公出国（境）中介机构运营资质。2018—2020年，连续3年被评为“浙江省百强旅行社”。2021年，接待游客37256人次，营业额4065.2万元。

【中瀚大酒店】 四星级综合性酒店，位于东港街道海天大道2830号，建筑面积2.2万余平方米，有各类客房183间，配置空气热能循环中央空调、高速互联网、智能门锁。有中餐包厢、西式自助餐厅、大小会议室、能容纳300人左右多功能宴会厅。配置豪华康乐设施等。2011年4月酒店获评四星级旅游饭店，12月获评银叶级绿色饭店。2021年，接待游客29054人次，营业额2650.7万元。

（撰稿：俞皓）

普朱旅游管理

【概况】 普陀山-朱家尖功能区（简称普朱功能区）由浙江省舟山群岛新区普陀山朱家尖管理委员会（简称普朱管委会）管理。2021年，普陀山接待香游客761.05万人次，实现旅游经济总收入66.07亿元，同比增长29.5%和35.9%。

1月，普陀山镇通过浙江美丽城镇建设工作2020年度样板城镇和达标城镇考核验收，获评省级样板；普陀山环卫公司紫竹林南海观音清扫班组获中华全国总工会“全国模范职工小家”。4月，朱家尖街道莲兴村和南沙村获“浙江省善治示范村”称号。6月，2021年浙江精品西瓜评选结果揭晓，朱家尖“牛角湾”西瓜获三金一银。9月，省林业局公布首批“浙江省自然保护地融合发展示范镇（村）”名单，朱家尖樟州村名列其中。10月，舟山海华客运有限公司“近海客渡安全智慧赋能系统的建设和应用”项目获第十八届全国交通企业管理现代化创新成果三等奖。12月21日，浙江省美丽城镇办公布2021年度新时代美丽城镇建设省级样板镇名单和基本达标名单，朱家尖街道成功创建美丽城镇基本达标镇。

【文体旅活动】 6月9日上午，朱家尖北站盐场城市规划设计国际竞赛正式启动。入围单位通过踏勘现场、技术交流和集中答疑深度了解项目情况，为下一阶段设计成果的提交打下基础。市政协副主席、委党委书记、主任干松章在启动会上致辞。

6月25日，第二十二届中国舟山国际沙雕节在朱家尖南沙开园。该届沙雕节以“百年华诞光辉历程”为主题，长200米、宽50米的沙雕园区内展出60余组大型沙雕作品。

6月，舟山海星轮船有限公司推出“普陀南部诸岛跳岛游”文化旅游产品并完成首航。该产品依托普陀南部优质海岛旅游和文化资源，借助朱家尖优越地理位置与交通枢纽功能，推动沿线景点“串珠成链”，将普陀山客流量辐射至南部诸岛。首航当日，接待游客88人，实现旅游收入24768元。

8月，中央电视台摄制组到普陀山隐秀庵茶园基地现场拍摄茶园风貌，介绍普陀山佛茶历史、文化背景等内容。

9月，由凤凰网、华数传媒和普朱管委会联合主办“浙江诗词大会”舟山赛区线下决赛在朱家尖举行。舟山赛区10名选手晋级。同月，普陀山景区举办为期两天“梅岑福集、福迎月圆”沉浸式集市，23家集市摊位展出文创周边、木质手作、莲花手作等百余种文创产品，并开展线上直播活动，点击量达百万次。假日前，普陀山上榜全国中秋最受欢迎景区TOP10。

9月25—27日，由文化和旅游部、中国国际贸易促进委员会、浙江省政府共同主办的第16届中国义乌文化和旅游产品交

6月25日,第二十二届中国舟山国际沙雕节在朱家尖南沙开园(普朱管委会提供)

易博览会在义乌国际博览中心举行。海天佛茶有限公司、旅游食品有限公司和普陀礼物文化产业发展有限公司等3家企业的佛茶、观音饼、文创衍生品等特色产品参加本次博览会诗画浙江馆。

10月22—25日，由省体育局主办的2021年浙江省青少年帆船帆板冠军赛在朱家尖南沙景区海域举行。杭州、温州、绍兴、台州等地8支帆船帆板队74名运动员参赛。比赛设OP级帆船(单人,限15岁以下)、激光4.7级帆船、帆板3个项目。是月,《天天向上》“美食研学季——舟山”篇在湖南电视台播出,展现南沙沙雕、网红浮桥等景致,体验舟山独特海鲜美食和文化,触达用户超2000万人,网络播放量1700万次。10月29—31日,由中国足球协会、省体育局、市政府共同主办,省足球协会、市文化和广电旅游体育局承办的 “普陀山杯”2021年第十三届全国沙滩足球锦标赛总决赛在朱家尖南沙举行,浙江、山东、辽宁、河北、海南等地的11支男子沙足代表队参赛。

11月，普朱功能区举办2021“南海心意”普陀山文创大赛。该赛事以“禅·海”为主题,围绕新时代、新需求、新创意,突出特色性、创意性和市场性,按禅文化和海洋文化两大类主题征集作品,收录全国各地参赛者包括外籍人员参赛者的文创周边、工艺美术品、非遗手作等近千件作品。大赛评选出一等奖作品1件、二等奖作品2件、三等奖作品4件、优胜奖作品若干件。通过“以赛带展、以展促品、以品塑产”方式,激发文化创意设计活力，带动普朱文创产业转型升级,推进文化和旅游融合发展。

12月,“诗画浙江·百县千碗”之“舟山味道”美食系列评选活动结果公布。普朱区域如易阁同修旅社“美味素卷”入选十大冷菜、普陀山雷迪森庄园“红糖麻糍”入选十大点心、璞缇海旅游酒店“璞缇养生梨”入选舟山旅游必打卡十道菜。

【景区建设】 1月27日上午,“不肯去观音”仿古游船启航。该船长43米、宽11.5米,抗风等级八级,分上、中两个等级舱室及一个圆通殿,最大载客96人。客舱装修独具唐代风格,游客可在船内观看“海上卧佛”洛迦山和南海观音，体验中国传统茶文

“浙江诗词大会”舟山赛区 (普朱管委会提供)

化。该游船一天6个班次，每班次航行总时长35分钟。

2月，朱家尖民宿协会成立。

3月，舟山市普陀山海天佛茶有限公司位于普陀山合兴龙头生态园的75亩（5公顷）茶园陆续进入开采期。4月，普陀山首次举办佛茶采摘季活动，助推旅游产业发展。活动以“2021普陀山佛茶采摘”为主题，推出春茶采摘、网红大咖直播、佛茶采摘游、洛迦心意品茗会、品佛茶饭系列菜肴、对联有奖征集等系列活动。通过直播方式展现普陀山佛茶从采摘到炒制过程，吸引近50万名网友观看。

6月，普陀山公用事业管理中心启动“普济寺石牌坊抢险加固工程”。总投资约27万元。普陀山镇政府启动龙湾地区地下管网改造工程，其中，改造雨污水管网约5500米，新建砖砌雨水口91座、检查井193座，新建粪池50座、隔油池2座。通过对部分区域增设路灯、地灯等照明设备，对老旧路面进行修复，提升改造扩容供水、供电设施设备等方式解决居民用水、用电问题。工程总投资800万元。同月，普朱功能区以数字旅游打造为目标，上线普陀山朱家尖智慧地图，以数字赋能旅游，构筑智慧新模式。智慧地图首次将地图与便民服务点、官方推荐路线、文创产品等结合起来，为游客提供行前、行中、行后全过程数字旅游服务，游客在手机上可轻松找到景点、购物点、餐厅、停车场、厕所等位置，获取最优路线规划，查询官方推荐玩法，方便游客出行。游客还可通过智慧地图直接下单购买普陀山文创产品及景区特产。

8月，普陀山大数据公司在“普陀山”微信公众号购票平台上线景区一票通“零元购”。70周岁以上老年游客可自行选择“普陀山大门票（0元票）”或“普陀山大门票（0元票）+进出岛船票”票型进行实名制预约，检票时直接刷身份证入园。同月，朱家尖盐厂安置小区完成竣工验收。该安置小区总建筑面积56982平方米，按“一幢两宅”布局，建造落地房87幢174套，并配备老年公寓、村民活动中心、村级用房等综合性场所。普陀山垃圾压缩中转站竣工并通过验收，投入使用。该项目占地1200平方米，总建筑面积626.5平方米，投入资金1191.21万元。内设2套水平垃圾压缩机、分体式垃圾箱8个、5台车厢可卸式垃圾车等设备，垃圾日处理从30吨提升到120吨。8月14日，全省2021年“高质量发展建设共同富裕示范区”重大项目集中开工活动举行，朱家尖禅意小镇旅游配套设施项目参与集中开工。该项目位于松毛尖围垦区，项目总投资6亿元，主要功能为酒店、公寓及配套用房。

9月，普陀山红十字会筹措资金，加大对普陀山景区AED（自动体外除颤仪）投放，实现重点区域AED全覆盖。布点由原来7台增设至20台，主要分布在客运场站、重点景区及居民区等区域。同月，普陀山景区“一票通”在原有单一票型实名制基础上，完成对普陀山正山门票、进出岛船票、大青山景区门票等多种组合票型实名制升级，实现普陀山景区“一票通”全面实名制购票。

11月，普陀山公用事业管理中心完成朝阳阁修缮工程。该工程位于普陀山朝阳洞区域，修缮面积约600平方米，总投资40万元。普陀山旅游集团公司下属普陀山天泽商业服务公司负责实施的梵音洞商亭改造主体工程已竣工，并进入施工验收阶段。该工程位于梵音洞景区入口原址商亭处，改造商（摊）亭21个，总面积约161平方米。总投资约130万元。同月，观音圣坛入选舟山市14个首批席地而坐保洁区。

12月，普陀山息耒小庄停车场、索道停车场、中山停车场3座公厕安装的智慧化引导系统投入使用。该系统通过实时显示厕所使用情况、温度湿度、空气质量及人流统计等信息，可快速有效地将有需要的人群引导至空余厕位，实现对景区公厕的精细化管理。普陀山文创产品展示中心完工。该项目位于朱家尖客运站客运大楼东南侧，总建筑面积327平方米，分上下2层，主要包括展示中心、服务中心等普陀山文创产品展示区域。朱家尖慈航广场数智共享屋（普陀山行李管家）项目投入使用。该数智共享屋是集自助行李寄存、共享遛娃车、共享轮椅、共享自助推车等智能化设备于一体的共享智能设备站点。旅客通过智能手机，使用微信或支付宝“扫一扫”便能畅享共享设备,完成租借和归还。

【景区管理】 5月起，舟山市城市综合执法局普陀山分局(简称普陀山执法分局)联合城市治安管理大队开展旅游市场专项整治,提升景区秩序。强化旅游市场执法。落实常态化错时执法,针对节假日客流高峰时间段,在重点管理区域多次开展早晚间突击整治，并根据景区管理实际,协调机关工作人员投入一线管理工作。专项整治工作开展以来,投入执法力量1000余人次,立案查处旅游市场违法违章行为109件。加强违规人员管控。完善区域网格制度,明确网格长和执法网格员,对网格内旅游市场秩序实行闭环式管理。采取蹲点、巡线、突击检查等方式,加大管控力度。查处各类违规人员50余人次。细化网格区域,加强景区秩序管理。规范跨门、占道经营300余起，整顿流动摊贩120余起。

5月15日起,普陀山执法分局联合普陀山镇合兴村委,通过在布告栏张贴《关于严厉整治景区旅游市场秩序的通告》、对占道经营商贩讲解相关法规等方式,多途径开展涉及违规行为相关法律法规宣传,发放责令改正通知书9份。20日晚,该分局联合城市管理治安大队,针对拒不整改的经营户开展突击整治,查扣违规占道物品3件,规范跨门经营2起。

5月28日至6月2日,普朱功能区各网格组织开展打击非法社会组织宣传排查活动。各网格组织发动巾帼志愿者、党员志愿者、网格组成员,通过发放宣传单、张贴公告等多种形式开展宣传排查活动,增强网格群众风险辨别能力，提高自我保护能力,号召网格群众参与到打击整治非法社会组织行动中来,提供涉嫌非法社会组织线索。辖区网格团队走访排查2804户，未发现未办理登记注册手续、无登记证书、擅自以社会组织名义开展活动的非法社会组织。

数智共享屋（普朱管委会提供）

7月，舟山市普陀山旅游集团有限公司落实景区商（摊)亭管理职责，多措并举，推进商(摊)亭物价整治工作。通过召开承租户座谈会、发放《平价经营告知书》、短信通知等方式多渠道宣传平抑物价重要性,要求各承租户对在售商品做到标价醒目、执行最高限价。累计发放告知书112份，约谈经营户2批次。联合管理服务局、执法、市监等相关职能部门,强化商(摊)亭承租户日常监管,重点督查矿泉水、煎豆腐、煎饼等商品价格虚高限价执行情况。

8月2日起，普陀山执法分局开展流动摊集中整治行动,利用微信公众号、村(社区)布告栏等渠道,宣传流动摊治理相关法律法规,加强社会宣传和舆论引导,最大限度提升群众市容环境保护意识,形成全体共创文明城市氛围。发放告知书40余份,劝离劝导流动摊贩30余人。针对夏季水果大批量上市,配合朱家尖街道,在329国道沿线设置自产自销点位,按一户一摊、一摊一位原则，做好规范化管理,出动巡查队员50余人次。运用“非现场执法”方式,通过后台监控固定证据,并结合“包区、巡线、守点”原则,多措并举强化对流动摊贩执法力度。

11月4日下午,普陀山公路与运输管理中心联合辖区街道、执法分局等部门，对朱家尖329国道、310省道公路沿线流动摊位开展整治,巩固文明城市创建成果。该次行动劝离流动摊位6个,劝导教育摊贩7人。

12月，普陀山执法分局开展垃圾分类治理工作。联合村社邀请普陀山区域大中小餐饮、超市以及农贸市场等72户经营户参与垃圾分类现场会议，要求商户查漏补缺，在应设未设的区域内设置易腐垃圾收集容器，推行“定时定点”、桶边督导标准化、精细化管理。统一发放台账样本，明确台账应注意事项，要求做到“应记必记，绝不漏记”；执法队员在“舟山城管”上绑定信息，收运车加装物联网检测，实行全流程实时监管。持续开展垃圾分类督查检查工作，落实生活垃圾、餐厨垃圾投放管理责任区制度，对分类收集容器和分类投放成效进行执法检查。

【生态环境管理】 1月，普陀山公用事业管理中心开展的市级公益类科技项目“普陀山珍稀植物资源保护与开发利用”获市科学技术局立项，并完成合同签订。该项目选取普陀鹅耳枥、普陀水仙、普陀杜鹃等普陀山珍稀特色植物开展繁育技术研究、种质资源调查、植株造型及造景应用等研究，在考虑和尊重自然和生态演变规律的基础上进行保护与开发利用，丰富普陀山珍稀植物的种类与基因，促进人与自然可持续发展。

2月，《浙江日报》和省生态文明研究院公布“美丽浙江生态环境治理十佳优秀案例”和“美丽浙江绿色发展十佳示范案例”名单，普朱管委会“水下森林”生态修复工程入选。该工程是以生态控藻为主，采用“投放食藻虫、光合细菌—曝气增氧—种植沉水植物、投放水生动物”方式，建立完整生态系统“三步走”快速治水模式，使河道拥有足够自净能力，再现封闭水域水活力，破解海岛治水难题。普朱管委会累计开展观音公园、东沙河、西荷河和四丈河等9处“水下森林”生态修复工程，投资2685万元，治理水域面积14万平方米，包括6.6千米河道和8.3万平方米池塘。

5月下旬，根据省文物局和省白蚁防治中心要求，普陀山公用事业管理中心开展关于普陀山镇各级文物保护单位白蚁危害调查工作。邀请省白蚁防治专家对普济寺西侧的净土坛、西客房和微型消防站进行蚁情蚁害检查，及时做好白蚁标本、图片影像等资料收集，建立白蚁防治基础数据库。完成第一阶段全面自查工作，其中重点调查全国重点文保单位2处、省文保单位7处，初步调查市级文保单位14处。

6月，普陀山公路与运输管理中心开展陆域环境整治工作。常态化开展路面巡查，全方位监管朱家尖国道沿线公路、桥梁、设施、标志设置及绿化等情况，累计开展路面巡查723次，出动巡查人员1636人次，清理废弃物6.9立方米。针对旅游旺季朱家尖国道沿线私设摊位、流动摊贩等行为，执法队与城管、街道、交警等部门协作，开展联合执法，累计劝返各类违规设摊摊位14个，教育违规设摊人员26人次。对公路用地范围内乱堆乱放等“脏乱差”问题，与交警部门开展现场联合整治60余次，夜间治理10余次，累计检查货运车辆1054辆，现场查处违法超限超载车辆6辆。严防抛洒滴漏等问题，保障道路畅通。

（撰稿：张豪）

编辑：魏斌

商　贸

综　述

2021 年，普陀区社会消费品零售总额 195.07 亿元，比上年增长 8.4%。其中，批发业 64.88 亿元，增长 10.2%；零售业 66.00 亿元，增长 9.4%；住宿和餐饮业 64.19 亿元，增长 5.8%。限额以上批发和零售业增长 21.0%；限额以上住宿和餐饮业增长 8.6%。从限额以上批发和零售业商品销售分类情况看，粮油食品类增长 16.8%，服装鞋帽针纺织品类下降 1.0%，金银珠宝类增长 113.4%，家用电器和音像器材类下降 0.8%，中西药品类下降 25.9%，汽车类下降 1.1%。

全年批发零售业商品销售额比上年增长 39.4%，其中限额以上企业增长 40.8%。住宿和餐饮业营业额增长 11.5%，其中限额以上企业增长 11.8%。年末全区限额以上批发零售企业共 145 家，限额以上住宿餐饮企业共 88 家。

年末全区各类消费品市场 26 个，全年成交额 194.21 亿元。其中，消费品综合市场 10 个，全年成交额 1.54 亿元；农副产品市场 13 个，全年成交额 190.29 亿元；工业消费品市场 3 个，全年成交额 0.32 亿元。

商贸流通发展

【概况】 普陀区推进商贸流通业改革创新，推进商旅文融合发展模式，发展电子商务等，全区商业业态有机更新加速。先后建成内湖商圈、杉杉广场、海中洲广场等标志性商业综合体。先后获省级重点商贸流通企业、省级高品质步行街、首批省级夜间经济样板城市、获评首批省级示范智慧商圈等荣誉。

【商贸活动】 区商务局牵头各部门联动，推进全区商贸流通领域的疫情防控和经济社会发展。重新修订《关于促进商贸流通业加快发展的若干意见》，落实"六稳""六保"决策部署，培育发展普陀区现代商贸流通业。通过政策兑付，引导普陀区商贸企业做大做强，实现行业恢复和重点板块稳定增长，发挥消费对区域经济的拉动作用。以"浙里来消费·消费促进月""浙里来消费·黄金购物节"等活动为纽带，联动各大商超推出各类节庆促销

杉杉普陀天地省级示范智慧商圈夜景图（区商务局提供）

活动，激发居民消费需求侧。利用普陀海岛特色，以“夜东港”为核心，其他海岛乡镇为辅，持续打造夜间经济活动。构建“城区+景区+商区+村庄”四位一体的夜间经济体系，520幸福街入围全市十大夜间经济项目，东极镇东极村、展茅黄杨尖村入围美丽乡村夜景经济精品村；展茅田园综合体“丰收田园光影乐园”、桃花岛“东海音乐节”等特色项目形成良好口碑。

区商务局开展智慧商圈提能级行动。杉杉普陀天地获评2021年度首个市级数字化智慧商圈、2021年度全省首批示范智慧商圈（全市唯一）。实施绿色服务、节能减排和资源循环利用，带动流通领域绿色产业链发展，促进绿色消费，区商务局推荐东港凯虹广场获评2021年度市级绿色商场、省级绿色商场（全市唯一）。虾峙镇、桃花镇获评2021年度市级现代商贸特色镇，展茅街道黄杨尖村获评2021年度市级商贸发展示范村，东港街道获评2021年度省级现代商贸特色镇。通过“政府搭台，企业唱戏”，以“浙货行天下”为契机，以上海食品博览会、贵州推介会等展销会为突破口，组织区内优质水产企业“入沪”“入川”参展布展，助推外向型水产加工企业“出口转内销”开拓内销市场，提高普陀水产品国内市场占有率。推荐平太荣远洋渔业集团有限公司入选浙江省首批内外贸一体化典型案例，获全省推广。幸福购以5G数字化平台打造为方向，以服务普陀商圈为主旨，通过线上、线下融合方式打造数字化运营，优化普陀营商环境，挖掘“电商+实体联动”的消费潜力，培育普陀数字消费新增长点。全年累计上架商品总数186份、入驻商户118家、访问量521191人次。梳理全区商贸企业情况，走访调研，关注企业新增与存量提升，及时充实限额以上单位库。指导督促中国水产舟山海洋渔业公司、浙江烽顺物流有限公司、浙江蟹曾鲜科技有限公司等企业推进省级农商互联农产品供应链项目建设，推荐浙江凯虹集团有限公司、平太荣远洋渔业集团有限公司等企业参与2021年度市级供应链创新与应用试点企业创建，加快普陀区传统业态创新融合，提升产业发展。推进半升洞高端休闲街区、城北水街、杉杉普陀天地二期、鲁家峙儿童世界等商贸项目，优化商业集聚区业态布局，推动商圈之间融合共生。

区商务局加强春节、五一和国庆等重大节假日市场监测，掌握市场动态，分析市场运行情况，增强市场监管和调控能力。做好重大节假日消费品市场保供稳价工作。落实疫情防控各项工作，做好商场、超市出入口疫情防控，进口冷链食品企业人防、物防，重点人群疫苗接种等工作。

批发与零售业

【概况】 2021年，全年社会消费品零售总额195.07亿元，比上年增长8.4%。其中，批发业64.88亿元，增长10.2%；零售业66.00亿元，增长9.4%；住宿和餐饮业64.19亿元，增长5.8%。批发业销售额1044.63亿元，比上年增长41.7%；零售业销售额59.95亿元，比上年增长9.7%。年末，普陀区有限额以上商贸企业233家（全区限额以上批发零售企业共145家，限额以上住宿餐饮企业共88家）；亿元以上市场3个，分别是舟山中国国际水产城、舟山市普陀区干水产品交易市场、普陀东河市场。浙江省重点流通企业3家（浙江凯虹集团有限公司、浙江海中洲集团有限公司、舟山水产品中心批发市场有限责任公司）。浙江省老字号企业4家，分别是浙江东海酒业有限公司（2008年首批）、舟山市冠素堂鼎和园食品有限公司（2010年第二批）、浙江冠素堂食品有限公司（2011年第三批）、中国水产舟山海洋渔业公司（2015年第五批）。

【浙江凯虹集团有限公司】 浙江凯虹集团有限公司是以商品零售为主业的民营股份制企业，通过兼并、收购、重组等多种方式，确立舟山商贸流通龙头企业地位。主营业务：百货零售业、连锁超市、宾馆服务。主要经营门店：东港凯虹广场、新城凯虹广场、定海凯虹广场、舟山一百、华之友超市连锁门店、HELLO城市超市、普陀华侨饭店、岱山华侨饭店、嵊泗全季酒店等。集团有限公司自营部分2021年销售总额约15亿元（不含出租给品牌方的销售额），利税总额约1.2亿

2021 年普陀区限额以上批发企业名录

表 24

单位名称	主要业务活动	单位经营地址
舟山邦博水产有限公司	水产品批发	沈家门街道文军弄 8 号一楼
舟山小枪水产有限公司	活蟹批发	沈家门街道国际水产城活品四弄 88 号门店
舟山强仁进出口有限公司	水产品原料批发	沈家门街道食品厂路 78 号二楼 211 室
舟山市普陀区远大贸易有限公司	渔业产品批发	沈家门街道东大街 6 号楼 72 号网点
舟山市世纪星海洋食品有限公司	渔业产品批发	东港街道海中洲国际西楼 1002 室
舟山市普陀区桃花百润水产品有限公司	渔业产品批发	东港街道海中洲国际广场 21 楼
舟山沣洋水产有限公司	渔业产品批发	东港街道新津路 7 号和津苑 1-801 室
舟山礼博水产贸易有限公司	海鲜批发	东港街道水岸丽都 15 幢一单元 302 室
舟山市普陀国有粮食收储有限公司	大米批发	东港街道小蒲岙路 288 号
金洋油脂(舟山)有限公司	食用油批发	六横镇涨起港村金润路
舟山万连水产有限公司	水产品批发	沈家门街道渔市一路 95 号海贸大厦 8 幢八层
舟山市盈合水产食品有限公司	水产品批发	沈家门街道东海中路 1079 号海珍苑 5 幢 2002 室
舟山金东元经贸有限公司	食品添加剂批发	沈家门街道正源路 69 号
舟山市徐福酒业有限公司	批发酒类	沈家门街道夏新路 85 号
舟山市万乐电器有限公司	日用家电批发	沈家门街道兴建路 68 号
舟山市普陀医药药材有限公司	西药批发	东港街道海洲路 239 号
浙江宏俞医疗设备有限公司	医疗器械批发	东港街道海印路 1055 号全民健身中心 3 号楼国际健康产业中心二楼 A13 号
舟山众茂能源有限公司	煤炭批发	东港街道海州路 179 号鑫海家园 9 幢 205 室
舟山富兴燃料有限公司	煤炭及制品批发	六横镇兴港 1 号
舟山市正旭燃料油有限公司	燃料油批发	沈家门街道新街 63-65 号
舟山昌达石油有限公司	燃料油批发	沈家门街道佛国商城 B 区六楼
舟山顺翔石油有限公司	燃料油批发	沈家门街道菜市路 185 号财富商务楼 403 室
浙江高科石油化工有限公司	燃料油批发	沈家门街道定海蓉浦公寓 4 号楼 1205 室
浙江舟山佰丰石化有限公司	燃料油批发	沈家门街道滨港路和馨花园 2 幢 207 室
舟山市普陀勇进石化有限责任公司	柴油批发	东港街道华宇路 8 号华宇大厦 902-2
舟山正东船舶燃料供应有限公司	燃料油批发	沈家门街道金宅绿园 1 号楼 203 室
浙江东韵能源有限公司	成品油批发	沈家门街道东海中路 928 号和润金樽
中石化浙江舟山石油有限公司	燃料油批发	东港街道海洲路 727 号恒尊大厦 11 楼
舟山明鸿石化有限公司	石油及制品批发	东港街道沙田街 52 号昌正商务大厦 801
浙江汇邦石油化工有限公司	柴油批发	东港街道海中洲国际广场西楼
浙江舟山腾晟能源有限公司	成品油批发	沈家门街道夏新路 85 号
浙江金府能源有限公司	成品油批发	沈家门街道夏新路 85 号

续表 24

单位名称	主要业务活动	单位经营地址
舟山龙宇燃油有限公司	燃料油批发	沈家门街道竹山村 143 号
舟山市晟博能源有限公司	燃料油批发	东港街道昌正街 82 号昌正大厦 1301 室
舟山鹏泽能源有限公司	汽油批发	东港街道海印路 528 号
舟山市宏金石化有限公司	燃料油批发	东港街道昌正大厦 1703 室
舟山市中瀚油品销售有限公司	柴油批发	东港街道麒麟街 211 号
舟山宇策石化有限公司	燃料油批发	东港街道海印路 821 号海天大厦 1202 室朝南一间
舟山市鹏达石化有限公司	燃料油批发	东港街道山海街 38 号壹品尊园 6 幢 703 室
舟山广嘉燃料有限公司	燃料油批发	东港街道海天国际广场 2 号楼 1303
启和(浙江自贸区)石化有限公司	成品油批发	东港街道昌正街 82 号昌正大厦 1502-A
舟山齐信贸易有限公司	石油及制品批发	沈家门街道伏虎路 4 幢 201 室
舟山海贝实业发展有限公司	成品油批发	东港街道沙田街 52 号
浙江仁耀石化销售有限公司	石油制品批发	东港街道麒麟街 211 号东港财富中心 B 座 1001-225 室(自贸试验区内)
浙江巨久石油化工有限公司	危险化学品批发	东港街道麒麟街 211 号东港财富中心 B 座 1001-371 室
舟山港兴石油化工有限公司	液化石油气批发	东港街道麒麟街211 号东港财富中心 B 座 1001-393 室(自贸试验区内)
浙江舟山徽传石油化工有限公司	燃料油批发	东港街道麒麟街 211 号东港财富中心 B 座 1001-475 室
常林(浙江自贸区)石化有限公司	燃料油批发	东港街道海洲路 721 号永跃大厦 2 楼 203-63 室
舟山华泰能源有限公司	燃料油批发	东港街道沙田街 66 号商会大厦 901 室
浙江舟山东大国际贸易有限公司	成品油批发	东港街道麒麟街 233 号东港集团大厦
浙江传璞进出口贸易有限公司	成品油批发	东港街道沙田街 66 号商会大厦 2202 室
舟山市骏瑞工业气体有限公司	油品批发	东港街道麒麟街 211 号东港财富中心 B 座 602 室
浙江舟山旅游集团国际贸易有限公司	油品批发	朱家尖街道普渡路 2 号慈航广场二期四期楼 407
舟山市盛皓科技有限责任公司	成品油批发	朱家尖街道银雁路 100 号 231 室
舟山市金晖石油有限公司	柴油批发	六横镇涨起港村金润路 2 号
中承(舟山)石油化工有限公司	成品油批发	六横镇梅峙村王家 61 号
舟山市金晖能源石化有限公司	柴油批发	六横镇涨起港
浙江惠盛能源有限公司	成品油批发	桃花镇桃源东路 28 号 217 室
浙江富科贸易有限公司	金属材料批发	沈家门街道鲁家峙路 169 号西大楼 2 楼财务室
舟山市普陀顺通实业发展有限公司	钢材批发	沈家门街道北安路 277 弄 15 号
舟山程亿物资有限公司	金属材料批发	东港街道海莲路 528 号万宇大厦 25 层
舟山泓祥建材有限公司	金属材料批发	东港街道海莲路 528 号
舟山市宝舵贸易有限公司	有色金属批发	东港街道新新家园 4 号网点
舟山锦辰贸易发展有限公司	钢材批发	东港街道海莲路 528 号
舟山鑫创贸易发展有限公司	钢材批发	东港街道海莲路 528 号

续表 24

单位名称	主要业务活动	单位经营地址
舟山隆瑞贸易发展有限公司	钢材批发	东港街道宁兴街 202 号
舟山润昌贸易发展有限公司	钢材批发	东港街道海莲路 528 号
舟山市普陀区恒盛贸易发展有限公司	钢材批发	东港街道海莲路 528 号万宇大厦 25 层
舟山鑫江贸易有限公司	钢材批发	东港街道海莲路 528 号万宇大厦 101
浙江双海实业有限公司	铜材批发	东港街道海印路 765 号海景时代广场 3 幢 1310-8 室
浙江中土进出口有限公司	钢材批发	东港街道沙田街 66 号商会大厦 1501-226 室(自贸试验区内)
舟山市荣帝欧进出口贸易有限公司	船用钢板批发	展茅街道富丹路 1-5 号 1 幢 211 室
舟山市半岛铜业有限公司	金属材料、五金产品批发	六横镇夏家村 9 号
舟山向往石桥采砂装运工程有限公司	海沙批发	沈家门街道东河路 139 号 801 室
浙江蓝水环境科技有限公司	给排水管道配件批发	沈家门街道东海中路 263 号
舟山市瑞康物资有限公司	建材批发	沈家门街道东海西路 46 号物资市场 6 号
舟山普陀城投贸易发展有限责任公司	建筑材料批发	东港街道麒麟街 215 号 401 室
舟山市沈沪建材有限公司	建材批发	东港街道兴普大道 298 号港汇广场 511
舟山道昇商贸有限公司	建材批发	东港街道山海街 6 号山海华府 52 幢 101 室
浙江舟山东大城市运营服务有限公司	建材批发	东港街道麒麟街 233 号东港集团 502 室(自贸试验区)
舟山市普陀德辰贸易有限公司	水泥批发	东港街道茶壶甩村北顶地
舟山天达环保建材有限公司	脱硫石膏批发	六横镇环保路 1 号
浙江易晟能源发展有限公司	甲醛批发	沈家门街道新街 48 号 5 层 007
舟山市海富能源有限公司	燃料油批发	沈家门街道食品厂路 78 号 209 室(自贸试验区内)
浙江海能贸易有限公司	MEG 化工产品批发	沈家门街道滨港路 258 号 10 楼
舟山东奥工贸实业有限公司	乙二醇批发	沈家门街道滨港路 258
舟山市普陀华晨民爆建材有限责任公司	爆炸物品批发	沈家门街道东海西路 48 号
舟山翰晟携创实业有限公司	化工产品批发	东港街道海洲路 721 号永跃大厦 17 楼
物产化工(浙江自贸区)有限公司	精对苯二甲酸批发	东港街道沙田街 66 号商会大厦 15楼
浙江自贸区国湾石化有限公司	化工材料批发	东港街道麒麟街 211 号东港财富中心 B 座融资租赁产业园区 1002-71 室
光证贸易(浙江自贸区)有限公司	乙二醇批发	东港街道麒麟街 211 号东港财富中心 B 座融资租赁产业园区 1002-90 室
舟山市普陀液化气公司	液氨批发	东港街道东海中路 918 号 1 幢 206 室
自在盛达集团有限公司	乙二醇、甲对苯、电解铜等批发	六横镇海港中奥能源有限责任公司内
舟山通益轻工机械有限公司	机电产品批发	沈家门街道中沙头东海西路 500 号
一卡物流有限公司	计算机设备批发	六横镇峧头三八路 235 号 417-6

续表 24

单位名称	主要业务活动	单位经营地址
木棉供应链(浙江)有限公司	电子计算机批发	六横镇峧头三八路 235 号 423-20
锋锐信息(浙江)有限公司	通讯设备批发	六横镇峧头三八路 235 号 423-19
缤纷出彩科技服务有限公司	影视设备批发	六横镇三八路 235 号 417-3
舟山亿登实业有限公司	挖矿机批发	东港街道海洲路 819 号
浙江自贸区新嘉畅贸易有限公司	纸制品回收利用	东港街道海印路 765 号海景时代广场 1 幢 1002 室
浙江正川新能源有限公司	液化天然气批发	东港街道麒麟街 211 号东港财富中心 B 座 901-0011 室
舟山合圆能源有限公司	天然气批发	东港街道麒麟街 211 号财富中心 B 座 1001-470 室（自贸试验区内）
中耀石油化工有限公司	液化天然气批发	东港街道麒麟街 211 号

2021 年普陀区限额以上零售企业名录

表 25

单位名称	主要业务活动	主要营业地址
浙江凯虹集团有限公司	百货零售	东港街道新驰路 29 号
舟山欧尚超市有限公司	超市综合零售	东港街道海天大道 2773 号
舟山市陆峰阳光农业开发有限公司	蔬菜超市零售	东港街道海珠北路 87 号
舟山市陆峰阳光农副产品有限公司	果品蔬菜零售	沈家门街道长兴弄 20 号一楼
舟山普陀日惠蔬菜配送有限公司	蔬菜零售	东港街道大岭下粮食仓库
舟山杉杉生活广场有限公司	服装零售	东港街道海印路 850 号
浙江普陀区新华书店有限公司	图书零售	沈家门街道东河路 26 号
浙江永福黄金珠宝有限公司	黄金首饰零售	东港街道文康街 24 号
舟山布衣医药连锁有限公司	药品零售	沈家门街道兴建路 593-601 号
舟山市普陀葆仁堂医药有限公司	西药零售	东港街道海洲路 239 号一楼
舟山利星汽车销售服务有限公司	梅赛德斯奔驰零售	东港街道新惠路 68 号
舟山宝驿汽车销售服务有限公司	汽车零售	东港街道新驰路 77 号
舟山市明迪荣威汽车销售服务有限公司	汽车零售	东港街道新晨路 80 号
舟山市明迪汽车销售服务有限公司	汽车零售	东港街道新驰路 20-24 号
舟山中石油华宁油品销售有限公司	加油站汽油零售	东港街道海莲路 799 号
舟山市普陀同舟电子科技有限公司	计算机零售	东港街道金城街 197-199 号
舟山阿开渔获商贸有限公司	互联网水产品零售	沈家门街道渔市一路 95 号海茂大厦 1 幢 503 室 5 号
舟山东半山电子商务有限公司	互联网水产品零售	沈家门街道滨港西路 158 号国际水产城 6 幢 301 室
舟山市普陀区朱家尖液化气供应站	石油液化气零售	朱家尖街道九礁龙眼山嘴
舟山市普陀区六横景兴液化气有限公司	石油液化气零售	六横镇千丈塘

元,在全国连锁零售企业百强榜上排名第70位。公司主营业务收入10.83亿元，其他业务收入2049万元，实现利润4907.2万元,全年缴税费4871.42万元。获全国商贸流通服务业先进集体、全国快速消费品零售百强企业、浙江省“五一”劳动奖状、浙江省重点流通企业、浙江省服务业百强企业、舟山市“十二五”期间突出贡献企业、“区政府质量奖”等荣誉。舟山凯虹广场商业管理有限公司(定海凯虹广场)获舟山市创建全国文明城市先进集体;东港凯虹广场、新城凯虹广场获浙江省绿色商场称号。

舟山利星汽车销售服务有限公司（区商务局提供）

【舟山利星汽车销售服务有限公司】 舟山利星汽车销售服务有限公司隶属于华人500强企业香港利星行集团,是奔驰(中国)汽车销售服务有限公司和北京奔驰汽车有限公司授权的舟山地区首家奔驰4S店。公司成立于2013年12月，原驻定海，2018年移驻普陀区东港街道新惠路68号。作为梅赛德斯-奔驰“2020网络升级计划”MAR2020浙江首家全功能未来展厅打造，是一家集销售与客户服务为一体的全功能经销店。公司总用地面积7935平方米，其中总建筑面积为6325平方米。2021年实现销售额4.17亿元。

【中石化浙江舟山石油有限公司】 中石化浙江舟山石油有限公司是中国石化集团燃料油业务专业化公司中国石化燃料油销售有限公司的全资子公司,是中国石化从事保税船供油业务的法人实体。作为中国石化燃料油公司职能管理部门“全球船供油业务中心”迁入浙江自贸试验区,实行“一个团队,两块牌子”管理。船供油网络覆盖国内沿海港口及海外50多个港口，在营油库18座,配送驳船超过100条,是唯一在浙江自贸试验区注册、网络覆盖全球的船用燃油供应商。2021年公司国内保税油供应量902万吨,创历史新高,市场占有率44%,居全国首位,其中在舟山港供应量168万吨,经营规模持续排名第一。全年外贸额近50亿美元,内贸额340亿元。

（撰稿:余佩）

浙江凯虹集团总部（区商务局提供）

中石化浙江舟山石油有限公司海上流动加油站（区商务局提供）

电子商务

【概况】 新冠疫情导致大环境变化，普陀区在政策引导、企业帮扶、优化营商环境等方面入手，为电商产业发展助力。全区电子商务的发展呈高速、多维、广泛分布等特点。2021 年，普陀区由于网上零售数据抓取平台的局限性，一些团购批发平台及抖音、快手直播平台的数据丢失严重。区商务局排摸符合条件的丢失数据，做到应统尽统。督促浙江凯虹集团有限公司、舟山大润发超市有限公司、舟山阿开渔货商贸有限公司等 8 家数据较大并且有线上业务的企业申报省商务厅第三方自建平台，作为全区网上零售的补充。全年累计补充网上零售 7702.41 万元。全区全年实现网络零售额 15.22 亿元，同比增长 11.6%。

【电商纳统】 普陀区将电商企业纳入限额以上统计库，凡后台数据年销售达到 500 万元的，都鼓励纳入统计。经实地走访调研，消除企业顾虑，普陀区有 7 家企业符合要求并申报，与统计部门对接及实地后台数据查看。舟山东半山电子商务有限公司、舟山阿开渔获商贸有限公司、舟山晨源食品有限公司 3 家电子商务企业纳入全市首批电商纳统企业名录，于 2021 年年初正式申报数据，产生年销售额 3000 万元。

【发展农村电商】 为强化农村电商产业集聚，利用电子商务促进农村经济转型发展，根据省、市商务部门工作部署，区商务局将农村电商工作纳入局工作重点内容之一。2021 年，通过各乡镇排摸自然村的电商基础软硬件设施，了解其产业结构及线上运营水平，择优申报东港街道红旗村、展茅街道沙井村、东极镇东极村 3 个自然村为省级电商专业村。其中，东极村被省商务厅评定为 2021 年度省级电商示范村。

【鼓励企业上云优化营销结构】 区商务局鼓励传统商贸零售业利用大数据、云计算进行数字化改革、开拓线上销售渠道。以线上、线下融合发展的模式优化销售结构。2021 年，浙江冠素堂食品有限公司获评全市唯一省级新零售示范企业；东港大润发超市线上新零售板块争取到政策奖补资金 10 万元；凯虹集团将超市板块整体上云。

【争取资金扶持产业发展】 普陀区电商产业普遍呈现规模小、

大润发超市的新零售板块——淘鲜达，工作人员在核批订单（区商务局提供）

专业化程度低的特点，为扶持新兴产业稳步发展，普陀出台政策并向上争取资金，专款专用扶持电商产业。政策主要从销售额补助、争先创优补助、“电商+其他产业”补助等方面切入，以从低到高的门槛鼓励企业逐年做强，逐年申报，引导壮大。2021 年，区商贸局与财政部门联合审核，有 5 家企业符合申报条件，共拨付资金 15.5 万元。政策有效期内共拨付补助资金百余万元。

【发展产业集聚园区效应显现】 中国舟山国际水产城作为普陀区唯一的电商园区，集聚效应显现，产业园完成全部招商入驻工作，集聚 27 家知名电商企业签约入驻，包括舟山渔夫海货电子商务有限公司、舟山市汇鲜水产有限公司、“阿宋来了”等舟山交易量排名前五的水产电商及网红主播。所有签约商户已完成装修并进入运营阶段。园区配套 2 个公共产业直播间供入驻商家免费使用，还联合电商龙头企业向第三方平台如“抖音”“快手”“火山”等衔接流量资源，提供技术支撑和平台对接服务，推动水产电商行业在直播板块崛起。2021 年累计完成交易额 5 亿元。

【浙江舟山嗨呗电子商务有限公司】 浙江舟山嗨呗电子商务有限公司位于普陀湾众创码头大学生创业园，成立于 2019 年 8 月，由 3 名舟山户籍返乡大学生创立。2021 年，有成员 20 余人，分为电商事业部、旅行事业部和新媒体事业部，注册资本 300 万元。公司是普陀区互联网赋能服务商，第六批浙江省电子商务实践基地名录企业，提供全方位电子商务服务的创新创业团队，承接舟山及全省范围内的电子商务综合业务，业务辐射至南京、湖州、杭州等地。

浙江舟山嗨呗电子商务有限公司（区商务局提供）

（撰稿：胡旭丹）

对外经济贸易

【概况】 2021 年，面对国内外复杂严峻的经济形势，普陀区抢抓数字化改革机遇，布局产业结构、招引头部企业、培育优质品牌、做大出口体量，稳中求进，完成各项稳外贸任务。全年全区实现外贸进出口总额 468.47 亿元，同比增长 3.7%。其中，外贸出口额 395.1 亿元，同比增长 17.4%，全市占比 51%，全省占比 1.3%，体量位列全市首位，全省第 21 位，增幅在全市四县区中排名第三。全区合同利用外资实现 28093 万美元，实际利用外资 5639 万美元。新设外资企业 11 家，新设企业家数四县区第一，合同利用外资四县区第一。全区境外投资项目 4 个，实现中方投资总额 647 万美元。

【出口贸易】 2021 年，普陀区外贸出口量实现稳步提升。全年油品出口额 285.97 亿元，比上年增长 46.91%。修造船业全年出口 63.17 亿元，同比下降 36.58%。其中，造船出口 23.22 亿元，同比上升 2.6%；修船出口 39.95 亿元，同比下降 48.54%。水产品行业出口额 44.06 亿元，同比增长 8.56%。其中，头足类章鱼、鱿鱼出口大幅上升，分别上升 130.9% 和 44.59%；冻虾出口下滑明显，同比下降 15.05%。从出口地区看，传统市场中，亚洲市场占比最高，全年出口 143.52 亿元，占全区出口额的 36.33%；新兴市场中，非洲市场依旧占比最大，全年出口 86.55 亿元，占全区出口额的 21.91%。对共建"一带一路"国家出口有大幅上升，全年出口 50.79亿元，同比上升 32.52%，占全区出口额的 12.86%。

【进口贸易】 2021 年，外贸进口受全球疫情持续蔓延、中石化缩减进口、冷链进口高压管控等影响，继续大幅下滑，油品行业、船舶配件、水产品行业同比分别下降 35.52%、60.21%、7.81%。

【油气全产业链建设】 2021 年，普陀区做强中石化船供油业务中心，持续推进海外结算业务从新加坡回流舟山，全年海外结算业务回流达 3501 万美元。全区实现油品出口 285.97 亿元，同比上升 46.9%，出口占比达到 72.4%，比上年提升 15 个百分点。其中，中石化保税燃料油出口结算量 849 万吨，出口额 279.7 亿元，同比增长 45.3%。推动区域能源贸易结算中心建设，重点招引上海长云国际贸易有限公司、浙江自贸区昆德贸易有限公司、浙江天然气交易中心（油气）等大宗商品贸易头部企业，打造总部经济；依托区应急管理局、区自贸局等部门成立普陀油气贸易企业服务中心，规范油气贸易企业实际经营地址，打通市外油气企业注册场所难点，强化安全管理，全年新招引油气贸易企业 280 家。

【提升开放能级】 普陀区推进"开放合作"大事，制定《开放合作工作实施方案》，量化指标、落实职责，统筹推进 4 大工作事项、17 项工作任务、63 项子任务。融入浙江国际农产品贸易中心建设；食用水生动物进口业务取得突破，帝王蟹交易暂养集散中心建设项目落地，完成一期工程建设；拓展国际水产城水产品线上交易业务，全年完成线上交易 5.25 亿元；谋划建设茶叶交易中心，拟定《普陀打造茶叶加工交易中心的实施方案》，组织开展舟山茶产业发展高峰论坛，与浙江省茶叶集团股份有限公司、中国茶叶集团有限公司达成战略合作，协助区农业农村局、区文广旅体局打造"普陀佛茶"品牌。迭代升级"订单+清单"监测预警管理系统。推广省商务厅布局的"国际集装箱在线应用场景"，缓解外贸企业面对的国际货运"一箱难求，一舱难求"难题，组织 40 家企业申报货运白名单，全市占比 60.6%。2021 年，激活上线 189 家企业，每月常规应填报企业 95 家，每月填报准确率达 90%以上，响应率达 100%，处理企业咨询反馈 59 条。

【培育市场主体】 2021 年，普陀区依势出台新一轮开放型政策，围绕加快发展进出口贸易、加快培育企业自主品牌、加快发展国际服务贸易等方面创新贸易模式、培育外贸新增长极，发挥外贸新优势，2021 年，普陀区拨付各级外经贸资金 1323.78 万元。推动自主品牌建设，培育舟山市鑫亚船舶修造有限公司、舟山市龙山船厂有限公司等 4 家外轮绿色修造品牌，指导普陀华兴水产公司、浙江海士德食品有限公司等企业申报省级出口品牌；鼓励企业融入市级"舟贸通"平台，开设独立站进行国际营销，有 17 家普陀企业入驻独立站，全市占比 32%。多元拓展新兴市场，组织、指导 80 余家次企业参与"2021 浙江出口网上交易会（系列站）""浙洽会""中东欧博览会"等线上线下活动，对"一带一路"国家出口同比增长 32.5%，支撑效应显现。加大对 RCEP(《区域全面经济伙伴关系协定》）宣传力度，指导企业利用原产地区域累计原则优化供应链，全年累计举办、组织企业参与培训 3 场次、近 180 人次，对 RCEP 成员国出口额同比增长 21.8%，其中东盟市场同比增长 37.2%。

（撰稿：陈筱妁）

外商和港澳台商投资促进

【概况】 2021 年，面对复杂多变的国内国际经济环境和疫情形势，普陀区落实市委、市政府"稳外资"工作部署，全年实质性洽谈 30 余个项目，重点引进浙江自贸区艾克思焦点私募股权投资基金合伙企业（有限合伙）、浙江生润国际运输有限公司、舟山龙源雄亚新能源有限公司、浙江永旭进出口有限公司、舟山尚华企业管理咨询有限公司等 12 家外商和港澳台商投资企业，合同利用外资 28093 万美元，实际利用外资 5639 万美元。全区境外投资项目 4 个，实现中方投资总额 647 万美元。

【推进稳外资专班工作】 普陀区成立稳外资专班，建立外资项目"一对一"联络服务机制。对浙江永旭进出口有限公司、舟山尚华企业咨询管理有限公司、浙江自贸区昆德贸易有限公司、中宇合国际石油天然气（浙江自贸区）投资有限公司等外资和港澳台资企业开展全流程"一站式"服务，关注壹润运输、艾克思焦点基金（QFLP项目）、龙源能源等在谈、在建外资项目进展情况，了解外商决策进展及出资计划，参与各部门协调，对外商投资项目提供有效服务。结合资源要素，加强以商引商。通过浙江青山数科科技有限公司、金地未来社区、舟山龙源新能源有限公司等资源项目招引浙江永旭进出口有限公司、尚华企业咨询管理有限公司等外资项目。其中，浙江永旭进出口有限公司到资1000万美元，尚华企业咨询管理有限公司到资500万美元。结合各类展会，做好普陀招商推介。参加"浙洽会""厦洽会"等活动，做好招商推介活动，分发各类宣传资料500余份，吸引新农利合集团有限公司、地利集团等知名企业到普陀区考察洽谈。结合民营企业参与国际经济合作的发展需求，鼓励支持以民引外，助推民营企业、传统产业转型升级。通过对区内船舶、油品等行业亟须资产转让或者增资扩股的企业进行顾问式招商，重点跟踪华兴水产有限公司、佳必可食品有限公司等企业。结合自贸区试点创新，探索QFLP项目外资招引。通过与市级部门对接，普陀先行先试，做好各职能部门对QFLP项目准入、会商及银行手续的准备，拟引进浙江自贸区艾克思焦点私募股权投资基金合伙企业，拟募资5000万美元。梳理全区未完成出资的存续外资企业清单，并结合"三服务"活动，全面走访未完成出资的存续外资企业，督促融创食品有限公司等企业资金到位。重点做好浙江自贸区昆德贸易有限公司、浙江自贸区国湾石化有限公司，威立雅能源科技有限公司环境服务项目、浙江鸿德测控科技有限公司等重点外资项目储备入库工作，及时掌握项目进展情况。

【服务外资外经企业】 2021年，全区存续外资企业137家，正常运作企业仅27家，78家融资租赁企业均未做实质性运作。外经项目30项，实质性运作13项。区商务局指导外经企业做好防疫工作。多次调研走访实施外经项目企业，常态化做好外经企业"浙外防"相关工作。每星期督促企业做好境外项目防疫打卡工作。督促企业做好外资企业年报工作。全年累计报送外资企业年报154家，其中22家企业年报填写异常，经沟通后修改正常。开展外资企业"三服务"工作。推荐万邦重工有限公司为市外商投资协会副会长单位，并作为绿色低碳循环发展典型案例报送省商务厅。针对企业融资难问题，邀请融创中国控股有限公司等参加省金融助力外资发展服务对接活动。加强事后监管，对5家外资企业进行"双随机"检查。

【推进营商环境优化】 提升投资环境"便利化"，继续深化"最多跑一次"改革。全面落实外商投资企业信息报送制度，启动浙江省外商投资企业投诉工作办法，为外商投资企业提供"一站式"服务，全年接收外资企业信息报送62条，对部分信息残缺企业做好信息完善。建立领导联系项目机制。完善商务部门领导与重点项目联系机制，建立"问题清单"交办等制度，提升企业满意度。强化日常服务。以企业为核心，推进"一揽子、全方位"服务，开展现场指导，及时答疑解惑，并通过微信、QQ、浙政钉视频等形式组织外资新政策系列培训，解读相关政策，做好对企业的政策帮扶。

（撰稿：邵华波）

自由贸易试验区

【概况】 中国（浙江）自由贸易试验区于2017年4月1日挂牌成立，普陀区块是南部片区重要组成部分。自贸试验区普陀区块区域面积6.17平方千米，包括东港区域和沈家门区域，关联区域包括航空产业园、小干商务区。普陀片区启动建设全国最大的LNG接收中心，建成全国最大的外轮维修基地，船供油结算量、加注量位居全国第一。

【国际海事产业先行区】 2021年年末，普陀区块集聚航运企业95家、船舶477艘，总载重吨200万吨。其中，化学品运力28

自由贸易试验区普陀区块（区自贸中心提供）

万载重吨，占全国的20%左右；国际海运企业11家、运力8.2万吨。普陀区块年船用保税油结算量近850万吨，占全国的40%以上。年船用保税油供应量达270万吨，占全国的17%。建成国际知名外轮修理基地，实现年外轮维修近800艘次，外轮维修占比全国的23%。中国远洋海运集团、龙山船厂有限公司、鑫亚船舶修造有限公司3家船企业列全球前十。

【中石化全球船供油中心】 中石化浙江舟山石油有限公司是中国石化集团燃料油业务专业化公司中国石化燃料油销售有限公司的全资子公司。船供油网络覆盖国内沿海港口及海外50多个重点港口，在营油库18座，配送驳船超过100条，是唯一一在浙江自贸试验区注册、网络覆盖全球的船用燃油供应商。2021年，公司国内保税油供应量902万吨，创历史新高，市场占有率44%，位列全国首位，其中在舟山港供应量达168万吨，经营规模持续排名第一，公司2021年外贸额近50亿美元。

【实华南油船务有限公司】 实华南油船务有限公司由招商局集团旗下南京长江油运有限公司与中国石化集团旗下燃料油销售有限公司合资，于2013年7月在江苏省南京市注册成立，2019年10月变更注册地至普陀区块。公司主要从事国内沿海、长江中下游及珠江三角洲成品油运输和船舶燃油配送供油服务。实华南油有运力船舶1艘，光租船舶6艘，总吨位24056吨。2021年，完成货运量425万吨。

【海洋金融服务先行区】 普陀片区先期以融资租赁、商业保理、股权投资为主体，其他金融业态为补充的“3+X”金融产业体系。2021年年末，有金融机构企业230余家。是年，普陀推动国务院赋权26条关于“支持在浙江自贸试验区开展合格境外有限合伙人（QFLP）试点”政策，落地浙江自贸区首单QFLP业务。协助市金融办完善QFLP制度设计，在全市率先建立区级会商机制，研究出台区级财政配套政策，明确外商投资项目10%预提税的操作路径。招引艾克思焦点私募股权投资基金合伙企业，首期规模5000万美元。创新浙江自贸区促进跨境投融资便利化举措，深化浙江自贸区金融市场对外开放，为普陀高质量引进外资探明新路径。

【浙江省空港融资租赁有限公司】 浙江省空港融资租赁有限公司于2018年5月成立，是浙江省机场集团有限公司的全资子公司，注册地为浙江自贸区（舟山），注册资本5亿元。作为省机场集团“1+4”航空投融资板块，2021年，公司实现7个项目12亿元的业务投放，主要承接民生保障、绿水青山、节能降碳等基础设施类融资租赁业务，支持地方实体经济建设。是年，公司先后获“浙江省租赁企业A级信用评级”“舟山市支持地方经济突出贡献奖”“浙江省租赁业奋进之星奖”。

【浙江浙期实业有限公司】 浙江浙期实业有限公司是浙商期货有限公司全资子公司。2021年1月迁址至普陀，是全市招引的首个10亿元以上项目。公司与1300余家客户建立业务。场外衍生品业务已签约客户数达1000+家，场外名义本金超过1200亿元。场外团队实施的扶贫项目“保险+期货”有90多项，并多次获得各交易所奖励，其中“让阿克苏棉农吃下‘定心丸’”项目进入国务院扶贫办社会扶贫司的

《中国企业精准扶贫 50 佳案例(2018)》。做市商业务拥有期权做市牌照 23 个，期货做市牌照 36 个。2021 年，实现贸易额 97 亿元。

【国际健康旅游先行区】 国家健康旅游示范基地建设稳步推进，明确"五大中心"(细胞治疗创新发展中心、健康医药商贸制造中心、禅修康旅生命养护中心、现代精准健康管理中心、现代精准健康管理中心、国际医学交流会展中心)发展定位，全面构建"医、药、养、健、游"五位一体的全生命周期健康旅游产业群。2021 年，集聚树兰医疗集团树兰(普陀)医院、舟山市明峰医学影像诊断有限公司、上海锐赛生物技术有限公司(舟山分部)、浙江捷宁港生物科技有限公司、浙江自贸区雅各国际医疗贸易有限公司、浙江麦大基因科技有限公司等健康类企业 110 余家。其中，生物医药类 32 家、健康管理类 19 家、医疗器械类 15 家、医美保养类 6 家、民营医疗机构 21 家。汇集生命健康领域博士以上创新人才 45 名，其中，国家、省"引才计划专家"11 名、海外院士1 名。浙江自贸区迈顺生物科技有限公司首创原代细胞 TPCS 自主品牌，并建立国内原代细胞库，成功打破国外品牌对国内原代细胞市场的垄断。

【浙江自贸区雅各国际贸易有限公司】 浙江自贸区雅各国际贸易有限公司是主营临床医疗技术培训以及高科技医疗设备、器械、耗材等产品进出口贸易的国际化公司。2019 年 3 月，落户普陀国际健康产业中心园区，打造显微外科、关节镜技术、骨科内植入材料研发和骨科机器人示范基地的"产学研"一体化平台。与国内显微外科专家及医院合作，通过自主申请及授权转让等方式获实用新型专利 20 余项。公司与普陀医院合作，于 2021 年 5 月成立舟山市雅各国际医疗培训中心，为国内显微外科医生传授"高精尖"设备操作方法、显微手术技巧等，与国内多家医院及学术组织达成研学合作。

【浙江自贸区迈顺生物科技有限公司】 浙江自贸区迈顺生物科技有限公司于 2018 年 9 月落户普陀国际健康产业中心。公司已申请实用新型专利 13 项，获授权实用新型专利 7 项，获"浙江科技型中小企业"等荣誉。已开发出新的原代细胞产品，如食蟹猴 PBMC 等，助力医药研究；多方位验证原代细胞的功能，如 M1、M2、DC 诱导、Treg 诱导、ADCC、ADCP、MLR 等专业的体外功能细胞毒性评价。主要为药厂、CRO 企业、化妆品企业、科研院校及医院提供原代细胞及其相关服务。2021 年，实现产值 5000 万元。

【浙江自贸区锐赛生物医药科技有限公司】 浙江自贸区锐赛生物医药科技有限公司是生物医药研发和转化的高科技公司，在上海张江国际医学园区和自贸试验区普陀片区有两大研发和生产中心。2018 年落户普陀国际健康产业中心和普陀大健康产业园，有生物医药研发公共技术服务平台、生物治疗 GMP 中试生产基地和第三方医学检验实验室、浙江省第一家中药创新药临床前药效研究平台等四大实验室。2021 年 7 月，在普陀区开展公益筛查活动，检测约 2000 人次。企业自研的新冠肺炎核酸检测试剂盒和胶体金试剂盒进入商务部出口白名单，作为舟山第一家第三方医学检验机构，已完成逾 15 万例新冠肺炎核酸检测样本。浙江自贸区锐赛生物医药科技有限公司通过对临床样本资源的整合和临床大数据的挖掘，以创新转化能力和平台为载体，向国内外生物医药企业和科研单位提供生信大数据分析、细胞治疗、免疫治疗、药效评估以及临床转化医学等全流程服务。

(撰稿：张伊芮)

粮油储备供应

【概况】 2019 年 1 月挂牌成立区商务局，同时挂粮食和物资储备局牌子，相关职能划转。普陀区地方储备粮粮源为安徽省、江苏省、黑龙江省、本省海宁和宁波地区，部分小麦粮源为进口。

2021 年，为保证储备粮质量，区粮食部门根据不同品种安全储存期限，对地方储备粮实行均衡轮换。

【粮食储备管理】 区粮食部门根据《浙江省地方储备粮管理办

法》要求，不断完善地方储备粮管理制度和考核办法，加强对地方储备粮的监管。区商务局（粮食和物资储备局）、区财政局、区农发行组成联合检查组，每季度对全区粮食开展“拉网式”排查。通过监督检查，促进收储企业严格制度、严格管理、严格责任，确保粮食库存数量真实、质量良好、储存安全、管理规范。

【粮食流通市场监管】　区粮食部门建立粮食流通市场监督检查机制和联合执法检查机制，不定期组织粮食执法人员开展粮食流通市场检查，节庆日期间联合市场监管等部门对粮油流通市场进行专项检查，确保全区粮食流通市场有序、稳定、繁荣、安全。

【粮食应急体系建设】　全区设立5个粮油价格监测点，区粮食和物资储备局落实专人采集，对粮油价格和供应动态进行实时监测、分析、汇总上报；落实粮食应急供应网点23家，2021年度复核1次，确保应急供应网点运作正常；落实粮食应急加工厂1座，做到每个月试机1次；监管全区成品粮储备和食用油储备，确保粮食应急供应时能快捷有效投放市场，保障供应。

（撰稿：胡葙）

普陀区中心粮库（区商务局提供）

供销合作

【概况】　舟山市普陀区供销合作社联合社（简称区供销社）与舟山市普陀区供销（集团）总公司实行“两块牌子、一套班子”工作机制，是为“三农”服务的合作经济组织和全区供销合作社的联合组织。区供销（集团）总公司注册资金2847万元，企业性质为独立核算，自主经营、自负盈亏的集体所有所制企业。2021年年末全系统在册员工88人，其中参照公务员管理9人、事业1人。区供销社下设普陀乐尔利农资公司、土产日用品公司、农兴贸易公司、宏润副食品公司4家全资企业以及蔬菜果品有限公司、供销贸易中心2家控股企业，辖六横、桃花、虾峙、舟渔、勾山、展茅、朱家尖7家基层供销社。

区供销社健全“三会”制度（实行社员代表大会领导下的理事会、监事会制度），与区委编办对接，多次修改“三定”方案，调整机构编制。

2021年，普陀区供销系统实现总经营收入6.2亿元，同比增长5.1%，利润总额515万元，基层供销社实现利润369万元。其中舟渔供销社因拆迁补助实现利润收入269万元；企业实现利润146万元，其中，全资企业实现利润50万元、控股企业实现利润96万元。六横供销社获浙江省供销合作社联合社授予的“2021年度全省百强基层社”称号。

【建设为农服务中心】　区供销社提升改造东港海印路贸易城的“渔农合联为农服务中心”，在经营体制和经营模式上进行转型和改革，在整合农村生活综合服务商和农业全产业链服务商的同时，为群众提供优质农产品。对芦花危房进行拆除改造，新建“芦花为农服务中心”，为农户提供专业化、综合性服务，成为基层供销社服务“三农”的有效载体。

【拓展老供销菜篮子惠民店】　2021年，在展茅、芦花和大干各新拓展1家“老供销”菜篮子惠民店，区内共有18家菜店纳入“老供销”惠民店体系，民生保障覆盖主要城区，惠及到东极等。“老供销”菜店以统一门面和店内布局，开展日常农药残留检测，进行平价供应，形成品牌优势，给居民提供便利实惠放心。

【服务农业生产】 区供销社完成1000吨春季农资储备及300吨农资应急储备任务。在新冠疫情影响及原材料上涨等情况下，区供销社坚持农资保本销售，发挥农资经营保供稳价惠民作用，开展农资送货下乡、新型化肥赠送推广、现代农业种植技术培训等服务。邀请浙农现代农业技术研究院副院长专程前往桃花帮助专业合作社解决“红美人”柑橘种植难题。向上级争取到28万元财政扶持资金，帮助农民解决生产中的难题，助农增产增收。普陀乐尔利农资公司提升改造农资储备中心，改善农资物流经营环境。

【供销流通服务】 区供销社发挥网络优势，探索扶农助农销售新途径，2021年，开展20余场“供销助农小集市”活动，将本地优质农产品推向机关，协办“普陀区好稻米”评审推介活动，提高普陀稻米品牌知名度，打通农产品销售渠道。系统内六横农贸市场长期为自产自销菜农提供廉价摊位并为70岁以上菜农提供免费摊位近100个，水果市场设立助农摊位，社区菜店以及为农服务中心开设直销点。2021年，通过以零售、团购等方式，销售西瓜、橘子、葡萄、梨等水果450余吨，全系统年度农产品销售额2.6亿元，同比增长10%。

【社有资产管理】 区供销社开展全系统清产核资工作，委托专业第三方机构清查核实社有资产状况，建立数字化资产台账，全面摸清“家底”。系统所有资产处置进入公开招投标平台，规范系统房屋出租行为，全系统实现年租金收益约1600万元，与上年基本持平。收购下属企业宏润副食品公司的个人股份，将其转制成为全资子公司，解决历史遗留问题。修缮、改造芦花街500平方米的临街店铺；改造整修闲置资产，整合土产日用品公司、蔬菜果品有限公司、供销贸易中心进行集中办公，多余房产出租，改善下属企业的办公条件；与区文旅集团合作开发位于东极的10处闲置房产。

【稳定传统业务经营】 2021年，农资销售额达350万元，与上年持平，烟花爆竹销售额440万元，同比增长10%。区供销社落实安全生产主体责任和“一岗双责”，与下属公司签订安全生产责任书，落实安全生产责任制，组织相关科室在国庆、台风等节点系统内进行自查，整改隐患，全系统未发生任何安全事故。

（撰稿：滕倩颖）

烟草专卖

【概况】 普陀区烟草专卖局与舟山市烟草公司普陀区分公司（简称区烟草分公司）实行一套班子，两块牌子。2021年，区烟草分公司销售卷烟2.11万箱，销售额11.35亿元，税利3.43亿元。

【卷烟营销终端建设】 区烟草分公司克服疫情影响，做好卷烟

5月26日，省供销理事会副主任郭峻、浙江现代农业技术研究院常务副院长符建荣一行问诊桃花“红美人”柑橘种植难题（区供销社提供）

市场挖潜，全年销售卷烟2.11万箱，销售额11.35亿元，利税3.43亿元，单箱销售额5.36万元，创历史新高。小云端、创客、云烟（中支乌镇之恋）销售占比均有增长，行业共育品规在全省分层分类对标和联评联考中保持前列。聚焦数字化终端建设，突出全域协调发展，累计建成香溢加盟终端40家；现代终端637家；“四全”门店217家；支付宝客户数741家。

【专卖管理】 区烟草专卖局在省、市烟草专卖局协同指挥下，破获“8·31”海上香烟走私案、“4·26”非法香烟经营案；“7·29”销售假冒卷烟案件已锁定多名嫌疑人，1人取保候审；“8·25”互联网销售加热不燃烧卷烟案件初见端倪。全年共查处案件186起，查获卷烟总数13172.7条，其中，假私烟321.5条，省外卷烟3359条；查获违法违规大户案件54起，取缔违法违规大户4户；查获违法重点籍零售户32起；查获省外“双五”案件2起。开展“渔都利剑”专项行动，其间查获案件60起，涉案卷烟3000余条。对香溢合作店开展3轮检查，取缔1户香溢合作店。开展中小学周边无证户“回头看”专项行动，发放整改通知书20余份，查获无证经营案件5起，涉案卷烟300余条。深化行政服务“最多跑一次”，许可证办结率1.34天，为全市最低。打造“云上许可证后续监管”模式，提高工作效率，提升群众满意度。推进新版《合理布局》规定实施，清退中小学和幼儿园周边零售客户，累计清理7户，待清理9户。开展“空壳证治理”专项行动，全面提升许可证含金量。

【红色服务】 区烟草专卖局（分公司）运用融媒体拍摄微党课《追溯红色历史 传承红色基因——东海之滨的蚂蚁岛精神》，在线上开展知识测试7次、推送“党史百年·天天读”100余条等。深化“我为群众办实事”实践活动，聚焦服务“基层、客户、社会”，制定实践活动清单，梳理各层面事项16条，均已落实。新建成3家党群服务站，累计建成7家。依托“我为企业管理提小建议、小诉求”、“老、中、青”员工代表座谈会等载体，解决群众的“急难愁盼”问题，征集20条意见建议已解决17条。结合实际设计开发安全检查等移动流程3个，简化纸质台账，推动内部“最多跑一次”。优化行政许可服务，定期回访指导海岛“红色代办点”，发动党员建立“红色代跑团”，为弱势群体提供上门办证服务50余次，助力办证不离岛。开设互助微课堂，为客户提供交流探讨平台，创建“红莲直播间”，直播5次，受众客户2300人次。

“3·15”“12·4”等节日，区烟草专卖局（分公司）组织员工深入海岛、社区，现场设摊4次、发放宣传册150余册，营造普法宣传氛围。进社区开展领取“微心愿”活动，慰问困难群众29户，开展各类志愿服务300余人次，树立烟草企业社会形象。

（撰稿：蒋梦婷）

区烟草专卖局查获一起卷烟异常流动案件（区烟草专卖局提供）

居民服务业与个体私营商业

【居民服务业】 2021年年底，在区市场监管分局登记注册居民服务业、修理和其他服务业企业244家，其中，其他未列明服务业

4月27日，区烟草专卖局在蚂蚁岛便民服务门口设摊宣传（区烟草专卖局提供）

企业112家、其他清洁服务企业37家、汽车修理和维护企业25家、理发及美容服务企业14家、其他居民服务业企业9家、家庭服务企业12家、养生保健服务企业6家、摄影扩印服务企业3家、托儿所6家、建筑物清洁服务企业7家、婚姻服务企业3家、洗染服务企业3家、洗浴服务企业1家、日用电器修理企业1家、计算机和辅助设备修理企业1家、机动车电子产品和日用品修理企业1家、其他未列明日用产品修理业企业1家、日用电器修理企业1家、足浴服务企业1家。

【个体私营商业】 2021年年末，普陀区有从事批发与零售业的个体商业户和私营商业企业15379户（家），2021年新设3605户（家），注销2576户（家），净增1029户（家）；从事住宿与餐饮业3718户（家），2021年新增690户（家），注销700户（家），净减10户（家）；从事租赁和商业服务业3649户，2021年新增1059户（家），注销1060户（家），净减1户（家）。

2021年，香港居民个体工商户新设立1户，台湾居民个体工商户新设立1户。

商品市场建设

【概况】 2021年年底，普陀区市场监管分局辖区（不含普朱、六横）有各类商品交易市场26家，其中，农贸市场18家、工业消费品市场3家、生产资料市场1

表26

2021年普陀区私营商业企业统计

项目	在册家数(家)	投资者与雇工人数(人)	注册资本(出资额)(万元)	2021年新设数(家)	2021年注销数(家)
批发和零售业	2973	7465	3922191	610	247
住宿和餐饮业	195	1702	79010	26	14
租赁和商务服务业	1474	4371	3812521	391	155

注：本表数据含六横。

表27

2021年普陀区个体商业户统计

项目	在册户数(户)	从业人员(人)	资金数额(万元)	2021年新设数(户)	2021年注销数(户)
批发和零售业	11714	18734	148981	1914	1444
住宿和餐饮业	3369	9133	94235	664	686
租赁和商务服务业	1842	3207	36519	668	905

注：本表数据含六横。

家、水产品交易市场4家，市场建筑面积111546平方米，年成交额194.12亿元。

（撰稿：郑夏雯）

【舟山商贸集团有限公司普陀分公司】 舟山商贸集团有限公司普陀分公司（简称普陀商贸分公司）主要负责普陀区域内国有农贸市场的管理与服务，承担市、区政府“菜篮子”工程及保供应、保民生职责。普陀商贸分公司辖有9个农贸市场（交易点）和1个商城，所辖市场有建筑面积17772平方米，长期摊位1025个，长期经营户555户，从业人员906人，有员工154人。2021年市场成交额72519.19万元。

【菜市场建设】 2021年，普陀商贸分公司分别对东河和西大市场鲜猪肉、杀白鸡、淡水产3个行业共23个摊位返还摊位费35.7万元，要求东河市场对场内4个猪肉品种（前腿肉、后腿肉、肋条肉、肋排）执行限价供应，平均价格不高于宁波白沙市场；执行城区国有农贸市场招投标摊位租金同比2020年度总体下降2%的政策，差额部分用于市场经营户教育培训、困难补助、购置经营物资等；在所辖市场设置自产自销摊位408个，供市场周边农户使用；投入120余万元分别完成西大市场、中兴市场“五化”市场创建工程，桃花市场自产自销摊位提升改造工程及其他市场日常维修工程。完成西大市场省级“放心”和“三星”市场、虾峙市场省级“二星”、芦花市场省级“一星”的续创工作。

【市场管理与服务】 2021年，普陀商贸分公司加强市场管理精细化、常态化基础上，对标《舟山市迎接国家卫生城市第三轮复审“集贸市场专项整治行动”实施方案》及新版《文明城市测评体系》的要求，做好市场管理。要求所辖市场每天对公益广告、垃圾分类、消防设施、卫生现状、蜘蛛网等检查，发现问题及时整改。定期组织党员、志愿者到市场开展静态问题清零攻坚行动，落实市场长效管理。

【市场安全生产】 普陀商贸分公司明确安全生产责任，同经营户和管理者签订《2021年度安全生产、食品安全工作目标管理责任书》。开展“食品安全便民检测日”活动，随时为消费者提供咨询和免费检测。通过安全生产（消防、食品安全）检查、培训演练和食品检测等，消除安全隐患。2021年，对市场食品检测71236批次，其中不合格1批次，销毁5.6千克，合格率为99.99%。

（撰稿：费斯杰）

“菜篮子”工程建设

【概况】 2021年，普陀区落实《普陀区推进新一轮“菜篮子”工程建设的实施意见》等精神，以加强源头管控体系建设、流通体系建设、平价供应体系建设、市场监管体系建设、体制机制建设等为重点，形成一个源头供应稳定、市场体系基本完善、食用安全放心的“菜篮子”工程体系。每年严格按照《“菜篮子”专项资金管理办法》落实400万~500万元的专项扶持资金。

【“菜篮子”源头管控体系建设】 普陀区以市场需求为导向，以保

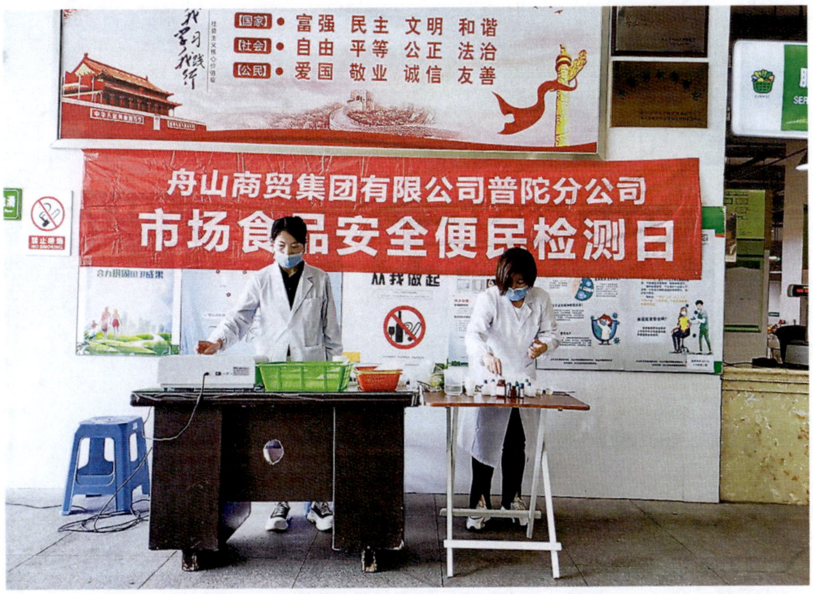

普陀商贸分公司“市场食品安全便民检测日”活动 （邵超静摄）

供增效为目标,打造无公害蔬菜生产基地。在2020年已提升改造蔬菜生产基地3700亩(约246.67公顷)的基础上,2021年计划打造蔬菜生产基地100亩(约6.67公顷),实际建设133亩(约8.87公顷)。蔬菜产量3万多吨,自给率约20%。通过为城北批发市场、阳光365生鲜超市等提供市内外产销对接渠道和平台,旨在通过缩短蔬菜流通环节,达到降低蔬菜采购成本和销售价格的目的。城北批发市场全年销售21200吨,其中市外采购6900吨,市外采购占比32.55%。

【"菜篮子"流通体系建设】 普陀区为提高"菜篮子"商品流通能力,优化市场结构,合理平抑菜价,便捷居民购物,形成以农贸市场、农批市场为主体,直供店、惠民店、社区菜店为补充的流通体系。全区有农贸市场19个,其中,国有农贸市场9个、民营农贸市场10个。年末,有15家市、区两级直属"菜篮子"直供店和惠民店,其中区级惠民店6家。另有证照齐全的社区菜店53家,其中2021年提升改造2家。

【"菜篮子"市场监管体系建设】

全区建立健全价格监测预警网络。通过"菜篮子"大数据平台建设和价格信息采集队伍建设,完善全区农贸市场大众菜品价格采集制度,在市场周边或主要城区公布价格对比信息,引导群众向低价菜场流动。对普陀东河市场、西大市场、金叶消费品综合市场、中兴农贸市场、东港消费品综合市场、昌正消费品综合市场6个农贸市场53种"菜篮子"价格进行采集汇总,实时比价对标宁波白沙菜场,30个蔬菜品种、5个肉类蛋制品品种、10个水产品种平均价格持平甚至低于宁波白沙市场。价格采集信息在区政府网站公示,让消费者及时了解各菜场价格。建立健全农产品质量安全监管制度。区市场监管分局定期或不定期开展各项检查,农产品农药残留、农贸市场无证无照经营行为、肉类产品检验检疫情况等作为重点检查内容;每年开展农产品质量安全执法监督检查2次以上;开展市场诚信经营、明码标价整治工作。建立健全"一户一档"经营户诚信档案,确保省农贸市场综合监管平台信息录入;要求农贸市场、规模以上农产品经营企业每天每批有检测。全区在各乡镇街道建设快速农产品检测室(定性)17个,结合舟山市食品药品检验检测研究院、省农科院等三方机构开展定量检测;由市场监督管理普陀分局和普陀商贸分公司为主导,对各大超市、农贸市场、批发市场的蔬菜进行日常监测,设立便民监测点。

【"菜篮子"平价供应体系建设】

普陀区"菜篮子"年货供应会在"政府搭台、市场运作、丰富供应、服务民众"基础上提升产品的丰富性、食品的安全性和群众的知晓率。2021年,开展幸福普陀线上年货节,实现线上平台访问量超2万人次,商品上架总数132款。线下参与惠民店包括普陀凯虹广场、阳光365超市、大润发超市、普陀欧佳超市等,线上线下联动合计带动销售超4300万元。

2021年普陀区农贸市场基本信息

表28

市场名	地址	企业性质
普陀东河市场	沈家门街道东河路	国有
普陀沈家门西大市场	沈家门街道同济路	国有
普陀区中兴农贸市场	沈家门街道荷外中兴路	国有
普陀区平阳浦农贸市场	沈家门街道平阳浦	国有
普陀区展茅农贸市场	展茅街道竹山路6号111室	国有
普陀区芦花农贸市场	东港街道芦花街218号	国有
普陀区桃花农贸市场	桃花镇庆太路	国有
普陀区虾峙农贸市场	峙镇大岙街头	国有
普陀区阳光三六五农贸市场	东港街道海珠北路87号阳光365商场	国有
普陀昌正消费品综合市场	东港街道香榭街153号	私营
普陀区乐业消费品综合市场	东港街道乐业市场菜场A区(海华路367号)	私营
普陀区东港消费品综合市场	东港街道海珠路112号	私营

续表 28

市场名	地址	企业性质
普陀区欣和农贸市场	沈家门街道舟渔明珠公寓 A.B 楼一层	私营
普陀区金穗农副产品综合批发市场	沈家门街道东海中路1088 号	私营
普陀区普景农副产品综合市场	沈家门街道东海中路 638 号	私营
普陀区金叶消费品综合市场	沈家门街道船厂路 15 号	私营
普陀区城北生活里农贸市场	东港街道兴北中路 237 号恒尊生活里一层	私营
普陀新北邻里中心农贸市场	东港街道兴北东路 568 号新北邻里中心 2 栋	私营
普陀区鲁家峙农贸市场	沈家门街道鲁川路 96 号	私营

2021 年市区菜篮子惠民店基本信息

表 29

店名	地址	市、区属
华之友城市超市	沈家门街道船厂南路 5 号	区属
普陀区欧佳生鲜超市	沈家门街道豪庭路 5 号	区属
普陀区欧歌生鲜超市	东港街道东海中路 689 号南海店	区属
舟山欧尚超市有限公司	东港街道兴普大道 266 号	区属
舟山市普陀区鲁家峙世纪华联超市	鲁家峙鲁川路 96 号	区属
舟山市普陀区杭中超市(挂牌华联超市)	沈家门街道新街 160 号 2 楼	区属
沈家门集市中心直供店	沈家门街道同济路 137 号(集市中心内)南面	市属
东港和润花园直供店	东港街道金城街 231 号	市属
沈家门中兴直供店	沈家门街道河外中兴菜场	市属
普陀东港“鱼篮子”专营 1 店	东港街道连洋街 22 号	市属
普陀东港“鱼篮子”专营 2 店	东港街道香榭街	市属
普陀展茅“鱼篮子”专营店	展茅沙井小区 12 号楼 101	市属
阳光 365 生鲜超市惠民店	东港街道海珠北路 87 号	市属
沈家门长兴弄惠民店	沈家门街道长兴弄 20 号	市属
普景“菜篮子”惠民店	东港街道东海中路 638 号	市属

全区做好特殊节假日平价供应。在春节期间(疫情防控)、伏休期间和中秋国庆期间开展“菜篮子”平价供应活动,市、区两级同步启动平价供应方案,涵盖“菜篮子”直供店、惠民店和部分农贸市场。春节期间,全区平价供应蔬菜 15 个品种、海水产品 13 个品种、禽蛋 2 个品种;杀白鸡 1 个品种共计 363 吨;伏休期全区冻海水产品供应鲳鱼、带鱼、马鲛鱼、墨鱼等 350 多吨。

扩大海岛菜篮子配送服务覆盖范围。全区建立海岛配送网点 8 个(白沙岛、葫芦岛、柴山岛、桃花岛、东极岛、登步岛、虾峙岛、湖泥岛);实际开展配送 5 个海岛,每周均配送 2 次以上。2021 年配送 514 次,金额 73.98 万元。

做好猪肉保供稳价供应工作。落实储备。落实冻猪肉储备规模 130 吨(含 2021 年新增 30 吨),由区国有粮食收储有限公司承储,浙江省农村实业发展有限公司代储。

【舟山市陆峰阳光农业开发有限公司】 2017 年 4 月 13 日成立,位于普陀区东港街道海珠北路 87 号(阳光 365 商城一楼),经营面积 1200 平方米,属市级“菜篮子”惠民店。以生鲜超市模式运作,生鲜经营面积占总面积的 65%,采用国内一流的冷冻/冷链设施和相关硬件配套设施,实现产地直达,减少中间环节,让利于百姓。公司承担由市区“菜篮子”办公室组织的特殊节假日平价供应活动(包括春节平价供应、五一平价供应、伏休期海产品平价供应、国庆中秋平价供应等),供应品种包括蔬菜、猪肉、禽蛋、海鲜等品类;承担普陀区“菜篮子”海岛配送工程,组织配送团队在各个小岛上设置便民服务地点,先后配送白沙岛、柴山岛、葫芦岛、虾峙岛、东极岛等

2021 年春节"菜篮子"工程平价供应公示栏（区商务局提供）

小岛"菜篮子"商品配送，配送商品包括蔬菜、水果、肉类、禽蛋、豆制品、海鲜、调料、粮油等生活必需品，2021 年，共计配送 514 次，金额 73.98 万元。

（撰稿：张靖雯）

舟山国际水产城

【概况】 舟山水产品中心批发市场有限责任公司（简称舟山国际水产城）创建于 1989 年，国有独资企业。注册资金 11476 万元，占地面积 15 万平方米，建筑面积 20 万平方米，资产 11.1 亿元；有海域交易岸线 1200 米、500 吨级及以上码头泊位 13 个；有固定活、鲜、干、冻水产品交易经营门店和三产服务门店共 600 余个，驻场经营者逾 3000 余人。舟山国际水产城是面向国际的大型产地"市场流通主导型"的专业水产品批发市场，国家农业产业化重点龙头企业、国家重点大型批发市场，中国百强综合商品市场和 30 强水产品批发市场，浙江省五星级文明规范市场、重点市场，中国浙商行业龙头市场、改革开放30 周年"十大功勋市场"和农产品质量安全放心市场。是国家 AAAA 级景区、中国梭子蟹交易中心、中国产品质量追溯系统网络平台舟山运营中心和浙江省水产品国际采购中心。2021 年，舟山国际水产城围绕数字产业化、产业数字化、治理智慧化三大领域，把握市场行业特征和属性，探索数字化转型道路，逐步实现从传统市场向未来数字市场转型。全年交易水产品 91.2 万吨，交易额 172.5 亿元，比上年分别增长 3.58% 和 5.25%。线上交易 5.25 亿元，比上年增长 49.57%。是年获"2021 度中国农产品供应链之星""中国商品市场百强""中国数字化市场十大领跑者""中国农产品流通骨干批发市场"等称号，入选省级反恐怖"四联三防"建设示范点，《迭代升级"市场智治"赋能舟山国际水产城》入选"竞跑者"，"智慧水产市场"应用场景获评 2021 年浙江省数字经济"新治理"优秀案例。

2021 年伏休期冻海水产品平价供应（区商务局提供）

舟山国际水产城水产品交易场景（舟山国际水产城提供）

【水产城建设】 2021年，舟山国际水产城以打造“国际一流的现代化水产品贸易综合体”为目标，加快水产城转型升级，完成冷却海水供应系统建设，供冰经营服务整改，交易区亮化工程正式实施，完善水、电、冰和三产物资供应，舟山震洋食品有限公司分场投入使用，培育水产经营大户和渔业经纪人，实现市场投售船源、货源和人源最大化集聚。全年实现水产品交易91.2万吨、交易额171.5亿元，比上年分别增长3.58%和5.25%；完成主营业务收入8390万元，比上年增收约1000万元，创造水产品交易和企业收入的历史新高。编制完成《舟山国际水产城“十四五”规划和2035年远景目标》《舟山国际水产城转型升级方案》和《舟山国际水产城贸易中心项目概念性设计方案》。

【提升数字产能】 舟山国际水产城聚焦数字经济，运用创新引领、力量协同、数智赋能等手段，创新“互联网+水产”新型交易模式，建设“线上线下融合发展”数字化市场，上线试运行普陀智慧渔农产业服务平台、水产品B2B线上交易服务平台、水产品VIP在线拍卖平台、水产品牌溯源服务平台和水产城B2C自主品牌天猫旗舰店。集聚27家水产品专业电商的水产城新电商产业园运营使用，全年完成水产品线上交易5.25亿元，比上年增长49.57%。打造数字化管理平台，实施水产城数字指挥管理中心、提升改造水产城数字化管理系统、实施码头卸货自动识别统计系统试点、设计开发市场综合信息管理系统建设，集成管理市场的交易流、信息流、人流、物流、资金流等信息。2021年，“智慧水产市场”应用场景获评2021年浙江省数字经济“新治理”优秀案例，入围省农业农村厅、互联网信息办公室、中国广电集团联合评选的十佳应用场景，在省、市有关部门和单位推广；应邀参加2021届云栖大会，在“智数驱动零售增长论坛”作舟山普陀乡村振兴渔业产业链建设主旨演讲，中国商品市场峰会专题访谈。

【优化业态产能】 舟山国际水产城以打造沈家门渔港商业中

舟山国际水产城电商直播画面（舟山国际水产城提供）

心为目标，利用现有资源，激发市场活力。针对原闲置资产较高情况，多措并举开展招商引资，2021年引入高佳庄特色海鲜酒楼、落户京东物流、建成新电商产业园，写字楼空置率从原58.37%下降到1%；商贸区闲置率从69.34%下降到36%。整体调整渔民广场业态布局，更新广场标识标牌和交通引导，改建三楼渔民广场非机动车通道，改造广场停车场管理系统。

【领导考察调研】 3月3日，省政协副主席孙景淼到舟山国际水产城电商园区考察调研。5月26日，舟山市委副书记、政法委书记徐张艳到舟山国际水产城调研“群团星”示范点创建工作。8月19日，省委副书记黄建发到舟山国际水产城调研。8月24日，省总工会党组成员、副主席吴海瑜到舟山国际水产城参观考察。9月9日，省妇联党组成员、副主席陆英一行到舟山国际水产城调研指导“群团星”示范点创建工作。11月13日，温州苍南县考察团一行到舟山国际水产城考察调研，区常务副区长张海斌等陪同并参加座谈会。12月3日，浙江省党委副书记、代省长王浩调研舟山，到舟山国际水产城交易区考察帆张网渔船、渔获物交易等情况，市委书记何中伟、市委常委姜建明、区委书记孙志龙等陪同考察。

（撰稿：钟梦诗）

编辑：陈莉

交通与邮政

综　述

2021年，全区完成水陆交通基础设施建设投资7.79亿元，其中，公路项目5个，完成建设投资2.96亿元；码头项目5个，完成建设投资0.98亿元；站场项目5个，完成建设投资2.72亿元；其他项目11个，完成建设投资1.13亿元。水上更新改造客(渡)船5艘，至年底，全区拥有陆上客(渡)运航线31条，客(渡)船50艘、13207客位、150车位。陆上营运城区公交车班线18条，有城市公交153辆；长途班线58条，有客运班车83辆，旅游包车66辆；农村公交班线31条，农村公交86辆；营运汽车拥有量为1300辆，其中，出租车303辆，营运货车997辆。全年完成陆路货运量2869万吨，货物周转量59亿吨千米；陆路客运量251万人次，旅客周转量4.64亿人千米；水路客运量1895万人次，旅客周转量1.49亿人千米；水路货运量11785万吨，货物周转量1167亿吨千米。

民用航空舟山普陀山机场全年客流量148.37万人次，同比增长30%。

东极庙子湖北岙码头风貌提升（区交通运输局提供）

全年邮政业务收入6361万元，同比增长12.6%。

陆上运输由区交通运输局管理，道路交通安全由市公安局交警支队普陀交警大队管理。海上交通由区交通运输局、区港航分中心管理。普陀山机场由舟山普陀山机场有限公司经营管理。邮政业务由中国邮政集团公司舟山市普陀区分公司经营管理。

海上交通设施建设

【桃花悬鹁鸪客运码头工程】 在桃花悬鹁鸪岛西北侧，鹁鸪门水道东岸。新建1个500总吨级客运泊位及相应配套设施，设计年通过能力为客运量1.39万人次。项目用海面积控制在0.47公顷内，使用港口岸线60米。拆除原埠头，在接岸处新建1座60米×12米靠泊平台，码头前沿线位于-5米(国家85高程，下同)等深线附近，方位角为N145°~N325°，码头顶面高程为3.4米；码头平台通过新建1座105米×7米的栈桥与后方陆域链接，栈桥顶面高程3.4~3.8米，与码头平台呈“T”形布置。2021年4月开工，12 月底完工，完成投资 1926 万元。

【全区陆岛码头风貌提升工程】 2021 年，全区陆岛码头风貌提升工程对蚂蚁岛客运码头、虾峙栅栅客运码头、东极庙子湖北岙码头进行码头结构及周边设施涂装等码头形象风貌提升工作。2021 年 3 月开工，12 月底完工，总投资 450 万元。

海上客运

【客（渡）航船】 2021 年，全区有水上客渡运企业 4 家（六横运输总公司、环岛客运有限公司、东极海运有限公司、皓通轮渡有限公司），客运服务企业 1 家（普陀鑫通客货运服务有限公司），归属管理客运站 3 家（国际邮轮码头、墩头客运站、半升洞客运站）；拥有船舶 50 艘（其中，普通客船 19 艘、渡船 12 艘、高速船 8 艘、客滚船 11 艘），总客位 13207 座、150 个标准车位；经营航线 31 条，其中，区内 20 条（减少 2 条，半升洞至东极庙子湖、半升洞至嵊山）、跨区 7 条（新增 3 条，朱家尖至东极庙子湖、朱家尖至嵊山、桃花至长峙航线）、跨市 4 条（新增 1 条，普陀山至宁波象山航线）。水上客运总客流量 455.91 万人次，同比增加 4%；周转量 10235.52 万人千米，同比增长 3%；渡运车辆 420286 辆，同比增长 3%。

【"舟山群岛昌盛"客船】 该船由东极海运有限公司出资建造，载客定额 696 客位，船体总长 66.00 米、宽 10.60 米、型深 4.30 米，满载吃水 2.53 米，总吨位 1059 吨、净吨 529 吨，主机总功率 4026 千瓦，航速 18 节。总投资约 3900 万元，于 2021 年 4 月在湖南湘船重工有限公司建造完工。计划每年 5—10 月营运东极至沈家湾航线。

【"普陀祥云"客船】 该船由江龙船艇研发设计，整船为钢铝复合结构，总长 40.35 米，型宽 10.38 米，航速大于 23 节，载客定额 280 客位。该船是普陀环岛客运及舟山范围内首艘钢铝复合双体高速客船，总投资约 3340

表 30

2021 年普陀区客运船舶（渡船）统计

公司名称	数量	载客定额（车/客）	客船		渡船	
			数量	载客定额（车/客）	数量	载客定额（车/客）
舟山市普陀环岛客运有限公司	21	47/4724	15	47/4429	6	295
舟山市普陀区六横运输总公司	19	103/4609	17	103/4420	2	189
舟山市普陀区东极海运有限公司	7	3380	6	3304	1	76
舟山市普陀皓通轮渡有限公司	3	494	—	—	3	494
合计	50	150/13207	38	150/12153	12	1054

表 31

2021 年普陀区水上客运客流量、车流量及周转量

公司名称	客流量（万人次）	同比	周转量（万人千米）	同比	车流量（车次）	同比
舟山市普陀环岛客运有限公司	154.54	9.5%	2914.33	8.36%	37824	3.4%
舟山市普陀区六横运输总公司	188.09	4.7%	3348.88	3.9%	382462	2.5%
舟山市普陀区东极海运有限公司	57.76	-1%	3333.06	-1%	—	—
合计	400.39	6%	9596.27	3%	420286	3%

说明：不含渡船运量 55.52 万人次，周转量 639.14 万人千米。

“舟山群岛昌盛”轮（区交通运输局提供）

“普陀祥云”轮（区交通运输局提供）

万元，于2021年4月底完工，11月10日试航，航行普陀山至宁波象山西泽码头航线。

陆上交通设施建设

【概况】 2021年，全区通车公路208条，总里程423.97千米。其中，国道1条，长度6.49千米；县道22条，总长度176.57千米；乡道10条，总长度40.56千米；专用道5条，总长度6.47千米；村道170条，总长度193.88千米。有大、中、小公路桥梁71座，总长3175.71米。其中，大型桥5座，长度1765.25米；中型桥12座，长度585.88米；小型桥54座，长度824.58米。有公路隧道15座，总长度为10372米。

【鲁家峙至东港公路工程】 该工程起于鲁家峙规划新二路与万绿路交叉口，路线起点桩号K0+000，沿规划万绿路，经沈家门港，穿过刺棚山，终于海州路与晨晖街交叉口，路线终点桩号K2+225，路线全长约2.225千米。采用一级公路标准，设计速度60千米/小时，路基宽度23.5米，按分离式断面布设。其中隧道全长1920米，陆上的山岭隧道766米，自刺棚山东港侧爆破开挖贯通至沈家门滨港路盾构接收井处，双洞双向四车道，其余为敞开段及接线路基段，山岭隧道段单洞及明挖段9.75米（单洞），净高均为5米，最大纵坡4.5%。至2021年年底，山岭隧道段已全线贯通；盾构段西洞贯通，车道板已完成浇筑。盾构段东洞累计掘进311环，剩余148米；机电进场施工，完成管道预埋、管道试通和部分支架安装。完成年度投资25157万元，累计完成投资10.9亿元，占总投资的96.7%。

【半升洞智能停车库项目】 该项目主要建设管理用房及两个智能地下停车库，总建筑面积7997.7平方米，其中地下两个智能停车库建筑面积7603.33平方米。智能地下停车库分A、B两个共242个车位，A库为地下三层全自动机动车库（室内无车道且无人员停留的机械式汽车库），车位168个；B库为地下一层自走式地下停车库，车位74个。2021年10月开工，至年底，完成A库围护结构35%工程量、B库围护结构45%工程量，完成围护结构施工总工程量的40%。

【“四好农村路”路网完善工程】 2021年，区公路运输管理中心对全区5条农村公路进行路网完

六横"台台"线农村公路大中修（区交通运输局提供）

善，分布于六横、东港、登步3个街道镇，施工里程7.4千米，主要建设内容为对原路面进行处理并加铺水泥混凝土面层，建设周期2021年7—11月。投入资金560万元。

【农村公路大中修】 2021年，区公路运输管理中心对普陀区农村公路15条路线进行大中修，施工里程20.68千米，工程于11月底完成，投入资金1534万元。纳入大中修计划15条路线分别位于舟山岛（普陀区域）、六横岛、桃花岛、东极岛和白沙岛。根据病害程度轻重，对各路段采取不同修复措施。

【电子公交站牌建设】 2021年，全区新改建成21个智能电子公交站牌（含10座港湾式停靠站、11个电子站牌式公交停靠站），总投资150余万元。年底，普陀城区有146个智能电子公交站牌，实现普陀城区公交站点智能电子公交站牌全覆盖。为公路使用者提供包括停车休息等便利服务，是年，普陀建成公路停车区1个（桃花）、公路驿站1个（登步），总投资60余万元。

【农村客货邮路线】 2021年，区公路运输管理中心联合普陀邮政、"四通一达"、"顺丰" 等快递公司共同推出全新客货邮融合模式。该模式以资源共享、客货兼顾、运邮结合、融合发展为原则，推进农村客货邮融合发展工作，依托乡镇和建制村通客车成果，推动县、乡、村三级农村物流体系建设，统筹解决农村群众幸福出行、物流配送、邮政寄递3个"最后一公里"问题。9月29日，虾峙黄石、河泥槽2条邮路正式开通。

新建电子公交站牌（区交通运输局提供）

城乡公共交通运输

【城乡公交】 2021年，普陀区有公交车153辆，其中更新能源车18辆（7路8辆、301路10辆）。有公交线路25条。其中，常规公交线18条，高峰线2条（高峰311路、高峰2号线），商品城线1条（商品城3号线），微公交线1条（微公交1302号线），临时公交1条，兼营线2条。累计发班24.8万班次，其中各类接驳加班5904班，完成客运量1112万人次，比上年增长3.6%。农村公交，普陀交通运输公司负责桃花、登

2021年普陀城区公交站点改造一览

表32

站点	所在道路	站点数	建设单位	站点类型	站台类型	备注
东河(东侧)	东河路	1	区城投集团	常规站	独立式电子站台	
食品厂路	食品厂路	1	区城投集团	常规站	独立式电子站台	
伏虎路东	伏虎路	1	区城投集团	常规站	独立式电子站台	
伏虎路西	伏虎路	1	区城投集团	常规站	独立式电子站台	
中兴路东	中兴路	1	区城投集团	常规站	独立式电子站台	
中兴路西	中兴路	1	区城投集团	常规站	独立式电子站台	
金洋花园南	兴建路	1	区城投集团	常规站	独立式电子站台	
金洋花园北	兴建路	1	区城投集团	常规站	独立式电子站台	
国际水产城南	兴建路	1	区城投集团	常规站	独立式电子站台	
国际水产城北	兴建路	1	区城投集团	常规站	独立式电子站台	
荷外北	滨港路	1	区城投集团	常规站	独立式电子站台	
山海大观(东侧)	海洲路	1	区城投集团	常规站	港湾式	一大一小
舟山府(北侧)	海印北路	1	区城投集团	常规站	港湾式	一大一小
御府(南侧)	海印北路	1	区城投集团	常规站	港湾式	一大一小
宁兴上院(东)	天昊道	1	区城投集团	常规站	港湾式	一大一小
老屋基(西)	沈芦公路	1	区城投集团	常规站	港湾式	一大一小
老屋基(东)	沈芦公路	1	区城投集团	常规站	港湾式	一大一小
颐景园	中昌街	1	区城投集团	常规站	港湾式	一大一小
墩头客运站(北)	兴建路	1	区城投集团	常规站	港湾式	一大一小
荷东(南)	滨港路	1	区城投集团	常规站	港湾式	一大一小
荷东(北)	滨港路	1	区城投集团	常规站	港湾式	一大一小

步、虾峙岛农村公交运营，六横环岛客运有限公司负责六横岛农村公交运营。六横岛有农村公交47辆，客位813座；虾峙岛有农村公交12辆，客位253座；登步岛有农村公交车4辆，客位76座；桃花岛有农村公交23辆，客位593座。更新农村客运班车5辆(虾峙、登步、六横)，完成投资额150万元。

【微公交1302号线】 2021年8月1日起，市公交公司开通微公交1302号线（大展车站—晓辉村—大展车站)环线，途经正山科研中心、晓辉村、平地水库东、鱿鱼市场四路、泰和路等5对公交站点。该公交环线能满足展茅工业园区及晓辉村村民与公交换乘点间的出行需求。发车时间6:30至17:30，日发班次12班，实行2元一票制。

【出租车客运】 2021年，全区有营运出租汽车303辆（不含六横），其中更新17辆，报废17辆，完成客运量396.23万人。全区出租汽车从业人员545人，其中安徽、河南等外省籍从业人员298人，占全区从业人员总数的54.4%。本地籍从业人员247人，占全区从业人员总数的45.6%。普陀交通执法队安排执法人员进行现场管理，站点配备远程监控设备，运管部门可及时调取视

更新后的农村客运班车（区交通运输局提供）

2021 普陀区出租车统计

表 33　　　　　　　　　　　　　　　　　　　　单位：辆

单位名称	公司自有车辆	委托服务车辆	单位车辆总数
舟山市普陀区友谊出租汽车服务有限公司	124	13	137
舟山市普陀奥拓客运有限公司	21	0	21
舟山市新运出租汽车有限公司	140	0	140
舟山市普陀交通运输有限公司桃花分公司	5	0	5
总计	290	13	303

频，固定证据，对驾驶员违规行为进行处理，保障乘客合法权益。根据疫情防控要求，严格要求站场公共区域每天不少于 2 次消毒，所有进站旅客必须佩戴安全口罩方可进入车站，对停靠在客运站出租车司机免费派发口罩，宣传防疫知识，要求驾驶员戴好口罩及手套，对车辆进行定时消毒。是年，全区出租车投诉 13 起，查处出租车及网络预约出租车违法违规行为 47 起，罚款 31 万元。

公路运输

【长途客运】 2021 年，全区有普陀—上海、普陀—杭州等长途班线 58 条，其中，跨省线路 19 条、跨市线路 39 条，具体由舟山市汽车运输有限公司、舟山市普陀国旅旅游客运有限公司、舟山普陀南顺旅游客运有限责任公司等客运公司进行营运。客运总量客 250.76 万人次，日发班 248 班次。

【客运站场】 2021 年，普陀辖区内有道路客运站场 7 个：展茅客运站、桃花汽车站、六横客运中心、普陀客运乘换中心（普陀长途客运中心）、东港汽车客运中心、螺门客运站、虾峙大岙汽车客运站，总建筑面积 7734 平方米。

【集装箱运输】 2021 年，普陀区陆上货运重点在长途货运上，突出在集装箱运输上，货物主要以水产品冷链运输为主，运送方向集中在长三角地区范围内。全区有 4 家集装箱运输公司：舟山市华鑫国际集装箱运输有限责任公司、舟山润捷物流有限公司、舟山凯诚物流有限公司、舟山坤巍物流有限公司，至年底，有集装箱车 25 辆。

【货运站场业务】 2021 年，全区有货运代理（代办）业务相关业户 2 家：舟山市稻香物流有限公司、舟山市普陀区展茅大顺运输队，经营范围以货运代理（代办）经营为主。区交通运输局持续强化安全管理，加强对货运代理（代办）企业主体责任落实，督促货运代理（代办）企业加强货物实名登记和开箱验货制度，要求企业落实上级相关疫情防控和安全生产政策，加强对货运企业疫情防控政策宣传贯彻和执法检查，确保行业生产平稳有序。

2021 年普陀区集装箱运输企业及车辆数

表 34

单位名称	注册地址	车辆数	核发日期	另有车辆
舟山市华鑫国际集装箱运输有限责任公司	沈家门海洋生物园区内	1	2021.4.15	2 挂车
舟山润捷物流有限公司	展茅街道丰岛工业园区 A 区	3	2019.5.22	9 挂车
舟山凯诚物流有限公司	桃花镇上公前 23 号 3 号楼 506	6	2021.5.14	7 挂车
舟山市坤巍物流有限公司	六横镇台沙线邬家路	15	2021.5.26	2 厢式+5 普通货车+21 挂车
合计		25		

交通运输管理

【交通综合执法】 2021 年，普陀交通运输行政执法队持续开展道路客运市场专项整治，打击“黑站点”“黑车”等非法营运活动，查处出租车行业两方面 7 个具体违规行为，加强对客运站场、码头管理监督，规范出租车经营活动。以危运整治专项行动为突破口，加强企业源头管理和现场执法检查力度，推进实施联合执法，规范净化全市危险化学品道路运输市场。开展公路路域环境集中整治行动，重点打击挖掘公路、抛洒滴漏、公路用地范围内摆摊设点等公路违法现象，逐步建立路域环境治理长效机制。3 月 10 日，普陀查获首例伪造从业资格证从事道路货运经营行为。全年普陀交通运输行政执法队累计出动执法人员 3000 余人次，检查各类车辆 4000 余辆次，处理交通运输行政处罚案件 381 起，其中，公路管理类案件 286 起、道路运政类案件 95 起；属于重大案件 45 起，处罚金额184 万元。完成营运车辆年审 1100 余辆次，营运货车年审率 98%以上，营运客车年审率 100%。

【机动车维修行业管理】 2021 年，普陀辖区内有机动车维修企业 96 家，其中，一类维修企业 7 家（含 4S 店 4 家）、二类维修企业 19 家、三类专项维修 65 家（含快修 28 家）；摩托车维修企业 5 家。开展“三防”工作，台风“烟花”期间集结 50 辆大型自卸车、17 辆客车、11 辆厢式货车及部分工程应急车辆，组成普陀区车辆救援维修应急保障队，6 家维修企业，共拖车救援抢修车辆 500 余辆，台风“烟花”过后完成 20 处公路附属设施损坏修复工作。加强维修驾培行业管理，提升机动车维修服务管理水平，加强机动车维修经营活动和服务质量事中事后监管，对全区 28 家快修企业进行安全台账建立健全；开展驾培整治活动；开展训练设施、车辆性能、训练环境卫生等检查。建设 M 站，依托互联网信息技术，推进实施 I/M 制度，加强机动车排气污染综合治理，机动车排放维护单位 M 站新增至 20 家，并在全区范围内实施机动车排气污染检测与维修（I/M）制度。在 2021 年舟山市汽车维修工（水性漆）技能竞赛中，普陀参赛选手获第一名。

10 月，普陀参赛选手在 2021 年舟山市汽车维修工（水性漆）技能竞赛中获第一名（区交通运输局提供）

【汽车驾驶培训】 2021年，普陀辖区内有机动车驾培机构2家，分别为舟汽驾校和圣岛驾校春风分场地。普陀教练车51辆，教练员60名。普陀驾校报名2693人，结业2299人。全区组织(客、货、危、出)考试40期，新增道路运输从业人员586人(其中，客运出租317人、客运28人、货运171人、危运70人)。鲁家峙驾驶理论培训4487人。组织人员参加2021年全市机动车驾驶培训教练员职业技能竞赛，获团体第一名、第三名，个人第二名、第三名。

【公路运行安全】 2021年，区公路运输管理中心做好春运及重要节日保畅工作；加强行业安全监管，消除安全隐患，累计开展365家次监督管理检查，发现整改细节隐患223处，做好本年度公路挂牌隐患整治项目展城线的隐患治理；加强公路应急机制建设，做好“三防”工作；做好安全生产宣传工作，进行危险货物运输突发事件应急处置联合演练，提高应对突发事件快速反应、应急处置能力和协调作战能力；开展道路运输领域风险普查和辖区公路承灾体风险普查工作。开展道路业务安全教育培训，有50家企业，91名相关安全负责人、安全管理人员、动态监控员及台账记录人员参加培训。

【公路养护】 2021年，全区农村公路养护由区公路运输管理中心实行管理职能，普陀华通公路养护工程有限公司履行公路养护职能。全年修补路肩13立方米，疏通排水841米，修补路面坑槽约1070平方米，裂缝封口灌缝处理1051平方米，修复更换百米桩56根、清理边沟38296平方米、塌方402立方米。

【交通安全管理】 2021年，区交通运输部门围绕安全生产专项整治三年行动工作，召开安全生产例会，部署各阶段安全生产重点工作。深化“一岗双责”工作机制，落实部门监管责任和企业主体责任。开展“遏重大”攻坚行动、平安交通建设年、平安护航建党百年等安全生产专项行动，根据任务清单，在时间节点内完成各项工作任务。全面排查、治理各交通运输领域安全生产隐患，形成闭环管理。全年检查企业33家、排查590次，发现隐患293起，整改293起，整改率100%。结合“安全生产月”和安全生产万里行活动，开展宣传教育和应急演练10余次，发放宣传册1000余册，完成汛期和寒潮期间应急抢险救援工作，全区交通运输行业安全生产形势总体趋好。

【交通信息化建设】 2021年，交通运输部门推进“数字交通”建设，推广应用道路运输经营许可证、道路运输证和道路运输从业人员从业资格证等电子数字化证书。

【交通行政审批服务】 2021年，普陀交通行政审批窗口发挥“互联网+政务服务”一体化优势，所有事项内容全部已配置到省政务服务网，政务服务各项指标全部达标，并实现网上办事、掌上办事率、跑零次均100%，即办事项率91.4%，提速率86%。全年受理业务6040件，全部在承诺期内办结。其中，营运车辆登记实现联审联办，申请人只需跑一地就可领证。

【交通工程质量监督】 2021年，区交通工程管理中心对新建和在建项目工程质量、安全、监理市场、合同管理等方面开展监督检查，监督在建项目10个，进行专项检查28次，下发意见书27份，排查质量安全隐患70余条，办理交工质量评定备案2个、竣工质量评定备案1个。是年，所有在质监站监督管理下工程项目都进展顺利，未发生质量、安全事故。

交通运输企业选介

【普陀华通公路养护工程有限公司】 具有法人资格国有独资企业，专业从事公路养护、公路大中修施工资质国有企业，注册资本800万元，由舟山普陀交通投资集团有限公司出资，委托区交通运输局管理。公司有正式编制人员37人，合同用工18人。其中，工程师4人、经济师1人、助理工程师16人、助理会计师2人、技师4人、高级工6人、中级工6人。管理沈家门、朱家尖、六横、桃花、虾峙5个公路养护站。管养全区393.39千米公路，其中，国道18.88千米、省道46.03

千米、县乡道252.09千米、代养公路76.39千米。2021年公司总产值7273万元。

（撰稿：乐婷婷）

【舟山普陀交通投资发展集团有限公司】 地址在沈家门街道北安路277弄15号，国有独资有限责任公司，实行政府监管、独立核算、自主经营、自负盈亏。内设8个职能科室。全资子公司10家：普陀鑫通客货运服务有限公司、普陀顺通实业发展有限公司、普陀环岛客运有限公司、普陀皓通轮渡有限公司、舟山市坤翔沥青拌和有限公司、舟山群岛国际邮轮港有限公司、普陀华通养护工程有限公司、普陀台贸物流中心有限公司、舟山市海宇围垦开发有限公司、普陀国际海事综合服务产业园开发建设有限公司。参股公司8家：北仑宁舟汽渡有限公司50%、舟山市普陀德辰贸易有限公司50%、普陀交通运输有限公司49%、舟山市凯腾工程管理有限公司49%、舟山普陀东润交旅发展有限公司49%、六横跨海大桥有限公司37.5%、浙江武港航运有限公司30%、上海蓝梦国际邮轮股份有限公司30%。

2021年，区交通投资发展集团有限公司履行交通基础设施投资建设和国有资产保值增值职能，强化主责主业、产业协同、创新驱动，完成固定资产投资6.2亿元。4月30日，完成舟山群岛国际邮轮港有限公司重整、收购，将西岙片区的普陀台贸物流中心有限公司、舟山群岛国际邮轮港有限公司整合归并至舟山市海宇围垦开发有限公司。6月8日，普陀白沙客运站场建设工程竣工，项目总概算501万元。8月3日，在舟山国际邮轮港区内进行“蓝梦之星”邮轮首泊仪式。9月23日，虾峙客运站场建设工程获评“2021年度舟山市建筑施工安全生产标准化管理优良工地”。10月8日，最美公路——螺塘线（全长10.81千米）入围由中国交通微博评选的十大最美农村路。11月5日上午，桃花上船跳货运码头工程通过竣工验收，总投资2493.28万元。11月10日，“普陀祥云”轮（载客量280客位）试航宁波象山至舟山普陀山航线。12月3日，朱家尖西岙旅游集散中心接线公路工程二期开工建设，实施长度0.76千米，中标价748.24万元。12月15日上午，下属普陀环岛客运有限公司320客位客船在沥港船厂举行开工仪式，总投资2590万元。12月26日下午，“普陀观云”轮完成下水仪式，总投资2600万元。12月27日上午，普陀环岛客运有限公司“和龙”滚装客船完成试航。

（撰稿：虞晶晶）

道路交通安全管理

【概况】 2021年，舟山市公安局交通警察支队普陀大队（简称普陀交警大队）贯彻区委、区政府和上级公安机关决策部署，以建党百年大庆安保和全国文明城市复评工作为主线，打造安全、畅通、文明、有序道路交通环境。普陀交警大队下设办公室、调度中心、车管所、事故中队、沈家门中队、东港中队、城北中队、六横中队、桃花中队、虾峙警务站10个部门，有民警54人、辅警121人、平安队员29人（街道、管委会编制）、原三轮车公司流转人员12人。

【道路交通和秩序管理】 2021年，普陀交警大队启动路面常态

普陀交警大队城北中队会同东港街道就329国道沈芦公路、芦塔线洪南线管理进行现场勘查（普陀交警大队提供）

严管勤务机制，安排固定整治点、流动整治组、铁骑巡逻队，常态开展错时勤务，查处各类交通违法行为。全区交通事故接处警21619起，日均61.42起；事故类接处警15573起，日均44.24起（比前3年平均数下降1.44%）。发生亡人道路事故11起，死亡11人，未发生死亡2人及以上事故，同比下降26.6%，海岛及农村道路交通事故亡人数同比均下降60%。查处各类交通违法行为16.7万余起，其中，电动车违法46589起（其中，闯红灯8099起、骑车载人3796起、在机动车道内行驶2025起、逆向行驶4143起、不戴头盔18591起），货车闯禁7457起，酒驾醉驾402起。查获失驾人员（失去合法机动车驾驶资格）70人，"炸街"（非法改装）车24辆，"老赖"（在民商领域中的一类债务人）车154辆，"两非"（非法营运、非法上路）车198辆。

【交通设施和装备】 普陀交警大队完善基础设施即查即改和多部门联合排查整改机制，对城区、城郊接合部、渔农村等全域道路交通基础设施开展"地毯式"排查、规范化统一、精细化提升。对城区重点路口、主次干道以及背街小巷基础设施开展优化提升工作，增设隔离护栏3300余米、警示桩170余根，施划停车泊位、交通标线1000余平方米，规范交通标志150块，撤销或降低隐患护栏75处，整改绿化带行人横穿隐患21处；对沈家门东海路、东河路和东港海莲路、海洲路等20余处道路开展提升改造工程；推动完成岭陀隧道、武岭隧道、南岙隧道改造提升，海洲路4千米塌陷隐患排查治理工作，实现临水临崖和国省道2.5米以上、农村公路4米以上落差路段安全设施全覆盖；对329国道普陀段、鸭东线、台山线、展城线等重点道路隐患进行排查，并明确责任部门、治理时限和标准，采取"机非隔离、路口封闭、加装设施"等分类治理措施。累计排查治理道路隐患209处，治理完成市级、区级挂牌隐患各1处。

【车辆和驾驶员管理】 2021年，全区有机动车73898辆，比上年增长6.6%，其中小型汽车65636辆，同比增长8.7%，月均新增汽车358辆；有机动车驾驶人108310名，比上年增加3.15%，其中汽车类驾驶人104631名，月均新增驾驶人271名。电动自行车上牌数5382（仅指新国标）辆，残疾人机动轮椅车3辆，非机动车备案数1.19万余（仅指新国标）辆。普陀交警大队办理机动车注册登记、检验标志申领等业务5157件，机动车驾驶证补换、驾驶证审验等业务9852件，办理普通货车、危险品运输车、工程车等通行证33309张，全年可网办事项网办率达到94.78%。开展水产城通行证办理改革等"民生警务"，通过成立水产运输协会，解决水产运输车通行证办理手续繁杂等问题，协会成立以来有950辆渔用货车注册入会，办理通行证3129起，占比8.59%。强化重点车辆监管，开展辖区内"两客一危"（从事旅游的包车、三类以上班线客车和运输危险化学品、烟花爆竹、民用爆炸物品的道路专用车辆）、校车重点企业、车辆隐患大排查。对所有"两客一危"、校车驾驶人进行吸毒检测，责令企业配备酒精测试仪和血压检测仪，防止"病车、病人"出站上路。深化工程车连队化积分制管理，建立实行自查自改车辆隐患、安全设施安装、驾驶人定时停车醒脑、右转停三秒等制度，严查工程车闯禁、开车打手机、抽烟，超速、超载等交通违法行为，并落实上门约谈、集中学习、通行证停运等措施。辖区内21个工程车连队302辆工程车实现"本地化、企业化、协会化"管理目标，所有车辆安装视频监控系统，通过第三方监控平台，实施24小时监管。确保辖区内工程运输车辆亡人事故"零发生"。强化动态监管，做到客运车辆凌晨2时至5时无违规运营情况。全年明察、暗访重点企业92次，检查企业及车辆累计1705家次，发现隐患179处，已全部落实整改；约谈重点企业17家次，签订企业责任状17份，签订重点车辆驾驶人责任状1143份。淘汰辖区57座以上客运车3辆，淘汰非专用校车12辆，注销危化品运输企业1家。

【交通安全宣传教育】 普陀交警大队以"心防"工程为引导，举办"幸盔有你""文明礼让斑马线""被看见，才安全""情暖夕阳，平安是福"等主题宣传活动，

普陀交警大队沈家门中队进校园开展交通安全宣讲（普陀交警大队提供）

针对事故当中老年人“宣教不全、意识薄弱、死伤比高”工作短板，减少老年人交通事故伤亡率。打破书面化、僵硬化传统宣教模式，进村入户，“一对一、面对面”、分类型地开展精准宣教。8月起，交警部门以展茅街道为宣教试点，开展全区针对老年人宣教活动，提升老年群体“知危险、会避险”安全意识，以重点人群、重点驾驶人宣教为主线，落实街道镇、村（社区）、重点企业教宣站建设，深化“五进”宣传，加强老年人、电动自行车驾驶人、重点车辆驾驶人等重点人群交通安全宣教，提高交通安全意识，提高“知危险、会避险”能力，倡导70周岁以上老年人不骑电动自行车，从源头上提升重点群体文明交通素养和安全出行意识。2021年，开展工程车、外卖快递驾驶人轮训2次，老年人精准宣教7.5万余人，完成全区老年人总数的90%以上。联动教育部门，以“小手拉大手”“1+6”宣传模式，推进扩散性宣教，提高宣教覆盖率。走访道观、寺庙、教堂等宗教场所，依靠宗教力量，拓展宣教阵地。利用车站、码头、船舶、商业广场等LED屏播放典型事故案例，渲染宣教氛围，使全社会关注交通安全。

（撰稿：翁嘉泽）

普陀山机场

【概况】 2021年，舟山普陀山机场统筹常态化疫情防控和运输生产发展，落实“两翼齐飞、管理赋能”战略，被浙江省机场集团授予“绩效考核优秀单位”“基层党建工作先进单位”称号。全年新增7个航点，新引进2家航空公司合作伙伴，通航城市数量达到28个，单日、单月旅客吞吐量均创新高。全年完成旅客吞吐量148.37万人次，比上年增长近30%，恢复至疫情前水平97.5%。保障航班起降2.3万架次，比上年增长13.8%。在全国机场中排名提升至第75位，实现对张家界、遵义、大理、淮安、包头等机场超越。通用航空方面，运营“海岛快巴”第二季，开通舟山普陀山机场至东极、嵊泗（菜园）、枸杞等3条“通航+旅游”航线，在品牌形象、销售服务、惠民政策及应急救援等方面推陈出新，5月1日至10月30日，累计运营218班次、运送旅客2910人次。8月11日，普陀山机场完成波音MAX7试飞保障任务。

是年，舟山普陀山机场有限公司保留复评“浙江省文明单位”。

【疫情防控】 2021年，普陀山机场加强常态化疫情防控，机场区域从业人员累计接种新冠疫苗1800剂次，公司员工加强针接种率87.8%。出台防疫督查、核酸分类检测等近10项制度，建立“平转战”“有奖举报” 等多个机制，用好 “一张清单”“机场疫智控”等工具。全年拦截异常旅客2680人，均按要求移交属地驻机场专班处置，实现“零脱管、零感染”既定目标。9月27日，普陀山机场组织开展核酸检测实战演练，检验机场疫情防控预案适用性和应急处置能力。市卫健部门、属地防疫部门和省内兄弟机场相关负责人到场观摩指导。

【新增航线】 3月28日，开通“徐州—舟山—温州”航线。由桂林航空公司执飞，由上年“徐州—舟山—惠州”航线改造而成，每周

4 班。去程航班号GT1153，徐州起飞时间 8:30，10:05 到达舟山，舟山起飞时间 10:50，11:55 到达温州；返程航班号GT1154，温州起飞时间 13:00，14:05 到达舟山，舟山起飞时间 14:50，16:30 到达徐州。开通“舟山—合肥”空中直达航线。由东方航空公司执飞，每天1 班，执飞机型为空客A320，合肥—舟山（MU6317）飞行时间为 8:30—9:30，舟山—合肥（MU6318）飞行时间为 10:20—11:20，单向航程用时 1 小时。开通“重庆—三明—舟山”航线。由华夏航空公司执飞，每周 4 班。去程航班号 G54175，重庆起飞时间 14:20，在福建三明作短暂停留，17:10 从三明起飞，18:35 到达舟山；返程航班号 G54176，舟山起飞时间 19:20，20:45 到达三明，短暂停留后从三明起飞，23:40 到达重庆。

7 月 15 日，开通“银川—淮安—舟山”航线。由东方航空公司执飞，每天 1 班，执飞机型为空客 A320。去程航班号 MU2193，银川起飞时间 10:50，在江苏淮安作短暂停留，14:30 从淮安起飞，15:55 到达舟山；返程航班号 MU2194，舟山起飞时间 16:55，18:25 到达淮安，短暂停留后从淮安起飞，22:05 到达银川。

11 月 6 日，开通“昆明—汕头—舟山”航线。由东方航空公司执飞，每周 3 班，执飞机型为空客 A320。去程航班号MU9699，昆明起飞时间 9:30，在广东汕头作短暂停留，12:45 从汕头起飞，14:35 到达舟山；返程航班号 MU9700，舟山起飞时间15:35，17:35 到达汕头，短暂停留后从汕头起飞，21:20 到达昆明。

11 月 19 日，开通“厦门—舟山—临沂”航线。由山东航空公司执飞，每周 4 班，执飞机型为波音 B737-800。去程航班号SC8005，厦门起飞时间 6:35，8:20 到达舟山，9:05 从舟山起飞，10:55 到达临沂；返程航班号 SC8006，临沂起飞时间 17:40，19:25 到达舟山，20:15 从舟山起飞，22:10 到达厦门。

11 月 19 日，厦门—舟山—临沂航线首航（普陀山机场提供）

【市场营销】 1 月 19 日，普陀山机场与舟山旅游集团举行战略合作签约仪式，开启全面战略合作，深化“航旅融合”，促进协同发展。2 月 26 日，舟山普陀山机场有限公司新媒体工作室成立。利用数字手段迭代升级传播方式，讲好舟山机场故事。4 月 22 日，普陀山机场“航旅逸站”建成启用，“祥云快线”接驳巴士正式运营，标志着机场公司与舟山旅游集团“航旅融合”战略合作首批成果成功落地，机场与旅游“航旅互动”一体化服务新模式开启。

【机场建设规划】 7 月 2 日，普陀山机场总体规划修编获民航华东地区管理局批复。根据规划，舟山机场近、远期定位均为中型机场、支线机场，兼顾通用航空运行的通航基地。近期规划目标年为 2035 年，旅客吞吐量 560 万人次、货邮吞吐量 1.6 万吨、飞机起降 5.1 万架次；远期规划目标年为 2050 年，旅客吞吐量 1000 万人次、货邮吞吐量 5 万吨、飞机起降 8.6 万架次。近期规划飞行区指标为 4D，远期为4E。

【机场安全生产】 2021 年，普陀山机场开展运行安全保障能力状况调研评估，推进系统安全管理和风险分类分级管控，制定安全从业人员工作作风建设管理办法，升级气象卫星云图系统。全年持续开展集中督查、法定自

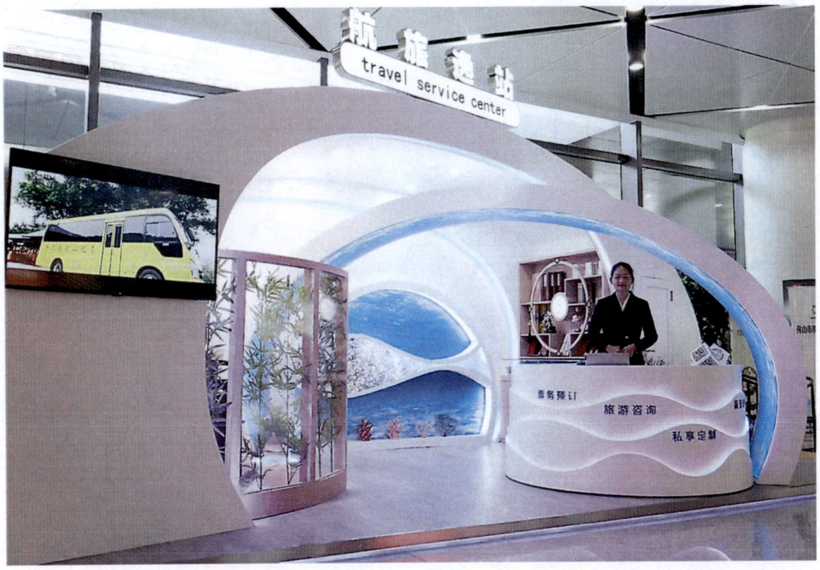

4月22日，普陀山机场“航旅逸站”建成启用（普陀山机场提供）

查及专项检查，整改闭环安全隐患70余项。组织各类应急演练48次、技能比武10余次。加强防汛抗台风工作，7月22—25日，开展台风“烟花”防御战，保障机场安全平稳有序。提升安全风险管控能力和应急处突能力。完成建党100周年安保维稳任务。完成新版机场使用手册、安全信息管理规定、机场安全监察管理办法等规制建设20余项，安全管理体系动态健全。组织开展安全隐患大排查、安全生产月及机坪安全整顿，推进安全专项整治三年行动“集中攻坚年”。实现第25个安全年，以优秀等次通过华东民航2021年度航空安全责任书考核。机场报送安全管理经验获全国民航系统三等奖。

【机场服务】 2021年，普陀山机场在省内中小机场中率先编制实施《服务质量管理手册》，推出旅客全流程自助、“易安检”“一证通”等便利服务，开展旅客满意度线上测评，完成航站楼导视系统更新换代。6月15日，普陀山机场推出30万枚以“奋斗百年路，启航新征程”为主题的限量版纪念登机牌。9月26日，舟山普陀山机场有限公司正式发布“祥云服务”品牌体系和“五心”服务理念，吉祥物“朵朵”亮相。机场年度服务承诺兑现率、服务投诉回复率均达100%，旅客满意度93%以上。航班放行正常率93.91%，在华东地区44个200万人次以下量级机场中排名第一。

【管理创新】 9月22日，普陀山机场部署“管理提升年”各项目标任务要求。11月9日，普陀山机场桥载设备投入运行，标志浙江省机场集团以融资租赁模式建设的首个桥载设备替代APU项目正式落地。至年底，机场地勤业务外包项目完成招投标。航空配餐特许经营项目进入厂房改造阶段。机场运行指挥中心完成选址论证并启动建设前期工作。民航卫星导航地基增强系统（GBAS）基础设施已完成建设。

（撰稿：陈旭）

邮　政

【概况】 中国邮政集团有限公司舟山市普陀区分公司（简称普陀邮政公司）位于沈家门街道东海中路555号。下辖普陀山、六横、沈家门、朱家尖、桃花、虾峙6个支局，台门、展茅、蚂蚁、登步、白沙、东极6个邮政所，东港、沈家门和浦西3个特快揽投部，12个金融网点。2021年，有在职员工353人，其中，管理人员11人、专业技术人员7人。完成邮政业务总收入6361万元，实现利润655.22万元。

普陀邮政公司连续16年获区、市、省三级文明单位称号。被省邮政分公司评为继续教育活动先进集体，渠道平台网点转型先进团队；勾山营业所被省邮政分公司评为浙江省邮政企业优秀教育学习点，沈家门支局被省邮政分公司评为全省邮政营业优秀示范网点；陈玲玲被省邮政分公司评为继续教育活动先进个人；徐玲芬被省邮政工会评为优秀工会积极分子；姜刚川被省邮政分公司评为优秀个人；金融党支部获评舟山市邮政分公司先进基层党组织；3人获评舟山邮政优秀共产党员，3人获评舟山邮政优秀党务工作者。

【邮政普遍服务】 2021年，普陀邮政公司推进薄弱网点经营发展，提升东极、登步、白沙、蚂蚁邮政所服务质量。在全国“两会”、十四届全运会、乌镇互联网峰会、国际服贸会期间，对各收寄网点明察暗访，提升窗口收寄验视工作质量。重视普服邮件全程时限质量，按“五个到人”原则，将工作数据化、指标化，促进普服全程时限质量提升。组织开展全区营业员笔试及上机模拟考试，考取营业员临时上岗证。调整东极邮政所人员架构，招聘营业员、投递员各1名；东极邮政所由手工网点升至电子化支局。16个营业网点全部更换新版局标牌；更换7个综合网点及5个储蓄网点店招；展茅网点整体整修改造；白沙邮政所屋顶、墙面补漏、刷白，重新制作营业背景墙，提升内部用邮环境。

【邮政安全生产】 2021年，普陀邮政公司投入100多万元安保服务费用，重新购置部分防弹衣、头盔和款箱，保障运钞人员安全。投入维修资金2万余元，配齐网点安防设施。投入专项资金12万元，对所有网点进行高清改造。调整各单位消防安全防火工作责任人，配备兼职安全生产管理员，加强安全保卫工作，组织安全员参加业务技能培训。加强重点要害环节安全保卫工作，不定期检查守库人员值班情况。增配1名消控人员，加强分公司大院巡逻工作。提高公司职工消防安全意识和避险能力，特邀舟山居安消防服务中心教官，就灭火器使用、防毒面具基本操作及注意事项、火场逃生和自救知识等开展安全讲座，并开展现场逃生演练。加强机要从业人员保密安全培训，规范机要日常业务操作流程和手续，全年机要通信未发生泄密、丢失等情况。

【邮政通信设施】 2021年，全区有邮政信筒（箱）54个，其中，城区13个、渔农村41个。有181家邮乐购站，中邮驿站20个。全区（含普陀山）有103个村邮站，其中90个信息化村邮站。投递使用汽车48辆、摩托车8辆、三轮车7辆、二轮车50辆。

【绿色邮政建设】 普陀邮政公司下发《关于做好2021年绿色邮政建设行动工作的通知》，将指标落实到专人。重点抓邮件一联面单和可循环包装物使用，主要通过区域内固定互寄，如银行账包、同城配送等容器使用可循环包装袋，集采可循环包装箱等措施达到全年邮管局考核指标。对菜鸟裹裹（快递）等一联面单使用情况进行通报并要求整改，确保达到考核指标；加强污染物专项治理，杜绝重金属包装袋使用。

10月9日，普陀邮政公司组织各部门在东海路营业所门口开展第52届世界邮政日主题宣传活动，展示寄递、金融、集邮、函件、报刊和渠道等多方面产品和服务。

【邮政金融业务】 2021年，普陀邮政公司利用云平台对到期客户进行电话提醒及时转化，对提档临界客户通过提档有礼等客户权益宣传，督促各金融网点对网点客户数据进行梳理分析，整理2~3年期储蓄到期及保险到期客户明细，分批次与客户联系，针对外来务工客群、理财客群和本地存量客群实行差异化销售策略。用好云平台等新兴产品，细化过程管控，定期拜访各层级客户，对意向客户做好精准二次拜访，加强客户储备落实工作。对各金融网点开展现场检查，提升网点风险管控能力，确保合规经营。开展金融业务员工从业行为排查工作，加强员工管理，防范各类操作风险和案件发生。加强邮银之间沟通和合作，协调库存、单证等关键事项，确保各项业务开展。全年完成金融业务收入4061.12万元，完成率列全省第五名，收入同比增幅18.4%，列全省第六名。

【邮政寄递业务】 2021年，普陀邮政公司持续开展客户走访，相继开发多家房地产、寺庙等特快文件型业务。发展海鲜配业务，至12月底，海鲜配当日递收入43.32万元，同比增长8%；业务量1.7万件，同比增长15%。开展现费散户揽收“比学赶帮超”活动，提升揽投部的销售化能力，全年现费散户收入45.72万元，其中电子优惠券使用量全年达到2290张。常态化管控政务商务特快客户，按“五个到人”要求，对区域内客户重新梳理、走访，提升政商客户用邮合作黏合度，稳固政商特快业务发展。已引入电商客户4家，驻仓客户合计收入 77.3 万元，占全年快包总收入的 21%。新建成东港特快揽投部 1 家，保留沈家门特快揽投部为省推标准销售化转型揽投部，均已达成省定标准揽投部。提升全区寄递揽投部能力建设，城区网点比由原来的 1∶3 改为 1∶2。新启用的东港特快揽投部业务收入由 3 月的 9.45 万元，提升到 12 月的 17.84 万元；人均揽收量由原 27 件/日提升到人均 50 件/日。全区寄递业务完成 729.57 万元，同比增长 8.31%。

【祈福邮局】 2021 年，普陀山祈福邮局受邀参加区文广旅体局主办的“莲花洋畔，物竞其善”普陀福集文化集市活动，吸引网络主播现场直播推荐。与多家文创公司合作创新，设计开发多款具有祈福特色、IP 衍生的文创产品。引进普陀山第一款网红文创雪糕，吸引游客驻足祈福邮局排队购买、打卡拍照。通过“百店触网”项目，成功上架中邮微邮局平台，凭借直播带货方式，实现祈福邮局线上销售，其中 90%订单来自外省。全年累计销售额 220.9 万元，同比增长 21.5%。

【邮政集传业务】 2021 年，普陀邮政公司组织开展“暴风行动”专项活动，营销《福牛迎春》金钞套装、《福牛迎春》大版加金钞和《福牛迎春》银砖组合套装、《子鼠大吉》银砖、《福禄纳财红包手莲》，合计税后收入 7.24 万元。营销《越来越好上上签》邮品 638 套，收入 16.26 万元；2021 年经典册及宣纸年册 229 本，收入 4.65 万元。营销《人民警察节》189 册，收入 0.48 万元。对接区融媒体中心加强业务沟通，签订合作协议，实现抖音推流首单业务，创收 3 万元。与朱家尖沙雕公司促成朋友圈广告推广业务，创收 1 万元。拓展有声图书项目，成功开发两家单位有声业务叠加，创收 3.7 万元。集邮收入 126.15 万元，同比增长 39.6%。

10 月 9 日，开展第五十二届世界邮政日活动（普陀邮政公司提供）

【邮政函件业务】 普陀邮政公司持续做好朱家尖禅意小镇项目，对接普朱管委会，承接个性化邮折 1000 版、明信片 2000 套、纪念封 2000 枚、个性化邮筒、风景戳、纪念章等相关定制，业务收入 8 万余元。为企业客户设计制作明信片、贺年卡，业务收入 2.02 万元。为普陀山佛教协会寄送佛协期刊，业务收入 39 万元。为蚂蚁岛管委会定制党员风情杯 300 个，蚂蚁岛纪念封 400 余枚，根据蚂蚁岛红色主题元素，设计开发多款蚂蚁特色明信片、纪念封。全年函件收入 259.59 万元，同比增长 26.9%。

【邮政报刊业务】 普陀邮政公司与区委宣传部对接，销售《党史学习教育》政务图书 2.7 万册，业务收入 75 万元。销售“三史”政务图书 1100 册，业务收入 3.5 万元。其他类政务图书业务收入 5 万元。在全区内各个校园开展校园报刊订阅活动等。报刊收入 382 万元，同比增加 53.93%。报刊线上订阅收入 147 万元。

【电商扶贫】 2021 年，普陀邮政公司开展“邮政年货节”“四月大单品”“粽情端午”“惠农花开六月”等专项活动。加强掌柜质量提升，夯实站点基础，走访各邮乐购店，叠加“6+X”业务，全年完成活跃站点 230 个，批销站点 154 个，优质站点 85 个，日均扫码获客 155 个，代收代投 91 个，便民服务点 39 个。加强区域内工业品流通，以红牛、康师傅、福临门等大单品为抓手，推动自营

普陀邮政公司开展海鲜配生鲜配送业务（普陀邮政公司提供）

批销发展，全年累计完成线上自营批销389万元，全网大单品388.95万元，邮乐小店日均活跃数63个。持续开展惠农合作社大走访，加快推进农产销售，协同发展金融、寄递业务，全年累计完成合作社走访200个，完成个体农户会员入会数2615个，推荐一级白名单228个，带动农产品销售175万元，其中基地农品15.14万元。全区建成警（医）邮网点9个，完成业务笔数430笔。

【税邮项目】 普陀邮政公司推进税邮项目网点转型，在中央电视台新闻频道宣传报道。全年税邮业务累计开具有效税票15056张，开具税额1129.02万元，业务收入33.87万元。该业务因省税务业务转型，全部转移至线上代开，12个邮政网点继续为纳税人做好业务指导工作。

【邮善邮乐】 2021年，全区建成“邮善邮乐”慈善超市12家，“邮善邮乐”项目保持常态化运作，全年累计服务普陀区内3600余户低保、低边以及重点优抚对象，贫困户到邮政网点领取物资4829笔，合计金额31.47万元。

（撰稿：郑遥）

【快递服务业】 2021年，普陀区除中国邮政速递物流股份有限公司（EMS）舟山市普陀区分公司外，有舟山市普陀申通快递有限公司、舟山港运速递有限公司（韵达）、舟山市佛韵快递有限公司（韵达）、舟山市鸿飞货运代理有限公司（国通）、舟山市松通快递有限公司（圆通）、北京全峰快递有限责任公司舟山分公司、舟山市普陀天元纳米科技有限公司（兼营）7家物流快递服务企业，营业网点40余个；顺丰、佳道国际、百世汇通、德邦、优速物流等品牌快递企业在普陀区境内有营业网点30余个。普陀区全年快递业务量659.97万件，快递业务收入16046.59万元。

（撰稿：胡永久）

编辑：魏斌

港航与口岸管理

普陀港航管理

【概况】 2021年,舟山市港航事业发展中心普陀分中心(简称区港航分中心)管理区域有水路货运企业102家(停止经营企业3家),其中,普货运输44家、成品油运输企业41家、化学品运输企业17家。水路运输辅助企业29家(不包括客代),其中,船舶管理企业17家、船货代企业12家。运力保有量198.42万载重吨,比上年减少5.89万载重吨。水路货运固定资产投资136830万元;水路货运企业全年完成周转量1068.61亿吨千米,比上年下降5.14%。辖区完成货物吞吐量1070.02万吨,比上年增长1.87%,主要货种:油品204.22万吨,矿建材料817.60万吨,金属矿石4.97万吨,钢铁4.48万吨,水泥16.82万吨,其他货物21.91万吨。

【引领航运产业发展】 2021年,区港航分中心落实市级航运骨干企业专项补助资金,对9家企业发放补助资金350.6万元。落实新一轮市级帮扶政策,报送15家航运企业推荐为2021年度市级航运重点骨干企业;推荐6家航运企业为普陀区星级航运企业。扩大保税油加注业务影响力。辖区有保税油供应资质企业2家,“白名单”船舶21艘。全年完成船用保税燃料油加注量269.15万吨,实现海事服务产值24.25亿美元,其中保税油产值14.03亿美元,外轮维修6.31亿美元,外轮新造产值3.91亿美元。

【港航安全管理长效机制建设】 2021年,区港航分中心落实“一岗双责”,制定安全工作任务清单,签订安全生产责任书,完善安全管理工作体系。按“三级责任”要求,督促企业签订各类责任书,确保签订率达到100%。印发《普陀港航分中心2021年安全工作要点》,执行《普陀港航分中心安全生产工作协作联系制度》,强化部门间协作配合。定期召开安全工作例会和安全点评会议,全年召开安全工作例会4次、安全点评会议4次,安全专题工作会议10余次。建立危险源监管档案和安全隐患清单,落实安全隐患入库分级管理和全

1月7日,区港航分中心联合市港航执法一队、沈家门海事处开展防御寒潮大风和岁末年初安全大检查(区港航分中心提供)

过程式闭环管理，推动建立隐患排查治理长效机制。加强 2021 年市级挂牌督办安全隐患（舟渔物资公司）跟踪管理，完成销号。开展安全隐患排查治理，检查发现港航企业各类隐患 299 项，港口企业整改完成率 100%，航运企业整改完成率 99.2%。发放各类整改通知书 25 份，立案查处企业 7 家。采用视频监管和现场核查线上线下相结合方式，对航运企业、“黑名单”船舶开展船舶动态和值班抽查，对危货码头和临时作业点开展实时监控和视频回看，并及时将违规行为通报至业务部门。全年累计开展监控电子巡查 73080 次，启动应急响应 17 次，发布预警信息 66 条，抽查船舶动态 1155 次，抽查企业值班 248 次，开展航道岸线巡查 10 次，立案查处企业 1 家。

【港口领域综合治理】 区港航分中心开展低效港口企业整治提升，辖区 2021 年纳入提升整治范围港口经营企业 5 家，国际邮轮港、龙宇燃油、中兴石油已完成提升整治任务，2 家企业到年底完成整治任务。落实长江经济带船舶和港口污染突出问题整治，位于鲁家峙的船舶生活污水固定接收点项目施工建设完成，开展油污水接收日常监管。开展码头泊位及港口岸线使用情况调查，经重新梳理，有港口经营许可码头 37 座，未经许可在建、在用港口码头 36 座，废弃码头 35 座。开展港口企业专项治理，对辖区 7 家普货企业码头进行分类管理，要求企业开展评估、检测，对 4 家涉外企业港口设施保安符合证书开展年度核验。

【航运安全防控体系建设】 区港航分中心加强经营资质预警管理，按规定开展航运企业经营资质预警检查，全年下发经营资质整改通知书 18 份，注销 2 家航运企业。加强对水路运输经营者尤其是危险品运输、小型普货企业监督管理，先后开展冬季及春运检查、“两会” 安全专项检查、未纳入海事安全管理体系船舶专项整治、“遏重大”专项攻坚行动、“七一” 保平安等行动、危险化学品专项整治等专项行动，下发预警通知 10 份，发现违法违规行为 3 起。对恒晖、新明达、朝阳、鑫凯、祥鸿、东润、新润等企业新增省内危险品运力申请材料进行审核并上报市局，通过其新增省内危险品运力申请。审核恒晖、东展、云翔等 10 家企业参与新增沿海省际散装液体危险品运力申请材料，上报上级进行评比。做好晟荣、富顺、慈严、铧萱等公司船舶新增运力材料审核，上报市局进行营运证新证申请。2021 年，应核查国内水路货运（辅助）企业 128 家。其中国内水路货物运输企业 99 家，通过年度核查企业 88 家，未通过企业 2 家，限期整改企业 7 家，未参加年度核查企业 2 家。船舶管理企业 16 家，限期整改企业 1 家。船货代企业 12 家，国际水路货运企业 11 家，全部通过核查。应核查船舶 450 艘，通过核查船舶 410 艘，限期整改船舶 40 艘。下发预警通知书 5 份。

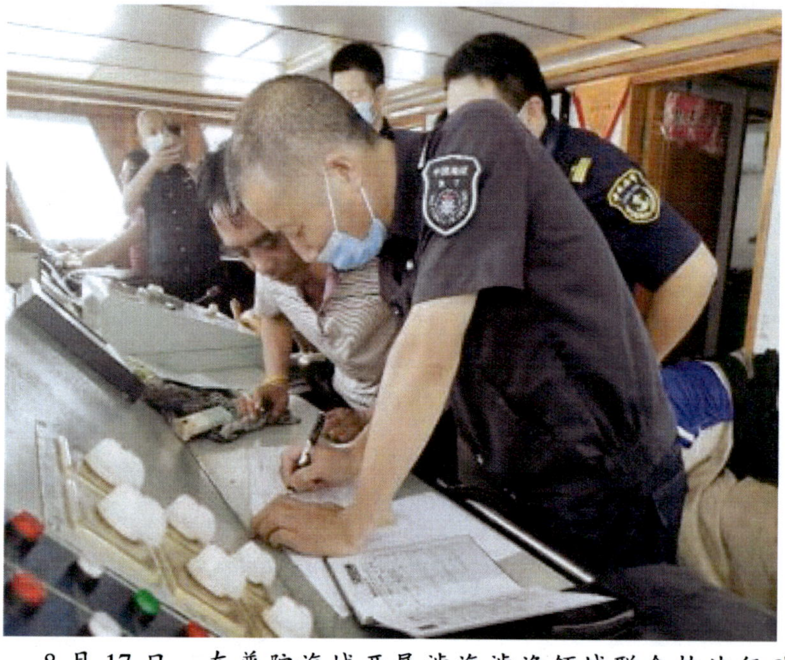

8 月 17 日，在普陀海域开展涉海涉渔领域联合执法行动（区港航分中心提供）

【专项治理行动】 区港航分中心按 “遏重大”“平安交通建设年”等要求，牵头开展普陀区水上船舶专项整治行动，制定专项行动工作方案，成立领导机构和专项工作组。持续加强港内涉港船舶整治。2020年11月至2021年年底，扣押船舶26艘，已拆解25艘，1艘船舶正在办理证书。开展航运企业“假光租”“代而不管”专项整治。核查船舶468艘，发现问题船舶232艘，已全部完成整改。做好辖区临时作业点监管工作。获批民生类临时作业点17个，待审批13个，取缔作业点23个。明确监管要求，绘制作业点分布图，明确总点长和镇级点位长。2021年，组织和参与陆海联动联合执法51次，出动执法检查人员133人次，出动执法船艇40艘次，出动执法车59辆次，检查船舶15艘次，查处违法违规船舶5艘次。

（撰稿：范佳佳）

六横港航管理

【概况】 舟山市港航事业发展中心六横分中心（简称六横港航分中心）是舟山市港航事业发展中心派出机构，协助开展辖区港口和水路货物运输行业管理等工作。2021年，六横港区完成港口货物吞吐量8706万吨，同比增长6.09%。其中，煤炭2265.9万吨、铁矿石3526.4万吨、油品401.9万吨。完成水运固定资产投资3.7亿元。辖区有各类货运船舶57艘，其中，成品油船30艘、化学品船5艘，总运力24.71万载重吨。

【行业管理】 2021年，六横港航分中心开展春节前安全大检查、春季（汛前）安全检查、油泥包专项整治行动、港口服务企业专项检查、“平安护航建党百年”港口危货大排查大整治和冬季安全检查等行动。配合完成危货企业省市第三方安全体检和交通部安全督查，组织实施港口危货企业交叉对口检查，共同提高安全管理水平；完成辖区7家港口设施保安履约单位年度核验工作，现场直接通过3家，整改通过4家。10月底，组织辖区港口设施保安履约单位赴武港参加港口设施保安演习，督促、指导辖区涉外企业结合疫情开展应急演练，强化保安、疫情防控等应急处置能力；根据年度监督检查计划要求，对辖区港口危货作业开展现场监督检查，累计开展危货作业审批1395次，现场监督检查103次。至12月底，累计检查企业35家次，排查各类问题隐患129项。下发各类安全告知书8份，下发责令整改通知书8份，警示约谈辖区港口企业2家。

【安全监督管理】 2021年，根据市港航和口岸管理局印发的《安全生产月活动方案》，六横港航分中心组织开展安全生产月活动。结合辖区实际制定《六横港航分中心安全生产月活动方案》，并形成任务清单。组织开展防台工作，完成“灿都”“烟花”台风防御工作。督促、指导辖区企业及时通过系统平台上报防台动态，汇总相关信息上报市局。开展码头电子巡查和船舶点验工作，全年累计开展防台电子巡查202家次，抽查航运企业41家次，点验船舶196艘次。

【港航产业服务】 2021年，六横港航分中心指导辖区2家港口

12月14日，六横分中心疫情防控相关负责人在浙江浙能港口运营管理有限公司卸船码头“德斯特矿业”轮作业现场检查码头各项防疫措施落实情况（六横港航分中心提供）

经营企业（大岙沙场和金津装卸）完成许可注销工作；完成辖区6家港口企业的许可现场核验工作，其中，亨泰、新基、长通、武港为许可延续，庆海石化码头升级后许可变更，宁翔物资为许可新申请；根据年亩均3万元标准，完成辖区“低效企业”摸排，2021年辖区被列入低效港口企业5家，至11月，全部完成整治提升工作，亩均税收达标。加快推进辖区普货码头岸电建设，重点推进辖区武港5万吨级装船码头岸电建设，完成施工建设；其他企业与国网舟山供电公司对接，商讨岸电共建相关事项。组织辖区浙能港口和金润参加市港口技能大比武活动。根据市港航和口岸管理局印发的《国内水路运输经营许可证撤销管理办法》中规定的相关程序，完成辖区海顺船务有限公司国内普货运输经营许可资质注销工作。指导辖区航运企业开展江海联运专项资金申报工作，舟山市普陀安顺海运有限责任公司获重点骨干企业稳定发展资金补助25万元。指导辖区企业开展航运重点骨干企业评选工作，舟山市普陀安顺海运有限责任公司入选航运重点骨干企业。指导企业开展长江经济带船舶受电装置改造补助申请工作，武港航运计划2022年完成改造工作，已通过系统申报改造计划。

【海上船舶专项整治行动】 2021年，六横港航分中心起草六横水上“遏重大”“平安交通”建设年、“海上船舶专项整治”行动方案，负责综合协调、统计报送等相关工作。查获“三无”船舶149艘，拆解108艘，纳管41艘。取缔作业点8个，待取缔3个；拟设立作业点12个（民生保障类5个、开发建设类3个、矿山资源类3个、实业保障类1个），上报相关材料。辖区涉及证照不齐船舶7艘，光船租船纳规管理1艘，拆解2艘，所有权转让2艘，剩余2艘处于停航管控状态。

（撰稿：何易聪）

口岸综合协调管理

【概况】 2021年，普陀区口岸海防反走私工作围绕区委、区政府“幸福普陀”建设工作，融入自由贸易试验区建设，加快口岸开放，优化口岸环境，协调开展反走私综合治理工作。完成2020年度总投资850万元海防基础设施建设项目；2021年度2个海防基础设施建设项目均按计划进度实施中。

【开放区域内项目整改】 根据2021年普陀口岸开放工作计划，区口岸服务中心做好舟山普陀长宏小干岛船舶修造基地开放启用指导、服务工作。多次赴项目现场和相关负责人对照海关总署公告2019年第68号（关于发布《海关监管作业场所（场地）设置规范》的公告）逐项抓好口岸基础设施建设；邀请、对接、陪同市级查验单位科室责任人到监管场所内查找不足，当场纠正完善并抓好整改落实。

【强边固防】 普陀区组织开展党政军警民合力强边固防检查考评自查工作。根据国家边海防委员会关于党政军警民合力强边固防工作考评标准，进行自查梳理，完成区海防委员会主任和成员调整、工作制度完善；与海警部门签订战略合作协议基础上，扩大合作领域。加强与区军民融合办、区人武部等单位沟通、协调与配合。

【反走私专项行动】 普陀区重点开展“强化反走私综合治理专项整治行动”及“国门利剑2021”专项行动以及反走私百日会战专项行动。查获走私或经营无合法来源油品、冻品、香烟等案件16起，查获走私及无合法来源油品700吨、冻品100吨、香烟26万条，总案值约5800万元。查获非法储油点2处，非法加油车2辆。查获非法销售无合法来源商品案件7起，缴获无合法来源商

开展反走私联合检查（区口岸开放服务中心提供）

品(进口冷链水产品、啤酒、牛肉等)230余件,案值约50万元。

【开展反走私基层治理】 普陀区开展无走私村建设工作。根据“六有六无”工作目标,展茅街道螺门村、东港街道塘头村完成相关举措,取得较好成效。结合渔民面对面培训、网格员走访、平安志愿者走访等工作,开展反走私宣传进社区、进客轮、进公交车活动,在普陀电视台节目、掌上普陀App、《今日普陀》报刊等新闻媒体上宣传反走私工作。

(撰稿:陈富其)

海关

【概况】 舟山海关监管三科驻六横岛。2021年,舟山海关监管三科监管进出境(港)国际航行船舶1098艘次,进出境(港)人员23504人次,进出口货物超2500万吨。监管进境(港)修理国际航行船舶609艘次,产值29.41亿元,办理船舶吨税减免手续621艘次,减免船舶吨税7174.06万元。检验进口铁矿290批次、重量1774.82万吨,检验进口煤炭67批次、重量720.03万吨,检验进口油品22批次、重量60.53万吨。实施人工查验501票,其中查获短重、品质不合格等20票。查验来自非洲猪瘟疫区船舶78艘次,封存禁止进境物160千克,处理动植物废弃物、泔水等1509千克。7月,海岛“红小六”党史学习教育品牌通过全国海关基层党建示范品牌复核。

煤炭现场查验（舟山海关监管三科提供）

【监管服务】 2021年,舟山海关监管三科规范处置印度铁矿夹杂物情事;依法对某企业未经海关允许擅自起卸油污水案件实施行政处罚;梳理六横口岸物料供退单证规范,初步建立供退物料检查制度,维护口岸秩序。

与企业开展课题共建,探索远程智能手段辅助人工查验,发挥无人机、门式辐射探测仪、皮带监控系统等科技手段,多角度、高机动、全时段、可回溯、不受场地条件限制等优势,克服离岛监管不利条件,确保监管到位,提升监管效能,加快码头堆场运转效率、缩短货物在场堆存时间,助力企业提升竞争力。开设“党员服务窗口”,建立周末和节假日值班制度,办理国际航行船舶进出境(港)手续、物料供应审批核销手续。对于符合条件货物或物料,实施加班查验制度,压缩大宗散货通关时长,保障国内能源和基建原材料供应,全年加班200余人次。支持辖区内重点企业发展,全年走访调研中远、武港、鑫亚等企业40余家次,开展政策宣讲和企业培训,结合企业需求,理顺带疫作业、带疫离境等工作业务流程。

(撰稿:苏彬)

沈家门海事管理

【概况】 2021年,沈家门海事处围绕舟山海事局“主力军、排头兵、重要窗口”使命和建设“一流分支局”奋斗目标,落实上级决策部署,牢守安全底线,完成年度各项工作任务。辖区货物吞吐量1192.61万吨,其中危险货物吞吐量396.13万吨,水上旅客运输监管量1699.56万人次,车辆吞吐量5.85万辆次。保税船用燃料油供应作业1847次,供油94.44万吨。国内航行船舶进出港报告12.74万艘次。

【船舶监督管理】 2021年，沈家门海事处开展海上巡航766次，累计巡航时间3388小时，巡航里程21401海里（约39635千米），陆上巡查378次，巡查时间879小时。实施船舶安检初查437艘次，滞留船舶7艘次；安检复查488艘次，开展船舶一般性检查2515艘次，其中客渡船检查1955艘次。

【安全基础管理】 2021年，沈家门海事处以“两张清单”为基础，建立全覆盖风险防控和隐患排查治理机制。综合通航环境、季节变化等要素滚动更新“两张清单”，遵循“2+2+N”系统思维，以行业主管、属地管理责任并行推进隐患治理。以商渔船防碰撞为重点，落实“遏重大”。研判新修订的《中华人民共和国海上交通安全法》实施后辖区商渔船碰撞主要风险，以禁渔期、开渔节前后为重点时段开展驻点值守、错时执法；以马峙门口禁渔区、商渔船密集交汇区、事故多发区等为重点区域，打击商渔船配员不足、甚高频使用不规范等行为。加强预警预控，落实专人收集恶劣气象海况信息并预警到位。全年累计发布商渔船安全预警信息3.59万余条、VHF定向预警提醒2542艘次。结合网格化管理线上线下宣传贯彻新《海上交通安全法》《浙江沿海公共航路调整公告》，走访航运公司136家次，开展“双进”警示教育131家次，督促215家航运公司建立健全商渔船防碰撞安全管理须知或制度；开展“商渔船长面对面”交流活动2次，组织50名商渔船船长开展互访实操体验和座谈交流；开展商渔船碰撞安全警示教育7次，覆盖5个主要渔业大镇、超820名渔老大；开展水上交通安全知识进校园活动2次；发放《中国沿海航行船舶防范商渔船碰撞安全指引》700份。制定并上墙《沈家门海事处在港船舶管控任务分解表》，细化Ⅰ、Ⅱ级客渡船针对性管控措施、明确专线气象情况采纳标准；运行在港船舶管控机制，并加强与上级局VTS、相邻海事处沟通，确保标准一致；落实处领导带队指挥协调应急待命制度；完善重点水域“点验”制度，根据船舶违章类型、水域分布、处置效果等辖区实际情况调整优化“点验”线。2021年，开展电子巡航点验船舶1万余艘次，马峙锚地及周边水域重载危险品船舶实施现场点验170艘次。

【水上客渡运输安全监管】 2021年，沈家门海事处配合出台《普陀区小型休闲船艇突出隐患专项整治行动实施方案》《普陀区加强海上小型休闲船艇管理工作的指导意见》等规范性文件；实施偏远岛屿海上联合执法机制和海陆协同治理机制，抓船舶纳规管理，全年开展偏远岛屿非法载客打击执法活动549次，扣押处罚船舶4艘次（其中小型游艇3艘次）；固化偏远岛屿海上安全救援、海上联合执法、重点工作会商三大机制，推动海上旅游产业健康发展。提前研判各节假日客流激增时段，指导客运企业采取网上预约分流、调度运力等措施应对客流高峰；以案为鉴强化客渡运综合执法力度和质量，落实恶劣天气开停航管控、

6月12日，沈家门海事处护航“金三角”水上客运安全（沈家门海事处提供）

节前安全检查、老旧客船专项安检、客船机电设备专项检查，强化公司安全管理主体责任，尤其针对部分装设同型号主机客船存在的紧急停车时喷油安全隐患，督促相关公司限期落实整改。做好新航线试航试靠跟船评估，落实“四维监管模式”（微信网络平台+AIS+视频+现场）实现全时段全方位监管，其中辖区首条跳岛游航线（“普陀之星”朱家尖—普陀山—蚂蚁岛—桃花岛航线）于5月29日首航运营至11月3日年修，累计营运81航次、接待旅客1881人次；新城滨海湾夜游航线于6月19日复航运营，夜游航线安全营运60航次、接待旅客5149次。推动蜈蚣峙客运码头于1月实现人脸识别系统常态化运行，旅客通过刷身份证实现上船实名制。辖区两大重点客运场站实名制（人脸识别）上船均已常态化实施。

1月，沈家门海事处联合港航、渔政、海警等部门开展“雪鸮”陆海联合执法行动（沈家门海事处提供）

【海事行政执法】 2021年，沈家门海事处完成现场综合执法任务6621项，出动执法单元2579次；行政处罚立案794起，结案617起，罚款587.66万元。

【内河船涉海运输专项整治】 2021年，沈家门海事处深化内河船“拦、扣、拘、惩、诫”闭环治理体系，运用AIS数据、VTS雷达回波比对等手段，强化辖区非法过驳作业规律性研究和违法船舶精准定位，以集中拦截、错时执法、蹲点值守等方式对走马塘、西峰岛等习惯性过驳水域实施重点监管。督促辖区12艘浮吊船舶完成北斗信号跟踪装置装设，按要求落实每日夜间点验工作，针对信号缺失、信号异常等情况核查。累计开展专项执法207次，蹲点拦截70天，夜间打击46次，查处内河船15艘次，浮吊船29艘次。对违法船舶实施扣押53艘次，对无证船员向海警部门移送25人次。按上级统一部署，“海巡0731”船按要求参与集中遣返辖区12艘涉海运输内河船押送任务。牵头制定《港内小型港口服务船舶专项整治行动留滞船舶处置建议》等，开展联合检查140余次，出动执法力量391人次，推进“三无”或证照不齐船舶拆解26艘、纳规10艘，港内非法油污水小船基本清零。动态更新完善辖区215家航运公司基本信息，掌握船舶运营状况，固化逃管船舶预警和摸排长效机制，已完成长期逃管船舶销号446艘，销号率98%。推进船舶进出港报告专项检查，提升值班室静态核查效能，累计发现疑似未按规定进行进出港报告行为295艘次、AIS未开启违法船舶102艘次。开展航运公司安全管理，合计完成第四批船舶审核120艘次、公司审核40家次、不予通过船舶审核1艘次；完成委托管理公司专项监督检查67家次；实施公司日常监督检查176家次，发现问题198项，实施公司安全管理预警64家次，安全管理约谈23家次。开展入沪船舶专项安全监管。以公司走访、群发提醒等方式确保辖区政策宣传贯彻到位，以值班室落实进出港核查、入沪信息汇总、AIS监控等确保远程管控到位，强化现场巡航巡检，确保入沪船舶“应检尽检，应报尽报”，完成进入“管控区域”船舶专项信息报告核查23艘次。

9月14日，台风“灿都”持续影响，沈家门海事处成功救助偏远岛屿手臂脱位老人（沈家门海事处提供）

【海事综合治理】 沈家门海事处依托地方综合治理平台，共谋对策。与区海洋与渔业局共同签订《共同防范商渔船碰撞事故战略合作协议》，落实干部互派交流机制，加强涉海涉渔安全监管，开展白沙岛、马峙锚地等重点水域联合巡航执法192次，出动执法船艇192艘次，执法人员412人次。完善海上联合执法机制和海陆协同治理机制，对接海警部门明确违法船舶移交程序，查获“三无”船筏或证照不齐船舶拆解26艘、纳规10艘。配合区政府出台公告，在虾峙门、条帚门、马峙锚地等设置禁渔区，源头上解决海上运输和渔业生产海域功能重叠问题。与区港航分中心签订《“平安交通年”暨“遏重大”安全管理合作协议》，明确定期会晤及联合管理执法执法长效机制，实施海上交通安全监督核查89家次。健全与普陀区三防办、港航、海洋渔业局等相关部门协作机制，配合区政府于6月23日开展涉海单位防台综合演练，完善海上防台险情处置流程。联合港航、海警等相关职能部门形成《港内小型港口服务船舶专项整治行动留滞船舶处置建议》，港内非法油污水小船基本清零。提升区域协同救助水平。深化巡航救助一体化机制，组织东南部海域溢油综合应急演习。2021年，开展应急处置15起，成功救助遇险人员35人次，救助成功率81.3%。

（撰稿：刘浩立）

普陀山海事管理

【概况】 2021年，普陀山海事处推进水上客运安全监管示范区建设，开展水上交通安全专项整治三年行动集中攻坚年暨水上交通“遏重大”行动，持续开展海事服务“进企业、进社区、进校园、进香客”活动，辖区水域无事故发生，水上安全形势持续稳定。全年管辖水域安全输送游客1516万人次（含洛迦山航线215.56万人次），比上年同期增长25.2%。

【海事综合执法机制】 普陀山海事处深化海事综合执法机制运行，加强海事处值班室建设。建立客船动态微信报告群，有效掌控客船进出港动态，督促客运企业推进客船监控设施建设，实现海事监控、企业自控“二位一体”有机结合。提高在港船舶风险感控能力。依托VTS船舶动态信息系统和地方政府“平安城市综合管理系统”，拓宽船舶动态信息获取渠道，强化船舶动态信息感知。推进客船精准分析差异化监管。建立辖区客运船舶、船员、公司管理、客船航行轨迹数据库，运用大数据对船员、船舶、通航、公司等四项因素进行分析比对，筛选出船舶、船员、公司、通航环境等方面存在问题、隐患和做法，运用分析结果对客船施行星级管理和差异化监管，提升海事部门监管效能。

【水上客运安全监管示范区建设】 普陀山海事处推进“一指南、一体系、两手册”特色客运安全管理，在恶劣天气及重大节假日、香会节等重点时段现场监管。开展“平安春运、平安雾季、平安暑期”活动，突出隐患排查治理，推进落实风险隐患和制度

普陀山海事处保障渔船开捕期间辖区客运安全（普陀山海事处提供）

措施“两张清单”，深化滚动式安全隐患排查治理和风险防控“双预防”工作。敦促地方政府加强对原短姑码头、龙湾码头、合兴码头等管控，从源头上消除渔船非法载客及从事海上违法放生行为。龙湾码头维修工程已取得实质性进展。突出对船舶关键性设备检查，开展春运、五一、国庆节前客船安全大检查及客船“安检后评估”和船检质量监督。突出船员实操能力、应急能力以及值班履职情况检查，推进《客船船员履职技能培训手册》使用，开展典型事故案例进客运企业，帮助客运企业开展关键性设备操作、防火防碰撞、船员理论知识更新、应急实操演练等培训，开展党员结对联系客船暨“双进双反馈”活动，提高船员安全驾驶实操能力、应急处置能力。

【海事专项整治】 2021年，普陀山海事处以水上交通安全专项整治三年行动集中攻坚年暨水上交通“遏重大”行动、平安护航建党百年为抓手，组织开展船舶油泥收运处置专项整治行动、委托管理船舶航运公司专项整治工作、水上无线电秩序管理专项整治行动、船载货物安全监管专项整治行动、执法领域突出问题专项整治行动、老旧客运船舶联合专项检查行动、海事监管重点领域“7+3”专项整治行动、供油船小型船专项检查、“商渔共治2021”专项行动等各类专项整治活动实施。

【船舶管理】 2021年，普陀山辖区船舶进出港报告19744艘次，其中，客船进出港报告13436艘次、国内货船进出港报告6308艘次，进出港报告货物吞吐量342.77万吨。船舶现场监督检查1972艘次，发现和纠正缺陷297项；船舶安全检查161艘次，发现和纠正缺陷608项。全年开展现场检查船舶1876艘次，发现和纠正缺陷195项。重大节假日前组织客船安全检查3次，实施船舶安检86艘次，查出缺陷331项，单船平均缺陷为3.85项。开展安检后评估5艘次，对船检质量安全检查31艘次。

【船员管理】 普陀山辖区内营运客船25艘，船员约370人，其中管理级船员155人。2021年，普陀山海事处组织船员适任能力现场检查301艘次782人次，跟踪检查见习/实习船员56人次。3月，组织船员雾航安全知识更新培训30人；8月，组织船员暑期安全教育培训28人。全年船员实操能力检查289人次，对32艘客船进行消防和救生2个科目应急演练。

【通航管理】 2021年，普陀山海事处组织海上巡航320次，累计巡航时间503小时，巡航里程3775海里，参巡人员650余人次，海上巡航现场纠正违章行为10个（包括巡航在内，现场检查等纠正违章异常223起），海巡艇特殊时段及偏远岛屿驻点值守21次。辖区内水上水下施工作业项目2件，开展2次安全约谈，作业现场安全监管18次。

【海事行政处罚】 2021年，普陀山海事处查处各类违法船舶46艘，已立案117起，同比增加

154.35%；罚款 93.5 万元，同比增加 284.77%。其中，无证驾驶人员移送海警拘留 6 人次，船东 2 人次，累计拘留 71 天。查处并移送渔船非法载客放生 2 起，移送非法排污案件 1 起。

（撰稿：苗雨洁）

六横海事管理

【概况】 2021 年，宁波—舟山港六横港区完成货物吞吐量 8706 万吨，旅客吞吐量 223.82 万人次，车辆吞吐量 53.04 万辆。六横海事处紧盯年度工作目标和重点工作任务，抓好海上安全和队伍建设“两个稳定”，辖区水上交通安全形势总体平稳。是年，六横海事处“恒廉”廉政文化品牌获评中国交通报社、中国交通报刊协会第三届交通运输优秀文化品牌推选活动“优秀文化品牌”，舟山六横海事处沙岙海巡执法大队获评浙江海事局“不诚信行为”管理“两登记”工作优秀集体，方益军获中共交通运输部直属海事系统优秀党务工作者等荣誉称号。

【船舶监督管理】 2021 年，六横海事处辖区进出港船舶 11.6 万艘次，实施船舶安检 271 艘次；查处缺陷总计 1775 项，平均缺陷 6.6 项/艘；滞留船舶 12 艘次。

【通航管理】 2021 年，六横海事处组织海上巡航 383 次，巡航里程 11345 海里，巡航时间 11321 小时。检查船舶 1103 艘次，发现缺陷 1817 项。发布预警信息 97 次 23372 条。组织开展包括客船、海巡艇溢油应急演练 9 次，其中，6 月 16 日，联合地方反走私、港航、安监、海警、渔政等部门，召集 9 家涉海港航企业及专业清污单位，联合举行 2021 年舟山南部水域海上综合应急演习，强化应急处置和救援能力。

4 月 1 日，“浙岱 66377”轮与“友海 16”轮在双屿门水道南口发生碰撞导致“友海 16”轮船体进水，船上有 8 名船员急需紧急救助，六横海事处在浓雾天气夜间 25 分钟成功救起 8 名遇险人员，该起成功救助事例先后登上浙江卫视，获央视新闻客户端、《人民日报》(2 次)、中国新闻网、央广网、人民日报海外网、环球网、中国渔业报等 10 余家国家级媒体转载。

2 月 3 日，六横海事处执法人员对船舶供受油作业开展现场检查（六横海事处提供）

【客船监管】 2021 年，六横海事处把好客船开航关、适航关和现场检查，强化客渡运船舶监管，落实“一规定、一手册”，升级客船现场监督检查机制，完善安全风险和监督绩效双向评价体系。联合六横运输总公司开展水上客运疫情防控和安全宣传贯彻，夯实企业主体安全责任。强化企业走访检查，督促企业加强清明、五一、春节等重要时间点隐患排查和应急演练，并对恶劣天气防范、沙岙—郭巨航线淤积及旅客疫情防护等重点风险进行提醒和强调，压实安全管理主体责任。联合舟山光大检测研究院深入现场一线，对辖区客船生活污水排放情况进行核查抽检。对辖区 25 艘客渡运船舶开展机电设备集中检查，查处缺陷 11 项，其中因主机应急停车故障被滞留客船 1 艘，杜绝低标准客船营运。全年滞留客船 2 艘，处罚 3 船 5 案，罚款 6.05 万元。

【海事行政处罚】 2021 年，六横海事处查处违法船舶 211 艘次，立案 657 起，同比增长 32.7%，处罚金额 723.3 万元，单案平均处罚金额 1.11 万元；无证船员移送

5月31日，六横海事处组织开展“三无”船舶集中拆解（六横海事处提供）

公安边防部门实施行政拘留17人次189天。其中，查处浮吊船28艘249起，处罚金额273.52万元，平均单船处罚9.8万元；内河船8艘69起，处罚金额212.34万元，平均单船处罚26.5万元。完成“三无”船集中整治100余艘，驱离特定国家船舶5艘次。

【商渔船防碰撞治理】 2021年，六横海事处贯彻落实水上交通安全专项整治三年行动集中攻坚年和商渔船防碰撞“遏重大”系列攻坚部署，创新工作思路，构建专项整治、防碰撞治理、船籍港管理新格局，保障辖区水上交通安全形势稳定。开展“商渔船防碰撞+宣传”，结合2021年“安全生产月”系列活动要求，利用东海渔场伏休期举办渔船安全生产宣传教育12次培训393人次，发放《防范商渔船碰撞安全告知书》1068份；联合地方渔农科、六横渔政渔监、浙江国际海运职业技术学院、六横运输总公司等相关单位，发挥“政企校”三方联动机制优势，为辖区客运公司船员和渔船船长、“东海渔嫂”等100余人开展“安全生产月”安全知识专题讲座，提升辖区共同提升水上安全监管水平。开展“商渔船防碰撞+实践”，联合梅山海事处及渔政部门开展涉海涉渔“遏重大”专项行动14次，重点检查渔船船舶及船员持证情况等，摸排标记涨网6处28项，检查涉渔船舶34艘次，清除碍航涨6处，辖区乱涨网现象明显改善；联合渔政组织18名渔船船长，登上“海巡0745”和商船，通过渔船老大参观海巡艇和商船，搭建起商渔船对话沟通交流新渠道，提高商渔船船员安全意识。开展“商渔船防碰撞+党建”，处党支部联合文明共建村六横双屿港村党总支开展主题党日活动4次，并开展商渔船防碰撞安全警示教育10次；在海巡“0745”艇上，举行一场海上微党课，党员们集体重温入党誓词，通过联学共建活动推动商渔船防碰撞工作。

【服务地方经济发展】 2021年，六横海事处持续开辟便民服务“绿色通道”，保障六横至桃花淡水物资安全运输，解群众用水之

六横海事处开展“商渔船防碰撞”宣传教育（六横海事处提供）

急。6 月 7—17 日，安全保障舟山首修 LNG 船舶“露西亚雄心”号修理。为该轮进厂维修保养提供海事“一条龙”服务。监管和服务并重保障小郭巨二期围垦吹砂回填工程开展。

（撰稿：马瑞棠）

普陀边防检查

【概况】 舟山出入境边防检查站执勤七队（简称边检执勤七队）隶属中华人民共和国舟山出入境边防检查站，由国家移民管理局垂直管理，有民警职工 31 人，主要担负舟山口岸 2 个执勤区域 7 个海岛、3 个锚地 45 个执勤点原油中转、外锚地燃料油供应、外轮修造、境外观光邮轮、活水鱼出口、冰鲜鱼出口、远洋捕捞等出入境边防检查和监管任务。2021 年，边检执勤七队以建党 100 周年安保为主线，做好疫情防控，组织党员民警开展边检法律宣传、建党 100 周年保密教育暨反奸防谍宣传教育及国家安全教育日普法宣传等活动。2021 年检查出入境（港）船舶 5405 艘次，出入境船员、旅客 83480 人次，查处口岸违法违规案件 36 起 36 人次，抓获网上在逃人员 1 名，阻止不准出境人员 2 名，协助驻地政府处理海上涉疫情况 1 次，维护辖区口岸安全稳定。

【边检口岸服务】 2021 年，边检执勤七队主动配合地方政府和卫健委等职能部门开展船员核酸检测、船员换班、船员紧急就医等工作，累计为 11353 名换班船员提供服务，为 52 名受伤船员第一时间开通救助通道。贯彻国家移民管理局“放管服”改革工作部署，以“最多跑一次”改革为抓手，分 4 批派遣民警走进船厂码头，指导船厂企业使用网窗行政许可申请和中国边检登轮码，通过播放普法视频、张贴宣传标语、分发法律资料、宣讲典型案例等方式重点对边检机关“最多跑一次”便民利民措施、出入境行政许可办理、企业诚信等级管理规定等事项进行详细解读。全年为企业、群众解答各类法律问题 20 余个，网上审批签发上下登轮许可 86820 人次，为辖区企业带来便利，得到服务对象赞誉。

船艇海上巡航（边检执勤七队提供）

【边检执勤执法】 2021 年，边检执勤七队围绕边检中心工作，以建党 100 周年大庆安保维稳为主线，开展集中打击妨害国（边）境管理犯罪专项斗争和海上违法违规打击治理专项行动，结合锚地管控系统和港口视频监控系统建立“电子巡查、告警监管，出艇处置”立体监管模式，全年开展海上巡查 45 次 225 人次，巡航里程达 680 余海里，核查海上船舶 146 艘次，核查处理涉海违法违规案件 12 起，打击各类海上出入境违法违规行为，形成海上管控态势。深入 11 家企业码头，检查企业自管、开放码头封闭情况，指导企业协管员队伍建设、梯口监护、码头巡查等工作，与辖区所有涉外企业码头建立情报互通机制，与海警部门签订联合工作协议，构筑稳固口岸防线，完成全国“两会”、建党 100 周年大庆、上海“进博会”等重大安保任务。

（撰稿：边检执勤七队）

六横边防检查

【概况】 2021年，舟山出入境边防检查站执勤一队(简称边检执勤一队)贯彻落实国家移民管理局和浙江出入境边防检查总站年度工作会议精神，以建党百年安保维稳工作为主线，战疫情、防风险、保平安、护稳定，服务六横经济发展。全年派遣巡查勤务1842批次3684人次，检查出入境(港)船舶1910艘次，出入境人员23989人次，船员换班366批次3259人，办理上下外轮许可84683份，处理涉疫船舶6艘次，隔离核酸检测阳性船员17人，办理紧急下地就医93人次，开通绿色通道102次，查处办理违法违规案件11起，查获网上在逃人员1人，全力维护口岸安全稳定。1人被浙江出入境边防检查总站表彰为优秀党务工作者。

【优化为企服务举措】 2021年，边检执勤一队深化“放管服”改革举措，持续简政放权，相继打造“马上办、网上办、预约办、协同办、一次办”服务品牌，落实国家移民管理局出台的《服务促进长三角航运枢纽建设十项措施》及《促进航运企业发展十六项新举措》，优化装卸码头船舶、新造船舶公海试航、修理船舶靠泊作业等出入境边检手续，免办船舶出入港手续788艘次，帮助企业平均每艘船舶节约1.5小时时间成本，得到企业和代理公司认可，并收到锦旗4面。以边检警务区建设为依托，凝聚企业自管力量，走访辖区企业96次，加强与辖区企业生产部、安环部、外事办、经营部、信息工程部等多部门交流协作。建立“1+1+4”边检警务模式体系，紧贴实战需求导向，组织边检协管员远程培训和警务实战培训15次，协调港区保安、边检协管员开展口岸防疫处突演练7次，安保维稳处突综合演练5次，全方位提升处置突发事件能力，形成“管控有格局、服务有体系”警民协作联防联控新格局。打造“双联民警”为目标，由警务区警长牵头，制订党史学习计划，组织开展党史学习交流活动，并为企业员工提供理论宣讲、法律咨询、困难帮扶、口岸监管等服务。

边检执勤一队警务人员为厂区员工进行普法宣传（边检执勤一队提供）

（撰稿：边检执勤一队）

编辑：魏斌

开 发 建 设

综 述

浙江普陀经济开发区总用地面积93.54平方千米，包括六横虾峙区块、沈家门区块、东港区块和展茅区块。2021年，普陀经济开发区做好传统产业转型升级、科技创新、数字赋能等重点工作。全年实现财政收入38.4亿元，比上年增长4.5%；规模以上工业总产值209.4亿元；规模以上工业增加值61.2亿元，同比增长3.12%；实际利用外资5640万美元；出口总额349.5亿元，同比增长4.2%；实现规模以上企业研发经费支出3.9亿元，同比增长1.2%。

普陀经济开发区以招商引资作为第一任务，以智能制造、海洋生物肽等为核心产业，确立产业链招商重点方向，推进产业链项目。全年签约落地亿元以上项目15个，其中10亿~20亿元重大产业项目3个。华超生物、海欣水产、烽顺物流、和盛海洋等一批新建项目加速推进。海勤机械智能制造项目、无菌冷罐装设备生产项目、智能金属包装生产线设备制造等项目先后落地，形成良好产业生态。

普陀经济开发区围绕国家碳达峰、碳中和的目标，加快谋划海上光伏、LNG冷能综合利用等清洁能源项目。以四川空分集团、新奥集团为主的空气分离、食品冻干产业园项目完成前期基础数据调研及项目选址工作。谋划大数据中心项目，委托中国联合工程有限公司编制“一流强港双循环经济先行区发展战略规划”，完成《区域发展战略与创新主体构建》等成果文件。

普陀经济开发区扶持船舶修造业高质量发展，鼓励船舶企业推进数字化、智能化改造，通过实施一批产业链协同创新项目，推广应用“5G+AR远程检验”、自动除锈机器人等新技术、新装备，提升节能、环保、高性能首型船舶建造及绿色修船工艺水平。舟山中远海运重工有限公司交付全国首制具备DP3动力定位功能的海工生活驳船。推进国际一流绿色修船基地建设，4家船企为中国顶级修船企业组织“斯佩克”（SPCC）发起单位，万邦船舶重工（舟山）有限公司、舟山中远海运重工有限公司被中国造船工程学会授予全国仅有的2家“中国修船行业绿色修船示范企业”。持续做优海洋肽特色产业，通过与浙江大学海洋学院、浙江海洋大学等院校合作，舟山市常青海洋食品有限公司、浙江平太荣生物科技有限公司等企业成功研发牡蛎肽、海参肽、金枪鱼皮肽等系列海洋生物肽产品并实现市场化销售。浙江融创食品工业有限公司、浙江海士德食品有限公司等企业研制的金枪鱼泥系列辅食、三文鱼风味颗粒罐头、海鲜系列预制菜等产品上线销售。

普陀经济开发区实施“新增科技型企业一百家”行动。建立科技型企业梯队培育库，助推企业提升科技创新能力，全年新增省级科技型企业约50家，高新技术企业培育入库20家。4家企业成功创建市级企业研发中心，3家企业被认定为省级高企研发中心。

普陀经济开发区推进校地合作，上海海洋大学“东海海洋生物资源工程技术中心”挂牌成立，鱿鱼肽产品逐步投入研发。依托浙江大学、浙江海洋大学等高校企业服务团队，实施常态化企业需求挖掘、技术攻关和成果转化，全年促成“大型围栏养殖智能清洗装备研发与应用示范”等校企合作项目20余项。聘请两院院士为院长打造舟山市普陀区启迪海洋科技产业研究院，整合高校、科研院所科技成果、专家资源等各类创新要素，提升专业化服务水平，加快优秀科技成果落地。促成投资规模10亿元的“海洋生物肽及未来食品城”等项目签约落地。

普陀经济开发区以“产业大脑+未来工厂”为导向，加速打造龙头企业示范带动的“新智造”企业群。舟山市正山智能制造科技股份有限公司建成智能工厂（数字化车间），成为全市唯一入选省级数字化车间示范项目企业；中创海洋科技股份有限公司建成全国首个新材料船舶综合服务信息平台，成为全市唯一入选省级工业互联网平台和省级新一代信息技术与制造业融合发展试点示范企业。区政府出台《加快数字经济核心产业发展的若干意见》，安排专项资金1000万元，新增核心产业引培、新智造发展等数字经济发展10项支持，对工业互联网、软件应用等产业数字化转型项目补助从10%提高到30%，优化营商环境。

普陀经济开发区推进浙台开发合作。融入浙江国际农产品贸易中心建设，浙台（舟山普陀）经贸合作区实现实质化运营，完成3单对台小额贸易，实现贸易值1200万元。食用水生动物进口业务有突破，帝王蟹交易暂养集散中心建设项目落地。拓展国际水产城水产品线上交易业务，完成线上交易3.56亿元。计划建设茶叶交易中心，拟定《普陀打造茶叶加工交易中心的实施方案》，组织开展舟山茶产业发展高峰论坛，与浙茶集团、中茶集团达成战略合作，协助农林、文旅部门打造“普陀佛茶”品牌。

（撰稿：林晓）

普陀北部工业区块开发建设

【概况】 普陀北部工业区块位于展茅街道，由A区（鱿鱼市场）、B区、C区、茅洋畈一期（窑潭畈）、茅洋畈二期、晓辉畈、螺门6个区块组成，总面积11719亩（约781.27公顷）。B区、C区、茅洋畈一期（窑潭畈）已完成开发建设。建有5000吨/日综合污水处理厂1座。

2021年，普陀北部工业区块实现规模以上工业企业产值285986万元，规模以上工业企业利税21024万元，工业技改投资19862万元。

【晓辉畈建设】 晓辉畈占地面积约585亩（39公顷），2021年，重点在建项目5个。其中，华佑环保基地厂房新建项目完成主体工程30%，全年完成投资2500万元；炜驰集团厂房建设二期项目全面完工并投产，全年累计完成投资1000万元；普陀北部海洋科技产业孵化基地项目B-05中试中心一期完成总工程70%；普陀北部海洋科技产业孵化基地项目B-05中试中心二期完成总工程的30%；科创园二期改造项目全面完工。

【A区（鱿鱼市场）建设】 2021年，普陀北部工业区鱿鱼市场地块重点建设项目5个。舟山（普陀）万洋众创城项目A-05地块交付投产，A-04地块主体工程完工，全年完成投资10000万元；丰宇海洋生物肽、药品研发产业化基地项目一期主体工程完工，全年完成投资1690万元；海欣海洋生物精深加工及海洋肽制造项目完成一期主体工程，全年完成投资8871万元；华超海洋生物多肽系列产品项目全面完工，通过竣工验收，全年完成投资5000万元；烽顺智能冷链物流平台项目完成主体工程完工，全年完成投资11843万元。

【螺门区块建设】 2021年，普陀北部工业区加快推进舟山市普陀区螺门渔业公司和舟山第三海洋渔业公司的政策处理工作，完成两家公司的房屋面积测绘和部分土地面积测绘工作。完成对舟山市普陀大展纸业有限公司的评估、核对、复核和协商谈判工作。完成已征收的4家企业设施设备残值评估，配合协助招拍挂，并做好拆除工程安全管理工作。新建5000吨/日污水处理厂工程，于2021年年底完工，正式投入运营。

（撰稿：钱令杰）

万洋众创城项目一期 A-05 地块（经开区管委会提供）

东港新区开发建设

【概况】 2021年，东港新区开发建设紧扣"自由贸易先行区、海洋产业新高地、海上花园会客厅"发展定位，推进市政建设，保护海洋生态环境，提升城市品质，建设魅力、活力、宜居东港新城。

【市政开发建设】 2021年，东港新区持续推进二期市政开发，新建东港二期市政道路52160平方米，政管网建设3310米，其中，自来水管安装965米、电力排管建设1925米、雨污水管建设420米，市政绿化建设22900平方米。完成南溪山边坡复绿项目，总面积约19万平方米。

网红旅游通道"观潮路"建成（东港集团提供）

【文化旅游发展】 2021年，东港至塘头滨海道路建成，观潮路正式通车，成为普陀新的"网红"旅游通道。观潮路位于莲花洋畔，沿山形自然伸展，南起东港海莲路，北接"最美公路"螺塘线，全长1.05千米，宽幅15米，沿线共设置11个景观节点，近赏东港山坡地的独特美景，远眺莲花洋畔的潮起潮落，山海兼胜。

东港游乐园摩天轮定名"东港之眼"后灯牌正式落成。"东港之眼"灯牌与摩天轮原灯光组形成五色光，成为新的网红拍照打卡点。

【健康产业提质】 2021年，东港新区完成普陀东大康复医院儿童康复中心项目建设。儿童康复中心主要诊治儿童发育落后、发育异常、脑性瘫痪、自闭症、抽动症、构音障碍（吐字不清）、多动症、癫痫等相关疾病，系普陀首个儿童康复保健中心，内设儿童运动治疗室（PT）、儿童作业治疗室、儿童言语认知治疗室、感觉统合室、物理因子治疗（理疗）室。

【民生项目保障】 2021年，东港新区完成陈家后村拆迁安置房项目一期工程，首次应用成品雨水收集系统，达到节能减排目的。该项目运用一套510吨、一套320吨系统雨水收集系统，辅以雨水截污和渗透系统，将收集的雨水简单处理后，用于植被浇灌、场地清洗等二次利用或渗补地下水。

（撰稿：丁广晔）

“东港之眼”灯牌落成亮灯（东港集团提供）

普陀东大康复医院儿童康复中心（东港集团提供）

城西开发建设

【概况】 普陀城西片区位于舟山岛南北海岸线中点、舟山岛南部核心区，西接临城新区，东邻朱家尖和普陀山，背山面海，开发总面积14平方千米，开发区域为夏新未来产业发展区块、小干桥两侧区块、观碶头区块、海洋生物园区块等四大核心区块的转型升级。区域内城市建设用地307公顷，其中，居住建设用地48公顷、公共服务商业用地面积57公顷、工业用地面积106公顷。城中村面积75公顷，水域面积14公顷。由舟山市普陀区智创城西开发建设有限公司（简称区智创城西公司）承担城西开发项目。

2021年，区智创城西公司完成夏新未来社区会客厅建设、未来社区2条配套道路及其他附属工程建设，完成住宅及配套设施项目总工程量的20%。完成中弄、夏新、翟岙、芦西南4个区块征迁工作，拆迁居民893户，征迁碶头、翟岙、中弄区块企业21家。

【控规编制】 2021年，城西开发建设以芦花河海洋产城互促带、滨海都市高端服务走廊建设为重点，按“以产促城，以城兴业，产城融合”协调发展目标，完成《普陀经济开发区未来智创城控制性详细规划》《城西百里滨海大道沿线城市设计》《观碶头科技产业园一期控规编制》，完成观碶头、海洋生物产业园区概念性方案编制，并结合城西区域实际情况，立足海上花园城的发展理念，编制地下空间管网方案、区域生态景观方案。

【征收拆迁】 2021年，区智创城西公司围绕目标导向，推进未来智创城转型升级。全年完成中弄、夏新、翟岙、芦西南4个区块征迁工作，共拆迁居民893户；重点推进观碶头、翟岙、中弄区块企业拆迁工作，共征迁企业21家。全年投入居民征迁资金10.5亿元，企业征迁资金9.8亿元。

【夏新未来社区建设】 夏新未来产业发展区块项目位于普陀区城西板块，总用地面积63.54公顷，总建筑面积约52万平方米，总投资约42亿元。其中，开发商地块147亩（9.8公顷）由金地集团开发建设，2021年完成社区会客厅建设，住宅及配套设施项目完成总工程量的20%，完成

夏新未来社区会客厅效果图（区智创城西公司提供）

投资约12.58亿元，完成未来社区2条配套道路及其他附属工程建设，完成投资约1800万元。

（撰稿：林子萌）

城北开发建设

【概况】 普陀城区北部片区（简称城北片区）属于东港街道办事处行政管辖，东接东港新区，南连沈家门老城，西连浦西、临城，定位打造宜居新城，规划高端住宅、酒店、办公商业综合体、果蔬批发市场、农贸市场、幼儿园、城北小学、普陀第二中学等。区域内总用地面积3.83平方千米，可实施项目建设用地3.55平方千米，可供建设用地2.02平方千米。

2021年，城北开发建设实施工程项目25个，其中，开工建设16个、前期项目9个。开工建设项目主要工程包括1个安置小区、1个综合商业体、1个隧道、2个河道工程、2条市政道路，以及其他绿化、亮化、开山、边坡治理等工程，共投入资金3.5亿元，其中工程建设投入2.8亿元。

【安置小区建设】 璟兴佳苑小区位于普陀区城北E-01-02地块，主要用于安置上戚家村、城北区域内共699户城中村改造拆迁居民，小区东侧为东港街道瑞欣家园，南侧为城北南陀路，西边和北边均为山体。安置房建设工程总用地面积30355平方米，项目总投资概算47600万元（建安造价24000万元）。总建筑面积为88478.39平方米，地上建筑面积64424.52平方米，地下建筑面积24053.87平方米，附属用房1205平方米，建筑最大高度为69.6米，采用框架结构、框架剪力墙结构。耐火等级分类为一级，建筑消防分类为二类高层，地下耐火等级为一级，屋面防水等级为一级，防水耐用年限为20年，地下室防水等级为二级，其中设备用房为一级。其余配电房、开关站、水泵房、煤气调压站、配套用房为多层建筑，耐火等级为二级，屋面防水等级为Ⅰ级，防水耐用年限为20年。建筑结构安全等级为二级，设计合理使用年限50年，抗震设防类别为标准设防类（丙类），建筑抗震按7度设防。项目于2020年10月开工，2021年10月完工，2021年完成工程投资4000万元。

【商业综合体】 城北水街综合商业体建设项目位于普陀城北区域，总用面积158154平方米，

璟兴佳苑（区城投集团提供）

总建筑面积50610平方米，项目计划总投资6亿元，共分5块区域，包括风情商业区、休闲餐饮区、办公商贸综合区、湿地公园、精品民宿区，主要建设打造商业开发、餐饮娱乐、旅游观光等元素，形成普陀海岛文化地标特色商业综合体。目前主体结构基本成型，实施装修装饰、附属设施建设等。项目于2020年开工，计划2022年完工。2021年，完成工程投资1亿元，累计完成投资3.2亿元，工程总进度完成65%。

城北水街（区城投集团提供）

【河道及景观提升】 普陀中小流域舵岙河（应家湾水库—新塘闸段）综合治理二期工程是城北区域河道治理的重要组成部分，该项目主要建设内容包括河道整治617米、新建配水泵站1座、铺设配水管道4.58千米、新建潜流人工湿地1座、布置水质提升沉水植物13600平方米、布置调蓄湿地2处、新建绿道1952米、新增绿化面积30217平方米等。河道防洪标准、排涝标准为20年一遇，截洪沟设计标准为10年一遇。项目于2020年2月初开工，2021年8月底完工。项目总投资8000万元，2021年完成工程投资4000万元。

舵岙河主干河河道及景观二标段建设工程的主要建设内容为舵岙河820米主干河道整治，包括河道疏浚、土方开挖、土方回填、打松木桩等。景观绿化打造提升，包括景观铺装6504平方米、绿化栽植面积22452平方米以及景观道、景观灯、景观桥等内容。2020年1月开工建设，2021年5月底完工。项目总投2000万元，2021年完成工程投资500万元。

【基础配套设施建设】 兴普大道（海天大道）南侧城市次干道工程位于普陀区城北区域，是集商业、金融、休闲、观光、交通功能于一体的重要城市公共设施带，主要建设内容为灵秀街隧道及接线工程，项目起点为海莲路与灵秀街交叉口，路线向西北，穿越尖峰岗，终点为隧道西北侧出口，接规划纬二路，路线全长1302米，道路等级为城市次干路，设计速度每小时40千米。项目总投资为2.4亿元，工程于2021年9月16日正式开工，计划于2024年完工。截至2021年年底，完成投资2400万元，完成工程量的10%。

普陀城北支八路建设工程道路总长800米，北起主三路，南至沈应线隧道口附近，道路红线宽度12~15米。道路按城市支路标准设计时速为20千米/小时。道路排水按雨、污分流实施，雨水管道就近排入河道，污水管道沿大岭下新兴园西侧由南向北延伸，最终接入主三路污水管网。工程于2020年3月开工建设，2021年2月竣工，项目总投资为700万元，2021年，完成投资100万元。

城北次一路道路建设工程一期位于普陀区城北区域，起于兴北中路，终至海天大道，建设内容包括道路工程、桥梁工程、排水工程、交通工程，道路总长224米、宽24米。项目于2021年4月开工，于2021年12月完工，项目总投资1300万元，2021年，完成投资1000万元。

【景观绿化工程】 海天大道（普陀段）改造工程—道路北侧绿化景观工程（二标段），建设总面积约24000平方米，其中绿化面积约18000平方米，主要建设内容包括景观步行道铺装、千层石景观、桐庐石、亲水铺装平台、座凳、小品雕塑及绿化种植养护等。工程于2020年11月开工，2021年3月完成竣工验收，总投

海天大道(普陀段)道路北侧绿化（区城投集团提供）

资 1100 万元,2021 年,完成投资 1000 万元。

应家湾区域景观提升改造工程位于应家湾水库大坝脚下至舵岙之源调蓄湿地,项目内容包括交通道路、球场、儿童活动场地以及景观绿化等。项目于 2021 年 3 月开工,12 月基本完工，项目总投资 350 万元,2021 年,完成投资 330 万元。

【开山及边坡治理工程】 徐家山二期场地平整工程位于城北区徐家村，用地面积约 126660 平方米,主要建设整地平场和开山工程,计划开采土石方总方量 261 万吨，采矿期 4 年。项目于 2019 年底开工，计划 2023 年完工项目,总投资 8000 万元,2021 年,完成投资 1500 万元。

城北 E-03 地块场地平整工程位于普陀区城北加油站东侧、舵岙花苑北侧和政府保障房四期西南侧连接线地段,总用地面积 15000 平方米，主要建设整地平场及边坡治理,建设内容包括削坡、锚杆支护、主动防护网、挡土墙、截水沟、绿化及相应的附属工程。总方量 39 万吨,采矿期 2 年,总投资约 2200 万元。该工程于 2020 年 10 月 28 日开工，计划于 2022 年完工，项目投资 1200 万元,2021 年,完成工程投资 800 万元。

（撰稿:戴凌）

六横开发建设

【概况】 2021 年,六横管委会实现财政总收入 9.77 亿元,其中一般公共预算收入 5.43 亿元,剔除调控因素后,比上年同口径增长 22.5%；实现规模以上工业产值 102.2 亿元,同比下降 9.2%,规模以上工业增加值增速-7.4%;完成固定资产投资 16.7 亿元,同比增长 9.5%。临港工业稳步发展，全年完成船舶修理 834 艘,同比下降 3.4%,其中外轮修理量 584 艘,同比下降 11.2%。全年船舶工业产值 50.9 亿元，同比下降 29.4%。浙能电厂、浙能光伏发电保持平稳运行,完成火力发电量 113 亿千瓦时,光伏发电 3782 万千瓦时，实现产值 39.5 亿元,同比增长 26.5%。国电海上风电保持稳定发电，全年发电 6.5 亿千瓦时,实现产值 2.3 亿元,与上年持平。浙能港口、武港码头等物流企业产能持续释放,全年实现港口吞吐量 8706 万吨，同比增长 6.2%。

中石化 LNG 接收站项目、浙能 LNG 接收站项目获国家发展和改革委员会赋码;中奥能源油品储运扩建工程完成 29 座储罐主体安装任务;鑫亚 1 号舾装码头(20 万吨级)改造工程完工,投入运营;盛达燃料油中转加注基地、浙江盛海六横清洁能源、六横峧头地块住宅建设项目等重点项目建设有序推进。全年到位市外资金 16 亿元，实际使用外资 2500 万美元。引进中国化学新能源材料一体化项目、浙能六横 CCUS 示范电厂项目、中圣 LNG 冷能综合利用项目、中远海运重工新能源船舶修造基地项目等一批重大项目。

【中石化浙江舟山六横 LNG 接收站项目】 该项目计划总投资 120 亿元，一期建设 1 座 8 万~26.6 万立方米 LNG 码头、1 座 LNG 装船码头（2 个 4 万立方米泊位),陆域建设 4 座 22 万立方米储罐及气化外输、LNG 装车等工艺设施,接转规模达 700 万吨/年。该项目拍得项目土地,获国家发展和改革委员会赋码，提交自然资源部项目用海预审申请。

【浙能舟山六横液化 LNG 接收站项目】 该项目计划总投资105亿元，设计规模为年接收能力600万吨，配套1座15总吨专用码头、1座综合码头、6座20万立方米以上储罐，配套建设外输管道，一期征地面积670亩(约44.67公顷)。该项目获国家发展和改革委员会赋码，提交自然资源部项目用海预审申请，初步设计完成场地平整和地基处理，启动施工图设计。

【浙江中奥能源油品储运扩建工程项目】 该项目计划总投资23亿元，建设规模87.6万立方米，建设罐组四、罐组五、罐组六、罐组七共29座储罐及生产辅助用房。2021年，完成投资6.47亿元，完成所有桩基工程、管桩工程，完成所有罐基础，完成综合办公楼和中控楼主体结构建设，着手管沟、防火堤、场地等土建工程，安装工程完成50%。

20万吨级鑫亚1号舾装码头改造工程（六横管委会提供）

【盛达船用燃料油中转加注基地项目】 该项目计划总投资20亿元，总用地面积18.71公顷，结合油品储运扩建工程规划，新建8号、9号、10号3个罐组，储罐25座，总罐容79.4万立方米，并规划新建长输管道输送首站和码头油气回收装置。2021年，完成投资1.44亿元，开山工程完成93%，完成开山工程基建期验收，开展边坡施工、边坡检测。

【鑫亚1号舾装码头(20万吨级)改造工程】 该工程计划总投资1.3亿元，项目对原1号舾装码头(20万吨级)的平台进行改造，改造方式为高桩梁板式结构的透水构筑物，在原海域新增透水构筑物约1公顷，建设相应设备设施。2021年，完成投资1.3亿元，项目建设完工并投运。

【六横盛海清洁能源生产项目】 该项目计划总投资1亿元，总用地约89亩(约5.93公顷)，依托浙能煤炭中转基地的堆场及码头，建设清洁能源生产基地，年加工产能500万吨。其中一期用地50亩(约3.33公顷)，建设年产能250万吨。2021年，完成投资808万元，泵房整体工程已完工。

【六横峧头地块住宅建设项目】 该项目计划总投资7.6亿元，项目总用地面积为37882平方米，总建筑面积为127493平方米，地上面积94654平方米，地下面积32839平方米。该工程由2栋16层住宅、11栋17层住宅及底层商业配套、1栋2层配套用房及3栋1层住宅公变组成。

中奥能源油品储运扩建工程（六横管委会提供）

六横岐头地块住宅建设项目（六横管委会提供）

2021年，完成投资2亿元，桩基、围护及土方全部完成，基础工程完成95%，主体工程完成10%。

【六横LNG产业园围填工程】 该工程计划总投资4亿元，建设内容包括3000亩（200公顷）围垦土地吹填、回填及“三通一平”（水通、电通、道路通和场地平整）等基础设施配套，启动2250亩（150公顷）青山湖围堰建设。2021年，完成投资5050万元，高区场地开挖平整完成18万立方米，临时土堤完成约60米，临时土石堤完成约710米，编织土工布铺设完成47.5万平方米，砂被堤完成42千米，低滩吹填区吹填砂完成28万立方米。

（撰稿：张家玮）

虾峙开发建设

【东白莲油品储运项目】 该项目位于虾峙镇东白莲岛，由舟山华泰石油有限公司投资建设，计划总投资33.6亿元，建设450万立方米汽、柴、燃料油、原油储运基地，并具有油品调合功能及配套附属设施储油库区。列入省市、区“三重项目”。用地约1600亩（约106.67公顷），建造450万立方米油罐群和30万吨级、15万吨级、3万吨级、5000吨级油料装卸码头及1000吨级工作码头各1座。

项目山体开采进入收尾阶段，矿区环境保护治理基本完成，项目场地整平达到工程施工要求；南边海塘（750米）加固工程、山塘建设工程（生活生产用水）、日产200吨级海水淡化设施、1000吨级工作船码头建设完成；跨海35千伏电力设施建设完成设计和政策处理和审批工作；15万吨级、3万吨级、5000吨级油料装卸码头建设施工，累计完成80%的工程进度；一期库区建设方案按期完成调整。

【西白莲船舶修造项目】 该项目位于虾峙镇西白莲岛，由舟山亚泰船舶修造工程有限公司投资，投资8.56亿元，建设20万吨级船舶修造基地。2012年4月，完成30万吨级、15万吨级修船坞、车间及综合办公大楼、35千伏变电站等一期主体工程。2014年6月底，舟山亚泰船舶修造工程有限公司与舟山市鑫亚船舶

东白莲油品储运项目在建油料装卸码头（虾峙镇提供）

修造有限公司签订生产经营战略合作协议。2021年7月，舟山市鑫亚船舶修造有限公司全资控股舟山亚泰船舶修造工程有限公司。2021年，实现产值4.3786亿元，比上年增长1.5%。

【虾峙岛临港产业基地项目（虾峙船舶）】 该项目位于虾峙岛西北端，项目规划用地1700亩（约113.33公顷），2008年完成用地红线内所有征地拆迁任务，项目一期工程于同年开工建设，累计取得857亩（约57.13公顷）土地，完成256亩（约17.07公顷）海域使用权围垦。因受金融危机影响，船舶市场低迷，且国家对船舶修造行业产能控制，限制大型船坞的建设审批，项目建设停滞。2021年，政府和企业推动招商合作，发展大宗商品物流、海洋工程装备制造等大型临港产业。

位于西白莲岛的舟山亚泰船舶修造工程有限公司（虾峙镇提供）

【金钵盂临港产业园项目】 2020年10月，金钵盂临港产业园项目通过招商引资，浙江青山数科科技有限公司获得浙江丰顺船舶重工有限公司在金钵盂所有资产，计划布局临港产业园项目。建设年产70万吨冷轧钢厂、30万吨不锈钢加工厂、物流仓储、保税加工贸易、绿色建材及大宗商品交易六大板块，项目总投资约22亿元，总用地面积约1500亩（100公顷），建成投产后产值可达100亿元以上。2021年，该项目开展水、电、海塘等配套基础建设，以及主体不锈钢项目前期准备工作。

（撰稿：董良）

编辑：陈思羽

城乡建设与生态环境保护

综 述

2021 年，普陀区贯彻落实《中共舟山市委、舟山市人民政府关于建设海上花园城市的指导意见》精神，紧扣打造自由贸易先行区、海上花园会客厅发展定位，出台《舟山市普陀区 2021 年海上花园城市建设攻坚行动实施方案》，实施海上花园城市建设八大攻坚行动 21 类 51 个项目，完成年度总投资约 33 亿元。

出台《普陀区沈家门片区城市有机更新实施意见》。完成《沈家门片区污水专项规划》等规划编制。推进城市交通拥堵治理。新建、提升改造东港至塘头滨海道路等城市道路 8 条，推进小蒲湾路东向延伸段道路等断头路 2 条，拓宽普陀兴建路（渔市大街—天吴隧道接线）瓶颈路，完成东港海莲路（东港隧道—海天大道）道路“白改黑”；新增停车位 2179 个；整治完成城区道路飞线 3 条。推进景观亮化美化提升。完成沈家门渔港夜景亮化工程，打造“一港两岸”滨海景观带。加快中央山体公园、江湾滨海公园 2 个城市公园打造，建成口袋公园 5 个，全年新增城市绿道 8.96 千米。持续推进拆违攻坚战。实施“三改”（旧住宅区、旧厂区、城中村改造）34.12 万平方米，拆除违法建筑 3.52 万平方米，拆后土地利用率 96.14%。完成“四边三化”（在公路边、铁路边、河边、山边等区域开展洁化、绿化、美化行动）整治点位 38 个。推进美丽城镇建设。完成虾峙镇美丽城镇建设基本达标。加快补齐农村生活污水治理短板，污水处理出水排放达标率 92.37%；新增标准化运维设施 44 个，实现日处理能力 20 吨及以上农村生活污水处理设施标准化运维全覆盖。是年，区住建局被市委、市政府、舟山警备区表彰为拥军优属先进单位。

改善城乡人居环境

【“三改一拆”】 2021 年，区住建局以“控新增去存量”为工作主线，实施“三改”34.12 万平方米，拆除违法建筑 3.52 万平方米，拆后土地利用率达 96.14%。完成“四边三化”整治点位 38 个。排摸整治涉及防汛安全隐患违法建筑 56 处。

【美丽城镇建设】 虾峙镇新时代美丽城镇建设基本达标。普陀区落实“强基增效双提标”要求，

虾峙镇美丽城镇建设样板镇创建（区住建局提供）

结合美丽乡村、景区村庄建设，加快补齐农村生活污水治理短板，污水处理出水排放达标率92.37%，处于全省前列；新增标准化运维设施44个，实现日处理能力20吨及以上农村生活污水处理设施标准化运维全覆盖。

【城乡风貌整治提升】 普陀区成立城乡风貌整治提升（未来社区建设）工作专班。编制《行动方案》，重点打造“新时代富春山居图城市样板区”东港城市风貌样板区。以第二批省级未来社区获批为契机，加快推进夏新未来社区建设，努力打造引领全省的未来社区“普陀样本”。

市政建设

【东港海莲路（东港隧道—海天大道）“白改黑”】 该项目建设主要内容为2021年东港一期市政道路海莲路段提升改造工程，改造道路长度1625米、宽度40米。主要内容包括道路、雨污分流管网及其他相关附属设施提升改造，灵秀街增设污水主管842米。2021年4月进场施工，12月完工。累计完成投资6000万元。

【东港至塘头滨海道路工程】 项目建设地址南起东港海莲路，北至展茅至东港最美公路，总用地面积16151平方米，主要建设内容包括道路工程、箱涵工程、管线工程及绿化工程等相关配套设施。其中，道路全长1053米，设置箱涵3座，绿化面积11736平方米。按城市支路标准设计，设计时速20千米，路面结构设计荷载为BZZ-100型标准轴载。2020年9月进场施工，2021年12月完工。累计完成投资4100万元。

东港至塘头滨海道路工程（区住建局提供）

【沈家门西河泵站扩建改造工程】 该项目位于滨港路沿海一侧，搭建海上平台，建筑面积约为130平方米，主体功能为排水泵房和公共观景平台，新建泵房设计流量为3万立方米/小时，改建泵站上游河道扩建长度约70米，新建配电房及配电设施。2021年4月底进场施工，12月完工。累计完成投资500万元。

【登步岛品质河库改建工程】 该项目主要改建游步道3条，总长2297米。其中，改造3.65米宽游步道130米、2.85米宽游步道438米、2.2米宽游步道1729米。

沈家门西河泵站扩建改造工程（区住建局提供）

改建内容为路面及排水、绿化等相关附属设施。2020 年 6 月进场施工,2021 年 4 月完工。累计完成投资额 447 万元。

城区住房建设和改造

【保障性住房建设】 2021 年,全区竣工、交付上戚家(城北 E-01-02 地块)安置房 699 套,总投资 4.76 亿元。该项目总建筑面积 89825 平方米,其中,住宅用房建筑面积 63078 平方米、附属用房建筑面积 1205 平方米、地下建筑面积 25542 平方米、并建设其他相关配套设施。

【老旧住宅小区改造】 2021 年,普陀区投入资金 2.5 亿元,推进全区 258 幢老旧小区改造,主要涉及建筑修漏、结构补强、建筑立面、道路楼道、管线箱体、车棚车库、附属设施等。对部分有条件老旧小区增加道路提升、雨污分流改造、智安装监控、健身器材等内容。倡导老旧住宅加装电梯,4 月,沈家门玫瑰园小区举行普陀城区首台既有住宅加装电梯竣工仪式,实现既有住宅加装电梯"零"突破。

【无卫生设施提升改造】 2021 年,普陀区在全市率先开展无卫生设施住宅"厕所革命",按"全覆盖"原则,经排查确定,沈家门城区内无卫生设施房屋共 667 户,按"一户一案、一幢一册、一片区一规划"原则,采取征迁安置(355 户)、异地搬迁安置(46 户)、就地改造(266 户)等方式,内分片区、分阶段完成无卫生设施住宅提升改造工作。是年,完成区内 377 户无卫生设施提升改造任务。

【提升居民小区物业管理水平】 2021 年,普陀区完成 260 幢无物业居民小区物业引入工作,累计完成 961 幢,实现全区居民小区物业管理全覆盖。6 月,区住建局、区财政局出台《普陀区居民小区物业服务提质全覆盖考核及奖励办法》,将物业小区、物业全覆盖住宅和居民自治小区均纳入考核评价范围,用直观分数、透明体现物业工作成绩,以实绩论"英雄",激发物业企业加大物业管理主动性和积极性。打造数字社区,以中洲社区金鹰海景和金洋花园两个小区为试点,通过集成"平台+管家"、数智医养、智能安防、社区版房屋租赁、出租房安全管理等子场景,提供满足政府、社区、物业、市场主体、居民等多元对象需求的基本功能单元系统,让老旧小区"变身"未来社区。

老旧住宅小区改造后的新街群楼(区住建局提供)

房地产管理

【房地产市场】 2021 年,普陀区审批发放商品房预售许可证 29 件,批准预售面积 42.99 万平方米,套数 4047 套。办理增量商品房和存量二手房网签成交分别为 4034 套和 3212 套,成交面积分别为 41.09 万平方米和 28.06 万平方米。其中,住宅商品房交易套数 3145 套,面积 31.6 万平方米,交易均价 14776 元/平方米;存量二手房交易套数 2957 套,面积 25.19 万平方米,交易均价 9248 元/平方米。核准房地产资质证书 1 件;办理商品房预转现项目 2 件;召开新开商品房项目格式买卖合同第三方专业律师会审 2 次,累计建立商品房项目预售资金监管清册台账 18 个,对低效商业(办公)用房进行全面摸底调查，与招商等部门对接，盘活低效商业(办公)用房6.38万平方米。

【房地产市场管理】 2021年，区住建局落实各项房地产调控政策，规范房地产市场秩序，促进房地产业平稳健康发展。根据市委、市政府扫黑除恶专项行动安排，对房地产领域涉黑涉恶违法现象进行排查，向浙江省房地产经营管理系统平台报送房地产企业风险防控排查报表12份，处理各类房产领域信访投诉纠纷615起，办结率100%。对房产中介机构违法违规行为开展专项整治，全区中介市场总体情况尚好，未发现明显违法违规现象。

【房产交易】 2021年，继续落实商品房销售一房一价制，全区办理房产交易3776件，交易面积33.11万平方米，金额30.1亿元。办理商品房网签备案3114件；办理预售商品房合同变更31件、退房99件。

【物业管理】 2021年年底，全区有物业服务企业36家，其中，外来企业备案12家、注册定海区与新城9家、注册普陀区15家；物业服务在管项目100（包括商业)个。全年累计收缴(催缴)物业专项维修资金7件，收缴专项维修资金2735.37万元；办理保修金收缴和催缴8件，累计收缴金额2230.38万元；88个小区申请物业专项维修资金，累计划拨物业专项维修资金897.32万元；办理物业用房证明24件。

【保障性住房管理】 推进公租房申请受理常态化，2021年，全区新增城镇中等偏低以下收入住房困难公租房保障家庭356户，享受租金补贴保障家庭1741户，享受实物配租保障家庭1238户。全年发放公租房租金补贴1064.4万元。新增新就业大学毕业生公租房保障86人，根据《舟山市普陀区关于进一步加大高校毕业生招引工作支持力度的实施办法》(舟普委人才办〔2020〕10号)文件精神，对83名全日制本科毕业生予以免租3个月政策优惠。

公租房申请受理常态化（区住建局提供）

【白蚁防治】 2021年，全区承接新建房屋白蚁工程17个，面积89.16万平方米，新建房屋白蚁预防工程完工面积89.16万平方米。承接个人家庭装修白蚁预防手续30户，面积0.3万平方米，完成家庭装修白蚁预防30户，面积0.3万平方米，白蚁勘查灭治9户。完成住房保障服务中心白蚁防治外包公开招标工作，涉及白蚁防治面积111万平方米，投入保障资金约80万元。

建筑业管理

【概况】 2021年，普陀区实现建筑业产值58.2亿元，全年平均从业人员0.8万人，工程项目一次验收合格率100%。全区建设系统安全生产形势总体平稳。恒尊集团有限公司、浙江银誉建设工程有限公司等3家企业被评选为市、区先进企业，获奖励资金131万元。实现绿色建筑全覆盖，永兴村(黄沙湾地块)安置房建设工程等2个项目被评选为市绿色建筑示范项目，完成可再生能源利用26.3万平方米。

【建筑企业】 2021年，全区新增建筑企业13家，获批新增三级资质15项。至年底，全区有建筑施工企业105家(包括一级企业

12家，二级企业51家，三级企业24家）；监理企业5家；招标代理机构7家。至年底，全区建筑业工程各类专业工程师以上总数1079人，其中，一级建造师194人、二级建造师628人、注册监理工程师56人。

【建筑行业管理】 普陀区开展建筑市场行为、招投标行为、建设工程合同履约检查等专项检查，2021年，办理行政处罚案件3件，累计对3家单位和2名个人实施行政处罚，罚没款17.46万元；将检查中发现的部分项目涉嫌存在未取得施工许可证擅自施工、未经竣工验收擅自投入使用、涉嫌违法转包的违法行为，根据要求，将案件移交给区综合行政执法局调查处理，共移交项目9个。处理3起招投标投诉。巩固"无欠薪"创建成果，基本实现在建工程"六项制度"全覆盖，实现智能化考勤项目60个，占全区大中型建筑项目的100%，建筑企业拖欠问题得到有效控制，预防和处置欠薪长效机制全面落实。

【建设工程质量安全监管】 2021年，区住建局强化日常监督和巡查力度，完善"双随机、一公开"等监督检查方式，开展春节节后复工、建筑工程质量安全综合执法检查等各类专项检查和安全生产月等活动，重点对全装修住宅工程装修原材料、保障性住房工程的实体质量进行检查。组织综合执法检查以及建筑起重机械、支模架脚手架、防台防汛等

区住建局开展"安全生产月"活动宣传（区住建局提供）

各类专项检查累计160余次，检查工程45个，工程总建筑面积约234万平方米，造价66亿元，涉及建设单位35家，施工单位37家，监理单位25家，发放限期整改通知书25份，停工整改通知书4份，发现和落实整改问题1300余条，并及时予以督促整改。是年，全区有5个工程获2021年区级、市级文明施工标准化优良工地称号。

【建筑节能】 普陀区实现绿色建筑全覆盖，民用建筑按一星级以上绿色建筑标准建设，政府投资公共建筑，按二星级以上绿色建筑标准建设。永兴村（黄沙湾地块）安置房建设工程等2个项目被评选为市绿色建筑示范项目，完成可再生能源利用26.3万平方米。新开工新型建筑工业化项目4个，面积28.38万平方米。

【全装修住宅质量管理】 2021年，普陀区在全市率先出台《住宅全装修项目质量监管办法（试行）》，对预售、施工、分户验收、交付等环节进行细化规定，并对办法落实情况开展专项检查，累计检查在建工地79个（次），发出限期整改通知书24份，停工整改通知书4份，对5家单位予以通报批评，对2家单位予以行政处罚。加强合同和程序管理，会同市场管理部门，组织律师对新开商品房买卖合同格式进行联合会审，防范合同中可能存在漏洞。

【行政服务】 2021年，区住建局简化审批流程，优化审批服务，网上办件比例达到100%。推行"延时服务""预约服务""上门服务"，开展"我来办"服务50余次，最大限度减少企业和群众跑腿次数。全年受理办结申请件1309件，即办件1245件，即办比例达到95%。28个项目实现竣工图电子化，平均每个项目为企业节约图纸扫描时间5天，累计节

省图纸扫描和打印费用 110 余万元。

（撰稿：金袁晨）

区住房公积金管理

【概况】 舟山市住房公积金管理中心普陀区分中心（简称区公积金分中心）根据市住房公积金管理中心授权，负责普陀区业务范围内住房公积金归集、支取、使用等管理工作。2021 年，公积金业务收入 5094.66 万元，同比增长 5.42%；业务支出 2740.75 万元，同比增长 3.56%。增值收益 2353.91 万元，净收益率 1.42%。根据收益分配规定，是年提取公积金贷款风险准备金 1412.35 万元，提取公积金管理中心费用 420 万元，提取廉租房建设补充资金 521.56 万元。

【住房公积金归集】 2021 年，全区归集住房公积金 7.11 亿元，同比增长 8.09%。正常缴存住房公积金单位 938 家，实缴职工 30806 人，同比增长 1.91%。全年净增 132 家单位 578 人。至年末，住房公积金归集总额 56.66 亿元，归集余额 16.54 亿元。

【住房公积金支取】 2021 年，全区支取住房公积金 5.58 亿元，同比增长 1.21%。其中，购建房支取 1.34 亿元，职工离退休支取4703.26 万元，偿还购房贷款本息支取 3.02 亿元，支付房租支取 2727.98 万元，封存 5 年到期及其他原因支取 4744.28 万元。历年累计提取公积金总额 40.12 亿元。

【住房公积金贷款】 2021 年，普陀区发放住房公积金贷款 580 笔 2.06 亿元，同比增长 2.19%。收回住房公积金贷款 1.74 亿元。年末逾期贷款余额 2.32 万元，贷款逾期率为 0.0017%。至年末，累计发放贷款 10301 户，尚有存量贷款 5070 户，贷款余额 13.76 亿元，同比增长 2.35%，存贷比 83.19%。全年发放贴息贷款 1491 万元，至年末，贴息贷款余额 1.92 亿元，表内外总存贷比为 94.80%。

【住房公积金政策调整】 缴存政策调整：2021 年职工住房公积金月缴存工资基数上限为舟山市统计部门公布的 2020 年度全市职工月平均工资 9525 元的 3 倍，即 28575 元；缴存基数下限为 2020 年度养老保险最低缴费基数，即 3957 元。

贷款政策调整：根据省住房和城乡建设厅《关于我省落实高层次人才安居政策中住房公积金申贷缴存时限规定有关情况及意见的函》有关规定，暂停执行高层次人才优惠政策中放宽缴存时限规定。高层次人才申请住房公积金个人住房贷款的，需连续足额缴存住房公积金 6 个月（含）以上，转移接续的可合并计算。全市退役军人优惠政策缴存时限调整为需连续足额缴存住房公积金 6 个月（含）以上。根据住房和城乡建设部、财政部、中国人民银行、中国银行业监督管理委员会《关于规范公积金个人住房贷款政策有关问题的通知》（建金〔2010〕179 号），恢复住房公积金二套房贷款利率。职工家庭购买第二套住房申请公积金贷款的，贷款利率不低于同期首套住房公积金个人住房贷款利率的 1.1 倍。

提取政策无调整。

公积金助力老楼加梯（区公积金分中心提供）

【便民服务】 2021年,区公积金分中心重点针对全市既有住宅加装电梯,推出"公积金助力老楼加梯"专项行动,通过摸底调研、上门服务、全面宣传,为3名符合既有住宅加装电梯公积金提取条件的职工办理公积金提取15.4万元。

推进数字化改革工作,依托数据共享、网点布局、跨省通办等多项改革措施,构建"网上随时办、跨省远程办、全域就近办、简易快捷办"公积金服务新模式。推动政务服务2.0线上线下融合工作,细化"浙里办"App体验,新增4项功能;推进"跨省通办"服务,实现8项公积金业务在全国范围内设立专窗的公积金中心"跨省通办";增设9个住房公积金业务银行延伸服务网点,至年底,普陀区网点总数28家;将数据共享覆盖线上线下各类平台,继续扩大跨部门一件事联办业务范围。

(撰稿:张雨琦)

旧城区改造

【概况】 2021年,区旧城改造中心统筹开展全区新一轮棚户区(城中村)改造、重点区块改造及"清零清场"工作;持续推进城乡危旧房改造工作;出台印发《普陀区城镇危房实质性解危三年行动方案(2021—2023年)》。

【棚户区(城中村)改造】 2021年,完成中弄、夏新、原沈一小(原沈家门第一小学)等9个棚户区(城中村)改造工作,涉及户数2008户,建筑面积20.45万平方米,年度完成征收规模和推进进度全市第一。其中原沈一小、原省海洋水产研究所、翟岙、中沙头8号楼、芦西南、龙湾小区6个地块签约率100%,其余3个区块签约率均在98%以上。

芦西南地块拆迁范围红线 (区旧城改造中心提供)

【其他征收工作】 2021年,完成中沙头区块8家企业征收,征收土地80亩(约5.33公顷),涉及征收补偿金额约2亿元。推进城西片区企业征收工作。制订普陀城西片区工业用地房屋征收与补偿方案,做好征迁过程中企业分类处置及转移政策梳理,加强征收业务指导,完成城西片区徐福酒业等9家企业委托征收工作,涉及征收补偿金额约3亿元。

【城乡危房治理】 制定出台《普陀区城镇危房解危三年行动方案(2021—2023年)》,区旧城改造中心会同属地街道启动城镇危房实质性解危工作。根据在册危房现状质量总体评估情况,按"先易后难,能快则快"原则,通

2021年拆迁地块完成情况

表35

拆迁地块	户数	建筑面积(平方米)	签约率
中弄	279	52000	98%
原沈一小南侧	59	3000	100%
夏新	175	28000	98%
原省海研所周边	196	19000	100%
翟岙	63	11000	100%
中沙头8号楼	61	5000	100%
芦西南	170	26000	100%
石弄小区及发达路	277	16500	99%
龙湾小区	728	44000	100%

过老旧小区改造维修加固、棚户区改造拆除、成片危旧住宅小区征收拆除等多种手段同步进行，提前一个月完成全年解危任务，涉及全区城镇C级危房解危126幢3418户、建筑面积20.73万平方米。完成农村四类困难群众改造5户、建筑面积513平方米，并做好困难群众危房改造救助资金审核下发工作。继续做好全区317幢危旧房屋巡查监测工作。创新拟定成片危旧住宅区征收改造补偿政策，在石弄小区和龙湾小区推进成片危旧住宅竞争性征收解危试点工作。

（撰稿：严萍）

城市管理

【概况】 2021年，普陀区综合行政执法局（区城市管理局）以巩固全国文明城市创建成果为主线，理顺城市管理体制机制，推进智慧城管建设；促进城市管理方式转变，推行“智慧+网格路长”；实施城乡环境整治大会战和城镇生活垃圾分类工作，提升城市管理化水平。综合执法力量下沉基层，其中桃花、虾峙、东极、蚂蚁岛、白沙岛等区域采用轮岗派驻形式下沉，并实行双重管理。执法事项数897项。其中，《舟山市综合行政执法统一目录（2020）》执法事项485项，《舟山市综合行政执法统一目录（2021）》执法事项264项，2014年、2016年划转到综合行政执法但未被收录到统一目录的执法事项130项（房地产业56项、建筑业46项、物价4项、渔政15项、旅游9项），市地方立法18项。

【法治政府建设】 区综合行政执法局组织研究新形势下法治政府建设重大、疑难问题，及时消除体制机制障碍，建立政府法律顾问和公职律师参与重大行政执法决定法制审核工作机制，完善自由裁量权、案件查处、案件办理期限、法制审核等制度建设，推进《行政执法音像记录事项清单》《重大行政执法决定法制审核目录清单》《重大执法决定法制审核流程图》3项制度落实。围绕法治政府建设和“执法效能提升年活动”要求，持续加大市容、规划、燃气、环保等领域执法办案。2021年，办理一般程序案件1146起，是上年总数的1.35倍，名列全市第一，其中非现场执法289件。

【巩固全国文明城市创建成果】 综合行政执法局以巩固创城成果、复评迎检等工作为中心，开展专项重点整治和薄弱环节攻坚。2021年，查纠占道经营、乱设摊点5000多起；整治各类“空中管线”住宅楼、私房246幢，主次干道和背街小巷204处；拍摄人行道违停车辆1万余辆，清理“僵尸车”537辆，拖离非机动车993辆。重新划分城区市容网格，以社区为单位划分26个网格，并将市政、园林、环卫纳入网格管理。

【城乡环境整治】 2021年，普陀区实施新一轮城乡环境综合整治大会战工作。开展精品示范街创建。海莲路完成投资6000万元；东河路（南段）改造工程全部结束，累计完成投资1500万元。开展“门前三包”示范街创建。对食品厂路、海印路两条示范街，不间断开展“乱停车辆、乱堆物、乱倒污水、乱扔垃圾、乱拉电线”滚动式整治，重签“门前三包”责任书145张，发出限期整改118家，办案处罚（包括非现场执法）79起。开展修售业规范整治。对165家电瓶车和船舶用品销售维修店开展联合整治，累计发放限改通知书191份，办案查处68家，督促船舶修售店清洗门前油污45家。开展餐饮业垃圾分类投放规范整治。完成全区270家大中型餐饮单位和15条街路144家沿街餐饮单位规范整治年度目标任务。开展排水许可规范整治。推进排水许可管理工作，发放通知书750余本，新增核发排水许可证721本。开展流动摊、小广告、流浪犬“清零”整治。开展“流动摊清零”整治行动493次，查扣乱设摊点1900处，立案查处102起；开展“小广告清零”行动，清理小广告、乱张贴1856处，对18个号码上报予以停机处理；开展“流浪犬清零”行动，抓捕流浪犬1227只，立案查处110起。推进智慧停车项目。普陀智慧停车一期项目于8月6日起投入运营，二期项目建设新增车位1570个。开展“席地能坐”保洁区创建。创建完成6个“席地能坐”保洁区，分别为沈家门客运站、普陀长途客运中心、东港湿地公园、沈家门北安公园、凯虹广场、莲花洋广场。

【违法建筑管理】 区综合行政执法局研究制定《普陀区违法建筑联合巡查机制》，以基层为重心，建立物业、社区、中队三级巡查机制，完善查处违法建设长效管理机制，明确拆违工作任务、责任分工。按“属地管理，各负其责，协同治理”原则，压实街道属地管理责任，形成各有关部门齐抓共管工作格局。将违建巡查纳入网格管理，分步落实细查区块，并设置专业规划综合组，采取定点、定人、定时方式开展违建巡查、查处工作。对违建排查、拆除、管控遵循“底数清”“认定准”“任务明”“严管控”四步法，2021年，受理各类违法案件176起，拆除面积29312平方米，其中“三改一拆”22处，拆除面积18200平方米。完成夏新村、大干生物园、施家岙等重点拆迁区块拆违工作。以城乡接合部违建多发区域为重点，实施延时错时、节假日不休等工作机制，机动巡查，管控新增违建。加强与资源规划、应急管理、市场监管、生态环境、住建等部门衔接，加大联合执法。对存量违建采取限期整改、依法查处，定期开展“回头看”。

【生态环境整治】 区综合行政执法局强化城区生态环境治理，重点对餐饮油烟、抛洒滴漏、里外西河水质提升、“五小”行业等开展集中攻坚。2021年，培育草花80万盆，补种灌木13800多株、草坪、花卉等15000多平方米。完成南岙苗圃建设、海天大道绿化景观提升、公园绿地灯光亮化等工程11项，总投资2050万元。

【智慧城管建设】 区综合行政执法局依托智慧城管平台，整合数据资源、统一案件受理、强化部门联动、加强决策分析、强化智能应用，提升城市管理“整体智治”水平。2021年，智慧城管平台受理案件45000多起，城市管理各类问题及时处置率99%以上。完善城市基础数据库，完成3437条店铺信息数据录入，配备单兵执法仪255台。智慧应运进入实践阶段，率先实现与省综合执法办案系统对接，启用人行道违停拍摄、简易案件受理终端、移动监控拍摄、噪声一件事等，完成与市智慧城管市政监管、环卫、渣土车等系统对接。街面智能预警系统发现处理案件7598起。

乱堆物专项整治（区综合行政执法局提供）

【执法办案】 区综合行政执法局持续加大市容、规划、燃气、环保等领域的执法办案力度，办案数量、办案质量、办案能力实现全方位提升。2021年办理一般程序案件1146起，为2020年总数的1.35倍，名列全市第一，其中非现场执法289件。

【便民服务】 2021年，区综合行政执法局完成城区31座桥梁和3座隧道检测、5座老旧公厕整体提升改造、29座公厕服务提升、公园健身器材更换、流浪犬整治、海印路绿化提升、海岛液化气标准化管理等民生关键小事。推进东港城市景观河道水质治理，里外西河水质达到五类水质标准。对水产车、渣土车实施源头防控治理，全年立案258起，罚款86.04万元。

2021年，借出公共自行车23万辆次，日均700余辆。上半年与市民卡中心及永安公司对接，对公共自行车涉及第三代市民卡系统问题进行全站点升级工作,6月10日前已全部升级完毕。日常做好运营维护工作,维修公共自行车断线站点173个,修理常闭和故障的车桩1356个,回收故障公共自行车28辆。抓好投诉信访工作。信访室受理各类信访案件783起,其中接待群众来访7人次,对信访人做谈话笔录2次;上级部门信件转办771件,自办件5件。所有案件都已办结,结案率100%。

区综合行政执法局受理党代表提案1件,人大代表建议(议案)10件,政协委员提案11件。22件建议提案均在规定期限内提前办理完成,办结率、面商率、满意率100%。

【市政设施养护】 2021年,普陀区修复城区道路面积17658平方米,修复调换损坏窨井盖187只、警示柱902根,更换侧石417米、修复树池50只;防浪堤护栏更换1800米、油漆600米;修复拆装护栏1437米;更换广告160幅;维修灯具695盏;开展19套公交专用车道抓拍设备升级改造;对473套市政公共消火栓、鲁家峙大桥18座航标进行日常维护;规范管理道路挖掘审批修复,挖掘审批件49件;开展设施安全大排查、路面坍塌排查工作,在东港海洲路开展4千米的路面塌陷隐患专项探测,消除道路安全隐患。

全年疏通、清理各类排水管网320千米,清理渠道2千米,向临城5号污水泵站输送污水567万立方米。做好管网应急处置,完成北线污水总管应家湾通道桥处抢修、银港街管网修复及鲁家峙污水管网检测、南线4号污水泵站管网抢修、城北污水总网抢修等工作。对容易堵塞、低洼地、积泥池等地段在汛前清理,落实闸门日检、定检、随检相结合维护制度,保证城区排水系统的正常运行。

6月8日,桥梁隧道定期结构检测(区综合行政执法局提供)

加强河道管理,推进"五水共治"工作。里、外西河河道治理项目进入5年河道养护期。永兴河加大保洁力度,每天安排专人巡河,随时掌握河道水质变化、排水口等情况,发现问题及时处置。

定期清洗6座隧道,落实鲁家峙海底隧道电梯定期检修和专人管理,完成31座大小桥梁、3条隧道结构定期检测;开展鲁家峙大桥、沿海高架桥静(动)载试验检测招标、桥梁隧道维修项目施工图设计、招投标前期准备工作。

【生态问题整改工作】 7月底,区综合行政执法局完成沈家门11.3千米污水管网检测及6千米道路周边污水纳管排查工作,管网修复工作完成招投标,11月中旬开工,施工造价约1817万元。完成滨港路10个排海口监控安装,4月投入使用(滨港路合计25个排海口改造,已完工13个)。加强对沿海排水口巡查管理,安排专人巡查,并开展抢修工作,累计抢修6处,投资约60万元。

【园林绿化建设】 对城区公园、广场、绿地等实行全日制巡回保洁,2021年,绿地养护面积约315.3万平方米,进圃草花124.4万盆,出圃草花80万盆,补种行道树22株,灌木约13800株、草坪约6250平方米、麦冬约3450平方米、各类草花约21.1万株。

2021年,完成绿化建设工程11项,总投资约2050万元。其

6月29日，城市排内涝演练（区综合行政执法局提供）

中，春节氛围灯光亮化工程，投资80万元；展茅晓辉经二路绿化工程，投资90万元；白沙岛零星绿化提升工程，投资45万元；新建东港二期强排泵站工程绿化修复工程，投资45万元；万德堂绿地绿化修复工程，投资45万元；海印路绿化提升改造，投资380万元；应家湾樱花园及周边绿化提升工程，投资200万元；南岙苗圃建设工程，投资450万元；东西快速路（普陀段）绿化提升改造工程，投资380万元；海天大道绿化景观提升工程（古桩月季种植），投资250万元；展茅街道岑东线美丽公路建设工程，投资85万元。

【环卫保洁提升】 2021年，完成城区291万平方米道路、社区日常保洁工作，清运城区生活垃圾10.17万吨，海岛生活垃圾0.53万吨，厨余垃圾0.64万吨，清运、处理粪便6185吨，清运处理污水4084吨；清运处理城区装修垃圾4.1万吨；清运无主垃圾2220吨；清理化粪池100余座，维修化粪池管道300余次。完成年度老城区5座公厕整体改造、29座公厕服务提升改造工作。做好物业小区外围退让部分清扫及垃圾清运工作，制定“两把扫帚并一把”实施方案，已完成沈东、沈西、东港区域47家小区。完成635家餐饮行业餐厨垃圾机械化统一收集工作，餐厨垃圾收集量每天约26.5吨。

【垃圾分类】 区综合行政执法局联合街道、规划、住建和各小区物业，多次进小区现场踩点，与业委会沟通，考虑投放点与居民楼距离、绿化、风向等多方因素，确定拟建集中投放点40个和回收站21个。完成21个“撤桶并点”示范小区土建、集中投放点、再生资源回收站放置工作，并完成第三方服务企业入驻。

【“四害”防治】 区综合行政执法局做好城区“四害”防治工作。2021年累计使用BS生物制剂

8月20日，市政协副主席张伟平（前右三）一行调研普陀区生活垃圾分类处理工作情况（区综合行政执法局提供）

2695千克、灭蚊幼缓释剂4320千克、敌百虫325千克、菊酯类药物980千克。开展春季灭鼠活动，投入灭鼠颗粒剂3000千克；夏季灭蟑活动，投入灭蟑饵剂1600千克、胶饵800盒、烟熏片3000包；在城区公共厕所周边、中转站等点位安置防鼠设施1000余个、捕蝇笼300余个；协助园林公司在公园内设置毒鼠屋185个、固定式捕蝇笼193个。

（撰稿：胡静卫）

城区供水

【概况】 舟山市自来水有限公司普陀营业所（简称普陀自来水所）位于普陀城北学运路33号，承担普陀城区及近郊供水营销、社会承诺服务、管网管理等工作。

2021年，普陀自来水所供水服务管辖范围：东至朱家尖、东港、半升洞及普陀山，西至荷花浦，北至南岙、塘头，南至舟山本岛沿海及鲁家峙、马峙、小干、登步、蚂蚁等岛屿，供水区域包括舟山本岛范围内的沈家门街道、东港街道、勾山街道、朱家尖街道及普陀山、登步、蚂蚁等岛屿，供水面积达到35.9平方千米，供水人口21.28万人，辖区内水表计量结算户15.22万户，供水普及率100%，业务涵盖供水企业服务社会所有功能。

【重点任务及大修理技改项目】 普陀自来水所继续推进市重点工程——朱家尖供水专线工程建设，至12月底，完成一、二标段主线DN800管敷设约9.2千米，已完成全线管道试压工作，完成工程总进度的85%。9月2日通过矽创智能检漏仪器设备完成朱家尖供水管网漏损监测试点工作。普陀自来水所年度目标大修理技改项目12个，完工10个，未完工2个（已完成工程预结算）。

【管网管理与维修】 2021年，普陀自来水所完善辖区内分区计量布局，完成二级分区计量结合现有分区计量，对漏损重灾区建立远传计量数据分析；利用线上区域流量计数据分析和物理隔断方式对东港区域、普陀老城区实施夜间最小流量测算，并结合小区夜间流量经验值推算，细化分析区域夜间最小水量数据，提高管网巡检工作效率，对无收益水量进行有效管控。开展管网巡检工作，全年巡查供水管网线路15156千米，检出漏点674个（其中，朱家尖201个，漏点区域比重：朱家尖30%，沈家门城区25%，东港24%，勾山17%，展茅及外岛4%），比上年减少170个，同比减少20%，依托智能检漏仪器（厦门矽创、绍兴禾达）巡查，查获漏点10个；按计划完成每季度对辖区内8条过海管道巡检。

2021年上半年完成普陀城区、离岛区域供水管网冲洗排放工作，完成试排放点位32个，正式排放点位11个，排放结果管网水质良好。

继续加大对违章用水和外单位施工管网挖破处理力度，在取消车载表严禁流动使用消防栓基础上，整治违规使用消防栓行为，发放《关于开展私用消防栓行为的专项整治通知书》60份。全年查处违章用水31起，处理外单位施工管网挖破6起，累计追回水量39093吨，维护城市供水正常秩序。

4月，登步至蚂蚁岛DE315供水过海管道遭渔船损坏，普陀自来水所在短时间内组织人员完成管道抢修工作，恢复蚂蚁岛全岛正常供水。11月，在东港至普陀山海底管道抢修工程中，首次尝试运用远程监控设备，对海上作业平台工程进度和安全情况进行实时监控，提高现场管理效率。

海中打捞上来的破损管道（普陀自来水所提供）

【营销服务】 2021年，普陀自来水所完成供水量3379万吨，比上年减少104万吨，同比减少2.98%；完成售水量3096万吨，比上年减少52万吨，同比减少1.65%。全年累计购销差率8.68%，比上年（朱家尖按供水量计算且合并计算）下降0.5个百分点。完成各类承诺服务6547件（不包含二次寒潮处理事件5171件），全年无重大投诉事件发生。

针对辖区用户水费欠费情况，普陀自来水所统筹谋划、建立“重点用户”目录，密切跟踪、分级管控、使水费回收率指标更加可控，全年完成清理历史欠费1162户。

配合政府做好旧城改造、老城区拆迁供水管网除根、市政道路配套供水管道建设，专项编制《2021年普陀营业所配合区政府工程建设任务清单》，对工程实施进度做好管控。在拆迁地块现场驻点办理拆迁户水表销户工作，累计办理销户900余户。

普陀自来水所重视“最多跑一次”和优化营商环境工作，提高线上办结率和用户满意率。至12月底，企业获得用水报装131份，报装时限均在1.5个工作日内，办理环节均为2个，办理材料均为1份。自3月实行“零收费”项目起，受理“零收费”接水工程项目44个，为企业节省费用332137元；受理水表复接850户，免收居民水表复接费用17000元。

【供水水质】 普陀自来水所执行国家饮用水标准，实施ISO 9000质量认证体系，实行公司、水厂、班组三级检测制度。检测所获数据与经济利益挂钩，保证供水水质。2021年，出厂水四大指标综合（浊度、游离余氯、细菌总数、总大肠菌）合格率100%，管网水四项综合指标（细菌总数、大肠菌群、游离余氯、浊度）合格率100%，水质标准达到国家饮用水标准。

（撰稿：卞洁）

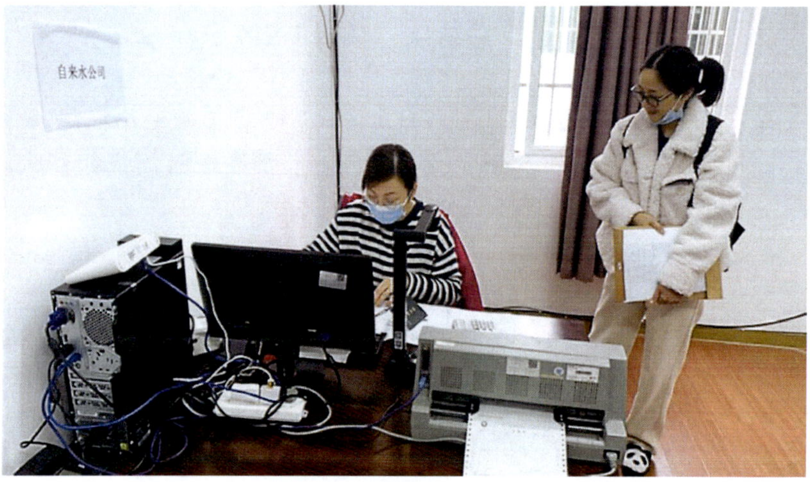

拆迁销户现场（普陀自来水所提供）

管道燃气供应

【工程改造与管道铺设】 2021年，舟山市蓝焰燃气有限公司普陀销售分公司（简称蓝焰普陀燃气公司）完成蒲湾一区、明珠花园、西大街、德仁坊、泗湾路、小西湖弄等铸铁管改造合计6492米。在辖区内新铺设PE管道12958.15米，其中，低压12258.75米，中压699.4米。管径150~300毫米管线4352.3米，管径150毫米以下管线8605.85米。至年底，普陀城区建有调压站（箱）320座。

【安全生产】 2021年，蓝焰普陀燃气公司开展员工安全意识教育和隐患排查及安全技能比武等活动，实现预期安全目标。重大伤亡、重大设备、重大责任事故和重大责任停气事故以及车辆交通事故发生率继续保持零；内部隐患整改率100%；全年接燃气报警电话1526起，其中内线报警合计1066次、其他问题报警处理403次、应急联动报警57次。危险性较大的抢险抢修和带气作业施工等安全率100%。

蓝焰普陀燃气公司安全负责人和安全员等参加舟山市蓝焰燃气有限公司安全生产例会12次。在年初分别与下属2个科队签订《安全生产目标管理责任书》和《行风建设与服务工作目标责任书》。开展新员工、转岗员工三级安全教育8人次。全年不同类型安全检查52次。开展燃气安全宣传服务活动9次，其中

10月，沈家门西大街150毫米低压铸铁管改造（蓝焰普陀燃气公司提供）

社区设摊宣传5次，节假日检查宣传2次，联合政府部门宣传2次。开展应急抢险演练7次，开展知识竞赛1次。组织业务知识培训及安全知识教育36次。完成辖区民用户户内安全检查80489户，并对查出隐患及时进行整改或作妥善处理。做好重点设备维护保养和隐患整改工作，全年进户管沉降、锈蚀整改268处；立管锈蚀整改23根；架空管锈蚀整改29处；穿墙管锈蚀整改10处。随手拍参与率100%；民用户以阀代盲2805处；调换计划到期民用表4059只，工商户到期表32只，工商户罗茨表清洗42只；调换坏表112只；调换坏火嘴626只。加大泄漏点检测力度，消除中、低压管网泄漏点1处。制订和实施二级管网巡查制度，确保管网安全运行。加强对用户宣传、管理和采取回访、检查服务，确保用户安全用气。

【供气与价格】 2021年，申请用户4257户，其中民用用户4219户、非民用用户38户，安装用户6310户，点火用户6310户。全区供气2521万立方米，其中，居民用气884万立方米，占总用气量的35.07%，公共福利用气57.3万立方米，占总用气量的2.27%，营业用气1579.7万立方米，占总用气量的62.66%。

居民生活用管道天然气供气价格：第一阶梯（0~324立方米）民用气2.95元/立方米，第二阶梯（324~1800立方米）民用气3.5元/立方米，第三阶梯1800立方米以上，民用气4.5元/立方米，执行居民气价的非民用户3.25元/立方米。

（撰稿：王毅）

自然资源和规划

【概况】 2021年，舟山市自然资源和规划局普陀分局（简称区资规分局）贯彻《中华人民共和国土地管理法》实施条例，围绕市局和区委区政府中心工作，优化空间布局，强化要素保障，统筹全域生态整体修复，推动自然资源领域改革。全年土地供应49宗，总面积905.22亩（约60.35公顷），其中划拨38宗，面积422.16亩（约28.14公顷）；出让11宗，面积483.06亩（约32.20公顷），出让金23.71亿元。完善和落实耕地保护监管机制，全区完成土地征收108.315亩（约7.22公顷），涉及征地四项补偿798.43万元，安置农业人口8人，保障劳动力人数8人。完善空间布局，完成《普陀区国土空间总体规划研究》过渡期城镇开发边界方案划定。完成国土绿化2437亩（约162.47公顷），完成2个“一村万树”示范村建设。完成普陀区（不含普陀山、朱家尖）范围19.66万亩（约1.31万公顷）公益林建设管理。构建自然资源统一确权登记制度体系，实现全区自然资源统一确权登记全覆盖。以不动产登记和建筑工程质量竣工验收备案为主线，打造便民惠企营商环境，启动颁发林权类不动产权证，受理登记业务29207件，发放不动产权证书9181本，发放不动产权证明11184份（其中抵押证明7213份）。

【土地出让】 2021年，普陀区土地供应国有建设用地49宗，总面积905.22亩（约60.35公顷），其中划拨38宗，面积422.16亩（约28.14公顷）；出让11宗，面积483.06亩（约32.20公顷），出让金23.71亿元。

区本级出让经营性用地8宗，用地面积425.59亩（约28.37公顷），出让金23.46亿元。其中，住宅用地5宗，面积330.67亩（约22.04公顷）；商服用地3宗，面积94.92亩（约6.33公顷）。出让其他工业用地3宗，用地面积57.48亩（约3.83公顷），出让价款2528.94万元。

【国土空间规划编制】 区资规分局结合普陀区“十四五”规划，编制《普陀区国土空间规划》，完成《普陀区国土空间总体规划研究》过渡期城镇开发边界方案划定工作，完成《普陀区国土空间总体规划研究》阶段性基数转换工作及“三区三线”二轮试划工作。

【控制性详细规划编制】 2021年，为推动城西传统产业园区转型升级与滨海沿线城市空间二次提质发展，区资规分局启动《普陀城西控制性详细规划及城市设计》编制工作；为深化东港山坡地片区规划定位及下步开发，完成《舟山市普陀区东港沿山单元(ZS-PT-10)茶壶甩街区控制性详细规划》，开展《舟山市普陀区东港沿山单元（ZS-PT-10)武岭隧道南街区控制性详细规划》《舟山市普陀区东港沿山单元(ZS-PT-10)武岭隧道北街区控制性详细规划》编制工作；为配合推进旧城改造，完成《舟山市普陀区沈家门街道墩头单元ZS-PT-20-06a等地块控制性详细规划》(大蒲湾地块)编制工作，开展《舟山市普陀区泗湾单元ZS-PT-21-01a等地块控制性详细规划》(教场东地块)和《沈家门荷外区块规划研究》编制工作；为推进区域开发建设，保障重点项目落地，完成《舟山市普陀区王家堂单元ZS-PT-17-H-32地块控制性详细规划》(城北党校地块)、《舟山市普陀区ZS-PT-16-E-03地块控制性详细规划》(城北加油站旁地块)、虾峙金钵盂岛、城北开山地块、普陀市民中心、普陀区新塘单元ZS-PT-15-G-10等地块控制性详细规划编制工作。

【第三次全国国土调查】 根据国务院、省、市关于开展第三次国土调查工作通知精神，成立舟山市普陀区第三次国土调查领导小组，历时3年，完成普陀区第三次全国国土调查任务，数据成果通过国家核查。浙江省第三次全国国土调查领导小组办公室组织县级成果验收，重点对调查内容、数据建库和信息系统建设、成果核查、图件编制、数据分析、资料归档、安全保密、经费使用等工作内容完成情况进行全面检查，成果质量符合验收要求，完成项目预期绩效目标。

【自然资源的统一登记确权】 普陀区以不动产登记为基础，构建自然资源统一确权登记制度体系，实现全区自然资源统一确权登记全覆盖。桃花岛风景名胜区作为舟山市试点区，2021年7月26日发布首次登记通告。对前期完成的数据进行数据检查入库，提取各类权属面积、自然资源资源面积、四至信息、界址信息等，按国家标准建立自然资源地籍数据库。

普陀不动产登记中心启动颁发林权类不动产权证，普陀区林地使用权和林木所有权纳入不动产统一登记。颁发的林权类不动产权证书成为林地确权新的产权证明。

【自然资源“一张图”建设】 区资规分局依托市自然资源空间基础信息平台，将自然资源和业务数据分类调整为7个一级类、33个二级类、76个三级类，形成对应结构数据图层，并能叠加展示于基础地理信息底图之上，为自然资源形势分析、监测监管、宏观调控、辅助决策等多方面提供决策支持。其中，自然资源综合监管模块和态势感知模块用于辅助自然资源协管员监管以及直观展示自然资源概况、国土空间规划、空间用途管制、开发利用管理、生态保护修复、防灾减灾五大类数据。

【地下市政基础设施普查】 2021年，舟山市开展城市地下市政基础设施普查。普陀区普查范围面积为34平方千米，普查区内地下通道、地下公共停车场、人防工程等设施约35万平方米。普查区域已有管线数据成果更新测量长度约842千米，未普查管线重新探测长度约424千米。

【耕地保护】 2021年，普陀区全面核查2020年度普陀区耕地保护补偿面积和具体地块，按规定发放省市区耕地保护补偿资金合计291.98万元，补偿面积3202公顷，其中，永久基本农田示范区1035公顷、一般基本农田1247公顷、一般耕地920公顷。完成城北主四路、东港沿山地块、沈家门街道12-07、12-08地块耕作层剥离竣工验收项目4个，剥离总面积147.81亩（约9.85公顷）。完成登步竹东村便民服务中心及文化礼堂建设工程项目、新弛路夏新段和城西城市次干道两条道路耕作层剥离项目、沈家门街道06-02号西侧地块耕作层剥离项目3个，剥离

第 43 个植树节活动现场（区资规分局提供）

总面积 179.7 亩(11.98 公顷)。

【国土绿化美化】 区资规分局落实《浙江省高水平国土绿化美化行动计划(2018—2022 年)》和《浙江省千万亩森林质量精准提升工程方案（2021—2025 年）》，完成 2021 年普陀区新增百万亩国土绿化实施方案项目编制，开展《普陀区千万亩森林质量精准提升工程五年实施方案(2021—2025)》编制。2021 年，普陀区完成国土绿化 2437 亩（约 162.47 公顷），总投资超过 1000 万元；千万亩森林质量精准建设 1936 亩(约 129.07 公顷)，总投资约 285 万元;完成桃花镇大石头村、东港街道舵岙村 2 个“一村万树”示范村建设。完成普陀区(不含普陀山、朱家尖)范围 19.66 万亩(约 1.31 万公顷)公益林建设管理，下发年度补偿资金 619.4 万元。

【废弃矿山治理】 根据《舟山市废弃矿山综合治理三年行动(2018—2020 年)》计划，普陀区需治理废弃矿山 21 处，已开工治理 20 处，转为自然恢复 1 处；3 年累计已治理修复面积 191560 平方米，其中，宕面 99060 平方米、宕底 92500 平方米；累计投入资金6879 万元，其中，区级财政投入6664 万元、企业投入 215 万元。

【地质灾害防治】 2021 年，区资规分局开展普陀区地质灾害风险普查工作，编制完成地质灾害危险性评价图。完成 31 个(含六横 13 个)地质灾害风险防范区常住人口“安全码”赋码录入工作。完成查明 4 处隐患点治理工作。

【“最多跑一次”改革】 2021 年，根据国家省、市相关文件精神，普陀区逐步推进规划用地“多审合一、多证合一”。新建设项目申报可以通过建设项目用地预审与选址意见书核发事项一次性申报，统一受理、统一审查并核发新版的建设项目用地预审与选址意见书。全年办理建设项目用地预审与选址意见审核 29 件。合并建设用地规划许可与建设用地批准，以划拨方式取得国有土地使用权的建设项目，建设单位可提出建设用地规划许可和用地批准联办申请，同步核发建设用地规划许可证、国有土地划拨决定书。全年办理建设用地规划许可(合并具体项目国有土地使用权审核事项)13 件。合并建设工程竣工规划核实与土地复核验收事项，统一受理集中踏勘一次办结，提高建设项目竣工

不动产登记中心窗口（区资规分局提供）

验收效率和质量。全年办理建设工程规划核验和建设用地复核验收21件。

【不动产登记】 普陀区推进“互联网+不动产登记”,扩大不动产登记电子证照应用范围。通过“三服务下乡”“政务公开在行动,民生政策进万家”等活动宣传推广电子证书、电子证明应用,深化企业不动产登记“一件事”。5月,开设疑难杂症专窗,形成疑难杂症办理流程,推出非工作时间预约服务机制,错峰错时办理。5月底,启用VIP室,至年底,已有11家单位合计27个登记业务通过专人引导至VIP室,办理不动产登记业务。是年,普陀不动产登记中心受理登记业务29207件,发放不动产权证书9181本,发放不动产权证明11184份(其中抵押证明7213份),不动产登记档案查询5667件,不动产查解封业务1126件,继承见证192件。

【集体土地征收】 2021年,全区完成土地征收公告3个合计10831亩(约7.22公顷),涉及征地四项补偿798.43万元,安置农业人口8人,保障劳动力人数8人。

【全域土地综合整治】 展茅街道上潘孙村等6村全域土地综合整治与生态修复工程作为2019年普陀区入选的省级工程,工程范围包含松山村、路下徐村、上潘孙村、柴家村、干施岙村和大使岙村。项目总面积为1692.69公顷,2021年年底,范围内20个子项目已全部完工,完成区级整体验收。

【执法监察】 区资规分局推进自然资源领域执法监察工作,开展大棚房整治、违建别墅清理、农房乱占耕地等专项活动,按时完成年度卫片和季度卫片核查整改、立案查处等工作。2021年,普陀区立案查处自然资源违法违规案件30起,作出处罚决定30个,罚没款143.04万元。

(撰稿:林恒轲)

生态环境保护

【概况】 2021年,舟山市生态环境局普陀分局(简称区生态环境分局)抓好中央生态环境保护督察整改,深化环保领域改革创新,提高环境治理能力和治理体系现代化水平,服务经济转型升级、发展,持续巩固提升生态环境核心竞争力。探索绿色转化模式,印发《2021—2022年绿色转化财政专项激励实施方案》,培育陆海统筹“两山”建设典型。围绕“两山”转化,征集相关材料,编制“两山”案例汇编。完成区、街道镇生态环境状况报告全覆盖。1—12月,全区环境空气优良率98.5%,同比上升0.2个百分点;$PM_{2.5}$平均浓度15微克/立方米,同比下降6.25%,达到《环境空气质量标准》(GB 3095-2012)二级标准。全区县级集中式饮用水源地和省控地表水监测断面水质100%达标。

【生物多样性调查】 普陀区作为浙江省海岛陆域生态系统典型代表,承担着陆域生物多样性调查与评估省级试点任务,2021

6月16日,经生态环境部南京环境研究所DNA测序比对和形态学比较,采集于普陀桃花岛的杏茸鸡油菌被鉴定为中国新记录种(区生态环境分局提供)

年，组织开展4次野外实地调查，重点调查植物和植被、鸟类、两栖动物、爬行动物、昆虫、大型真菌等物种多样性，基本完成年度调查任务。按省生态环境厅要求，增补淡水水生生物多样性调查评估项目，完成一期淡水水生生物多样性调查。发现诸多普陀新记录种及罕见国家和省重点保护野生动植物；首次调查登记大型真菌物种。

【落实减排任务】 2021年，普陀区完成市下达主要污染物减排任务，化学需氧量减排量40吨、氨氮减排量3.4吨、氮氧化物减排量45吨、挥发性有机物减排量20吨。

【水污染防治】 普陀区推进“五水共治”，持续深化“污水零直排区”长效运维工作机制，编纂《2021年普陀区河湖长手册》，细化“河（湖）长制”管理责任。完成东港浦西工业园区“污水零直排区”创建，园区内所有涉水企业已完成流量表及电子阀门安装（累计安装25套）。完成六横镇、展茅街道等2个街道镇、25个生活小区“污水零直排区”建设并通过区级验收。加强海洋生态环境修复和保护，严格管控入海排污口，完成中弄闸和板桥头闸等21个问题排口整治。新增普陀创新谷5000吨/日、沈家门生物园5000吨/日、展茅3000吨/日、舟山海洋渔业公司5000吨/日共4座工业污水处理设施和沈家门城区生活污水8000吨/日、中弄河2000吨/日2座生活污水处理设施，提升污水处理能力。实施舟山海洋渔业公司环境综合整治，委托第三方对其水产品交易区雨污分流情况进行全面摸排，完成管道改造、污水处理能力提升等任务。数字赋能解锁水环境“智”理密码，采取无人船走航26次，走航监测28千米，提升智能化巡河水平。优化饮用水源地智能警戒系统，应家湾水库安装智能警戒摄像机，芦东水库饮用水保护区区域新增短信提示功能。

5月21日上午，普陀区召开“无废城市”建设工作专题推进会（区生态环境分局提供）

【大气污染防治】 2021年，区生态环境分局完成柴油货车尾气监测，推进生物质锅炉整治力度，对超标企业予以立案查处。引入空气自动监测站等技术设备，完成白沙、蚂蚁、虾峙、东极等4个小微空气站验收，实现小微大气监测体系全覆盖。

【净土清废】 2021年，区生态环境分局分解落实“三张清单”工作任务，聚焦工业固废源头减量、危险废物安全管控、农业废弃物全量利用、生活垃圾规范处置和建筑垃圾利用处置5大行动，完善“无废细胞”建设，以点扩面，推进“无废城市”建设要求各项指标。危废小微统一收运点场地建设基本完成，一般工业固废收运体系初步建立。舟山市正山智能制造科技股份有限公司“无废工厂”创建报省级验收。生活小区、景区、医院、学校等25个点位成功创建“无废细胞”。在11家企业安装危废智能远程监控系统，实现企业危废规范化贮存、处置等情况实时预警，提升监管效能。继续加强危废常态化监管，全年产生956条转移联单信息，转移危废1.75万吨。加强辐射监管，完成32家放射单位辐射安全与防护状况评估报告；完成7家涉放射源单位、X射线移动探伤单位核与辐射安全隐患排查；完成3枚废旧放射源收储备案；组织舟山英海丰船舶工程有限公司开展辐射安全培训

6月15日，召开美丽普陀建设暨碳达峰碳中和、中央环保督察工作会议（区生态环境分局提供）

和应急演练工作。

【生态环境执法】 普陀区制定《普陀区关于建立健全环境污染问题发现机制的实施意见》《舟山市普陀区生态环境违法行为举报奖励实施细则（试行）》，优化完善覆盖区本级、10个街道镇、管委会和97个社区网格化环境监管体系，构建齐抓共管大格局。制定《环境污染问题排查见底百日攻坚暨全员执法深化行动方案》，开展环境矛盾纠纷排查化解，建立动态管理档案，实行“挂账销号”制度。重点对油品储运行业、低小散行业、危险废物处置、企业污染防治预处理设施运行、生态环境安全隐患等领域开展专项执法检查行动，2021年，累计出动执法人员2500余人次，检查企业880余家次，责改85份，限改37份，监察意见书3份，服务提醒单7份，限产1份，立案查处环境违法行为63起，移送公安部门1起，查封扣押1起，按日计罚1起，拟处罚款334.94万元。加强应急能力建设，修编并印发《舟山市普陀区环境污染和生态破坏突发公共事件应急预案》《舟山市普陀区突发辐射环境污染事件应急预案》。动态督促企业应急预案更新，年内累计完成企业环境应急预案备案40家。

【抓好各级督察迎检保障和问题整改工作】 统筹推进普陀区第二轮中央生态环境保护督察反馈个性问题7类13项的整改任务和长江经济带生态环境警示片问题5类17项的整改任务。成立由区委书记和区长任组长的区整改工作领导小组，建立工作专班常态化运行机制，制定“一问一策”专项整改方案，设置量化管控、督调例会、迎检规程、挂图作战、验收销号等问题整改机制，施行整改进展滞后项目督查督办制，确保督察整改工作推进。组织开展两轮“举一反三”专项排查整治行动，对排查发现问题建立整改清单，逐一明确责任部门、整改任务和整改时限。

【生态环保活动和宣传】 “5·22”国际生物多样性日，区生态环境

“5·22”世界环境日，在沈院举行普陀生物多样性研学活动（区生态环境分局提供）

6月5日，在杉杉普陀天地“6·5”世界环境日开展宣传活动（区生态环境分局提供）

分局开展第一期普陀“生物多样性保护研学”系列活动，制作生物多样性保护、环境日科普系列展板，在区政府大楼进行宣传，受益近千人。“6·5”环境日主题活动，开展第二期研学活动及现场宣传。9月23—24日，在沈家门滨港公园、东港瑞欣家园开展2021年度“浙江省生态文明公益巡回演出”。成立“普陀生态研学行联盟社”，定期招募学员，组织开展生态研学行、公众设施开放活动，并组建微信群推送各类科普信息与活动内容，已有100余名学员。聚焦普陀本土生物多样性保护特色，组织策划“生物多样性研学”系列活动，由专家团队带领参与者走进湿地公园、海礁等大自然场所，通过标本观摩、现场实体物种讲解等方式，了解大自然。年内开展“树叶有画说”“解密潮间带”等两大主题研学活动，覆盖全市小学生1000余人次。

【提高环境监测水平】 2021年，区生态环境分局完成水、大气、土壤、声等常规环境质量监测及陆源入海排污、重点企业等专项监测，累计出具数据13320多个。配合环境执法和信访案件调查处理，全年收到委托监测180余次，出具委托监测报告180余份，同比增长227%。开展4期农村环境质量监测。编写2020年度普陀区环境质量报告书和公报。强化硬件装备配备，新增全自动降水自动监测系统、水质多参数分光光度仪、便携式测油仪（紫外）、生物毒性检测仪等应急监测设备、5G电磁和环境X、γ剂量率仪辐射监测仪器，逐步实现由人工分析向自动化、智慧化分析转变。

（撰稿：朱赛霞）

编辑：魏斌

金　融

综　述

2021 年年末，全区有银行机构 21 家；保险业金融机构 15 家，其中，财产保险公司 7 家、人寿保险公司 8 家；典当行 6 家。全区本外币存款余额 599.06 亿元，比年初增加 47.27 亿元，余额同比增长 8.57%。其中，住户存款余额 382.64 亿元，比年初增加 43.33 亿元，余额同比增长 12.8%；非金融企业存款余额 130.41 亿元，比年初减少 1.15 亿元，余额同比减少 0.88%。各项贷款保持平稳增势。本外币贷款余额 595.25 亿元，比年初增加 40.61 亿元，余额同比增长 7.3%。其中，短期贷款余额 203.79 亿元，比年初增加 18.14 亿元；中长期贷款余额 390.49 亿元，比年初增加 23.02 亿元。信贷结构持续优化。小微企业贷款余额 231.23 亿元，比年初新增 39.27 亿元，余额同比增长 20.5%，高出各项贷款增速 13.1 个百分点。其中，普惠金融口径小微企业贷款余额 126.13 亿元，比年初增加 30.3 亿元，余额同比增长 31.6%。贷款利

2021 年普陀金融机构信贷收支、保险、证券统计情况

表 36　　单位：亿元

指标名称	2021 年	2020 年	比 2020 年增减(%)
一、人民币各项存款	591.22	542.35	9.01
其中：单位存款	199.49	197.49	1.01
个人存款	380.91	337.58	12.83
二、人民币各项贷款	594.76	554.41	7.27
其中：工业贷款	46.24	45.93	0.61
水产加工业	27.33	24.72	10.57
船舶修造业	3.65	7.00	-47.83
海运业	36.04	33.42	7.82
房地产建筑业	26.47	25.92	2.15
旅游业	22.97	21.65	6.11
商贸业	70.68	62.68	12.66
渔业贷款	34.87	32.01	8.93
个人消费贷款	161.72	152.22	6.24
不良贷款	6.30	4.75	32.61
不良率(%)	1.06	0.86	0.20
三、外币存款(万美元)	12291	14433	-14.84
外币贷款(万美元)	770	364	111.53
四、保费收入	4.83	7.95	-39.24
其中：产险	0.4	2.83	-85.86
寿　险	4.43	5.12	-13.47
赔款支出	1.22	2.75	-55.63
五、股票成交量	422.33	372.41	13.41

2021 年普陀区各银行机构基本情况

表 37

机构名称	地址	主要业务
中国农业发展银行舟山市普陀区支行	沈家门街道东海中路 954 号、956 号	办理粮食、棉花等重要农产品收购、储备、调控和调销贷款，农业农村基础设施和水利建设、流通体系建设贷款，农业综合开发、生产资料和农业科技贷款，棚户区改造和农民集中住房建设贷款，易地扶贫搬迁、贫困地区基础设施、特色产业发展及专项扶贫贷款，县域城镇建设、土地收储类贷款，农业小企业、产业化龙头企业贷款，组织或参加银团贷款，票据承兑和贴现等信贷业务；吸收业务范围内开户企事业单位的存款，居民储蓄存款以外的县域公众存款，吸收财政存款，发行金融债券；办理结算、结售汇和代客外汇买卖业务，按规定设立财政支农资金专户并代理拨付有关财政支农资金，买卖、代理买卖和承销债券，从事同业拆借、存放，代理收付款项及代理保险，资产证券化，企业财务顾问服务，经批准后可与租赁公司、涉农担保公司和涉农股权投资公司合作等方式开展涉农业务；经国务院银行业监督管理机构批准的其他业务
中国工商银行股份有限公司舟山普陀支行	舟山市普陀区东港街道海洲路 721 号永跃大厦 101 室	办理人民币存款、贷款、结算业务，办理票据贴现；代理发行、代理兑付政府债券；代理收付款项及代理保险业务；承办政策性房改金融业务；经中国银行业监督管理委员会批准的其他业务；黄金业务
中国农业银行股份有限公司舟山普陀支行	浙江省舟山市普陀区沈家门街道滨港路 268 号	办理人民币存款，贷款，结算业务；办理外币储蓄，外汇存款，外汇贷款；外汇结、售汇，结售汇（对私结汇）；国际结算；办理票据贴现业务；代理发行、兑付政府债券；代理收付款项及代理保险业务；办理境内居民因私购汇业务；经中国银行业监督管理委员会批准的其他业务，实物黄金买卖业务
中国建设银行股份有限公司舟山普陀支行	沈家门街道同济路 118 号	办理人民币存款、贷款、结算业务；办理票据贴现；代理发行、代理兑付政府债券；代理收付款项及代理保险业务；外汇储蓄；经中国银行业监督管理机构等监管部门批准的其他业务
中国银行股份有限公司舟山普陀支行	普陀区沈家门街道同济路 85 号	办理人民币存款、贷款，结算业务；办理票据贴现；代理发行，代理兑付政府债券；代理收付款项及代理保险业务，外汇存款，外汇汇款；外币兑换；国际结算，结汇，售汇；经中国银行业监督管理委员等监管部门批准的其他业务
交通银行股份有限公司浙江自贸区支行	东港街道海洲路 727 号恒尊大厦	基础业务：现金业务、转账汇款、外汇业务、账户开立、资信证明类业务；个人金融业务：存款、理财、代销国债、代销保险、代销基金、代销券商理财、销售贵金属、办理住房按揭等；公司金融业务：对公账户开立、对公存款、对公理财、债券基金等，个人经营贷、企业经营贷、项目贷款、跨境融资、非融资类授信等
中国邮政储蓄银行股份有限公司舟山市普陀区支行	沈家门街道兴建路 358 号	经营中国银行业监督管理委员会依照有关法律、行政法规和其他规定批准的业务

续表 37

机构名称	地址	主要业务
浙江舟山普陀农村商业银行股份有限公司	东港麒麟街 225 号	经营中国银行业监督管理委员会依照有关法律、行政法规和其他规定批准的业务
浙江舟山普陀稠州村镇银行股份有限公司	普陀区东港街道麒麟街 233 号	存款业务;贷款业务(包括支农支小再贷款,安心贷,市民贷,无还本续贷等),票据承兑和贴现业务;同业拆借等
浙商银行股份有限公司舟山普陀支行	东港街道麒麟街 211 号东港财富中心 A 座	办理公司、小企业、个人各类存贷款;办理票据融资、国内外贸易融资业务;从事银行卡业务;代理收付款项及代理保险、业务
中信银行股份有限公司舟山普陀支行	沈家门街道中大街 70 弄 3 号	船舶保险、企业财产保险、机动车辆保险、各类家庭财产保险、责任保险、建筑安装工程保险和人身意外伤害保险、货物运输保险等
中国民生银行股份有限公司舟山普陀小微企业专营支行	东港街道海印路 778 号	吸收公众存款;发放小微企业和个人短期、中期和长期贷款;办理小微企业票据承兑和贴现;办理国内外结算;代理发行、代理兑付政府债券;从事银行卡业务;经营总行在中国银行业监督管理委员会批准的业务范围内授权的其他业务
华夏银行股份有限公司舟山普陀小微企业专营支行	东港街道昌正街 82 号昌正大厦	经营中国银行业监督管理委员会依照有关法律、行政法规和其他规定批准的业务
杭州银行股份有限公司舟山普陀支行	普陀区东港街道海印路 823 号	经营中国银行业监督管理委员会依照有关法律、行政法规和其他规定批准的业务
浙江民泰商业银行股份有限公司舟山普陀支行	东港街道山海街 2 号	吸收公众存款,发放短期、中长期贷款、办理国内外结算;办理票据承兑与贴现;代理发行金融债券;代理发行、代理兑付、承销政府债券;从事同业拆借;从事银行卡业务;提供担保;代理收付项及代理保险业务;提供保管箱服务;经营总行经中国银行业监管管理委员会批准范围内授权的其他业务
台州银行股份有限公司舟山普陀支行	沈家门街道滨港路 144–146 号	吸收公众存款;发放短期、中期和长期贷款;办理国内外结算;代理发行、代理兑付、销售政府债券;代理收付及代理保险业务;经营总行在中国银行保险监督管理委员会批准的业务范围内授权的业务
浙江稠州商业银行股份有限公司舟山分行	兴普大道 338 号浙江海中洲国际广场西楼 102 室、104 室、203 室、204 室	吸收公众存款;发放短期、中期和长期贷款;办理国内外结算;办理票据承兑与贴现;代理发行、代理兑付政府债券;从事同业拆借;从事银行卡业务;提供信用证服务及担保;代理收付款项及代理保险业务;经营总行在中国银监会批准的业务范围内授权的业务
浙江泰隆商业银行股份有限公司舟山分行	东港街道海印路 841 号	吸收公众存款;发放短期、中期和长期贷款;办理国内外结算;办理票据承兑与贴现;代理发行、代理兑付政府债券;从事银行卡业务;提供信用证服务及担保;代理收付款项及代理保险业务;经营总行在中国银行业监督管理委员会批准的业务范围内授权的业务
绍兴银行股份有限公司舟山普陀小微企业专营支行	东港街道海印路 217 号、219 号、221 号	经营中国银行业监督管理委员会依照有关法律、行政法规和其他规定批准的业务

续表 37

机构名称	地址	主要业务
浙江舟山定海海洋农村商业银行股份有限公司普陀支行	东港街道海印路 831—833 号	存款、贷款、理财、银行卡业务、代理业务、支付结算业务、电子银行业务等,特色贷款种类有渔船贷、东极渔家乐、柴油补贴专项贷款等
上海浦东发展银行股份有限公司舟山普陀和馨花园社区支行	沈家门兴建路 323 号	理财销售,代理销售三方产品,个人贷款业务,无柜台现金业务,仅支持自助存取现

率保持低位。2021 年,全区各金融机构新发放小微企业贷款加权平均利率 5.21%,同比下降 0.16BP(1BP=0.01%)。是年,全区不良贷款余额 6.3 亿元,比年初增加 1.55 亿元,不良贷款率 1.06%,比年初增长 0.2 个百分点。各金融机构通过诉讼、现金清收、资产转让等方式,累计清收和处置不良贷款 7 亿元。其中,浙江永跃控股集团有限公司通过资产转让处置 3.63 亿元、舟山群岛国际邮轮港有限公司现金清收 1.55 亿元。

全年保险公司保费收入 7.01 亿元,比上年下降 11.9%。其中,财产保险费收入 2.58 亿元,下降 8.7%;人身险保费收入 4.43 亿元,下降 13.7%。保险公司赔款支出 2.53 亿元,增长 17.3%;保险公司给付支出 0.58 亿元,增长 1.8%。

(撰稿:姜玲燕　沈杰)

区人民银行

【概况】 2021 年,中国人民银行浙江省分行舟山市普陀区支行(简称区人民银行)按照区委、区政府和舟山市中心支行要求,围绕“全力打造自由贸易先行区、海洋产业新高地、海上花园会客厅”目标,支持区域经济金融平稳有序发展。区人民银行内设办公室、信贷统计监测部和金融业务管理部 3 个部门,在编员工 20 人,办公地址位于东港街道麒麟街 233 号南楼。

【货币信贷管理】 区人民银行联合区金融发展中心和区自贸事务中心出台《关于 2021 年金融支持“自由贸易先行区　海洋产业新高地”建设的指导意见》,聚焦稳金融和强服务,指导金融机构加大对自贸区建设、海洋产业的金融支持力度,推动全区经济稳步增长。是年末,全区各项本外币存款余额 599.06 亿元,比年初增加 47.29 亿元,余额同比增长 8.57%;各项本外币贷款余额 595.25 亿元,比年初增加 40.61 亿元,余额同比增长 7.32%。区人民银行以落实两项货币政策工具作为金融支持稳企业保就业的重点抓手,确保货币政策落实的连续性、稳定性,推动金融服务实体经济更加有效。全年发放普惠小微信用贷款台账 5.77 亿元,办理普惠小微企业贷款延期还本付息 11.09 亿元。响应台风“烟花”灾后金融保障服务,发放支小再贷款 1 亿元。向两家地方法人金融机构发放 2.05 亿元支小再贷款,加大对民营企业和普惠小微企业的信贷支持力度。

【小微企业金融服务】 区人民银行持续推进首贷户拓展工作,联合区财政局、区金融发展中心和区市场监管分局印发《关于进一步深化小微企业和个体工商户“首贷户拓展行动”的意见》,开展“信用评级+银行贷款”模式,以第三方评级模式加强风险管控,“财政资金+金融资源”合力,形成撬动效应。全年完成小微企业和个体工商户信用评级 400 户,授信 5.28 亿元,发放贷款 4.82 亿元。其中,以信用贷款方式发放的有 218 户,发放贷款 1.01 亿元,贷款平均加权利率 5.03%。区人民银行优化小微企业金融服务,推动“融资畅通工程”见行见效。搭建“贷款码”线上融资通道,提升小微企业服务质效,推动小微企业贷款扩面增量,3 月 20 日成功落地全市首笔“贷款码”融资 20 万元。全年小微企业和个体工商户成功扫码 1897 户,为 1386 个市场主体授信 29.87 亿元,累计发放贷款 18.29 亿元。

【国库管理】 区人民银行树立"两条底线"，规范业务操作流程，实现 "零差错、零事故、零风险、零案件"的工作目标，促进全区预算收支顺利完成。全年处理完成商业银行代理集中支付业务20044笔，做好80.14亿元地方财政收入收缴工作。确保各项支持性资金到位，全年完成涉及社保、企业复工复产、防疫防控、公共服务等各类支出拨款1943笔，金额95.41亿元。配合地方税务部门落实减税降费政策，实施退库滚动审核模式，完成退库27970笔，金额13.34亿元，确保企业享受国家政策。

【征信管理】 区人民银行深化信用报告"网上查"，通过"中国舟山普陀"微信公众号和《今日普陀》报分别发布《便民！信用报告查询有这些渠道》和《市民如何查询了解个人征信》，推广普陀区征信知识宣传。优化征信对外服务，完善金融服务基础设施，2021年在桃花岛新增布放一台个人信用报告自助查询机，提升周边海岛居民查询信用报告的便利性。是年，普陀区查询个人信用报告9322笔，企业信用报告1162笔，国家机关查询10笔；受理个人异议14笔。优化企业融资质押担保方式，推广动产融资统一登记公示系统和应收账款融资服务平台，全年受理动产融资统一登记公示系统常用户审核13个。

【反诈骗工作】 区人民银行出台《普陀区打击治理电信网络新型违法犯罪"百日攻坚"行动》，明确全年打击目标及实施措施。制定反诈宣传"五进"责任清单，组织银行机构开展80场反诈宣传活动。强化监督职责，对辖内部分涉案账户银行主要负责人开展2次现场约谈，对10家银行机构开展现场督查及暗访，督促银行机构落实反诈工作。强化账户监管职责，建立"以案倒查"机制，开展可疑类或涉案类个人账户倒查工作，全年倒查81户涉案个人账户。对辖内电信网络诈骗的新情况，主动联合辖内公安部门、金融机构和其他相关单位，推进"群防群治"反诈联合机制，在防诈宣传、治安联防、危机处置等方面开展银警合作，并在全市支行中建立首家银警合作点，现场合作处理2起疑似电信网络诈骗案件，坚决遏制电信网络诈骗犯罪的多发态势，守护好人民群众的"钱袋子"。区人民银行联合区公安局和事发银行机构，到现场成功堵截一起电信诈骗汇款，为受骗者挽回40万元。全年成功拦截15起电信诈骗汇款，涉及金额251.67万元，阻止28个可疑个人账户开立，1个对公账户开立。

【现场及非现场监管】 区人民银行加强非现场监管，通过国库业务事后监督，加强对代理机构的常态化动态监管，通过货币二代系统落实好辖内银行机构人民币管理监管工作。对某银行误付假币问题作出3万元的行政处罚，督促其加强人民币管理工作。对某银行延压税款违法事实作出14万元的行政处罚，该项处罚是浙江省国库系统首次通过"非现场监管"作出的行政处罚，为全省国库深入完善非现场监管体系提供检查处罚的实践依据。强化账户管理事后核查职责，因材料不齐、要素错误等原因退回差错账户资料259户，发

6月10日，区人民银行干部走访舟山中远船务工程有限公司（区人民银行提供）

放2份风险提示书。

（撰稿：姜玲燕）

银行保险监管

【概况】 中国银行保险监督管理委员会舟山监管分局普陀监管组（简称区银保监组）于2019年5月10日挂牌成立，办公地址位于沈家门街道118号建设银行大楼6楼，主要职责是：依法依规负责所在县区银行保险机构及其业务活动的监管工作，收集所在县区有关金融风险信息并向上级机构报告，承担交办其他工作。2021年年末，普陀区域内有银行业金融机构21家，营业网点107家，银行从业人员1555人；有保险业金融机构16家，营业网点16家，保险从业人员696人。银行业各项存款余额594.43亿元，比年初增加48.42亿元，增长8.87%；各项贷款余额595.37亿元，比年初增加40.73亿元，增长7.34%。账面不良贷款余额6.30亿元，比年初增加1.55亿元，不良率1.06%，比年初增加0.20个百分点。全年保险公司保费收入4.83亿元，同比下降14.84%。其中，财产保险费收入0.4亿元，同比下降85.86%；人身险保费收入4.43亿元，同比下降13.47%。

【监管引领与金融服务】 2021年，根据舟山银保监分局工作部署和要求，区银保监组推动辖内银行、保险机构服务实体经济、加强金融服务，支持普陀区重点项目建设。全区银行业金融机构支持普陀重点项目54个，授信293.41亿元，贷款余额129.88亿元，基本保障普陀重点项目融资需求。围绕"乡村振兴""4+1小微园区"等建设，加大小微企业支持力度，持续推动融资成本降低。推动全区银行业机构践行"最多跑一次"和"两跑三降"等为民服务理念，降低服务门槛，下沉服务重心，创新服务品种，完善"小微金融"和"普惠金融"服务机制。指导督促法人机构制定符合市场定位的发展战略，通过监管约谈、走访等，督促机构坚守市场定位、回归业务本源，围绕普惠金融、美丽乡村建设等重点工作贯彻落实。2021年年末，全区小微贷款余额237.62亿元，比年初增加37.15亿元，贷款户数同比增加2228户；涉农贷款余额201.03亿元，比年初增加11.62亿元。

【风险监管与金融稳定】 2021年，区银保监组为加强区域风险监测，持续开展普陀区银行机构账面不良、实际不良、不良处置、风险贷款、案件诉讼等不良监测报表体系，建立风险预警报告、信用风险分析、案件风险信息等报告制度。重点推进地方政府隐性债务风险化解、严防经营用途贷款违规流入房地产领域、规范互联网贷款业务等工作。推动不良资产处置工作，督促机构加强与地方政府、司法部门的沟通联动，细化周转盘活、担保追偿、司法诉讼、呆账核销等各处置环节工作措施。向舟山银保监分局和区政府领导汇报普陀银行业主要风险情况和处置进度。联合区金融办、人民银行，召开有关企业风险处置协调会，压实机构主体责任，传导监管要求，推动机构加快处置节奏和工作进度。推动辖内机构与上级行对接沟通，争取更多政策支持和资源倾斜。是年，全区共处置化解不良贷款7.06亿元，信用风险整体稳定向好。

【法人机构监督与管理】 2021年，区银保监组落实法人机构治理责任，抓牢公司治理与整改落实重点，强化法人机构监管。根据上级工作要求，做好法人机构案件集中清理工作。督促机构贯彻案件管理规定，落实主体责任，实现应报尽报、出清存量案件，加快调查、审结等工作进度。督促机构开展股权和关联交易专项整治工作。根据法人机构处置存在问题，开展股东董事监管谈话，加快其名下不良股权处置，及时汇报处置情况，落实股权管理不良记录工作要求。推动法人机构完成股权托管和确权工作。联合分局通过开展三方会谈、审慎会谈、监管通报、参加工作例会等形式，传导监管政策，压实工作责任。督促法人机构提升服务实体经济水平，重点做好普惠金融和惠企政策落地，同时落实加强风险防控，夯实发展基础，做好信用风险的防控出清、员工行为管理和内控合规的机制建设。

【现场检查与案件防控】 2021年，区银保监组根据舟山银保监管分局现场检查工作安排，派员

区银保监组召开文明城市建设工作推进会（区银保监组提供）

参加相关检查项目。推动银行业机构开展安保、案防工作。联合区公安分局、区金融办、区人民银行、区市场监管分局等相关部门，开展2021年普陀银行业安全评估工作。落实扫黑除恶工作任务，参与区政府组织的扫黑除恶专项斗争相关会议，督导辖内各银行业金融机构开展扫黑除恶攻坚年活动。做好普陀区银行业、保险业安保维稳工作，推动保险机构开展反诈宣传教育。是年，全区银行机构因违规被处理及责任追究713人次。其中，警告3人次、给予告诫和通报批评等处分80人次；经济处罚553人次，处罚总金额53万元。

（撰稿：蔡翔）

区银保监组督导检查文明城市部分点位银行常态管理（区银保监组提供）

农发行普陀支行

【概况】 中国农业发展银行舟山市普陀区支行（简称农发行普陀支行）内设综合部、客户部2个部门，正式员工16人，营业地址在沈家门街道东海中路954-956号。2021年，农发行普陀支行年末各项存款余额7.92亿元，日均存款余额8.96亿元。全年发放各类贷款8.54亿元，年末各类贷款余额67.23亿元。

【贷款业务】 2021年，农发行普陀支行投放政策性粮食储备贷款0.48亿元，轮入粮食19403吨，支持当地储备企业轮换，保障地方粮安工程建设。落实监管部门服务实体普惠小微要求，支持小微企业贷款4家，其中，新增小微企业客户3家，共发放贷款0.26亿元。支持10个长期项目，期限均为15年以上，投放贷款金额7.8亿元。其中，支持基础设施建设类项目2个，东港（半升洞）码头项目投放贷款1亿元、展茅海洋创新谷基础设施项目投放贷款0.5亿元；支持城乡旅游开发类项目3个，普陀水街旅游综合开发项目投放贷款0.8亿元、舟山长乔海洋世界科技馆项目投放贷款2.45亿元、普陀本岛区域城乡基础设施提升项目0.5亿元；支持改善人居环境项目2个，朱家尖人居环境项目投放贷款1.2亿元、六横人居环境项目投放贷款0.6亿元；支持生态环境建设与保护项目3个，普陀江

11月22日，农发行浙江省分行与普陀区政府签订战略框架协议（农发行普陀支行提供）

湾滨海公园建设项目投放贷款0.2亿元、普陀城北区域环境综合提升项目（一期）工程0.2亿元、普陀海洋生态创新谷污水收集和预处理工程0.35亿元。年末，农发行普陀支行各类贷款余额67.23亿元，比年初增加1.95亿元，日均贷款67.34亿元，净增2.55亿元，信贷业务稳定发展。

【存款业务】 2021年，农发行普陀支行各项存款余额7.92亿元，日均存款余额8.96亿元，存款业务比上年下降。农发行普陀支行“综合服务方案争取二级留存”模式入选《中国农业发展银行存款组织营销案例汇编》。

【中间业务】 农发行普陀支行在新冠疫情防控期间实行全面减费让利，2021年无中间业务收入，同时降低企业融资成本。全年新审批项目贷款利率最高不超过5年期LPR加10BP，在此基础上申请首年优惠利率有10笔，其中，申请中长期贷款首年优惠50BP利率有5笔，贷款金额2.95亿元；中小微企业优惠100BP利率有5笔，贷款金额0.19亿元。全额承担小微企业涉及的资产评估和保险等各类费用；为1家中小企业落实延期还本付息政策，缓解企业资金压力。为企业减少融资成本约61万元。

【风险控制】 农发行普陀支行强化基础管理，防控化解各类风险。关注企业生产经营状况，加强信贷全流程管控，统筹做好各类风险防控，加强对集团客户、民营小微企业、PPP项目、重点建设基金等关注与风险防控，加强信息科技风险、声誉风险等监测预警。加强案件防控和反洗钱管理，针对外部监管和内部监督，统筹做好内外部检查发现问题整改，制定整改措施，明确整改责任，确保问题纠正到位、责任追究到位、风险控制到位，推动检查整改一体化取得新成效；开展操作风险和案防工作自评估工作，及时发现解决风险隐患和管理不足，提升操作风险和案防管理水平。逐客户、逐项目每月开展全面风险排查、分析，对地方储备粮客户、政府性项目贷款客户侧重不同风险点排查；分析问题原因，堵塞管理漏洞。

【合规经营】 农发行普陀支行开展“内控合规管理建设年”活动，引领全行形成自觉合规、主动合规的文化氛围；开展宪法、民法典宣传学习，组织宪法宣传日活动，扩大宪法宣传教育和法治建设工作的影响力；强化信贷队伍，合理分配员工岗位职责，落实重要岗位AB角制度，执行信贷全流程管理。优化财务资源，安排各项财务费用支出。开展“党旗在基层一线高高飘扬”活动。与虾峙镇兴港村党总支开展结对共建活动，“我为群众办实事”活动中征集项目清单10条，已全部完成。联系“三农”需求，结合实际开展重点客户走访活动、走访重点客户9家。开展金融知识、存款保险、反洗钱、防范打击电信网络诈骗等宣传活动，现场发放宣传资料180余份，接待咨询群众130余人。开展学雷锋志愿活动，帮扶南岙社区困难家庭2户，送上慰问金3200元；参与交通文明引导员活动28人次，总时长42小时，参与创城志愿结对社区工作16人次，时长30小时。开展帮扶活动，全行“定点帮扶”捐款5000元，购买扶贫产品15039.60元，

农发行普陀支行党支部与虾峙镇兴港村党总支结对共建打造“新时代蚂蚁岛精神”支部特色（农发行普陀支行提供）

其中员工自主购买5039.60元。

（撰稿：邱芬）

工行普陀支行

【概况】 2021年，中国工商银行股份有限公司舟山普陀支行（简称工行普陀支行）年末各项人民币存款时点余额78.7亿元，各项贷款余额54.01亿元；实现拨备前利润1.59亿元，实现净利润3254万元，实现中间业务收入2902万元。工行普陀支行下辖9家网点，即工行普陀支行营业部、沈家门支行、浦西支行、东港支行、水产城支行、港城支行、朱家尖支行、六横支行、普陀山支行，在编员工135人。工行普陀支行获评2020—2021年“浙江省青年文明号”。

【存款业务】 工行普陀支行通过开展市场营销、提高代发留存，对接挖转拆迁资金等，提升存款开源节流。至年末，各项人民币存款余额78.7亿元，比年初增加2092万元。其中，公司存款余额11.26亿元，机构存款余额19.07亿元。同业存款795万元，比年初增加323万元。储蓄存款余额48.29亿元，比年初增加2.40亿元。

【贷款业务】 2021年年末，工行普陀支行各项贷款余额54.01亿元，比年初增加4.48亿元。其中，公司贷款余额29.35亿元，比年初增加1.99亿元（普惠贷款余额5.72亿元，较年初新增1.13亿元）；个人贷款余额24.66亿元，比年初增加2.49亿元。信贷客户数89户，比年初增加28户。贷款储备增加，储备项目、法人贷款25个，金额约40亿元。个人贷款业务稳步发展，全年新准入3个楼盘，个人贷款发放528笔，计4.42亿元。

【风险管理】 2021年年末，工行普陀支行不良贷款余额2.05亿元，不良率4.48%，个人金融口径不良贷款余额74万元（不含个人类普惠），比年初减少257万元，全年不良贷款转化清收355万元，个人贷款风险管控提升明显。

【客户服务】 工行普陀支行围绕建设“人民满意银行”目标，提升服务水平。开展“工行驿站”活动和适老金融服务。支行营业部、沈家门支行、东港支行首批

工行普陀支行举行“踏寻初心之路 恰是风华百年”红五月文艺汇演活动（夏露摄）

建设适老化网点，增配放大镜、老年版计算器、靠背沙发、坐垫等完善工行驿站便民设施，赢取客户。

（撰稿：张益琼）

农行普陀支行

【概况】 中国农业银行股份有限公司舟山普陀支行(简称农行普陀支行)隶属于中国农业银行股份有限公司舟山分行。下辖8家营业网点(舟山普陀支行营业室、舟山沈家门支行、舟山海中洲支行、舟山渔都支行、舟山东港支行、舟山海力生支行、舟山北区支行和舟山六横支行)。2021年年末，农行普陀支行各项本外币存款余额660513万元，比年初增加33345万元;各项贷款余额747443万元，比年初减少8622万元;是年，农行普陀支行获2021年度运营基础管理先进单位、2021年度安全保卫省分行级“三化三达标”先进单位、2021年度市级“智安单位”等称号。

【业务经营】 2021年，农行普陀支行抓牢核心存款业务，加大信贷投放力度，支持地方经济建设。至年末，各项本外币存款余额660513万元，比年初增加33345万元。其中，个人存款余额392961万元，比年初增加6831万元；对公存款余额267552万元，比年增加26514万元。各项贷款余额747443万元，比年初减少8622万元。其中，个人贷款余额235674万元，比年初增加30431万元；对公贷款余额511768万元，比年初减少39053万元。全年实现拨备前利润17354万元，比上年减少2229万元;实现拨备后利润5200万元，同比减少1105万元。实现净利润3463万元，同比减少3070万元。实现中间业务收入2765万元，同比减少3284万元。

【风险防控】 农行普陀支行面对年初浙江永跃控股集团有限公司不良贷款暴露的压力，成立清收处置小组，逐户制定清收时间表，明确处置节点和金额任务，提前完成“攻坚行动方案”。2021年，通过诉讼、清收、批转、呆账核销等方式，累计处置不良贷款3.76亿元。其中，现金收回个人贷款45户，金额302万元;批量转让永跃集团不良贷款3.63亿元;非重组上调个人贷款28户，金额934万元;不良核销35户，金额49.59万元(其中信用卡核销34户，金额29.30万元)。至年末，不良贷款余额1659万元，比年初增加1215万元;不良率0.22%，比年初上升0.16个百分点。

【“深耕乡村”工作】 2021年，农行普陀支行落实省、市分行“深耕乡村”工作部署，出台《行领导挂点服务方案》，由支行领导(含正副督导员)挂点指导实行“一点一村”，即挂点1个网点、联系1个行政村，以上率下，靠前指挥，定期蹲点、指导帮扶。辖内5个网点成立工作团队8个，对接大展村、张家村、永兴村、龙山村、双塘新村、沙井村、南岙村、塘头村8个行政村，开展“一周一村”“一月一村”金融服务活动。通过定期进村下乡为村民建立信贷档案，宣传金融知识，做好农村金融服务。至年末，农户贷款余额2.56亿元，比年初增加8958万元。

【基础管理】 农行普陀支行推进“三线一网格”管理(以党建工作为统领、纪检监督为保障、运营风控为重点、以网格化管理为抓手，确保“两个责任”落实和提升“双基”管理为目标的管理模式)，制定“三线一网格”管理考评方案，通过推进会、晨会、夕会等提升管理效能。建立工作周报、每周信贷碰头会、主要业务经营指标执行情况按季通报分析等工作机制，加强对重点工作和重点考核指标的跟踪、分析和督导，提升支行向上衔接争取、对下统筹协调能力。做好打击治理电信网络诈骗和跨境赌博工作，制定《“百日攻坚”行动方案》，组织全体员工签订反诈责任书、下载“国家反诈中心”App，定期开展专题会议通报问责，在组织领导、账户排查、打击治理、宣传反制等方面多管齐下。抓好新冠肺炎疫情防控，通过动员全行员工接种新冠肺炎疫苗、组织各网点开展“二码联查”、定期配送防疫物资、加强员工出行管理等工作，做到全行“零感染、零传播”。做好安保工作，各营业网点和机关定期开展消防演练，提升营业场所安防基础设施和技防物防水平，强化全员安全意识和

9月，农行普陀支行与区税务局开展党建结对签约暨党史学习教育交流会（邵晓鸣摄）

防范事故能力，创建“平安农行”。

【公益慈善】 2021年，农行普陀支行持续在金融知识宣传、防范电信诈骗、慈善募捐、无偿献血、帮困扶贫、环境保护、交通劝导等领域开展各类活动，弘扬公益慈善文化。组织人员进村下乡、进企业、进商场、进社区等开展“3·15”金融消费者权益日、金融知识普及月、新版人民币与反假币、存款保险制度、“不得拒收人民币现金”等专题宣传活动，帮助金融消费者和投资者理性选择产品和服务、远离非法金融活动。配合做好创城工作，全年抽调192人次参与志愿服务活动。142人参与“慈善一日捐”活动，捐款18110元。10名员工参加无偿献血。 （撰稿：叶蓓露）

5月9日，农行普陀支行青年团员开展“我为党旗添光彩”暨全民清洁日志愿服务活动（叶蓓露摄）

中行普陀支行

【概况】 2021年6月18日，中国银行股份有限公司沈家门支行更名为中国银行股份有限公司舟山普陀支行（简称中行普陀支行）。中行普陀支行营业地址在沈家门同济路85号。下辖营业部、东港支行、平阳浦支行、浦湾支行、海印路支行、六横支行6个对外营业部门；员工81人。是年末，中行普陀支行本外币各项贷款余额27.89亿元，较上年末增加2.02亿元，增幅7.80%；本外币各项存款余额30.55亿元，比上年末增加2.67亿元，增幅9.57%；不良贷款余额965万元，比上年末增加87万元，不良率为0.35%；全年实现营业收入8919万元，非利息净收入1408万元；实现拨备前利润5975万元，净利润12026万元。

【服务地方经济发展】 中行普陀支行抓住舟山新一轮开放发展机遇，依托中银集团海内外一体化、综合化优势，加强业务创新融入地方建设。2021年1月，中行普陀支行作为舟山市交通投资集团有限公司20亿元超短期融资券的主承销商，成功为其发行首期超期融资券（SCP）6亿元，发行利率3.3%，创同评级、同期限市场化发行近3个月利率新低，并为其叙做6亿元的托管业务。是年再次中标舟山市交通投资集团有限公司2021年新一期的中票联席主承销商资格，成功为其完成30亿元中票额度的注册。中行普陀支行打造自贸金融首选品牌，2021年，实现跨境人民币结算业务量9558万元，国际结算业务量21241万美元。探索开展跨境人民币业务创新，落实《关于支持中国(浙江)自由贸易试验区油气全产业链开放发展的若干措施》，围绕自贸区建设人民币国际化示范区要求，持续推进跨境双向人民币资金池等创新业务发展，利用“保税一日游”等政策，为区内企业做好跨境人民币业务服务。利用保税物流园区“入区退税”政策，累计为扬帆集团股份有限公司叙做3笔跨境人民币结算业务，金额合计5252万元。中标普陀区财政代管资金专户，完成普陀区公积金归集资格破零，完成国土出让保证金代收资格，中标落地4家市级财政预算单位“零余额”账户，参与并中标舟山市社会保障·市民卡升级改造项目合作银行、电子医保凭证合作银行等民生服务项目。推动共建共享，与全区10家政府机关、事业单位结对党建、廉洁伙伴共建，打造政银合作新模式，开创共赢发展新局面。

【助力民营经济转型升级】 中行普陀支行持续提升民营和小微企业金融服务质效，聚焦小微企业、科技创新和绿色发展等金融支持，助推产业转型升级。在规模管控的形势下为普惠贷款开辟专项额度，优先保证普惠贷款的投放，并开放绿色通道，优先审批，给予利率倾斜。2021年年末，中行普陀支行“两增两控”口径普惠贷款余额30346万元，较年初增加9788万元，增幅47.61%。中行普陀支行持续提升普惠金融供给效能，构建线上线下双轮驱动业务模式。发展线上产品，完善线上全周期管理，持续推出“企e贷”系列线上产品，形成包含“信用贷”“银税贷”“外贸贷”和“抵押贷”等，实现企业线上申请、随借随还需求，累计获批“企e贷”业务1965万元。探索适合普陀海岛特色产品，支持海洋制造业做优做强。“海运贷”产品解决海运企业融资难问题，年末已批复涉及船舶抵押类贷款2000万元；“薪金贷”产品通过信用贷款为企业外包工程队提供融资支持，累计获批260万元；“渔农贷”产品利用利率低、审批快、手续简便等优势，降低渔民融资成本，累计放款2960万元。中行普陀支行做好“六稳”“六保”工作，成功获批舟山市普陀区融资担保有限公司担保额度准入，成为普陀区首家与该政策性融资担保公司开展“双保”业务合作的国有银行，并叙做1笔“双保”业务。加大减费让利力度。执行普惠贷款优惠利率政策，降低普惠小微企业融资成本，为民营、小微企业纾困解难。

【提升风险防控能力】 中行普陀支行整体信贷结构持续优化。完成某不良授信客户贷款本息的全额清收。制定《落实全面从严治党监督责任清单》，监督各级党员领导干部“四风八规”落实，组织学习廉政警示教育案例，做好廉政纪律提醒和公车、礼品管理突击检查，做到严格执纪，精准问责。开展“外逃案例警示教育月”活动，组织《金融案鉴》学习，开展“清廉阳光信贷”活动，组织全员纪检条线典型案例警示教育学习8批次。召开专题民主生活会，组织内控合规专项行动、案件警示和廉政教育宣传活动，上线“了解你的员工”和

6月，中行普陀支行在中创海洋新材料船舶产业园区对接会介绍普惠金融政策与产品（中行普陀支行提供）

“员工内控信息报告”管理系统，开展反洗钱风险排查，加强对客户、业务、员工、监管政策的全面监测和主动管理。强化监督执纪问责，继续保持“零案件”和“零重大风险事件”。全年累计与16家单位建立党建共建关系、与21家单位签约廉洁伙伴。

（撰稿：俞辉）

建行普陀支行

【概况】 2021年，中国建设银行股份有限公司舟山普陀支行（简称建行普陀支行）下设营业部、六横支行、东港支行、东港新区支行、浦西支行、渔市支行6个营业网点，在编员工103人。年末人民币各项存款49.33亿元，全年日均存款余额49.44亿元，年末各项贷款余额65.04亿元。

【存款业务】 2021年，建行普陀支行抓好账户营销，持续推进工程质量保证金专户、农民工工资保证金营销工作；通过精细化管理、高质量服务稳存款；落实央行相关会议精神助力实体经济，为企业开立船舶预付款退款保函；通过申报跨境融资贷等产品成功营销优质客户。以“五走进、三联动”、财富季活动及市民卡营销为契机，拓展市场，多次组织员工深入社区、企事业单位，奔赴海岛、农村，累计办理市民卡13151张。利用薪享通尊享版、结算通尊享版、日申定赎类及最低持有期理财产品的优势开展产品组合营销和投资理财规划服务，做大做强做优客户全量资金。年末，建行普陀支行核心存款时点余额49.33亿元，年日均存款余额49.44亿元。对公存款核心时点余额18.01亿元，比年初下降1.58亿元；日均存款余额19.86亿元，比上年下降1.48亿元。个人存款核心存款时点余额27.25亿元，比年初新增1.37亿元；日均存款余额27.08亿元，比上年增加2.91亿元。

建行普陀支行与舟山鑫亚船舶修造有限公司签订战略合作协议（建行普陀支行提供）

【贷款业务】 2021年，建行普陀支行立足普陀实际，支持重点项目，发展普惠金融业务，助推乡村振兴。以大数据信息为抓手，挖掘存量小企业金融需求，协助创新“新材料渔船贷”，支持绿色渔业发展；风电项目信贷余额19.7亿元，实现绿色信贷业务增长，推进碳达峰、碳中和。以“共富贷”等普惠产品为切入点，结合裕农通服务点加大对农村市场的拓展力度，提升普惠金融品牌在农村市场的影响力。全年共计发放“共富贷”23笔，累计金额633万元；发挥个贷产品团队的优势，做好贷前调查、贷时审查、贷后管理，加强对网点业务指导，加大房地产市场拓展力度，为客户提供上门服务。2021年年底，建行普陀支行贷款余额65.04亿元，比年初新增10.45亿元。其中，对公贷款余额26.06亿元，比年初新增2.55亿元，个人类贷款余额26.82亿元，比年初新增1.25亿元。

【其他金融服务】 2021年，建行普陀支行依托金融科技技术优势成功上线天然气电子商务平台系统；建设金融服务民生的应用场景，成功搭建智慧停车场30个、智能充电，新拓民生应用场景11户。助力国家完善住房保障体系，推动“住房租赁”战略落

建行普陀支行开展金融知识进校园活动（建行普陀支行提供）

地，提供住房解决方案。推动上线公租房系统以及南海市场保障性住房租赁项目。拓展"裕农通"业务，助力社会主义新农村建设、推动农村经济发展、拓展县域市场、为农村客户提供综合化金融服务。在全区岛屿上设立点位，将"裕农通"普惠金融服务网络深入海岛农村。为渔农户提供汇款、代理缴费、查询等金融服务的同时，利用"裕农通"合作点开展反假币和反洗钱宣传、金融知识普及以及合作方非金融服务的综合性普惠服务，让金融服务从固定的网点走进千家万户。是年，建行普陀支行支持企业复工复产，为企业办理无还本续贷，涉及金额8700万元。针对受疫情影响较大的企业，为其办理中长期流贷，降低企业转贷成本。深化"双子星"战略，加快手机银行、建行生活用户的拓展及促活。完成浙江车网智能科技有限公司车网科技电动自行车智能充电平台"聚合支付系统"的对接，使平台的交易双方进行支付、收款、退款。

（撰稿：张晨）

交行自贸区支行

【概况】　交通银行股份有限公司浙江自贸区支行（简称交行自贸区支行），2018年7月12日由交通银行股份有限公司舟山普陀支行更名而成，是舟山市普陀区第一家自贸区支行，营业地址在东港街道海洲路727号，坚持服务舟山、服务浙江自贸区金融业务。2021年年末，各项存款余额为42542万元，各项贷款余额为74590万元。

【普惠小微】　交行自贸区支行发展普惠、支持小微企业，对接场景金融线上产业链融资业务，延伸客户服务触角，实现引流获客。针对烟草商户推出信用贷款产品，成功落地场景+金融定制"烟户贷"，线上申请、自动审批、无需担保，随借随还，为订烟旺季流动资金紧张提供解决途径，得到烟草商户好评。加快舟山特色行业水产供应链项目发展，扩大鱿鱼质押项目范围，新增其他海产品质押。全年累计发放贷款3500万元。

【个金资产】　交行自贸区支行加大个金资产投放力度，对区内符合条件一手房楼盘做到"应入尽入"，全年新准入楼盘4个，加大二手房营销力度，二手房贷款发放占按揭贷款总数31%。全年实现按揭贷款发放金额和笔数同比双增长，其中，发放金额12225万元，同比增长8%；发放笔数162笔，同比增长7.3%。

（撰稿：应立伟）

交行自贸区支行员工走街串巷进行金融知识宣传（交行自贸区支行提供）

邮储银行普陀支行

【概况】 2021年年末，中国邮政储蓄银行股份有限公司舟山市普陀区支行（简称邮储银行普陀支行）各项存款余额421599万元，各项贷款余额204919万元。设有支行营业部、新街支行、普东支行、台门支行及六横支行5个网点，有员工71人。机构地址沈家门街道兴建路358号。邮储银行普陀支行获2021年度舟山市级文明单位称号。

【存款业务】 邮储银行普陀支行做好打击治理电信网络诈骗工作。组织全行员工签署《防范电信网络诈骗承诺书》，杜绝行内员工涉诈。单位存款账户必须落实双人实地调查，个人账户必须落实开户码查询。2021年年末，各项存款余额421599万元，比年初增加54639万元，其中，对公存款余额57545万元，比年初增加11367万元；储蓄存款余额364054万元，比年初增加43272万元。

【贷款业务】 邮储银行普陀支行做好“清廉金融文化”建设，营造“以廉为荣、以贪为耻”风尚。6月10日，与区人民银行共同开展“联学共建”暨“普及金融知识万里行”活动，走访六横清港村等部分助农点。对舟山中远集团海运重工有限公司、舟山普陀欧凯仪表有限公司开展座谈，了解疫情期间小微企业运营现状，帮助解决企业相关金融服务需求。全年“双保业务”结余2笔，金额400万元；“绿色信贷”结余2笔，金额80万元；全年成功建设信用村30户，准入信用户861户，新发放信用户贷款90.3万元。2021年年末，各项贷款余额204919万元，比年初增加26221万元；其中，小微企业贷款余额73617万元，比年初增加12188万元。五级不良贷款余额417万元，比年初减少481万元，不良率0.20%，比年初降低0.3个百分点。

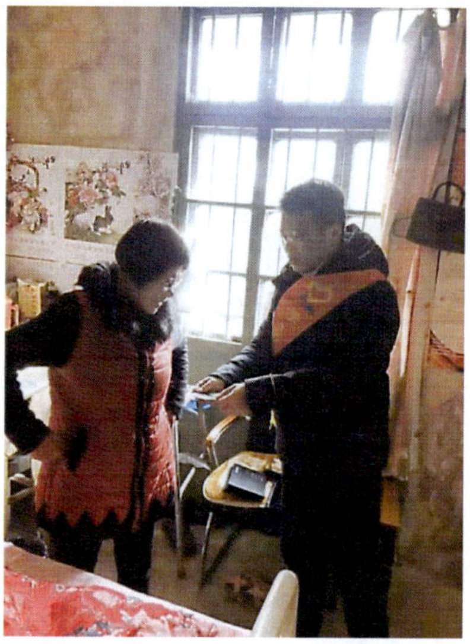

12月3日，邮储银行普陀支行党员代表上门为敬老院老人们进行新一代市民卡激活服务（邮储银行普陀支行提供）

（撰稿：徐哲聪）

普陀农商行

【概况】 浙江舟山普陀农村商业银行股份有限公司（简称普陀农村商业银行）围绕“小而精”发展方向，紧扣党史教育、乡村振兴、共同富裕、融资畅通等工作，开展“业务提升年”和“两化”主题活动，持续推进大零售转型和数字化改革，深化全方位普惠金融，打造“海岛金融家”品牌文化，各项业务实现稳健发展。2021年年末，各项存款余额202.70亿元，比年初增加25.24亿元；各项贷款余额151.14亿元，比年初增加15.95亿元；不良贷款余额1.42亿元，不良率0.94%；全年实现各项收入10.35亿元，实现利润1.09亿元。存贷款总量、增量、市场占有率蝉联全区银行业“六个第一”，全年上缴税收突破1亿元。承担全区近1/2的农户贷款和2/5的小微企业贷款，金融服务覆盖40万客户。先后获评2018—2020年浙江省服务小微企业优秀机构、浙江省“模范职工之家”、全省农户小额普惠贷款推广工作组织工作奖等荣誉。

【服务地方经济】 普陀农商行围绕区政府“现代化海洋产业新高地”战略部署，打造“一条鱼”产业链服务体系，为远洋渔业、水产加工业等提供全方位金融服务，“一条鱼”产业链贷款余额37.68亿元，比年初增加0.43亿元。加强走访和首贷户拓展，深化“行长进民企送服务”“三服务”等活动，全年累计走访企业197家，解决问题115个，涉及贷款金额7.98亿元。拓展小微企业首贷户624户贷款6.87亿元。支持小微园区企业，打造普陀湾众创码头“金融+科技+园区+政府+监管”五位一体金融服务模式，

4月30日晚，普陀农商行举办“初心不改、红心向党”第二届“最美农信人”颁奖晚会暨企业文化理念发布会（普陀农商行提供）

对园区内173家小微企业全面落实建档和授信，累计发放贷款58户4336万元。发挥“1+N”党建联盟平台作用，向海洋科学城A区、普陀海洋生态创新谷等园区科创企业推广“人才贷”专项产品。组织开展制造业金秋攻坚行动，拓展制造业对公贷款26户，新增贷款9185万元。

【落实融资畅通】 普陀农商行落实“两项直达政策”，向区人民银行争取支农支小再贷款2.5亿元，累计发放普惠型小微企业信用贷款20.76亿元，办理普惠型小微企业续贷延贷14.56亿元。全方位推广线上融资对接平台，累计受理线上融资订单1444笔11.34亿元，线上抵押业务占比达85%。加大小微税易贷、云商贷等线上融资渠道推广力度，与市发展和改革委员会合作推出数驱型产品“自在贷”，累计签约221户发放贷款1102万元。对接区退役军人事务局创立“军创贷”，5月签订协议起至年末已授信829户发放贷款1.73亿元。全年累计为普惠型小微企业减免利息约970万元。

【助力乡村振兴】 普陀农商行全面推进“三资系统”应用，推广使用率达100%。实施样板村镇扩容，新增朱家尖街道和展茅茅洋村2个样板镇、村。全面加强农户小额普惠贷推广，累计完成农户授信4.58万户，授信金额55.23亿元，可授信农户覆盖率和有感反馈到位均达100%。创新渔农民融资产品，与浙江省农业融资担保有限公司合作，发放“新农贷”“惠农贷”等农担通贷款4398万元。支持省级农业龙头企业、示范家庭农场、农民专业合作社、农创客四类清单客户，授信10.62亿元。落实农村创业青年伙伴计划，贷款签约17户1054万元。支持旅游产业发展，累计发放民宿业、小微餐饮商户各类贷款超2.3亿元。

【加快数字化转型】 普陀农商行制定全面提升数字贷款占比工作指导意见，加强数字贷款拓展，数字贷款占比41.63%比年初提高1.55个百分点。加快场景建设，上线田园综合体智慧收单平台、东港金叶智慧菜场、朱家尖老客运中心智慧停车等各类云平台、智慧场景22个，实现电子渠道公共服务应用广覆盖。实施商户数据治理，累计整改商户近4000户，持续提升商户质量。持续推广移动展业App应用，数字走访触达2072人次，在线面签累计13786笔。

【融入社会治理】 普陀农商行深化与政府“大平台、大数据”合作，承接代办“最多跑一次”改革服务项目68项。推动“政务服务2.0”向基层渔农村延伸，打造政务服务“就近办、自助办、掌上办、上门办”，实现全辖46个网点全覆盖。做好第三代社保卡代理换发工作，累计发卡超18万户。为全区8万人提供政府性惠农资金的代理收缴和发放。成功办理外汇NRA账户不落地结汇业务，新增舟山保税区加油付汇业务和国际海员代发工资业务。2021年年末，国际业务结算量达4.36亿美元，同比增加600万美元。全面实施“丰收村村通”工程，累计安装ATM、自助终端等各类自助机具257台，建成便民服务点58个、丰收驿站38家，全方位满足渔农村居民生产、生活、创业等多元化需求。

普陀农村商业银行与蚂蚁岛管委会签订党建共建战略合作协议（普陀农商行提供）

【提升管理质效】 普陀农商行强化法人治理工作，完善“三层一会”治理组织体系。建立信贷风险分析季度例会机制，加强不良资产清收管理，制订年度清非挖潜活动方案，全面落实清收管理责任。制定员工行为网格化管理实施细则，签订员工行为承诺书，实施员工行为风险和个贷风险专项排查。组织开展全行安全生产大检查活动，获评2021年度市级第七轮银行业安全评估先进单位。

【党建引领凝聚发展合力】 普陀农商行开展建党100周年和党史学习教育活动，全年累计开展党员联学31次、活动联办45次。深化三级党建联盟，持续加强与两新企业的红色互动，与蚂蚁岛管委会签订党建共建战略合作协议，挂牌设立“浙江农信系统党员教育基地”，向蚂蚁岛综合授信3亿元助力海岛乡村振兴。与浙普渔19111号渔船党支部建立党建联盟，在全系统第一次将党建共建延伸到渔船上。推出全新“海岛金融家”品牌文化理念和“简单、实惠、顶靠‘普’”品牌口号。组织开展“无偿献血”、八一拥军、“慈善一日捐”等公益活动，向慈善总会捐款10万元定向助学资金，支持慈善事业，关心关爱少年儿童。持续开展“全民清洁日”、马路劝导、社区共建活动，助力“创城”。

（撰稿：赵小波）

普陀稠州村镇银行

【概况】 2021年，浙江舟山普陀稠州村镇银行股份有限公司（简称普陀稠州村镇银行）坚持“服务‘三农’、支持小微、扎根社区”的经营方针和“支持小微企业、服务个私经济”的市场定位，各项业务稳健发展。年末，资产总额11.53亿元，较年初增幅19.18%；负债总额8.79亿元，较年初增幅24.23%；实现净利润1409.91万元，同比增幅198.02%。有5个网点，在编人员77人。2021年12月8日，普陀稠州村镇银行召开第四届董事会第五次会议，调整董事长1名、董事3个和监事1个，强化董监事履职有效性，审议通过19项议案。

【存款业务】 2021年年末，普陀稠州村镇银行各项存款余额7.84亿元，较年初新增1.30亿元，增幅19.88%。其中，储蓄存款余额6.01亿元，占比76.66%，较年初新增14935.6万元，上升7.55个百分点。个人价值户3820户，较基数新增1290户。

【贷款业务】 2021年年末，普陀稠州村镇银行各项贷款余额8.01亿元，较年初新增0.97亿元，增幅13.85%；贷款户数2016户，较年初新增166户。其中抵押贷款余额占比60.77%较年初降低9.72个百分点，保证贷款余额占比26.09%上升7.31个百分点，信用贷款余额占比13.14%增2.41个百分点，向抵押:保证:信用占比5:3:2结构调整。贷款主要投向“三农”和地方特色产业，涉农贷款占比61.15%。

【风险控制】 2021年年末，普陀稠州村镇银行资本净额28163.81万元，资本充足率为37.48%，一级资本充足率和核心一级资本充足率均为36.35%。不良贷款按五级分类余额为780.99万元，较年初减少105.63万元，不良贷款率为0.97%，较年初下降0.29个百分点；贷款拨备覆盖率380.00%，拨贷比3.71%，监管指标符合监

12月8日，普陀稠州村镇银行召开第四届董事会第五次会议（普陀稠州村镇银行提供）

管要求。2021年，普陀稠州村镇银行监管评级级次为3B级。

【普惠金融服务】 普陀稠州村镇银行开展"新春开门红"等九大营销专项活动推进"三农"和小微服务。持续走村入社，实行"一图三表"经营网格化，发挥"本地银行、本地人"服务平台优势，开展信用建档评级工作。深化银企对接。通过"百地千名行长进民企送服务"走访对接推进优化民营企业融资帮扶工作。2021年，成功对接企业127家，收集资金需求2.3亿元，累计解决融资1.17亿元。小微贷款余额6.93亿元，较年初增加0.99亿元；全年发放无还本续贷112户，金额1.42亿元，发放普惠小微企业延期贷款140户，金额1.54亿元。

【落实降费让利】 2021年，普陀稠州村镇银行落实降费让利惠民惠企政策。涉及会计、电子银行及授信业务项目61项，已取消收费项目22项，占全部项目36.07%，暂免收费项目34项，占全部项目的55.74%，实行减费项目4项，占全部项目的6.56%。

【严守内控合规底线】 普陀稠州村镇银行加强风险合规部与市场开发部联动，做好授信政策和产品政策传导，严把新增客户准入关。建立"风险客户池"。落实贷后督导岗动态监测风险客户迁徙变化，做到风险客户早发现、早处置。加强贷后督导检查力度，边整改边纠偏，夯实普陀稠州村镇银行的小微基础群质量。2021年，累计开展阳光信贷、船舶抵押等18项专项检查，摸清风险底数，实时掌握信贷资产质量。围绕重点领域和条线履职，推进内部审计，发挥审计监督作用。开展各类审计项目共计19个，其中专项审计项目9个，履职（强休、离任、离职）审计项目10个。组织各类应急演练，提高全行各类风险处置能力。是年，共组织各网点开展人行支付系统、电子验印系统、防爆防抢、消防演练以及防挤兑等应急演练15场次。

【履行社会责任】 普陀稠州村镇银行通过走村入户、网点、网络宣传等活动41次，受众人数2700余人，制作原创主题宣传作品2件，分别被舟山中支和省银行业协会录用，推送官方公众号。致力打通农村普惠金融"最后一公里"。2021年5月，作为发放朱家尖失海渔民后方女性补贴的唯一指定金融机构，为10个村社1176个村民现场开卡激活、免费接送服务。针对行动不便的老人，利用PAD客户端，将办公场所移到村民家中，提供贴心服务。收到2封客户的感谢信（锦旗）。

（撰稿：何嘉莉）

其他银行机构

【浙商银行股份有限公司舟山普陀支行】 成立于2014年3月12日，是浙商银行舟山分行辖内首家支行。营业地址东港街道麒麟街211号东港财富中心A座。2021年，该支行在存款工作中确立对公业务、个人储蓄双线平行发展，实行全员营销，上下联动的工作策略，各项存款年末余额92047.2万元。其中，对公存款余额46281.72万元，个人存款余额45765.48万元。在贷款工作中抓好信贷风险防控、案件风险防控、市场风险防控、操作风险防控、舆情风险防控和员工行为管理等工作。落实利率优惠政策，降低客户融资成本，应用金融科技。推动金融服务产品"下乡"，

浙商银行普陀支行营业大厅（浙商银行普陀支行提供）

抓住“双保贷”业务，稳住基本盘。通过客户走访，增加船舶抵押贷款投放。灵活运用各小企业特色产品，以及电子银行产品，优化小企业贷款申请平台，提升小微客户金融服务质量。各项贷款年末余额 40797.88 万元。其中，小微企业贷款 24864.17 万元，占总贷款额的 60.95%。中间业务以手续费收入为主，包括结算业务、银行卡业务和担保承诺业务。全年发放银行卡 704 张，实现中间业务收入 12.68 万元。营业收入 2166 万元；上缴各项税金 96.35 万元。

（撰稿：周迷娜）

【杭州银行股份有限公司舟山普陀支行】 该支行是落户舟山的第一家城市商业银行。以服务区域经济、中小企业和城乡居民为市场定位，推进资产管理、金融同业、财富管理等业务及新产品的运用。2021 年年末，各项表内贷款余额 31.42 亿元。其中，公司贷款余额 24.95 亿元，小微条线贷款余额 4.75 亿元，零售贷款余额 1.7 亿元（不包括资产证券化）。信贷投向在基础设施建设和政府棚改项目，贷款余额 8.86 亿元，占比 28.2%。对新冠肺炎疫情再贷款及民营制造业、旅游文化产业融资余额达 6.8 亿元，占比 21.64%。企业发债托管规模居本级行内之首，得益于普陀城市投资发展集团有限公司 3 月末落地 13.15 亿元 ABS 项目，12 月末落地 5 亿元 PPN 项目。制造业贷款新增 8277 万元，占舟山分行全年新增总量（1.23 亿元）的 67.5%。发放舟山分行首笔云采贷业务，为浙江自贸区雅各国际贸易有限公司成功申报云采贷授信 1000 万元。完成舟山分行首笔客衍生品业务，为岱山金海船舶修造有限公司办理双货币存款 100 万美元。

2021 年年末，杭州银行普陀支行小微条线存款余额 14443 万元，存款日均 13923 万元，较上年新增 3779 万元。小微理财日均 2582 万元，较上年新增 740 万元。注重党建工作和业务开展相结合，开展金融知识进万家宣传系列宣教活动、青年志愿者金融服务活动、“3·15”消费者权益保护宣传周、反假币、反欺诈、宪法宣传等各类金融知识宣传等。

（撰稿：郭薇薇）

【浙江民泰商业银行股份有限公司舟山普陀支行】 该支行成立于 2009 年 6 月 26 日，营业地址东港街道山海街 2 号。2021 年，

民泰银行员工进企业进行金融宣传（民泰银行普陀支行提供）

在普陀区域设有普陀、浦西、沈家门、朱家尖4家支行,各项存款余额20.33亿元,全年净增存款余额2.22亿元;各项贷款余额23.94亿元,净增3.86亿元。存贷款总规模44.27亿元,在普陀区21家银行业金融机构中名列第八。小微贷款余额连续3年名列全区第四。2019年、2020年连续两年被区委、区政府评为金融支持地方经济优秀单位。民泰银行普陀支行持续推进绿色信贷业务发展,5月25日发放首笔再生循环贷50万元,期末绿色贷款余额超过2000万元;5月27日发放全市首笔“e链通”医疗流通企业贷款,解决小微企业担保难问题。落实乡村振兴战略,完善乡村金融服务体系建设,与塘头社区、大展社区、六横台门港渔船管理服务站、茅洋社区、小干社区等5个单位续签信用村协议并授牌。是年,实现拨备前利润2929.35万元;存款FTP利润1220.24万元,贷款FTP利差2281.85万元。

(撰稿:黄巧蓉)

【台州银行股份有限公司舟山普陀支行】 该支行成立于2012年4月17日,隶属于台州银行舟山分行。2021年,支行下辖勾山小微企业专营支行、东港小微企业专营支行、朱家尖社区支行,有正式员工60人,营业地址为沈家门街道滨港路142—153号。该支行继续践行小微金融、普惠金融,支持实体经济、民营经济,按“一户一策”提供金融服务方案。完成2021年“两增两控”考核目标。推出“生活圈”“生意圈”,实现线上线下销售模式。组织员工开展“七进”宣传活动,深入社区、村居、学校等讲解“金融知识”“提高反诈意识”“守住自己的钱袋子”等。至年末存款余额95074万元,较年初上升16331万元。其中,对公存款11538万,较年初上升1915万元,储蓄存款83536万元,较年初上升14415万元;贷款余额176552万元,较年初上升31477万元,不良贷款余额1471.05万元,较年初下降677万元,不良率为0.83%,较年初上升0.29%。

(撰稿:韩娜)

【浙江稠州商业银行股份有限公司舟山分行】 该分行于2014年3月17日成立,是直属一级分行,也是全市首家落户在普陀区的商业银行分行,经营地址东港街道海天大道2701号浙江海中洲国际广场西楼,外设3个机构。2021年,该分行打造“党建+金融”的“市场银行”。6月,与舟山市公共资源交易中心完成电子保函平台对接,成为舟山市公共资源交易中心电子保函平台对接金融机构,为客户提供专业服务。8月,稠州银行舟山分行国际结算业务落地,开立首个美元外汇结算账户,使金融服务向“本土化、多样化、生态化、数字化”发展。用授信“1+N”模式助跑小微企业发展,全年发放小微企业贷款74283万元,占总贷款额的72.41%。年末各项存款余额222392万元,其中,单位存款余额118485万元、个人存款余额103907万元。各项贷款年末余额102587万元,其中,对公贷款

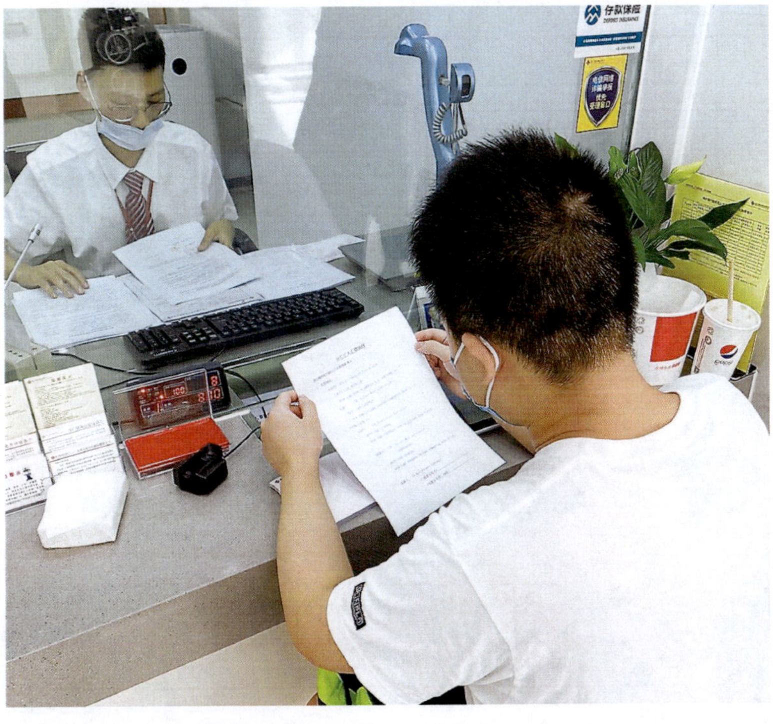

8月,稠州商业银行舟山分行开立首个美元外汇结算账户(稠州商业银行舟山分行提供)

40156万元、个人贷款62431万元。全年营业净收入3863万元，上缴各项税金378万元。

（撰稿：鲍露露）

【定海海洋农商银行普陀支行】 该支行成立于2013年11月21日，位于普陀区东港街道海印路831-835号，是定海海洋农村商业银行开设的第一家跨区域分支机构。2021年，推广“信用付·随心花”业务，推进“四个办”服务体系，支行营业网点、智能柜员机上线“窗口办”“自助办”服务事项。利用数字银行和移动展业“双平台”，完成客户走访营销1520户。全年累计营销第三代社保卡12764张，激活三代社保卡6858张。累计发放信用贷款1813户7.32亿元；完成小微贷款无还本续贷3.53亿元；新增发放普惠小微贷款0.38亿元；发放“小微简贷”贷款103户0.46亿元。依托“普惠百日行”“百行进万企”“首贷户拓展”等活动累计走访小微企业315户，发放贷款126户5.04亿元；拓展小微企业首贷户17户0.14亿元。年末，各项存款余额3.89亿元，各项贷款余额16.27亿元，五级不良贷款余额0.09亿元，不良率0.55%。

（撰稿：卓文玲）

【浙江泰隆商业银行股份有限公司舟山分行】 该分行位于东港街道海印路841号，成立于2016年3月30日，内设5个职能部门，下辖6个网点，有139名员工。2021年年末各项存款余额18.19亿元，贷款余额16亿元，贷款客户5021户，户均贷款31.87万元，不良贷款率为0.47%，较年初下降0.32个百分点。泰隆银行舟山分行推出易农贷、乐农贷、“人人可贷”等乡村绿色信贷系列产品。截至2021年12月末，“易农贷”贷款余额4.82亿元。“乐农贷”贷款余额7685万元。农村“人人可贷”累计户数增量1747户，授信总额28040万元。对受疫情影响的小微客户，通过转、增、配等措施，提高存量客户转化及配套信用贷款的比例，全年累计发放普惠小微信用贷款36091.07万元，惠及1141户；累计发放延期还本业务32502.1万元，惠及432户。各个网点已跨界合作商户、政府及平台20余家，开展“请进来”活动近200场，走出去活动500余场，客户建档近万户。提高泰隆普惠金融服务质量，塑造“温度银行”形象。

（撰稿：颜榕）

【绍兴银行股份有限公司舟山普陀小微企业专营支行】 该支行于2016年9月28日正式开业，辖5个职能部门和沈家门社区支行，有员工27人。2021年，支行将志愿服务、金融知识普及与业务拓展结合，建立志愿者服务计时台账，打造“红色金融服务圈”，开展征信及防范非法集资等日常金融知识宣传、走访贷款客户、关爱留守儿童等。推出“金积贷”“民宿贷”“金捷贷”等产品，上线财智通、企业智慧管家等平台，助推数字化转型。年末各项存款余额122947万元，其中，对公存款100502万元、个人储蓄存款22445万元；各项贷款余额185451万元，其中，企业贷款余额109575万元、个人贷款余额75876万元。（撰稿：厉娜）

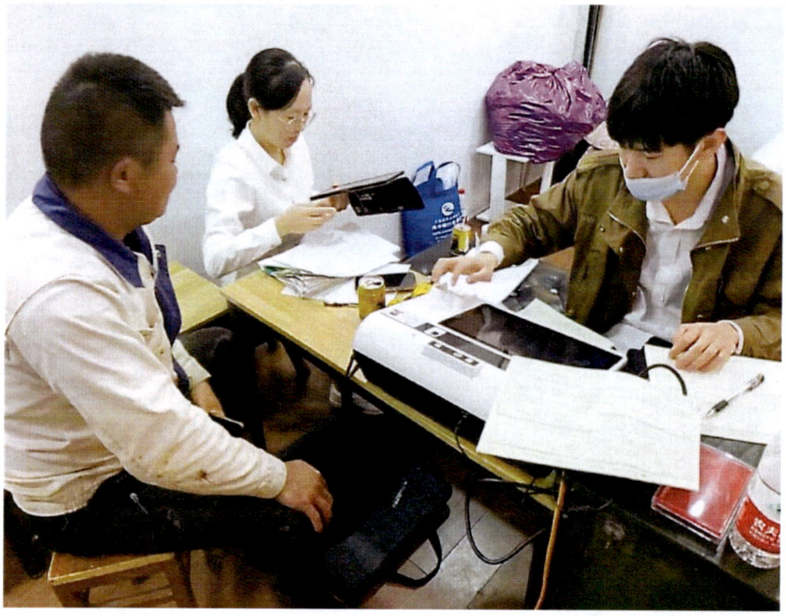

定海海洋农商银行普陀支行员工上门开卡服务（定海海洋农商银行普陀支行提供）

民生银行普陀支行在展茅老年活动中心开展“民生悦享　相伴退休好时光”公益活动（民生银行普陀支行提供）

【中国民生银行股份有限公司舟山普陀小微企业专营支行】　该支行成立于2017年3月22日，是民生银行舟山分行辖内第一家支行。2021年，在册员工14名。每周定期召开1次全行工作会议，业务知识学习、每周经营分析、反洗钱反诈骗等风险案例剖析及安全管理培训等。年末各项存款余额47462.87万元。其中，单位存款36854.26万元，个人存款余额10608.62万元。各项贷款余额12539.39万元。是年，支行立足小微金融业务，践行国家普惠金融发展战略，突出小微金融定位，强化小微客群综合经营，增强小微金融线上化、综合化服务能力。

（撰稿：孟彬丽）

【华夏银行舟山普陀小微企业专营支行】　该支行成立于2018年7月5日，隶属于华夏银行舟山分行。2021年有正式员工9人，营业地址东港街道昌正街82号昌正大厦101-1室、201-1室，主要经营业务范围包括吸收公众存款，发放短期、中期和长期贷款，办理国内结算，办理票据承兑与贴现，代理保险业务，经银行业监督管理机构批准的其他结算业务。是年，该支行加强金融安全反假币知识宣传，做好防范电信网络诈骗和存款保险等现场活动，加强收付结算服务，不断升级柜面系统，强化重点环节监控力度，提供加固安全防护措施，防范财务风险。开设“企业开户绿色通道”提高企业开户效率，开启“能量满满·邀约有礼”活动，增加存款量。年末贷款余额2亿元，年末各项存款余额2.2亿元，其中，对公存款余额1.3亿元、对私存款9000万元。

（撰稿：徐湘湘）

【中信银行股份有限公司舟山普陀支行】　原名中信银行股份有限公司沈家门小微企业专营支行，成立于2015年10月21日，2018年6月27日升级更名为综合性支行，是中信银行股份有限公司舟山分行所辖唯一支行。营业地址为沈家门渔市一路95号海贸大厦一楼，内设营业部、业

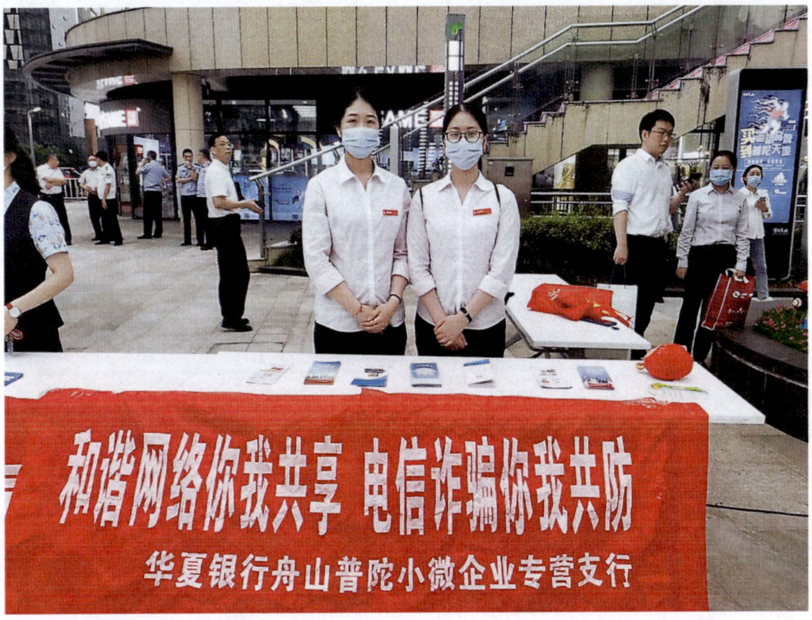

华夏银行舟山普陀小微企业专营支行设摊宣传（华夏银行舟山普陀小微企业专营支行提供）

务部2个部门，在职正式员工13人。支行重视企业文化建设，以“客户为尊，诚信合规，专业创新，员工为本，团队制胜，创造价值”为行训，打造“最佳综合融资服务银行”。2021年年末，各项存款余额4.74亿元，其中，对公存款2.65亿元，个人存款2.09亿元；各项贷款余额10.34亿元，其中对公贷款3.77亿元，个人贷款6.57亿元；不良资产521.22万元，不良率0.5%，全年营业收入5278.16万元。

（撰稿：中信银行舟山普陀支行）

小额贷款公司

【舟山市普陀区汇润小额贷款股份有限公司】 该公司成立于2009年3月27日，舟山市首家小额贷款公司，注册资本5000万元，其中浙江浩顺商贸有限公司占股40%，实行董事会领导下总经理负责制。营业地址：沈家门街道滨港西路58-62号201室，主营中小微企业、个体工商户和个人小额贷款业务。公司秉承“诚信、便捷、创新、共赢”的经营理念，坚持支农支小、小额分散市场定位，依法合规经营，服务三农（渔）小微企业。强化内部管理，实行岗位责任制，掌握客户信息、动向，跟踪客户的经营情况，做到贷前调查仔细、贷中严格审查、贷后跟踪到位。2021年累计发放贷款4609万元，年末贷款余额1.72亿元，营业收入477万元，实现税后利润27万元。是年，该公司被省政府金融工作办公室评为2020年度浙江省A+级优秀小额贷款公司，被市政府办公室授予2020年度社会贡献奖。

（撰稿：贺妙妙）

【舟山市普陀区东港小额贷款股份有限公司】 该公司成立于2012年10月26日，注册资金1.5亿元。浙江欧华造船有限公司为主发起人，投资4500万元、占比30%，舟山强仁进出口有限公司、舟山震洋发展有限公司、浙江天海置业发展有限公司各投资3000万元，各占比20%，马驰洲投资1500万元，占比10%。2021年年末，有员工6人，营业地址东港麒麟街215号5楼-2号，主营小额贷款业务，年末各项贷款余额15720万元，营业收入506万元，各项支出217万元，实现税后利润218万元。2012年10月开业至2021年年末，累计发放各项贷款2719笔，贷款金额329573万元。

（撰稿：娄文红）

【舟山市普陀区汇龙小额贷款有限公司】 该公司成立于2012年12月25日，注册资本5000万元。由舟山市龙山船厂有限公司为主发起人，投资2000万元，占比40%，联合3名自然人各投资1000万元，各占比20%。实行董事会领导下总经理负责制，下设4个职能部门，有员工6人。营业地址在六横镇六横路285号电信大楼四楼，主要从事经营中小微企业、个体工商户和个人小额贷款业务；办理小企业发展、管理、财务等咨询业务；其他经批准的业务。重点解决渔农业、种养殖业、农渔产品加工业生产者、中小企业资金周转需要。2021年年末，各项贷款余额1964万元，其中，公司业务600万元，个人业务1364万元；全年实现各项业务收入479万元，各项支出290万元，上缴各项税费66万元，实现净利润134万元。

（撰稿：蒋凤）

证　券

【华宝证券股份有限公司舟山普陀麒麟街证券营业部】 2021年3月25日，华宝证券有限责任公司舟山普陀麒麟街证券营业部更名为华宝证券股份有限公司舟山普陀麒麟街证券营业部，地处东港财富中心一楼，营业面积192平方米，为C类营业部。营业部代理证券交易主要包括：沪深证券交易所A股、B股、证券投资基金（包括ETF、LOF）、国债、国债回购、可转换债券、企业债券等，北京证券交易所新三板精选层股票。并开展融资融券、股权质押、沪港通、深港通、股转系统交易、代销金融产品等业务，能满足客户多样化的投资理财需求。和中国银行、工商银行、农业银行、建设银行、交通银行、邮政储蓄、中信银行等多家银行开通客户资金第三方存管业务。2021年7月9日，华宝证券股份有限公司收到中国证监会出具的《关于华宝证券股份有限公司试点开展基金投资顾问业务有关事项的复函》，获批基金投资顾问业务试点资格，营业部相应也获得开展该业务试点资格。是年末，客户资产余额179266.96万元，其中指定与托管证券市值161676.34万元，指定与托管限售流通证券市值1923.30万元，代办股份转让系统证券市值2579.19万元，柜台客户交易结算资金余额13088.14万元。期末资金账户16746户，A股账户29511户，B股账户46户，基金账户490户。浮动收益类金融产品销售额50931.57万元。全年各类业务交易3629258.18 万元，其中A股2754860.51万元，B股95.82万元，基金33110.93万元，债券25456.82万元，债券融资券回购交易798033.10万元，其他证券6014.44万元，代办股份转让交易额11686.56万元。

（撰稿：虞梅娜）

【长城证券股份有限公司舟山昌正街证券营业部】 该营业部成立于2020年5月，营业地址东港昌正街82号昌正大厦101室、201室，营业面积211平方米。2021年，舟山昌正街证券营业部开展金融知识普及、保护中小投资者等活动增强公众防骗意识和自我保护能力。为客户提供全方位、多样化的金融服务。年末，该营业部客户资产合计49295.31万元，同比增长309.52%，其中指定与托管证券市值11544.25万元，指定与托管限售流通证券市值36774.89万元，柜台客户交易结算资金971.68万元。期末资金账户1363户，A股账户2418户，基金账户201户，同比分别增长319.38%，319.06%，1335.71%。全年各类经济业务交易总额累计219128.29万元，同比增长118.65%，其中A股191771.11万元，基金2663.73万元，债券2004.38万元，债券融券回购交易22673万元。

（撰稿：刘一姗）

长城证券舟山昌正街证券营业部营业大厅（长城证券舟山昌正街证券营业部提供）

财产保险

【概况】 2021年，全区有财产保险公司7家：中国人民财产保险股份有限公司舟山市普陀支公司、中国太平洋财产保险股份有限公司舟山市普陀支公司、中国人寿财产保险股份有限公司普陀区支公司、中华联合财产保险股份有限公司舟山中心支公司普陀支公司、中国平安财产保险股份有限公司舟山中心支公司普陀支公司、阳光财产保险股份有限公司舟山市普陀区支公司、大地财产保险股份有限公司舟山中心支公司普陀支公司。财产保险费收入2.58亿元，下降8.7%。

（撰稿：沈杰）

【中国人民财产保险股份有限公司舟山市普陀支公司】 2021年，中国人民财产保险股份有限公司舟山市普陀支公司下辖六横、桃花、虾峙、朱家尖、普陀山、展茅6个营销服务部，在编职工34人，主营船舶险、企业财产险，机动车辆保险、各类家庭财产保险、建筑安装工程保险、货运险、人身意外伤害险、责任险、政银保、科银保短期出口信用保险、国内贸易信用保险，城乡居民在校学生人身伤害意外保险、非机动车第三者责任保险等险种。全年保费（储金）收入10659.19万元，同比增长4.96%。市场份额占

表 38

2021 年普陀区各财产保险机构基本情况

机构名称	地址	主要业务
中国人民财产保险股份有限公司舟山市普陀支公司	沈家门街道同济路 327 号	船舶保险、企业财产保险，机动车辆保险、农业保险、各类家庭财产保险、建筑安装工程保险、货运保险、人身意外伤害保险、责任保险、政银保、科银保、短期出口信用保险、短期健康险、国内贸易信用保险，城乡居民在校学生人身伤害意外保险、非机动车第三者责任保险等
中国太平洋财产保险股份有限公司舟山市普陀支公司	东港财富中心 A 座 3 楼	机动车辆保险、船舶保险、财产保险、货运保险、工程保险、责任保险、人身意外伤害保险和短期健康保险
中国人寿财产保险股份有限公司普陀区支公司	东港街道海洲路 727 号 801–809 室	船舶保险、企业财产保险、机动车辆保险、各类家庭财产保险、责任保险、建筑安装工程保险和人身意外伤害保险、货物运输保险等
中华联合财产保险股份有限公司舟山中心支公司普陀支公司	东港街道香榭街 83 号	企业财产损失保险、家庭财产损失保险、建筑工程保险、安装工程保险、货运运输保险、机动车辆保险、船舶保险、能源保险、一般责任保险、保证保险、信用保险(出口信用险除外)、短期健康保险、意外伤害保险业务；经中国保监会批准的其他财产保险业务。(依法须经批准的项目，经相关部门批准后方可开展经营活动)
中国平安财产保险股份有限公司浙江省分公司普陀支公司	东港街道海洲路 727 号 406 室	经营企业财务损失保险、家庭财产损失保险、建筑工程保险、安装工程保险、货物运输保险、机动车辆保险、船舶保险、能源保险、法定责任保险、一般责任保险、保证保险、信用保险(出口信用保险除外)、短期健康保险、意外伤害保险、经中国银保监会批准的其他业务，代理国内外保险机构检验、理赔、追偿及其委托的其他有关事宜
阳光财产保险股份有限公司舟山市普陀区支公司	东港街道海印路 821 号海天大厦 1201 室	船舶保险、企业财产保险、机动车辆保险、各类家庭财产保险、责任保险、建筑安装工程保险、人身意外伤害保险、货物运输保险等
中国大地财产保险股份有限公司舟山市普陀支公司	东港街道海印路 821 号海天大厦三楼	船舶险、车险、各类责任保险、企业财产损失保险、家庭财产损失保险、意外伤害保险、建筑工程保险、货物运输保险等

普陀保险市场的 40.7%，处理赔案 6993 件，同比下降 3.29%；支付赔款金额 7881.64 万元，同比上浮 35.6%。

2021 年，该支公司以下属 6 个营销服务部为基础，在六横、桃花、朱家尖、普陀山、展茅、虾峙等地设立“三农”服务站 7 家，设立村级“三农”服务点 70 个，形成普陀区域内“三农”服务体系。全年为农户提供普陀区政策性种植业、养殖业和林木保险各类产品保障金额 19848.74 万元，收取保险费 313.94 万元，支付赔款 895.20 万元，赔付率285.15%。政策性种植业主要是水稻、小麦、油菜、大棚蔬菜、露地蔬菜、大棚西瓜、露地西瓜和葡萄等。参保面积 14408 亩(约 960.53 公顷)，保障金额 4904.97 万元，收取保费 173.58 万元，支付赔款 742.73 万元，赔付率 427.88%。其中水稻参保面积4986 亩(332.4 公顷)，投保户数19 户次，保障金额 498.6 万元，收取保费 24.93 万元，支付赔款 201.78 万元；小麦参保面积 2428 亩（约 161.87 公顷)，投保户数 4 户，保障金额 145.67 万元，收取保费 5.46 万元，支付赔款 27.2 万元；油菜参保面积 1500 亩(100 公顷)，投保户数 1 户，保障金额 75 万元，收取保费 2.25 万元，支付赔款 22.5

万元；设施农业大棚参保面积3128亩（约208.53公顷），投保户数127户，保障金额3931.17万元，收取保费117.04万元，支付赔款345.53万元；棚内蔬菜2021年未保，2020年未到期责任支付赔款5.63万元；露地蔬菜投保面积300亩（20公顷），投保户数1户，保障金额45万元，收取保费3.24万元，支付赔款33.74万元；大棚西瓜参保面积1541亩（约102.73公顷），投保户数81户，保障金额92.45万元，收取保费12.48万元，支付赔款45.72万元；露地西瓜参保面积112亩（约7.47公顷），投保户数5户，保障金额3.35万元，收取保费0.4万元，支付赔款2.85万元；葡萄参保面积414亩（27.6公顷），投保户数32户，保障金额108.1万元，收取保费7.78万元，支付赔款57.79万元。政策性养殖业主要是能繁母猪和生猪，参保头数27007头，保障金额3378.73万元，收取保费126.88万元，支付赔款148.14万元，赔付率116.76%。其中，能繁母猪参保头数1186头，投保户数5户，保障金额182.55万元，收取保费10.67万元，支付赔款13.95万元；生猪参保头数25821头，投保户数5户，保障金额3196.18万元，收取保费116.2万元，支付赔款134.19万元。公益性森林保险主要是公益性林木火灾、商品性林木综合。公益性林木火灾参保面积248409亩（16560.5公顷），投保户数3户，保障金额11178.41万元，收取保费11.18万元，支付赔款0万元；商品性林木综合参保19371株，投保户数3户，保障金额386.64万元，收取保费2.3万元，支付赔款4.33万元。政策性农村住房保险，全区承保农户数50326户，为农户提供住房保障113233.5万元，保费50.33万元。其中，普通参保农户数49516户、低保户参保数810户。其他政保类项目落实学幼险续保工作；独家中标舟山市普陀区农业农村局和舟山市普陀区慈善总会联合牵头的普陀区医疗救助责任保险项目并签订三年合作协议，连续4年为辖区3705位“三低”人员提供近16.34亿元的风险保障。协同区慈善总会、区民政局等相关部门做好普陀区民生救助保险工作。借助网络媒体和基层社区等扩大宣传，推介“政府+慈善+保险”，提高百姓政策知晓率；连续5年中标全区老年人意外险，

表39

2021年人保财险普陀支公司重大赔付案

年份	被保险人	险种	出险原因	出险日期	赔款金额（万元）
2021	舟山市普陀瑶丰船舶修造有限公司	企业财产综合险	台风	2021.7.25	595.47
2021	舟山普陀交通投资发展集团有限公司	工程险	台风	2020.9.2	131.57
2021	浙江海洋工程有限公司	工程险	其他意外事故	2019.7.5	102
2021	中铁隧道局集团有限公司	工程险	台风	2021.7.25	152.95

“烟花”台风期间，人保财险普陀支公司员工理赔现场查勘（人保财险普陀支公司提供）

独家为全区近12000名老年人提供6亿元左右的意外险保障。

（撰稿：赵妍璐）

【中国太平洋财产保险股份有限公司舟山市普陀支公司】 2021年，公司设总经理室，下辖业务部、车险业务部、渠道业务部、业务管理科以及六横营销服务部，在编正式员工22人，位于普陀区东港财富中心A座3楼，主要经营船舶险、货运险、企业财产险、机动车辆险、意外险、责任险、非机动车综合保险、城乡居民在校学生人身意外险等近百个险种，业务涉及汽车、机械、建筑、船舶以及高科技产业等各个领域。通过采取重点项目层层落实，新险种拓展及效益险种大力推进等措施，实现全年保费收入5539.85万元，同比上升7.26%，市场份额占普陀保险市场的21.16%，其中，车险保费收入2271.14万元，同比负增4.19%；非车险业务保费收入3268.71万元，同比上升16.97%。

（撰稿：沈苗苗）

2021年太保财险普陀支公司部分重大赔案

表40

被保险人	险　种	出险原因	出险日期	赔款金额（万元）
吴　某	车险	人伤	2021.4.24	10.06
王　某	车险	人伤	2021.1.18	16.67
某养殖公司	农业保险	台风	2021.7.24	41.52
某船务公司	船舶险	触碰	2021.6.26	36.79
某海运公司	船舶险	机损	2021.6.21	159.71

太保财险普陀支公司车险业务专题会（太保财险普陀支公司提供）

【中国人寿财产保险股份有限公司普陀区支公司】 2021年，中国人寿财产保险股份有限公司普陀区支公司内设总经理室、副总经理室、综合部/业务部、理赔分中心/客服分中心、重客业务部/公司业务部、互动专营部、银行业务部、车行业务部8个职能部门，下辖六横1家营销服务部，在编正式职工28名，主要经营险种有船舶保险、企业财产保险、机动车辆保险、各类家庭财产保险、责任保险、建筑安装工程保险和人身意外伤害保险、货物运输保险等。是年，公司围绕“勇立潮头，赢领2021”发展主题，持续推进“做优车险做大非车非船”，巩固车险业务发展成果，补齐非车险发展短板。创新优化分散型小险种，开拓政保招标项目，全年参与大项目招标7个，中标4个，扩大公司在舟山的影响力。年末，承担保险金额2870434.08万元，同比增长1.83%；全年保费（储金）收入5070万元，同比增长2.85%。处理赔案2654件，同比增长103.84%；支付赔款金额4222万元，同比增长219.53%，综合赔付率111.29%。

（撰稿：邱燕）

【中华联合财产保险股份有限公司舟山市普陀支公司】 该支公司于2004年5月10日成立。营业地址在东港街道海天大道2701号舟山海中洲国际广场西楼802室，下辖六横营销服务部。在编正式职工7人。主要经营险种有企业财产保险、机动车辆保险、船舶保险、各类家庭财产保险，建筑工程保险、货运保险、责任保险、保证保险、信用保险、人身意外伤害保险等多个保险险种。2021年，实现保费收入742万元，比上年增长2.5%，赔款支出556.5万元。简单赔付率75%，年结案率达90%以上。赔款支出中，赔付1月5日出险的某租赁公司船舶险（机损）48.59万元，赔付3月31日出险的某物流公司危货险(碰撞)55.3万元。

（撰稿：唐峰敏）

【中国平安财产保险股份有限公司浙江分公司普陀支公司】 中国平安财产保险股份有限公司浙江分公司普陀支公司经营船舶险、车险、各类责任保险、企业财产损失保险、家庭财产损失保险、意外伤害保险、建筑工程保险、货物运输保险等财产保险业务，以及经中国保监会批准的其他业务。2021年，公司根据《中国银保监会舟山监管分局关于印发2021舟山辖内银行保险机构“内控合规管理建设年”活动实施方案的通知》要求，补齐内控合规机制短板，提升合规内控管理水平。在展茅街道沙井村开展乡村振兴试点，建立党建共建村基地，运用“保险能力、科技能力”实现“党建基地、致富基地”建设，支持乡村振兴。与舟山市交警支队合作，进行数据对接，推出“年检代办”服务，6年以下车辆在“平安好车主”App上即可一键申请代办，6年以上车辆提前预约，上门取车代办。后续实现违章查询、违章代办服务，做到“最多跑一次”甚至“一次都不跑”。深化警保合作，建立警保车辆分层分级、网格管理机制，提升警保车辆事故处置率。是年，实现保费收入2608.42万元，已决赔款2543.09万元。其中，某公司企财险结案赔款66万元。

（撰稿：陈宣琏）

人寿保险

【概况】 2021年，普陀区有人寿保险公司8家：中国人寿保险股份有限公司舟山市普陀区支公司、中国太平洋人寿保险股份有限公司舟山市普陀支公司、中国人民人寿保险股份有限公司舟山市普陀支公司、阳光人寿保险有限公司舟山市普陀区支公司、泰康人寿保险股份有限公司舟山中心支公司普陀区营销服务部、富德生命人寿保险股份有限公司舟山中心支公司普陀营销服务部、中国平安人寿保险股份有限公司舟山中心支公司普陀区营销服务部、华泰人寿保险股份有限公司浙江分公司普陀营销服务部。人身险保费收入4.43亿元，下降13.7%。

（撰稿：沈杰）

【中国人寿保险股份有限公司舟山市普陀区支公司】 2021年，中国人寿保险股份有限公司舟山市普陀区支公司内设营销发展部、收展发展部、机构业务部、综合管理部、客户服务中心5个职能部门，下设六横、浦西、东河路3个营销服务部，有正式员工26人、销售人员171人，营业地址在东港麒麟街211号(东港财富中心A座四层)。全年实现保费(储金)收入14261万元，主要保险业务有非分红险、意外险、健康险、分红险四大业务等180多个险种。是年，新增国寿福终身重大疾病(盛典版)、国寿少儿国寿福终身重大疾病(盛典版)、国寿新绿洲团体意外伤害保险(A款)等10多个险种。全年共处理赔案949件，支付赔款2184万元，简单赔付率95.78%。是年，获省级卫生先进单位、舟山市文明单位、舟山市巾帼文明岗等荣誉。

（撰稿：郑满君）

【中国太平洋人寿保险股份有限公司舟山市普陀支公司】 该公司位于东港海洲路721号永跃大厦6~7层。2021年，设有4个职能科室和六横营销服务部，有正式员工19人。公司围绕人民群众健康医疗保险需求，加强政保合作，参与健全多层次的社会保险体系，提供专业化服务。作为舟山市商业补充医疗保险项目(舟惠保)的首席承保商，普陀区块承保份额35%，参保9.64万人，保费累计964万元，参保率在全市名列前茅。公司的“健康服务+保险产品”一体化“太保蓝本”专属健康增值服务，为客户搭建“足不出户”到家式医疗服务体系，做到惠民、利民。持续推进“闪赔”“秒赔”即时理赔服务；推广移动“云柜面”，打通服务“最后一公里”。2021年5月20日，公司开展“在一起聆听你”客户之声主题月活动和“三十年·温暖同行”客户服务节活动，倾听客户建议，现场接受咨询和解答，让客户感受“责任、智慧、温

2021年普陀区各人寿保险机构基本情况

表41

机构名称	地址	主要业务
中国人寿保险股份有限公司舟山市普陀区支公司	沈家门街道东河路128号	人寿保险、健康保险、意外伤害保险等人身保险业务
中国太平洋人寿保险股份有限公司舟山市普陀支公司	东港街道海洲路721号永跃大厦6~7层	人寿保险、健康保险、意外伤害保险等各类人身保险业务
中国人民人寿保险股份有限公司舟山市普陀支公司	东港街道中昌街101号3幢302室	人寿保险、健康保险、意外伤害保险等各类人身保险业务
阳光人寿保险股份有限公司舟山市普陀区支公司	东港街道麒麟街211号东港财富中心B座5楼	健康险、意外险、保障险、分红险和投资5大部分
泰康人寿保险股份有限公司舟山中心支公司普陀区营销服务部	普陀区东港街道沙田街66号1101室(商会大厦11楼)	人寿保险、健康保险、意外伤害保险,险种有个人意外伤害保险、两全保险、定期寿险、终身寿险、年金保险、短期健康保险及长期健康保险等
富德生命人寿保险股份有限公司舟山中心支公司普陀营销服务部	东港街道兴普大道338号舟山海中洲国际广场西楼	有个险、银保、团险3个系列,险种重大疾病保险、终身寿险、防癌疾病保险、两全保险、年金保险、费用补偿医疗保险等
中国平安人寿保险股份有限公司舟山中心支公司普陀区营销服务部	东港街道沙田街66号301-1、302、303室	人寿保险、健康保险、年金保险、意外伤害保险、机动车辆保险、企业财产保险、家庭财产保险、货物运输保险、船舶保险、工程保险、责任保险、信用保险、保证保险等
华泰人寿保险股份有限公司浙江分公司普陀营销服务部	东港街道沙田街66号普陀商会大厦501、502室	保险业务(依法须经批准的项目,经相关部门批准后方可开展经营活动,具体经营项目以审批结果为准)

度”的太保服务。是年,实现保费收入1.92亿元,在全区寿险类公司中排名第一。其中个险新保缴保费1907.06万元,续期缴保费1.56亿元;团寿险保费收入90.35万元,团险意外与健康短期险保费1218.03万元,银保保费401.05万元。各项赔付金额2116.05万元,满期给付1714.02万元。

(撰稿:林韩红)

【中国人民人寿保险股份有限公司舟山市普陀支公司】 该公司成立于2008年3月17日。2021年,设有市场营销部、人力发展部、团体事业部、银保事业部、客户经营部5个职能部门,营业地址在东港街道中昌街101号颐景园3幢302室,主要经营范围为人寿保险、健康保险、意外伤害保险等各类人身保险业务。公司推广自助服务,以客户办理业务“零上门”“不要跑”为目标。推

2018—2021年中国人寿普陀支公司赔款、年金给付情况

表42

年份	赔案件数(件)	赔款金额(万元)			年金给付(万元)
		小计	其中医疗给付	其中死亡给付	
2018	2120	1493	1312	181	603
2019	1437	2093	631	121	479
2020	1355	2654	2182	272	894
2021	949	2184	1022	244.9	135

2021 年中国人寿普陀支公司重大赔案给付情况

表 43

被保险人(单位)	险　种	出险日期	出险情况	赔款金额(万元)
张某	国寿附加国寿福提前给付重大疾病保险(至尊版)	2021.9.2	甲状腺微小乳头状癌	25
余某	国寿附加国寿福提前给付重大疾病保险(臻享版)	2021.2.26	甲状腺恶性肿瘤	20
李某	国寿康宁终身重大疾病保险(2012 版)	2021.5.8	行冠状动脉手术	20
周某	国寿康欣终身重大疾病保险	2021.1.14	甲状腺恶性肿瘤	15
王某	康宁终身保险(2007 修订版)	2021.2.24	膀胱左侧壁活检低度恶性潜能尿路上皮乳头状瘤	13.2
蒋某	鸿寿养老金保险(98 版　利差还型)	2021.8.8	因呼吸循环衰竭身故	12.5
张某	960 国寿女性安康团体疾病保险(A 款)	2021.6.5	右乳腺浸润性导管癌	12
蒋某	国寿瑞鑫两全保险(分红型)(2013 版)	2021.2.28	不慎落水溺亡	12

慈善一日捐（中国人寿普陀区支公司提供）

进 E 动神州、人保 e+、微信等电子化出单应用。客户可在“中国人民人寿 e 服务”微信公众号、人保寿险管家等线上自助申请保单变更。化理赔服务，做到无实物资料小额度线上理赔。2021 年全年保费收入 636.7 万元，处理理赔案件 7 件，赔款支出 1.81 万元，死伤医疗 0.69 万元，无重大赔案。

（撰稿：许巧俐）

【泰康人寿保险有限责任公司浙江舟山普陀营销服务部】 2021 年，泰康人寿保险有限责任公司浙江舟山普陀营销服务部有在职内勤员工 3 人，营销员 93 人，续期服务员 2 人。是年，推进“长寿时代、泰康方案”，形成三大客户解决方案。年金险+养老服务形成长寿解决方案，健康产品+健康服务+生态形成健康解决方案，保险金+资管服务形成财富解决方案。从推出“小额快赔、重疾先赔”等特色康乃馨理赔服务，全年累计 12 人享受康乃馨探视服务。还与舟山市人民医院、普陀区人民医院、白泉瑞金医院、舟山市广安医院 4 家医院建立健保通“一站式”理赔合作，提升客户理赔体验。为多名重疾客户提前给付重疾理赔金。全年实现总保费收入 702.34 万元，其中个险新单 68.63 万元，10 年以上期缴保费 59.47 万元，办理各类理赔案件 10 件，结案率 100%，累计支付赔款 29.16 万元，满期给付金额 91.93 万元，年金给付金额 166.26 万元。

（撰稿：夏文武）

太保寿险普陀支公司开展“三十年·温暖同行”客户服务活动（太保寿险普陀支公司提供）

典当与融资

【典当行业】 2021年,全区有典当行6家:舟山恒泉典当有限责任公司、舟山市万隆典当有限责任公司普陀分公司、浙江商旅典当有限责任公司、浙江观自在典当有限公司、舟山市禾薪典当有限责任公司、舟山海升典当有限责任公司。

（撰稿:沈杰）

【区融资担保公司】 舟山市普陀区融资担保有限公司(简称区融资担保公司),是国有政府性融资担保机构,实行董事会领导下总经理负责制,有员工13人。注册资金1亿元。其中,区人民政府国有资产监督管理办公室出资8800万元,占股88%;六横镇资产经营有限公司、沈家门街道资产经营有限责任公司、勾山经济发展总公司各出资300万元,各占股3%;虾峙镇资产经营有限责任公司、朱家尖街道资产经营有限责任公司、展茅街道集体资产经营有限责任公司各出资100万元,各占股1%。区融资担保有限公司主营融资性担保业务,兼营非融资性担保业务,与担保业务有关的财务顾问、咨询中介服务,按规定以自由资金进行投资。2021年,实现营业收入458.1万元,营业外净收入154.49

表44

2021年普陀区各典当公司基本情况

机构名称	地址	主要业务
舟山恒泉典当有限责任公司	沈家门缪家塘路8号	动产、财产权利质押典当业务;房地产抵押典当业务;限额内绝当物品的变卖、鉴定、评估及咨询服务
舟山市万隆典当有限责任公司普陀分公司	沈家门缪家塘33号	财产权利质押典当业务;房地产抵押典当业务;限额内绝当物品的变卖;鉴定评估及咨询服务
浙江商旅典当有限责任公司	东港街道海天大道2802号	房产抵押,车子抵押,贵重物品抵押,证券类抵押
浙江观自在典当有限公司	沈家门街道小西湖弄46号	典当业务(凭典当经营许可证、特种行业许可证经营)
舟山市禾薪典当有限责任公司	东港街道香榭街91号网点	动产质押典当业务;财产权利质押典当业务;房地产抵押业务;限额内绝当品的变卖;鉴定评估及咨询服务
舟山海升典当有限责任公司	沈家门街道东海中路918号	动产抵押典当业务;财产权利质押典当业务;房地产(外省、自治区、直辖市的房地产或者未取得商品房预售许可证的在建工程除外)抵押典当业务;限额内绝当物品的变卖;鉴定评估及咨询服务;商务部依法批准的其他典当业务

万元，各类营业成本529.96万元，缴纳各项税费29.37万元(其中缴纳增值税17.18万元)，实现净利润82.63万元。是年，区融资担保公司被杭州联合资信评估有限公司评为信用评级A级，被市政府办公室授予“舟山市突出社会贡献地方金融组织称号”。

区融资担保公司以“服务中小微企业、服务普陀经济”为经营宗旨，加强与银行合作，解决普陀区内中小微企业融资难、融资贵和资金周转难、周转贵等问题。2021年，为65家企业新增、续增担保业务74笔，担保金额19208.3万元；为50家企业解除担保业务61笔，解保金额13784.5万元；年底，有在保业务73笔，涉及企业67家，在保余额21542.5万元。新增户和在保额等各项指标比上年度增长。是年，公司推出“余值担保贷”“助农担保贷”“助渔担保贷”等服务产品。其中，“助渔担保贷”有14户，担保贷金额5035万元。被省担保集团评为浙江省政府性融资担保体系“十佳优秀产品”，为浙江省唯一入选的助渔类政策性融资担保业务产品。公司为91家企业转贷175笔，转贷总额10.29亿元，转贷业务涉及市内各家银行。在全区范围内持续推广“T+0”转贷项目，发挥银担协作，整合业务流程等，提高转贷效率，实现转贷业务“最多跑一次”。全年累计办理业务101笔，涉及企业65家，金额4.69亿元。

区融资担保公司为企业办理担保签约手续（区融资担保公司提供）

（撰稿：缪敏阳）

编辑：陈莉

综合经济管理

经济发展调控

【机构概况】 舟山市普陀区发展和改革局（简称区发改局）是主管全区国民经济和社会发展战略规划、总量平衡、结构调整、军民融合、社会建设、金融、能源、物价和指导推进和综合协调经济体制改革等工作的区政府工作部门，挂区政府金融工作办公室牌子。区委军民融合发展委员会办公室设在区发改局。2021年11月，设立中共舟山市普陀区委社会建设委员会，与区发改局合署办公。同月，注销区散装水泥和新型墙体材料改革办公室。区发改局辖4个下属事业单位：区金融发展中心（副科级全额拨款事业单位）、区重点项目前期服务中心（正股级全额拨款事业单位）、区价格认证中心（正股级全额拨款事业单位）、区能源监察大队（正股级全额拨款事业单位）。区发改局对省经济运行监测网工业企业样本22家，服务业企业样本41家管理，分季直报经济运行监测信息，做好经济运行监测工作。

【课题调查研究】 2021年，区发改局相继完成《普陀打造海洋产业新高地思路研究》《2020年度"八八战略"实施综合评估》《依托港口优势，打造双循环枢纽》《高质量推动共同富裕示范区先行市背景下海岛建设发展的路径研究》《奋力打造普陀共同富裕先行典范思路研究》《普陀建设海上风电全产业链基地思路》《普陀区0.5公里以上岛屿"一岛一品"产业功能谋划》等重大课题研究，其中2篇课题研究获区委主要领导批示，《普陀打造海洋产业新高地思路研究》被区委办评为2021度区级优秀课题。

【规划管理与编制】 2021年，区发改局在研究宏观经济背景前提下，对全区经济形势进行全面分析、预测，经综合平衡后编制年度计划草案。2021年度计划草案提交区十七届人代会第五次会议审议批准后由区政府下达实施。统筹全区"十四五"规划工作，制定2021年度全区"十四五"专项规划和其他重大规划编制计划，推进总体规划及专项规划编制。1月20日，舟山市普陀区第十七届人民代表大会第五次会议作出决议，批准《舟山市普陀区国民经济和社会发展第十四个五年规划和二〇三五年远景目标纲要》，并由区政府印发实施。区发改局组织编制的《普陀区海洋经济发展"十四五"规划》成为区委十三届十三次全会重要会议材料。制订《关于加快海洋经济发展建设海洋产业新高地的若干意见》作为全区建设海洋产业新高地的行动方案。指导部门编制完成《舟山市普陀区"十四五"气象事业发展规划》《舟山市普陀区住房城乡建设事业"十四五"规划》《舟山市普陀区"十四五"应急管理规划》《舟山市普陀区财政"十四五"规划》《舟山市普陀区档案史志事业发展"十四五"规划》《舟山市普陀区水安全保障"十四五"规划》等专项规划12个，在浙江省规划管理数字化平台录入，实现规划成果数字化。

【推进系列国家战略落地】 2021年，区发改局发挥牵头抓总、沟通协调、进度督促作用。制定融入长三角一体化发展、构建绿色修船装备安全产业链、推进区域能源贸易结算中心建设、推进海事服务基地建设、参与国际农产品贸易中心建设等7项清单事项，逐一分解落实到相关责任单位。普陀湾(上海)众创码头累计入驻企业14家，通过平台引进注册企业27家。与上海市普陀区旅游协会签订战略合作协议，上海普陀、嘉兴南湖、普陀蚂蚁岛三地联动，合作打造红色旅游品牌。紧抓宁波舟山一体化发展示范区机遇，完成《甬舟一体化合作先行区建设方案》，加强与北仑在产业、项目等方面互动联动，加快推进六横中石化LNG接收站、六横公路大桥项目。建设全省首个油气贸易服务中心，招引油气企业307家，船用保税燃料油年加注量占全国的15%。实现油品出口额45亿美元，占全国的15%。聚集高端航运服务企业37家，推动海事服务跨境人民币结算便利化，全区银行机构跨境人民币结算涉及海事服务业务1250万元。拓展国际水产城水产品线上交易业务，扩大水产品电商规模，实现线上交易额5.1亿元，同比增长62.0%。

区发改局推进"普陀城西未来智创城、海洋生态创新谷、沈家门渔港特色小镇、普陀金融小镇、普陀湾众创码头、普陀大健康产业平台、海事综合服务及开放平台、普陀文化产业发展平台"八大产业平台建设。印发《2021年普陀区经济产业平台发展工作目标》，制定项目图和指标图，细化每月攻坚目标，做好进度跟踪、问题梳理、情况通报、协调服务等工作，累计完成投资31.97亿元，新招引企业(项目)876家，实到市外注册资金38.7亿元，新增招引企业税收5.9亿元。

【省市重点项目】 2021年，鲁家峙至东港公路工程、中奥能源集团有限公司油品储运扩建工程、夏新未来社区建设项目、盛达燃料油中转加注基地项目4个项目列入省重点建设计划，总投资92.09亿元，年度完成投资17.28亿元。东白莲岛油品储运工程、鲁家峙至东港公路工程、半升洞高端休闲街区项目、舟山(普陀)万洋众创城项目、海欣海洋生物精深加工及海洋肽制造项目、普陀水街旅游综合开发项目、东港(半升洞)客运站场(码头)及城市广场建设工程、朱家尖西岙旅游交通集散中心站场建设工程、东港陈家后新农村改造项目、杉杉普陀天地商务大楼项目、东港健康养生馆项目、东港新建初中建设工程、东港邻里中心建设工程、舟山污水处理厂配套主管网工程、夏新未来社区建设项目、金钵盂岛临港产业园、永兴村地块安置房建设工程、普陀金融大厦建设项目、城北大道建设工程、普陀北部海洋科技产业孵化基地项目、鲁家峙童世界、江湾滨海公园建设工程、现代智能冷链物流平台项目、普陀海洋生态创新谷污水处理厂、沈家门老城区有机更新水系管网提升改造工程25个项目列入市重点项目，总投资256.1亿元，年度完成投资47.07亿元。

【区级重点项目】 2021年，经区发改局与街道镇、相关局办联动梳理筛选，舟山(普陀)万洋众创城项目、金钵盂临港产业园项目、海欣海洋生物精深加工及海洋肽制造项目、丰宇海洋生物肽及药品研发产业化基地项目、华超海洋生物科技有限公司新建厂房、华泰检测基地项目、现代智能冷链物流平台项目、万洋六横仪表、船配产业园建设项目、鑫亚公司1号舾装码头(20万吨级)改造工程项目、亚泰修造船基地配套提升改造工程、普陀绿色渔业玻璃钢船舶及装备产业中心、普陀北部海洋科技产业孵化基地项目、梁横区块开发项目、观碶头产业园、夏新城·矽谷(暂命名)、普陀海洋食品精深加工产业园、东奥芦花小微企业科创园项目、浙能舟山六横液化天然气接收站项目、中石化浙江舟山六横LNG项目、东白莲岛油品储运工程、中奥能源油品储运扩建工程、盛达保税燃料油中转加注基地项目、浙江盛海六横清洁能源项目、六横LNG产业园围填工程、小干大桥商务区项目、鲁家峙文旅综合体项目、半升洞高端休闲街区项目、杉杉普陀天地商务大楼项目、鲁家峙童世界、东港健康养生馆项目、普陀水街旅游综合开发项目、普陀金融大厦建设项目、塘头莲花洋养生度假项目、普陀田园赛石花彩小镇、白沙岛海洋牧场项目、普陀区防洪排涝应急保障工程、舟山群岛水系普陀区舵岙河流域综合治理工程、普陀区垦造耕地项目、沈家门老城区有机更新水系管网提升改造工程项目、普陀海洋生态创新谷污水处理、六横污水处理厂二期及整体提标工程、六横海岸带保护修复工程、普陀鲁家峙至东港公路工程、东港(半升洞)客运站场(码头)及城市广场建设工程、朱家尖西岙客运中心项目、宁波北仑峙头车客渡站场(码头)项目、全区陆岛交通码头建设工程、东港至塘头滨海道路工程、城北大道(暂名)建设工程、半升洞智能停车库项目、东塘线市政道路改造工程、螺门渔港配套桥梁工程、中央山体公园建设工程、江湾滨海公园建设工程、金钵盂岛基础设施建设工程、白沙岛水电基础设施提升改造工程、东极镇东福山村历史文化重点村保护利用工程、东港新建初中建设工程、茶湾地块新建学校项目、东港邻里中心建设工程、普陀区市民中心新建工程、区委党校迁建工程、六横—浙江甬舟一体化战略先行示范区医共体项目、夏新未来社区建设项目、东港茶壶甩山坡地滨海高端社区项目、东港陈家后新农村改造项目、城北 E-01-02 上戚家地块安置房建设工程、普陀区永兴村安置房项目、普陀区老旧小区改造工程等 69 个列入全区实施类重点建设项目,总投资 681.56 亿元,年度完成投资 63.7 亿元。其中,47 个在建项目推进正常,全年完成投资 63.7 亿元。华超新建厂房、鑫亚 1 号码头、杉杉商务大楼、舵岙河流域综合治理、海洋生态创新谷污水处理厂、西岙客运中心、东港至塘头滨海道路、东福山村保护利用工程、东港邻里中心和城北上戚家安置房等 10 个项目建成完工;中奥能源油品储运扩建、夏新未来社区等 29 个项目稳步推进;8 个项目严重落后于计划进度。

【项目资金争取】 2021 年,争取中央预算内资金 7332 万元,其中,东港一期市政道路提升改造争取 4195 万元,东港街道 2021 年老旧小区配套附属改造项目 2237 万元,沈家门老城区有机更新一期工程 900 万元;争取省诗路文化带资金 304 万元,用于支持蚂蚁、桃花镇项目建设;争取专项债券 31000 万元,其中,东港邻里中心 3000 万元、海洋科技产业孵化基地 10000 万元、老旧小区及环境提升工程 18000 万元。

【创建省级大花园典型试点】 2019 年 1 月,普陀区入围全省 10 家大花园典型建设单位之列,是全省首批大花园典型建设试点中唯一海岛县区。此起,普陀区以打造“全省海上大花园样板区”为目标,聚焦聚力生态环境(注重海洋生态保护修复、全面打赢生态环境保卫战、推进海岛美化绿化)、绿色产业(科技赋能“一条鱼”、绿色引领“一艘船”、创新突围新能源)、全域旅游(推进全域景区化、推进文旅深度融合、优化旅游配套提升)、创新机制(建立海洋 GEP 核算体系、探索“两山”转化机制、推进数字化改革)等重点领域建设。2021 年,根据全省大花园创建对标严格考核,普陀区通过大花园验收命名考核,成为全省首批 8 个命名的大花园示范县之一。

【开展东西部扶贫协作】 2021 年,普陀区制定印发《2021 年普陀—万源东西部协作任务书》,普陀与四川万源两地党政主要领导开展互访交流 2 次,完善双向挂职交流机制,选派普陀 2 名党政干部和 13 名专业技术人才赴万源挂职帮扶,万源 6 名党政干部和 14 名专业技术人才到普陀挂职交流。做好干部人才培训,组织开展 5 期乡村振兴干部培训班,培训干部 697 人次;开展乡村振兴专业技术人才培训班 5 期,培训人才 826 人次。搭建万源农村劳动力和用工企业双向交流平台,帮助 5695 名农村劳动力实现就业,其中到浙江就业 1403 人,省内就近就业 3125 人,到其他地区就业 1167 人。推进消费帮扶,开展产销对接,加大万源农特产品推介宣传力度,累计实现消费帮扶 3400 万元。推进产业基地共建,建设高标准茶叶基地 2700 亩(180 公顷)、茶叶加工厂 3 座以及蓝莓基地等项目。引导 4 家企业在万源落地投产,实际到位投资 4 亿元。合作共建万源市茶叶现代农业园区等 3 个园区,实际到位投资 2200 万元。发动联系社会各界爱心力量参与慈善帮扶,累计向万源捐款捐物 1088 万元。

【谋划建设东极“未来海岛”】 2021 年,普陀区成立数字赋能东极“未来海岛”建设工作领导小组,出台《数字赋能东极“未来海岛”建设实施方案》,召开 2 次数字赋能东极“未来海岛”项目研讨会。聚焦建设共同富裕现代化基本单元,在“和美小岛”建设基础上,结合“十四五”期间海岛振兴、“一岛一品”的要求,谋划建设东极“未来海岛”。以“5S”(即“科技”“服务”“治理”“精神”“可持续”,其英文单词首字母均为“S”)为理念,围绕东极“未来海岛”生产、生活、生态实施全域数字化工程,以数字化手段贯通产业发展、民生服务、社会治理、生态环境等领域,激发经济社会发展活力,推动东极“未来海岛”共同富裕新实践,为实现共同富裕提供海岛示范样本。

【社会系统建设改革】 2021年,区发改局牵头推进普陀区全面深化改革经济体制改革32项、社会事业领域改革20项任务,制定年度任务清单,做好改革进展季度梳理和经验总结,形成一批省级改革创新试验成果。其中,新增旅游业“微改造、精提升”行动试点县(区)、行动景区城试点单位、行动景区村试点单位、小微企业信用贷款评级试点、低碳试点县(低碳能源发展类)、“跟着节气游乡村”、低收入农户帮促、省劳动教育实验区等一批省级改革试点;能源金融、健康旅游、海事特别服务区等普陀特色产业、政策诉求纳入《浙江自贸区深化改革开放实施方案》。

成立普陀区数字社会专题组,制定《普陀区数字社会系统建设工作方案》。持续推进应用场景建设和项目储备,推动“三张清单”动态调整,谋划建设11项区级特色应用。烟花爆竹在线、e网扫净、智游田园等6个应用完成“浙里办”“浙政钉”门户两端上线,智慧社区IOC、区域阅读、东极未来海岛3个应用完成“浙政钉”上线。推进重点项目数字化管理,在数字政府上线全区重点项目全流程闭环应用,通过问题在线督办、进度亮灯预警等功能,实现69个区重点建设项目全流程管理。黄杨尖村、东极岛片区列入全省首批未来乡村试点,农村垃圾分类列入全省农业农村数字化改革第一批“优秀应用”名单;东极“未来海岛”纳入市重点建设“三张清单”,民宿服务纳入市级试点,区域智慧阅读列入市教育系统揭榜挂帅项目。

【信用体系与营商环境改革】 2021年,普陀区出台《2021年普陀区社会信用体系建设工作要点》。召开全区社会信用体系建设专题培训会,推进普陀区信用管理干部专业化能力建设。在全市首创“自在购+幸福购”信用应用场景,发放总额50万元的“优信幸福券”2万张。29家商铺被授予市“诚信经营示范店”荣誉称号。深化渔农村信用体系建设,评定黄杨尖村、南岙村2个省级信用村。做好农户小额贷款信用评价机制建设,实现全区村级经济授信全覆盖。搭建普陀区小微企业信贷评级平台,打造“信用评级+信用贷款”的新金融服务模式。

实施营商环境“10+N”便利化行动,制定出台《普陀区建设最优营商环境2021年行动方案》及年度任务清单,推进23大类59项具体举措,部分举措在省市率先推进,“全流程规范化”邮政代征点成功入选全省首个试点,实现全市首例电子营业执照和4枚电子印章同步领取。组织开展全区营商环境自查整改,召开全区优化营商环境整改推进会,建立普陀区营商环境指标体系,编制形成《普陀区2021年营商环境自查报告》。围绕数字化改革,谋划建设具有普陀地方特色的3个“小切口”营商环境应用场景,推进数字政府“浙里营商”2.0迭代升级。“税朋邮”获得舟山市2021年度营商环境十佳案例。

【推进共同富裕工作】 2021年,普陀区成立舟山市区高质量发展建设共同富裕示范区先行典范领导小组,同步成立共同富裕工作专班,建立中共舟山市普陀区委社会建设委员会,制定《高质量发展建设共同富裕示范区普陀实施方案(2021—2025年)》《普陀区“扩中”“提低”行动方案》,研究形成共同富裕指标体系,研究起草建设共同富裕“五张清单”(重点任务清单、突破性抓手清单、重大改革清单、典型实践案例清单、短板问题清单)。谋划东极“未来海岛”、海韵乡愁共同富裕示范带,列入市级试点。完成省共同富裕体制机制督查各项工作。

【推进优化能源结构】 2021年,区发改局牵头完成鲁家峙综合供能服务站工程建设,该服务站于4月正式营业。完成10蒸吨/

小时以上35蒸吨/小时以下燃煤锅炉最后2台淘汰任务。在线监测区内重点用能企业2家，实现国家用能实时监测。开展能耗“双控”（能源消耗总量、单位GDP能耗）任务攻坚，制定印发《全区有序用电实施方案》，牵头完成全省有序用电工作任务。持续谋划能源结构转型，发展太阳能光伏，推进全区25个屋顶光伏项目，全年完成1.01万千瓦装机量。完成虾峙滩涂光伏、登步养殖塘渔光互补项目备案，并启动前期工作。推进白沙岛海上漂浮式光伏项目。争取210万千瓦的海上风电装机指标，完成《建设浙江（普陀）海上风电全产业链基地的建议》，谋划打造海上风电基地。完善用能权交易平台建设，完成用能权交易定价。完成《普陀区碳达峰行动方案》编制，入选全省首批11家低碳能源发展类试点县创建单位，拟通过3~5年创建期，加速布局建立油气、风电、光伏、氢能等低碳能源产业体系，率先实现碳达峰与碳中和，打造全省能源低碳发展的“普陀样板”。

【行政审批制度改革】 2021年，普陀区巩固企业投资项目审批“最多80天”改革成果，以方便企业和群众办事为导向，从项目立项、规划许可、施工许可和竣工验收等4个阶段入手，精简审批事项和环节、优化审批流程和阶段，实现一般企业投资项目赋码备案至竣工验收审批“最多跑一次”“最多80天”。全年受理新赋码项目195个，其中，备案类162个、核准类3个、审批类30个。企业投资项目审批“最多80天”累计实现率保持100%，其中，开工前审批“最多50天”、竣工验收“最多30天”实现率均保持100%。深度应用投资项目在线审批监管平台3.0，推进服务流程一体化。按照“应上尽上、全程在线”的工作要求，不断扩大平台项目审批事项覆盖范围，定期开展平台应用成效检测分析，推动投资项目审批服务和管理水平的提升。落实所有非涉密投资项目“统一收件、统一审批、统一审批”。全年投资在线平台共办结行政审批事项677件，其中，项目立项阶段238件、规划许可阶段113件、施工许可阶段193件、竣工验收阶段133件，做到投资项目100%在平台网上申报、100%在平台网上审批、100%在平台出具批文。全面推广企业投资低风险小型项目审批“最多15个工作日”制度改革，落实“减事项、减字段、减时间、减材料、减环节、减成本”的改革工作目标，确保低风险小型项目“应纳尽纳”。实行容缺预审，对于符合条件的重点建设项目适当放宽非主要审批前置条件，节省企业投资项目审批用时，助力重点项目推进。

中远屋顶光伏项目（区发改局提供）

【价格管理工作】 2021年，普陀区建立非居民供水超额累进加价制度。把好价格审批关，先后对体育设施、停车服务、物业服务、岛间客运等收费标准进行制定和调整。聚焦物业收费、托育服务收费、中小学课后服务收费等民生关切领域开展价格调研，为政府制定价格决策提供依据。分别开展岛间客运、旅游景区、生猪养殖、学科类线下培训等成本调查监审。全年开展14批次收费价格审批，6批次成本监审。修订《普陀区市场价格异常上涨应急预案》，落实价格监测报告制度，定期对49种“菜篮子”价格，以及粮油、药品等334种重要民生商品价格进行采集、分析、公示、上报，在区社会综治中心设立全市首家价格纠纷调解工作室。依法开展价格鉴证工作，受理完成涉案、涉纪及行政执法部门的价格认定案件255件，价格认定总金额182万元。

【金融监管工作】 2021年，普陀区强化金融制度保障，印发《关于进一步深化小微企业和个体工商户“首贷户拓展行动”的意见》，引导全区金融机构进一步扩大信贷规模、创新金融产品，提升民营和小微企业服务质效。全区小微企业（包括小微企业主、个体工商户）贷款余额231.23亿元，比年初增加39.2亿元；普惠小微企业信用贷款余额26.57亿元，同比增长40.03%。深化“凤凰行动”计划，抓牢上市挂牌后备企业培育，开展高频次企业走访活动，实行点对点辅导，先后走访全区20余家企业。按照“储备一批、培育一批、股改一批、上市一批”的原则，加强梯队型上市企业资源库的建设力度，及时对库内10家重点培育企业进行动态管理。创新建立企业贷后检查会诊机制，提高企业贷后检查工作效率。推进类金融企业联合会商工作，全年会商通过类金融企业28家次，其中注册16家，类金融企业质量得到有效提升。开展私募投资基金风险排查摸底工作，对全区78家类金融企业开展风险排摸，建立“一企一档”方案，督促企业规范经营。做好“天罗地网”监测防控系统风险信息处置工作，核查处置风险企业56家，列入持续关注企业4家。加强融资租赁企业准入管理，全年新增融资租赁企业2家，注销12家，转型1家，迁出1家，2021年年底，在册融资租赁企业101家。开展融资租赁分类处置工作，核查96家现存融资租赁企业经营和风险隐患情况，将设立以来日常经营规范、日常报送及时的50家企业纳入正常经营类，将未报送审查材料的46家空壳以及失联企业纳入非正常经营企业。以在谈项目为基础，形成商业保理、融资租赁企业变更及新设需求清单，继续向上争取融资租赁审批权限放开。探索碳交易市场落地工作，研究蓝碳固碳方法论测算，与浙能碳交易研究可交易品种。

（撰稿：孙斌）

财 政

【概况】 普陀区财政局是主管全区财政工作的政府工作部门，挂区政府国有资产监督管理办公室牌子。2021年，全区实现财政总收入52.08亿元，比上年增长16%。其中，一般公共预算收入33.51亿元，同比增长10.0%。全区一般公共预算支出61.71亿元，同比增长1.1%。其中，本级一般公共预算支出43.51亿元，同

2021年度普陀区财政收入与财政支出情况

表45 单位：万元

科 目	2021年	2020年
一、财政总收入	520769	448889
一般公共预算收入	335095	304603
税收收入	268352	241511
非税收入	66743	63092
上划中央税收收入	185674	144286
二、财政总支出	617103	610635
一般公共服务	60863	56762
国防	715	608
公共安全	35285	31079
教育	81082	71341
科学技术	14632	12413
文化旅游体育与传媒	13545	12615
社会保障和就业	74481	61550
卫生健康	45896	44861
节能环保	14531	12950
城乡社区	63209	76675

续表 45

科　目	2021 年	2020 年
农林水	135105	146797
交通运输	17198	17438
资源勘探信息等	10025	8177
商业服务业等	3685	3486
金融	110	331
援助其他地区	717	717
自然资源海洋气象等	4113	8329
住房保障	18005	19745
粮油物资储备	1561	47
灾害防治及应急管理	4116	1971
债务付息支出	17606	16912
债务发行费用支出	76	47
其他支出	547	5784

比增长 5.8%。

【组织财政收入】 2021 年，区财政局强化财政税务协同，加强分析预测和财源挖掘。加大对街道镇、管委会及八大产业平台的考核力度，压实收入责任。规范非税收入征管，加大招商引资力度，支持税源型企业发展，促进收入结构优化。研究上级出台的相关激励扶持政策，建立向上争取项目资金的责任机制，除机制性转移支付外，争取到资金共计 7.6 亿元。

【助力重点项目建设】 2021 年，区财政局拨付 10.15 亿元用于老旧小区改造、东港新建初中、茶湾地块新建学校、防洪排涝建设、文明城市长效机制、绿色转化财政专项激励等项目。安排专项资金 4240 万元，用于健康医疗、教育升级、环境治理、东极“未来海岛”等领域的数字政府建设。

【扶持产业发展】 2021 年，区财政局全年下达产业扶持资金 1.72 亿元，其中，工业发展扶持资金 4844 万元，推动传统产业数字化、智能化转型，布局大数据、人工智能等新产业、新业态；航运业扶持资金 2327 万元，惠及航运企业 59 家、单船及分公司 204 家；江海联运资金 375 万元，支持培育航运重点骨干企业；外贸扶持资金 3847 万元，鼓励企业开拓新兴国际市场、开展跨境电子商务、创新加工贸易、培育外贸综合服务企业。完善扶持政策，配合出台《关于加快新旧动能转换推动氢能产业强势发展的若干意见》《加快数字经济核心产业发展若干意见》等新业态扶持政策，配合修订《关于促进商贸流通业加快发展的若干意见》《关于进一步发展开放型经济的若干意见》等政策。

【提升民生福祉】 2021 年，普陀区全年民生支出 49.58 亿元，增长 1.2%，占一般公共预算支出的 80.3%，其中区级民生支出 33.62 亿元，占区级支出的 77.3%。教育

6 月 18 日，召开国企领域突出问题专项治理工作部署会议（区财政局提供）

支出8.11亿元,加强民办教育扶持,提高义务教育和幼儿园非编教师待遇,设立生育代课金;卫生健康支出4.59亿元,完善基层医疗卫生机构财政补偿机制,保障防疫、疫苗接种等经费;社会保障和就业支出7.45亿元,推进老年人宜居环境建设,提标扩面弱势儿童保障;农林水支出13.51亿元,推进省级农村综合改革集成建设,支持发展现代渔农业。

【财政体制改革】 2021年,区财政局加强政府预算体系建设,推进三年滚动财政规划编制及主管部门汇总预算编制工作。加大部门整体绩效预算扩面,以区商务局、区农业农村局、区医保中心为试点,制定整体绩效指标并应用于2022年预算编制。深化国库集中支付改革,扩面审核改革试点,返回单位会计记账职责7家。加快财政数字化改革,试点普陀人民医院医疗电子票据省级集中模式改革,上线新版全国统一医疗收费电子票据,在2022年度预算编制中应用预算管理一体化系统,完成"浙里缴费"对接单位系统13个。启动国企改革三年行动,开展国企领域突出问题专项治理和国企制度执行年专项行动,完善国企薪酬管理及考核评价体系。整合国企3家,注销国企3家,向国企注入资产5.47亿元。

【强化监督管理】 2021年,区财政局出台《普陀区全面预算绩效管理办法》和事前绩效评估机制、强化绩效目标管理、实施绩效运行与绩效执行双监控等制度,首次将部门预算绩效管理纳入区综合考核。完成年度预算绩效目标管理项目中期监控64个,实施财政支出绩效评价重点项目6个。加强基层财政管理,出台《关于进一步强化和规范镇(街道)财政管理的实施办法》,严肃财经纪律和财务行为。规范"乡镇公共财政服务平台+一卡通"机制,通过系统发放59个惠民惠农财政补贴项目1.59亿元,惠及20万余人次。完善街道镇财政管理体制,开展新一轮区与街道镇财政管理体制调整。强化基层服务,分别于9月和10月在虾峙和桃花举办财政支农政策培训班,共99人参加培训,发放财政支农政策宣传手册99份。加强公款竞争性存放,出台《国有企业资金存放管理暂行办法》,对行政国有企事业单位资金公款竞争性存放实现全覆盖。规范财政专户管理,实施新一轮代管资金专户竞争性存放。推进内控建设,建立有内部控制基本制度、8种风险防控办法与内部控制操作规程的"1+8+X"财政内控制度体系,构建"内外"双循环内控信息闭环。加强政府投资项目管理,完成造价审核610个,净核减5.79亿元,净核减率6.9%。抓好中央直达资金落地7.21亿元,分配率100%、支出进度85.3%。

9月,第一期财政支农政策培训班在虾峙镇举办(区财政局提供)

【加强风险防范】 2021年,区财政局通过统筹落实偿债资金、加快存量土地出让进度等手段,完成当年度地方隐性债务化解任务。申请到再融资债券10.10亿元,缓解政府债券到期还款压力。足额保障保工资、保稳定、保增长的"三保"支出,关注库款规模和保障水平,做好"三保"风险实时监测,落实"三保"监控月报告制度,全年"三保"支出20.60亿元,增长4.6%。建设节俭政府,压减项目预算资金2090万元、一般性支出预算资金758万元,全年压缩“三公”经费预算10.5%。

【做好会计核算工作】 2021年，区财政局深化国库集中支付改革，扩大审核改革试点范围，做好会计记账职责的返回工作，厘清预算单位会计责任。执行国库集中支付相关规定，做好两直资金、油价补贴等重大财政资金及其他国库、专户资金的拨付。细化审核内容，提高动态监控拦截效率，2021年，国库支付中心全年审核制单17.2万笔，涉及资金支付35.9亿元，拦截不合规支出329万元。

（撰稿：唐伟）

国有资产管理

【概况】 舟山市普陀区国有资产投资经营有限公司（简称区国资公司）成立于2000年6月，注册资金为8.5亿元。区国资公司是由区政府出资组建并授权的投资机构，对授权范围内的资产行使出资者所有权，主要以控股、参股方式从事资产经营活动，并对授权资产安全和增值负责。2021年，有董事会成员5名。年末，公司本级总资产为130.02亿元，总负债为82.51亿元，所有者权益（净资产）为47.51亿元，资产负债率约63.46%。

【加强融资工作】 2021年，区国资公司深化融资模式转型，全年发行三期定向债务融资工具（PPN）共15亿元。其中，3月底发行2021年度第一期PPN 5亿元，期限3年，票面利率4.95%，为普陀区国有企业发行的首单PPN；10月底发行第二期PPN 5亿元，期限3年，票面利率4.44%，为2021年浙江省杭州以外地区同类型PPN最低发行利率；11月底发行第三期PPN 5亿元，期限3年，票面利率4.09%，刷新舟山市AA级主体发债最低票面利率。根据国家金融政策，推进新一轮企业债券申报工作，启动30亿元私募债申报工作。2021年，区国资公司利用公司融资渠道、经验，取得温州银行3亿元流动资金贷款，完成光大银行2亿元、杭州银行1.5亿元流动资金贷款置换工作，牵头下属企业取得普陀农商行1.3亿元流动资金贷款。

区国资公司巡查海警大队训练场地工程（区国资公司提供）

【规范资产管理】 2021年，区国资公司加强巡查，做好资产租赁管理工作。2021年，区国资公司管理房地产共计886处，其中自有资产304处，行政事业单位集中管理资产253处，人才公寓329处。开展经营性房屋资产网上公开招租10次，涉及房屋93处，截至11月底，共取得房屋租金约981万元。配合区人才办完成10套共享人才公寓建设管理，新接收璞缇学苑人才公寓26套，金色雅院人才公寓12套，办理人才入住59套、公寓续租92套、公寓退租39套，全年维修人才公寓60次，维修费用共计2.75万元，为普陀区人才在普安居提供保障。开展位于东海西路9号、东海西路46号及普陀机修机配市场等3处中沙头地块的征收签约工作，完成零星房屋的腾空移交工作。做好同济路地块同济路168号房屋的征收工作，提前入户解情况，做到早规划、早部署，与租户签订终止协议，并配合区房管局完成腾空移交工作。

【强化安全管理】 2021年，区国资公司加强安全生产工作。完成沈家门街道东河路94号南楼维修工程、沈家门街道北安路54号外立面改造工程，解决房屋渗漏、水管老化等问题，消除安全隐患。完成舟山海警训练场工程，工程总费用43.49万元。加快建设滨港路沈家门海鲜夜排档提升改造项目。重视防台防汛工作，做好台风、汛期防御工作的应急准备。执行重要岗位24小时值班和信息报告制度，做好应急队伍的统筹调度，齐心协力筑牢防台前线。推进房屋安全隐患排查整治工作，掌握所有房屋状况，发现安全隐患及时整改并作出针对性部署，全年零星维修费用约34.1万元。6月，开展安全生产宣传月活动，组织消防逃生演练，提高对突发事故的应急处理能力，完善和更新事故应急预案，保证生产经营等各项工作顺利开展。

【推进对外投资】 2021年，区国资公司围绕政府战略部署推进产业基金运作，支持招商引资项目落地。加强基金投后管理，收取霍普金斯公司和锐赛生物医药公司。2020年度项目投资收益108.5万元，做好锐赛生物医药项目投资期限延长2年相关工作。区国资公司出资1200万元与上海国烨共同组建浙江国星大宗供应链有限公司，持股40%，促进普陀油气全产业链的打造，推动大宗商品交易、仓储物流、商业保理产业集聚。

（撰稿：傅诗琪）

税　务

【概况】 国家税务总局舟山市普陀区税务局（简称区税务局），辖第一税务所、第二税务所、沈家门税务所、东港税务分局、六横税务分局5个派出机构，信息中心1个事业单位，负责六横、桃花、虾峙、东极4个镇，沈家门、东港、展茅3个街道的企业和个体户征管和服务工作，区税务局管辖纳税人约2.7万户，办公地址在东港海洲路301号。

2021年，普陀区实现地区生产总值444.83亿元，按可比价计算，比上年增长2.5%。分产业看，第一产业增加值72.53亿元，增长3.1%；第二产业增加值118.94亿元，增长1.2%；第三产业增加值253.35亿元，增长2.8%。全年财政总收入52.08亿元，比上年增长16%，一般公共预算收入33.51亿元，比上年增长10%。一般公共预算支出61.71亿元，比上年增长1.1%。2021年全区常住居民人均可支配收入达59483元，同比增长9.3%。

2021年，区税务局统筹推进组织税费收入和“减税降费”工作，优化税收营商环境，加强干部队伍建设和纪律作风建设，完成各项改革攻坚任务。

【支持疫情防控和经济社会发展】 2021年，区税务局落实税收优惠政策，健全减税降费“责任清单+动态清单”管理体系，全区减免各项税费69686.95万元，其中下调增值税税率等减税政策64075.81万元。办理出口退税77747万元，办理制造业中小微企业缓缴税费2078.56万元，为减轻全区企业负担、助力实体经济发展提供支撑。常态化开展“万名党员进万企，领导干部下基层”活动，与区工商联建立联合帮扶机制，实地服务企业610户次。融入地方联防联控工作大局，发动干部职工进社区、守路口，参与志愿行动400余人次，人均志愿服务时长达20小时。

【税收收入情况】 2021年，区税务局全年完成各项税收收入45.99亿元（含海关代征增值税、消费税，未扣减出口退税），比上年增长22.11%。办理出口退税12.14亿元，增加3亿元，同比增长32.91%。

【社会保险费和非税收入】 2021年，区税务局组织完成社会保险费和非税收入（含职业年金）26.72亿元，同比增收7.23亿元，增幅37.10%。加强和规范社会保险费和非税收入征收工作，优化缴费服务水平，做好金税三期社保费征管信息系统（标准版）上线各项准备工作，推进国有土地使用权出让收入等非税收入划转税务部门征收工作。

【税务法治】 2021年，区税务局坚持严格规范公正文明执法，落实行政执法公示制度、执法全过程记录制度、重大执法决定法制审核制度“三项制度”，梳理行政许可类、行政处罚类等权力事项

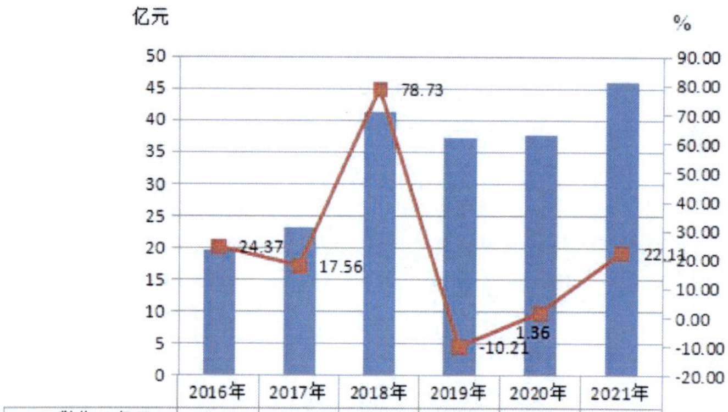

	2016年	2017年	2018年	2019年	2020年	2021年
税收（亿元）	19.7	23.16	41.39	37.16	37.66	45.99
增幅(%)	24.37	17.56	78.73	-10.21	1.36	22.11

图 7 普陀区税收收入情况(2015—2021 年)

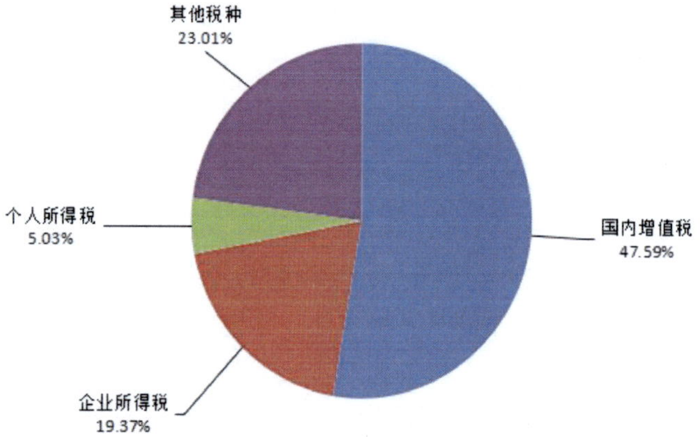

图 8 普陀区税务局税收收入分税种结构(2021 年)

清单共 10 大类 212 项，联合公安、法院等单位完成 24 户次资产处置案件，累计入库税款及滞纳金 3040 万元。

【办税缴费服务】 2021 年，区税务局深化税务领域“放管服”改革。落实 131 条“便民办税春风行动”举措和 45 条“春雨润苗”举措，推行“非接触式”办税，推广电子税务局、手机 App 和征纳沟通平台等线上渠道，推进网上办、掌上办，全区综合事项网办率达 98.86%。开展“银税互动”活动，推广“税银贷”“税易贷”等项目由“线下”向“线上”拓展，是年全区“银税互动”共授信 1782 次，其中 42%授予新兴商贸企业和科创型企业。26 家银行线上发放信用贷款 3.4 亿元，其中民营企业取得贷款 2.8 亿元，比上年同期提升 5 倍。创新推进“税邮协作”模式，与邮政部门合作推出“税朋邮”服务品牌，覆盖全区 12 个海岛乡镇，为 14930 户海岛居民提供家门口服务，初步形成海岛办税“一公里”绿色服务生态圈，被中央电视台专题报道，受到广泛好评。

【征收管理】 2021 年，区税务局深化税收征管改革相关工作部署。承接“揭榜挂帅”试点任务，提研 6 项创新试点项目，其中“电子税务精细服务赋能中心”“税律工作室”入选市级创新试点项目；加快全区增值税发票电子化进程，全面推动电子发票开具、报销入账、归档等全流程无纸化应用，强化结合普陀区实际重点突破旅客运输、文化旅游等特定行业推广难题，全区增值税电子发票开具率达 77.41%；创新探索税收大数据模型化应用，构建企业资金拆借涉税监控模型和船舶修理行业收入监控模型，开展汽车产业链税收数据监控预警，对接法院、公安等部门提供 5 批次税收数据，在有效防范税收风险上取得较好成效。

【税务纪检与精神文明建设】 2021 年，区税务局加强对选人用人、资产管理、扶贫款发放、税收管理等权力运行各环节的监督，通过明察暗访、实地核查、检查台账、督促自查等方式开展每月靶向重点监督及常态化监督。全年为干部职务职级晋升、评先评优、干部任免等出具廉政意见 252 人次；监督 9 名干部报告操办婚丧喜庆事项；开展劳动纪律检查 4 次，明察暗访 4 次；开展廉政谈话 39 人次，实现纪律作风问题专项整治集体提醒谈话全员全覆盖；开展“严管就是厚爱”主题宣讲活动，对 18 个基层党支部 208 名干部职工及临聘人员进行 16 场主题宣讲活动，发放宣传资料 202 份。强化各类专项整治监督，全程参与并督促做好现金税费征缴专项整治“百日攻坚”工作,跟踪监督问题整改情况;监督做好纪律作风问题专项整治工作。发放廉政家函,筑牢家庭反腐倡廉防火墙,强调“八小时之外”自律自省。探索税企“亲清”新机制,组织实施“蓝海红帆·八百行动”计划,和地方两新党组织4个支部结对实现共学共建,6个支部与地方12个党支部正式签约结对,在党史学习、抗击疫情、复工复产等方面开展合作。

2021年,区税务局六横分局获“全国青年文明号”称号,该分局党支部获全省税务系统“十佳基层党组织”称号,第一税务所等多个集体获“舟山市五一巾帼标兵岗”、市级青年文明号等荣誉,1户干部家庭被选送为浙江省“最美家庭”。组建税蓝青年志愿服务队,号召党员干部带领青年骨干到登步岛、白沙岛等海岛基层一线开展税收宣传辅导。参与文明城市创建、公益献血、结对扶贫、认领“微心愿”、慈善一日捐等各类志愿活动,全年各类捐款累计7万余元,无偿献血达5200毫升。

【服务地方中心工作】 2021年,区税务局融入地方政府信用体系,实现“税、政、银”三方数据直联,建立“守信激励、失信惩戒”制度,在招投标、龙头企业评定、融资等领域广泛应用。全区依照“内部指标+外部因素”评定方法,对8369户企业进行纳税信用评价,评出A级纳税人879户,比上年增长4%,评出D级纳税人583户,较上年减少5%,黑名单企业全部消除,市场信用环境改善。

（撰稿:高晗）

审 计

【概况】 普陀区审计局是主管普陀区审计工作的区政府工作部门,下辖普陀区国家建设项目审计中心、普陀区内部审计指导中心2个事业单位。区委审计委员会办公室（简称区委审计办）设在区审计局。

2021年,区审计局实施审计项目19项,查出主要问题金额1.46亿元,促进增收节支或挽回直接经济损失401.21万元,促进被审计单位制定、完善规章制度18项。审计报告、审计专报被各级领导批示11篇次,审计信息被各级采用40篇,向社会公告审计结果13篇。1个审计项目和1个审计报告获评市级优秀。

【区委审计办运行】 2021年3月24日上午,区委审计委员会召开第二次会议。区委书记、审计委员会主任张立军主持会议并讲话,委员会全体成员参加会议。会议传达学习省委审计委员会第五次会议和市委审计委员会第三次会议精神,听取2020年审计工作主要情况和2021年审计工作总体安排,审议并原则通过2021年审计项目计划、区委审计委员会成员单位工作协调制度及审计工作重大事项督察督办办法。是年,区委审计委员会完善议事协调机制,制定出台成员单位工作协调制度和审计工作重大事项督察督办办法。区委审计办完善文书报送机制,上报各类报告、专报25篇次,领导批示11篇次。建立审计重要问题清单机制,定期向区委审计委员会报送重要审计问题清单,推动开展重要审计问题整改情况回头看。

【政策执行审计】 2021年,区审计局实施开展“菜篮子”专项资金审计调查,重点关注“菜篮子”三年行动计划落实情况、流通环节资金使用情况、蔬菜基地建设和种植大户补贴情况等方面的内容,发现各类问题7个,推动出台《普陀区“菜篮子”价格监测报告制度》《普陀区“老供销”社区菜店建设管理办法》等3项制度。

【财政审计】 2021年,区审计局强化财政审计“一盘棋”管理,实施财政同级审、部门预算执行专项审计、桃花镇和东极镇财政决算审计。审计发现各类问题62个,促进上缴财政334.38万元、加快结余资金周转1005.21万元,推动预算绩效考核等制度办法9项,提高财政资金使用效益。贯彻落实各级领导对乡镇财政决算审计报告的批示精神,推动开展全区各镇(街道)全面自查及整改工作。

【国有企业审计】 2021年,区审计局实施对国有企业海创投资发展集团有限公司、区城投集团审计,着重围绕工业园区管理、招投标管理、工程建设管理、重

3月24日，区委审计委员会第二次会议（区审计局提供）

大经济决策等方面开展审计，发现各类问题42个，问题金额1807万元，推动清退各类企业意向投资保证金153万元，促进完善公司相关议事规则，优化工程项目建设管理流程，强化合同执行，防范经营风险。区城投集团审计报告获区委主要领导重要批示。

【投资审计】 2021年，区审计局实施鲁家峙体育动力公园等4个区重点工程的预决算审计、跟踪审计，开展渔港项目EPC专项审计调查，累计审计相关投资额25亿元，发现各类问题33个、管理不规范资金2921.8万元，推动建设单位处理处罚履职不到位参建单位5次，挽回直接经济损失38.5万元，推动被审计单位完善3项管理制度。渔港项目EPC专项审计调查报告获区委主要领导重要批示。

【经济责任审计】 2021年，区审计局实施6家单位8名领导干部经济责任审计和1家单位领导干部资源资产审计，开展10家单位领导干部离任交接。强化巡审联动，将经济责任审计与区委巡察工作同安排共推进，发现各类问题42个，问题金额1219万元，推动被审计单位完善内控制度3项，挽回直接经济损失28.33万元，促进乡镇粮食功能区、退役残疾军人优抚等政策落实，3名干部被提醒谈话，1名干部被政务处分。2021年度经济责任审计综合报告获区委主要领导重要批示。

【内部审计】 2021年，区审计局持续深化内部审计工作“三服务”机制，对25家内部审计机构开展实地指导，举办市、区内部审计工作培训班和座谈会，推动区城投集团新设内部审计机构。开展专项资金绩效审计试点，推动开展内部审计项目98个，发现问题548个、问题金额6590万元。3家机构、4名人员、7个内审项目分获省市表彰。

【审计管理】 2021年，区审计局坚持质量立审，出台审计业务质量全流程控制办法，组建优秀审计项目专班，建立“交叉+普查+点评”的审计项目质量检查机制，强化审计项目审理工作，强化审计业务会议制度，提高审计质量，防范审计风险。

推进审计系统数字化改革，按时完成专题门户建设，参与全省审计整改督查系统开发建设。成立大数据审计领导小组，组建审计攻关小组，11人获省级及以上计算机审计中级资格。实现全区部门预算执行情况数据分析全覆盖，形成大数据审计案例3项。

履行重大审计问题清单工作机制，3个审计问题纳入重大审计问题清单，上报市级整改示范案例1个。贯彻落实区人大常委会审计整改监督办法，深化审计整改联席会议制度，推动召开审计整改专题会议，部署审计工作报告整改任务。出台审计整改工作闭环管理办法，加强事中跟踪检查，规范问题销号认定程序。持续优化审计跟踪、政府督办、人大督查、年度考评的整改体系，审计问题整改有效提高。

深化成果共享联动机制，实现与组织部门经济责任审计专题汇报、纪检部门重要审计线索共同研判、巡察部门重要单位审计巡察联动。贯彻落实领导干部容错免责工作机制，提交相关案

8月5日，召开内审工作座谈会和培训会（区审计局提供）

例2个。加强审计成果提炼，组建审计信息专报专班，审计专报被领导批示6篇，审计信息被各级采用40篇。通过“巡审联动”，向巡察组提供问题线索7条。

（撰稿：林军峰）

统计管理

【管理机构】 2021年，普陀区统计局有干部职工33人，辖有普陀区社会经济调查队、普陀区普查中心2个事业单位。统计业务包括综合、国民经济核算、统计名录库、渔农业、工业、批发零售、住宿餐饮、能源、服务业、劳动工资、建筑业、固定资产、房地产、科技、城乡一体化住户调查、粮食生产监测、扶贫统计监测、劳动力调查、产业集聚区监测、规模以下工业抽样调查、限额以下商贸业抽样调查、限额以下服务业抽样调查、特色小镇统计监测、自贸区统计监测等24项专业统计。

【统计资料发布】 2021年，区统计局发布《舟山市普陀区2020年国民经济和社会发展统计公报》《舟山市普陀区2020年统计年鉴》。按月编印《普陀统计信息》，反映全区各行业生产运行、经济效益等情况及全市各县区主要经济指标横向比较情况，发送区、镇、街道党政主要领导和主要部门，《普陀统计信息》月印数为300本。编印《普陀统计手册》600册、《普陀统计年鉴》200本。全年针对全区人口状况、产业投资结构、石油贸易、机械制造、大健康产业、船舶修理业、科技研发等重点开展专项调研，共撰写统计专报22期、统计分析20篇、统计信息84篇、动态信息44篇，被区两办参阅录用18篇，省、市统计网站录用11篇次，区领导批示3篇。

【统计业务培训】 2021年，区统计局改变传统封闭式课堂教学模式，同步落实疫情防控要求，创新培训方法，采取“线下+线上”和“理论+实操”方式开展年定报培训。年初，对人数少的专业采用线下“小班化”培训，对人数多的专业通过钉钉视频直播的形式开设“网上课堂”，分类分段完成培训任务；年中，除设置集中学习外，还由各专业同志带领乡镇、街道统计人员到企业进行交叉式实操培训，为镇、街道统计人员提供相互学习、相互交流的平台。每月，举办新入库固定资产投资项目统计业务培训班，对新入库项目单位统计人员开展重点指导，增强培训的针对性和实效性，全年累计完成统计

统计法律法规学习（区统计局提供）

培训2000余人次。

【统计执法监督】 2021年,区统计局坚持依法办统计,依法治统计,依法兴统计,加强统计法治建设工作。制定全区统计系统依法行政的工作要点和计划,研究制定《舟山市普陀区统计法治宣传教育第八个五年规划(2021—2025)》。牵头召开全区防范和惩治统计造假弄虚作假专题部署会议,将统计法律法规知识纳入党校干部培训必修课程,开展“走进统计、依法统计”专题讲座,下发《统计法应知应会》,全面清理将统计部门列入经济增长考核责任部门和未经批准违规开展统计调查等违反统计法精神的文件和做法。贯彻执行领导干部违规干预统计工作记录台账制度,做到如实记录、如实报告。推进统计执法案件“掌上化”,全面开展“双随机”执法检查,重点对研发投入、固定资产投资、规模以上工业、电商企业等开展统计检查,全年共核查企业200余家,执法检查41家,针对核查中发现的问题已责令企业改正。

【专项调查】 2021年,区统计局继续实施开展粮食产量、海洋产业集聚区、低收入农户全面小康、特色小镇、自贸区等专项统计监测,组织实施企业发展环境调查、全面从严治党民意调查、平安浙江人民群众安全感满意率调查,组织开展平安乡镇(街道)人民群众安全感满意率调查等,共调查城乡居民家庭1200余户、企业90家。

【国情国力调查】 2021年,普陀区第七次全国人口普查主要工作有数据处理、评估、汇总、发布主要数据公报、普查资料开发利用、普查工作总结等,现将普陀区第七次全国人口普查主要数据公报如下:

全区常住人口为382902人,与2010年第六次全国人口普查的378805人相比,10年共增加4097人,增长1.08%,年平均增长率为0.11%。全区共有家庭户166776户,集体户8588户,家庭户人口为363387人,集体户人口为19515人。平均每个家庭户的人口为2.18人,比2010年第六次全国人口普查的2.41人减少0.23人。全区常住人口中,男性人口为197014人,占51.45%;女性人口为185888人,占48.55%。总人口性别比(以女性为100,男性对女性的比例)为105.99,与2010年第六次全国人口普查相比下降4.0个百分点。全区常住人口中,0~14岁人口为37759人,占9.86%;15~59岁人口为249278人,占65.10%;60岁及以上人口为95865人,占25.04%,其中,65岁及以上人口为64819人,占16.93%。与2010年第六次全国人口普查相比,0~14岁人口的比重上升0.09个百分点,15~59岁人口的比重下降9.89个百分点,60岁及以上人口的比重上升9.79个百分点,65岁及以上人口的比重上升6.56个百分点。

全区常住人口中,拥有大学(指大专及以上)文化程度的人口为58741人;拥有高中(含中专)文化程度的人口为49845人;拥有初中文化程度的人口为135143人;拥有小学文化程度的人口为112284人(以上各种受教育程度的人包括各类学校的毕业生、肄业生和在校生)。与2010年第六次全国人口普查相比,每10万人中拥有大学文化程度的由8246人上升为15341人;拥有高中文化程度的由12380人上升为13018人;拥有初中文化程度的由38553人下降为35294人;拥有小学文化程度的由30102人下降为29324人。

全区常住人口中,文盲人口(15岁及以上不识字的人)为

普陀区人口年龄构成

表46

年　龄	人口数(人)	比重(%)
总　计	382902	100
0~14岁	37759	9.86
15~59岁	249278	65.10
60岁及以上	95865	25.04
其中:65岁及以上	64819	16.93

7274人，与2010年第六次全国人口普查相比，文盲人口减少16439人，文盲率由6.26%下降为1.90%,下降4.36个百分点。

全区常住人口中,居住在城镇的人口为266077人，占69.49%；居住在乡村的人口为116825人，占30.51%。与2010年第六次全国人口普查相比,城镇人口增加29648人,乡村人口减少25551人,城镇人口比重上升7.08个百分点。

（撰稿:叶根杰）

编辑:陈思羽

市场监督管理

综　述

舟山市市场监督管理局普陀分局（简称区市场监管分局）是舟山市市场监督管理局派出机构，为正科级，挂舟山市知识产权局普陀分局牌子。2021年，区市场监管分局做好工商登记工作。普陀区（含六横，不含普朱）有内资企业10256家，个体工商户24777户，农民专业合作社152家。做好信用监督管理、行政许可服务、合同管理、动产抵押登记、广告管理、市场规范管理、消费维权等工作。落实浙江省市场监督管理局《关于开展2021年度“讲文明　树新风”“文明健康　有你有我”公益广告征集评选活动》，推荐的公益广告获平面类二等奖1个，广播类二等奖1个。推进质量强区工作，评选区政府质量奖企业3家。推进标准化建设，做好计量管理、合格评定管理、特种设备安全监察等工作。做好食品药品监管工作。推进省级知识产权示范区建设工作，全年完成知识产权转移转化12件；申请商标注册1066件，新增注册商标985件，年末有有效注册商标4754件。

工商行政管理

【信用监督管理】 2021年，区市场监管分局推进行政检查事项全覆盖，强化关联信用规则，加大跨部门“双随机”联合抽查检查力度，全年通过浙江省行政执法平台开展执法检查2367次，其中双随机抽查1680次，掌上执法率100%；发起双随机执法检查任务88件，覆盖企业登记事项检查、计量监督检查、食品生产监督检查、餐饮服务监督检查、价格行为检查等56个抽查类别，任务按期完成率100%，检出问题195户次，待后续处置4户次；应用信用规则任务56件，应用信用规则率87.5%；与19个部门开展联合抽查任务30件，跨部门联合监管率34.09%，检查110户次；企业抽查覆盖率7.12%。推进2020年度市场主体年报工作，全区企业、农专社、个体户年报率分别为91.44%、100%和86.41%，较2020年度提高2.16%、13.16%和9.02%。在日常监管中做好失信联合惩戒，为及时消除违法行为、配合改正的企业提供信用修复服务，全年出具企业诚信证明28份，办理经营异常移出49条，修复企业信用3家；参与普陀区融资租赁、商业保理等招商企业会商28家；做好2021年度诚信经营示范店联审工作，查询38家候选单位信用情况。

【非公党建】 2021年，普陀区民营企业（个体劳动者）协会围绕经济社会发展目标，引导和支持民营个体经济健康发展，制定出台《关于开展中央巡视问题整改暨全区“小个专”党建工作有形有效覆盖专项行动的方案》等，使“小个专”（小微企业、个体工商户、专业市场）党建有章可循。引领“小个专”助推诚信经营，全年完成422家“党员经营户”授牌，培育“党员经营户”放心消费示范窗口30家，其中无理由退货单位6家。引领“小个专”助力社会公益。开展“党旗领航·助学圆梦”志愿服务活动，组织“小个专”党员结对帮扶辖区内家庭贫困学生，全年结对贫困学生5人，开展助学服务4次，捐款1

万余元，牛奶、文具等物资数千元。引领“小个专”助力“红色金融”。联合普陀农村商业银行开展“红色金融”服务，建立普陀区小微企业培育库，对法定代表人为党员或者企业有设立党支部的提供利率下浮 5%贷款服务。全年有 23 家（法定代表人为党员或企业有设立党支部）企业获取银行贷款 36968 万元，其中信用贷款 2898 万元，银行让利 203 万元。

【行政许可服务】 2021 年，区市场监管分局办理商事登记类 17096 件，食品登记类 2737 件，特种设备登记类 1678 件，药品药械登记类 165 件，总计 21676 件。推行“窗口无否决权”，制定《普陀区市场监督管理窗口推行“窗口无否决权”服务机制实施意见》，落实审批事项否决快速逐级上报机制，做到“审查要素之外无退件”；打造市场监管服务“一号通”，在全市首创市场监管领域“一门式”“全环节”民生服务通道，市民通过该专线了解市场监管相关业务问题、精准寻求市场监管专业服务指导。持续优化涉民涉企服务事项，推进企业开办和注销便利化，实现企业登记、印章刻制、申领发票和税控设备、员工参保登记、住房公积金企业缴存登记“一网通办”“一表填报”“一窗办理”，5 月起公章刻制免单数量增至 5 枚，累计为 1643 家企业减少企业开办成本近 63 万元。优化完善“企业注销一网服务”办理流程，将简易注销 45 天公告期提速至 20 天，建立简易注销容错机制，降低企业注销成本，全年有 1488 家企业办理简易注销。全面实现全科事项“一窗受理”，将药品许可事项纳入“一窗通办”服务，前台受理窗口实现市场监管事项 100%“一窗通办”。持续深化证照分离改革，普陀区全年办理证照分离事项 3405 件。推动市场监管事项下沉基层，将涉及群众、企业办理频度较高的许可服务事权赋权偏远基层所，由原 10 项增至 19 项；扩大基层所食品经营许可受理范围。推广“电子营业执照+电子印章”同步发放应用，累计指导帮助 23459 家商事主体下载电子营业执照，占存

表 47

2021 年普陀区内资企业、个体工商户、农民专业合作社基本情况

项 目			单位	在册总数	2021 年新设
内资企业		企业数	家	10256	1896
		注册资本(金)	万元	15187025	1842475
其中:私营企业		企业数	家	9702	1851
		注册资本(金)	万元	13014275	1705223
		从业人员数	人	39742	3831
个体工商户		户 数	户	24777	5634
		资金数额	万元	401507	105100
		从业人员数	人	44621	7077
其中	台湾居民个体工商户	户 数	户	3	1
		资金数额	万元	27	11
		从业人员数	人	5	1
	港澳居民个体工商户	户 数	户	1	1
		资金数额	万元	1	1
		从业人员数	人	2	2
农民专业合作社		合作社数	家	152	13
		出资总额	万元	25696	291
		成员总数	人	1205	26

说明：本表数据含六横

2021年普陀区内资企业各行业登记情况

表48

行业分类	内资非私营企业		私营企业		个体工商户	
	在册总数	2021年新设数	在册总数	2021年新设数	在册总数	2021年新设数
合计	554	45	9702	1851	24777	5634
农、林、牧、渔业	12	1	156	26	317	39
采矿业	2	0	7	1	1	0
制造业	36	1	1033	125	842	104
电力、热力、燃气及水生产和供应业	11	1	17	3	1	0
建筑业	16	1	784	132	929	155
批发和零售业	137	14	2975	610	12406	2995
交通运输、仓储和邮政业	58	2	679	131	988	125
住宿和餐饮业	22	4	195	26	3523	664
信息传输、软件和信息技术服务业	20	3	396	95	448	226
金融业	48	2	124	3	0	0
房地产业	24	3	232	32	315	47
租赁和商务服务业	92	4	1474	391	2175	668
科学研究和技术服务业	47	5	724	134	234	142
水利、环境和公共设施管理业	14	0	92	8	23	5
居民服务、修理和其他服务业	5	0	294	37	2209	366
教育	1	1	59	4	43	6
卫生和社会工作	6	2	79	11	66	5
文化、体育和娱乐业	3	1	381	81	257	87
其他	0	0	1	1	0	0

说明：本表数据含六横

3月，区市场监管分局组织普陀"巾帼文明岗"开展海岛服务活动（刘世益摄）

量企业比例达79.17%。

【"小微企业三年成长计划"工作】 2021年，普陀区新增小微企业1280家，其中八大万亿产业小微企业271家；全区小微企业累计7516家，其中八大万亿产业小微企业累计1892家。全区新增科技型小微企业84家（含六横），其中省级、区级各42家，发放科技创新券448.7万元（含六横）；新增2家知识产权贯标企业；百胜安科科技股份有限公司评为2018—2020年浙江省小微企业成长之星，浙江舟山普陀农村商业银行股份有限公司评为2018—2020年浙江省服务小微企业优秀机构，浙江丰宇海洋生物制品有限公司获评2021年度"浙江省信用管理示范企业"，百胜安科科技股份有限公司获商标续展认定。持续推进与区农业银行、普陀农村商业银行信贷合作，2021年，有167家小微企业在普陀农村商业银行获得贷款，贷款金额16.52亿元；通过"小微纾困贷"发放贷款金额2.89亿元。做好海岛民宿"星级培育库"，向海岛民宿个体工商户发放贷款551家，获信用贷款10880万元（信贷数据含六横）。落实税收优惠政策，为小微企业减免各类税收23808.67万元，惠及小微企业30014户次。推进数字化改革，搭建"普惠e企"普陀小微企业精准培育数字服务平台，录入数据22436条，涉及12个部门、73个数据项。区市场监管分局开展小微企业职业技能培训15期，有650家小微企业和个体工商户702人次参加，培训内容涉及食品生产、餐饮安全、特种设备安全、知识产权、标准化、医疗器械等。

【合同管理】 区市场监管分局加强企业合同格式条款备案登记工作，全年有11份商品房买卖合同通过审核在网上备案，召开3次商品房买卖合同评审会。开展2021年度"守合同重信用"企业网上申报工作，有12家企业进行申报。延续申报公示1家AAA级"守合同重信用"企业，延

7月30日，区市场监管分局召开全区小微企业信贷评级工作会议（李霞摄）

续申报公示4家AA级“守合同重信用”企业，新申报公示3家A级“守合同重信用”企业，延续申报公示1家A级“守合同重信用”企业。做好对“守合同重信用”申报企业现场核查工作，继续加强对“守合同重信用”公示企业动态监管，帮助企业解决难题。

【动产抵押登记】 区市场监管分局做好动产抵押登记职责划转工作，妥善处理历史纸质档案，对2014年至2018年期间的315份书式动产抵押登记和202份书式动产抵押注销进行整理，22份资料网上补录完成。

区市场监管分局助力舟山国际水产城干品市场“数字化”创建（徐士杰摄）

【广告管理】 区市场监管分局严厉打击虚假违法广告，推进广告长效监管机制建立，促进辖区广告市场环境风清气正。全年监测电视广告1032条次，查处广告案件27件。开展违法违规商业营销宣传集中整治行动、校外教育培训广告全面排查和清理整治、知名医院被冒牌问题清理整治等活动。落实浙江省市场监督管理局《关于深入开展坚决制止餐饮浪费公益广告宣传活动的通知》和《关于开展2021年度“讲文明　树新风”“文明健康有你有我”公益广告征集评选活动》精神，区市场监管分局推荐的公益广告获平面类二等奖1个、广播类二等奖1个。

【市场规范管理】 区市场监管分局落实省委关于“加快‘最多跑一次’改革延伸拓面，推动公共场所服务大提升”部署，完成普陀区东港农贸市场、普陀区西大农贸市场、普陀区中兴农贸市场“五化”（便利化、智慧化、人性化、特色化、规范化）改造行动。2021年年底，全区有商品交易市场26家，市场建筑面积111545.67平方米，年成交额194.12亿元。2021年，普陀区鲁家峙农贸市场和普陀区新北邻里中心市场被认定为“省二星级文明规范市场”，虾峙市场被延续认定为“省二星级文明规范市场”，芦花市场被延续认定为“省一星级文明规范市场”，普陀区西大农贸市场、普陀区东港农贸市场、普陀区阳光365农贸市场、普陀区欣和农贸市场被延续认定为“浙江省放心农贸市场”。做好市场垃圾分类和限塑指导工作，在城区市场内全部安装微信扫码免费领取可降解环保塑料袋的机器，与全区18家农贸市场举办方签订“限塑”责任状，明确双方工作责任、监管责任、法律责任，要求其建立农贸市场塑料购物袋集中统一购销制度和台账。督促农贸市场主办方与经营户签订“限塑”责任书，将“限塑令”执行情况列入对经营户信用考核体系。做好农贸市场疫情防控与创建文明城市农贸市场整治工作。

【网络经济服务与管理】 区市场监管分局加强网络市场监管，开展“6·18”网络交易专项监测行动、2021网络市场监管专项行动（网剑行动）、保健食品行业和药品网络销售专项治理、穿越机管控、平安护航建党100周年、“三比一讲”（比快、比好、比贡献、讲大局）竞赛等工作，择优组织2家企业参加首批浙江省“绿色直播间”申报，全年开展网上巡查、定向监测网络经营主体2000余家次，通过“市监保”在线固证278条，办结“浙江公平在

区市场监管分局开展“3·15”线上直播活动（毛瑛瑛摄）

线”下发线索16条，查处涉网违法行为48件，致力规范网络直播带货新业态、提升平台经济监管能力。

【消费维权】 2021年，区市场监管分局受理处置消费咨询投诉举报2159件，包括咨询67件、投诉1226件、举报866件，为消费者挽回经济损失80余万元。以“守护安全　畅通消费”消费维权年为主题，组织开展第39个国际消费者权益日活动。在《今日普陀》开辟“3·15”专栏，发布消费投诉典型案例，抖音直播普及消费维权法律法规，开展有奖知识问答。全面落实“放心消费在浙江”创建活动，共培育放心消费单位1364家，其中，无理由退货单位640家、其他放心消费单位615家、放心工厂106家、放心消费商圈2家、放心消费乡村1个；培育长三角异地异店无理由退货承诺单位1家、化妆品放心商场2家、化妆品放心经营单位7家、放心药店29家，建设消费维权联络站（点）12个。聘任放心消费协管员9名、消费维权义工10名。严厉打击各类欺诈消费者违法行为，全年办理“诉转案”73件。

【价格监管】 2021年，区市场监管分局根据市市场监督管理局统一部署，进行涉企收费转供电专项整治行动，出动检查人员118人次，检查单位242家，违规收费金额113.365万元，实际清退金额113.365万元。2021年全区共清理和审查政策文件70件，其中，存量清理56件，包含修改1件、废止3件；增量审查共计14件；出具文件公平竞争审查建议8份。

【知识产权保护】 区市场监管分局推进省级知识产权示范区建设工作，下发《关于下达2020年普陀区知识产权专项经费的通知》，发放各类奖补资金104万元。围绕“知识产权与健康中国”主题，结合“三服务”活动，开展“4月26日世界知识产权日”线上、线下宣传活动，在展茅街道品牌服务指导站对40余家企

区市场监管分局结合“三服务”开展知识产权宣传活动（林欢芬摄）

业开展知识产权业务培训。开展“普陀佛茶”“登步黄金瓜”等地理标志证明商标保护工作，出动执法人员6人次，赴海岛1次，检查经营单位10余家。对接普陀茶叶行业协会、登步黄金瓜种植协会、普陀农学会等单位，推动其监督协调和示范引领作用。开展知识产权奖补资金使用专项检查、清理整治知名医院被冒牌问题、地理标志运用促进和保护工程三年行动、“知识产权服务万里行”等工作。开展打击商标恶意抢注行为专项行动，严格规范专利申请行为，对辖区内疑似恶意注册专利行为进行核查，作出相应处理。完成省市场监督管理局下发的22件非正常专利申请的指导撤回工作，非正常专利申请撤回率≥90%。组织辖区内49家企业做好“知识产权之家”上线工作，并督促其保证上线率。完成知识产权转移转化12件。2021年完成商标质押融资13650万元，专利质押融资9719万元。开展“双随机、一公开”检查，出动执法人员20人次，检查企业28家。完成省市场监督管理局对普陀区品牌指导服务站检查工作。普陀辖区全年共授权专利695件，其中发明专利授权335件，实用新型授权302件，外观设计授权58件；全区全年申请商标注册1066件，新增注册商标985件，年末累计有效注册商标4754件（数据来自国家知识产权局商标局）。立案查处商标案件13件，案值13.6万元，罚没款31.25万元。

质量技术监督

【质量强区】 2021年，舟山佳必可食品有限公司、浙江东海岸船业有限公司、浙江海鲲食品有限公司3家企业获评区政府质量奖，3家企业获评区政府质量奖提名，落实奖励资金60万元。9月，浙江丰宇海洋生物制品有限公司通过“浙江制造”品字标认证，为全省首家通过认证的水产品加工企业。

【标准化建设】 区市场监管分局帮扶企业参与“浙江制造”标准的制定，全年新增3项“浙江制造”标准，发布“浙江制造”标准11项。2021年，企业参与修订国家标准52项、行业标准13项、团体标准2项、地方标准7项；召开国家基本公共服务标准化专项试点工作推进会议，各单位认领各自任务、明确时间要求、落实具体对接人和对接方式，确保顺利通过省级、国家级验收；推进《县级社会矛盾纠纷调处化解中心工作规范》省级地方标准立项。

【计量管理】 区市场监管分局开展以“测量守护健康”为主题的“5·20世界计量日”宣传工作，向公众普及计量基础知识、计量器具使用、计量法律法规等内容，共计检定电子秤86台，加油站2家，加油机2台，加油枪4支。开展计量标准专项监督检查、“优化计量、提质增效”企业帮扶、儿童青少年近视防控光明行动及眼镜制配场所计量专项、燃气表、气体流量计专项等监督检查。参加市政府组织的“综合查一次”行动，对舟山佰汇水产食品有限公司、舟山佳必可食品有限公司、浙江企润食品有限公司进行计量器具和计量单位使用情况检查，发现一家企业计量器具超出检定周期，作出相应处

3月18日，区市场监管分局召开国家基本公共服务标准化专项试点工作推进会（潘丹瑜摄）

5 月，区市场监管分局开展世界计量日宣传活动（陈珊珊摄）

理。开展定量包装商品净含量计量监督、能效水效监督检查、计量器具使用单位在用计量器具监督、计量单位使用情况、检验检测机构监督检查等专项监督行动，共出动执法人员 96 人次，检查企业 118 家。开展“三比一讲”争先创优活动，完成“浙品码”赋码企业 280 家，完成“浙品码”赋码 3853 件。

【合格评定监管】 2021 年，区市场监管分局开展“世界认可日”“有机产品认证宣传周”“绿色产品认证与标识宣传周”系列活动。对辖区内 2 家检验检测公司开展能力验证工作，存在问题责令整改。对 3 家检验检测公司开展检测项目扩项审核工作，对 1 家检验检测公司开展换证审核工作。开展道路交通安全整治、电动车专项整治行动，组织召开“三同”工作信息平台培训会，签订企业信用承诺书及“同线同标同质”产品符合性自我声明。指导沈家门街道大岙村股份经济合作社通过黄金瓜产品的“丽水山耕”认证。

6 月，区市场监管分局开展特种设备安全月宣传活动（叶岩古摄）

【特种设备安全监察】 区市场监管分局推进安全生产综合治理三年行动工作，排查各类隐患 49 起，立案查处 23 家，处罚款 35.5 万元。开展“特种设备安全月”暨“平安护航建党百年”安全隐患大排查大整治专项行动。围绕“安心乘梯守护行动”开展物业小区安全教育培训暨电梯困人应急救援演练、观看电梯安全宣传片、事故合集警示教育。开展特种设备使用单位培训 85 人次，在公共场所电梯轿厢播放宣传视频 146 台，播放安全公益广告 1 部。加强特种设备安全在线赋码工作，完成辖区 5435 台（辆）特种设备 100%赋码工作，对超期未检的 38 台设备使用检验情况开展摸排，坚决杜绝使用超期未检设备情况存在。全年出动检查人员 366 人次，检查单位 218 家次，检查设备 537 台，发现隐患 29 项，发出监察指令书 13 份，立案查处 9 起，确保在用特种设备安全。

食品药品监管

【食品安全工作责任机制建设】 2021 年，普陀区制定《2021 年普陀区食品药品安全工作要点》，召开全区食品药品安全工作会

7月16日，区市场监管分局召开2021年全区食品药品安全工作会议（刘莎莉摄）

议，明确各镇（街道、管委会）和有关监管部门工作责任，将食品安全作为政府综合考评项目，实行一票否决；督促各镇（街道）严格落实《镇（街道）党政领导干部食品安全职责清单》，推动形成“党政同责、一岗双责、权责一致、齐抓共管、失职追责、尽职免责”的食品安全工作格局；持续强化基层食品安全基础建设，全区新增三星级镇（街道）食药安办3个，新增四星级镇（街道）食药安办2个；依托数字化改革，全面提升食品安全区域治理现代化水平，全区食品安全形势总体稳定向好，全年无重大食品安全事故发生。

【食品生产流通监管】 2021年，区市场监管分局规范事前许可准入程序，推进落实食品生产经营许可改革，实施监管干部“领衔”核查制，参与食品生产许可证现场核查45家次，其中新设企业13家，完成食品生产许可告知承诺1家。指导办理食品经营许可证181份，食品小作坊16家，小食杂店287家。推进实施风险分级管理机制，深化食品生产企业和经营单位风险等级评价工作，完成在册食品生产企业风险等级评价122家，覆盖率100%，其中，A级19家、B级91家、C级12家。完成流通领域食品风险等级评定3793家，覆盖率100%，完成716家“双随机”检查。组织食品生产企业负责人及食品安全管理人员参加食安员抽考，参加企业104家，参加考试200人，合格率100%。组织召开食品生产企业履行食品安全主体责任报告会2场，101家食品生产企业参加会议。开展食品生产企业会议培训5场，300人次参加。邀请食品生产现场考核专家开展食品生产企业监管业务能力提升实战培训4次，检查生产企业8家，参加培训监管人员48人次。抓好新冠肺炎疫情防控期间的“冷链食品”安全监管，开展冷链联合专项执法行动11次，出动执法人员120人次，检查国际水产城内及周边冷库20家，查处涉嫌非法经营进口冷链食品案9起，涉案进口冷链食品2.34吨。完成生产领域抽检177批次，流通领域抽检448批次，其中涉及农产品280批次，快检99批次，生产企业和小作坊抽检全覆盖。抽检不合格3批次，做好不合格产品后续处理工作并立案查处，没收违法所得106.4元，罚款8000元，1起免予处罚。依托“链上点检”工作，将产品监督抽检数据与企业出厂检验数据进行对比，抽检62批次，合格61批次，不合格1批次，数据异常及出厂检验报告不规范等问题涉及17家企业22批次产品，对上述企业发责令整改通知书，要求其落实出厂检验制度，上述企业均已完成整改。强化电子化追溯系统应用，推广食品安全电子监管。指导生产企业落实“浙食链”（浙江省食品安全信息追究溯企业平台）应用系统产品追溯数据录入对接，做好信息生成、采集、上传工作，以产品赋码形式打造全程可追溯链条，构建智控闭环管理体系。督促企业在生产加工的关键场所及化验室安装视频监控和温控设备，运用视频AI分析、物联感知等技术手段对食品生产企业的生产加工过程和质量安全进行管控，打造智慧化食品安全“阳光工厂”场景建设56家。依托“浙食链”系统，探索舟山特色海鲜“从海上到餐桌”全链条追溯及产地特色打造，联合农业部

3月26日，区市场监管分局组织食品生产许可申报和“浙食链”系统应用培训（李敏君摄）

门、渔业部门对舟山海鲜养殖、捕捞、销售多环节开展调研，以国际水产城为试点，推广激活“浙食链”农产品用户42家，指导电商企业开展实体赋码应用3家。指导辖区2家包装饮用水生产企业导入关键控制点防控措施，对5家单位的生产加工流程进行优化和再造，实现名特优食品作坊和亮化达标小微食品生产企业“5S”改造提升全覆盖。

【保健食品监管】 区市场监管分局印发《普陀区保健食品行业专项治理实施方案》，召开保健食品行业专项整治工作联席会议，开展专项整治行动，全年出动执法人员700人次，检查经营主体350家次，查处标签不规范的保健食品案1起。结合“食安宣传周”“科普宣传进社区、进商超”活动，以网络直播、现场咨询、资料发放等方式，开展保健品消费安全宣传活动6场次，宣传对象800余人次，发放宣传资料750余份。

【餐饮食品监管】 区市场监管分局开展餐饮服务食品安全监管工作，确保辖区不发生食品安全事件。开展节假日餐饮食品安全、进口冷链食品物防、春秋季开学校园食品安全、小餐饮专项整治、餐饮具清洗消毒、网络餐饮安全整治提升等。督查进口冷链食品经营主体108家次，发现问题17个；检查疫情隔离点供餐单位63家次。春秋季开学共检查学校食堂97家、学校周边餐饮店196家、校外托管机构18家，责令整改65家，行政约谈学校食堂1家；开展中高考、学业水平考试食品安全保障4次，快检蔬菜农残62批次、食用油6批次；评选出21家学校食堂为普陀区校园食品安全“精细化管理示范食堂”。开展餐饮服务环节餐饮具清洗消毒专项整治，检查餐饮单位323家，存在问题单位25家次。线上巡查网络餐饮单位385家次，发现问题单位3家，线下巡查经营主体440家次，发现问题单位18家，立案1起。结合省市场监督管理局“三比一讲”活动，完成“浙江外卖在线”商户端激活740家。阳光厨房安装数及企业端激活使用数均超指标完成，阳光厨房上线率

6月，区市场监管分局开展中高考学校食品安全保障检查（黄胜摄）

达90%以上。制作发放“文明用餐劝导员”徽章2000枚、“文明用餐劝导员”工作指南2000册、文明用餐指导手册3000册、“适量点餐餐后打包”温馨提示牌120只，新宣传海报1000份、桌贴7000张、禁烟标识1000只、外卖封签30万张、公筷公勺使用倡议书5000份，采购发放公筷公勺8200套、公筷公勺存放筒1000只。完成东港凯虹广场商圈阳光餐饮街建设，完成47家学校食堂及8家农村家宴中心阳光厨房建设，完成对19家居家养老机构阳光厨房建设，完成小餐饮阳光厨房建设安装235家。推出6期餐饮服务食品安全“红黑榜”，对涉及大中型、小型餐饮及学校食堂等37家餐饮单位以“红榜”和11家餐饮单位以“黑榜”的形式公布。组织4期餐饮食品安全培训，培训近260人；开展食品安全管理员监督抽查考核，完成抽考主体99家，抽考人员115人，抽考率和合格率分别达99%和90%。全年在《舟山日报》《舟山晚报》《今日普陀》《市场导报》、舟山电视台、普陀电视台等媒体有28次对餐饮食品安全监管工作进行宣传报道。

【食品安全专项工作】 2021年，全区行政立案查处食品案件201起，移送公安1起，罚没款合计111.13万元。区市场监管分局开展食用农产品“治违禁控药残促提升”三年行动，对问题较为突出的几类蔬菜、畜禽产品开展专项整治，通过技术指导和风险监测，督促农业生产主体科学使用农兽药，有效遏制农产品残留超标问题。全年检查指导农产品生产经营主体130家次，办理涉及农产品质量安全案件2起。持续推进捕捞渔船冷链升级改造，将只有冷藏舱的普通冷链改造为冷藏舱、冷冻舱兼具的升级冷链，提升冷链效果。普陀区有冷链船只273艘，极大减少虾粉(焦亚硫酸钠)使用量，对海捕虾的保鲜剂违规超剂量使用抽检中全部合格，从源头保障初级水产品质量安全，渔获物价值平均提升35%。完成生产企业风险等级评价122家，覆盖率100%，其中，A级19家、B级91家、C级12家。完成流通领域风险等级评定3379家，覆盖率88.7%，其中，A级191家、B级2615家、C级521家、D级52家。督查进口冷链食品经营主体108家次、疫情隔离点供餐单位63家次；检查学校食堂97家、学校周边餐饮店196家、校外托管机构18家，责令整改65家，行政约谈学校食堂1家；线上线下巡查网络餐饮单位825家次，发现问题单位21家，立案1起。开展种植环节农残快速定性检测2084批次、合格率98.9%，定量检测129批次、合格率99.2%。开展初级水产品监督抽检133批次，合格率100%。开展生产流通餐饮环节食品安全抽检监测621批次、合格率99.19%，抽检自消毒餐具273件，合格率93.04%；开展流通环节农残快速定性检测942批次，未检出农药残留。

【食品安全宣传】 区市场监管分局以“食品安全宣传周”“3·15消费者权益日”“民生政策进万家”“平安普陀我参与”等活动为载体，召集有关单位开展食品安全现场科普宣传10余场，发放宣传资料8000余份、宣传小礼品3000余份、常用药械8000余元，发送短信2万余条。联合舟

12月15日，区市场监管分局开展疫情集中隔离点供餐单位检查（蔡利民摄）

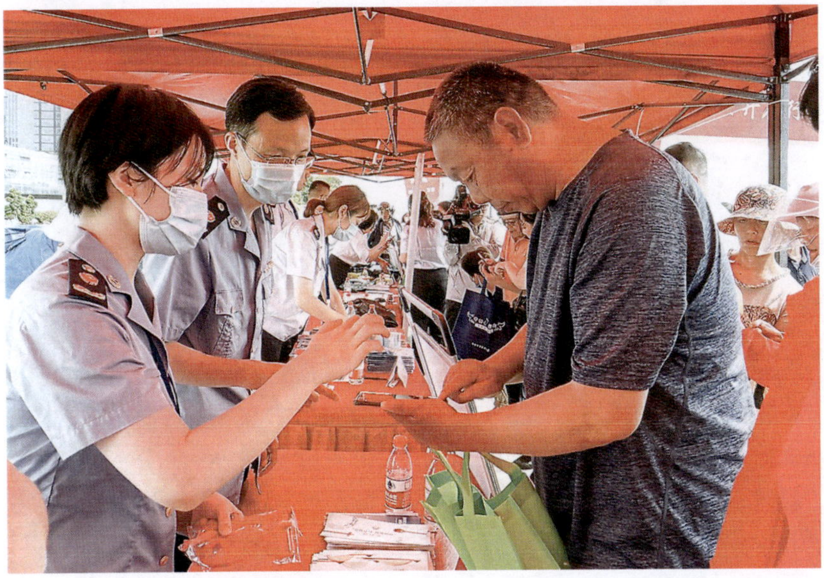

7月13日，区市场监管分局开展“民生政策进万家”食品安全现场宣传（郑夏雯摄）

山晚报“蟹蟹说食安”栏目组，走进舟山高佳庄东港店，实地探访酒店点餐区、就餐区，实时直播酒店实施“文明用餐劝导员”、半份菜小份菜、配备使用公筷公勺、餐后提供打包服务等，营造文明用餐的良好社会氛围。依托“舟山普陀市场监管”微信公众号，结合食品安全专项整治、食品安全专题科普等，打造食品安全科普宣传自媒体。全年发布食品安全专题报道15期、食品安全消费提示12期、餐饮红黑榜5期，开展食品安全线上有奖问答2期。发挥报纸、电视等新闻媒体舆论引导和舆论监督作用，持续巩固传统媒体食品安全科普宣传。全年开展各级媒体食品安全宣传报道107次，其中，国家级媒体7次、省级媒体35次、市级媒体40次、区级媒体25次。在《今日普陀》的“食安普陀”专栏发布消费提醒18期。

【药品、医疗器械和化妆品管理】2021年，区市场监管分局开展药品、医疗器械经营企业信用等级评定，评出药品零售连锁企业守信企业1家、基本守信企业1家，药品零售单体(门店)企业守信企业47家、基本守信企业37家、轻微失信企业7家、严重失信(D级)1家。全年上报药品不良反应222例，其中严重的114例；医疗器械不良事件89例，其中严重的2例；化妆品不良反应报告19例。完成全年监测任务，获评市药品医疗器械化妆品不良反应监测工作先进集体。监督抽样药品100批次，化妆品20批次，检验结果全部合格；开展新冠疫苗专项检查、新冠肺炎病毒检测试剂专项检查、药品网络销售专项治理、私营医疗机构药械使用安全专项检查、儿童化妆品专项检查、医疗器械“僵尸企业”清退行动等，强化渠道安全，加强对含麻黄碱等重点品种监管，严防药品流弊，共办结药械化案件31起，罚没款44.8万余元。以新冠肺炎疫情防控为重点，开展全方位巡查，确保各经营企业严格执行相关规定，着重加强对咳嗽退热药品、医用口罩、防护服、额温枪等防疫物资的市场监管，确保药械产品质量

5月，区市场监管分局开展化妆品安全科普宣传周活动（孙凯摄）

安全和市场价格稳定，共检查药械经营单位600余家次，医疗机构187家次，责令整改15家，当场处罚7家，停业整顿9家。以“3·15”消费者权益日、化妆品科普宣传周、安全用药月等活动为契机，线上线下相结合，宣传安全合理用药用械用妆。落实2021年省政府民生实事项目，完成5家药事服务站、2家“网订店送”药店建设工作，打造1家民生械事服务站。推广浙苗链、药品信息化追溯系统应用，辖区2家药品批发企业、2家药品零售连锁总部进驻阿里码上放心平台，集采品种基本完成匹配，区疾控中心、疫苗接种单位全部完成“浙苗链”冷链设备绑定。继续深化化妆品“百千万”美丽消费示范工程提升行动，创建示范商场2家，示范经营单位10家。

【违法行为查处】 2021年，区市场监管分局围绕食品药品安全、特种设备安全、旅游市场整治、商业贿赂整治等开展执法工作，全年办结各类案件425件，其中大要案91件，罚没款总计821万元。案件种类包括反不正当竞争类7件、食品安全类201件、侵害消费者权益类8件、产商品质量类20件、市场合同类1件、商标类16件、广告类57件、医疗器械类21件、特种设备类21件、保健食品化妆品类8件、价格类6件、无照经营类11件、其他类34件、吊销营业执照14件。

（撰稿：郑夏雯）

六横市场监督管理

【概况】 六横市场监管分局是舟山市市场监督管理局派出机构，正科级单位，内设4个科室，承担六横区域内市场综合监督管理，市场主体统一登记注册，监督管理市场秩序，产品质量安全监督管理，特种设备安全监督管理，食品安全监督管理，药品、医疗器械和化妆品安全监督管理，统一管理计量、标准化、检验检测工作，知识产权监督管理等职能。2021年年末，六横辖区有内资企业登记1242户，注册资金1335618万元，比上年末分别减少0.02%和19.94%；个体工商户4508户，资金数额73839万元，同比分别增长0.04%和16.98%。农民专业合作社登记数为43户，资金数额4253万元，同比分别增长0.08%和0.02%。

【“六稳”“六保”工作开展情况】 2021年，六横市场监管分局继续立足监管职能，加强对农贸市场、冷链物防、药店等重点领域监督指导。统一制作并发放农贸市场入场防控提示牌，明确红黄码人员处置流程，处置红码事件2起。每周对4家农贸市场开展全覆盖式督查，全面禁止野生动物与活禽交易，共发出疫情防控督查抄告单90余份。餐饮推行“外卖封签”和“公筷公勺”制度，鼓励无接触交易，张贴各类桌贴5000余张，发放公筷3800双、公筷套9000份、外卖封签12000余份。督促药店严格落实疫情常态化监测机制，做好退热止咳类药品禁售及监测目录内药品实名登记上报工作。加强冷链物防监管力度，构建“物防专班—部门监管—第三方协管”监管网络，重点加大对农贸市场、熟食店、牛肉面店等检查力度。在沙岙码头设立检查点，对入岛冷链运输车辆进行检查，共检查车辆

2021年六横内资企业、个体工商户、农民专业合作社基本情况

表49

项目		单位	在册总数	其中：2021年新设	2021年比2020年增减（%）
内资企业	户数	家	1242	158	-0.02
	注册资本（金）	万元	1335618	177454	-19.94
个体工商户	户数	户	4508	766	0.04
	资金数额	万元	73839	16870	16.98
农民专业合作社	户数	家	43	3	0.08
	出资总额	万元	4253	90	0.02

12 月 13 日，六横市场监管分局在药店检查感冒药销售情况（刘生国摄）

2850 辆车，遣返 6 辆。推广“浙冷链”系统应用，成功帮助 27 户原进口冷链食品经营户上线，并每月实行回头看检查，未发现重新购买进口冷链食品。

【深化数字化改革情况】 六横市场监管分局推动浙江企业在线、浙江质量在线、浙江市场在线等 10 大集成系统落地应用。争取专项资金，完成 89 家经营者“浙食链”上线、3 家食品生产企业阳光工厂上线、39 家社会餐饮“浙江外卖在线”上线、18 家药店“舟智管”系统上线及 6 家农村家宴“阳光厨房”建设。依托智慧监管平台线上填报、数据分析、远程抓拍等功能，对各类市场主体实施抽查考试、底数摸排、实时监测、靶向抽检，完成 34 家高风险餐饮主体食品安全管理员随机抽考任务，参考率与合格率均达到 100%。

【市场主体登记注册情况】 六横市场监管分局以“最多跑一次”改革为牵引，通过降成本、减环节、网上办等举措，持续简化企业常态化开办和简易注销流程，实现 4 小时内完成开办、注销，办理环节压缩到 1 个、申请材料压缩至 3 件。2021 年，共办理开业、变更、注销登记 4771 件，其中，网上申报办理 1630 家、证照联办登记 67 件、企业简易注销登记 117 件、容缺受理 27 件；办结食品经营许可证 228 件，其中，新设 69 件、变更 60 件、注销 99 件；办结第二类医疗器械变更 1 件、备案 3 件，药品经营许可验收 2 件、变更 9 件、注销 2 件；办结特种设备使用登记 263 份、特种作业人员使用登记新设 151 份、特种作业人员考核到期复审 269 份；实行企业开办全环节首套印章刻制费用政府买单，为 112 家企业减免印章刻制费用 4.5 万元。开通绿色通道，助力 14 家招商引资企业成功落户，注册资本 2.71 亿元。按照“证照分离”改革要求，以证照联办提升企业开办便利度，以承诺准营实现“准入即准营”，以同步备案解决多头备案难题，办结仅销售预包装食品经营备案 9 家、食品经营实施“告知承诺”51

8 月 26 日，六横市场监管分局设专窗提供“电子营业执照下载”服务（虞丹丹摄）

件、“最多核一次”97件、“三小一摊”多证合一备案114件。根据《六横管委会商事主体住所（经营场所）登记实施办法》规定，贯彻落实商事主体住所（经营场所）登记申报承诺制，有426家市场主体通过住所自主申报登记经营地址。

【市场秩序监管】 2021年，六横市场监管分局利用掌上执法平台加强日常监管，实现账号开通率、掌上执法激活率、掌上执法至少2次人员占比均为100%。深化“双随机、一公开”监管，全年共设置双随机计划28个、双随机任务48个、专项任务6个，组织执法检查465次，其中双随机抽查365次，专项检查78次，及时检查16次，事件核查6次。六横市场监管分局规范市场价格行为，开展明码标价专项整治、殡葬服务专项检查、“天价茶”市场乱象集中整治、涉企收费及转供电环节电价执法专项检查等20余个，发现违法行为11起，立案3起，共清退电费18万余元。对民生商品进行重点监管，开展在售无熄火保护装置燃气灶专项检查，共计检查经营户50余家，立案6起，查扣不符合国家标准无熄火保护装置燃气灶80台。全年查处各类违法案件81件，其中办结64件（含大要案7件），案件罚没款40.5万余元，案件类型包括无合法来源油品、产品质量、违法广告、食品药品安全、过期化妆品等多个领域。

【质量管理】 六横市场监管分局利用第三方机构技术，助力企业高质量发展。联合六横管理委员会经济发展局，以五金仪表行业协会为主体，邀请浙江万泰认证有限公司专家，开展小微企业质量管理体系认证提升行动，有20家五金仪表单位参与，对企业管理者开展“一对一”辅导，对8家企业开展质量管理体系认证，通过提高管理效率、降低原料损耗、提高合格率的方式，挖掘小微企业发展潜力。委托省计量院专家，开展“送检入企”三服务活动，为13家企业检定校准 “数显式”精密表40只，为企业节省运输成本约1.3万元，为企业进一步明确仪表生产精度准绳。

2月5日，六横市场监管分局查扣无熄火保护装置燃气灶（林文杰摄）

【市场、合同、广告监管】 六横市场监管分局结合全国文明城市复评，推进农贸市场提升改造、“限塑”及垃圾分类工作，帮助双塘消费品综合市场成功创建浙江省放心农贸市场暨三星级文明规范市场、龙山农贸市场成功续创浙江省二星级文明规范市场，完善建立各项管理制度，营造文明和谐氛围。开展“一打三整治”攻坚执法行动，对接六横管委会、海洋与渔业、六横公安分局等部门，对辖内农贸市场进行联合执法，对查获的违法渔货，由海洋与渔业部门予以查扣，2021年共检查各类经营主体86家次，发放责令改正通知书9份，下架、查扣违禁渔货35千克。是年继续开展守合同重信用单位工作，完成“AA级”企业延续1家、企业合同备案2家。强化对已备案的12家网站（一级域名）及19家网店（二级域名）的联网广告监测，全年共监测互联网广告172条次；针对学校、市场周边等重点区域实施检查，分阶段对辖区户外广告、电子显示屏广告等开展排查，加强

4 月，抱卵梭子蟹联合检查（刘生国摄）

车站、码头、公交、景区、大型超市等人员聚集场所和公共区域的巡查力度，出动执法人员 64 人次，检查户外广告 180 余条，办结 4 起违法广告案件；结合各类日常检查及各类宣传活动，开展《浙江省广告管理条例》宣传贯彻，增强百姓法律意识。

【产品质量安全监管】 2021 年，六横市场监管分局加大生产企业产品质量抽检力度，全年抽检产品 8 批次，其中 1 批次不合格，对该生产厂家进行立案调查。对 4 家医疗器械用途配套压力表生产企业开展专项抽查，检查结果符合出厂检验要求。针对民生重点商品开展监督抽查，含市本级计划在内，对辖区服装、婴幼儿用品、劳保用品、油品、电线电缆、液化石油气减压阀等商品抽检 39 批次，对 5 批次不合格商品进行依法查处。对辖区气瓶充装单位开展液化气专项抽检，未发现充装不合格液化气问题，全方位维护居民用气安全。推动电动自行车综合治理集成改革，实现辖区在售电动车全部赋码、合规销售，保障人民群众生命财产安全。

【特种设备安全监管】 2021 年，六横市场监管分局落实特种设备安全监管责任，围绕重点时段、重点场所、重点单位、重点设备，强化“四重”设备安全监管，开展“双随机”、人员密集场所、涉危化学品特种设备、节假日等专项检查以及日常监管，出动执法人员 146 人次，检查特种设备使用单位 73 家次、特种设备 144 台，排查一般隐患 45 项，完成整改 41 项，消除使用超年限特种设备区级挂牌安全隐患 1 起。落实企业安全主体责任，联合企业开展入企宣传活动，培训一线人员 300 余人。组织六横天合广场、六横港东液化气有限公司应急救援演练，提高企业应急处置能力。帮扶六横景兴液化气有限公司、六横港东液化气有限公司开展充装许可证换证评审工作，并对评审专家提出的问题整改进行跟踪，指导企业消除安全隐患，在评审周期内完成换证工作。2021 年 7 月起，六横市场监管分局推广电梯检验检测改革，符合检测要求的电梯参与改革率 90%以上；根据上级要求，推广电梯按需维保试点工作，组织 3 家驻岛维保单位召开推进会，100 余台电梯开展按需维保。加

6 月 16 日，燃气安全专项检查（陆霄霞摄）

快推进特种设备数字化监管，依托“浙江省特种设备在线”平台，对辖区在用特种设备实现100%赋码，并对临期设备落实报检提醒，全年未发生使用超期未检特种设备的违法违规行为。依托物联网，对辖区4台大型起重机械、13台场内机动车辆和17台人员密集场所电梯实现实时监控，保障设备运行安全。

【食品安全监管】 2021年年末，六横辖区内有食品主体1283家，其中，持有食品生产许可证7家、食品经营许可证517家（餐饮类178家、食品销售286家、单位食堂53家）、小作坊许可证14家、“三小一摊”登记证745家（小餐饮199家、小食杂546家）。六横市场监管分局聚焦风险管控，对辖区食品生产企业、食品经营主体和“三小一摊”登记主体实行安全风险分级管理工作，全年完成量化分级276户、风险分级832家，实现餐饮服务单位量化分级100%覆盖；以查处问题为导向，开展抽检分离式食品抽检78批次、“链上点检”抽检5批次，抽检结果均为合格，完成自消毒餐饮具抽检31户186件，有10户27件不合格，发出当场处罚决定书10份，开展农贸市场农检快检工作，并通过浙江省农贸市场综合监管平台公布检测结果；联合六横食安办对辖区农村家宴厨师进行排查，要求所有厨师定期办理健康证明，对其食品安全技能进行培训，共有30余人参加，全年指导农村集体聚餐30家次。开展学校食品安全各类专项检查，出动执法人员145人次，检查校园周边经营户280余户次；开展“千万学生饮食放心工程”，实现学校食堂量化分级B级以上100%，大宗食品采购及定点采购100%，品牌超市进校园100%，对大宗食品配送单位进行上门指导，督促其建立进货验收、电子台账追溯、食品快速检测等制度。聚焦民生实事，开展“名特优”作坊和亮化达标5S管理目标创建工作，筛选2家具有地方传统特色小作坊列入培育名单，实行全程跟踪指导；开展“两厨房”建设工程，完成六横中心幼儿园、六横镇台门学校、六横镇龙山小学、双塘幼儿园、实验幼儿园、龙山小学附属幼儿园、双屿港幼儿园智能“阳光厨房”全覆盖，完成五星村、台门村农村家宴放心厨房建设工作；创建全程可追溯生产经营单位7家，其中，生产企业4家、流通单位3家。实施专项执法，联合相关单位开展元旦春节节前专项检查、网络订餐专项、清明节食品专项检查与抽检、保健食品专项清理整治、桶装饮用水专项检查等，提高六横辖区内食品安全；继续开展非洲猪瘟专项检查，定期对辖区4家农贸市场30余户猪肉经营户及6家社区菜店进行检查，并要求其每日将猪肉两票信息上传至非洲猪瘟工作群，春节时加强检查频次，检查发现2家不能现场提供票据，要求其立即下架处理。做好便民服务，结合六横2020年食品经营行政许可云核查工作方案，对辖区150平方米以下餐饮单位，通过微信公众号实现远程指导与审核，全年共计使用云核查模式审核经营单位60家；为确保六横天合广场开业，主动介入对新开餐饮店流程布局图进行逐一核查；提前对许可证临近到期企业进行现场指导，六横鑫亚船厂、六横煤电有限公司、六横东鹏船厂和武港码头台门、凉潭岛2个食堂均已完成改造。注重餐饮环节，实施红黑榜制度，制定《六横镇餐饮服务食品安全“红黑榜”管理制度实施细则（试行）》，梳理汇总当月餐饮单位日常巡查数据筛选红黑榜名单，通过线上公众号定期公示餐饮服务情况，全年推出“红黑榜”3期；开展六横峧头区域食杂店、小餐饮店食品安全集中整治，对峧头沿街背巷的食品经营主体进行地毯式检查，对不符合规定的餐饮单位要求即时整改，共出动检查人员120余人次，检查经营户256户。举行食品安全课堂进社区、“你点我检”宣传进校园、食品宣传进商超等食品安全宣讲活动，张贴宣传海报100份，发放食品安全宣传册2600余份、宣传小礼品800余份、一次性雨衣500件；开展食品安全进企业直播活动，联合舟山晚报记者，通过“蟹蟹说食安”平台对浙能煤电公司的食堂进行直播检查，累计阅览1.87万人次；邀请六横数字电影放映队深入各社区村露天播放《较量》《食品、保健食品欺诈和虚假宣传整治工作综述片》等影像宣传资料；探索实施餐饮服务“三位一体”培训监管模式，以举办

8月30日，六横市场监管分局对学校食堂“开学季”检查（胡贝妮摄）

季度内部学习会、安全知识送上门等方式提升餐饮从业人员操作水平、管理人员管理水平、监管人员监管水平；联合食安办召开食品安全培训会、食物中毒应急培训会等培训，共培训人员200余人次。

【药械安全监管】 2021年，六横市场监管分局开展无菌和植入性医疗器械检查、口腔诊所类医疗机构专项检查、中药饮片专项检查、医疗器械“清网”行动、药品网络销售违法违规行为专项整治、新冠肺炎病毒检测试剂专项检查、打假治劣“药剑”行动、医疗器械风险隐患专项整治。完成各类药品批发、零售企业交叉飞行检查、医疗器械经营企业交叉飞行检查，对零售药店和药品使用单位飞检比例均超过30%，实现对疫苗接种单位、辖区19家药店及47家医疗机构循环检查全覆盖。完成1家新设药店许可检查及二类器械备案后检查，完成药品经营许可证变更8家，办理第二类医疗器械经营企业备案2家。举办零售药店常态化疫情监测警戒云会议2次，通过制定疫情防控指南、会上通报、云监管等措施提升药店监管效率，加强农村药店“小门”防控管理；召集辖区28家医疗器械经营使用单位30名人员进行《医疗器械监督管理条例》培训。完成民生药事服务站建设2家，自服务站建成以来，共开展各类药事指导服务群众860人次、举办知识（宣传）讲座3场次，受众600余人。开展安全用药月宣传活动，向峧头社区300余名中老年人赠送总价值约5000元的必备常用药；开展“安全用械，创新发展”2021年全国医疗器械安全宣传周活动，向市民分发宣传册1000余本。完成舟山市年度药品抽检任务25批次，抽检合格率100%；全年上报评价药品不良反应报表55例，多重耐药性报表19例。

【化妆品安全监管】 2021年，六横市场监管分局以“日常巡查+专项检查”模式，抽查化妆品经营户50户次，重点开展化妆品“线上净网线下清源”专项整治、儿童化妆品专项检查，对经营产品生产标签、进货渠道、店堂宣传告示、验收台账等进行检查。在“5·25”护肤日开展“安全用妆，美丽有法”化妆品宣传周活动，开展化妆品现场抽题答题有

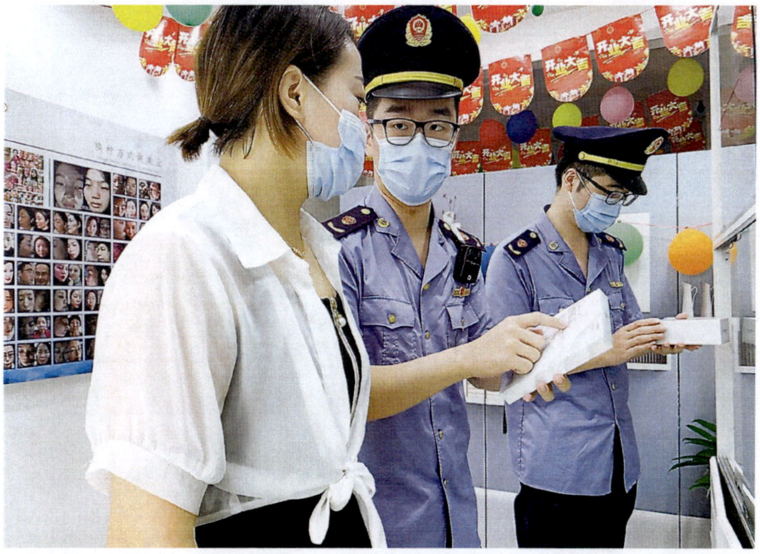

六横市场监管分局对医用冷敷贴产品质量专项检查（顾英素摄）

奖活动，向市民推广“化妆品监管”App，对产品线上查询功能进行现场演示，共发放化妆品宣传资料 200 余份。开展 2021 年化妆品“百千万”美丽消费示范工程建设工作，培育发展化妆品示范经营单位 3 家、化妆品示范商场 1 家，全年累计上报化妆品不良反应 6 例。

【计量、标准化、检验检测工作】 2021 年，六横市场监管分局全面推广 e-CQS 强检信息系统应用，集中指导农贸市场、医疗机构等单位应用该系统实现计量器具管理与检定申报。开展农贸市场电子秤集中检定工作，免费检定 4 家农贸市场 330 台电子计价秤，检定合格率 94.5%，对检验不合格的计量器具当场由市场主办方没收。开展出租车计价器专项执法，邀请专业机构对存在质量缺陷的出租车计价器开展检定校准，未发现计价器作弊行为。开展放心计量行动，促进放心消费，对辖区内 3 家配装眼镜店 12 台计量器具、3 家加油站 30 条加油枪专项检查。加强定量包装商品生产企业专项检查，对产品进行现场检测，严查短斤缺两行为。集中开展计量码赋码行动，指导计量器具生产企业和强检计量器具使用单位张贴计量码，实现辖区计量器具校准信息“一码统管、来源可溯、去向可查”。对辖区规模以上仪表生产企业与龙头食品加工企业开展对标行动，选取企业部分产品，依照国际先进标准要求，对性能参数或技术指标进行比对，选取 6 家生产企业代表产品均符合国际先进标准要求。持续开展船舶修造业绿色制造标准化项目，高压水除锈工艺、污染物防范治理、原料精准利用、5G+工业 AI 技术等成果得到推广，并成功通过省市场监督管理局标准化项目验收评估。舟山市质量技术监督检测研究院、特种设备检测研究院六横工作站持续服务六横企业，2021 年，为辖区 50 余家企业单位检测各类设备 7000 余件，为 40 余家企业检定校准安全阀 300 余只，为企业节约运输成本 10 余万元。

六横船舶修造标准化试点项目顺利通过验收（代长春摄）

【知识产权工作】 六横市场监管分局持续实施商标品牌战略，优化商标发展环境，增强商标发展动力，构建起“政府主导，部门联动，企业主体，社会参与”商标工作格局，对接商标事务所，完善六横商标库商标信息。2021 年，商标申请 48 件，商标注册 62 件，累计有效商标注册 450 个，增长幅度 15.1%；地理标志证明商标累计 1 件，国际商标累计 25 件。全年新增发明专利 4 件、实用新型专利 73 件、外观设计专利 8 件。完成首家企业知识产权贯标认证工作，完成知识产权质押融资 1500 万元。

【消费维权工作】 2021 年，六横市场监管分局完善消费投诉举报处理机制，全年接受消费咨询 36 次，受理消费投诉 27 起，其中调解成功 15 起，调解成功率 94.12%，为消费者挽回经济损失 1.87 万元；受理举报 20 起，立案查处 5 起，消费申诉主要为服务食品安全和服务质量；开展“3·15”网络线上宣传、网监“专供特供”专项检查、网剑行动专项、省市场监管局深化专项，组织“凝聚你我力量”专题线上宣传及咨询活动等；深化“放心消费在浙江”行动，全年培育放心消费单位 164 家，其中，无理由退货单位 70 家、放心工厂 3 家、放心消费金融单位 5 家、放心消费商圈 1 个。

（撰稿：施雪）

编辑：陈莉

教　　育

综　述

2021年，普陀区有幼儿园32所，在园幼儿7656人；义务教育学校20所，在校学生22819人；街道镇成人文化技术学校（简称成校）8所，电大普陀分校、区教师进修学校各1所。全区有在职在编教职工2127人，学前教育阶段非编专任教师467人。区政府办公室印发《普陀区教育事业发展“十四五”规划》。

普陀区教育系统推进党组织领导校长负责制试点工作，新增东港中学等7所“书记校长一肩挑”学校（幼儿园），两新党组织覆盖面100%。开展“清廉学校”建设及“一校一品”党建品牌优秀案例征集评选，收到案例33个。普陀区与四川省达州市万源市开展教育交流协作活动，派遣3名教师到万源市中小学支教，安排万源市4名教师到本区挂职。3所学校与万源市5所学校签订东西部教育交流合作协议。

区教育局完成普陀区创评全国义务教育优质均衡县区可行性分析与建议，指导各校完成全国义务教育优质均衡及现代化相关指标监测数据审核、上报工作。朱家尖小学、普陀第二中学、展茅成校通过省现代化学校认定公示，省现代化学校认定通过比例达10%。2021年，义务教育校际差异系数小学0.263、初中0.171，均控制在0.3以内，达到省内领先水平，《全省教育现代化发展水平评估报告》显示，普陀区教育现代化发展水平为A级，连续4年位于全省第一梯队。

加强科研引领作用，推进课程改革任务。组织开展相关论文评比和研讨活动，编印“真实性学习的区域探索”论文集和案例集，市教育品牌课题年度考核“真实性学习”课题研究获评市级优秀项目。全面推进“5+2”中小学课后服务，全区实现两个“全覆盖”，普陀小学《和美驿站：课后服务4.0》入选省首批“双减”优秀实践案例。组织开展区中小学五小星比赛、区中小学生科技创新作品大赛、市戏曲进校园等活动，开办首届区中小学装置艺术展。在“永远跟党走”全市中小学生合唱比赛中获一等奖2个、二等奖4个。沈家门第四小学科技创新项目获省科技创新成果一等奖，沈家门第一小学连续6年蝉联省学生素养提升实践活动虚拟机器人比赛第一，城北小学2名学生获全国青少年无人机挑战赛一等奖。全区现有省级劳动教育试点学校3所，市级劳动教育优秀校12所、达标校16所，形成“课程+阵地+师资”三位一体劳动教育格局。

加快名师梯队培养进程，以师徒结对等形式搭建教师成长平台。4名教师课题在国家级、省级、市级发表或结题，5名教师教案入选《浙江省小学语文最新课例精选》，7名教师分获省课堂教学评比、班主任基本功大赛、市课堂教学评比一、二等奖。70篇论文、精品课程获市一、二等奖。完成义务教育阶段专任教师交流88人，骨干教师交流23人。

学前教育

【概况】　2021年年末，全区有幼儿园32所，其中，公办18所、民办14所；在园幼儿7656人，教职工1255人。在总结学前教育第三轮行动计划基础上，以《普陀区学前教育深化改革规范发展实施方案》为依据，完成《舟山市普陀区发展学前教育第四轮行动计划（2021—2025 年）》（征求意见稿）制定。

新居民幼儿集体庆生活动（吴莹摄）

【学前教育管理】 普陀区推进学前教育扩容和补短提升工程，完成小区配套幼儿园专项整治工作。关停 3 所幼儿园，完成三盛艺术幼儿园、新苗幼儿园由非普惠性民办转制成为普惠性民办幼儿园。沈家门幼儿园由二级幼儿园升为一级幼儿园，六横实验幼儿园、平阳浦幼儿园通过二级幼儿园复评，完成第二批 10 所幼儿园规范办园行为督导。沈家门幼儿园获评国家级青少年校园足球特色幼儿园，城北幼儿园、朱家尖中心幼儿园获评省级青少年足球特色幼儿园。全区公办幼儿园比例、普惠性幼儿园比例从 52.8%、86.1% 提升为 57.6%、96.88%，等级幼儿园比例保持 100%。

【幼儿教养工作】 区教育局围绕"全面推进课改"工作思路，推进课程改革，加快教师专业化进

表 50

2021 年年末普陀区幼儿园基本情况

幼儿园名称	类　别	等　级	班级数（个）	在园幼儿数（人）	教职工数（人）	占地面积（平方米）	建筑面积（平方米）
区中心幼儿园	县级教育部门	一级	18	476	82	8860	5398
区实验幼儿园	县级教育部门	一级	15	393	65	5543	4950
沈家门幼儿园	县级教育部门	一级	15	380	63	5420	4816
东港幼儿园	县级教育部门	二级	30	850	123	14449	11115
城北幼儿园	县级教育部门	二级	18	456	73	8502	6634
鲁家峙幼儿园	县级教育部门	二级	8	223	39	5769	3274
海城铭园幼儿园	县级教育部门	二级	6	161	29	2648	1920
平阳浦幼儿园	县级教育部门	二级	16	429	68	5557	2902
展茅中心幼儿园	集体	二级	9	212	38	5027	4375
朱家尖中心幼儿园	集体	二级	17	464	75	10616	7323
六横中心幼儿园	集体	一级	10	188	44	7464	5465
六横实验幼儿园	集体	二级	12	309	52	6436	3297
六横镇双屿港幼儿园	集体	二级	11	276	48	8118	5187
桃花中心幼儿园	集体	二级	3	48	15	2126	983
虾峙中心幼儿园	集体	二级	2	9	8	1256	1031
螺门幼儿园	集体	二级	4	120	21	1364	1569

续表 50

幼儿园名称	类　别	等　级	班级数（个）	在园幼儿数（人）	教职工数（人）	占地面积（平方米）	建筑面积（平方米）
龙山幼儿园	事业单位	二级	5	74	23	5235	1852
双塘幼儿园	事业单位	三级	2	19	11	1579	381
城建幼儿园	民办	二级	9	271	35	1917	870
北安幼儿园	民办	二级	9	250	37	858	1127
颐景幼儿园	民办	二级	9	273	36	2500	1331
和润幼儿园	民办	二级	7	156	27	1550	2020
蓝盾幼儿园	民办	二级	8	225	32	1420	1322
三盛艺术幼儿园	民办	二级	9	205	36	3500	2331
小荧星实验幼儿园	民办	二级	11	308	44	3780	2807
物资幼儿园	民办	三级	4	98	13	667	441
荷叶湾幼儿园	民办	三级	4	122	20	1390	1515
小天地幼儿园	民办	三级	6	190	24	2095	1265
新苗幼儿园	民办	三级	6	180	24	1595	701
动动王国托幼中心	民办	三级	6	120	21	979	702
和津苑幼儿园	民办	三级	4	74	14	830	782
朱家尖三八幼儿园	民办	三级	3	97	15	2997	1320

程。推进高品质体育活动重点项目。实践园围绕本园研究项目，开展针对性研训一体化研究活动，并依托教研责任片区推进运动实效。组织大班幼儿常态早操比赛、教研支持运动项目推进经验交流、专题讲座等用科学性支撑体育活动项目实施。举行体育活动论文比赛，聚焦幼儿学情提炼有效策略。11 月举行现场会，中心幼儿园、城北幼儿园展示运动环境、体育教学、运动社团成果、大班早操，6 个实践园园长交流汇报项目推进情况。通过抓规范教研组建设、游戏解读能力等落实“游戏为基本活动理念”。东港幼儿园代表省先进教研组在市幼儿园课改成果展示会上作经验交流。搭建特级教师工作坊、全员读书活动、青年教师教学能力大赛、教学活动比赛等平台加速教师专业成长进程。《置换：让大班幼儿绘画展开想象的翅膀》等论文、案例、课题成果分获省一等奖 11 篇、二等奖 4 篇，三等奖 14 篇。19 名教师分获市课程案例评比一、二等奖。2 名教师获市幼儿园基于主题背景下教学活动评比二等奖。7 名教师分获市第二届幼儿园青年教师教学能力大赛二、三等奖。做好幼小科学衔接工作。制订完成方案、联合教研等制度，并组织线上专题培训。

【区中心幼儿园】　总部位于东港街道海华路 41 号，占地面积 6667 平方米，建筑面积 3573 平方米，有班级 18 个，在园幼儿 476 人；碧海莲缘教学点位于东港街道海印路 698 号碧海莲缘小区内，占地面积 2193 平方米，建筑面积 1825 平方米。有教职工 82 人，专任教师大专学历 100%，本科学历 86.1%。2021 年，推进全园特色体育教学模式，以区第五批重点课题“TACC：幼儿园体育教学新样态的行动研究”为引领，对幼儿园班级班本化运动研学项目及多元化运动社团进行探索，为运动课程注入新活力，11 月承办 “普陀区高品质体育活动现场展示会”，从高品质运动环境、体育教学、运动展示及观点报告，向全区幼儿园展示本园运动课程及成果。获浙江省教师教育规划课题《基于自主的

11 月，东港幼儿园“忆长征·铸精神”红色主题运动会（区教育局提供）

教师项目化管理培训模式的实践研究》一等奖；1 名青年教师获浙江省中小学教坛新秀称号。

【东港幼儿园】 总部位于东港街道海珠北路 131 号，占地面积 11137 平方米，建筑面积 8773 平方米，有班级 21 个，在园幼儿 611 人；海洲一品教学点位于东港街道绿园街 15 号，占地面积 5 亩（约 0.33 公顷），建筑面积 2565 平方米，有 9 个班，在园幼儿 235 人。在职教职员工 123 人，专任教师 61 人，大专及以上学历 100%。幼儿园秉承“游戏精神、幸福童年”办园宗旨和“原色为源、缤纷童年”办园理念，遵循幼儿独特学习方式，构建“3W”课程，通过“玩美、玩绎、玩乐”“3W”项目活动实施，实现“顽童·玩童·完童”“3W”育人目标。组织开展户外体能大循环、小小野战兵趣味游戏、户外“娃娃家”等特色课程活动。2021 年获浙江省教师教育规划课题《“花园课堂”：STEAM 教育理念下幼儿教学新模式研究》优秀成果三等奖。

【三盛艺术幼儿园】 位于东港街道海华路 789 号海景颐园惠兰苑，占地面积 3500 平方米，建筑面积 2331 平方米，绿化面积 1096 平方米，运动场地 1409 平方米。有班级 9 个，在园幼儿 233 人。有教职员工 33 人，专任教师 18 人，大专及以上学历 100%。幼儿园以“运动+韵美”为教育理念，以“春之美　夏之韵　秋之艺　冬之悦”为教育内容，以“健身之本　灵动之真　韵美之品”为教育目标，围绕“美好的春天”“韵雅的夏天”“艺溢的秋天”“悦目的冬天”为四大主题开展日常保教活动。2021 年被评为舟山市“精细化管理示范食堂”，授予“省巾帼文明岗”荣誉等。

义务教育

【概况】 2021 年，普陀区深化义务教育资源均衡配置机制改革，提高城乡教育一体化水平。印发《舟山市普陀区初中提质强校实施方案》，制定《普陀区初中学校补短提升行动绩效评估指标体系（试行）》《普陀区初中学校培优创建行动指标体系》。深化省“互联网+义务教育”教共体结对帮扶民生实事工程，完成普陀第

12 月 24 日，沈家门小学—桃花中心学校美术同步课堂教学展示（区教育局提供）

二中学和岐头中学、普陀小学和虾峙学校、沈家门小学和桃花中心学校3对教共体100%年度结对工作任务。至年底，全区有义务教育学校20所，其中，初中7所（包括展茅中心学校、中旭科创双语学校2所九年一贯制学校）、小学13所。有在校学生22777人，教职工1892人，其中专任教师1737人。

【中考情况】 2021年，全区有1958名学生参加中考。其中，舟山中学录取110人，南海实验学校录取80人，浙江省定海第一中学录取17人，普陀中学录取

2021年年末普陀区义务教育学校基本情况

表51

校名	学制	班级数（个）	在校生数（人）	教职工数（人）	占地面积（平方米）	建筑面积（平方米）
普陀第二中学	3	47	1989	183	62048	24328
沈家门第一初级中学	3	30	1175	134	19464	14725
东港中学	3	40	1632	164	60236	28924
展茅中心学校初中部	3	15	469	40	33793	11134
朱家尖中学	3	12	447	53	28121	6739
岐头中学	3	24	921	84	45509	16993
上师大附属中旭实验学校初中部	3	10	237	45	33615	18907
普陀小学	6	50	2112	148	36942	27599
沈家门小学	6	74	3108	199	43601	29390
沈家门等一小学	6	41	1668	141	29255	13545
沈家门第四小学	6	27	1078	88	8649	8204
城北小学	6	36	1501	103	27817	19041
舟渔学校	6	26	982	82	16160	7556
展茅中心学校小学部	6	12	467	41		
朱家尖小学	6	24	959	75	14141	7462
六横中心小学	6	36	1452	94	35327	14108
台门学校	6	12	316	41	38068	11817
桃花中心学校	6	6	124	15	14652	6050
虾峙学校	6	4	23	8	8816	2821
龙山小学	6	6	159	17	10724	3138
上师大附属中旭实验学校小学部	6	23	708	53		
育才学校	6	32	1250	84	32440	8662

283 人,沈家门中学录取 271 人,六横中学录取 144 人。重点高中录取合计 490 人,录取率 25.03%;普通高中录取合计 905 人,录取率 46.22%。

【教学工作】 区教育局抓好“真实性学习的区域探索”“作业减负”“基于数据驱动的学校教育质量分项评价”“提质强校”四项研究,推进劳动教育、微教育联盟、特级教师工作站建设、数字化教育改革,以教学调研推动课堂教学转型,以作业改革促进教学方式转变,加强教研团队建设,提升教师素养。2021 年,普陀区中考平均分高市平均分 2.2 分,列四县区第二,升入舟山中学人数 110 人,比上年增加 12 人。作品《分数的意义和性质》被录用为 2020 年度省级微课程。《小学低年级数学游园课程的开发与实践》获省政府基础教育成果二等奖;东港中学数学组和沈家门第四小学科学组被评为省先进教研组。论文《为深度理解视觉艺术而教——美国新版国家视觉艺术标准述评》发表于《中小学教材教学》;5 名教师教案入选《浙江省小学语文最新课例精选》,4 名教师分别获省课堂教学评比、班主任基本功大赛二等奖;课题《基于中国传统文化下“游梨园 品京韵”拓展课程的实施与研究》浙江省教师教育规划课题结题;《基于数据驱动的分项评价——小学教育质量评价的普陀实践》在浙江省评价改革年度工作会议上作大会交流。

【德育工作】 区教育局落实立德树人根本任务。10 月,普陀第二中学《“做雅育品牌 育博雅学子”基于核心素养的初中体验式德育》获评浙江省德育案例典型。开展“讲宪法学宪法”活动,全区 2 万余名学生争做“宪法小卫士”,组织全区“学宪法讲宪法”现场知识竞赛和演讲比赛,遴选出的沈家门小学、普陀第二中学学生分获市级“学宪法讲宪法”演讲比赛小学组、初中组一等奖,并代表舟山市参加省级比赛。沈家门小学朱可馨获浙江省“学宪法讲宪法”演讲比赛小学组一等奖;普陀第二中学魏子谦获浙江省“学宪法讲宪法”演讲比赛初中组一等奖。沈家门第一小学、东港中学 2 名教师分获浙江省中小学小学组、初中组班主任基本功大赛二等奖。11 月,7 所学校德育案例、报告、微视频等入选舟山市第二届中小学德育优秀成果。在全市中小学生“百年潮涌·红星闪闪放光彩”主题活动中,普陀区 7 名学生征文获市二等奖、并有 1 名学生演讲获市一等奖,其中普陀小学徐若寒以全市主题演讲一等奖身份代表舟山市小学组参加省级决赛。2 名学生获评“浙江省成绩突出少先队员”,3 名少先队辅导员获评“浙江省成绩突出少先队辅导员”,沈家门小学少先队大队获评“浙江省成绩突出少先队集体”。12 月,育才学校获评舟山市“美丽学校”优秀校,年底,全区学校市级“美丽学校”达标校、优秀校比例均为 100%。

义务教育学校选介

【普陀第二中学】 该校位于东港街道花树岙路 111 号,有班级 33 个,学生 1989 人,教职工 182 人,全国优秀教师 1 人,浙派名师培养对象 2 人、市教坛中坚 5 人、区人民满意教师 2 人、区第六届中小学学科带头人 15 人,

11 月 15 日,普陀第二中学合唱社团入选浙江省中小学生艺术节现场展演(区教育局提供)

中学高级教师 69 人。学校推进“以生为本，学为中心，能力为重”课改思路，构建“有趣、有效”美丽课堂，提高课堂教学效果，培养学生学科核心素养。推进基于现代教育技术和教育资源新型教学模式，引导学生进行学习方式转型，提高学科质量。2021 年，学校先后获得中国海洋教育机构索引单位，浙江省现代化学校、浙江省园林单位、浙江省教科研新进集体、浙江省中小学艺术节声乐比赛一等奖等 50 项各级各类集体荣誉。其中，全国级 1 项、省级 10 项、市级 19 项。

【沈家门小学】 该校位于东港街道晨晖街 35 号。学校分东、西校区，两校区合计占地面积 43601 平方米，建筑面积 29390 平方米。2021 年 8 月，学校完成东校区运动场地及附属设施改造以及西校区大门改建工程。有教学班 74 个，学生 3108 人，教职员工 199 人。学校以构建“价值教育”理念下“实景教育”新模式和建设“智慧沈小、海味沈小、活力沈小、品质沈小、幸福沈小”为总目标，实施轻负优质，加强数字化应用，致力于学生品格培养，通过价值教学引领下学校教育质量评价体系构建，推进学校教育改革。实施全学科质量评价新体系，实现多元课程，个性匹配，开设 157 节拓展课程，新增遥控帆船、无人机、攀岩、编程猫、3D 打印等 9 项拓展课程。是年，学校通过浙江省“文明单位”复评；获评浙江省教育系统“最美志愿服务组织”；获评浙江省“平安单位”暨“智安单位”；获浙江省教科研先进集体；有省重点课题 1 项，省信息化课题 1 项，34 项科研成果省、市、区获奖，3 名教师分获省、市、区教科研先进；获评浙江省机器人教学示范校，机器人课程获优秀教育教学应用奖；学生参赛获省一等奖 4 项，二、三等奖 8 项；获评浙江省中小学教师信息技术应用能力提升示范校。

【六横镇中心小学】 该校位于六横镇东海路 128 号，占地面积 35327 平方米，建筑面积 14108 平方米；有 36 个教学班，学生 1452 人，教职工 94 人，其中专任教师中级职称 32 人，高级职称 7 人，比例达到 42.4%。学校秉承“尚德、博学、求是”的校训，坚持“给孩子最快乐的童年生活，给学生最坚实的人生起步”的办学理念，确立打造“绿色、活力、质量”办学目标。2021 年，推进“双减”工作，作业设置减量提质，教师队伍分层发展，马灯课程系统实施，教育评价多元改革，课后服务特色纷呈。学校获首批舟山市智慧校园、舟山市劳动教育达标学校、舟山市园林式单位等荣誉称号，复评保留舟山市文明校园、舟山市示范家长学校荣誉称号。在省教育厅、省文化和旅游厅等多部门举办的 2021 年浙江省中小学生艺术节中获优秀组织奖，选送课本剧《七色花的爱》获 2021 年浙江省中小学生艺术节三等奖，艺术工坊《马灯工作坊》获三等奖。

【舟山市普陀区上师大附属中旭实验学校】 该校位于沈家门街道鲁家峙红山路 35 号，原名舟山市普陀区中旭科创双语学校，是旭辉教育集团与区政府联合打造的九年一贯制学校。2021 年，与上海师范大学、舟山银亿房地产开发有限公司合作，开启

6 月，马灯课程传承创新（区教育局提供）

"校政企合作，产教研融合"新型发展模式，2月7日定今名；占地面积33615平方米，校舍建筑面积18654平方米；拥有"达芬奇飞行仿生""未来城市设计""酿造美好生活""拥抱未来田园""机器人实验室"等20个主题创新实验室；有班级33个，学生940人，教职工111人。学校实行小班化教学，推进A-STEM教育，在完成国家课程基础上，自主研发"五色花"德育课程、"四会"德育课程、A-STEM科创实践课程、沉浸式外语课程，并提供"一站式"提升、定制式辅导和托管式服务。2021年，学校获评舟山市AAAAA级平安校园；2个实验室获"舟山市示范创新实验室"称号；《家用垃圾分类箱》《空气净化装置》《黑板擦清洁装置》3件作品成功申请国家实用新型专利；《思维可视化：深度学习视域下小学美术教学变革》获浙江省中小学艺术节美育改革创新优秀案例三等奖，《旋转刷式黑板擦清洁器》获浙江省青少年科技创新大赛二等奖。

普通高中教育

【高考情况】 2021年，普陀区境内有普陀中学、普陀第三中学、六横中学3所普通高中，皆归市教育局管辖。高考报名数1045人，录取总计1032人，其中，普通类887人、艺术类86人、体育类15人、高职类44人。

【普陀中学】 2021年，该校有高中教学班30个，学生1244人，教职工146人。1名教师获省高中化学教学评比活动二等奖。5名教师获市学科论文评比一、二等奖。2名教师获省学科论文评比二等奖。2021年，学校获评市首批市智慧校园标准校、市第二批数字家长学校、市AAAAA级平安校园。参加高考学生423人，特殊类型招生控制线（589分）上线122人，一段线（495分）上线379人。录取指定高校137人，录取率32.6%；录取本科372人，本科率87.9%。体艺类录取25人。

普陀中学庆祝中国共产党成立100周年活动（区教育局提供）

【沈家门中学】 2021年，该校有班级30个，高一学生450人，高二学生436人，高三学生446人；在编教师136人，1名"银龄教师"。学校新购入10套希沃教学系统，用于改善高三教学设施条件。微格教室改造，引进多媒体录播设备1套。完成3个年段教室灯光改造，启用TCL"智慧+健康"校园光环境系统，改善学生学习环境。是年，保留舟山市文明校园称号，获舟山市第八届中小学生阳光体育运动会沙滩足球比赛高中组亚军。高考特殊类型招生控制线上线5人，一段上线203人，二段（266分）全员上线。

【六横中学】 2021年，该校有班级12个，学生490人，其中，高一学生170人、高二学生170人、高三学生150人，在编教师49人，支教教师7人，2名"银龄教师"。继续在"两区一城"范围内进行招生，录取170名新生（其中普陀区域130人，定海区域27人，新城区域13人），并选送10名高一优秀学生到普陀中学插班学习。由六横镇政府投资2300余万元资金新建男生宿舍楼（84间宿舍）、师生食堂扩建和校门迁建工程于2021年底开工建设。获评舟山市美丽学校优秀校、舟山市园林式单位。高考一段上线30人,一段上线率21%,二段上线率100%。

职业教育

【舟山旅游商贸学校】　该校是国家级重点中等职业学校,舟山市教育局直属公办中等职业学校。设普陀芦花和新城勾山两大校区,占地约80亩(约5.33公顷)。设有"旅游服务""烹饪""财经商贸""学前教育"四大类专业10余个培养方向,其中旅游服务与管理专业为省中职示范、骨干和品牌专业,入选省中职高水平专业(A类)。2021年,有班级42个,学生1483人,教职工140人。4名学生在浙江省中等职业学校技能大赛"ITMC"赛项中获三等奖;2名学生在第12届全国旅游院校服务技能(导游服务)技能大赛中分获一、二等奖;学校电商团队在第9届"博导前程杯"全国电子商务运营技能竞赛(浙江赛区)比赛中获特等奖1项、二等奖2项,在第9届"博导前程杯"全国电子商务运营技能竞赛总决赛中获特等奖。1名教师入选"浙江青年工匠";1名教师获第3届浙江省黄炎培职业教育杰出教师奖;1名教师在浙江省第8届学校心理健康教育教师专业技能大赛中获一等奖。学校入选浙江省电子商务培训机构名录;获批舟山市职业技能等级认定试点社会培训评价组织;获评舟山市健康促进学校(银牌);获市首批退役军人就业创业基地称号。

(撰稿:钟林男)

【浙江舟山群岛新区旅游与健康职业学院】　该校位于朱家尖街道学院路99号,占地236亩(约17.73公顷),校舍面积89113平方米,教学行政用房55050平方米,实训、实验用房面积19419平方米,学生宿舍面积24525平方米,固定资产27974.18万元,教学科研仪器设备总值2382.11万元。图书馆馆舍面积6990平方米,纸质图书26.4万册。校内外实训基地168个(其中校内31个、校外137个)。设有旅游学院、健康学院、商务学院、人文社科与体育部、继续教育学院(舟山电大)。专任教师130人。2021年招生1276人,年底,全日制在册学生3148人。是年电大招生1288人(其中开放教育1166人、奥鹏远程教育112人);成人高起专函授教育学生录取1318人;在校生"专升本"考试上线113人。年底,电大在册学生3338人(其中开放教育2686人、奥鹏远程教育652人);函授教育学生2164人。

举办业余党校2期,发展学生党员205人。实行师德一票否决,落实教师政治理论不少于40学时制度。完善二级学院党总支委员会议、党政联席会议议事规则,推动"一院一品"党建品牌建设。与蚂蚁岛管委会成为校地共建党建共同体。落实疫情防控常态化,调整各项防控措施,落实疫情防控"四方责任",重点加强师生外出管理,全年制订发布疫情防控指令性文件通知20余个,组织开展应急演练3次,做好全员核酸检测和局部抽测各1次,全校师生完成疫苗全程接种率92%以上。阶段性推进"中国特色高水平高职学校和专业建设计划"项目,完善项目建设的19项一级指标、66项二级指标、123项三级指标和302个项目任务。深化教学改革,获省实习实训基地立项1个,获省产学合作协同育人项目立项4个。深化"教师、教材、教法"改革,推进创新课堂建设,校企合作开发《海岛民宿》等新形态8本,建设《健康评估》等校级精品在线课程8门,年度学生获省级A类竞赛一等奖2项、二等奖10人次、三等奖20人次,"1+X"证书平均通过率86%。强化教学组织建设,发挥优秀教师的团队合力,教师获省高职院校教学能力比赛二等奖1项,省第十三届高校青年教师教学竞赛二等奖1项。推进国际化办学,通过线上国际会议,加强与相关院校联系,与泰国格乐大学举行博士生导师聘任仪式,与AICC国际教育中心举行合作项目研讨暨签约仪式,与马来西亚林肯大学学院合作举办的健康管理高等专科专业项目已通过专家组评议。提升社会服务能力,累计培训社会人员1290人次,为全市老年人提供智能技术日常应用普及培训1600多人次。在校学生实用技能培训方面,累计培训在校生1145人次。加强高层次人才履约管理,对年内到期11位高层次人才进行聘

与 AICC 国际教育中心举行合作项目研讨暨签约仪式（浙江舟山群岛新区旅游与健康职业学院提供）

期考核。举办高级教学研修班 4 期、信息化教学能力提升培训 1 期、第一轮教师职业教育教学能力培训与测评 105 人次，培训各类人员 240 人次。选派教师访学 1 人，访工 3 人，参加各类进修培训 126 人次，全年累计投入培训经费 65 万余元。制订出台《教师进行行业企业挂职锻炼管理办法（2021 年修订版）》《博士培养工程实施办法》，加强“双师型”教师培养，“双师型”教师比例提升到 64.47%。毕业生满意度从 2020 年度的 69.09% 提升到 87.76%，全省排名提升至第 26 名。2021 届毕业生 1254 人，就业率（至 12 月 31 日）94.98%，其中专业对口率 81.53%，升学率 8.21%，在舟就业率 10.61%。

7 月，浙江舟山群岛新区旅游与健康职业学院获评舟山市拥军优属先进单位。

（撰稿：王珏）

成人教育

【概况】 2021 年，普陀区探索学习型社区，满足全体市民多样化、个性化学习需求，融合推进渔农村劳动力技能培训教育、老年教育、市民素质提升教育（社区教育进文化礼堂）、家庭教育、学历教育，促进市民素质和城镇文明水平提升，参与打造现代化海岛教育名片、建设“幸福普陀”。全年接受社区教育服务对象约 20 万人次，占常住人口的 53%。沈家门成校获评省现代化社区学校，“渔都厨艺”获评省级社区教育优质课程建设项目；六横成校“六横镇海工人才培育”获评“浙江省终身学习品牌项目”；朱家尖成校“海岛精品民宿专业人才培育项目”通过省社区教育指导中心验收；桃花成校“‘桃’艺术进文化礼堂”获评 2021 年舟山市社区教育进农村文化礼堂学习品牌；展茅成校“礼孝学堂传统文化体验基地”被命名为“在浙学”浙江省市民终身学习体验基地；蚂蚁岛红色教育基地获评市终身学习体验基地。

【渔农村劳动力技能培训教育】 区教育局围绕区政府中心工作，服务“乡村振兴战略”，以“实际、实用、实效”为原则，打造“精品化、特色化、地方化”普陀海岛培训品牌，开展渔农村实用人才、高素质职业农民及各类职业岗位技能普及性培训。2021 年，全区完成渔农村高素质农民培训 70 人次，农村实用人才培训 461 人次，渔农村普及性培训 149 人次，技能培训 1208 人次，合计培训 1888 人次。全区学分银行开户数 9231 个，社会培训成果录入学分银行合计成果数 88671 条，区成人教育中心、东港成校被评为浙江省学分银行先进集体。继续巩固全区脱盲成果。开展双证制 2020 级学员课程培训，按计划完成课程教学任务。成人高中毕业学员 76 人，招收新一届学员 134 人。完成 226 名社区干事渔农村干部素质提升——成人高中学历培训并毕业。

【老年教育】 2021 年，结合疫情防控和教育培训任务，开展老年开放教育网上服务体系建设。通过“网上课堂”电视课程和视频课程两种形式进行线上教学工作，全区老年教育培训 42230

人，接受老年教育人数占60岁以上为53.01%。开设各类老年教育长班95班，4123人参加，老年教育短期培训31854人次，送教入院8次，受教174人次。结合2021年度“区政府100项民生实事关键小事”，解决全区老年人在运用智能技术方面遇到困难，沈家门成校和展茅成校先行先试开展老年人智能技术教育示范小区试点建设工作。沈家门成校在西大社区成立市首个“老年人智能技术应用咨询站”，并在舟山市“银龄跨越数字鸿沟”智能技术日常应用普及行动推进会经验交流发言。完成培训273场11246人次，完成5学时及以上培训1123人。沈家门成校老年开放学校虞姝霞入选全省“百姓学习之星”。

【市民素质提升教育】 区成教中心依托区域教育资源平台，实施“教育服务下基层，千名教师进社区”新区市民素质提升工程。2021年，有8个街道镇、53个社区学校开展活动，参与活动教师志愿者、大学生及社会志愿者120人，举办各类教育活动161期，参加9558人次。开展“社区教育进文化礼堂”活动，以老百姓实际需求为导向，提供社区教育服务。全区进入63家文化礼堂，开展348场活动，覆盖率100%；举办“市民大课堂”1174期，参加65834人次。

【家庭教育】 普陀区家长总校发挥“落地式”家长学校办学特色，强化普陀特色家校品牌。2021年，举办“全国第158期（舟山普陀第3期）家庭教育讲师班暨现代家校共育研讨活动”，直接受益家长近2000人，86名教师获家庭教育高级讲师证；加强家长委员会组织建设，组建家长义工团队786个，参加志愿服务10506人；响应数字社会系统建设要求，全区1所学校被认定为省数字家校联盟校，10所认定为市第一批数字家长学校；通过“不输家庭教育”公益平台，开展32堂家庭教育专家线上直播课，全区开展711场培训、学习与讲座，受教家长253145人次；开展线上家长读书沙龙活动1231期，线下家长集中读书活动234期，参与学习家长36416人次；2384户家庭评上优秀家庭称号，3506名家长获优秀家长荣誉。3所学校被评为市示范家长学校，5所学校评为市家庭教育优秀会员单位，12所学校家委会评为市级优秀家委会。11月，“‘明·智’沈家门小学家长学堂”被评为“省优秀数字家校课程空间”。

【电大学历教育】 浙江广播电视大学普陀分校注重学校高等学历品牌建设，规范日常教学与考务管理，推进电大内涵建设，拓宽服务渠道，搭建起满足各类人才成长平台。开设行政管理、会计学、法学等6个本（专）科专业。做好招生宣传工作，把握招生数据录入和入学资格审核环节。2021年累计毕业人数192人，其中，电大本科79人、电大专科110人、浙大远程3人；招收电大新生112人，其中，专科59人、本科53人，在校生总计386人。

其他教育

【特殊教育】 2021年，普陀区义务教育阶段和学前教育特殊儿童入学率为100%，义务教育阶段特殊教育生公用经费下拨88万余元。实施融合教育，推进随班就读工作，2021学年送教上门率比上年下降6.46%。加强随班就读资源教室建设工作，六横中心小学、东港幼儿园被评为2021年市级示范性资源教室单位。新增展茅中心学校、朱家尖中学、沈家门小学3个资源教室，全区累计建成12个特殊教育资源教室。提升沈家门第四小学特教“卫星班”教育教学水平，11月代表舟山市在全省融合教育课程与教学改革研讨会中，作先进经验交流。先后组织多名教师参加省融合教育研讨活动、省特殊教育育人工作研讨活动、省网络IEP平台应用研讨活动、省特殊教育幼儿师资培训活动和市融合教育资源教师专业素养提升培训，提高教师特殊教育教学专业技能。组织教师参加省、市级资源教师基本功大赛，获市级一等奖1人、二等奖2人、三等奖2人，一等奖获得者舟渔学校教师李佳玲经推荐参加省级比赛获三等奖。在浙江省特殊教育德育工作优秀实践案例评比中，城北幼儿园、东港幼儿园、朱家尖中心幼儿园所参评的4件案例被评为省级优秀案例。全区6~14周岁残疾儿童、少年义务教

2021 年流动儿童少年在校就读情况

表 52

流动儿童少年数(人)					流动儿童少年已入学人数(人)								
总数	本市外区	本省外市	外省	外国籍	合计			在公办学校就读		在民工子弟学校就读		流动儿童少年入学率	符合条件的学生公办学校接纳率
					总数	小学	初中	小学	初中	小学	初中		
7418	1222	575	5616	5	7418	5586	1832	4084	1744	1502	88	100%	100%

育安置 81 人,非义务教育安置 6 人,其他(缓学)1 人。

【民办教育】 全区由区教育局审批民办学校 2 所、幼儿园 14 所、校外培训机构 9 家。2021 年,推进校外培训机构规范化管理整治行动,成立以区教育局为牵头单位,区市场监管局、区民政局、区综合执法局、区政法委等成员单位组成"'双减'工作专班",对学科类校外培训机构进行压减整治,联合出动工作人员近300 人次(其中联合执法 40 人次)。开展"无证无照机构排查""违规隐形变异培训"等多种形式联合执法,排查 50 多家校外培训机构。下发整改通知书 15 份,督促限期整改落实。推进"舟学培训"平台建设,全区学科类培训机构全部完成平台入驻和学员学费上缴,保障机构师生合法利益,为 5 家经审批校外培训机构配备"一人一机构"规范办学指导员。全年按要求完成"双随机、一公开"执法检查,跨部门联合"双随机"占比达到 50%,现场执法掌上执法率达到 100%。制订全区星级校外培训机构评选办法和完善联合执法机制,建立完善负面清单,实施黑白名单制度,联合区市场监督管理局、区消防救援大队等单位进行不定期督查,依法规范民办学校办学行为,促进培训机构良性发展。全年完成线上办件 34 件,线下办件 19 件。完成全国和省级校外培训机构管理服务平台信息更新 5 次,9 家校外培训机构处于合法状态。

【青少年宫】 2021 年,区青少年宫开展活动 12 场,服务青少年 9000 多人次;开展主题活动 64 场,参与 18824 人次。开展传统活动和"致敬百年"系列活动;在六一儿童节到来之际,召开普陀区青少年宫少年先锋队工作委员会成立仪式暨第一次队代表大会,成立舟山市首个青少年宫少工委;结合浙江省第八届"美丽浙江"青少年系列主题教育活动要求,策划、组织开展"学党史、强信念、跟党走"2021 年暑期系列主题教育活动。开展爱心暑期托管服务 2 期,为全区 98 户家庭解决实际需求;主动承接"公安暑托夏令营"部分托管服务工作,暑期托管服务达到 230 余人次。是年,区青少年宫被评为全国"青少年维权岗";活动部教师执教的微队课《〈高举队旗追光红色足迹〉红领巾微队课》在第二届舟山市"红领巾学院"思政微队课大赛、第二届浙江省"红领巾学院"思政微队课大赛、第八届浙江省校外教育"好玩的知识"微课展示活动中分获一、二、三等奖。

【社会教育考试】 普陀区贯彻落实上级教育考试部门决策部署,做好新冠肺炎疫情防控常态化下各类考试组考工作。2021 年,全区有 1958 名考生参加首次体育中考智能仪器测试和初中毕业生学业水平考试,2005 名考生参加 2022 届初中毕业生游泳选项考试,104 名考生参加游泳替代项目 1500 米长跑考试。全年组织全国英语等级考试 2 次,报考 377 人;组织全国计算机等级考试 1 次,报考 127 人;组织成人高校招生考试,报考 484 人;接纳高等教育自学考试报名审核 331 人,办理免考 2 人、毕业 11 人(本科 7 人、专科 4 人)。3 月,区教育考试中心被浙江省教育考试院评为 2020 年度浙江省考试招生工作先进集体。

素质教育

3 月，沙滩足球联赛（区教育局提供）

【学校体育】 普陀区做好浙江省校园足球试点区各项工作，全年组织 50 名体育教师参加校园足球骨干体育教师专项技能培训，2021 年全区各校足球教练中有证教练员 10 人，体育教师担任教练 28 人，聘请俱乐部教练 5 人，中小学校足球队员 471 人，开展近 300 场次校园足球比赛。沈家门幼儿园获评全国青少年校园足球特色幼儿园，城北小学获评浙江省青少年校园足球特色学校，城北幼儿园和朱家尖中心幼儿园获评浙江省青少年校园足球特色幼儿园。参加 2021 年青少年田径锦标赛等 3 项赛事，其中，东港中学获 2 枚金牌、5 枚银牌、1 枚铜牌，沈家门第一小学获 2 枚银牌。2021 年全国啦啦操联赛舟山站比赛中沈家门第一小学获四个单项第一名；普陀小学获浙江省棒球锦标赛小学 U12 组团体第三名；沈家门小学获浙江省第六届青少年学生阳光运动会网球比赛小学女子乙组团体第五名等。在 2021 年市级中小学比赛中普陀区获团体奖项 65 项，其中第一名 20 项、第二名 25 项，小学组获团体前三名 42 项。区教育局组织各校开展大课间活动评比，其中沈家门第一小学拍摄的阳光体育大课间精品社团训练视频（包括田径、健美操、篮球、足球、乒乓球等）在 2021 年浙江省第六届青少年学生阳光体育运动会开幕式上展播，全区有 10 所学校在市级大课间活动展示评比中获奖。

【艺术教育】 2021 年，普陀区完成义务教育阶段中小学生艺术素养监测，对 12 所中小学五至八年级学生进音乐美术学科抽测。组织开展普陀区中小学生集体类艺术节目现场赛合唱专场和器乐专场、普陀区中小学五小星比赛、首届普陀区中小学装置艺术展、普陀区中小学优秀美术作品评选活动等。选送 30 幅书画作品参加 2021 年舟山市“童心向党”青少年书画大赛，获一等奖 2 个，二等奖 2 个。在市委宣传部等 6 家单位主办的“永远跟党走”全市中小学生合唱比赛中，普陀区有 6 个学校入选决赛，占总参赛人数 50%，其中，城北小学和普陀小学获一等奖，沈家门小学、普陀第二中学等 4 个学校获二等奖。在 2021 年舟山市中小学艺术节中，普陀区中小学获一等奖 29 个、二等奖 53 个、三等奖 51 个；在 2021 年浙江省中小学艺术节中音乐美术获一等奖 15 个、二等奖 15 个、三等奖 17 个，其中普陀第二中学合唱节目入选艺术节现场展演和闭幕式晚会。

【科技教育】 普陀区组织学生参加 2021 年浙江省中小学生科技创新作文大赛，普陀第二中学学生徐贝蓓《科技创新伴我前行——梭子蟹对含盐量需求的实验》一文获特等奖，另获一等奖 3 个、二等奖 3 个，区教育局获优秀组织奖。沈家门小学、沈家门第一小学完成浙江省教育机器人示范建设任务并通过验收，被确定为浙江省教育机器人试点示范学校。第 22 届浙江省学生素养提升实践活动虚拟机器人比赛中沈家门第一小学 5 名学生获一等奖，这是该校在此项目上连续第六年蝉联省赛第一。在 2021 年环球自然日浙江赛区决选中城北小学获展览组二等奖。沈家门第一初级中学、普陀第二中学、普陀小学、城北小学和沈家门小学代表舟山市参加在台州举行的浙江省第17届青少年电脑机器人竞赛，其中普陀小学获机器人综合技能一等奖，沈家门小学获机器人创意一等奖。在中国航空学会举办的全国青少年无人机大赛中，城北小学2名学生获无人机迷你挑战赛小学组总分第一名，获本次无人机大赛浙江赛区小学组一等奖，并代表浙江省参加第5届全国青少年无人机挑战赛，在旋翼无人机迷宫挑战项目上获一等奖，这是舟山市青少年首次在该项国家级赛事中获奖。2021年第35届浙江省中小学科技创新大赛，普陀小学《超级打印机》、沈家门小学《空陆两用新能源车》、普陀第二中学《医学代码》、沈家门第一初级中学《机器人亚健康筛查仪》获科幻画省一等奖。在嘉兴乌镇举行的现场答辩中，沈家门第四小学张玲燕老师指导的学生科技创新项目《自制香草驱蚊水的探索与比较研究》获省一等奖，也是全市唯一获得科技创新成果省一等奖项目。

5月，沈家门第一初级中学学生参加第17届浙江省青少年电脑机器人竞赛（区教育局提供）

【海洋教育】 由区教育局承担的舟山市教育品牌孵化项目《普陀样板：中小学海洋教育实践研究》完成孵化项目，提前2年成为全市3个首批教育品牌项目。成功举办第二届普陀区海洋教育文化节，开展幼儿海洋教育课程故事大赛、中小学海洋教育精品拓展课程教育设计大赛和教学比武活动、中小学生海洋教育精品拓展课程作品制作大赛，组织师生和志愿者参加三地同心守护海洋净滩活动。出版发行全国首套中小学海洋教育精品拓展课程丛书。沈家门小学等5所学校被评为全国海洋教育研究核心机构。强化与国内顶尖海洋教育机构开展学术交流及研究，区教育局及5所学校在全国海洋教育论坛做主题发言。沈家门小学孙文波受国家海洋教育宣教中心邀请，赴三亚进行海洋教育宣传和考察活动。海洋教育成果经省和国家级选拔，入选全国第六届教育博览会在珠海进行展览和成果推广。

【心理健康教育】 普陀区落实市教育局“润泽心灵”行动计划，完成对全区所有公办中小学心理健康教育工作及心理咨询室运行督查工作，落实省心理辅导一级站复评及新省一级站申报学校各项准备工作。9月，组织347名教师开展心理健康教育教师C级资格证书培训，并通过考核获得证书，实现公办中小学专任教师心理C证及以上证书持证率100%。幼儿园教师持证率60%以上。邀请杭州师范大学教授刘宣文对全区350多名班主任、心理教师作题为《看见学生行动》心理讲座；邀请浙江师范大学王志寰博士给部分学校教师、家长作题为《中小学生的心理问题及干预措施》的讲座，受益300余人。全年两次对全体中小学生开展心理筛查，对发现的二类、三类心理高危学生进行及时干预，并建立“一人一档”，专人负责干预与跟踪。落实全市“百人百场”心理健康送教团体辅导课活动，组织骨干教师送教24堂。

师资队伍

【概况】 2021年,普陀区教育系统招聘新教师62人,招聘银龄教师1人,从区外学校调入2人,调出学校7人,退休36人,解除合同7人。至年底,全区中小学幼儿园教职工总数3147人。初中专任教师606人,小学专任教师1131人,幼儿园专任教师612人。

【专业培训】 2021年,普陀区教育系统推出党支部书记培训、心理健康教育教师C证培训、青年班主任班级管理实践培训、综合实践培训班等22个;面向"十三五"期间尚未完成90学时的中小学、幼儿园教师,结合省教育厅"百人千场"名师送教团,推出"中小学教师教学素养90学时提升班"3个;面向中小学、幼儿园骨干教师推出90学时高研班3个;开展2021年"东海风"教学文化节近1600名教师的培训工作,宁波、绍兴、湖州、杭州、北京等地专家线上线下为普陀区参训教师作讲座、送点评、面对面交流,课程设置立足课程改革、贴近课堂教学、满足教师需求。在舟山市第二届中小学青年教师教学能力大赛中,普陀区获一等奖8人、二等奖13人、三等奖24人。

【教师城乡交流】 2021年,普陀区教育系统开展教师、校长校际交流88人,其中骨干教师23人,交流总量达到义务教育阶段学校专任教师的5.13%,骨干教师交流量占交流教师的26.14%。每年安排不少于5%专任教师参与海岛交流,其中骨干教师不少于15%,全年交流到海岛学校教师7人。有34人提交进城申报表,通过积分公示录取20人。有1名教师参加支援新疆教育工作,有2名教师参加支援四川教育工作,有1名教师参加支援嵊泗教育工作。

【骨干教师】 2021年,普陀区引进初中语文、数学、英语、小学语文、幼教5门学科浙江省特级教师5人,组织开展特级教师工作室活动15次,通过线上线下相结合方式指导青年骨干教师651人次。特级教师工作室成员获省级赛课一等奖1人、二等奖1人、三等奖1人,执教市级公开课8节,获市级技能竞赛一等奖5人、二等奖3人。获省级论文一等奖1篇,市级论文一等奖4篇、二等奖9篇、三等奖11篇,省级论文发表1篇,市级论文发表2篇。沈家门小学入选全省中小学教师信息技术应用能力提升2.0第一期(含试点)示范校,沈家门小学、普陀第二中学两项学校成果入选全省中小学教师信息技术应用能力提升工程2.0第一期优秀学校成果,7名教师成果入选优秀教师成果。《渔农村教师专业发展与稳定的实践研究》《"双减"背景下区域教师作业设计力提升的实践研究》两个课题被立为2021年度浙江省教师教育规划课题中的重点课题和一般课题;《"菜单式"校本研修的实施过程与特点》发表于《教师教育理论与实践》。至年底,普陀区教育系统有在职正高级教师1人、特级教师2人、全国优秀教师1人、省劳动模范1人、省农村教师突出贡献奖2人、省春蚕奖3人、省师德楷模1人、省中小学教坛新秀4人、市名师工作室导师9人。

11月9日,桃花镇中心学校"百分百面批"教师培训会（金舒蓉摄）

2021 年普陀区学校、幼儿园专任教师情况

表 53

类别			2021 年
初中教师	专任教师总数		606
	专科毕业及以上(学历合格)	人数(人)	606
		占总数(%)	100
	专业技术职称(中一职称及以上)	人数(人)	457
		占总数(%)	75.41
	年龄结构(35 岁及以下)	人数(人)	162
		占总数(%)	26.73
小学教师	专任教师总数		1131
	高中阶段毕业及以上(学历合格)	人数(人)	1131
		占总数(%)	100
	专业技术职称(小高职称及以上)	人数(人)	640
		占总数(%)	56.59
	年龄结构(35 岁及以下)	人数(人)	471
		占总数(%)	41.64
幼儿教师	专任教师总数		612
	高中阶段毕业及以上(学历合格)	人数(人)	612
		占总数(%)	100
	专业技术职称(幼一职称及以上)	人数(人)	457
		占总数(%)	74.67

教育保障

【教育经费与管理】 2021 年,全区预算安排公办幼儿园非编教师人均工资 63250 元。补发 2020 年公办幼儿园非编教师与保育员工资 454 万元,使 2020 年公办幼儿园非编教师收入达到 2019 年度舟山市在岗职工平均工资水平。全区教育经费总投入 9.52 亿元,比上年增加 15.25%。其中财政性教育经费投入 8.65 亿元,占总投入的 90.86%;一般公共预算安排的教育经费投入 8.65 亿元,占总投入的 90.86%。生均日常公用经费预算定额逐年提高。公办幼儿园教育经费支出 13516 万元,其中公用经费 4936 万元;公办小学教育经费支出 36643 万元,其中公用经费 10164 万元;公办初中教育经费支出 27958 万元,其中公用经费 10023 万元。公办幼儿园一般公共预算生均教育经费 18389 元,生均公用经费 9937 元,生均日常公用经费预算定额 1035 元;公办小学一般公共预算生均教育经费 25530 元,生均公用经费 7164 元,生均日常公用经费预算定额 1035 元;公办初中一般公共预算生均教育经费 43198 元,生均公用经费 12275 元,生均日常公用经费预算定额 1335 元。修订《普陀区民办教育扶持专项资金使用管理办法》,将奖补项目调整为生均办学经费补助、办学场所租金补助、教师培养成本补助、校园安保费用补助、举办者奖励、学科教师奖励、办园等级提升奖励,其中生均办学经费补助标准,普惠性民办幼儿园提高到每生每年 2200 元,新居民子弟学校小学提高到每生每年 2600 元、初中提高到每生每年 3800 元。民办幼儿园教育经费支出 3454 万元,公用经费 670 万元,生均教育经费 12678 元,生均公用经费 2569 元;民办小学教育经费支出 3131 万元,公用经费 716 万元,生均教育经费 14718 元,生均公用经费 3369 元;民办初中教育经费支出 1023 万元,公用经费 157 万元,生均教育经费 25298 元,生均公用经费 3879 元。是年,政府性基金预算安排教育经费 41.15 万元。

【学生资助】 按上级政府关于学生资助的文件精神开展营养餐、生活补助、幼儿免保教费、离岛补助工作。2021 年,全区资助义教段学生营养餐 1262 人次,资助金额 928900 元;生活补助 1303 人次,资助金额 355109 元;幼儿免保教费 116 人次,资助金额 364500 元;离岛补助 226 人,补助金额 565000 元;低保家庭

困难学生离岛补助8人次，补助金额16000元。全年资助学生2915人次，发放补助金2229509元。

【学校基本建设】 普陀区投资1.81亿元完成（武岭中学）东港新建初中建设工程（建筑面积39278平方米）；投资150万元完成沈家门小学东校区运动场地及附属设施改造工程（建筑面积3000平方米）；投资110万元完成区中心幼儿园提升改造工程（建筑面积1053平方米）；投资180万元完成北安幼儿园提升改造工程（建筑面积2655平方米）；完成中小学（幼儿园）校舍设施维修改造项目36个，投资1121万元，其中，区级及以上资金704.5万元、街道镇资金363万元、学校自筹资金53.5万元。

【教育技术装备】 至年底，全区中小学教育技术装备总量达到14125.04万元（含图书），生均6235.67元，其中，小学生均6001.17元、初中生均6774.37元；全年教育技术装备经费投入3030.69万元，年生均投入1337.94元，其中，小学生均1253.99元、初中生均1530.79元。全区教育技术装备总资产（不含图书）12786.87万元，全年投入2118.52万元，生均投入1244.27元，其中，小学生均1145.67元、初中生均1470.77元。全区中小学有计算机7899台，有效生机比2.95:1。全区中小学拥有各类多媒体1457套，其中交互式1071套，2021年新增交互式多媒体一体机144套，多媒体进教室比例达到100%，普通教室中安装交互式多媒体一体机589套，占全部教室100%。全区中小学纸质图书装备总量1229862册，新增图书48132册，生均图书54.29册，其中，小学生均54.47册、初中生均53.89册，另有各类电子图书316944册。全区中小学有实验教师106人，信息技术教师73人，图书管理员34人。各中小学有专用教室671个，其中，创新实验室45个，学科教室39个、各类功能教室423个、普通实验室及图书馆室164个。2021年完成智安校园（二期）、交互式一体机多元应用、区域智慧阅读平台、区域智慧教育综合服务平台等项目建设。15所中小学被市教育局确认为首批“舟山市智慧校园标准校”，区域内义教段学校智慧校园标准校达到75%，“省区域整体推进智慧教育综合试点项目”被省教育厅鉴定为“合格”。

（撰稿：钟林男）

编辑：魏斌

科学技术

综述

2021年，普陀区科技工作以“创新普陀”建设为核心，引导全社会加大科技创新投入，全面提升企业自主创新能力，为全面推进开放活力的幸福普陀建设提供科技支撑。全区财政投入科技经费13432万元，比上年增长8.2%。组织实施各类科技计划项目124项，其中省级74项，市级14项。全年科技成果数31项，专利授权量865件，其中发明专利授权量392件。国家高新技术企业70家，省级科技型企业389家。新培育国家高新技术企业18家，省级科技型企业50家，省级高新技术企业研发中心3家；4项科技成果获省科学技术进步奖；新引进大院名校共建载体1个，新增市级以上科技企业孵化器（众创空间）1个，实施发明专利产业化项目10项，发放科技创新券435万元。

科技项目与科技成果

【科技项目与实施】 2021年，普陀区聚焦传统产业提升和新兴产业发展，建立“四张清单”工作机制，梳理排摸绿色修造船、海洋生物医药、海洋电子信息等重点领域关键技术，组织实施一批重点领域科技攻关项目，着力突破共性关键技术，区域自主创新能力得到提升。是年普陀区组织实施科技项目124项，其中，省级新产品试制计划74项、市级科技项目14项、区级科技项目36项；有31个项目通过专家鉴定验收，其中，市级验收3项、区级验收28项。

7月27日，启迪海洋科技产业研究院揭牌仪式（区经信局提供）

【科技成果及转化】 2021年6月15日，在2020年度浙江省科学技术奖励大会上，由普陀区企事业单位牵头或参与完成的4项科技成果获省科技进步奖，获奖数量创全区历史最好成绩。浙江浙能中煤舟山煤电责任有限公司牵头完成的“基于煤种在线识别的火电机组制粉系统运行工况智能分析与优化技术”获省科技进步三等奖，舟山中电建水务有限公司参与的“万吨级海水淡化节能高效技术装备及智能控制系统”获省科技进步二等奖，扬帆集团股份有限公司参与的“地质灾害、重大结构隐患下

2021年普陀区省级科技项目一览表

表54

项目名称	承担单位	计划类别
高精度金属楼板厚度控制器装置	恒尊集团有限公司	新产品试制
房屋建筑过程工程中地基处理技术	恒尊集团有限公司	新产品试制
再生骨料制备工艺优化技术	恒尊集团有限公司	新产品试制
多层叠加岩棉板	舟山市中展船舶耐火保温材料有限公司	新产品试制
隔热保温纳米玻璃棉	舟山市中展船舶耐火保温材料有限公司	新产品试制
高强度阻燃岩棉板	舟山市中展船舶耐火保温材料有限公司	新产品试制
硅酸铝纤维棉板甩丝工艺优化技术	舟山市中展船舶耐火保温材料有限公司	新产品试制
高强度抗冲击耐烧蚀隔热涂料	舟山腾宇航天新材料有限公司	新产品试制
低导热系数有机硅类隔热涂料	舟山腾宇航天新材料有限公司	新产品试制
耐高温耐辐射防热涂料	舟山腾宇航天新材料有限公司	新产品试制
陶瓷螺旋纤维增强钡酚醛树脂耐烧蚀隔热涂料	舟山腾宇航天新材料有限公司	新产品试制
非对称中空锆酸镧微球增强硅橡胶隔热涂料	舟山腾宇航天新材料有限公司	新产品试制
耐磨耐高温疏水涂料	舟山腾宇航天新材料有限公司	新产品试制
氧化铝弥散强化镍铝复合材料	舟山腾宇航天新材料有限公司	新产品试制
耐高温有机硅类防腐涂料	舟山腾宇航天新材料有限公司	新产品试制
一种建筑基础工程定位检测装置	浙江宏宇工程勘察设计有限公司	新产品试制
2.5兆帕纳米氟碳漆	舟山腾宇航天新材料有限公司	新产品试制
抗拉伸水性纳米氟碳漆	舟山腾宇航天新材料有限公司	新产品试制
1868TEU集装箱船	扬帆集团股份有限公司	新产品试制
海上风电高强度支撑螺柱的开发M110×1945	舟山市正源标准件有限公司	新产品试制
井口装置用高强度螺栓	舟山市正源标准件有限公司	新产品试制
医用微压压力表	舟山市东欣仪表有限公司	新产品试制
超大型动力定位穿梭油轮	中创海洋科技股份有限公司	新产品试制
船舶高效自动化焊接技术	中创海洋科技股份有限公司	新产品试制
FPSO绿色设计及建造技术	中创海洋科技股份有限公司	新产品试制
大容量耐低温电池	浙江极海供能装备有限公司	新产品试制
超耐低温锂离子电池	浙江极海供能装备有限公司	新产品试制
适应深海环境的高稳定性电池	浙江极海供能装备有限公司	新产品试制
高酸溶蛋白酶解鱼熔浆	浙江荣生海洋生物制品有限公司	新产品试制
秘鲁鱿鱼新型脱酸剂开发及品质改良技术	浙江海士德食品有限公司	新产品试制
低甲醛含量的手撕鱿鱼丝	浙江海士德食品有限公司	新产品试制
无交叉污染安全型原料解冻技术	浙江海士德食品有限公司	新产品试制
天然低温微冻抑菌虾仁	浙江海士德食品有限公司	新产品试制
电子安防监控测控器	舟山市鸿杨安防科技有限公司	新产品试制
互动型电子屏幕	舟山市鸿杨安防科技有限公司	新产品试制
新型双波长LED集鱼灯	舟山市鸿杨安防科技有限公司	新产品试制

续表 54

项目名称	承担单位	计划类别
智慧园区智能视频分析系统	舟山东迅信息科技有限公司	新产品试制
高温燃料电池	舟山市鹏龙科技有限公司	新产品试制
森林资源火灾遥感侦测技术	舟山市知创科技开发有限公司	新产品试制
大功率高 PFC 的开关电源	舟山市鹏龙科技有限公司	新产品试制
硅碳负极专用新型水性环保粘结剂的开发	浙江中科立德新材料技术有限公司	新产品试制
智慧能源管理系统	舟山市知创科技开发有限公司	新产品试制
高比能固态锂离子电池	舟山市鹏龙科技有限公司	新产品试制
同缘船芯	浙江同博科技发展有限公司	新产品试制
自密封式压力表	舟山市庆丰铁路仪表有限公司	新产品试制
精密定量灌装阀	浙江炜驰轻工机械有限公司	新产品试制
高安全性高能量密度固态电池	舟山市鸿杨安防科技有限公司	新产品试制
复合硅碳负极材料的固态锂电池	舟山市鸿杨安防科技有限公司	新产品试制
高性能耐烧蚀防热涂料	舟山腾宇航天新材料有限公司	新产品试制
高性能低温共烧陶瓷材料	舟山腾宇航天新材料有限公司	新产品试制
智能全自动紫外光杀菌消毒灯	舟山市鸿杨安防科技有限公司	新产品试制
船用高性能应急电源	舟山市鸿杨安防科技有限公司	新产品试制
210 规格高效电池	舟山市鸿杨安防科技有限公司	新产品试制
氢燃料电池系统集成控制技术	舟山市鸿杨安防科技有限公司	新产品试制
高阻燃环保型黏结剂	舟山腾宇航天新材料有限公司	新产品试制
5300TEU 集装箱船水平船台移船技术	中创海洋科技股份有限公司	新产品试制
豪华邮轮升级改装技术	中创海洋科技股份有限公司	新产品试制
低温 UV 保护技术	舟山君耀科技发展有限公司	新产品试制
OCR 纸质表格智能识别技术	舟山东迅信息科技有限公司	新产品试制
无人艇智能避障与预警技术	舟山君耀科技发展有限公司	新产品试制
智能疫苗雾化系统	舟山市图禹医疗科技有限公司	新产品试制
Micro LED 巨量转移技术	舟山君耀科技发展有限公司	新产品试制
高强度船用 LNG 双层管转换法兰制造技术	中创海洋科技股份有限公司	新产品试制
多角度医用纳米刀	舟山市图禹医疗科技有限公司	新产品试制
大型 LNG 运输加注两用船建造技术	中创海洋科技股份有限公司	新产品试制
道路智慧路灯	舟山君耀科技发展有限公司	新产品试制
远距离 RFID 技术	舟山君耀科技发展有限公司	新产品试制
深海金枪鱼营养健康食品	浙江海士德食品有限公司	新产品试制
构建基于区块链的设计版权交易系统	舟山东迅信息科技有限公司	新产品试制
超低温冷冻金枪鱼溯源保真技术	浙江海士德食品有限公司	新产品试制
污水集成回收及处理装置	舟山中远海运重工有限公司	新产品试制
15.4 万吨穿梭油轮	舟山中远海运重工有限公司	新产品试制

续表 54

项目名称	承担单位	计划类别
超高压水除锈智能高架车	舟山中远海运重工有限公司	新产品试制
焊接设备检测工装	舟山中远海运重工有限公司	新产品试制
帝王蟹智能工厂化暂养技术研发与系统集成示范	浙江蟹曾鲜科技有限公司	揭榜挂帅项目
远洋鱿钓新船型开发及精准高效捕捞装备研发与应用	中国水产舟山海洋渔业制品有限公司	揭榜挂帅项目
海洋鱼类副产物生物活性肽制备关键技术研发及产业化	舟山市常青海洋食品有限公司	揭榜挂帅项目
风能用智能螺栓产品研发及产业化	舟山市正源标准件有限公司	揭榜挂帅项目
深远海潜伏式网箱关键技术研发及产业化	浙江中惟科创海洋科技有限公司	揭榜挂帅项目
绿色环保智能海洋运载装备关键技术攻关与示范	扬帆集团股份有限公司	揭榜挂帅项目
船用氢燃料电池动力系统研究	众宇氢能科技(舟山)有限公司	揭榜挂帅项目
金枪鱼混合蛋白乳化胶粘稳定技术集成及其产业化	浙江融创食品工业有限公司	科技计划项目
满足低盐降脂要求的亚麻籽膳食系列产品的研发及产业化	浙江冠素堂食品有限公司	科技计划项目
基于精准化、数字化技术要求的东太平洋深海金枪鱼资源探捕研究	平太荣远洋渔业集团有限公司	科技计划项目
小型分布式生活垃圾自动处理系统及设备研发项目	舟山华祐环境服务有限公司	科技计划项目
基于 LASSO 的围手术期营养支持在结直肠癌患者中的疗效和经济性评估及其预后模型构建的循证研究	普陀医院	公益类项目
自体外周血 ACT 与透明质酸治疗膝关节骨性关节炎的对比性临床试验研究	普陀医院	公益类项目
中医综合疗法预防骨质疏松性骨折的前瞻性社区队列研究	舟山顾鹤传骨伤医院	公益类项目

互联网+船舶与海工安全技术研究及应用”和浙江省海洋水产研究所试验场参与的“曼氏无针乌贼资源规模化修复关键技术研究与示范”获省科技进步三等奖。普陀区做好顶层设计,完善科技成果转化政策机制。制定印发《关于加快推进科技创新的若干意见》,在全市率先出台针对科技成果奖励的直接奖补政策。加强技术攻关,加大科技成果转化服务力度。聚焦绿色修造船、海洋生物精深加工、海洋电子信息等重点领域,加快提升产业技术创新能力,上半年组织申报区级科技计划项目 49 项,实施省级新产品试制计划项目 43 项。加快科技成果转化,打通技术到产品的关键环节,推动中远海运重工 15.2 万吨穿梭油轮项目冲击省科学技术进步一等奖,实现“零”的突破。深化协同创新,整合科技成果转化创新要素。发挥启迪海洋科技产业研究院、杭电海洋电子信息研究院等科创平台优势,针对普陀产业特色和企业需求,整合相关高校科研院所科技成果、专家资源等各类创新要素,提升专业化服务水平,加快优秀科技成果在普陀落地。依托大院名校企业服务团队,与江苏科技大学、浙江大学海洋学院、浙江海洋大学等建立定期联络机制,实施常态化企业需求挖掘、技术攻关和成果转化,共促成“大型围栏养殖智能清洗装备研发与应用示范”等校企合作项目 10 余项,推动“水下直升机”等优质项目落地实施。

【海上渔光互补漂浮试验方阵】

该项目是由普陀区联合国电(浙江)能源开发有限公司、浙江海洋大学等单位共同推进实施的重点科技成果转化项目,是全国首个海上渔光互补漂浮试验方阵,在白沙岛海域下水。渔光互补项目作为一种结合渔业养

2021 年科技成果鉴定(验收)情况

表 55

项目名称	承担单位	组织单位
高速全自动气雾灌一体成型(组合)机研制开发	浙江金鹰食品机械有限公司	市级验收
舟山市草莓立架栽培示范技术研究	舟山市田园牧歌生态农业专业合作社	市级验收
船用柴油机关键零部件激光复合熔覆技术研究	舟山和成机械有限公司	市级验收
超高压水除锈配套装置-坞底车的研究与开发	舟山中远海运重工有限公司	区级验收
高品质鮸鱇鱼排调理食品生产关键技术研究及产业化	舟山市龙欣水产有限公司	区级验收
鳗鱼肽条形包装固体饮料的开发及示范	舟山达康科技有限公司	区级验收
多功能型微生物肥料的研究开发	浙江欧格纳科海洋生物科技有限公司	区级验收
中药材白芨种植技术的研究及应用	舟山市禅草谷种植专业合作社	区级验收
船舶烟气旋流雾化脱硫系统优化设计研究	舟山铠迪科技有限公司	区级验收
酶解海洋生物肽高效制备工艺及分离提纯关键技术研究	浙江丰宇海洋生物制品有限公司	区级验收
IBMS 智能化管理系统集中平台的研发	浙江恒信科技股份有限公司	区级验收
基于大数据技术要求的"互联网+"智能化汽车服务平台关键技术研发及产业化	浙江成功之路网络科技有限公司	区级验收
空气能热泵烘干机的研究与应用	浙江舟山华灿科技有限公司	区级验收
海捕虾冷藏过程品质改良技术研究与示范	舟山昌国食品有限公司	区级验收
生物酶制剂在鱿鱼品质提升中的应用研究与示范	舟山市普陀海汇水产有限公司	区级验收
草莓基质育苗技术研究	舟山市田园牧歌生态农业专业合作社	区级验收
绿色建筑雨水收集循环利用关键技术攻关及示范推广	恒尊集团有限公司	区级验收
具有多功能性的抗氧化玉米低聚肽制备工艺研究及产业化	浙江平太荣生物科技有限公司	区级验收
金枪鱼蛋白抗痛风活性肽制备关键技术研究及产品开发	舟山市常青海洋食品有限公司	区级验收
速冻调制(熟)带鱼段产品的开发及产业化示范	浙江好达食品有限公司	区级验收
利用赤道鱿鱼加工高适口感鱿鱼丝的关键技术研究与应用	中国水产舟山海洋渔业制品有限公司	区级验收
低温带头剑虾制品抑菌保鲜关键技术研究及产业化	浙江新天久海产有限公司	区级验收
即食调理章鱼品质保鲜关键技术开发	浙江海士德食品有限公司	区级验收
鲍鱼贮藏过程中生物胺的产生机理及控制技术研究	舟山市普陀区昌津水产有限公司	区级验收
高品质金枪鱼罐头加工与蒸煮液利用关键技术研究	浙江融创食品工业有限公司	区级验收
软膜拉伸包装预制菜肴式远洋鱼制品加工关键技术研究与产业化	舟山泰和食品股份有限公司	区级验收
霍尔压力传感器	舟山市佳尔灵仪表有限公司	区级验收
满足多模块、长距离要求的船用微型管道机器人研究与开发	舟山商文机器人科技有限公司	区级验收
欧姆加热预制水产蛋白热动力调控技术研究与应用	舟山市海王水产食品有限公司	区级验收
高品质 EPA 和 DHA 鱼油制备关键技术研究	浙江普罗德食品科技有限公司	区级验收
海洋多糖类亚纳米水性树脂研发及产业化	浙江中科立德新材料有限公司	区级验收

浙江中惟科创海洋科技有限公司养殖基地（区经信局提供）

殖、休闲旅游于一体的新型漂浮式光伏发电系统，在全面推进“风光普陀”“海上氢岛”工程中具有深远意义。

【深远海潜伏式网箱关键技术研发及产业化】 该项目是由浙江中惟科创海洋科技有限公司承担的市级揭榜挂帅项目，针对开放海域养殖网箱面临的避浪、减流、防污三大主要问题，研发新型优质的深远海养殖装备，提高远海养殖装备的先进性、实用性及国产化率。项目研发的潜浮式养殖网箱，具有潜降抗浪、分流减流、网体防生物附着等性能特点，具有良好的开放海域适应性，可作为转移国内湾和近岸养殖，缓解内湾、近岸养殖环境生态压力的潜在技术产品。

【风能用智能螺栓产品研发及产业化】 该项目由舟山市正源标准件有限公司承担的市级揭榜挂帅项目，围绕风力发电领域紧固件使用环境和应用特点，基于现代传感器技术和数据处理技术，攻克高强度螺栓深小孔加工、传感器封装设计以及传感器信号处理与识别等关键技术，开发具有自身状态实时在线监测功能的高强度智能紧固件产品。项目的实施将提升风能紧固件的应用水平，拓展紧固件领域，使紧固件产品由单纯的联接件向智能化发展、由单一品种向多品种立体发展。

【优质高蛋白鱼粉的生产制备工艺关键技术攻关及产业化】 该项目由浙江丰宇海洋生物制品有限公司承担的区级科技计划项目，以产业化为目标设计研发的优质高蛋白鱼粉制备工艺，通过鱼粉的原料选取关键技术研究、鱼粉蛋白干燥工艺关键技术研究和高蛋白鱼粉的质量提升技术研究，解决传统鱼粉蛋白质含量相对较低、脂肪含量较高、灰分含量较高以及颜色较深等缺点，实现优质鱼粉连续高效生产、企业规模生产集约化与可持续性发展的高附加值海洋经济创新。

科技型企业培育与科技服务

【科技型企业培育】 2021年，普陀区深化科技企业“双倍增”行动，完善科技企业“微成长、小升高、高壮大”的梯次培育机制，落实高新技术企业奖励、所得税减免等优惠扶持政策，引导传统企业向高新技术企业转型，推进规下高新技术企业、省级科技型企业“小微升规”工作。全区新培育国家高新技术企业18家：浙江融创食品工业有限公司、海汇海洋工程技术（舟山）有限公司、浙江京恩医疗科技有限公司、舟山正品科技有限公司、舟山市大展耐火材料制品有限公司、舟山腾宇航天新材料有限公司、舟山诚悦生物科技有限公司、舟山市速达昆虫防治服务有限公司、舟山创美环境服务有限公司、浙江港新信息技术有限公司、浙江新炜食品机械有限公司、舟山市永忠仪表有限公司、浙江企润食品有限公司、舟山市中信网络科技有限公司、浙江自贸区迈顺生物科技有限公司、舟山市普陀欧凯仪表有限公司、舟山市普陀区昌津水产有限公司、舟山市凌源仪表有限公司；新培育省级科技型企业50家：浙江自贸区申舟环保科技有限公司、中创海洋科技股份有限公司、浙江中惟科创海洋科技有限公司、舟山智链科技发展有限公司、浙江舟山弘扬数字传媒有限公司、舟山意海文化发展有限责任公司、浙江自贸区聚圆建筑科技有限公司、浙江古帆船建筑装饰有限公司、浙江舟龙海洋工程有限公司、舟山威嘉智能科技有限公司、浙江筑元新材料有限公司、舟山市普陀盛通仪表有限公司、浙江自贸区艾飞网络科技有限公司、舟山市恒元智能科技有限公司、舟山市安博仪表有限公司、舟山市聚佰仪表有限公司、舟山海益净水科技有限公司、舟山诚悦生物科技有限公司、舟山嘉卓新材料科技有限公司、舟山健兴生物科技有限公司、舟山浪来鲜电子商务有限公司、舟山市北奥设计有限公司、舟山鸿远船舶工程服务有限公司、舟山普陀新奥能源发展有限公司、舟山双瑞安装工程有限公司、舟山明道安全咨询服务有限公司、舟山普陀长宏船舶修造有限公司、舟山市金谕体育产业发展有限公司、舟山瑶臣文化传播有限公司、舟山天大门业有限公司、浙江明源食品有限公司、浙江明致科技有限公司、舟山隆胜建设有限公司、舟山市明翔石化有限公司、舟山应和文化传媒有限公司、舟山金哲信息科技有限公司、舟山市普陀区自来火文化创意有限公司、舟山市选风新材料科技有限公司、舟山市邦硕起重安装有限公司、舟山蜂巢建筑科技有限公司、舟山市善素方食品有限公司、浙江柏雅信息科技有限公司、舟山市普陀佳舟水产有限公司、舟山市天元船舶修造有限公司、舟山市宏旗仪表有限公司、浙江云海船舶修造有限公司、舟山市史记水产有限公司、舟山福鑫水产品有限公司、舟山市永忠仪表有限公司、舟山市裕达水产食品有限公司；新认定省级高新技术企业研发中心3家。

【科技服务】 2017年，普陀区对《舟山市普陀区创新券推广应用实施管理办法(试行)》进行修订，扩大创新券所支持的科技创新活动范围，新增技术开发、技术转让等内容，进一步降低企业创新成本，提高企业开展产学研协同创新的积极性。2021年，普陀区深入企业广泛宣传创新券实施办法，对创新券的申领条件和使用方法予以详细讲解，并对提出的问题予以解答，最大限度地调动企业使用创新券的积极性，全年共发放科技创新券435万元。

2021年省级企业研发平台认定情况

表56

平台名称	依托单位	认定类别
平太荣生物高值化利用高新技术企业研究开发中心	浙江平太荣生物科技有限公司	省级高新技术企业研发中心
常青海洋生物肽精深加工高新技术企业研究开发中心	舟山市常青海洋食品有限公司	省级高新技术企业研发中心
普陀地基绿色基础工程高新技术企业研究开发中心	浙江省普陀地基基础工程有限公司	省级高新技术企业研发中心

10月20日，省级高新技术企业研发中心考察现场（区经信局提供）

【普陀海洋高科技园区】 该园区于2001年3月始建，占地面积48.51亩(3.23公顷)，累计投入资金近3000万元，建成18182平方米的孵化厂房和综合办公实验楼。其中，标准厂房4幢约9650平方米，实验楼1874.23平方米，孵化企业办公楼1603.38

平方米。2021 年,园区在转型升级改造、推动科技创新、水产品精深加工产业创新服务综合体建设、产业培育、平台建设、招商引资、管理与服务等方面取得效果。引进科技企业 3 家,组织承担各级科技项目 8 项,其中,省级新产品 4 项、区级项目 4 项。园区全年实现产值 4200 余万元,税收 300 余万元。

(撰稿:苗晓)

气象监测与服务

【气象监测与预报预警服务】2021 年,区气象局完成冬汛、梅汛、台汛期各类重大灾害性天气监测、预报、预警和服务工作,发挥气象信息先导性作用,应对台风"烟花"袭击,为政府决策和人民群众生命财产安全提供保障。开展佛茶文化节、越野东海赛事、海稻音乐节、中高考等重大活动和春节、清明、五一、国庆等节假日专题气象服务保障工作。开展数字化休闲渔业专项气象服务,通过加密监测休闲渔业作业区域风向风力和能见度,依托智能网格预报技术,提供分区域的精细化风力预报和突发性强天气监测预警提醒等气象服务,为全区 500 多条休闲渔船、海钓船保驾护航。利用短信、网站、微博、微信、电子显示屏、抖音、浙政钉等各类渠道,建设气象信息发布融媒体矩阵,拓展预警信息覆盖面。全年制作发布重要天气报告和气象呈阅件 31 期、专题气象服务 180 期,发送各类决策气象服务短信1200 余次、气象灾害预警 180 次。

【气象现代化】 2021 年,区气象局在东港街道、虾峙镇、六横镇、登步岛管委会各新建 1 个四要素自动气象站,在茅洋新村建设 1 个雨温站,织密气象监测站网。研发数字化应用场景,开发"天气罗盘"本地化应用场景——"普陀气象随你行"小程序,新增观星、赏梅等气象指数预报;开展油菜花、观音稻花期与收割期气象预报研究;挖掘气候景观资源,绘制桃花岛节气谱图。在东极岛开展气象服务新时代美丽乡村示范点建设,助力东极"未来海岛"建设。

【气象防灾减灾】 区气象局深化基层气象灾害防御体系建设,加强基层气象"四员"队伍管理和培训,开展全区气象协理员、信息员、网格员线上线下防灾减灾培训。推进乡村振兴气象服务,打造沈家门街道中洲社区、六横镇五星村等 7 个省级气象防灾减灾标准化村(社区),全区标准化村(社区)覆盖率 68.6%。2021 年 3 月 17 日印发《舟山市普陀区气象局 2021 年渔农业气象服务周年方案》,明确 1 名农气服务人员负责渔农业气象专题服务产品制作、分发,提升渔农业气象服务效益。推进气象灾害风险普查工作,摸清普陀区气象灾害风险隐患,客观认识气象灾害风险水平,着力为政府及各部门有效开展气象灾害防治工作提供决策依据。助推康养旅游产业新发展,展茅街道黄杨尖村、桃花镇塔湾村被浙江省气候中心评为"浙江省气候康养乡村"。

【气象依法行政】 区气象局融入"最多跑一次"改革。梳理所有权力事项和公共服务事项,精简办事流程,优化服务。运用"互联网+"思维方式,构建传统监管到"互联网+"监管的转型,认领及实施清单录入,将防雷审批许可、执法监管、信用等系统信息共享归集。

【气象安全监管】 区气象局联评联审联检,强化气象安全监管。加强危化场所、旅游景区等重点领域的防雷安全监管,履行监管职责。组织召开气象灾害防御重点单位认证会,多部门联合认定气象灾害防御重点单位 86 家,并对防雷安全重点单位、AAA 级以上景区进行全覆盖检查。开展"一企一档"信息化建设工作,推广"防雷安全风险码",增强防雷安全监管针对性和有效性,提升防雷监管数字化、智慧化水平。

(撰稿:徐叶)

编辑:陈莉

文化与体育

综 述

2021年,区文广旅体局以建设“重要窗口”海岛风景线为目标,推进全区文化体育工作发展。9月,区文广旅体局获“2017—2020年度全国群众体育先进单位”称号;普陀区成功创建2021—2023年度“中国民间文化艺术之乡”、入选浙江省公共文化服务现代化先行县培育对象名单;浙江省公共文化服务评估实现全市八连冠;区图书馆成为首批浙江省“满意图书馆”;区文化馆再次获“国家一级文化馆”称号。提升公共文化服务,完成朱仁民艺术馆装修工程招标,启动普陀美术馆改造前期工作;新建、提升岛上人才书店、八目书局、青宴书屋等城市书房;推进六横镇综合文化站、桃花镇公前村公前文化礼堂等4家省级试点和东极镇东极村文化礼堂、蚂蚁岛管委会蚂蚁岛村文化礼堂等22家市级试点建设,实现各街道镇全覆盖。完成送戏下乡85场次,送公益文体培训85场次,送书6万余册次。提高基层文体队伍素养,9户家庭获评省级文化示范户,22名获评省级乡村文化能人。推进公共体育事业发展。完成城区住宅小区健身器材全覆盖、二代健身路径试点工程及登山健身步道升级改造工程等建设项目;建成六横镇龙山新村、杜庄村、佛渡村、桃花镇公前村4个百姓健身房及六横镇嵩山村社区多功能运动场,升级改造展茅螺门村级健身广场等。举办2021年羽毛球俱乐部全国邀请赛、越野东海——2021舟山群岛穿越之旅、区老年人门球交流竞赛暨区门协“迎春杯”门球比赛、全区武术交流赛、党建杯羽毛球团体赛、浙江省中小学生羽毛球积分排名赛、“最美海岸线”荧光夜跑等活动。全年举办群众性文体活动252场次,参与25万余人次。

(撰稿:何慧芬)

文化团队与设施

【概况】 全区有文化馆1个,街道镇综合文化站7个,在职人员60人,设施面积29618平方米。全区建成85家渔农村文化礼堂。有208名专业文化干部,各类业余文艺团队459支。年底,全区文体之家524家,文体示范户188户。

【文化团队】 2021年,普陀区有夕阳红艺术团、老干部艺术团、海沙沙艺术团等文化团队459支,成员14174人。普陀海之蓝合唱团表演的混声合唱《在灿烂的阳光下》和《党啊,亲爱的妈妈》获评“迎建党百年 享美好生活”浙江省群众(乡村)合唱大赛入围作品。

【文化设施】 2021年,普陀区完成朱仁民艺术馆装修工程招标,启动普陀美术馆改造前期工作,提升岛上人才书店、八目书局、清宴书屋等城市书房。推进六横镇综合文化站、桃花镇公前村公前文化礼堂等4家省级试点和东极镇东极村文化礼堂、蚂蚁岛管委会蚂蚁岛村文化礼堂等22家市级试点建设,实现各街道镇全覆盖。村(社区)文体设施实现标准化建设,全区105个村(社区)文体活动中心实现全覆盖,平均建筑面积470平方米。六横镇、桃花镇、沈家门街道、展茅街

2021 年各街道镇综合文化站基本情况

表 57

文化站	建筑面积（平方米）	等级	藏书(册)	从业人员(个)
六横镇综合文化站	10568	一级	69680	5
桃花镇综合文化站	3500	一级	30259	4
虾峙镇综合文化站	2200	二级	32000	3
东极镇综合文化站	1000	二级	4500	2
沈家门街道综合文化站	1500	一级	12000	4
东港街道综合文化站	2000	二级	8500	3
展茅街道综合文化站	2500	一级	17000	4

道被评为省一级综合文化站，虾峙镇、东港街道、东极镇被评为省二级综合文化站。

文化活动与交流

【概况】 2021 年，全区送戏送讲座送展览 554 场次，6 万余人次参与；举办 2021 普陀海稻音乐节、中国舟山（普陀）第四届农民丰收节、第十三届中国国际普陀佛茶文化节、2021 普陀区百姓文化艺术节等系列品牌文化活动 180 场次，累计 11 万余人次参与。

【文化培训和文化活动】 2021 年，普陀区开展“幸福生活全民学艺——百姓走进文化馆”系列活动，全年完成音乐、舞蹈、曲艺、文学、美术、摄影各个门类公益培训合计 254 场次，8000 人次参与。面向全区 7 个街道镇、3 个管委会开展下基层培训辅导，举办渔民画、舞蹈、表演唱、器乐、小品、广场舞等文化艺术公益培训 85 期，4000 余人次参与。

是年，六横镇举办“唱支红歌给党听”庆祝中国共产党成立 100 周年、“红歌飘扬　唱响六横”红歌展演、“壮丽 100 年、奋斗新时代”六横书画摄影展等文化活动；桃花镇举办塔湾金沙之“集装箱狂欢音乐节”等文化活动；虾峙镇举办渔民文化节、虾峙镇庆祝中国共产党成立 100 周年文艺会演等文化活动；东极镇举办历史文化节、庆祝中国共产党成立 100 周年系列文化活动等；沈家门街道举办第十六届社区睦邻节系列活动、“回眸百年，奋进‘十四五’”主题年活动等；东港街道举办群众文化艺术节、庆祝中国共产党成立 100 周年文艺下乡巡演等活动；展茅街道举办庆祝中国共产党成立 100 周年活动。

10 月，2021 普陀海稻音乐节（展茅街道提供）

【讲座与展览】 2021 年，区文广旅体局拓展线上云端活动，推出普陀云上大讲堂、云上大展厅等活动新模式。举办“情系家园，同心圆梦——庆祝中国共产党建党一百周年普陀区美术作品展”“穿越千年　美在方寸”——戎峰雷艺术盘扣展、“百年辉煌　同心筑梦——庆祝中国共产党成立 100 周年书画展”等普陀文化大展厅 24 场次，吸引 49065 人次参与；举办“学习‘七一’讲话精神　赓续舟山红色血脉”讲座、“舟山亦是江南地——从《离殇》读懂海岛的城市生活”等普陀人文大讲堂文化活动 32 场次，吸引 3430 人次参与和观看。

【区域文化交流】 2021 年，区文广旅体局与宁波海曙、合肥蜀山

5月，2021普陀区百姓文化艺术节（区文广旅体局提供）

等地开展文化走亲活动，吸引2000余人次参与。活动现场穿插普陀旅游资源介绍、主题旅游路线推介、“嗨普陀”花式玩法推广等环节，让宁波、合肥市民近距离感受普陀的魅力。普陀海岛特色“福集”上的渔文化布艺产品、渔味美食等产品也备受追捧。

【“三团三社”展演】 10月22日，由区文广旅体局主办、区文化馆承办“幸福普陀情·同谱共富曲”2021年普陀区“三团三社”展演在普陀大剧院举办。经过前期组织、报名、审核等程序，有17支业余文艺团队入围最终展演，评选出一等奖1个、二等奖2个、三等奖3个、优秀奖6个。

10月22日，2021普陀区“三团三社”展演（区文广旅体局提供）

【云上艺术课堂】 春节期间，普陀区举行“留普过年，乐享幸福”春节线上系列活动。举办“一起过个幸福年——2021普陀区网络春晚”；推出7期“云端悦赏——普陀区海洋文艺精品欣赏”，在市级以上获奖的原创节目为《“云端悦展——非遗过大年　文化进万家”》；推出9期2021年普陀区非物质文化遗产保护成果大荟萃，有传统音乐会、传统舞蹈、传统民俗等；推出8期“云享课堂”。线上推出手工布艺、盘扣、海洋剪纸、少儿舞蹈、少儿声乐云课程，丰富群众文化生活，开展全民艺术普及。

【全民阅读系列活动】 区文广旅体局组织开展“第十四届全民读书节”、展览、讲座、市民阅读推广等全民阅读系列线上线下活动293场次，吸引89814人次参与。以“幸福普陀，书香颂党”为主题，开展“峥嵘百年，与党同行”中国共产党历届党代会图文展览、“百年党史　百年经典”百姓书市、“幸福普陀　书香颂党”读经典　知党史、“建党百年忆荣光，不忘初心再扬帆”寄送明信片等线上线下活动数十场次；举办“传承红色基因　守好红色根脉”弘扬蚂蚁岛精神专题红色讲座，并邀请中国作协副主席何建明以“革命者的初心”为题授课。

【文学艺术创作表演】 油画《落日时分》获庆祝中国共产党成立100周年——“美艺求美”浙江省女画家作品展学术提名，油画《热腾腾的海角》入选浙江省第

4月，普陀区第十四届全民读书节（区文广旅体局提供）

七届群星视觉艺术综合大展优秀作品展。

女子组唱《听江南》获2021浙江省第二十届群众音乐大赛金奖，男声独唱《桃花的亲人》获2021浙江省第二十届群众音乐大赛入围奖，混声合唱《在灿烂的阳光下》和《党啊，亲爱的妈妈》获评“迎建党百年 享美好生活”浙江省群众(乡村)合唱大赛入围作品。童谣《父亲的网》获舟山市优秀童谣征集大赛成人组三等奖。在2021年舟山市文艺创作作品展演中，歌曲《桃花的亲人》获音乐类创作和表演一等奖；歌曲《听江南》获创作和表演二等奖；歌曲《等待的渡口》获创作和表演三等奖。

论文《浅谈海洋文艺精品创作》获浙江省第二十三届公共文化论坛征文三等奖，论文《普陀渔民画谋求新生的几点思考》获2021年浙江省第二届群文美术论文征文活动银奖。

舞蹈《VR少年》获2021年舟山市文艺创作作品展演舞蹈类创作一等奖、表演二等奖；女子群舞《塘上人家》获2021年舟山市文艺创作作品展演创作和表演三等奖。

顾颖获浙江省最佳编剧奖，小品《谁的卡》获浙江省首届喜剧小品大赛金奖，小品《网瘾老年》获浙江省第三十二届群众戏剧小品大赛银奖，宣讲作品《“岛”儿为什么这样红》获浙江省青年理论宣讲暨微型党课大赛情景式决赛二等奖。2021年舟山市文艺创作作品展演，小品《网瘾老年》获戏剧曲艺类创作和表演一等奖；喜剧小品《谁的卡》获创作和表演二等奖；翁洲走书《紧急救助弘进轮》获创作和表演三等奖。费佳风获最佳编导；顾颖获最佳导演。

（撰稿：刘佼佼）

文化娱乐市场管理

【概况】 2021年，全区有网吧18家，歌舞娱乐场所54家，游艺娱乐场所2家，演出场所6家，游泳场所20家。办理各类审批业务155项，帮助企业和群众网络申报140家次，接受各类咨询1600余次。文化市场义务监督员32人。

【文化市场执法管理】 2021年，文化市场管理部门根据省市统一部署，开展“百日护航建党百年”“暑期整治”“秋冬会战”“扫黄打非”等专项行动，重点整治互联网上网服务营业场所、娱乐场所、网络文化市场中存在违法违规行为。全年出动检查执法人员2752人次，检查经营单位1217家次，其中，网吧780家次、游艺娱乐场所24家次、歌舞娱乐场所284家次、文物经营单位1家次、印刷18家次、出版物57家次、广播电视3家次、电影8家次、演出场所4家次、网络文化1家、不可移动文物11家次、体育23家次、其他13家次。拆除地卫设施20套，立案查处违法违规行为10起，警告2家次，罚款54000元，停业整顿1家次，没收非法所得410元，没收违法物品302个，重大案件1件。

【文化市场审批管理】 2021年，区文广旅体局深化“最多跑一次”改革和文旅系统“数字化改革”，“最多跑一次”事项按政务服务2.0工作要求进行梳理和整合，整合后由原先121项变更为117项。结合“互联网+政务服务”和政府数字化转型模式，做到“网上申报、网上受理、网上办结、不见面送达”。全年办理各类审批业务155项，帮助企业和群众网络申报140家次，接受各类咨询1600余次。窗口实行审批服务“预告知”服务。实现审批“一件事”通办。通过优化审批流程和压缩审批时限，业务办结率100%，“跑零次”事项比例达到100%，“掌上办理”事项实现100%。

【安全生产】 区文广旅体局重视安全生产日常监管，确保文化市场安全生产零事故。与70余名业主签订安全生产（消防）责任书，强化文化市场经营单位安全管理主体责任意识；把宣传安全生产贯穿于日常执法管理工作中，通过微信群、市场检查，组织培训，增强经营业主安全生产意识；加强执法检查。通过部门联动检查、安全专项排查，对全区各网吧、娱乐场所、出版物市场、印刷企业、文保单位等进行常态化安全检查，全年发现有18家场所存在安全隐患35起，现已全部落实整改。

【互联网+监管】 区文广旅体局执行“互联网+监管”执法要求，巡查检查、专项检查、双随机抽查三大项内容全部通过“浙政钉掌上执法”进行操作。确保清单事项监管覆盖率100%。2021年组织开展文化市场领域“双随机”抽查14次，其中，跨部门“双随机”抽查3次、本部门“双随机”11次，出动执法检查人员合计150人次，抽查涵盖文化、新闻出版、文物、体育等各类经营单位62家次。

（撰稿：何慧芬）

图书馆室

【概况】 区图书馆馆舍面积0.56万平方米（含共有面积），阅览坐席0.03万个。2021年，公共图书馆经费投入518万元，文献总量36万册（件），累计发放有效借书证4.5万张，外借图书31万册，图书馆网站访问量10万人次，全年总流通人次45.5万人次，读者活动次数293次，参加人数11.73万人次。

【公共文化服务体系】 区图书馆完善馆外图书流通服务网络，改变馆外图书流通点阅读单一模式，与企业加强合作，新建海滨影都城市书房，并采购、安装自助借还系统。2021年度采购馆藏图书15910册。征集地方文献58种204册。完成报纸杂志430种的记到、上架工作。全年完成送书下乡65822册次，为村级图书室订阅报纸6种27份，杂志2种27份。赴展茅、桃花、东港等街道镇分馆业务指导30次。推进全区100%社区（村）综合文化服务中心、文化礼堂纳入图书馆自动化业务管理系统。

【基础设施建设】 2021年，全有已建立街道镇万册图书分馆7家，建立村（社区）特色农家书屋、文化礼堂图书室70家，建立城区学校图书馆分馆2家，城市书吧和城市书房5家，驻军、残疾人康复中心等地图书流通站10家。区图书馆有“最多跑一次改革”事项11大项、18子项，覆盖率达到100%。

【读者服务】 区图书馆全年办理图书借阅证800余张。实行双休日、节假日、寒暑假不闭馆，周开放时间超过72小时，网上资源24小时对外开放。继续推行“一站式”服务模式、“一卡通”借阅等便捷特色服务，开展馆际互借服务，降低文献拒借率，加强对分馆业务管理。

岛上城市书房（区文广旅体局提供）

【特殊群体服务】 区图书馆利用公共电子阅览室这为军人、外来务工人员提供免费上网、指导网上购票等服务。为视障人群办理借书证,建立普陀区康复中心图书流通站,免费提供盲文图书和听书设备,并全程提供陪同服务。继续完善相关设施设备,馆内配置母婴室、学雷锋志愿者服务站,免费提供老花眼镜、充电宝、茶水、应急药品方便读者。

举办“科技与海洋的对话”学生装置艺术展、“童心未泯暖心服务”阅读活动、“小小图书管理员志愿者活动”等各类活动16场次,参加825人次。

【数字资源建设】 区图书馆通过采购、自建、共建等方式,完善普陀数字图书馆建站。拥有超星、维普、万方等数字资源库50多个,近10T电子资源,约260万图书书目信息,1万多种电子期刊,2万多个视频,均免费供广大读者访问及下载。拓展微信公众平台,为读者推荐好书和预告活动,定制开发“活动预约”“你点书我买单”两个栏目,读者可以结合自己所需实时点单。设置移动图书馆电子设备,提供超星电子图书2000册,每月更新200册,方便读者更好地享受信息时代的移动数字化阅读需求。做好地方文献征集、整理及数字化加工工作,累计完成20册(件)地方文献数字化工作。

(撰稿:刘佼佼)

文物保护

【概况】 全区有东亭山灯塔(浙东沿海灯塔群)、定海测候所旧址等文物保护单位27处,其中,国家级1处、省级1处、市级4处、区级21处,区级文物保护点7处。2021年,完成市级文物保护单位“蚂蚁岛人民公社旧址”记录档案编制。系统排摸全区文物资源保存状况,完成石窟寺文物调查、摩崖题刻调查、白蚁情况、“三普”相关数据更新等调查工作。区级文物保护单位陈顺泰民居完成修缮保护工程。“蚂蚁岛人民公社旧址保护利用”入选全国文化遗产旅游百强案例,“蚂蚁岛红色精神守护团队”获第五届“最美浙江文物守望者”荣誉称号。青龙山革命烈士纪念碑、桃花革命烈士陵园、蚂蚁岛人民公社旧址3处文物保护单位入选浙江省第一批不可移动革命文物名录。

【文物建筑消防安全三年专项整治行动】 2021年,区文广旅体局继续实施文物建筑消防安全三年专项整治行动(始于2020年8月),强化政府文物保障主体责任,召开全区性文物安全工作会议,分析区域内文物安全整体情况,压实街道镇和相关部门文物保护责任;完成区政府、街道镇(管委会)、村(社区)、文物建筑所有人(使用人)四级文物安全责任书签订,建立健全和完善基层文物保护网络;联合文物、消防、电力等部门开展实地文物检查,督促街道镇、管委会、村(社区)、文物使用者进行自查自纠,整改消防安全隐患。做好台风期间文物安全保障工作。全年检查文物单位172家次,检查次数236次,其中联合检查10次,发现和整改安全隐患数50处。

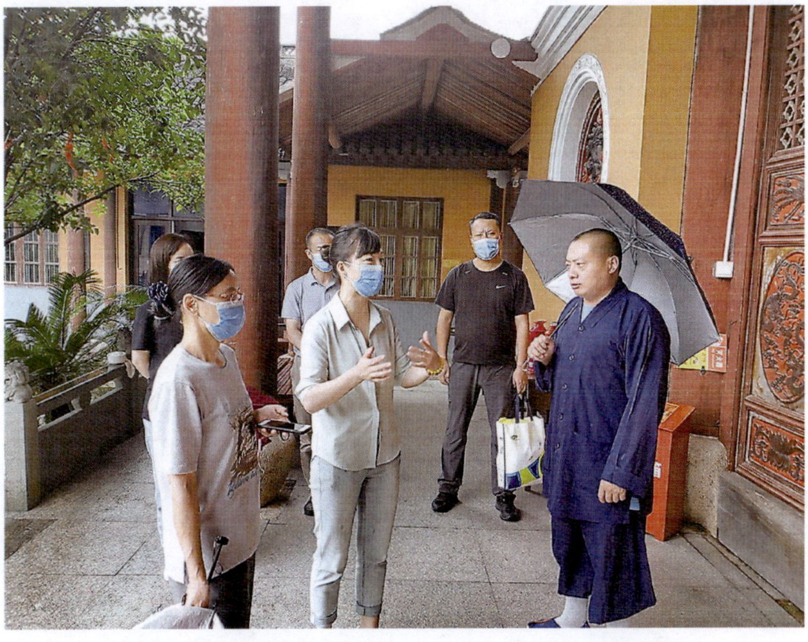

7月23日,文物安全检查(区文广旅体局提供)

【普陀区博物馆】 2021年，普陀区博物馆（含沈院）免费接待游客9.15万人次；举办“渔都风情展”和“沈清孝文化展”2个固定展览，“渔都风情”——普陀区民俗文化展等临时展览6次；新征藏品98件（套），现有藏品1618件（套），珍贵文物1件（套）。举办“5·18”国际博物馆日、红色研学游、“我们的节日”主题活动、“指里行间”互动微课堂等公共文化服务活动19次，参与1.5万余人次；普陀博物馆微信公众号推出“新桃新福迎新年”线上游活动，利用网络数字化帮助大众了解年俗知识和普陀地域文化，活动期间200余人次参与线上游戏。编印《普陀文物史迹宣传册》。以“普陀的海洋文化”和沈院“孝文化”为主题，以灯塔、鱼梭等为元素，开发设计书签、摆件、团扇等系列博物馆文化创意产品。加强海洋系列（民间）博物馆免费开放和管理，展茅五匠馆、白沙渔俗馆、东极历史文化博物馆、六横里岙民俗风物馆、虾峙风情馆等5家分馆接待游客5.6万人次。

【2021年普陀博物馆线上游活动】 2021年，普陀区博物馆加强网站、微信公众号等升级建设，完成沈家门渔都风情展馆和沈院720度全景语音项目，并实现馆网和微信公众号同步上传数字体验馆资源加工，将“亲临现场”变为“网上体验”，为观众带来独特观展体验和视觉享受，观众可自由点击重复观赏展厅中藏品，全方位体验普陀海洋文化和沈院孝文化及公园景观；推出线上“新桃新福迎新年”社教系列活动，增加渔文化拼图游戏、普博灯谜猜猜猜、H5迎新活动预告等内容；推出“致敬抗日英烈”线上云祭奠活动，为英烈们献上一束鲜花，表达对革命先烈景仰和追思；增设“知往鉴今”栏目，以线上讲座形式将博物馆相关文化信息与大众共享，提升博物馆微信公众号宣传内容吸引力和新颖度。

非物质文化遗产保护

【概况】 全区有非物质文化遗产名录107项，其中，国家级1项（普陀传统木船制造技艺）、省级12项、市级31项、区级63项；非物质文化遗产代表性传承人38名，其中，国家级1人、省级4人、市级11人、区级22人；非物质文化遗产传承（教学）基地31个，其中，省级2个、市级14个、区级15个。有国家级非物质文化遗产项目保护单位1个（浙江岑家木船文化发展有限公司）、省级非物质文化遗产宣传展示基地1个（展茅五匠馆）、市级非物质文化遗产生产保护性示范基地3个、市级非物质文化遗产体验基地3个。2021年，推进非遗融入全域旅游、融入乡村振兴发展，打造省级非物质文化遗产旅游景区——民俗文化旅游村2个（干施岙村、东极村）、非遗主题小镇1个（东极镇）。开展“非遗进社区、进校园、进礼堂”系列之培训、表演等活动40场次。

【2021年“文化和自然遗产日”宣传展示活动】 6月11日下午，该展示活动在普陀体育馆举行，分为舞台演出、非遗体验、普陀福集、非遗精品展、文博展区五个部分。本次“文化和自然遗产

6月11日，2021年普陀区“文化和自然遗产日”宣传展示活动（区文广旅体局提供）

日”活动主题是“人民的非遗人民共享”“文物映耀百年征程”，展示普陀光辉百年历程中文化遗产的保护传承成果与开发利用成绩，活动现场还免费发放《中华人民共和国文物保护法》《中华人民共和国非物质文化遗产法》等法律手册和《普陀记忆——普陀区文物史迹图文册》《普陀区非遗名录图文大观》等书籍。

【非物质文化遗产活动】 2021年，普陀区非遗保护中心以“线上线下 动静结合”方式开展各项非遗活动。组织“舟山绿眉毛三桅木帆船模型”作为舟山唯一代表参加浙江省非遗馆藏品捐赠仪式；10幅渔民画作为浙江唯一入选的绘画作品参加匠心筑梦颂歌献党——“庆祝建党100周年”长三角传统美术精品展；渔民画作者缪亚娟《渔家追梦奔小康》、杨素亚《新时代 幸福生活》入选第三届“幸福小康 美好生活”全国农民画作品展。举办第四届“少年非遗说”浙江传说故事讲述大赛普陀赛区大赛、“盘丝错节 优雅中国结”盘扣展、2021年舟山市非遗“三进四季行”——普陀行活动、云端悦展之2021年普陀区非物质文化遗产保护成果大荟萃等活动10场次；开展“非遗进社区、进校园、进礼堂”系列之培训、表演等活动40场次。

【公布第四批市级非遗传承教学基地】 7月20日，市文广旅体局、市教育局联合发文公布第四批市级非遗传承教学基地，虾峙学校、桃花镇中心学校、普陀小学、普陀区中心幼儿园入选。

（撰稿：陈凤阳）

体育组织

【普陀区体育中心】 区体育中心为区文广旅体局下属股级全额拨款事业单位，指导全区群众体育活动，体育下乡等体育健身指导服务工作、社会体育指导员培训，指导基层体育设施建设，实施全区综合性运动会等重大体育竞赛、体育后备人才培养，实施全区国民体质测试，实施上级单位交办的其他工作任务。

【普陀区体育总会】 全区具有独立法人资格体育协会18个，新增普陀区社会体育指导员协会。全年开展赛事活动20余次，参与3200余人次。区乒乓球协会、围棋协会通过AAA等级社会组织评估。2021年，体育协会考核结果：一等奖：羽毛球协会，二等奖：老年人体育协会、武术协会，三等奖：门球协会、篮球协会、游泳协会；评出8名协会优秀工作者。

【普陀区老年体育协会】 会员95475人。4月，召开区老年体育协会第七届委员大会，选举产生新一届领导班子；5月，参加“庆七一·迎亚运”2021年浙江省老年人门球交流赛，区老年门球队代表舟山市参赛，获优胜奖；开展全区老年人健康知识讲座，100余人参加；4—10月，参加市第十届老年人运动会，获4金10银4铜。

【普陀区武术协会】 会员6065人。6月，举办2021年普陀区武术交流赛，18支代表队150余人参加；6月，参加舟山市第七届健身气功站点联赛，获一等奖2个，二等奖8个；参加舟山市第二届武林大会，获集体项目4金1银，个人项目1金1银。

【普陀区游泳协会】 会员90人。6月，举办2021年普陀区救生技能比赛，32人参加；9月，参加浙江省第四届体育大会水上救生比赛，郑竹君获女子成人组50米假人救生第七名及100米障碍游泳第八名。

【普陀区篮球协会】 会员280人。6月，举办普陀区首届“健翔杯”“庆六一”篮球嘉年华，200余名小选手参加；12月，承办2021年舟山市第四届篮球俱乐部联赛暨浙江省篮球超级联赛舟山赛区选拔赛，12支代表队160余人参加。

【普陀区羽毛球协会】 会员410人。4月，举办羽动普陀“缘起莲韵杯”2021年羽毛球俱乐部全国邀请赛，来自全国16支羽毛球俱乐部192名运动员参加；5月，举办2021年普陀区羽毛球教练员提升培训班，邀请国家级教练员周小敏授课，100余人参加；7月，承办2021年中国体育彩票浙江省羽毛球俱乐部联赛（舟山站),全省有 25 支代表队 300 余人参加。

【普陀区乒乓球协会】 会员 50 人。4 月,举办杭甬舟三地乒乓球精英赛,40 余人参加;4 月,组队参加 2021 第二届“自游宝”杯全市乒乓球俱乐部精英邀请赛;12 月,通过 AAA 等级社会组织评估。

【普陀区海钓协会】 会员 154 人。9 月,举办 2021 年“海钓酒楼杯”舟山海钓精英赛暨第四届“沈家门渔港小镇杯”选拔赛,全区有 24 名海钓选手参赛。

【普陀区自行车协会】 会员 76 人。4 月,组队参加魅力海岛·桃花岛环岛骑行暨第二届环舟山自行车骑游大会预热活动桃花站;5 月,组队参加 2021 年华东地区公路自行车巅峰对抗赛暨“全景嵊泗·嗨单车”第六届环岛骑游大会。

【普陀区围棋协会】 会员 66 人。7 月,参与“童心向党,筑梦普陀”区社会组织公共服务中心暑期公益夏令营活动,协会承担围棋课程讲授;10 月,举办 2021 年普陀区国庆少儿围棋等级赛,120 余名小棋手参加。12 月,通过 AAA 等级社会组织评估。

【普陀区门球协会】 会员 96 人。4 月,举办 2021 年普陀区老年人门球交流赛及普陀区门协“迎春杯”门球赛;组队参加浙江省第三届女子门球赛,被授予体育道德风尚奖;组队参加舟山市“迎五一”门球赛,获团体第一名;10 月,参加舟山市第十届老年人运动会门球比赛,获第三、第四名。

【普陀区瑜伽协会】 会员 130 人。8 月,召开区瑜伽协会第二届会员大会,选举产生第二届理事会成员、会长。

【普陀区气排球协会】 会员 45 人。10 月,组队参加舟山市第十届老年人运动会气排球比赛,男子组获第三名,女子组获第二名。

【普陀区象棋协会】 会员 50 人。4 月,召开普陀区象棋协会换届大会,选举新一届象棋协会会长;4 月,举办普陀区象棋个人赛,50 余人参加。

【普陀区网球协会】 会员 50 人。5 月,参加 2021 年第三十八届浙江省业余网球公开赛(嘉兴站),协会会员张健康与市网协沈鲁舟组队,获男子双打 50 岁以上组第三名。

【普陀区社会体育指导员协会】 4 月,召开普陀区社会体育指导员协会成立大会暨第一届会员大会,会员 52 人。

【体育俱乐部】 2021 年普陀区新增各类体育俱乐部 3 个:登步岛管委会沙头村老年体育活动中心(俱乐部)、桃花镇青龙村老年体育活动中心(俱乐部)、虾峙镇晨港村老年体育活动中心(俱乐部);注销青少年体育俱乐部 3 家:普陀区小海豚青少年体育俱乐部、普陀区朱家尖绿舟青少年体育俱乐部、普陀区中远阳光青少年体育俱乐部。至年底,体育俱乐部 112 个,会员 54263 人。

(撰稿:王兴帆)

体育设施

【概况】 2021 年,全区体育场地面积合计 101.93 万平方米。新增体育场地 48 个 1.43 万平方米,人均体育场地面积 2.65 平方米/人,比上年增长 1.5%。其中新建省级社区多功能运动场 2 个(六横镇嵩山村)、省级村级全民健身广场 1 个(展茅街道螺门村)、农村百姓健身房 4 个(桃花镇公前村、六横镇杜庄村、佛渡村、龙山新村)、二代智能健身锻炼点 8 个(器材 60 件)、登山健身步道升级改造国家 B 级登山道 2 千米。

【普陀区国民体质监测中心】 8—10 月,全区组织完成 3973 人次国民体质监测任务,通过国民体质测试仪器对参与监测人员身体形态、身体机能、身体素质三方面进行监测,测试项目包括身高、体重、肺活量、握力、坐位立体前屈、闭眼单脚站立、仰卧起坐、选择反应时、台阶测试等 16 项(针对按不同年龄段进行对应的 8~11 个项目的测试)进行监测,受测人群为 3~6 周岁幼儿 1007 名、20~59 成人年2406 名、60~69 老年人 560 人,合格率 95%以上,优秀率 25%以上。

表 58

普陀区体育场地统计

街道镇(管委会)	健身路径场地数/器材数	篮球场(片)	乒乓台(片)		羽毛球场(片)	门球场(片)	网球场(片)	游泳池(馆)
			室内	室外				
沈家门	81/564	2	14	0	2	0	2	8
东港	120/780	6	23	4	30	3	6	11
六横	185/1532	39	20	3	8	2	0	0
桃花	70/360	6	6	1	1	0	1	0
虾峙	22/170	4	1	1	1	0	0	0
展茅	32/290	6	3	4	2	2	0	1
东极	2/12	1	1	0	0	0	0	0
白沙	3/20	1	1	0	0	0	0	0
蚂蚁	11/89	1	1	0	1	0	0	0
登步	13/56	1	1	0	1	0	0	0
小计	539/3873	67	71	13	46	7	9	20
合计	772							

说明：以上数据按各街道镇(管委会)区域分布统计，包括街道镇(管委会)、社区(村)、机关企事业单位，不包括学校体育场地

表 59

学校体育场地汇总

场地类型	场地数量(个)	场地类型	场地数量(个)
体育场	1	羽毛球房(馆)	13
田径场(运动场)	26	棋牌房(室)	4
足球场	16	篮球场	54
室外游泳池	5	排球场	20
室内游泳池	1	室外网球场	6
篮球房(馆)	12	乒乓球场(房)	18
体操房(馆)	10	沙滩足球场	3
综合馆	5	合计	194

【普陀区国家锻炼标准测试】 10—12月，全区组织完成306人次国家锻炼标准测试任务。对监测人员速度、耐力、力量、灵敏、柔韧5方面进行监测，测试项目包括25米×4往返跑、30秒跳绳、800米跑、一分钟仰卧起坐、立定跳远、绕杆跑、十字象限跳、坐位体前屈8项进行监测，受测人群为各体育协会会员，年龄段为20~69周岁，合格率100%、优秀率65%。

（撰稿：陈中耀）

群众体育

【学校体育】 2021年，全区青少年运动员在省、市各级运动会77个项目中，获省个人前八名28项，获市级团体前三名60余项，全国啦啦操联赛舟山站4个项目第一。

【浙江省体育现代化县(市、区)创建】 普陀区建立区、街道镇、村(社区)三级创建体系，除区级层面外，全区3个街道、3个镇及所属所有村(社区)投入省体育现代化乡镇(街道)、省体育现代化村(社区)创建。建立国民体质监测中心，开展国民体质测试3973人。投放国民体质监测设备进街道卫生服务中心，促进体医

2021年普陀区青少年参加省市级比赛成绩

表60

参赛比赛类别	项目	名次
2021年舟山市第八届中小学生阳光体育运动会沙滩足球比赛	小学女子组	团体第二名
	小学女子组	团体第三名
	小学男子组	团体第二名
	初中男子组	团体第二名
	小学女子组	团体第一名
	初中女子组	团体第二名
	初中男子组	团体第一名
	初中女子组	团体第三名
	初中女子组	团体第一名
	小学男子组	团体第三名
2021年舟山市中小学生网球比赛	小学女子甲组	团体第一名
	小学男子甲组	团体第二名
	小学男子乙组	团体第一名
	小学女子乙组	团体第二名
	小学男子丙组	团体第一名
	小学女子丙组	团体第一名
2021浙江省第六届青少年学生阳光运动会网球比赛	女子小学乙组	单打第三名
2021年舟山市中小学生棋类比赛	小学女子甲组围棋	团体第一名
	小学女子甲组中国象棋	团体第二名
	小学女子乙组中国象棋	团体第二名
	小学男子甲组围棋	团体第三名
2021年舟山市小学生短式网球比赛	小学男子甲组	团体第二名
	小学女子甲组	团体第三名
	小学女子乙组	团体第三名
2021年舟山市小学生篮球比赛	小学男子	团体第二名
	小学男子组	团体第三名
	小学女子组	团体第三名
2021年舟山市中小学生女子排球比赛	小学组女子	团体第三名
	初中组女子	团体第三名
	初中女子组	团体第二名
2021年舟山市第八届中小学生阳光体育运动会游泳比赛	初中组	团体第二名
	小学组	团体第一名

续表 60

参赛比赛类别	项目	名次
2021 年舟山市第八届中小学生阳光运动会田径比赛暨舟山市第三十六届中小学生田径运动会	中学组田径	团体第二名
	小学组田径	团体第一名
2021 年浙江省青少年田径锦标赛	跳高	第一、第二名
	三级跳远	第一名
2021 年浙江省第六届青少年学生阳光体育运动会	跳高	男子第二名、女子第二名
	标枪	第三名
	铅球	第二名
	110 米栏	第二名
	三级跳远	第一名
2021 年舟山市第八届中小学生阳光体育运动会羽毛球比赛	小学女子甲组	团体第三名
	小学女子丙组	团体第三名
浙江省青少年田径锦标赛	100 米	第二名
	60 米栏	第二名
2021 年全国啦啦操联赛舟山站	技巧啦啦操规定动作	团体第一名
	爵士啦啦操规定动作	团体第一名
	花球啦啦操规定动作	团体第一名
	花球啦啦操自选动作	团体第一名

融合。做好创建台账收集整理、创建汇报片拍摄制作等迎检工作，并通过全省首批体育现代化县(市、区)技术评估及考核验收。

【全民健身“双员”队伍建设】 普陀区举办船拳培训班暨三级社会体育指导员培训(复训)班，象棋、围棋三级社会体育指导员培训班、羽毛球教练员提升培训班 3 期 200 余人次。加强社会体育指导员管理，完成浙里办身份激活 1108 名。构建全区“基层体育委员”组织体系，在全区建立一支由 100 余名热心公共体育事业组成的基层体育委员队伍，打通公共体育服务“最后一公里”。

【体育公益培训】 普陀区开展“快乐健身人人练”活动，选派社会体育指导员赴六横、东极、展茅等地开展腰鼓、太极拳、健身排舞等公益培训 17 场次 1000 余人次。

【体育活动】 区内举办 2021 年普陀区“步步高”登山、2021 年普陀区中小学生田径运动会、越野东海——2021 舟山群岛穿越之旅等区级体育赛事 22 次，6432 人次参加。

体育赛事

【2021 年浙江省中小学生羽毛球积分排名赛第三站】 该赛事由省体育局和省教育厅主办，区文广旅体局承办，6 月 19—21 日在区全民健身中心举行，全省 30 支代表队 254 名运动员报名参赛。比赛分设中学甲组、中学乙组、中学丙组 3 个组别，分别进行男子单打、女子单打、男子双打、女子双打、混合双打(中甲、中乙)5 个单项比赛。中学甲组：吴智勇(宁波小球中心)获男单冠军、严毅(江山旋风)获女单冠

1月1日，2021年普陀区“步步高”登山活动（区文广旅体局提供）

军、吴家俊和黄祥轩（杭州高级中学）获男双冠军、吴歆芸和陈越（非凡体育）获女双冠军、戚千裕和贾初喆（杭州高级中学）获混双冠军；中学乙组：张志杰（嘉兴少体校）获男单冠军、陈樊淑湉（杭州陈经纶）获女单冠军、金正涵和肖高博（温州体校）获男双冠军、章静妤和覃诗洋（嘉兴少体校）获女双冠军、季煦城和徐欣菱（宁波小球中心）获混双冠军；中学丙组：钟家瑞（江山旋风）获男单冠军、刘晨茜（台州腾飞）获女单冠军、钟家瑞和邵炫

2021年普陀区体育活动汇总

表61

名称	举办单位	地点	时间	参加人数
2021年普陀区“步步高”登山活动	区文广旅体局、区直属机关工委、区总工会、团区委	普陀	1月1日	1000
1390海岛越野赛	市、区文广旅体局	舟山	1月1日	400
2021年普陀区迎春杯气排球赛	区气排球协会	普陀体育馆	1月8日	100
2021年舟山市普陀区象棋个人赛	区体育总会	普陀体育馆	4月4日	50
羽动普陀“缘起莲韵杯”2021年羽毛球俱乐部全国邀请赛	区体育总会	普陀区全民健身中心	4月11日	192
2021年普陀区中小学生田径运动会	区教育局、区文广旅体局	东港中学	4月16—17日	380
2021年普陀区老年人门球交流竞赛暨门协“迎春杯”门球比赛	区老年体协、区门球协会	东港门球场	4月19日	70
中国体育彩票第四届舟山市全民体育生活节暨2021普陀区少儿围棋等级赛	区体育总会	普陀体育馆	5月1日	230
2021年普陀区小学生篮球比赛	区教育局、区文广旅体局	中旭实验学校	5月7—9日	120
越野东海——2021舟山群岛穿越之旅	市、区文广旅体局	舟山登山步道	5月15—16日	1500
2021年普陀区中小学生羽毛球比赛	区教育局、区体育总会、区羽毛球协会	普陀全民健身中心羽毛球馆	5月24—25日	100
中国体育彩票第四届舟山市全民体育生活节暨2021普陀区武术交流赛	区体育总会主办，区武术协会、区老年人体育协会承办	普陀体育馆	6月5日	160
2021年舟山市普陀区首届“健翔杯”“庆六一”幼儿少儿篮球嘉年华	区篮球协会	普陀体育馆	6月5日	181
普陀区第三届“党建杯”羽毛球团体赛	区体育总会普陀农村商业银行	普陀区全民健身中心	6月5—6日	200

续表 61

名称	举办单位	地点	时间	参加人数
2021 年浙江省中小学生羽毛球积分排名赛	省体育局	普陀区全民健身中心	6 月 19—21日	337
2021 年普陀区中小学生排球比赛	区教育局、区文广旅体局	展茅中心学校	7 月 2 日	120
2021 年中国体育彩票杯浙江省羽毛球业余联赛	省体育总会、省市区羽毛球协会	普陀全民健身中心	7 月 16—18 日	280
2021 年“庆国庆”职工羽毛球精英赛	区工会、区羽毛球协会	普陀全民健身中心羽毛球馆	10 月 18 日	82
2021 全球网络直播钓鱼公开赛开幕赛暨全国沿海城市海钓精英赛	休闲垂钓协会、市文广旅体局、区人民政府	六横岛	9 月 13 日至 10 月 7 日	60
2021 年普陀区“最美海岸线”荧光夜跑	区文广旅体局、区总工会	莲花洋广场	10 月 22 日	600
2021 年“海钓酒楼杯”舟山海钓精英赛暨第四届沈家门渔港杯选拔赛	区海钓协会	东福山	11 月 6 日	90
2021 年舟山市第四届篮球俱乐部联赛暨浙江省篮球超级联赛舟山赛区选拔赛	市篮球协会、区文广旅体局	普陀体育馆	12 月 3—12 日	180

6 月，2021 年浙江省中小学生羽毛球积分排名赛第三站（区文广旅体局提供）

杰（江山旋风）获男双冠军、陈晗之和刘晨茜（台州腾飞）获女双冠军。

【越野东海——2021 舟山群岛穿越之旅】 5 月 15—16 日，“越野东海——2021 舟山群岛穿越之旅”开赛，由市政府主办、市文广旅体局和区政府承办，国内外 1500 余名越野跑爱好者参赛。本次赛事共设置 UTDH100 公里组、TTDH60 公里组（男双/混双）、TDH60 公里组、ODH36 公里组、RDH25 公里组、RDH25 公里组（混双）7 个参赛组别。赛道利用登山健身步道资源，东临普陀莲花岛，西至定海桃花涂，横贯东西，赛道沿途集聚阳光、海浪、沙滩、礁石、峭壁、渔村等，为选手创造独特参赛体验。谢雯菲以 14 小时 43 分 29 秒的成绩获 UTDH100 公里组女子冠军，白兴致以 15 小时 02 分 27 秒的成绩获得 UTDH100 公里组男子冠军；吴政桦、叶倩分别以 10 小时 27 分 17 秒和 11 小时 23 分 16 秒的成绩获 TDH60 公里组男子、女子冠军；余忠、陈燕萍分别以 4 小时 56 分 33 秒和 5 小时 43 分 31 秒的成绩获 ODH36 公里组男子、女子冠军；胡钢、徐亚君分别以 2 小时 39 分 47 秒和 2 小时 53 分 14 秒的成绩获 RDH25 公里组男子、女子冠军。

（撰稿：缪冬　周琼）

文化体育产业

【普陀大剧院】 该剧院由舟山聚橙剧院管理有限公司管理运营。2021年引进话剧《同船过渡》，举办2021湖北交响乐团"经典之夜"新年交响音乐会、上海昆剧院《牡丹亭》《蝴蝶梦》、颂歌献给党——中央歌剧院专场音乐会、重庆歌剧院《在烈火中永生——红岩精神主题音乐会》《民族名曲经典系列之长征歌曲专场》、黄蒙拉小提琴独奏音乐会等演出活动120场次。

【体育彩票】 2021年，普陀区体育彩票总销售量1.30亿元，其中，乐透型0.81亿元、竞猜型0.39亿元、即开型0.1亿元。年底，全区体育彩票销售网点55家。全年按比例筹集体育彩票公益金322.2万元，用于全区体育事业支出，其中，用于资助或组织开展全民健身活动类支出36.2万元，用于援建和维护公共体育场地223万元，"竞技体育"资助类项目63万元。

【体育场馆活动】 普陀全民健身中心和普陀体育馆2021年累计接待健身人次18.5万余人，举办体育赛事活动21场次，其中免费举办体育讲座、展览等3场次。体育健身技能培训800人次，运动健身指导2000人次。

（撰稿：陈中耀）

【舟山普陀文化旅游集团有限公司】 该公司（简称文旅集团）是区属国有控股公司，由区政府国有资产监督管理办公室、浙江省财务开发有限责任公司共同出资1亿元设立，有下属核心企业9家：舟山普陀文化发展有限公司、舟山普陀体育发展有限公司、舟山市普陀区桃花岛旅游开发投资有限公司、舟山东海极地旅游开发有限公司、舟山市普陀区白沙岛海洋牧场有限责任公司、舟山普陀蚂蚁岛红帆文化发展有限公司、舟山普陀普有旅游发展有限公司、舟山普陀东润交旅发展有限公司和杭州沈家门海鲜排档管理有限公司。自主经营管理沈家门海滨电影院、"观自在"游艇、朱家尖星海湾别墅；管理普陀国际影视创新产业园、普陀国际健康产业中心等相关产业。参股企业：舟山上东实业有限公司、浙江白沙海洋科技发展有限公司、浙江自贸区普拓影视传媒有限公司、舟山市普陀武搏体育发展有限公司、浙江华清海岛旅游规划设计有限公司等，拥有浙江华数广电网络股份有限公司相应股权。

2021年，区文旅集团聚焦"海洋+融合"双轮驱动，打造白沙耕海牧渔轻奢体验岛群、东极极地风情度假休闲岛群、桃花侠侣·爱情·文化主题探寻岛群。深化"项目+品牌"双圈结合，通过"禅艺+""渔港+""品牌+""文创+""民宿+"五大融合，合力塑造海岛产业融合个性金名片。实施"改革+数字"双创引领，推动桃花岛景区"一票通"系统软件平台，打造普陀智慧海岛数智创新先行地，形成文旅项目管理、营销、体验智能化。营业收入4737万元。

7月16日，"后会无期"纪念馆开馆运行，成为庙子湖环岛观光新网红打卡点（区文旅集团提供）

12月,舟山普陀文化发展有限公司研发桃花岛、莲花岛两款自有文创棒冰(区文旅集团提供)

1月6日,浙江省公共体育设施服务大提升工作考核小组莅临普陀全民健身中心,实地考察关于“场馆服务大提升”工作进展情况。5月1日,桃花岛旅游开发投资有限公司正式收购并接手桃花寨景区运营管理工作。6月26日,第六届舟山动漫普陀动漫节暨“镌海潮”舟山潮流秀场在普陀体育馆举办。6月30日,白沙海洋牧场人工渔礁建设项目正式开工。7月2日,浙江省体育局调研团领导莅临普陀全民健身中心。7月16日,“后会无期”纪念馆开馆运行,成为庙子湖环岛观光新网红打卡点。10月17日,桃花岛旅游开发投资有限公司正式接手射雕影视城运营管理工作,桃花岛步入景区一体化发展时代。12月,区文旅集团下属舟山普陀体育发展有限公司完成对普陀全民健身中心笼式足球场地坪更新改造;同月,区文旅集团下属舟山普陀文化发展有限公司研发桃花岛、莲花岛两款自有文创棒冰,将景区与美食相融合。

(撰稿:周珈祎)

广电监管及服务

【广电行政监管】 保障中国共产党成立100周年的重大任务为重点,加强广播电视播出机构、网络传输机构落实安全播出保障工作,调整广播电视安全播出和网络安全协调领导小组成员,明确职责。开展广电行业安全大检查,按“安全大检查自查表”逐项进行自查整改,完善安全播出工作机制,强化广播电视节目和广告管理,执行新闻播出审查管理制度,净化荧屏声屏,确保中国共产党成立100周年广播电视安全播出和网络安全无事故,完成全年其他重要节点、重要活动安全播出保障工作。完成省、市部署对非法卫星电视接收设施整治工作,11月2日,市、区广电行政部门会同执法部门联合行动,对泗湾社区进行检查,收缴“小耳朵”(卫星电视广播地面接收设施)6个。

【广电惠民服务】 根据《浙江省应急管理厅浙江省广播电视局关于进一步推进全省农村应急广播体系建设的通知》实现“全省统一、上下贯通、分级授权、可管可控”要求,区文广旅体局投入资金48.4万元,完成全区渔农村应急广播(村村响)系统改造建设。落实“广电低保”数字化工程,确保全区2846户低保户4050人免费观看有线数字电视基本节目。

(撰稿:吴广)

编辑:魏斌

新闻传媒与信息产业

综　述

2021 年，普陀区融媒体中心（区广播电视台）围绕庆祝建党 100 周年主题主线，发挥媒体深度融合和聚合共振效应，提高新闻舆论传播力、引导力、影响力和公信力。各媒体组织重点宣传报道活动 15 次。《今日普陀》开设专栏 15 档，刊登新闻约 5000 条，累计刊出 252 期，每期印发量 12400 份；播出电视新闻 2880 条，广播新闻 2860 条，电视专题 159 档。普陀新闻网发布稿件 16205 篇，其中本地新闻 4400 余条；"掌上普陀"App 刊发新闻 12116 条；"中国舟山普陀" 微信公众号推送微信 504 条；"嗨普陀" 抖音平台发布短视频 768 条，总播放量 1 亿多次。

普陀区融媒体中心获 2021 长三角广播电视媒体融合典型案例奖，被评为 2021 年度浙江省县级融媒体中心十佳天目号、2021 年度浙江省网络文化活动暨天目美好节"十佳融媒体中心"。

区融媒体中心参加 2021 长三角广播电视媒体融合优秀案例评选决赛（区融媒体中心提供）

广播电视

【普陀人民广播电台】 全天播音时间为 16 小时 50 分，周一至周五，日直播节目时间达到 6 小时，通过调频 FM93.3 频率传输。自办 5 档新闻类节目，即《新闻早八点》《普陀新闻》《新闻观察》《下班路上》《渔农时空》。开设《音乐随身听》《天天 933》《乐活杂志》等专题栏目。全年播出自办广播节目 2000 余档。

【普陀电视台】 全天播出时间 16 小时 30 分钟，每天一档 15 分钟《普陀新闻》和一档 15 分钟社教节目。社教栏目有《平安渔都》《幸福普陀》《阿法讲大道》《渔港会客厅》4 档，节目类型涉及新闻访谈类、法制类、对农类、方言类、生活服务类和少儿类。全年播出电视新闻 2880 条，社教节目 159 档。

2021 年，《普陀新闻》继续开设《阿宝在现场》，已推出相关报道 170 余条次；定期推出 6 期时长约 4 分钟《渔都聚焦》，围绕文明城市常态化管理、民生、营商

2021 年普陀人民广播电台城市频率节目时间

表 62

时间	周一至周五	周六	周日
6:10	开始曲		
6:15—6:30	(转播)舟山气象		
6:30—8:00	(转播)中央台新闻和报纸摘要、中央台新闻纵横		
8:00—9:00	新闻早八点	新闻观察	理财宝典、品读十分
9:00—10:00	乐活杂志		
10:00—11:30	音乐随身听	电影音乐时光、我们说电影、长书短读	电影音乐时光、我们说电影、长书短读
11:30—12:00	听世界	天下奇谈	
12:00—12:30	(转播)中央台新闻三十分		
12:30—13:00	空中书苑		
13:00—14:30	天天 933		汽车音乐时间、有我陪着你
14:30—15:00	文化中国、魅力中国		
15:00—15:30	听见好时光		
15:30—16:00	带上音乐去旅行		
16:00—16:30	带你聆听		
16:30—17:00	音乐加块糖		
17:00—18:00	下班路上	品味书香	
18:00—18:30	普陀新闻、普陀气象	天下奇谈、普陀气象(5 分钟)	天下奇谈(重播)
18:30—19:00	(转播)中央台全国新闻联播		
19:00—19:30	只听好歌不说话		
19:30—20:00	渔农时空(周一、周三、周五)时光音像店(周二、周四、周六、周日)		
20:00—20:30	听世界(重播)	只听好歌不说话	
20:30—21:00	文化中国　魅力中国(重播)		
21:00—21:30	我们一起听电影		
21:30—22:00	音乐加块糖(重播)		
22:00—22:30	乐光宝盒		
22:30—23:00	空中书苑(重播)		

说明:1.每周二 13:00—16:00 机修;

2.每日直播节目整点、半点插播气象;

3.农村调频播出时间 6:10—12:00,17:00—20:00

环境以及干部作风等方面开展舆论监督。

承办2021年电视问政节目。节目前，共拍摄11条问政视频。节目中，直击民生实事项目薄弱环节，与问政代表、问政单位负责人展开激烈讨论。广播电视网络同步直播，手机端同步收看，网络直播回看累计1万余人次。

承办2021年普陀区"民生实事项目"电视问政节目（区融媒体中心提供）

报刊传媒

【《今日普陀》报】 周五刊，每刊4版，其中第一、第二版为时政综合版和综合新闻版，第三版为专版，包括一周辟谣、时评、渔都警界、以案说法、反诈之窗、社科理论及新闻专版，第四版以生活艺术类专版为主。2021年，累计刊出252期，每期印发量12400份，刊登新闻稿件约5000条。

【普陀新闻网】 2021年，普陀新闻网发布稿件16205篇，其中本地新闻4400余条，被浙江在线新闻网评为2021年度"优秀支站"。

是年，区融媒体中心围绕区委、区政府中心工作，强化"新闻+政务+服务"整合对接，把握舆论导向，开设"奋斗百年路 启航新征程""学党史 悟思想 办实事 开新局""峥嵘百年 潮涌东海""推动共同富裕 浙江先行先试""寻访红色足迹""文明城 文明人""共同富裕 党建赋能""建设更高水平文明城市"等专题专栏50余个。

【"掌上普陀"App】 该平台围绕"新闻+政务服务商务"，完善功能。开设"鲜视频"版块，通过发布多场短视频、推出多主题系列

表63

2021年普陀电视台新闻综合频道节目时间

时间段	节目内容
8:00	节目预告(白天)
8:01	广告(4分钟)
8:05	白天电视剧1
8:50	广告与文艺(广告8分钟)
9:00	周二至周日重播普陀新闻 周一重播外购节目《行者》
9:20	广告(10分钟)
9:30	白天电视剧2
10:15	广告(10分钟)
10:25	白天电视剧3
11:10	广告(10分钟)
11:20	少儿剧场

续表 63

时间段	节目内容
11:45	广告(15分钟)
12:00	周二至周日重播普陀新闻　周一重播外购节目《行者》
12:20	广告(1分30秒)
12:21	重播社教节目
12:35	广告
13:40	电视剧1(重播)
14:25	广告(5分钟)
14:30	电视剧2重播)
15:15	广告(5分钟)
15:20	电视剧3(重播)
16:05	广告(5分钟)
17:00	电视剧(每日一集)
17:45	广告(15分钟)
18:00	节目预告(晚上)
18:01	外购节目《话山论见》
18:50	广告(10分钟)
19:00	(转播)中央台新闻联播
19:30	周一至周六普陀新闻(周六为一周要览,新闻中插1分30秒广告)周日播出外购节目《行者》
19:50	广告(1分30秒)
19:52	气象
19:55	广告(5分钟)
20:00	社教节目
20:15	广告(5分钟)
20:20	电视剧1
21:05	广告(5分钟)
21:10	电视剧2
21:55	广告(5分钟)
22:00	周一至周六重播普陀新闻　周日重播社教节目
22:20	广告(2分钟)
22:22	电视剧3
23:07	广告
00:00	周一至周六重播普陀新闻　周日重播外购节目《行者》
00:20	广告(1分30秒)
00:21	重播社教节目
00:35	全天节目结束

说明:社教节目安排:周一《阿法讲大道》重播上周,周二《渔港会客厅》重播上周,周三《幸福普陀》每周一期,周四《阿法讲大道》每周一期,周五《平安渔都》两周一期,周六《渔港会客厅》两周一期,周日《幸福普陀》重播周三

专题、引入多场景慢直播、呈现多样化活动直播等方式，优化用户视觉体验。开设“童话云和”“普陀教育”“渔都警界”等多个合办栏目，丰富平台内容。接入普陀新时代文明实践服务平台，为群众提供全方位“点单式”志愿服务，推动社会志愿组织资源有效利用。开发互动平台，推出党史知识答题竞赛、电影文化消费季电影抢票、网络安全知识问答、音乐节领票等线上活动。2021年，刊发各类新闻12116条，累计阅读量超900万人次，其中10余篇稿件超过10万人次，40余篇稿件超过5万人次，下载量突破12万次。

【“中国舟山普陀”微信公众号】 2021年，该平台继续主打“原创”品牌，围绕中国共产党成立100周年、党史学习教育、区两会、区党代会、文明城市常态化管理、疫情防控和疫苗接种等内容，用图文、短视频、H5、小游戏、原创漫画等形式，全年推送微信504条，累计阅读量超120万人次，粉丝数突破12万个。

新闻宣传报道

【概况】 2021年，区融媒体中心围绕庆祝中国共产党成立100周年主题，全年推出党史学习教育、数字化改革、城市有机更新、疫苗接种和疫情防控、建设共同富裕示范区等重大主题报道15次。

【中国共产党成立100周年、党史学习教育主题宣传报道】 全媒体联动，全年推出相关报道2300余条次。报纸和广播电视新闻开设“奋斗百年路　启航新征程”专栏，推出《寻访红色足迹》《党旗飘扬在蓝海》《弘扬新时代蚂蚁岛精神》《〈习近平在浙江〉采访实录反响报道》《传承》《普陀这十年》《学党史　悟思想　办实事　开新局》《党史学习教育专题实践》等系列内容。电视专题推出《党员风采录》等。

做好“七一”特别报道。推出《不忘初心　牢记使命——新老党员“七一”真情告白》特别报道，同步转播“‘七一’勋章颁授仪式”“庆祝中国共产党成立100周年大会”“庆祝中国共产党成立100周年文艺演出”3场重大主题庆祝活动以及学习贯彻习近平总书记“七一”重要讲话精神宣传报道。

摄制《寻访红色足迹》系列短视频，以现场走访结合影视历史资料穿插讲述红色故事。该组短视频获舟山市“庆祝建党100周年·青年＆大学生短视频文化季”入围作品奖。在“掌上普陀”App、“中国舟山普陀”微信公众号上推出老党员口述短视频，文字资料动静结合提升阅读体验。在新媒体端开设“峥嵘百年·潮涌东海”党史微讲堂、“奋进百年路　书香颂党恩”好书推荐专栏。

【区党代会、区“两会”宣传报道】 各媒体按会前、会中和会后3个阶段进行宣传报道，推出相关报道百余条次。会前报道党代表风采、党代表提案落实情况以及代表委员风采、建议提案回头看和民生实事项目回顾等相关新闻，累计刊播30多条。会中开设特别报道。报纸以专版形式，广播电视新闻延长节目时长到20~30分钟，电视专题推出4期两会特别节目《提问“十四五”》，并同步在报纸、新媒体端发布；新媒体端开设《聚焦2021普陀两会》专题，推出长图文及短视频。会后推出“贯彻党代会两会精神　抓三件大事六个一百”系列报道。

【建设共同富裕示范区宣传报道】 为贯彻落实区委十三届十二次全体（扩大）会议精神，《今日普陀》报推出系列评论，围绕“共同富裕　敢于先行勇当典范”“以目标任务为牵引　深谋实干奋勇争先”“育先机开新局　走好第一程”“以蚂蚁岛精神为引领破浪前行勇攀高峰”等主题，推出4篇评论，引导广大干部群众为建设共同富裕示范区先行典范实干苦干，并推出“我心中的共同富裕”街采，将镜头对准一线、聚焦百姓。围绕幼有所育、学有所教、劳有所得等8项内容，通过百姓表达来反映浙江取得成就和变革，各媒体推出“建设共同富裕示范区”“共同富裕　党建赋能”等专题专栏，展现全区推动落实高质量发展，建设共同富裕示范区先行典范亮点特色、经验做法和使命担当。电视专题节目《幸福普陀》走进蚂蚁、桃花、虾峙等地，展现海岛乡镇建设共同富裕示范区工作与成效。累计推出报道20余组。

【疫苗接种和疫情防控宣传报道】 全年各媒体累计推出相关报道上百条次。年前后，围绕疫情防控、留普过年等内容做好宣传报道，并在新媒体端、户外大屏和公交站牌等场所推出《不一样的异乡记》《我留在普陀过年》等原创短视频。节后，重点关注疫苗接种情况，集中报道全区各接种点分布情况，接种年龄段及接种事项，通过新闻报道、评论、公益广告等多种形式，提醒市民重视疫苗接种，加强疫情防控。发挥短视频优势，对新闻素材进行深度整合加工后，第一时间在抖音、客户端、微信公众号等平台发布，及时播报疫情最新信息，在线科普科学防治知识，让群众足不出户便可了解掌握疫情动态；推出《担心自己是同行密接人员？这样做，可自查！》等原创短视频，区融媒体中心主持人出镜宣讲防疫知识，配以图文，引导群众自觉参与疫情防控。

【文明城市常态化管理宣传报道】 通过正面引导和反面曝光相结合，全媒体累计刊播稿件百余条次。开设“推进精神文明建设　打造更高水平全国文明城市”“文明城　文明人”等系列专栏，宣传报道全区文明城市建设经验和典型做法、好人好事等，通过身边人身边事，发动群众参与其中；发挥舆论监督作用，推出6期电视监督节目《渔都聚焦》。在创城攻坚阶段，以每期至少一条频次，加大宣传报道力度。在“掌上普陀”App上推出“文明就餐21天打卡”活动等。

【城市有机更新宣传报道】 全媒体推出“加快城市有机更新扮靓海上花园会客厅”专栏，结合党史学习教育内容，报道沈家门棚户区改造以及拆迁区块民生工程建设，为老百姓提供优质生活环境。全年推出《璀璨夜景点亮假日夜经济》《原沈一小南侧地块房屋征收签约正式启动》等20余组报道。

【数字化改革宣传报道】 全媒体推出《数字化在普陀》专栏，以一事一报讲故事形式，展现数字化给普陀老百姓生产生活带来新变化，累计推出《为船舶全生命周期服务安上“数字大脑”》《数字赋能让渔业生产更安全有序》等60余篇次报道。启动新媒体“美丽海岛行”采风活动，深入蚂蚁、东极、虾峙、桃花、白沙等海岛，用画面呈现普陀山海风光，展现普陀生态建设取得成就，累计摄制短视频近20条。

【辉煌“十三五”宣传报道】 全媒体围绕8个方面展开宣传报道，回顾全区在“十三五”时期取得成就，累计推出30余条次。亮点：报纸首次采用“综合新闻+数据解释+画外音点题+百姓回应”组合式报道形式。电视专题方面，“渔港会客厅”两期节目分别邀请区卫生健康局与区教育局相关负责人做客，对卫生、教育系统5年来工作成果做解读。“阿法讲大道”栏目，通过方言分析，向观众展示全区“十三五”成果。

【防御台风“烟花”宣传报道】 台风来临前后，各媒体全程参与报道，累计刊发相关稿件、信息超500条次。广播电视《普陀新闻》周末全天候播放台风信息，并对台风动态实行跟新游字；广播全天播报台风动向，实时发布预警提示。《今日普陀》报在周末增刊，接连推出5期专版。“掌上普陀”App、普陀新闻网等新媒体平台，开设防御台风“烟花”专题，报道台风动态、现场新闻、防台科普等相关内容。加强与上级媒体联系和沟通，提供素材和相关稿件，向外界传递全区防台情况。其中，《风雨夜，他们这样守护普陀》被学习强国和新华网录用，新华网上播放量达到50.3万次。

【媒体融合转型升级】 区融媒体中心按“新媒体首发，全媒体跟进，融媒体传播”思路，确保重要事件和突发新闻在新媒体首发率达到100%。完善以“掌上普陀”App为龙头的“三微一端一抖”新媒体矩阵，构建区内区外协同一体的新媒体生态圈，“掌上普陀”App和“中国舟山普陀”微信公众号下载量和粉丝数均超12万，“嗨普陀”抖音号粉丝数超23万人，多条短视频播放量超百万次。

围绕“新闻+政务服务商务”，完善“掌上普陀”App功能：新开设“鲜视频”板块，推出“童话云和”“普陀教育”“渔都警界”等多个合办栏目，接入普陀新时代文明实践服务平台，开发互动平台等。

利用短视频+直播，提升新

5月，举办首届普陀区融媒体中心粉丝节（区融媒体中心提供）

闻传播力。实施大屏小屏联动，在新媒体平台上线电视新闻和专题节目。继续做精“梦游岛”“寻海味”“小玥玥vlog”等原创短视频栏目，持续推出新闻类短视频作品。全年拍摄制作短视频250余条，其中60余条在新华网、“学习强国”学习平台等媒体上刊播。完成佛茶文化节、农民丰收节、台风等重大活动、突发事件直播30余次，累计收看超70万人次。凭借“精耕短视频探索新融合”，入选《全国广电媒体融合实战案例蓝皮书》，并获评2021长三角广播电视媒体融合典型案例奖，成为获评该奖项唯一县级媒体。

【对外宣传报道】 围绕“打造立体式全方位、网上网下一体的大外宣格局”，7月，上线全市首个、全省第8个“学习强国”学习平台县级融媒号“浙江普陀融媒号”，10月，与中国新闻社浙江分社签署“中新融媒体联盟”战略协议。加强与省市级媒体对接，排摸素材，共同加强选题策划和采摄等工作，提高外宣稿件质量，普陀元素在上级媒体亮相。全年被中央级媒体采纳9条，被“学习强国”学习平台录用215条、被省级媒体录用740余条，在B站、抖音、西瓜视频和梨视频4个自有平台发布700余条。2月、9月和第三季度登上浙江省县级融媒体合作传播力榜榜首。率先全市县级融媒体中心，打造以Facebook、Twitter等为平台境外传播阵地，用国际化传播语言，以图片文字视频等多种形式宣传推介普陀，累计在境外平台发布相关内容20余条。

【完善人才培养体系】 开展“素质提升年”活动。通过岗位交流、定期学习培训、挂职锻炼等形式，提高干部职工政治能力和专业本领。建立省市级媒体专家库，邀请8名媒体专家为首期专家库成员，邀请《宁波日报》高级记者为采编人员作“互联网时代的采访与写作”专题讲座，组织40余人次参加由浙江广播电视集团、浙江省新闻工作者协会等组织的19次业务培训。5月起，选派采访部副主任到区政策研究中心挂职；8月起，定期抽调记者赴《浙江日报》舟山分社交流学习；9月起，采访部4名业务骨干每周轮值报纸编辑岗位。激励采编播人员在日常创作中争先创优，撰写业务文章，2021年，编辑完成7期《融媒简报》。重新梳理部门岗位职责，制定实施专业技术岗位评审管理办法。调整完善融媒体服务部人员配置，强化部门融媒体服务功能。

【专题片拍摄制作及现场直播录播】 2021年，区融媒体中心制作区委作风建设片《奋进的力量》、区纪委区监委警示片《警示录》、“诗画普陀 海上花园”普陀省级大花园示范建设成果宣传片、区委宣传部宣传片《我在浙江》等21个宣传片；直播、录播活动16场，其中直播8场：2021年普陀区“民生实事项目”电视问政节目、政府公开在行动·民生政策进万家系列网络宣传活动普陀专场、2021舟山市政务服务数字创新应用大赛、第十三届中国国际普陀佛茶文化节、团区委青年理论宣讲活动、沈家门小学“六一”文艺汇演活动等；录播8场：区两会开闭幕式、2021年普陀区新冠肺炎聚集性疫情防控演练、区人防办抗灾救援演练、蚂蚁岛精神论坛、普陀招商推介会、普陀区融媒体中心粉丝节、普陀区女干部联谊会等。

承办第十三届中国国际普陀佛茶文化节（区融媒体中心提供）

【公益广告宣传及制作】 2021年，区融媒体中心利用全媒体平台，安排刊登和播出提倡公筷公勺、厉行节约 反对铺张浪费、文明用餐、健康普陀、征兵等各类公益广告。根据疫情防控、疫苗接种具体要求，完成关于加强春运期间来普返普人员健康管理通告、新冠疫苗接种26问宣传短片、倡导文明健康生活方式等公益广告。保持普陀电视台公益广告播出量平均每天160条次，公益广告播出时间占普陀电视台全部广告时间70%左右；普陀人民广播电台安排播出公益广告平均每天95条次；《今日普陀》报每天至少保持3篇公益广告刊登量。在"掌上普陀"App开机页面、普陀新闻网首页、中国舟山普陀微信公众号文章显著位置等，刊出文明城市常态化管理、未成年人保护、节能减排、网络安全、节约粮食、光盘行动、公勺公筷等各类公益广告300余篇次。1件作品被评为2021年度浙江省广播电视公益广告二类扶持。

传媒业务管理

【编委会工作】 2021年，区融媒体中心调整每周五编前会议程，组织各媒体负责人做好下周重点报道选题的现场集中策划和讨论。对于重大主题或重大事件报道，及时组织各部门召开协调会议，提前策划，制订详细宣传报道计划，形成报道合力，制造舆论宣传声势，并做好后续监督跟进工作。

【通讯员队伍建设】 区融媒体中心完善稿费发放流程，重新梳理、补充和汇总通讯员联络名单，打通和通讯员之间新闻线索联系通道，方便基层通讯员投稿交流，调动报料、写稿积极性、主动性。加强评论员队伍建设，在《今日普陀》报、《阿法讲大道》栏目专门开设评论版块，发挥评论舆论引导和监督作用。2021年，通讯员录用稿件：电视1200余条，广播400余条，《今日普陀》报1900余条。

【技术维护工作】 区融媒体中心重视安全刊播，落实意识形态工作责任制，履行安全刊播责任，完善三审、值班、发布等制度，明确岗位职责及赏罚机制，重要时期及敏感时期实施部门负责人在岗、巡查制度，节假日实行值班要点口头报告制度；根据《广播电视安全播出管理规定》及实施细则，对照安全播出自查表，开展日常运营监管、应急防范处置等方面的隐患排查；加强技术维护，加强机房值班人员操作培训以及新媒体人员新技术新应用培训。全年未出现重大安全刊播事故。

【获奖作品】 区融媒体中心黄科润、陆庐舟创作的《特别的老师：用心陪伴，用爱守护》获2021年浙江省残疾人事业好新闻融媒体类三等奖。

2021年度浙江省县市新闻奖：徐丽佳创作，张舒编辑《葫芦岛常住居民家庭全部完成入户供水管网安装告别"挑担取水"实现"供水到家"》获今日系列报刊类消息二等奖；丁琪蜜创作，张舒编辑的《由舟山中创海洋负责研发并运营的全国首个新材料船舶综合服务平台上线》，翁瑜霞创作，张舒编辑的《普陀推出退役军人服务窗口"局长陪跑"制》获今日系列报刊类消息三等奖；郭杰创作，张舒编辑的《蚂蚁岛村党总支带领村民走共同富裕之路的故事》获评今日系列报刊类通讯与深度报道三等奖；励佳、胡晓、高阳、刘珈伶、徐丽佳、俞怡至创作，林继明、张舒、陈春燕编辑的《奋斗百年路 启航新征程——传承》系列报道获今日系列报刊类系列（连续组合）报道二等奖；王伟创作的《迎战“烟花”》获今日系列报刊类新闻版面一等奖；虞娜、叶森、项超燕、韩方定、陆庐舟、王梦倩、黄科润创作，虞娜、邱勇、蒋裕娜编辑的《北纬30°的幸福海岸线》获评新媒体类网络新闻专题一等奖；叶森、虞娜、黄科润、陆庐舟创作，虞娜编辑的《孤岛不孤》获评新媒体类短视频专题报道二等奖；叶森、虞娜、黄科润创作，虞娜编辑的《风雨夜，他们守护普陀，护你安好》，叶森、陆庐舟、黄科润、王梦倩、吴铠宇创作，虞娜编辑的《这么壮观的晒鱼鲞场面你见过吗？》获新媒体类短视频现场新闻二等奖；叶森、王梦倩、黄科润、陆庐舟、杨翼荣、蔡幸幸创作，虞娜、蒋裕娜、翁诗卉编辑的《这首 MV 唱出普陀年味别样甜！》获新媒体类融合创新三等奖。

（撰稿：刘星）

普陀电信公司

【概况】 中国电信股份有限公司舟山普陀区分公司（简称普陀电信公司）辖沈家门（桃花、蚂蚁、登步）、东港、城北（展茅）、六横（虾峙）、朱家尖、普陀山6个支局。2021年公司业务收入1.2亿元，移动电话用户新增1.34万户，有线宽带用户新增1.01万户，5G用户新增1.91万户。至年底，全区移动电话用户11.2万户，有线宽带用户6.9万户，固定电话用户4.72万户。

【深化网运改革】 2021年，普陀电信公司安装开通5G站点86个，累计达到303个，基本具备相关区域覆盖能力。全区规模C网站点270个、1800L站点358个、800M站点291个。为改善室内信号覆盖，根据新建楼宇情况和用户需求，安装开通30个点位的室分需求。

【5G网络建设】 普陀片5G室外站规模303个站（744套设备）。2021年普陀电信公司完成76个室分点（84个RHUB+606个PRRU+52个RRU），年末有普陀5G室分规模共115个室分点（208个RHUB+1433个PRRU+52个RRU）。

【宽带强基】 2021年，普陀电信公司完成桃花、台门、龙山、马峙、浦西C600设备安装及入网。完成以东港为主的20个小区万兆PON口割接，小区内FTTH的万兆PON口割接，小区内FTTH的万兆PON口使用率达到50%。

【疫情防控保障】 2021年，普陀电信公司按沈家门街道、东港街道、朱家尖街道要求，配合装维做好企业萤石云隔离点防疫监控平台侧配合，完成858个点位上线。根据需要，做好公安部门

线路施工现场（普陀电信公司提供）

监控扩容、码头监控、公安科技管控港等8个项目652个点位的新建、扩容项目管理。

【网运保障】 2021年，普陀电信公司完成普陀人防会议、东港滨海公园广场“遏重大”渔业安全生产管理大会、多次政法云视频会议等活动现场通信保障12次。完成省政企波分沈家门、东港、六横等节点扩容工程，开通桃花和登步宽带交换机S9306的双万兆上行链路改造，解决桃花、虾峙两海岛宽带网络带宽不足问题。完成政务防火墙、IPS及链路保护设备BPass设备的割接上线。

【政务支撑】 普陀电信公司助力以“智慧村社”建设为重点的“平安乡镇”信息化推进工作。借助中国电信网络资源和服务地方信息化能力，通过分批次安装室外摄像头，结合前期“雪亮工程”建设，实现从主干路口、重点区域到各村各户家门口治安监

控网延伸，打造全域治安监控网络，为提升渔农村治安能力保驾护航。

（撰稿：李玲）

普陀移动公司

【概况】 中国移动通信集团浙江有限公司普陀分公司（简称普陀移动公司）辖沈家门、东港、勾山、朱家尖、六横、桃花6个网格，自办营业厅12家，2021年完成主营业务收入3.16亿元。至12月31日，普陀移动通话用户34.7万户；年度宽带出账客户总数10.4万户；5G终端客户净增13万户，5G活跃用户数9.6万户。

2021年，普陀移动公司获评2021年度市级“智安单位”；连续16年获区、市、省三级文明单位称号。普陀移动公司政企客户部获全省政企市场突出贡献奖。

【市场业务发展】 2021年，普陀移动公司聚焦“心级服务”形象，线上线下合力塑造“舒心、贴心、暖心”服务体验。推动老年人融入数字时代，享受智慧生活，共享信息化发展成果，组织“银龄跨越数字鸿沟”活动，开展银龄科普活动60余场。与公安部门成立“红舟护航”反诈联盟，开展公益反诈宣讲、反诈直播等活动208次。落实提速降费有效，推动大流量产品迭代升级、“提速不提价”高速率宽带体验等服务，上网客户户均流量同比提升36%，流量单价同比下降36%，宽带速率同比提升50%，宽带资费同比下降14%。持续做好垃圾短信、骚扰诈骗电话、手机淫秽色情等不良信息治理，保持治理水平行业领先。加强公民个人信息保护，确保用户实名比例100%。普陀移动营业厅开展系列“适老化”服务措施，配备无障碍通道、爱心医疗箱、老年人爱心专席等硬件设施，工作人员指导老年人操作智能手机，为老年人解答疑惑。

5月17日，银龄“5G数智生活”体验日活动（普陀移动公司提供）

【参与数字化改革】 普陀移动公司主动对接政府需求，落实政府数字改革工作。第一时间成立专班，抽调2名工作人员到区大数据中心和区经信局，协助全区数字改革工作落实与攻坚，参与全区10项数改项目。包括“舟山普陀智慧渔业项目”“东极未来海岛数字化建设项目”“普陀区食品药品安全管理项目（阳光厨房）”“海岛民宿办理一件事平台建设项目”“普陀区烟花爆竹一件事特色场景项目”“普陀区社会组织公共服务中心应用场景”“智慧田园数字化综合应用建设”“普陀区重点项目全流程闭环管理应用项目”等，助力全区实现成为全省数字化转型先行区和示范区目标。打造数字海岛特色产品，建成海洋卫星宽带运营中心，及海洋卫星宽带售前、售中、售后全过程销售体系；推出海上生命一条线座机、渔安通、海上云广播等衍生产品，助推全区渔业安全生产。

【海岛通信网络基础】 普陀移动公司构建5G网络，已建成5G基站496个，实现乡镇以上5G信号连续覆盖，行政村85%覆盖，重要航线和锚地连续覆盖。推动5G融入百业、服务大众，加快5G普及，创新5G应用服务。夯实网络基础能力，突破岛际传输瓶颈，实现全区17个有人岛屿光缆接入。2021年，新增青浜、东白莲、佛渡等多个海岛飞线建设及海底光缆修复，建设里程9

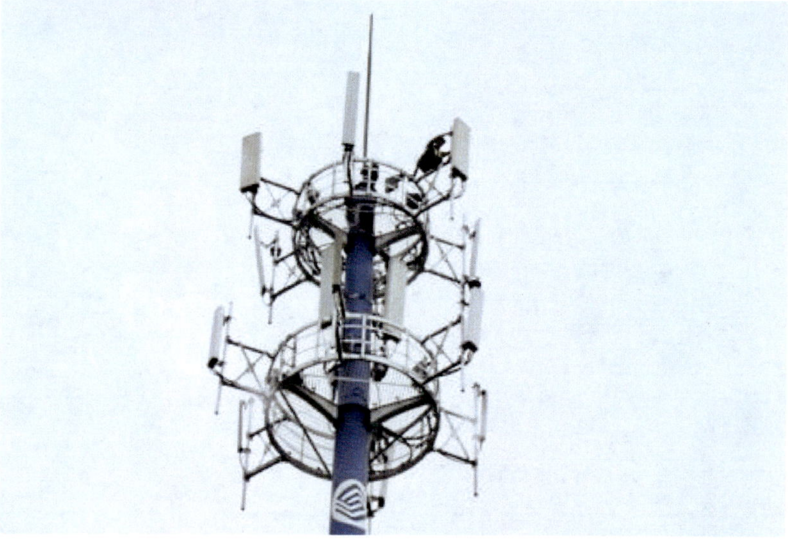

普陀移动公司进行5G基站日常维护（普陀移动公司提供）

千米，岛际传输资源及保障能力全面提升。公司全面布局边缘计算，已在核心机房建设1个边缘计算节点，提供17类边缘计算特色产品。

普陀联通公司

【概况】 中国联合网络通信集团有限公司舟山市普陀区分公司（简称普陀联通公司）内设综合部、市场部、政企客户部和网络支撑部；下辖城区、勾山、朱家尖和六横4个区域网格经营中心；拥有自有营业厅6家，社区沃店和社会合作专营店12家；2021年完成主营业务收入5220万元，5G用户数18008户。至年底，手机用户数39345户，宽带用户数12359户。2人分获2021年度省级个人优秀CEO及政企营销状元。

【网络数字化改革】 2021年，普陀联通公司围绕区政府落实省委提出的“一年出成果、两年大变样、五年新飞跃”数字化改革要求，聚焦党政机关、数字政府、数字经济、数字社会、数字法治五大重点领域。在推进社会治理能力提升方面，助力区生态环境分局上线“智慧河湖管理”应用，以数字化赋能生态环境治理；在推动美丽城镇建设方面，为朱家尖街道打造“一套房”数字化改革综合应用平台，成为建设“重要窗口”生动实践；在推进人大数字化改革方面，为区人大打造“数检督”应用场景系统，以数字赋能监督，打造全链条监督闭环。全年普陀联通公司完成百万级项目10余个，50万级项目4个，其他平台类项目4个。

【网络保障及建设】 2021年，普陀联通公司完成中国共产党成立100周年、世界政党大会等各项通信保障任务。第六号台风“烟花”影响普陀期间，普陀联通公司实施7×24小时值班值守，并由党员带头成立12人抢险队伍，第一时间奔赴现场开展抢修，实现全区通信网络持续稳定运行。在高考、考研期间，对各个教育指挥中心、考点开展网络巡检。疫情防控期间，配合完成疫情防控各项工作。

提升网络服务质量。实现5G网络建设节奏与行业同步，网络覆盖与行业相当，确保5G网络竞争力。5G建设完成4轮SA网络优化，提升5G主城区覆盖率。累计完成5G站点建设333个，4G室分站点建设79个，共享站点196个，4G站点扩容

普陀联通公司在朱家尖街道打造“一套房”数字化改革应用平台现场（普陀联通公司提供）

5月29日，普陀联通公司开展免费网络检测和诊断服务（普陀联通公司提供）

308个，确保整体网络平稳安全运行。承载网能力建设：完成登步、桃花等岛际间传输链路优化，确保基础网络安全性；完成普陀山区域等海岛IPRAN接入环路GE扩容至10GE，确保本地IPRAN网络无流量超70%的接入环，为4G业务持续发展提供网络基础。数据网能力建设：完成China169网上联在原先24×10GE的基础上8×10GE链路扩容工作；完成畚斗岙、新大楼CRS至普陀山广电M6000的GE链路扩容。基础网络能力建设：完成对跨海大桥省干出口路由的重保工作；新建二级干线ROADM波分系统，打造舟山岛、六横、宁波三角圈；涵盖普陀华定、明珠主城区汇聚节点，为后续业务发展奠定网络基础。

【提升用户感知】 2021年，普陀联通公司服务创新运营以线上线下市县联动、资源整合、做深做精工作要求，以“星享计划”为抓手，强化线上线下矩阵式传播，提升高星客户服务感知。通过每月25日扫码领福利，抖音及B站直播运营模式丰富线上活动，开展围绕“我为群众办实事”落实“助老助残”活动，激发用户参与热情，实现客户价值与客户感知体验双提升。深化客户日运营，全年组织开展线上线下主题活动37场，累计参与17250人次。通过内外部体验师和服务触点常态化收集服务感知痛点，推进客户感知优化工作。

（撰稿：黄燕）

普陀华数公司

【概况】 2021年，舟山普陀华数广电网络有限公司（简称普陀华数公司）按省公司新一轮发展战略和“管理提升年”总体要求，围绕“拓市场、优服务、强网络、精管理”，提升改革创新能力、市场营销能力、支撑服务能力、网络承载传输能力、运行管理能力，完成年度各项经营管理目标和重点工作任务。全年固定资产投入1995万元。实现经营收入7389万元，其中完成数字电视视听费收入3116万元。大众数字电视出账主终端87037户，出账副终端11717户；互动53417个，渗透率58.45%；宽带25669条，渗透率28.09%，互动宽带合计渗透率86.54%。集团用户数字电视主终端19622户，互动12775个，宽带3206条。大网传输基本包标清节目70套，基本高清节目10套，标清付费节目46套，高清付费节目21套，境外节目23套，广播节目12套。

是年，翁玲玲获评华数集团“最美华数人”暨2021年度优秀员工。

【市场营销】 2021年，普陀华数公司开展各项专项行动，扩大市场走访覆盖面。持续加强集客维护工作和客情维系工作，提高服务质量和效率。强化业务培训，通过“走出去”和“请进来”方式，内外结合形成培训常态化，提高营销人员专业知识能力和营销能力。加强对分公司集客业务营销和用户维系指导、培训，推动各区域集客业务协调发展。优化集客销售经理考核、激励机制。建立、健全、完善客户管理系统和台账，优化集客业务流程和招投标工作，规范合同管理，强化合同履行。围绕政务、民生、教育、安防等重点产业，推进省公

6月22日，普陀华数公司“两新”市场作战行动启动仪式（普陀华数公司提供）

司重点项目落实。以学习强国、酷喵等重点栏目为切入口，通过时政热点、综艺节目、纪录片等内容开展4K超高清业务推广。开展宽带升级体验行动，城区以光改网络质量为抓手，农村以发展“千兆村”为抓手，加大宽带体验用户覆盖面，带动宽带新增业务发展。

【提升网络安全传输能力】 普陀华数公司提升光纤覆盖率和入户率，加强网络安全防护建设。2021年，完成渔农村网络改造44个立项工程，用户改造6800户，完成城网网络改造15个立项工程(其中旧城住房立面改造工程12项)，用户改造8000户，完成投资254.84万元。全区光纤覆盖率已达95%以上，光纤接入用户数达到1.73万户以上，为TVOS终端规模化部署、100M大带宽提速等提供网络支撑。

提高干线多路由和管道化建设，基本建成具备全网双向运营，满足市场和业务需求，可管可控广电网络。推进机房设施建设，完成汇聚层传输带宽扩容工作，所有EPON上联链路均具备万兆传输交换能力；开展EPON扩展工作，扩容PON达到2500口以上，满足各区域光纤接入需求。

完善网络拨测系统和网络运营管理系统，加强网络监测和管理，加强机房和网络设备监测和预警能力建设，实现核心机房和各汇聚机房动环监测全覆盖，后备电源、测试仪器、操作工具配置齐全，对网络重点环节设备、设施实行定期安全检测，保障播出安全。

【提高服务质量和用户满意度】 普陀华数公司贯彻落实省公司关于开展“新连心”主题服务活动，根据《2021年度浙江华数客户服务质量考核办法》，开展月度客服质量考核，营业厅每月以现场抽查、监控抽查、自检自查等形式加强内部考核和管理，至年底，营业厅月平均考核分100分，全省排名前列。继续推进装维营人员“四必进”“七步法”服务，确保网格上门服务针对性、有效性和规范化。开展适老化服务工作及“信息通信无障碍、适老化”主题宣传，累计开展适老服务现场活动8场次，服务老年用户430余人次。开展运营服务质量自检自查自纠，整改存在问题，连续3年获省级服务运营考核优秀单位。

5月6日，普陀华数公司开展技术评级考试（普陀华数公司提供）

通过组织开展“智家工程师评定”“呼叫中心外呼营销竞赛”“网格标兵竞赛”“品质焕新服务季”“新连心主题服务季”等活动，发挥优质服务标杆典型示范作用；开展员工业务素质提升培养，通过开展“网格化3.0服务规范要求”“大众市场无线组网业务培训”“大众市场光改整转业务”等业务培训与学习，并组建大众市场体系培训讲师队伍，进行“下沉式”落地培训，加强网格人员业务能力，助力大众市场业务发展。

全年受理用户投诉68起，平均处理时限7.29小时，基本保证普通投诉3小时内响应并解决，重大投诉24小时内响应并解决。投诉解决率100%，投诉解决满意率95%以上。

是年，接听电话76282起，转单34867起，在线解决45287起，在线解决率59.36%，接听率93.24%。全年用户报停9282个主终端，5321个副终端；罚停15647户。

【安全播出和安全生产】 普陀华数公司落实2021年安全保障工作各项措施，确保安全播出“零事故”。年初，按照与经营管理“同部署、同落实、同考核”原则，将安全生产责任分解落实到各部门、各分公司，从组织机制上保障安全生产工作落实和完成。全年召开安全生产、安全播出工作会议7次，召开具体安全生产安全播出工作布置和敦促专题会议6次，协调和解决安全生产工作中出现各种问题和隐患。各部门、分公司相继开展隐患排查、干线巡查、实训演练等工作。备战安全播出重点保障工作，执行领导带班制度、关键岗位24小时值班制度和“零报告”制度，完成春节、“中国共产党成立100周年”及多个台风灾害天气等重要保障期安全播出保障工作。提高安全防范水平和应急处置能力，组织举办5期安全培训班，受训员工100余人次。公司及分公司举行10次17个科目安全播出应急演练。

（撰稿：虞碧英）

普陀华数公司进小区开展便民服务（普陀华数公司提供）

普陀铁塔办事处

【概况】 中国铁塔股份有限公司舟山市分公司普陀区办事处（简称普陀铁塔办事处）负责普陀区移动、联通、电信3家运营商铁塔建设、维护、运营；基站机房、电源、空调配套设施和室内分布系统建设、维护、运营及基站设备维护工作。有合同制员工及代维人员31人，应急车辆9辆，“移动+”预埋油机合计138台。2021年，普陀铁塔办事处承接220个建设项目需求，已完工交付204个；其中承接移动5G三期需求30个站点，已交付29个，起租10个；移动700M需求106个站点，已交付103个；移动D频段叠加9个站点，已全部交付并起租；网随业动7个站点，已交付起租3个；移动4G9期3个站点，仍在建设中；电信和联通需求合计65个站点，已交付60个。备战台风期间，普陀铁塔办事处出动人员220人次，排查基站241站次，发现整治隐患134站次。至年底，普陀区域有基站740个，其中，自建站179个、运营商移交站点561个（其中移动注入340个，电信注入109个，联通注入112个）；运营商机房保留站点193个。全年完成营业收入 2211 万元。

【铁塔专项工作】 普陀铁塔办事处开展普陀山信号覆盖提升及环境融合整治专项工作。2021年完成普陀山整岛站点排摸与查勘，最终整合 6 个新建站与 10 个改造站点网络优化方案，由普朱管委会牵头召开《普陀山 4G、5G 专项覆盖提升及环境融合整治方案审查会》，明确相关单位共同支撑和推动专项工作开展。已通过西山新村和万佛宝塔站点的审批和施工方案确认；朱家尖—普陀山航线通信信号补强覆盖站点柱子山已进场施工。

【参与各项土地出让及评审】 2021 年，普陀铁塔办事处加强与区资规局日常沟通，确保通信基站在土地规划阶段纳入土地出让条件；《舟山市建筑物移动通信基础设施设计导则（试行）的通知》《舟山市人民政府办公室关于推进 5G 移动通信基础设施建设的实施意见》《建设工程配建 5G 移动通信基础设施技术标准》等支持 5G 建设相关文件在评审会时得到推广与应用。普陀铁塔办事处全年参加 7 个地块规划评审会，要求有规划 5G 基站纳入土地出让条件；参加 11 个地块方案评审会，要求新建楼宇预留地下室机房、楼面基础等相关设施。

【首个路灯杆塔开通】 2021 年，普陀铁塔办事处协助市分公司统筹布局市中心 5G 精品网络深度覆盖，多次走访各级政府部门，汇报沟通路灯杆替换建设。利用“5G 一件事审批”政策，制定建设方案，协同建设、规划、城管等有关部门进行批量联合踏勘，并当场会签踏勘意见。以“智慧灯杆项目”名义，并在夜间用 2 个小时完成塔桅吊装，整站建设周期为 3 个自然日。2 月 27 日，舟山分公司首个路灯杆塔“教育学院站”正式开通，标志舟山分公司社会塔转变为通信塔实现“零”的突破。

2 月 27 日，首个路灯杆塔“教育学院站”正式开通（普陀铁塔办事处提供）

（撰稿：胡柯迪）

编辑：魏斌

卫生健康

综述

2021年，普陀区有各类医疗卫生机构264家（含普朱）。其中，公立医院4家：普陀医院、普陀区中医院、普陀医院六横分院、浦西医院；公共卫生单位4家：区疾病预防控制中心、区卫生监督所、区妇幼健康服务中心、区健康教育所；基层医疗卫生机构106家，其中卫生院7家、社区卫生服务中心4家、社区卫生服务站14家、村卫生室81家；民营医院9家：普陀仁济医院、普陀广华医院、舟山顾鹤传骨伤医院、舟山健达中医骨伤医院、普陀同济口腔医院、普陀康久医院、普陀立德医院、普陀东大康复医院、普陀普舟医院；个体诊所89家；其他医疗机构52家。有三级乙等综合性医院、二级甲等中医院、二级甲等中医骨伤医院、二级乙等综合性医院各1家。

全区从事卫生健康行业事业单位人员2227人，其中，在编1697人、编外530人。在编卫生专业技术人员1648人中，具有高级职称261人、中级职称675人、初级职称712人。执业（助理）医师1320人、注册护士1082人，核定医疗床位数1893张。

4月1日，明确从业人员健康检查工作不再由区疾病预防控制中心承担，改由符合条件的医疗卫生机构承担。7月22日，设立普陀区医疗保障事务中心，为区卫生健康局（区医疗保障局）所属公益一类事业单位。

全年普陀区本地户籍出生人口1114人，其中“一孩”788人、“二孩”315人、“多孩”11人。计生率98.29%，出生率3.81‰，人口自然增长率-4.66‰。年度出生人口性别比119.29。全年孕产妇死亡率0，围产儿死亡率2.84‰，新生儿死亡率0，婴儿死亡率4.74‰，5岁以下儿童死亡率5.69‰；早孕建卡率95.40%，孕产妇系管率93.74%，孕产妇贫血率28.64%，产妇住院分娩率100%，卫统剖宫产率47.96%；3岁以下儿童系统管理率96.29%，7岁以下儿童健康管理率99.71%，6个月内纯母乳喂养率65.26%；婚前医学检查率80.22%，出生缺陷率12.8‰。全年无甲类传染病报告；乙类传染病报告1005例，发病率为256.57/10万，同比上升9.72%（1005/916）；丙类传染病报告542例，发病率为138.37/10万，同比下降368.21%（542/1705）。传染病发病数居前五位的病种依次为：病毒性肝炎、梅毒、其他感染性腹泻病、流行性感冒、手足口病。未发生疫情扩散蔓延和突发公共卫生事件危害扩大的情况。连续24年无霍乱疫情。城乡居民人均期望寿命81.38岁，其中，男性78.52岁、女性84.34岁。

健康产业

【企业招引】 2021年，普陀区招引健康类企业30家，实到市外注册资金1.5亿元，实现产值4.24亿元，新增规模以上企业1家，国家高新技术企业2家，全职引进1名B类“高精尖”人才。4月16日，总投资3.5亿元的标志性生命健康类项目——希诺赛（舟山）生命科技研究院签约。

【辅助生殖业务】 3月11日，普陀医院辅助生殖中心获省卫生健康委同意，允许依托省医疗卫

5G 数字健康快车（区卫生健康局提供）

生“山海”提升工程与浙江大学医学院附属邵逸夫医院结对开展辅助生殖业务。普陀医院开设不孕不育门诊，由邵逸夫医院专家团队定期坐诊，提供不孕不育辅助检查和诊疗咨询。

【“两癌”智能早筛全覆盖试点项目】 7月3日，由区卫生健康局、区财政局、区妇联牵头发起，云上华佗数字健康（浙江自贸区）有限公司、浙江自贸区锐赛医学检验实验室有限公司提供技术支持的“两癌”智能早筛全覆盖试点项目正式启动。该项目通过“5G 数字健康快车”主动下沉村、社区（单位或企业）开展筛查形式，精准提升筛查水平、扩大覆盖率。“5G 数字健康快车”搭载乳腺 DOBI 智能筛查、宫颈脱落细胞早期癌变基因组筛查等新技术，具有数字化、精准性、无创性等特点，是普陀区大健康企业自主创新产品首试首用。

健康普陀建设

【健康浙江考核】 7月8日，普陀区被省委省政府健康浙江建设领导小组办公室评为2020年健康浙江建设考核优秀县级单位。8月11日，普陀区被省委省政府健康浙江建设领导小组办公室公布为第一批累计三年健康浙江建设考核优秀县（区）。12月23日，普陀区被省委、省政府评为“健康浙江建设先进区”，区卫生健康局被省委、省政府评为“健康浙江建设先进集体”。

【健康影响评估】 普陀区开展《舟山市普陀区残疾人事业发展“十四五”规划》健康影响评价评估工作，编写《舟山市普陀区健康影响评价技术指南（1.0版）》。

10月20—22日，2021年浙江省健康影响评估试点工作经验交流培训班在普陀区召开，省卫生健康委员会健康促进与评价处处长张新卫、省卫生健康监测与评价中心主任吴朝辉、市卫生健康委员会副主任方涛等领导出席开班仪式。11月11日，国

健康素养进六横五星文化礼堂（区卫生健康局提供）

家卫生健康委员会委托省卫生健康委员会下派专家组到普陀区开展全国健康促进区复评督导和验收工作。

【健康细胞】 2021年，普陀区实施健康细胞培育工程，率先全市开展健康主题公园建设，新建健康主题公园2个、健康步道3条，建成健康社区(村)8个，健康示范单位、健康企业、健康社团、健康餐厅(食堂)等各类健康细胞5个，新建设健康家庭551户。推进健康讲座、健康礼包、健康活动、健康服务、中医药等健康素养“五进”渔农村文化礼堂系列活动，实现全区76家文化礼堂活动全覆盖。全区居民健康素养水平35.74%，较上年增长3.94个百分点。

【爱国卫生】 2021年，六横镇、虾峙镇、展茅街道、东极镇创建国家卫生镇，实现全区国家卫生乡镇创建全覆盖，均已通过省级验收。9月27日，展茅街道被市爱国卫生运动委员会办公室命名为市级健康乡镇，展茅街道黄杨尖村被市爱国卫生运动委员会办公室命名为市级健康村，虾峙镇河泥漕(东晓)村被市爱国卫生运动委员会办公室命名为除“四害”村。

医疗卫生体制改革

【山海提升工程】 5月26日，区政府与邵逸夫医院签订山海提升工程协议，在5年合作周期

家庭医生签约服务指导（区卫生健康局提供）

内，邵逸夫医院派出12个学科优秀专家常驻普陀医院，每周工作时间不少于4天，围绕山海提升工程目标推进县域胸痛、卒中、创伤三大中心建设，实现影像、病理、检验三大医技共享中心能力提升，实现四大重点托管专科(普外科、乳腺外科、肿瘤内科、妇科）能力提升和医院管理能力、公共卫生服务能力提升。专家下沉后，开展技术“传、帮、带”，实施多例高难度手术，许多肝胆胰外科领域微创手术为市内首次开展；透析通路手术与维护、不孕不育症治疗、泌尿外科手术、康复领域治疗技术等开展刷新区域空白。

【“三医联动”“六医统筹”集成改革】 2021年，争取浙江邵逸夫医院优质医疗资源向普陀区医共体扩容下沉，邵逸夫医院专家团到虾峙、六横、蚂蚁等多个海岛开展义诊，服务群众超2000人次。开展各类高难度手术208台次，拓展辅助生殖、吞咽功能造影检查等多个新领域，个别手术和技术填补市内空白。

【医药服务供给侧改革】 2021年，继续落实药械带量采购政策。对比2019年减少药品支出金额约2000万元。区卫生健康局配合市卫生健康局对辖区内医疗机构实施住院按DRGS点数计算医保经费支付方式改革，明确2021年全市DGR付费标准。深化公立医院医疗服务价格改革。实施普陀区公立医院第二轮医疗服务价格调整工作，加强风险防控，按全市统一实施公立医院医疗价格调整工作，建立监控机制，动态关注调整效果。

【医防融合】 普陀区开展家庭签约“进企业、进村社”“下海岛、

下船头”，实施10类人群分类管理，推进签约服务。全区家庭医生规范签约率43.31%，10类重点人群签约覆盖率85.39%，65岁及以上老年人签约率84.91%。推进高血压糖尿病全周期健康管理和分级诊疗改革。

【区域医共体建设】 普陀区通过全—专联合门诊、基层慢病专科门诊、海岛与城区卫技人员岗位互援及海岛卫生院住院部新设等多类措施，实现医共体内人才柔性流动。2021年，安排驻岛蹲点支医19人，派遣医疗专家开展全-专科联合门诊轮岗坐诊2283人次。完成医共体建设39项重点任务清单。区域就诊率91.87%，基层就诊率65.08%，较医共体实施前分别提升5.61个百分点和9.43个百分点。推进优质医疗资源扩容下沉。继续实施全-专科联合门诊和联合病房建设，成员单位门诊和住院病种分别达100种和60种。医共体招录各类卫技人员36人，其中普陀医院30人(硕士8人)。

医政科教

【“最多跑一次”改革】 2021年，全区门诊智慧结算率82.6%、病房智慧结算率72.6%。完成全区海岛乡镇共享药房信息系统安装，全年配送1757单。完善“互联网+护理服务”服务，推进线上复诊平台建设，全年完成网络医院远程专家门诊565人次，远程放射会诊30271人次，远程心电会诊5942人次。完成双向转诊24652人次。

【医教科研】 推广中医药适宜技术，100%乡镇卫生院（社区卫生服务中心）、92.6%社区卫生服务站和村卫生室能提供4类以上中医非药物疗法。招录18名学员成为基层中医师承培养对象。规范住院医师规培工作，全年13人参加规培医师结业考核，通过率100%。加强继续医学教育管理，提升医院内部教育质量和水平，全年承办市级继教项目6起。

【医疗纠纷处置和保障】 2021年，处置各类相关事件22起，其中成功调解医疗纠纷21起。累计派遣各类医疗保障活动67起，派出医务人员177人次。

医疗基层服务

【基层医疗卫生机构标准化提升工程】 2021年，普陀区投入基层医疗建设经费460万元，先后对18家政府举办的社区卫生服务站和村卫生室进行升级改造，其中迁建2家、改扩建2家、修缮调整布局14家，对蚂蚁岛卫生院、展茅街道社区卫生服务中心进行花园式改造，打造最美卫生院和最美村卫生室各1家。全区站室标准化率90.53%，超额完成2021年乡村振兴村级卫生室规范化率75%工作指标。

【基层医疗机构人才队伍建设】 普陀区做好一年一次乡村医生注册培训管理工作，通过线上培训，线下督导，全区118个乡村医生完成2021年注册培训并全部通过省考。继续开展乡村医生减负提薪行动，增加500元基础工资，1500元奖励性绩效工资，为一体化管理乡村医生争取人均每年增薪2000元保障政策。加强基层人员培训，做好2021年国家基层卫生人才能力提升培训项目，医共体牵头医院普陀医院、东港街道社区卫生服务中心家庭医生签约服务示范点、六

花园式卫生院改造（区卫生健康局提供）

海岛居民在“共享药房”订购后取药（区卫生健康局提供）

横、虾峙镇中心镇卫生院承担基层卫生人员培训和实践带教任务，培养基层人员8名。

【基本公共卫生服务项目】 区卫生健康局对各专项服务每季度进行质量控制，定期实施技术指导、督导检查和绩效评估。推进健康档案通过“浙里办”开放，开放率达到64.15%，“两慢病”患者电子健康档案开放比例分别达到85.66%和87.39%。高血压和糖尿病患者规范管理率分别为77.28%和75.89%，管理人群血压、血糖控制率分别为67.62%和58.32%。

人口监测与家庭发展

【人口监测与关怀】 2021年，普陀区为818对符合政策条件夫妇办理生育登记，审批再生育对象17对。享受计生奖扶对象7714人，发放奖扶金740.54万元；享受计生特扶对象1096人，发放特扶金938.16万元。对全区计划生育公益金历年补助对象开展清查工作，完成全区2020年度计划生育公益金对象审核发放，符合资格确认条件153人，合计补助资金43.62万元。

【老龄工作】 2021年，区卫生健康局开展上街宣传服务、重阳节晚会、“孝亲敬老”人物评选等敬老月系列活动，累计惠及服务老年人1500余人次。以老年电大为阵地，帮助引导城乡老年人掌握、使用智能技术或者提供代办服务，老年电大各教学点累计开展培训15期，参与800余人次。推广“社区卫生服务中心+社区居家养老服务照料中心”“家庭医生+居家照料”等合作模式，开展居家养老医疗巡诊和签约服务工作，全区17家养老院和90家居家养老服务照料中心均与基层医疗机构建立签约合作关系。启动老年友善医疗机构建设工作，普陀医院等5家医疗机构完成申报创建。持续推进老年电视大学市级教学示范点建设工作，六横镇东靖社区、沈家门街道茶湾社区、东港街道莲安社区等3个教学点完成市级示范教学点申报。

7月，普陀区“老年健康宣传周”活动（区卫生健康局提供）

【婴幼儿照护服务】 成立普陀区0~3岁婴幼儿照护工作技术指导小组和区级婴幼儿家庭照护指导中心(实训基地),建立完善婴幼儿家庭照护支撑体系。对全区托育机构进行提前介入、指导,提高机构建设规范性和备案通过率。定期向婴幼儿家庭提供健康宣教、亲子游戏、儿童健康管理等科学育儿指导,全年完成婴幼儿养育照护小组活动4场,参与家庭数25户。组建由指导员、助理指导员组成婴幼儿家庭照护队伍,其中照护指导员18人,照护助理指导员121人。

医院选介

【普陀医院】 2021年,普陀医院招录、引进各类卫生技术人员30人,其中硕士8人,本科14人。有职工1208人,其中卫生技术人员975人。在编1015人中,其中正高职称63人,副高职称141人,中级职称443人。本科及以上840人。

2021年,完成门急诊量1297215人次,同比增加239674人次,增幅22.66%。其中,门诊1142535人次,同比增加211936人次,增幅22.77%;急诊154680人次,同比增加27738人次,增幅21.85%。健康体检66494人次,同比增加17005人次,增幅34.36%。医疗总收入50598万元,同比增加6193万元,增幅13.95%,不含中草药的药品占比30.65%,同比减少0.16个百分点。全年完成各类介入手术1154例,其中心脏各类介入手术570例,神经介入及外周手术450例(其中脑血管造影174例,脑血管取栓7例,颅内动脉瘤栓塞术8例),TACE术157例,骨科大血管介入手术50例,ERCP53例,PTCD手术14例,肾衰血透置管17例,TIPS手术9台。外周血管及神经介入业务量较上年增长约51%。

全年省医学会科研立项1项、市科技局6项、市卫生健康委1项,区科技局公益类科研项目6项。省中医药重点学科(中西医结合消化内科)通过出科验收,市卫健委重点学科(肝胆胰外科)和省级县域龙头学科(普外科)完成年度建设任务。呼吸内科通过“国家呼吸与危重症医学科规范化建设项目”。全年在各级刊物发表论文60余篇(SCI杂志4篇、“中华”一级杂志2篇),评选出优秀论文等级奖12篇。4月25日,普陀医院成功完成国家药物临床试验机构备案(药临床机构备字2021000057),可承担肿瘤专业新药临床试验任务。

是年,ICU副护士长兼EICU护士长虞雪娜获首届浙江省“仁心仁术奖”。感染科护士长李立峰入选中央文明办2021年11月“中国好人榜”。

【普陀区第二人民医院】 也称普陀医院六横分院,是集门诊、住院、健康体检于一体的综合性二级医院,有职工217人,其中卫生技术人员178人(其中高级职称22人,中级职称67人,执业医师、助理医师27人,执业护师、护士36人)。2021年获国家级基层胸痛救治单元称号,为胸痛患者快速救治提供生命支持。完成首例市级科研报告结题——《醋酸染色联合NBI(内镜窄带成像技术)在早期胃癌筛查中的作用》。全年医疗收入4457.35万元,总诊疗数21.32万人次,手术457例,其中,一类手术184例、二类手术243例、三类手术29例、四类手术1例。

【东港街道社区卫生服务中心】 位于东港街道勾山新育路56号,建筑面积2741.47平方米,业务用房面积1951平方米,下属3个社区卫生服务站,10个村卫生室。院内配备医用X射线摄影系统(DR)、全自动生化分析仪、血球仪、尿液分析仪、彩色B超,数字式心电图机、心电监护仪、除颤仪、远程医疗会诊系统等设备;有职工114人,其中卫生技术人员97人,副高职称8人,中级职称34人,有执业助理医师以上职称48人,其中全科医生37人,注册护士27人,社区护士22人,本科及以上学历49人;全年门(急)诊335386人,医疗收入3282.10万元。辖区常住人口51805人,建立个人健康档案47614份。建立39个家庭医生签约服务团队,完成常住人口签约数22264人,其中65周岁及以上老年人签约5498人,高血压患者签约4167人,糖尿病患者签约1340人。纳入高血压管理4604人,规范管理3537人;纳入糖尿病管理1416人,规范管理

东港街道社区卫生服务中心（区卫生健康局提供）

1055 人。

【蚂蚁岛卫生院】 占地面积 1133 平方米，总建筑面积 1888 平方米。9 月，实施普陀区最美卫生院提升改造工程并竣工。设全科医疗、防保科、妇保科、儿保科等临床科室及检验科、放射科、B 超室、心电图室等辅助科室。拥有 DR 放射机、全自动生化分析仪、尿液分析仪、血液分析仪、彩色 B 超机、心电监护仪、心电图机等医疗仪器。在职员工 24 人，其中专业卫技人员 21 人，中级及以上职称 5 人。2021 年，门诊收入 173.3 万元，门诊 34338 人次。确定免费药品 15 种，至年底，慢性非传染性免费服药 4996 人次，免费金额 53832.38 元。辖区常住人口 3734 人，建立个人健康档案 3316 份，建档率 88.81%。全岛已管理高血压患者 618 人，规范管理 531 人，规范管理率 85.92%。管理糖尿病患者 131 人，规范管理 110 人，规范管理率 83.97%。

蚂蚁岛卫生院（区卫生健康局提供）

【普陀东大康复医院】 1 月 12 日，普陀东大康复医院举行开业典礼，标志舟山首家康复专科医院正式投入运营。医院由东港集团旗下东大健康产业发展有限公司按二级康复医院标准投资兴建，位于东港街道康腾路 8 号，建筑面积 15600 平方米，其中医疗面积 11880 平方米，首期开设床位 100 张，设内科、外科、中医科、康复科等门诊，康复病区、老年病区、VIP 病区、ICU 监护病区等病区，拥有一批国内外先进综合康复设备。在职员工 48 人，其中卫生技术人员 22 人；中级及以上职称 8 人；全年门(急)诊 0.1 万人次，医疗收入 22 万元。

卫生监督

【“双随机、一公开”】 2021 年，普陀区抽取“双随机”被监督单位 667 家，完成国家“双随机”任务 289 家、省级“双随机”任务 378 家，“双随机” 任务完成率 100%，应用信用规则 100%(其中，实施跨部门联合任务游泳场所“双随机”、文化娱乐场所等 5 项)，通过“双随机”监督查处违法行为结案 262 件。

【综合查一次】 区卫生健康局联合生态环境、文体、公安、教育、人保、市场等部门，开展医疗机构医疗废物联合检查、医疗美容行业联合检查、职业病危害企业联合检查场景任务3个,参加学校幼托机构、住宿场所等场景联合任务5个,按时完成上述全部“综合查一次”任务。

【辖区二次供水卫生专项整治】 普陀区抽检辖区12家二次供水单位,第三方检测机构检测4家单位水质游离余氯不合格、1家细菌总数不合格、1家供管水人员未进行健康体检,均出具整改意见书并立案处罚。约谈问题比较突出4家单位,督促二次供水单位对蓄水池(箱)和管道改造、供水方式改进、水箱周边环境清理以及对水箱出入水口、溢泄水口的不合理位置调整等方法完成整改;另5家单位通过减少水箱日储水量、加强自检频次、购置余氯自检仪器、规范管网水消毒方法等措施,提升饮水卫生管理水平。

【医疗行为智能监管】 2021年,上线中小民营医疗机构诊疗行为智慧监管系统(全诊通)。全区89家民营医疗机构成功安装智能监管系统,完成率83%。9月中旬试运行,全区日平均监管诊疗数据1000余条,已成功处置排除风险事项5起。

【打击非法行医】 区卫生健康局继续通过日常监督与投诉举报查处结合、与各成员单位联合行动、开展医疗机构双随机监督、疫情防控检查、打击非法医疗美容行为等方式。开展规范医疗服务市场所秩序工作和打击非法行医行为,2021年,查处非法行医案件13起,罚没款67.53万元,其中非法医疗美容案件5起,罚没款15.51万元,移送公安追究刑责3件。

【专项监管】 开展2021年校园卫生安全健康行动、游泳场所夏季保健康行动、抗(抑)菌制剂违法宣传疗效和添加激素等物质专项行动、放射诊疗机构执法专项行动、公共场所集中空调通风系统卫生整治专项行动、船舶修造行业职业病危害专项整治、医疗机构废弃物综合治理工作、计划生育和母婴保健技术服务专项行动、民营小型医疗机构医疗行为智能监管专项行动、非沿街理发美容场所卫生监督执法专项整治等工作。通过专项检查合计立案查处各类违法行为93件。结合“双随机”、专项检查,监督监测公共场所公共用品用具采样222家,游泳场所水质18家,集中空调单位4家,“双随机”教学环境监测9所,幼儿机构、校外培训机构、学校采光照明“双随机”检测14家,集中供水单位采集水样75份,二次供水水样抽检32份,饮具集中消毒服务单位2家抽检样品5批次,监督抽检样品100件。全年立案查处违法行为57件。

【依法行政】 2021年,区卫生健康局受理投诉举报47件,办结47件,办结率100%,其中,涉及公共场32件、非法行医12件、消毒卫生2件、医疗卫生1件。在47起卫生监督投诉举报案件中,投诉35起,举报12起,立案调查19件,罚没款14.78万元。全年立案实施卫生行政处罚703件,合计罚没款145.92万元。在703件卫生行政处罚案件中,一般程序474件(其中告知听证程序数33件),简易程序229件,没收违法药品等物品7件,没收物品器械价值60万元。移送司法机关追究刑事责任3件。全年无行政复议、行政诉讼案件。

开展医疗机构监督检查(区卫生健康局提供)

疾病防控

【重大传染病防控】 2021年，普陀区发布疫情简报12期，日常风险评估4期，专题风险评估2期。新报告HIV/AIDS病例18例，其中，HIV感染11例、AIDS感染7例，新增抗病毒治疗25例。累计报告HIV/AIDS病例275例，其中HIV145例，AIDS130例，死亡53例，抗病毒治疗覆盖率93.9%、艾滋病患者随访及CD4检测率98.7%、病载完成率100%、配偶检测率96.1%、HIV/AIDS病例梅毒筛查率100%、结核筛查率99.5%。做好结核病患者转诊、追踪、治疗管理等工作。新涂阳病人治愈率94.44%、病人总体到位率98.71%、病人密切接触者筛查率99.07%，新发现1例耐多药患者。全年处置学校结核病散发疫情6起，累计筛查密切接触者658人。全年肠道门诊登记数813人，采样检测571份，重点人群监测5127人，水产品采样检测105份，水体采样检测105份，结果均为阴性。H7N9外环境采样75份，均为阴性，全年无感染H7N9禽流感病例报告，无登革热、疟疾及发热伴血小板减少综合征病例报告，游离蜱密度监测结果均为0只/(布旗100米·小时)。

【免疫规划】 2021年，全区适龄儿童免疫规划疫苗接种率卡介苗99.77%；脊髓灰质炎疫苗99.31%；百白破疫苗99.78%；麻腮风疫苗99.74%；乙肝疫苗99.48%；流脑疫苗99.43%；乙脑疫苗99.62%；儿童甲型肝炎疫苗98.47%；新生儿乙型肝炎疫苗首针及时接种率99.11%，完成2020—2021年第二轮麻疹脊灰疫苗集中式查漏补种工作，麻疹疫苗补种率98.65%；脊灰疫苗补种率100%。进行2021—2022年第一轮麻疹脊灰疫苗集中式查漏补种工作，麻疹疫苗补种率97.53%；脊灰疫苗补种率100%。初三学生麻腮风疫苗接种率97.53%。全年报告AEFI(疑似预防接种异常反应)77例，其中，异常反应30例、一般反应47例。开展70周岁以上老年人流感疫苗免费接种民生实事项目，全区累计接种6000人，完成计划任务数。

【基层慢性病与地方病管理】 2021年，全区合计报告户籍新发糖尿病879例，发病率279.51/10万；报告户籍新发冠心病急性事件124例，发病率39.43/10万；报告户籍新发脑卒中837例，发病率266.16/10万；报告户籍新发恶性肿瘤1549例，全年发病率492.57/10万；报告新发伤害卡片3062张。全年报告户籍死亡个案2499例，粗死亡率7.9‰。

开展孕妇碘营养水平及子代健康影响工作，250名孕妇建卡，累计上送省疾病预防控制中心血清1372管，抗凝血235管，尿样923管。区疾病预防控制中心累计检测1917管。完成碘缺乏病终期评估工作，结果显示学生食用碘盐覆盖率47.14%，碘盐合格率100%，合格碘盐食用率47.14%，学生尿碘中位数为167毫克/升；孕妇家食用碘盐合格率100%，合格碘盐食用率61.90%，孕妇尿碘中位数为143.5毫克/升。

【健康危害因素监测与评价】 区卫生健康局对11家医疗机构、4家二级医院采集样本208份，合格185份，合格率88.9%；10家托幼机构进行消毒质量监测采集样本170份，合格170份，合格率100%。对全区10个乡镇饮用水监测点和10个城市饮用水监测点进行枯水期和丰水期水质卫生监测采集样本80份，合格80份，合格100%；对全区达标村级供水站进行水质卫生监测采集样本47份，合格26份，合格率55.3%。

区疾病预防控制中心工作人员进行水井消杀（区卫生健康局提供）

【食品安全风险监测】 2021年，普陀医院作为全区食源性疾病主动监测哨点医院，上报病例

194 例；由区疾病预防控制中心负责副溶血性弧菌、志贺氏菌、沙门氏菌、创伤弧菌的检测任务及网络报告工作，阳性率 0.5%。食品中污染物采集新鲜蔬菜 50 份、饮料 20 份、粉丝 40 份，熟肉制品 40 份、烤鱼片 20 份、海虾 30 份、食品中微生物采集皮蛋 20 份、生食蔬菜 30 份、蛋糕类 40 份、熟肉制品 20 份、生食海产品 20 份、配送餐 30 份、采集处理食品中放射性物质监测中 2 份海鱼各 16 千克。

妇幼健康

【出生缺陷综合防治】 2021 年，实施 35 周岁及以上舟山市户籍孕产妇享受母婴健康保险项目、孕期超声筛查项目、0~3 岁儿童发育筛查项目和自闭症筛查项目等 5 项高龄孕产妇特殊补助项目。落实免费婚前医学检查和国家免费孕前优生健康检查工作，至 12 月底，完成婚前医学检查 746 人，婚前检查率 80.22%，国家免费孕前优生健康检查 1115 人，完成率 81.63%。产前筛查 941 人，筛查率 90.13%，产前诊断 318 人，确诊 15 人。出生缺陷率 12.8‰，低于全市平均水平。

【儿童保健】 普陀区做好 0~3 岁儿童发育监测和筛查项目，全年 0~3 岁儿童发育监测 4732 人，发育监测率 97.69%，发育筛查 4038 人，发育筛查率 96.60%，筛查出可疑 533 人，异常 114 人，最终评估确诊发育迟缓 31 人，均进行及时干预。开展 0~6 岁儿童眼保健和视力检查项目，筛查视力 10362 人，覆盖率 99.68%，6 岁儿童视力不良 130 人，视力不良检出率 8.56%。提高母乳喂养率，6 个月内纯母乳喂养率 65.26%。做好新生儿先天性心脏病筛查，筛查 1013 人次，筛查率 99.90%，双指标筛查阳性 47 人，确诊先天性心脏病 3 人。加强婴幼儿照护服务，成立区级婴幼儿家庭照护指导中心和养育驿站，成立区级 0~3 岁婴幼儿照护工作领导小组及技术指导小组。

【妇女保健】 普陀区完成浙江民生项目城乡妇女两癌筛查第一个 5 年计划，2017—2021 年累计完成宫颈癌 28668 人次，筛查率 80.98%，乳腺癌 29431 人次，筛查率 83.13%。全年完成城乡妇女宫颈癌检查 4606 人次（包括普陀山 2 人），乳腺癌 4753 人次，其中，确诊宫颈癌 4 例、乳腺癌 6 例，孕期接受艾滋病、梅毒、乙肝检测 1393 人，检测率 100%；孕早期检测 949 人，检测率 94.15%。梅毒感染产妇数 10 人，活产数 10 人；乙肝表面抗原阳性产妇数 44 人，活产数 45 人；HIV 检测阳性产妇 1 人，活产数 1 人。均进行预防性治疗，无母婴传播发生。全年增补叶酸706 人。全年高危产妇 822 人，高危发生率 78.74%，成功救治重症孕产妇 51 例，产妇住院分娩率100%。

医疗保障

【职工基本医疗保险】 根据舟山市医疗保障局《关于进一步做好商业补充医疗保险工作的通知》（舟医保发〔2021〕14 号），提高“舟惠保”参保率，并做好理赔费用“一站式”结算服务。

根据舟山市医疗保障局、国家税务总局舟山市税务局 关于贯彻执行《浙江省医疗保障条例》有关事项的通知（舟医保发〔2021〕19 号），2021 年 7 月 1 日起执行以下内容：基本医疗保险参保缴费和待遇享受时间认定；欠缴职工基本医疗保险费处理办法；中止基本医疗保险处理办法。

至年底，全区参加职工基本医疗保险单位 4863 家，参保人数 103580 人，其中，在职职工 76735 人、离退休人员 26845 人。

【城乡居民基本医疗保险】 根据舟山市医疗保障局、舟山市财政局、国家税务总局舟山市税务局联合下发《关于调整 2021 年度全市城乡居民医保筹资标准的通知》（舟医保发〔2020〕32 号），全市城乡居民基本医疗保险筹资标准：成年人每人每年 1720 元，其中，个人缴费 640 元、各级财政补助 1080 元；未成年人每人每年 1320 元，其中，个人缴费 500 元、各级财政补助 820 元；大学生每人每年 1120 元，其中，个人缴费 400 元、各级财政补助 720 元。上述筹资标准含人均 100 元大病保险筹资。

2020年在本市新就读市外户籍学生,未参加户籍地2020年9—12月城乡居民医保的,可选择参加本市2020年9—12月城乡居民医保并享受此时间段内相应医保待遇，其中，个人缴费133元、各级财政补助240元。

继续实施城乡居民大病医疗保险制度，即一个医保年度内,参保人员发生的合规医疗费用,经基本医疗保险按规定报销后剩余费用(含浙江省大病保险特殊药品、诊疗项目费用),个人自负2.5万元大病保险起付线后部分，支付比例提高到70%;其中医疗救助对象大病保险起付为1.25万元，支付比例提高到80%。继续实施高血压、糖尿病等12种慢性病医疗保障待遇。

至年底,全区参加城乡居民基本医疗保险169087人，享受医疗保险待遇1908503人次。

（撰稿:许玉竹）

编辑:魏斌

人力资源和社会保障

综　述

2021年,普陀区人力资源和社会保障局(简称区人力社保局)以“服务发展、保障民生”为主线,开展“我为发展作贡献”“我为群众办实事”“我为企业解难题”专题实践活动,拓宽思路引育人才,促进就业创业,提高人力资源和社会保障服务水平。开展劳动监察与仲裁,受理劳动监察案件106件,劳动人事争议仲裁案件642件。做好社会保险工作,全区参加城镇职工基本养老保险单位4713家,参保人数151222人;参加工伤保险单位5171家,参保人数91782人;参加失业保险参保单位4793家,参保人数55364人;参加机关事业单位养老保险单位301家,参保人数10852人。区人力资源市场登记用人单位376家次,提供各类就业岗位10177个。有12341人参加各类技能培训,引进大专以上学历3843人。

6月,普陀湾众创码头通过人社部“全国创业孵化示范基地”复评。

事业单位管理

【事业单位岗位招聘及管理】2021年,区人力社保局完成事业单位工作人员招聘总计120人,其中,教育系统63人、卫生系统37人、统一招聘15人、融媒体中心3人、面向大学生退役士兵招聘2人。

完成事业单位岗位设置审批22家,事业人员岗位变动审批798人,转正定级139人。

办理事业单位人员退休78人,改企及其他单位19人。

【事业单位人员年度考核】 年初,区人力社保局做好2021年度考核审核工作,全区事业单位工作人员4843人参加考核,其中,优秀827人、合格3923人、基本合格2人、不合格1人、不定等次90人。

【工资福利】 2021年,区人力社保局做好事业单位工作人员薪级工资正常晋升工作,累计完成4801人次;办理调动人员、职务变动人员、岗位变动人员、退休等工资变动2100余人次;完成新录用人员连续工龄认定63人次。

根据省有关文件精神,办理机关事业单位工作人员死亡后遗属生活困难补助费标准调整185人,计划外长期临时工晚年生活困难补助费标准调整13人,精简退职人员生活困难补助费标准调整22人。

【退休干部管理服务】 2021年,区退休干部活动室以庆祝中国共产党成立100周年为主题开展系列活动。结合党史学习教育,落实“一月一课”学习制度,全年开展“后疫情时代变化”“养老问题探讨”“延安整风运动”“党史学习教育动员部署”“中共舟山市第十三次代表大会第五次会议精神传达”等党员理论学习9次,参加党员230余人次。开展党支部书记送课上门活动10人次。组织老党员观看《长津湖》《蚂蚁岛精神》主旋律视频。5月10—18日,在普陀图书馆展览大厅开展庆祝中国共产党成立100周年书画展,展出书法和绘画作品112幅。6月1日,完成《波澜壮阔普陀潮》作品集编制,印发作品集300册。6月10日,

6月10日，在退休干部活动室举行“光荣在党50年”纪念章颁发活动（区人力社保局提供）

组织“光荣在党50年”纪念章颁发活动，为党龄满50周年老党员发放纪念章27枚。10月12日，邀请老党员应圣宝为退休党员讲党课。组织直管退休干部开展趣味运动会、春季考察、重阳登高、猜谜等活动6项。组织直管退休干部206人进行年度健康体检。摄影协会开展作品展2期；钓鱼协会开展垂钓活动2次；夕阳红艺术团下乡下海岛（社区）展演15场。对生病住院、高龄和生活困难退休干部在生活上给予关心，全年走访慰问退休干部90余人。为全区240名机关事业单位年满70、80、90周岁退休干部每人赠送1份生日蛋糕。

年底，全区有行政机关、事业单位退休干部4170人，其中，原转体单位退休干部265人、行政机关退休干部1383人；事业单位退休干部2522人。

4月，区人力社保局组织6家企业到河南信阳职业技术学院招聘（区人力社保局提供）

就业管理与服务

【人力资源市场】 宣传推广群岛新区公共招聘网，2021年新增企业用户36家，发布岗位信息435条；新增个人用户16人。推进东西部扶贫劳务协作，区人力社保局组织区内优质企业赴河南濮阳、云南昭通参加线下招聘会，提供各类招聘岗位1014个，初步达成就业意向126人。与四川省万源市、安徽省砀山县签订2021年劳务合作协议，建立省外劳务合作工作站1家。全年组织各类招聘会22场次，其中，线上4场、线下18场，累计提供就业岗位10177个，376家次企业参与招聘活动，实现就业218人。

【职业技能培训】 2021年，区人力社保局开展职业技能和专项能力培训补贴工作，帮助劳动者提升就业择业能力。全年发放就业技能培训补贴、岗位技能提升培训补贴、职业培训补贴（机构）、高级工一次性证书补贴772.21万元，累计培训6711人次；发放线上培训补贴2303人次，累计金额180.6万元，惠及企业66家；累计开展创业培训15期，培训499人次，发放补贴18.74万元。

【落实就业创业扶持政策】 区人力社保局实施高校毕业生就业帮扶行动。对全区399名离校未就业高校毕业生开展调查摸底工作，通过短信、电话等方式推送就业岗位、招聘会信息等实现帮扶率100%。新认定见习基地7家，全年完成高校毕业生就业见习154人，发放高校毕业生就业补贴291.18万元，惠及高校毕业生763人。开展重点人群认定和就业帮扶工作。通过线下走访、电话联系，为帮扶对象提供“一对一”的精准服务，全年已开展各类帮扶3114人次。落实降低失业保险费率政策，实施失业保险费稳岗返还，发放2020年度稳岗补贴金额504.64万元，惠及企业1377家，职工34325人。2021年，城镇新增就业5531人，城镇登记失业率1.50%，就业困难人员实现就业人数517人，城镇失业人员实现再就业913人。

【基层劳动保障平台建设】 区人力社保局建立信息互动、资源共享、功能完备、运转协调的区、街道镇、社区(村)三级劳动保障就业服务网络，形成覆盖城乡公共就业服务体系。完善信息采集，通过社区劳动保障协管员108人对辖区内符合条件援助对象进行上门走访、电话联系，摸清人员底数，进行实名登记，将走访联系情况录入系统。开展争创高质量就业社区平台活动，推进基层劳动保障平台建设制度化、标准化、信息化。沈家门茶湾社区、展茅街道螺门村等10家社区(村)获评区级高质量就业社区，沈家门海星社区、东港安康社区等5家获评市级高质量就业社区。

【普陀湾众创码头】 2021年，普陀湾众创码头深化“二中心四园区”建设布局，推进以普陀湾众创码头和“普陀军创园”为中心，以东港园区、鲁家峙园区、上海园区和城西园区为重点空间联动布局建设。新引进企业60家，新培育规上企业2家，新培育各类省级以上科技型企业17家，国家高新技术企业2家，已到位市外注册资金12072万元，完成投资1445万元，实现年产值4.1亿元。全年新增大学生、退役军人就业146人。累计入驻来自全国23个省(市、区)442个创业团队，其中216个团队已成功孵化出园，有在园孵化实体226家。累计提供就业岗位4000余个，其中普陀退役军人创业园累计入驻自全国13个省(直辖市、自治区)82个退役军人创业团队。园区累计培育省级以上科技型企业81家，其中国家级高新技术企业7家。

1月，普陀探索退役军人双创新模式获评2020年度浙江省优秀实践案例，为全市唯一上榜案例，并被“学习强国”平台转载。6月，普陀湾众创码头通过人社部“全国创业孵化示范基地”复评。10月，普陀湾众创码头被认定为首批舟山市“群团星”示范点。11月，普陀军创园被认定为“浙江省首批退役军人就业创业基地”。12月，普陀军创园升级为“省级众创空间”；普陀湾(上海)众创码头被认定为“浙江省第二批省级数字经济“飞地”示范基地”；普陀湾众创码头备案科技部“国家级众创空间”。

是年，园区有1名创业者被聘为“中国青年创业导师”；3名创业者被聘为“浙江青年创业导师”；2名创业者被聘为“省退役军人创业就业导师”；13名创业者被聘为“市创业导师”；3名创业者被评为市“大学生创业之星”。

劳动监察与仲裁

【劳动保障监察】 2021年，区劳动监察大队做好日常咨询、投诉、举报和信访接待等职责工作，在全区开展农民工工资支付情况专项检查、用人单位遵守劳动用工和社会保险法律法规情况专项检查、浙江安薪专项行动、重大工程项目欠薪隐患治理专项行动、在建工程项目日常巡查、“双随机抽查”等，维护农民工合法劳动权益。累计处理欠薪案件88件，涉及劳动者1831人，追回工资款约3688.5万元。处罚建设单位未及时足额支付向农民工工资专用账户拨付工程款中的人工费用2件，罚款16万元。

新冠疫情防控期间，区劳动监察大队安排业务骨干上门服务，以“一对一”模式做好农民工管理工作“传、帮、带”，累计上门指导服务70次，全区工程项目均能熟练掌握工资支付系统。开展全区水利工程专项交流服务，现场指导16家水利施工企业。

推进劳动监察数字化执法进程。2021年，普陀区全面普及建筑工程领域农民工工资支付监管全过程平台，根据住建局、水利局、交通局所报备工程均纳入平台监管，平台在册工程45家，全部实现六项制度电子化，工资支付线上化，实现农民工工资支付动态监管。

开展护航建党百年"浙江安薪"专项行动。检查企业350家，涉及职工人数1.97万人，其中农民工1.67万人。5月15日至6月2日，对普陀辖区内3家央企施工项目开展专项治理检查，检查总体情况较好，"浙江无欠薪"行动六项制度已基本落实。

开展重大工程建设项目劳资纠纷专项治理。全区3家治理对象工程项目基本实现农民工工资通过农民工工资专户按月足额支付，鲁家峙海底隧道项目和半升洞项目基本实现欠薪"零投诉、零举报"。恒大项目前期实现基本工资按月发放，已支付工资款约1800万元，后续制定剩余工资化解方案。

开展根治欠薪冬季专项行动。春节前夕，重点对在建工程建设项目、水产加工企业、船舶修造领域的外包企业以及发生过拖欠农民工工资问题企业的农民工工资支付情况进行专项检查。检查企业365家，涉及职工人数1.68万人。发现重大欠薪隐患企业10家，涉及1788人，工资金额4521.48万元。均及时处置完毕。

是年，全区立案受理劳动监察案件106件，其中录入省监察系统快速调处案件36件，涉及劳动者119人，涉及工资款155.8万元；立案处理5件，处罚金额17.25万元；协调处理建筑领域欠薪案65件，涉及2237人，涉及工资款4508.19万元。

【劳动争议仲裁】 2月，有劳动者陆续向区劳动人事争议仲裁委反映，称一建筑工程有限公司因经营不善拖欠劳动者工资，涉及欠薪人数286人，欠薪金额1263万余元。区仲裁委掌握情况后尝试与工人代表取得联系，第一时间进行调查核实，开辟"绿色通道"，帮助劳动者申请法律援助，与被申请人工程项目经理沟通，促成双方达成调解。

借助"东海渔嫂"品牌优势，打造一批以女性为主劳动纠纷调解队伍，对劳动纠纷多元化解工作进行补充，丰富全区劳动纠纷多元调解工作内容、途径和方式。全年"东海渔嫂"劳动人事争议调解工作室累计调解劳动纠纷案件79件，结案金额165.39万元。

2021年，区人力社保局坚持调解优先、调解为主原则，提供免费法律服务，开通"绿色通道"。全区劳动人事争议仲裁案件642件，仲裁案件涉及人数646人，其中外来务工人员562人，占仲裁案件的87%；已结案件610件，结案率95%，其中裁决77件，调解463件，裁定70件，调解率87.4%；涉案金额3610.29万元，结案金额2178.04万元。

【劳动关系】 2021年，区人力社保局推进电子劳动合同平台应用推广工作，全区各国有企业已上报电子劳动合同418份。

5月28日，普陀区召开2021年度协调劳动关系三方会议第一次会议，印发《关于实施劳动关系"和谐同行"三年行动计划打造和谐劳动关系示范区工作方案》征求意见稿。依托协调劳动关系三方机制，以调研指导工作形式为企业提供用工体检服务或委托专业人力资源服务机构免费为企业提供用工体检。针对各类企业人力资源管理人员，全区协调劳动关系三方4家有关工作人员等及其他有志

劳动人事争议仲裁庭审现场（区人力社保局提供）

于从事劳动关系协调工作人员以多种形式集中开展培训，重点提高受训学员政策熟练度和基本工作技能掌握程度。确定沈家门街道海洋生物园区为创建和谐劳动关系示范园区、平太荣远洋渔业集团有限公司等5家单位为创建和谐劳动关系企业，并讨论确定三年行动计划的每年工作目标。是年，对全区155家企业完成劳动用工体检，组织482名劳动关系协调员完成业务技能培训。至年底，阶段性创建任务已初步完成。

按《舟山市打造百家金牌劳动人事争议调解组织实施方案》，全区完成5家金牌调解组织评选，其中推荐舟山中元海运重工有限公司及恒尊集团参与省级金牌调解组织评选，两家企业在企业内部及下设项目部建立企业劳动争议调解组织，制定劳动人事争议调解工作程序、设置专用调解室，参与调解工作人员持有调解员资格证书，通过多种形式学习、培训提高调解员法律素养和业务水平。

4月8日，赴江苏科技大学春季双选会（区人力社保局提供）

人才工作

【人才引进】 2021年，区人力社保局先后组织区内25家企业赴江苏镇江、河南信阳等地高校招聘10场次，引进大专以上学历高校毕业生3843人，引进总数为4县区第一。按学历分：博士2人，硕士142人，本科1658人，专科2014人；按引进单位分：机关事业单位、国有企业490人，非国有企业、自主创业3353人。发布《2021年普陀区事业单位紧缺专业人才开发目录》和紧缺专业引进人才公告，22家事业单位推出22个紧缺专业岗位，经过面试、体检、考察等程序，实际聘用20名紧缺专业人才。

【流动人员人事档案管理】 2021年，区人力社保局新接收应届毕业生档案1242人（回原籍毕业生数1113人），其中，博士1人、硕士63人（回原籍毕业生数42人）、本科626人（回原籍毕业生数569人）、专科549人（回原籍毕业生数502人）。根据《人才市场管理规定》和《流动人员人事档案管理暂行规定》，对中心现存人事档案进行规范化和信息化建设。11月，启用全省统一档案管理信息系统，实现档案管理省级集中。至年底，保管人事档案17400余份。

【技能等级认定】 2021年，区人力社保局组织各类技能培训12341人次。其中，渔业船员培训5279人，合格4141人；线上职业培训2706人。参加技能等级认定4481人，合格3974人，其中五级1595人、四级436人、三级1321人、二级328人、一级25人、专项269人。全年培养高技能人才1674人。新增技能等级认定企业2家，定点培训机构1家，民办培训机构1家。恒尊集团孙素文入选“浙江杰出工匠”，浙江冠素堂食品有限公司曾寄均入选“浙江工匠”，阮平新、卓文波、何晓军、杨柳入选“浙江青年工匠”。

【专业技术人才职称晋升】 区人力社保局做好教授（专家）工作室和博士后工作站组建工作。2021年新建专家工作室3家，完成年度考核目标150%；新建博士后工作站1家，完成年度考核目标100%。做好专业技术任职资格初定和中高级专业技术人员推荐晋升工作。全年新增培养晋升专业技术人才1139人，其

职业技能等级认定考核（区人力社保局提供）

中晋升高级职称88人，晋升中级职称人488人，晋升初级职称563人。开展不具备规定学历人员晋升职称培训考试，年底，考试合格通过108人，其中，初级职称44人、中级职称64人。

社会保障

【城镇职工基本养老保险】 根据《浙江省人力资源和社会保障厅　浙江省财政厅　国家税务总局浙江省税务局转发人力资源社会保障部　财政部　税务总局关于延长阶段性减免企业社会保险费政策实施期限等问题的通知》（浙人社发〔2020〕33号），2020年2月起，阶段性减免企业养老保险、失业保险、工伤保险单位缴费部分，对中小微企业免征政策延长执行到2020年12月。2021年合计减征基本养老保险费2243万元，减负户数3802户；减征工伤保险费138万元，减负户数3845户。

根据《舟山市人力资源和社会保障局　舟山市财政局　舟山市自然资源和规划局　国家税务总局舟山市税务局关于进一步做好被征地农民参加基本养老保险有关工作的通知》（舟人社发〔2020〕121号），2020年1月1日后产生的被征地农民，区分不同情况分别按规定参加企业职工基本养老保险，对被征地农民参加职工养老保险的给予缴费补助，用于按年抵扣个人缴费部分，先缴后返。开展本地养老保险政策执行情况全面清理工作，梳理不符合国家和省有关规定的地方性政策，规范企业职工基本养老保险一次性补缴经办工作，执行市政府关于被征地转轨人员、传统海洋捕捞渔民、舟人社发〔2012〕（15号）文件等涉及参保人员一次性补缴相关政策，根据省厅统一要求，于2021年12月15日前完成存量被征地农民和特殊人员参加基本养老保险的清理工作。

根据《浙江省人力资源和社会保障厅　浙江省财政厅关于2021年调整退休人员基本养老金的通知》（浙人社发〔2021〕27号），全省2020年12月31日前已按国家和省有关规定办理退休退职手续人员，可按本通知规定调整基本养老金。全区有56528名退休退职人员提高养老金，平均月增资123.69元。

至年底，全区参加城镇职工基本养老保险单位4713家，参保人数151222人。全年基金收入82338万元，基金支出184879万元。

【工伤保险】 2021年，全区申报工伤案件1302件，办结1123件，其中，普通程序工伤认定1089件、简易程序工伤认定15件、不予认定工伤11件、不予受理8件，期限内结案率100%。职工丧失劳动能力鉴定573人次。

至年底，全区参加工伤保险单位5171家，参保人数91782人。全年享受工伤待遇1182人次。全年基金收入1852万元，基金支出4123万元。

【失业保险】 推进失业保险金"畅通领、安全办"，落实失业保险业务网上办理、社保卡发放，落实大龄失业人员失业保险待遇，取消60日申领限制，确保失业人员应发尽发。至年底，全区参加失业保险参保单位4793家，参保人数55364人。全年累计发放失业保险金待遇2158.46万元惠及失业职工2378人（每人每月发放1656元），发放失业补助金233.65万元惠及失业人员1358人。2021年，全区新增城镇就业人数5531人；城镇登记失业率为1.50%。

【城乡居民社会养老保险】 根据《舟山市人力资源和社会保障局、舟山市财政局关于建立城乡居民基本养老保险待遇确定和基础养老金正常调整机制的实施意见》（舟人社发〔2020〕96号），2021年1月1日起，取消原年缴200元、1200元、2400元、3600元；个人缴费档次调整为10档：年缴100元、300元、500元、800元、1000元、1500元、2000元、3000元、5000元、7000元，其中，100元档次仅限低保对象、特困人员、残疾人、低保边缘户等困难群体参保，由政府全额代缴。

根据《舟山市人力资源和社会保障局、舟山市财政局关于调整城乡居民基本养老保险基础养老金标准的通知》（舟人社发〔2021〕82号），2021年8月1日起，全市城乡居民基本养老保险基础养老金标准由每人每月190元调整为每人每月225元，对年满80周岁及以上高龄老人，补贴增发10元/月。

至年底，全区参加城乡居民基本养老保险人数59473人，其中享受待遇人数34426人；全年基金收入18914万元，基金支出20187万元。

【机关事业养老保险】 根据《浙江省人力资源和社会保障厅浙江省财政厅关于2021年调整退休人员基本养老金的通知》（浙人社发〔2021〕27号），2021年1月1日开始调整退休（职）人员基本养老金。调整范围为全省2020年12月31日前已按国家和省有关规定办理退休退职手续人员。采取定额调整、挂钩调整和适当倾斜相结合办法。全区有3577名退休（职）人员养老金待遇得到提高，月增资额86.2万余元，人均月增资241元。

至年底，全区参加机关事业单位养老保险单位301家，参保人数10852人，其中，在职人员7222人、离退休（职）人员3630人。全年基金收入15567万元，基金支出30576万元。

【被征地农民社会养老保障】 根据《舟山市社会保险事业管理中心关于印发〈存量被征地农民参加基本养老保险清理工作分类处置方案〉的通知》（舟社保〔2021〕14号），对全区的存量被征地农民按照四类人员进行分类处置，完成面签人数6520人。

至年底，全区被征地农民基本养老保障累计参保人数3622人，其中生活补助人数2015人，缴费人数1607人。享受待遇人数2015人。

【内控管理】 根据《关于全面开展社会经办机构风险防控自查整改工作的通知》（人社险中心函〔2020〕12号），2021年4月在省考核组核查时，再次进行全面检查，对操作不规范，整改不到位业务，进行一次整改，为后续稽核工作业务开展打好基础工作。全年核查违规领取养老金人员97人，涉及多领养老金193万余元，已追回整改金额191万余元，整改率99%。

（撰稿：林书伊）

编辑：魏斌

民　政

综　述

2021年，舟山市普陀区民政局下辖区地名服务中心、区社会组织公共服务中心(挂区社会组织培育发展中心牌子)、区婚姻登记管理服务中心、区救助管理站(挂区未成年人救助保护中心牌子)、区殡葬管理所(区殡仪服务中心)、区社会福利院(挂区养老服务与儿童福利指导中心牌子)6个事业单位。全区民政系统贯彻区委、区政府工作要求，聚焦特殊群体，聚焦群众关切，创新推进基本民生保障、基层社会治理、基本社会服务等职责落实。

2021年，普陀区有各类养老服务机构21所，养老机构床位2616张，入住老人928个。新建镇(街道)示范型居家养老服务中心1家。至年底，全区有镇(街道)示范型居家养老服务中心7家，社区(村)居家养老服务照料中心83家，全年服务老年人5万余人次。完善市级“幸福社区”建设工作，以“家门口”项目形式打造7个市级幸福社区，开展项目督导评估，实现城市“幸福社区”建设全覆盖。推进救助标准动态调整，提升兜底保障能力。11月起，低保对象由每人每月810元调整为910元。在区社会组织公共服务中心建立社会组织兼合式党组织，通过党建统领社会组织参与社会治理。加强普陀特色婚姻文化建设，倡导婚事简办。宣传贯彻执行《中华人民共和国民法典·婚姻家庭》，开展婚姻家庭辅导教育。与区城投公司、东港集团协调沟通，将莲花洋公园内约600平方米的两处房产作为新的婚姻登记服务中心。以国家AAAAA级婚姻登记机关打造为契机，建设海岛婚姻文化特色展示长廊，“1+X”婚礼集体颁证基地和新时代婚姻法律文化宣讲基地。探索“婚登+文旅”发展新模式，打造婚庆文化旅游产业共享平台，丰富婚庆文旅业态，助推婚姻文旅产业发展。组织开展结婚证集中补领工作。做好社会组织注册登记工作，至年末，全区共有注册登记的社会组织330家，其中，社会团体177家、民办非企业单位152家、基金会1家，备案社区社会组织1133家。推动地名更名、审批工作，命名住宅小区6个、道路1条。编制门楼牌号2142个，印发门牌证1858本。开展路牌门牌日常巡查和维护工作。做好《浙江省标准地名词典》和《舟山市标准地名词典》普陀部分编纂工作，共编纂相关类别词目数266条。

社会救助

【城乡最低生活保障】 2021年，区民政局开展农村低保专项治理巩固提升行动，落实各项社会救助政策，保障困难群众基本生活，提高救助对象生活品质。年末全区有最低生活保障对象2596户、3228人。当年新增209户、257人，注销410户、449人。全年发放低保金3229.4万元。

【特困供养】 2021年，普陀区有特困供养人员204人，其中138人有集中供养意愿人员全部实行集中供养，集中供养率100%。强化分散供养特困人员服务，其中66名分散供养特困人员签订四方委托照料服务协议。

【社会救助家庭经济状况核对】 2021年,区民政局落实《浙江省社会救助家庭经济状况认定办法》,做好低保、支出型贫困家庭、低保边缘(简称低边)、困难残疾人生活补贴对象、公共租赁住房申请家庭经济状况核对工作。2021年,全区共核对公共租赁住房申请家庭646户794人,核对救助对象领取养老金家庭5922户7843人(低保家庭5186户6444人,低边家庭736户1399人)。

【助学】 区民政局根据《舟山市人民政府办公室关于建立舟山市社会救助工作联席会议制度的通知》(舟政办发〔2013〕73号)有关规定,明确低保家庭、低边家庭、重点优抚对象家庭、特困职工家庭、特困残疾人家庭为五类助学救助重点对象。2021年,助学标准统一为:入学新生第一年6000元,其中福彩公益金专项资助新生8000元,第二年起每年标准5000元。是年,普陀区共资助困难大学生92人50.67万元,其中民政局资助36人18.4万元。

【社会救助"物质+服务"工作】 2021年,区民政局根据《浙江省困难群众探访关爱制度(试行)》相关规定,开展社会救助"物质+服务"工作。按救助对象家庭及身体状况不同类型,分别开展周探访、月探访和季探访活动,每季度送达一次幸福清单。第四季度共送达幸福清单2382次,入户探访关爱6386次。

社会福利

【机构养老】 2021年,普陀区有各类养老服务机构21所。其中,区直属1所、街道镇敬老院(养老服务中心)7所、社区办托老所8所(其中1所与乡镇养老服务中心合署)、民办3所、公建民营2所。全区养老机构有床位2616张,入住老人928人。

社会救助政策宣传(区民政局提供)

【居家养老】 2021年,普陀区新建镇(街道)示范型居家养老服务中心1家。至年底,全区有镇(街道)示范型居家养老服务中心7家,社区(村)居家养老服务照料中心83家,全年服务老年人5万余人次。

【老年人福利】 2021年年底,普陀区有养老服务补贴对象282人,其中,一类补贴对象8人、二类补贴对象54人、四类对象220人,全年发放补贴资金42.94万元。发放老年人意外保险总额31.55万元,共有11684个老年人享受。发放高龄老人长寿保健补助金165.65万元,1663名90周岁以上老人享受,其中100周岁以上老人24人。根据《普陀区留守老人关爱服务项目实施方案》,发放相关资金近13万元,制作老年优待证1980张。

【儿童福利】 2021年年底,全区在册困境儿童198人,孤儿5人,其中,福利院集中供养3人、散居孤儿2人。孤儿基本生活费标准为福利机构养育孤儿每人每月1834元,社会散居孤儿每人每月1468元,全年发放保障金189.5万元。

【区社会福利院】 2021年,区社会福利院有孤弃儿童4人。其中,2人在宁波恩美儿童福利院

表 64

2021年普陀区百岁老人基本情况

姓名	性别	出生年月	家庭住址	备注
曹文英	女	1917年8月	六横镇峧头坦岙	
庄彩荷	女	1920年6月	沈家门街道海星社区	
王月仙	女	1920年7月	桃花镇塔湾白雀路9号	
蒲莲云	女	1920年8月	展茅街道大展村	
石冬梅	女	1920年10月	六横镇小郭巨村	
张云庆	男	1920年11月	东港街道南岙村	
洋根宝	男	1920年11月	桃花镇青龙村鹁鸪门	
夏桂芳	女	1920年12月	六横镇青联村社	
张善如	男	1921年1月	沈家门平阳浦村	
励春塘	女	1921年2月	六横镇五星村	
王杏林	女	1921年3月	展茅街道茅洋新村	
王荣宝	男	1921年6月	沈家门教场社区	
林玲娣	女	1921年7月	六横镇小郭巨村	
戴金花	女	1921年8月	东港街道永兴村	
王朝宝	男	1921年9月	六横镇双塘新村	
俞冬梅	女	1921年12月	六横镇青联村	
王志升	男	1921年12月	沈家门中兴社区	
王彩连	女	1916年10月	六横镇小湖渔	2021年6月7日去世
李纪林	男	1916年11月	沈家门平阳浦村	2021年12月20日去世
周信全	男	1919年12月	沈家门墩头社区	2021年10月18日去世
俞秀如	男	1920年9月	六横镇龙山新村浦西	2021年1月5日去世
贺文桂	男	1920年10月	六横镇佛渡村石门	2021年8月29日去世
黄梅玉	女	1921年2月	东极庙子湖	2021年8月10去世
张阿菊	女	1921年2月	展茅街道沙井村	2021年5月去世

接受康复治疗，1人在家庭寄养，接受高中教育，1人寄养舟山市儿童福利院。区社会福利院做好公建民营养老机构的业务管理和指导工作。委托运营方——普陀天颐老人之家有休养老人209人，其中，护理型167人、自理型42人，床位利用率68%。普陀天颐老人之家利用配套建设的普陀康久医院资源，将医疗、康复、护理融合到养老服务。

【舟山市普陀区海福社会福利事务服务有限公司】 该机构成立于2007年7月，经营范围包括老年人养护服务，老年用品经营，老年康复护理，养老服务需求评估，职业技能培训，殡仪服务设施建设，墓碑刻写，殡葬用品销售等。2021年，有老人住养用房144间，床位320张，其中护理用床79张。年末，在院休养老人数152人，占床位数209张，床位利用率65%。是年投入

海福智慧养老平台驾驶舱（区民政局提供）

20万元用于推进实施福利中心基础设施改造项目。实施福利中心智能化养老机构建设项目，项目一期投资29万元。项目以温情怡养建设理念贯穿于系统各应用场景建设，通过大数据技术，实现智慧服务、智慧照护、智慧管理、智慧安防、智慧交流等多方位为一体的服务场景应用，为老人入住到离院建立一套全周期数字化生活服务体系。

实施海福陵园空余土地开发建设，全年陵园墓穴新增413套，墓穴总量扩充至8433套。根据《舟山市殡葬设施专项规划（2018—2035）》，推进节地生态项目建设，配合做好区政府关于城西区块开发建设坟墓迁移安置工作，启动骨灰纪念堂及配套生态公墓建设项目。项目总用地面积约58亩（约3.87公顷），总投资约8000万元，计划5年分期实施。一期完成生态安置公墓建设，二期完成节地生态公墓建设，三期完成骨灰纪念堂建设。

【残疾人集中就业企业】 2021年，普陀区有11家残疾人集中就业企业，全年实现工业总产值15019.23万元，完成产品销售收入15226.93万元，纳税总额942.89万元，实际退减增值税550.06万元，盈利总额977.98万元，全区残疾人集中就业企业在职职工396人，安置残疾职工153人。

2021年残疾人集中就业企业基本情况

表65

企业名称	职工总数（人）	其中残疾职工（人）	销售收入（万元）	利润（万元）	纳税总额（万元）
舟山市普陀腾尔达仪表有限公司	24	10	907.1	33	31.5
舟山市普陀区通源电线电缆厂	31	15	2693.9	61.2	68.7
浙江柏润机械有限公司	48	16	1607	161	108
舟山市引纸包装有限公司	27	11	988.2	54.8	30.5
舟山市普陀晨阳铜业有限公司	33	14	1034.2	-12.9	107.9
浙江桓润机械设备制造有限公司	22	10	130.3	-160	10.6
舟山市吉祥工艺香品有限公司	36	16	1767.73	597.58	209.88
舟山市庆丰铁路仪表有限公司	96	29	4524.7	210.1	268.3
舟山市大通包装彩印有限公司	39	11	1059	47.2	50.3
舟山市普陀元昌制衣有限公司	25	10	183.7	5.7	21.9
舟山市东海塑料制品厂	15	11	331.1	-19.7	35.31

社会事务

【区划地名工作】 2021年，区民政局完成补充完善国家地名信息库政务管理平台数据工作。补充完成2021年新生地名7条，拍摄新生地名照片14张，数据库地名条目总数达4999条，涉及11大类80个小类。命名新地名7个（其中住宅小区6个、道路1个）。全年编制门牌号2142个，制作安装门牌310块，设立维修路牌38块，印发门牌证2103本。开展普陀主城区路牌、沿街商铺门牌日常巡查、维护工作，初步检查出问题门牌300余块，进行重新制作并装订。完成与定海区“定普线”的年度联合勘界工作。开展清理整顿不规范地名工作，发现不规范地名1处并进行整改。完成东港三期和鲁家峙区域路名标识牌增设工作，在东港三期主要路口增设路牌30个，鲁家峙区域增设路牌5个。按国家和省级地名数据库合并要求，梳理校对地名信息数据3783条。基本完成省级地名数据库中新增地名电子地图点位标注工作。完成《浙江省标准地名词典》普陀部分的编写。启动《舟山市标准地名词典》普陀部分词条的编写工作并形成初稿。

【殡葬管理】 2021年，区民政局按省、市、区要求，做好春节、清明期间疫情防控和安全祭扫工作。召开专题会议，发布《倡议书》，成立普陀区清明期间疫情防控和安全祭扫工作专班，下发《关于做好2021年清明节疫情防控和安全祭扫工作的通知》，制定应急处置措施预案，落实值班和信息报送制度，完成清明节期间疫情防控和安全祭扫工作。

区民政局开展惠民殡葬专项治理和提标增项工程。联合区发改局、区财政局出台惠民殡葬政策，启动区级节地生态安葬示范点建设，推进殡葬数字化改革、习俗改革，引导文明治丧、完善舆情监测和处置机制，开展自查自纠、整改落实。启动丧俗协会筹建工作，完成丧俗协会预登记工作，推进普陀区丧俗队伍规范化运作，助推移风易俗和文明治丧工作展开。

区民政局指导海福公司对传统公墓新建及其他墓区改造，新增墓穴541套。启动区级节地生态安葬区示范点建设，弄塘湾陵园节地生态安葬区完成项目选址，进入整体设计阶段。根据《舟山市殡葬设施专项规划（2018—2035）》，停止新建传统公益性公墓审批，完成虾峙镇清凉庵生态公墓规划图局部调整工作。按区委、区政府关于加快推进城西开发建设工程的总体部署，启动前期准备工作。六横殡仪服务中心项目完成主体工程建设，进入内部装修设计环节。该工程概算金额3700万元，建设面积约21亩（1.4公顷）。一期建设10亩（约0.67公顷），设计年为500具遗体提供丧葬服务。

区民政局按《舟山市人民政府关于规范丧事活动提倡文明治丧的通告》要求做好丧事规范工作，劝导丧户家属丧事简办和文明办丧。2021年，主城区死亡人数970人，区殡仪馆为897家丧户提供守灵服务，办丧率约为92%。引导生态海葬，实施海葬276例，其中普陀本地6例（含朱家尖1例）。联合相关街道、社区对213户家中办丧户进行上门宣传，现场监督，发放文明治丧倡议书，宣传文明治丧，要求不得在公共场所从事搭设灵棚、摆放花圈、念经做道场等殡仪活动。推进殡葬“一件事”“最多跑一次”改革，构建统一受理、联动办理业务模式，解决城乡居民身后事办理程序烦琐、多头办理等难点，2021年共办理2296例。全区遗体火化2628例，火化率100%。

【婚姻登记】 区婚姻登记场地与区办证中心于2020年12月底同步搬迁。2021年，区民政局做好婚姻登记机关标准化建设工作。以婚姻文化建设为重点，营造婚姻文化氛围，在办证大厅完成制度上墙，在候登室、颁证室张贴体现婚姻文化的箴言、图画等。与区城投公司、东港集团协调沟通，取得莲花洋公园内约600平方米的2处房产，于6月中旬开始设计改造，打造婚姻登记AAAAA级场所。全年结婚登记1559对。其中，再婚817人、复婚294人、补办21对；出具未婚证明4份。

区民政局开展新婚家庭辅导工作，婚姻登记中心定期开展为新人们提供专业心理指导服务，“5·20”共有7对新人接受婚前辅导。做好离婚劝和工作，发挥婚姻家庭辅导室作用，在当事人自愿前提下，采取"多角度运作"方式开展"离婚劝和"服务，为离婚当事人免费提供心理疏导服务，引导当事人正确对待婚姻，调整心态，促进家庭和社会的和谐稳定。2021年共对130对婚姻当事人进行调解，有65对通过调解后未办理离婚手续。全年离婚登记532对。

区民政局做好集中补证工作。为贯彻落实《中华人民共和国民法典》，维护婚姻当事人合法权益，深化"互联网+政务服务"，推进减证便民，根据《浙江省民政厅关于集中开展补领婚姻登记证试点工作的通知》文件精神，于6月底全面启动婚姻登记证补领、补办工作。

【弃婴收养登记】 2021年，区民政局办理收养登记3起，均系夫妇共同收养，被收养3人均为社会福利机构收养的弃婴儿童。

【救助管理】 2021年，舟山市普陀救助管理站（简称区救助站）贯彻落实党中央、国务院《关于加强和改进生活无着的流浪乞讨人员救助管理工作》的重要批示精神和第十四次全国民政会议部署，严格按照"民政30条"及"救助管理机构服务质量大提升"内容要求，抓好对流浪乞讨以及流浪乞讨边缘人员的接待、救助管理、服务宣传、教育指导等工作。2021年，区救助站为616人次（男339人次、女277人次）求助人员提供食宿、医疗、通讯、返回、接送以及安置等方面的救助服务。其中，本省籍12人次，外省籍为136人次，不明地址468人次；普陀区流浪未成年人2人次，老年人223人次，青壮年391人次；危重病人、残疾人、精神病人和智障患者524人次。跨省救助护送25人次，安置无法查明地址的长期寄养人员13人。

区救助站打造"民生使者、陌路有爱"党建品牌，坚持"诚心、爱心、热心、耐心、细心"服务理念，实行全年365天、全天24小时救助模式。结合党史学习教育和"民政服务机构安全管理工作月"活动，做好内部安全监管和重点时段、重点区域、重点岗位的自查工作；落实安全管理责任制，制定各类安全应急预案，落实应急值守、监测预警、重大事项报告制度，落实领导带班制度，各项任务分解到岗、落实到人。

区救助站启动数字化改革工作。根据民政部办公厅《关于全面应用金民工程流浪乞讨人员救助管理信息系统的通知》，落实原救助管理信息系统数据导入核对工作，完成数据交换和功能对接；加强信息系统使用情况监测督查，以信息系统上线运行为基础，建立完善救助动态数据，实现数据更新；组织系统操作业务培训，确保信息系统操作使用规范安全；增强信息系统操作人员安全意识，按照信息系统保密的要求做好救助管理信息资源共享，防止发生信息泄露等安全事故。

2021年6月19日是第九个全国救助管理机构和托养机构开放日，区救助站与区社会组织公共服务中心开展开放日宣传活动，围绕"携手相助、让爱团聚"活动主题，开展街面宣传、公益寻亲、相助认亲等主题活动。

【社会组织登记管理】 2021年，区民政局开展社会组织年检工作，应检社会组织319家，参检社会组织284家，参检率89%，合格284家，注销18家。4月，向社会公开征集区级公益创投项目，共有39个项目入选。年末，全区共有注册登记的社会组织330家，其中，社会团体177家、民办非企业单位152家、基金会1家；备案社区社会组织1133家。2021年普陀区社会组织公共服务中心开展志愿服务活动1200多场，受益人群近10万人。

基层群众自治组织

【社区建设】 2021年，普陀区完成省级社区治理和服务创新实验区创建工作。构建区、街道、社区三级社区社会组织服务网络，创新党、社"双轮驱动"的基层党建模式，形成社区、社会组织、社会工作者"三社联治"局面，实现"机制有创新、培育有特色、治理有成效、典型有宣传"的实验治理新成效，实验验收结果为优秀；完善市级"幸福社区"建设工作，以"家门口"项目形式打造7个市级幸福社区，开展项目督导评估，实现城市"幸福社区"建设全覆盖；加强社区工作者队伍规

2019—2021年普陀区社会团体登记情况

表66　　单位:家

年度	新增社团数					注销	年末社团数		
	合计	学术性	专业性	行业性	联合性		镇(街道)级	区级	合计
2019	3	1	1		1	8	64	105	169
2020	7		3	4		5	65	106	171
2021	11		6	2	3	4	65	112	177

2019—2021年普陀区民办非企业单位登记统计

表67　　单位:家

年度	新增民办非企业单位数	注销	年末民办非企业单位数				
			教育类	文化类	体育类	其他类	合计
2019	9	9	34	16	22	94	166
2020	9	14		16	23	122	161
2021	13	14	26	16	23	87	152

范化管理,重新核定城市专职社区工作者编制;开展全区城市专职社区工作者统一招录工作,按规范化程序招录城市专职社区工作者和储备人员,招聘6名专职城市社区工作者和10名后备干部;开展"居民会客厅"建设,打造1个温馨舒适、具有海岛特色的社区"居民会客厅"。

【基层政权建设】 2021年,普陀区实际管辖4个镇、3个街道,建有居民委员会31个、村民委员会74个;有居民委员会主任31人、副主任31人、委员103人,居民小组948个;村民委员会主任74人、副主任41人、委员260人,村民小组1218人。区民政局做好村级组织换届后续工作。开展村务公开民主管理规范化建设,参与组织村务公开民主管理培训,集中检查各镇(街道)村务公开情况,并责令限期整改;参与"五议清"基层信息、善治示范村、村级"小微权力事项"监督平台建设和清廉村居建设等相关工作,开展村规民约和社区公约修订完善工作;推进基层政权信息化建设工作,完成换届选举后村(社区)统一机构代码证书和当选证领取登记工作;持续开展基层减负工作,召开协调会,责令相关部门规范涉村(社区)事项清单,清单外事项清理率达到100%,建立4个省、市、区三级减负增效监测点,完善基层减负长效机制。

【社会工作】 区民政局开展乡镇社工站建设工作。2021年,新建桃花镇和虾峙镇2个镇社会工作服务站(简称社工站),召开社工站推进会,以政府购买服务方式完善第三方机构运营社工站模式。加强社工人才队伍建设。实施社会工作国家职业资格考试宣传、动员、报名、培训"一条龙"服务,新增持证社工28人。完成社会工作考试网上审查、证书登记和区人才统计等相关工作。以政府购买服务方式开展社工考前培训和持续教育培训。开展省级社工督导人才培育工作,爱心树社工服务中心负责人成为第七期省级社工督导人才。

(撰稿:刘益蒙)

编辑:陈思羽

社 会 生 活

城乡居民生活

【概况】 2021年，新冠肺炎疫情影响减弱，全区经济保持平稳发展，城乡居民生活继续改善。2021年，全区地区生产总值为444.83亿元，按可比价格计算，比2020年增长2.5%；按户籍人口计算，人均GDP 14.24万元，约2.21万美元，比2020年增长3.2%。城乡居民个人存款余额达382.64亿元，比2020年增长12.8%。全体居民人均可支配收入59483元，比2020年增长9.3%；全体居民人均生活消费支出34025元，比2020年增长16.3%。

【城镇常住居民生活】 2021年，据抽样调查，全区城镇常住居民人均可支配收入为67732元，比2020年增长8.7%。从四大类收入来源看：人均工资性收入41097元，比2020年增长9.4%，对可支配收入增长的贡献率为65.4%，是城镇常住居民收入的主要来源和增长点；人均转移净收入14619元，比2020年增长7.8%，对可支配收入增长的贡献率为19.5%，是城镇常住居民收入增长的次要来源和增长点；人均经营净收入9098元，比2020年增长6.7%，对可支配收入增长的贡献率为10.5%；人均财产净收入2918元，比2020年增长9.5%，对可支配收入增长的贡献率为4.6%。

新冠肺炎疫情影响减弱，全

2021年普陀区城镇常住居民收入和支出情况

表68 单位：元

收入项目	2021年	比2020年增长(%)	支出项目	2021年	比2020年增长(%)
人均可支配收入合计	67732	8.7	人均生活消费支出合计	36435	15.9
工资性收入	41097	9.4	食品烟酒	11783	10.7
经营净收入	9098	6.7	衣着	3650	19.1
财产净收入	2918	9.5	居住	4498	17.7
转移净收入	14619	7.8	生活用品及服务	1907	22.9
			交通和通信	4383	15.4
			教育文化娱乐	4131	20.5
			医疗保健	3736	17.0
			其他用品和服务	2347	21.4

区城镇常住居民消费恢复性快速增长。据抽样调查,2021年城镇常住居民人均生活消费支出36435元,比2020年增长15.9%。从八大类消费支出看,呈现全面快速增长态势。其中,生活用品及服务、其他用品和服务、教育文化娱乐消费支出增长达20%以上,分别比2020年增长22.9%、21.4%和20.5%;衣着、居住、医疗保健、交通通信消费支出也增长较快,分别比2020年增长19.1%、17.7%、17.0%和15.4%;食品支出增长10.7%,占生活消费总支出的比重(恩格尔系数)为32.3%,比2020年下降1.5个百分点。

居民家庭居住条件继续改善。2021年城镇常住居民人均住房建筑面积38.6平方米,比2020年增加0.2平方米。城镇常住居民家庭主要耐用消费品每百户拥有量:家用汽车37辆,洗衣机94台,电冰箱115台,彩色电视机195台,电动自行车115辆,空调190台,家用电脑97台,移动电话222部。

【渔农村常住居民生活】 2021年,据抽样调查,全区渔农村常住居民人均可支配收入为42583元,比2020年增长10.3%,增幅高于城镇常住居民可支配收入1.6个百分点,城乡居民收入差距继续缩小,城乡居民收入比由2019年的1.62:1缩小为1.59:1。

从四大项收入来源看,2021年渔农村常住居民人均工资性收入21704元,比2020年增长11.6%,对可支配收入增长的贡献率达56.3%;人均经营净收入12466元,比2020年增长8.2%,对可支配收入增长的贡献率达23.6%;人均财产净收入2415元,比2020年增长10.8%,对可支配收入增长的贡献率为5.9%;人均转移净收入5998元,比2020年增长10.4%,对可支配收入增长的贡献率为14.2%。

全区渔农村常住居民消费恢复性快速增长。据抽样调查,2021年渔农村常住居民人均生活消费支出29082元,比2020年增长16.7%。从八大类消费支出看,呈现全面快速增长态势。其中,衣着、交通通信、教育文化娱乐消费支出增长达20%以上,分别比2020年增长22.4%、22.7%和22.6%;居住、生活用品及服务、医疗保健、其他用品和服务消费支出分别比2020年增长19.0%、17.5%、17.5%和19.8%;食品支出增长10.4%,占生活消费总支出的比重(恩格尔系数)为30.9%,比2020年下降1.1个百分点。

居民家庭居住条件继续改善。2021年,渔农村常住居民人均住房建筑面积56.9平方米,比2020年增加0.3平方米。渔农村常住居民家庭主要耐用消费品每百户拥有量:家用汽车25辆,

2021年普陀区渔农村常住居民收入和支出情况

表69 单位:元

收入项目	2021年	比2020年增长%	支出项目	2021年	比2020年增长%
人均可支配收入合计	42583	10.3	人均生活消费支出合计	29082	16.7
工资性收入	21704	11.6	食品	8973	10.4
经营净收入	12466	8.2	衣着	1706	22.4
财产净收入	2415	10.8	居住	6281	19.0
转移净收入	5998	10.4	生活用品及服务	1388	17.5
			交通和通信	2992	22.7
			教育文化娱乐	2103	22.6
			医疗保健	3863	17.5
			其他用品和服务	1776	19.8

洗衣机 65 台,电冰箱 118 台,彩色电视机 190 台,电动自行车 95 辆,空调 125 台,家用电脑 60 台,移动电话 225 部。

（撰稿:叶根杰）

物　价

【价格指数】 2021 年,普陀区市场物价总体稳定,全年居民消费价格总指数（以上年为 100)为 100.9,比上年上涨 0.9%。其中,服务项目价格上涨 0.8%,消费品价格上涨 1.0%,商品零售价格上涨 1.4%。八大类商品中,居住类价格上涨 0.9%,医疗保健类价格下跌 0.3%,食品烟酒类价格上涨 0.5%。

【价格监测】 2021 年,区发改局加强价格监测预警,重新修订《普陀区市场价格异常上涨应急预案》,全年编写《"菜篮子"价格监测信息》36 期,每月 3 期在"今日普陀"、普陀电视台、区政务网公示,编写《部分常用药品价格监测信息》和《民生商品价格监测信息》各 12 期,每月 1 期在区政务网站公示。全区各类生活必需品供应充足,总体零售价格保持稳定。综合各期数据,大米价格呈先涨后跌走势,波动幅度较小。监测的集市普通晚籼米、普通晚粳米、江苏产特制粳米、东北产特制粳米全年平均零售价每 500 克分别为 2.4 元、2.4 元、2.75 元和 2.8 元,同比分别上涨 2.5%、5.2%、9.12%和 1.0%。面粉价格稳中有涨,监测的集市特一面粉年平均零售价每 500 克为 2.2 元,同比持平;特二面粉年平均零售价每 500 克为 1.8 元,同比上涨 5.88%。食用油价格上涨,监测的集市 5 升装菜籽油、大豆油、大豆调和油年平均零售价分别为 62.11 元、52.11 元和 63.06 元,全年环比分别上涨 15.02%、26.60%和 11.67%。随着生猪供应不断增加,市场猪肉价格持续下跌,监测的集市精瘦肉、肋条肉、后腿肉、肋排年平均零售价每 500 克分别为 23.04 元、25.00 元、20.21 元和 30.14 元,同比分别下跌 28.85%、24.40%、30.68%和 16.35%。鸡蛋零售价略有上涨,监测的鸡蛋年平均零售价为每 500 克 5.81 元,同比上涨 10.52%。海产品价格小幅下跌,重点监测的带鱼、养殖黄鱼、鲳鱼、海虾每 500 克集市年平均零售价分别为 25.49 元、22.82 元、26.21 元和 35.71 元,同比分别下跌 6.83%、3.55%、10.40%和 17.05%。淡水鱼价格略有上涨,监测的集市草鱼、鳙鱼、鲫鱼年平均零售价每 500 克分别为 14.15 元、15.09 元和 16.83 元,同比分别上涨 15.87%、20.10%和 15.82%。蔬菜价格先涨后跌,市场供求总体稳定。监测的 28 个品种蔬菜价格呈"10 涨 18 跌"态势,年平均零售价为每 500 克 4.87 元,同比下跌 2.61%。其中大白菜、西红柿、土豆、毛山药价格跌幅超过 10%,而花菜、豆角、尖椒、小葱、冬瓜价格涨幅超过 10%。瓶装液化气价格涨幅较大。年初监测时区城区瓶装液化气零售价格为

2021 年普陀区居民消费价格指数(以上年价格为 100)

表 70

居民消费价格总指数	100.9
服务项目价格指数	100.8
消费品价格指数	101.0
一、食品烟酒	100.5
其中：粮食	101.0
鲜菜	106.0
畜肉类	85.1
水产品	105.2
二、衣着	100.4
三、居住	100.9
四、生活用品及服务	100.9
五、交通和通信	102.9
六、教育文化和娱乐	101.6
七、医疗保健	99.7
八、其他用品和服务	96.9
商品零售价格指数	101.4

103元/15千克，受国际油价不断上涨影响，液化气价格持续上涨，全年价格高点在10—11月，城区零售价格为135元/15千克，12月，液化气零售价格略有回落，市场零售价格降至125元/15千克。

【政府定价管理】 2021年，区发改局累计开展价格审批14批次，涉及体育设施、停车服务、物业服务、岛间客运等收费标准的制定和调整，具体如下：

建立非居民供水超额累进加价制度，规定非居民用水户年用水量超过核定额度30%（含）以下，超过部分在现行供水价格（扣除水资源费）的基础上加价0.6倍缴纳自来水费；年用水量超过核定额度30%以上的，超过部分在现行供水价格（扣除水资源费）的基础上加价1.2倍缴纳自来水费。“两高一剩”（高耗能、高污染、产能严重过剩）行业实行用水定额管理的企业，第二档和第三档分别加收0.7倍和1.4倍缴纳自来水费。

核定鲁家峙红石体育公园服务项目收费标准：室外灯光篮球白天5元/(小时·人)，晚上及双休日10元/(小时·人)；室外灯光笼式足球白天80元/(小时·场)，晚上及双休日120元/(小时·场)；轮滑白天10元/(小时·人)，晚上及双休日15元/(小时·人)；门球白天5元/(小时·人)，晚上及双休日10元/(小时·人)。

核定普陀体育馆笼式足球场收费标准：星期一至星期五白天100元/(小时·场)，星期一至星期五晚上及双休日140元/(小时·场)。

核定普陀区小学课后服务收费标准，小学课后服务收费标准为400元/(生·学期)，初中课后服务收费标准为550元/(生·学期)，自2021年秋季开学起执行。

核定舟山普陀山至宁波象山航线客运票价：中客舱（一层客舱）为270元/人次，上客舱（二层客舱）为290元/人次。

调整六横镇非居民用户管道天然气最高销售价格为5.32元/立方米。

核定新建商品房前期物业服务收费标准：文澜府住宅小区前期物业服务收费标准按舟山市住宅小区物业服务收费等级二级执行，高层住宅（含中高层）最高物业费标准为1.80元/(月·平方米)；万星观澜湾小区普通住房前期物业服务收费标准按舟山市住宅小区物业服务收费等级二级执行，普通高层住房（含中高层）最高物业费标准为1.92元/(月·平方米)，普通多层住房（含中高层）最高物业费标准为1.56元/(月·平方米)；广宇·澜湾府邸小区前期物业服务收费标准按舟山市住宅小区物业服务收费等级一级执行，高层住宅最高物业费标准为2.0元/(月·平方米)；四季山海大观·山御苑小区高层住宅（含中高层）最高物业服务费标准为2.3元(/月·平方米)；美的德信翰城小区普通住房前期物业服务收费标准按舟山市住宅小区物业服务收费等级一级执行，高层住宅最高物业费标准为1.95元/(月·平方米)；东海府小区高层住宅最高物业费标准为2.15元/(月·平方米)；东梁府小区在业主委员会未成立前，普通住宅前期物业服务收费标准为：高层住宅最高不超过2.4元/(月·平方米)。

【收费管理】 2021年，区发改局降低部分公正服务收费。开展供水供气行业收费规范清理等工作，对各供气企业各环节的收费、接入工程费用及其他各类收费进行全面清理，为企业减负300余万元。联合普陀区民政局、普陀市监局开展行业协会商会收费和殡葬业价格专项整治工作，整治墓地价格虚高、殡仪馆违法违规谋利等行为，制止行业协商商会乱收费行为，规范引导

2021年1—12月普陀城区粮食采集平均价

表71

名 称	规 格	零售价格(元/500克)
普通晚灿米	二级	2.4
普通晚粳米	江苏二级	2.4
精制晚粳米	江苏	2.75
精制晚粳米	东北	2.8
江苏普通面粉	特一粉	2.2
江苏普通面粉	特二粉	1.8

2021 年 1—12 月普陀城区“菜篮子”采集平均价

表 72　　单位:元 /500 克

名 称	规 格	零售价格	名 称	规 格	零售价格
猪肉	精瘦肉	23.04	西红柿	中等	4.38
猪肉	新鲜条肉	25.00	豆角	扁豆 荷兰豆	11.17
猪肉	新鲜后腿	20.21	土豆	中等	2.49
猪肉	小排	30.14	胡萝卜	中等	3.22
牛肉	新鲜	53.31	青圆椒	中等	6.42
牛肉	牛腩肉	54.24	尖椒	中等	5.94
羊肉	新鲜	47.14	包心菜	兰州包心	2.36
鸡肉	开膛 上等	17.05	蒜苗	中等	7.63
鸡蛋	新鲜完整	5.81	韭菜	中等	4.88
带鱼	新鲜 250 克左右	25.49	花菜	白花菜	5.56
黄鱼	500 克左右	22.82	西兰花	中等	6.59
大虾	对虾体长 10 厘米左右	35.71	洋葱	中等	2.58
海蟹	活白蟹 250 克以下	36.47	冬瓜	切块零售	2.50
海蟹	活膏蟹 250 克以下	69.93	莴笋	带皮	4.00
海蟹	活白蟹 250 克以上	112.02	青南瓜	中等	3.35
海蟹	活膏蟹 250 克以上	184.00	香菜	中等	10.36
草鱼	1 千克左右	14.15	小葱	中等	5.43
鲤鱼	500 克左右	13.68	生菜	中等	4.71
鲢鱼	白鲢 500~1000 克	9.72	毛山药	中等	6.87
鳙鱼	花鲢 1~1.5 千克	15.09	绿豆芽	中等	2.76
鲫鱼	250 克左右	16.83	毛豆	带壳	7.01
芹菜	中等	5.17	豆腐	中豆腐散装	2.47
大白菜	中等	1.84	橙子	国产一级	6.91
青菜	上海青	3.58	苹果	红富士一级	7.62
黄瓜	平板黄瓜	4.58	香蕉	国产一级	3.95
萝卜	长萝卜	2.15	梨	鸭梨一级	4.74
茄子	新鲜红茄	6.31	西瓜	普通瓜	4.87

行业秩序。

【价格评估鉴定】 2021 年,价格认证中心在区社会综治中心设立全市首家价格纠纷调解工作室,为平等民事主体化解价格争议纠纷。依法开展价格鉴证工作,受理完成涉案、涉纪及行政执法部门的价格认定案件 255 件,价格认定总金额 182 万元。

（撰稿:虞金波）

退役军人事务

【概况】 2021年3月26日，全区退役军人事务工作会议召开，区分管领导出席会议并讲话，各领导小组办公室成员单位分管领导及各街道镇分管领导、区人武部分管领导参加会议。4月1日，全区“双创”工作推进会举行，区委书记张立军出席会议并讲话，区有关领导出席会议。会议表彰普陀区2020年度“双创”之星和普陀区2020年度退役军人创业之星，区人力社保局、区经信局、区退役军人事务局负责人作表态发言，全区科创领军人才和创业者代表作交流发言。10月22日，区委举行退役军人事务工作领导小组第三次全体会议，会议学习习近平总书记关于退役军人工作重要讲话，传达贯彻中央、省委、市委退役军人事务工作领导小组会议精神，总结前一阶段工作，研究部署下一阶段工作任务。区委书记、区委退役军人事务工作领导小组组长张立军主持会议并讲话，区有关领导出席会议。

全区退役军人事务工作会议（区退役军人事务局提供）

【“双拥”走访】 区退役军人事务局弘扬和宣传部队官兵卫国戍边牺牲奉献精神，推进“六送服务”，开展全市双拥乡镇（街道）创建工作。桃花镇、东极镇、东港街道、展茅街道4家单位被评为2021年度舟山市双拥模范乡镇（街道），区教育局4个双拥成员单位和4名个人被评为市级拥军优属先进单位和双拥共建先进个人。联合区人武部、街道镇为现役军人家庭上门送喜报。建立边海防现役军属定期走访机制，动态掌握家庭情况，为边海防军属做好服务保障。利用春节、八一、抗美援朝出国作战70周年、中国共产党成立100周年等重大节庆日，全年走访慰问驻地部队46次。

【抚恤优待】 2021年，全区持续开展退役军人和其他优抚对象基础电子档案信息采集，对优抚对象与浙江省优抚平台登记信息进行对核实比对，确保抚恤资金无误。先后3次提高各类抚恤优待标准。对全区86名残疾人员评残档案梳理完善录入优抚系统。申报2名生活困难退役军人入选省退役军人事务厅“我飞拥军”慈善项目，为全区现役军人家属免费健康体检。解决海岛优抚服务资源不足问题，持续启动“让关爱与优抚同行”服务项目，“点单+定制”为优抚对象提供社会化保障。整理94名普陀烈士编印成《红色印记》书籍，排查59名烈士遗属予以电子登记建册。全区71座散葬烈士墓和10处纪念设施纳入管理保护专项行动，拨付专项资金120.5万元。

【移交安置】 区退役军人事务局为2021年度秋冬季退役义务兵及复员士官发放安置费；为2021年转业士官发放8—10月待安置期间生活和社会医疗保险补助金，为5家国有企业单位接收转业士官按政策发放奖励金。开展2021年士官安置工作，全区推出27个岗位，其中，事业编制岗位6个、企业编制岗位21个（央企、省属企业、区属国有企业），接收安置转业士官多人，安置率100%。有序接收2021年秋冬季退役士兵及复员士官，做好安置工作。

【区退役军人服务中心】 2021年，区退役军人服务中心建立健

区退役军人事务局领导慰问海警六横舰（区退役军人事务局提供）

全“技能+心理”复合型培训体系，退役军人职业技能知晓率和报名率100%，参训率90%以上。搭建就业平台，开展线下专场招聘会，助推全市线上就业驿站平台，与20家机关企事业单位签订就业合作协议，个性化帮扶退役军人就业21人。军创园已入驻来自13个省（市、区）82个创业团队，带动就业1750余人。组织3家军创企业代表全市参加全省第二届“建行杯”退役军人创业创新大赛，全部获奖。组建国际水产城、武役救援、军创联盟等11个老兵志愿团队。

【区军队离休退休干部休养所】该军休所坚持每月1次政治学习，保持“三会一课”常态。针对部分军休干部年龄偏大行动不便等实际问题，开展上门送书送学活动。利用军休App软件，对军休干部医疗、休养、办事、优待等方面实现数字赋能，其中“五色军休健康码”提升军休干部健康服务管理精细化水平。完善健全安全全家访、谈心谈话、家政服务、智能手机培训以及各类节假日活动机制并在党史学习教育过程中，开展观红影、进基地、讲述革命时代故事等，保障军休干部身心健康，发挥余热。

（撰稿：周巧璐）

区慈善总会

【概况】舟山市普陀区慈善总会是全区非营利社会组织，业务主管单位为区民政局，分支机构为各镇、街道，区属管委会，教育、公安、卫健、城管、交通运输、海洋与渔业、义工等16个分会。全区有社区（村）慈善工作站93个，占应建社区总数100%。

【区慈善总会四届四次会议】2021年8月5日，舟山市普陀区慈善总会第四届理事会第四次会议在东港商务中心召开。区慈善总会第四届理事会单位理事、个人理事和区慈善总会慈善资金监理小组成员参加会议。副区长乐舟龙出席会议并作讲话。会议选举区人大常委会副主任陈春汉为区慈善总会会长，免去、补选区慈善总会第四届理事会个人理事各4名，增选区慈善总会第四届理事会单位理事5家。

【慈善募捐】2021年，普陀区慈善资金总收入1566.73万元，比上年增长27.99%，其中捐赠收入1277.68万元。8—11月，开展第十八次“慈善一日捐”活动，全区有255家机关、企事业单位和15329名社会公民参与“慈善一日捐”活动，共募集慈善资金380.77万元。总会本级募集107.74万元，16个分会共募集240.50万元，92个村（社区）慈善工作站募集32.53万元。

2021年，新增浙江永航海运有限公司冠名基金200万元、桃花百润水产品有限公司200万元、平太荣远洋渔业集团有限公司100万元、舟山宁泰远洋渔业有限公司77.5万元、浙江东润海运有限公司50万元，5家企业定向捐赠冠名基金共627.5万元。普陀区桃花百润水产品有限公司捐赠75万元，浙江恒尊集团有限公司捐赠25万元，普陀东极海运公司捐赠16.9万元，万向集团民生通惠公益基金会捐赠16.82万元，普陀农村商业银行捐赠10万元，普陀骏海水产有限公司捐赠5.125万元，浙江永跃控股集团有限公司捐赠5万元，共153.85万元定向用于普陀区助困、助学、助老和公益事业建设。

8月5日，区慈善总会第四届理事会第四次会议召开（区慈善总会提供）

2021年，普陀区日常捐赠收入122.77万元。其中，普陀山佛教协会捐赠50万元、恒尊控股集团有限公司捐赠25万元、东港投资发展集团有限公司捐赠20万元、舟山市烟草公司普陀分公司捐赠12万元、浙江炜驰机械集团股份有限公司捐赠6万元、普陀卓海水产有限公司捐赠5万元。

【慈善救助项目】 2021年，区慈善总会推出以慈善助困、助医、助学、助老、助残及慈善公益六大类别为主要内容的“善行普陀 情暖万家”慈善救助项目27个。全年发放慈善救助金1010.90万元，救助5959人次。其中，慈善助困项目包括计划生育并发症患者救助项目、女性“两癌”困难病人救助项目、慈善“情暖千家万户”救助项目、慈善超市补助项目、慈善“造血型”扶贫基地项目、平民英雄守护项目、“百润”孤困儿童扶助项目；慈善助医项目包括贫困群体尿毒症血透病人救助项目、低收入户慈善医疗保险救助项目、大病医疗救助项目、惠民医院资助项目、“同茂”肿瘤医疗救助慈善项目、关节置换医疗救助项目；慈善助学项目包括“金秋助学”困难学子助学项目、关爱困境儿童慈善助学项目、平太荣远洋渔业集团助学专项基金项目；慈善助老项目包括“夕阳安老”慰问困难老人救助项目、贫困白内障老人康复医疗救助项目；慈善助残项目包括听力残疾儿童人工耳蜗植入医疗补助项目、智力障碍和孤独症少年儿童康复训练慈善补助项目、残疾人危房改造救助项目；慈善公益项目包括关爱单亲少年儿童救助项目、慈善公益组织培育扶持项目、桃花美丽乡村建设项目、边远海岛支老服务项目、关爱智力障碍和孤独症少年儿童家庭支持项目、计划生育失独困难家庭关爱救助项目。

【慈善宣传】 2021年，区慈善总会以《中华人民共和国慈善法》颁布实施5周年和第六个“中华慈善日”为契机，在省、市、区媒体开展慈善事迹和慈善公益宣传活动。9月3日，区慈善总会联合区社会组织公共服务中心开展以“汇聚慈善力量，助力乡村

12月，平太荣远洋渔业集团助学专项基金启动仪式举行（区慈善总会提供）

9月，第六个中华慈善日活动（区慈善总会提供）

振兴"为主题的第六个中华慈善日暨2021普陀区"公益集众力，慈善暖万家"慈善月活动。区慈善总会以"携手慈善，共创幸福普陀"为主题的10块宣传展板在区社会组织服务中心和区商务中心进行展出宣传。区慈善总会全年通过普陀慈善网报道慈善信息17篇，舟山市普陀区慈善总会微信公众号推送慈善信息32篇。浙江省慈善联合总会微信公众号推送普陀慈善信息动态专版3篇，浙江慈善网录用慈善信息5篇，《浙江慈善》刊登6篇，《舟山晚报》刊登2篇，《今日普陀》刊登5篇。

（撰稿：李丹妮）

民族与宗教

【概况】 普陀是汉族聚居区。2021年，有普陀户籍少数民族1204人，流动少数民族8358人，涉43个少数民族。人口超1000以上有苗族、土家族；人口超100以上有回族、彝族、瑶族、侗族、满族、壮族和佤族。其中居住沈家门的少数民族占90%以上，其余散居东港、勾山、朱家尖、桃花、虾峙、登步等地。

普陀区是全市民族宗教工作重点县（区），有佛教、天主教和基督教三大宗教，设有区佛教协会、区基督教"三自"爱国会、区基督教协会和4个爱国宗教团体。共有依法批准登记的宗教活动场所43处，其中佛教24处、天主教11处、基督教8处，民间信仰活动场所106处。

2021年，全区宗教领域开展系列学党史教育培训，召开全区宗教界骨干学习会，开展"学习百年党史，传承红色基因"党史教育培训。开展宗教领域反诈宣传，组织各宗教团体和宗教活动场所广大教职人员观看普陀反诈系列宣传片，张贴各类反诈宣传图片，发放《防范电信网络诈骗》宣传资料，联合区反邪教协会部门在东港凯虹广场设摊开展反邪教宣传教育。

区民族宗教事务局（简称区民宗局）推进民间信仰事务规范管理。出台全省首个镇级层面管理办法，区民族宗教工作协调小组出台《普陀区渔船涂装悬挂宗教标识物整顿方案》，联合区海

全区宗教界骨干学习会（区委统战部提供）

洋与渔业局全面调查摸底相关涉渔街道镇，共涉及渔船21艘，其中东极20艘、东港1艘，采取堵疏结合等举措，完成问题渔船整顿。实施“十百千万”普法工程，区民宗局、各街道镇、各宗教团体及宗教活动场所组织开展各种形式的“1+X”普法宣讲活动，着重做好《宗教事务条例》《浙江省宗教事务条例》等规范性文件的学习宣传工作。

区民宗局落实宗教领域疫情防控，联合区公安分局、区委政法委成立区宗教活动管控工作专班，督促各镇、街道、管委会按照疫情防控工作要求联合公安、政法、各镇（街道）对辖区内各宗教（民间信仰）活动场所及基督教私设聚会点进行检查。各宗教（民间信仰）活动场所均落实市民宗局宗教场所防疫工作18点要求。7月30日起实行宗教（民间信仰）活动场所二码联查（“健康码”和疫苗接种记录或证明），暂停一切非通常宗教活动和大型宗教活动。

区民宗局加强场所安全监管工作。加强春节期间各宗教（民间信仰）场所、私设聚会点的安全督查，印发安全排查整治行动实施方案，对排查出的安全隐患明确整改措施和时限，对落实情况进行抽查。

区民宗局加强少数民族管理服务。做好党的民族政策的宣传教育，落实党的民族政策，做好24位少数民族考生的民族成份核定和中考优待网上审核工作，维护少数民族群众的权益。12月11日，召开民族团结进步促进会会员代表大会，选举产生区民族团结进步促进会理事，促进各民族交往交流交融。

【区民族团结进步促进会】 2—3月，区民族团结进步促进会组织少数民族青年志愿者小组清理垃圾活动、学雷锋志愿服务活动，深入各社区开展各类公益活动。6月11日，举行青年志愿者“什么是幸福”读书会。6月26日，组织少数民族联谊会理事和青年志愿者小组成员到余姚梁弄、四明山红色基地参观学习。11月5日，少数民族理事和青年志愿者小组一起组织交流活动。11月20日，少数民族代表在展茅里羊岩举行民族团结一家亲团建活动。12月11日，召开会员代表大会，选举产生区民族团结进步促进会理事。

【区佛教协会】 2021年，区佛教协会举行庆祝中国共产党成立100周年专题系列活动，全区各寺院举行祈福法会与升国旗仪式，庆祝中国共产党百年华诞。6月16日，举办“知党恩、跟党走、讲经典、悟思想”为主题的讲经交流会。区民宗局联合区佛协到湖州、嘉兴等地重点寺院取经，举办佛教界第九届讲经交流会、第五届僧众书法大赛和宗教界“国庆礼赞”书画交流会等文化活动，并到嘉兴南湖参观。6月17日，区佛教协会第八期监院培训班在湖州法华寺开班。7月1日，区佛教协会举办第五届僧众书法大赛。是年，全区佛教界投入公益慈善事业45万余元。

【区天主教爱国会】 1月21日，区天主教爱国会组织人员进行消防安全知识学习和微型消防站培训。年中，组织信教群众召开庆祝中国共产党成立100周年座谈会。

【区基督教两会】 2021年，普陀区基督教两会（区基督教三自爱国会、区基督教协会）组织教职人员等30余人学习中共党史，举行区基督教庆祝中国共产党成立100周年文艺晚会。组织教职人员开展全国宗教工作会议精神和中共十九届六中全会精神学习。8月，组织各堂点开展宗教活动场所总平面图测绘工作，规范场所建设。2021年，沈家门基督教真神堂被评为省级宗教法治宣传教育基地。

（撰稿：翁劢）

普陀山佛教协会

【概况】 普陀山是中国四大佛教名山之一，岛上寺院众多，有僧尼1800余人。普陀山佛教协会第六届理事会会长道慈，是中国佛教协会副会长，浙江佛教协会名誉会长，舟山市政协副主席，中国佛学院普陀山学院院长，普济寺方丈，观音法界管理中心主任。年中改选前有副会长惟航、净旻、信光、智宗、门肃（兼秘书长）、会闲、定明。

普陀山佛教协会有佛教文化研究所、印顺图书馆、佛教博物馆、国际观音文化研究中心、佛教书画院等机构，整理研究佛教文化、佛教典籍。

2月25日，普陀山佛教协会获“全国脱贫攻坚先进集体”荣誉称号。3月30日，获浙江省红十字会新冠肺炎疫情防控特别贡献奖。

【普陀山佛教协会第七次代表会议】 2021年8月9日，普陀山佛教协会第七次代表会议在普济禅寺开幕，普陀山各寺院130名代表和6名特邀代表参加会议。省委统战部副部长、省民宗委主任鲍秀英，市委常委、统战部部长王高瞻，副市长、市公安局局长赵骏，市政协副主席、普朱管委会党委书记、主任干松章，中国佛教协会副会长、省佛教协会会长怡藏，省委统战部民宗处处长毛秋红，省民宗委宗教一处处长楼剑涛，省佛教协会秘书长金幸祥，省民宗委办公室副主任宣侃，市委统战部副部长、市民宗局局长周开龙等领导嘉宾出席会议开幕式。普陀山佛教协会第七次代表会议产生新一届领导机构。会长道慈，副会长信光（常务）、惟航、智宗（兼秘书长）、门肃、会闲、定明、心遐。

普陀山佛教协会向浙江省慈善联合总会捐赠善款500万元
（普陀山佛教协会提供）

【观音香会及风险防控】 3月31日，普陀山三大观音香会分别为观世音菩萨生日（农历二月十九）、得道日（农历六月十九）和出家日（农历九月十九）香会。香会期间，信众、香客、游人礼拜进香。为确保香会期进香活动安全有序，道慈，市委统战部副部长、市民宗局局长周开龙等现场调度指挥，普朱管委会、市民宗局、普陀山佛教协会以及公安、消防等部门维护现场秩序。香会前夕对各大寺院及其周边进行防火安全检查。

【佛事活动及联谊交流】 4月12日（农历三月初一），普陀山佛教协会举行清一房大殿重建上梁法会。8月3日（农历六月二十五），道慈率普济禅寺僧众先后在西闪岛和寨峰岛举行放生法会。

6月28日下午，中国佛教协会副秘书长兼佛教教务和教风监督委员会主任宏度，中国佛教协会教务部主任长顺、教务部副主任妙航等一行在中国佛教协会副会长、浙江省佛教协会会长、雪窦寺方丈怡藏等陪同下到普陀山，考察普陀山佛教协会传戒法会筹备工作。10月27日上午，浙江省汉传佛教讲经交流会在嘉兴市精严讲寺开幕，普陀山佛教协会道慈、智宗等应邀出席。12月18日，由市委统战部（市民宗局）指导，普陀山佛教协会主办，中国佛学院普陀山学院承办，国际观音文化研究中心、华东师范大学宗教文化研究中心、华东师范大学普陀山教研实践基地协办的“普陀潮音——观音信仰的中国化”论坛在中国佛学院普陀山学院国际会议中心举行。受疫情影响，该论坛全程采取线上网络视频直播的方式举行。

【慈善工作】 12月22日，普陀山佛教协会向浙江省慈善联合总会捐赠善款500万元，定向用于浙江省杭州、宁波、绍兴三地因疫情影响造成生活困难的特殊群体救助、慰问疫情防控一线的志愿者以及疫情后期的复工、复产、复市等。省政府原副省长、省政协原副主席、省慈善联合总会会长陈加元，省民政厅二级巡视员、省慈善联合总会副会长兼秘书长蔡国华，普陀山佛教协会道慈、信光、惟航，省佛教协会秘书长金幸祥等出席捐赠仪式。

（撰稿：张豪）

编辑：陈思羽

街道(镇)与管委会综情

东港街道

【概况】 东港街道位于普陀区中部偏西北,东濒莲花洋与朱家尖大桥相连,南邻沈家门街道,西接定海区临城街道,北与展茅街道接壤。东北越普陀山至葫芦诸岛礁。包括舟山岛东一部分和1个有居民海岛(葫芦岛),40个无居民海岛,东港街道陆域总面积62.38平方千米(其中12.5平方千米划归新城管委会千岛街道管理),实际管辖陆域面积49.88平方千米。2021年年底,东港街道辖南岙、红旗、芦花、塘头、葫芦、永兴、陈家后7个村,安康、莲安、中昌、灵秀、兴普、和津、文康7个城市社区,有8个股份经济合作社,全街道户籍人口24627户68573人,常住人口4.5万户11.36万人。街道办事处驻和津社区康腾路36号。

东港街道是普陀区行政中心,陆上交通枢纽,舟山市海上旅游金三角核心区域。集行政、文化、体育、商贸、旅游服务于一体,具有现代化、生态化及海岛特色多功能品质。辖区内有大型商贸综合体、酒店宾馆、娱乐场所、银行服务业、图书馆、档案馆、体育馆、公园、保利大剧院、普陀长途客运中心等公共设施;浙江普陀医院、健达骨伤医院、普陀中学、普陀第二中学、普陀小学、沈家门中心小学、普陀中心幼儿园、城北小学、城北幼儿园等一批优质医疗卫生服务机构和教育资源。

2021年,东港街道围绕普陀打造“自由贸易先行区、海洋产业新高地、海上花园会客厅”发展定位,在做实产业发展、城乡品质提升、创新社会治理、保障改善民生、从严管党治党等方面实现新突破,全年一般公共预算收入93859万元,比上年增长13.6%。7月21日,市委、市政府、舟山警备区命名东港街道为舟山市双拥模范乡镇(街道)。

【工业】 2021年,东港街道有工业企业61家,其中产值2000万元以上规模企业23家。街道推进“亩均论英雄”改革,重点推进低效企业整治提升和浦西工业园区观碶头区块整治,实现产业转型升级和区块功能重塑。全年整治提升19家亩均税收低于3万元的工业、服务业、港口物流业低效企业,腾退观碶头区块4家企业。全年实现工业总产值30.7亿元。2021年年底,街道有基层工会162家,会员6600余人。其中,独立基层工会155家,区域性、行业性工会7家(覆盖个私企业220余家)。

【渔农业】 2021年,东港街道有1个渔船管理服务站。年末,有机动渔船175艘,总吨位56518吨,总功率77544千瓦,有远洋渔业公司3家,渔船44艘,国内

远眺东港 (东港街道提供)

生产渔船131艘，辅助渔船45艘，钢质渔船168艘，250马力(184千瓦)以上钢质渔船88艘。全年水产品产量73796吨，其中水产养殖产量150吨，实现渔业产值57866万元(其中水产养殖270万元、苗种收入530万元)。

2021年，东港街道有耕地面积7289.63亩(约485.98公顷)。实施高标准农田改造项目，“非粮化”整治签约达530余亩(超35.33公顷)。推动党中央和省市区各项惠民惠农政策落到实处，全年发放耕地补贴、蔬菜种植补贴、粮食作物补贴、有机肥料购买补贴等各类补贴超89万元。

【旅游业】 2021年，东港街道探索乡村振兴路径，沿螺塘线“最美公路”成功布局青石子精品民宿、梦幻山坡地、石子滩野营等多个“网红打卡点”，培育打造大岭下精品民宿示范村，合力谋划葫芦岛开发建设。全年接待国内游客455.37万人次，同比增长0.16%，旅游收入54.64亿元。

【环境整治】 2021年，东港街道推进老旧小区改造工作，完成6个老旧小区129幢楼栋改造项目。推进垃圾分类，17个“两网融合”示范居民小区垃圾房完成建设并投入使用。抓实全国文明城市常态化建设管理各项工作，落实省城市文明程度指数测评迎检任务，对标保持综合环境整治力度，全年投入资金1200余万元。推进“千村示范、万村整治”工程，修建南岙、芦花、塘头、葫芦4个村7条农村道路，完成葫芦村饮用水净化及自来水入户工程，建成塘头村、芦花村省级公厕2座。推进治水治污行动，完成芦花河流域水系综合整治工程，重点实施城镇生活小区、浦西工业园区“污水零直排区”建设，统筹推进南岙水库除险加固、塘头南塘加固等工程。落实“三改一拆”工作，重点对违建农庄、民宿、两路两侧、“四边三化”及居民的房前屋后进行集中拆违，全年完成拆违7416平方米，拆后土地利用率达100%。

螺塘线梦幻山坡（东港街道提供）

【基层社会治理】 2021年，东港街道以数字化改革为总抓手，巩固深化基于“网格化管理、组团式服务”和社会治理综合服务中心(站)的基层社会治理格局，规范推行“逢五进格”工作机制，实效运行“基层治理四平台”，以南岙村为试点探索推进智慧村社实体化运作，社会治理整体性、联动性得到提高。推进党建引领基层社会治理向纵深拓展，发挥小区兼合式党组织的政治优势和组织优势，组建47支以离退休干部为主体的“银龄先锋队”；联合小区网格、业主委员会、小区物业、小区业主、党员志愿者、楼栋(道)联络员等多元主体，实现物业小区“红色物业联盟”建设全覆盖。培育和发展壮大社会组织和志愿者队伍，吸纳143名渔嫂组建“东海渔嫂”十大员联盟，推动普陀徽商义工队与和津社区结对，引导鼓励“东海渔嫂”等社会组织围绕突出问题和需求导向，各尽其能参与基层社会治理。

【平安创建】 2021年，东港街道推进平安东港建设，通过领导分批接待、干部上门深入工作等手段持续开展主要矛盾化解。化解3起信访积案，其中2起跨时5年以上。推行信访代办制和陪访制，全年共处理民情工单43000余条，接待来访群众720余人次，调解矛盾纠纷477件，调解成功率100%。重视安全生产和防灾减灾工作，开展重点领域遏制重大生产安全事故整治、平安护航建党百年安全隐患大排查大整治等行动，突出抓好渔业生产等安全监管,防范各类事故发生。

【民生保障】 2021年,东港街道改善群众居住条件,完成上戚家安置房建设,加快推进陈家后、永兴村安置房建设,完成城北新塘、吴家岙抽签安置分配。提升养老服务质量和社区康养环境,街道社会养老服务中心(敬老院)改扩建项目已动工制作桩基础。发挥社会救助兜底保障作用,建立健全困难家庭定期走访制度,精准施策保障低保、低边户基本生活,对特困人员实施临时救助,城乡居民医疗保险参保量达到16700余人,全年发放各类慰问金和救助金1100余万元惠及2300余户家庭。打造退役军人"枫桥式"服务站,落实各项优抚政策,做好新时代退役军人工作,获评舟山市双拥模范乡镇(街道)。

【文化、教育、卫生事业】 2021年年末,东港街道辖区内有幼儿园(所)10家,在园幼儿3143人,专任教师239人;小学3所,在校学生6721人,专任教师439人;初级中学2所,在校学生3621人,专任教师306人;普通高中1所,在校学生1244人,专任教师129人。有浙江普陀医院、健达骨伤医院等一批优质医疗卫生服务机构。街道有社区卫生服务中心1家、卫生服务站8家、村卫生服务室4家,均达到市级规范标准。2021年,完成芦花村、小蒲岙、红旗村、兴普社区和中昌灵秀社区5个基层医疗卫生机构品质提升工程。

芦花村文化礼堂(东港街道提供)

2021年,东港街道抓好文化礼堂建设,建成芦花村、葫芦村、永兴村、陈家后村4个文化礼堂,实现渔农村文化礼堂全覆盖。巡回开展"送戏下乡"文化惠民演出活动14场次。推动公民道德建设常态化,培树推选一批"普陀好人""道德模范",先后招募14000余名志愿者参与多种类型的志愿服务活动。

(撰稿:徐琳)

沈家门街道

【概况】 沈家门街道东与朱家尖街道隔港相望,南与桃花、虾峙镇相邻,西与定海区临城街道交界,北、东北与东港街道相连。街道以舟山岛东南区域为主,陆域总面积47.1平方千米(含蚂蚁岛管委会、登步岛管委会所辖区域),实际管辖面积26.67平方千米,包括鲁家峙、小干2个有居民海岛和5个无居民海岛,街道陆域总面积26.67平方千米。2021年年底,辖东大、荷东、荷外、小干、新街、中大、西大、教场、西河、小蒲湾、大蒲湾、中洲、海星、墩头、茶湾、大干、中兴、鲁家峙、泗湾19个城市社区居委会,1个街道便民服务中心平阳浦分站,泗湾、教场、蒲湾、鲁家峙、马峙、大干、平阳浦、中弄、东岙、大山10个村委会,荷外、鲁家峙、新港、墩头、大干5个经济合作社。辖区户籍人口(不含蚂蚁岛管委会、登步岛管委会辖区)31230户74081人,流动人口48806人。街道办事处驻茶湾社区北渔市大街8号。境内沈家门渔港与挪威卑尔根港和秘鲁卡亚俄港并称世界三大群众性渔港。

2021年,沈家门街道被市政府、舟山警备区评为2020年度舟山市征兵工作成绩突出单位,被省人大常委会确立为基层立法联系点(2020—2025),沈家门街道妇联被省妇联评为2020年度示范乡镇(街道)妇联。沈家门街道全年完成固定资产总投资31.16亿元,财政收入29905万元，其中一般公共预算收入8421万元。

【工渔海运业管理】 2021年，沈家门街道有工业企业138家，其中规模以上工业企业27家（船舶企业4家、水产企业18家、机械制造4家、其他企业1家），实现规模以上工业产值36.5亿元。完成26家低效企业治理工作，鼓励企业技改，重点推进万邦重工数字化生产指挥中心及绿色生产单元体技改项目等。协助企业做好各类专项资金申报16项，共补助资金396.96万元。

2021年，街道辖1个渔船管理综合服务站、9家远洋渔业企业。共有国内渔业船舶190艘，其中，拖虾48艘、刺网47艘、帆张网1艘、钓具14艘、单拖3艘、养殖1艘、休闲渔船3艘、冷冻船2艘、渔运船48艘、渔油船22艘、海洋研究船1艘。其中，高危渔船54艘，60马力以下小型渔船9艘。远洋渔业捕捞船舶142艘，产量17.52万吨，同比增加10.96%，总产值19亿元。有海运企业39家，船只285艘，其中货船100艘、化工船12艘、油品船78艘、工程船18艘、其他类型船舶77艘，总运力84万吨。

【城乡建设】 2021年，沈家门街道旧城（棚户区）改造共5个地块，涉及1320户，城中村改造共5个地块，涉及781户。实现原沈家门第一小学地块、中沙头8号楼、翟岙地块、芦西南地块、中弄卫星路地块5个地块签约率100%。老旧小区改造项目已完成129幢房屋11个标段施工许可办理并进场施工，累计拆除防盗窗3505户。“三改一拆”项目已拆违0.97万平方米，“三改”15万平方米，拆后利用69%。无卫设施改造项目已完成6个社区169户无卫生设施家庭的改造、169户家庭地下管网的铺设和化粪池的安装工作。完成260幢无物业管理小区建设。“污水零直排区”建设项目已完成29个小区及周边十小企业的前期摸排工作和第一批15个小区及周边十小企业的整改工作。开展市容市貌和环境卫生整治工作。新增31个新时代文明实践所（站）点位，各网格全年开展文明城市建设管理工作374场次，参与网格成员2178人次；开展全域管理整治16场次，整顿各类问题214个，修复（整理）各类脏乱差重点场所26处，活动社区和居民满意率80%以上。增补非机动车划线12592米、机动车车位124个开展城乡环境整治35场次，参与志愿者2074名，清理杂物、垃圾70余吨，清理露天粪坑278处，其中泗湾村安装农田蓄水池76座。启动硬件设施改造工程，完成157幢、2587户居民住宅楼群、48处城乡接合部主次道路（村道）周边管线整治；更换翻新破旧电表箱254只，粉刷楼道107个，粉刷外墙12152平方米，楼道214个；更换破旧窗户324扇，更换安装楼道灯850盏，安装公共晾衣架37个，更换破旧落水管1478米，更换灭火器586只，维修破旧楼梯71个，维修健身器材21件；修补小区绿化4248平方米，完成破损、坑洼路面修补241处。

沈家门渔港（翁盈昌摄）

【旅游业】 2021年，沈家门街道围绕“海上花园城市”推进沈家门渔港小镇景区建设，重点打造半升洞渔港风情休闲街区，提升改造沈家门夜排档，建设鲁家峙海堤公路隧道，对青龙山进行公园景观绿化、游步道、庭院等设施建设及配套设施改造。全年接待游客687.28万人次，旅游总收入97.44亿元。

沈家门街道献礼建党 100 周年暨传承渔港优秀文化大型主题展演（沈家门街道提供）

【社会事业】 2021 年，沈家门街道推进基层社会治理“四个平台”建设，收集群众诉求、投诉等信息 17172 条，其中综合执法类 10929 条、便民服务类 1768 条、综治工作类 4463 条、市场监管类 12 条。按期受理率、按期答复率达到 100%，收到来电表扬件 7 件，满意率达 95%以上。指挥室派单流转 700 余件，月均 65 件，同比增长 4.89%。明确两大平台双向流转工单均为“2+3”个工作日受理办结。实体化运作后街道社工站开展服务 210 次，服务人群数 2 万余人，运营项目数 5 个。夯实困难群众保障，2021 年新一轮低收入渔农户共 75 户，做好低收入渔农户认定标准“两线合一”；关爱帮扶困境儿童共计 121 人；落实残疾人两项补贴政策，为 301 名困难残疾人发放生活补助金 76 万余元，1333 名重度护理残疾人发放补助金 360 万余元，15 户 18 名市特困残疾人申请每月 200 元的生活补助。发放基本医疗保险补助资金 17 人共 49877 元，职工基本养老保险的补助资金 61 人共 14.5 万元。

沈家门街道老旧小区改造（翁盈昌摄）

【平安创建】 2021 年，沈家门街道以“最多跑一次、最多跑一地、一次不用跑”为目标，发挥基层综治工作、市场监管、综合执法、便民服务等“四平台”功能作用。全年调处各类矛盾纠纷 1313 起，重大 15 起，涉及金额 1638 万元，调处成功率达 100%。受理信访件 61 件，来访 156 批、343 人次。开展执法检查 88 家次，排查隐患 187 条，发出责令限期整改指令书 4 份、复查整改指令书 3 份。组织开展平安大讲堂，3 月 31 日开展家庭健康知识专题讲座，4 月 17 日学习如何做好新时代下社会主要矛盾转变中的人民调解工作，5 月 8 日开展党史学习教育专题讲座，6 月 9 日学习危险化学品领域安全知识，7 月 4 日讲解社区专职网格员法律知识，共参加 300 余人次。

（撰稿：余凡）

展茅街道

【概况】 展茅街道位于舟山岛东北部，三面环山、北面临海，区域面积包括梁横岛和 8 个无人居小岛及 16 个岩礁共 33.45 平方千米。东以大展湾岗、雷火地、老虎岩岗与东港街道塘头北区相邻，南以风水岭、塔岭（顶梁尖山）与东港街道南岙村接壤；西以响岩岗、老虎山、黄杨尖、鹅鼻岭和蛏子湾海塘中段分别与东港街道西北部和定海区洞岙、北蝉、小展毗邻。以舟山岛东北部为主体,包括17个无居民海岛。东南距沈家门城区仅7千米,距临城新区约10千米,西距定海城关约18千米。2021年,辖8个村民委员会(经济合作社)、1个居民委员会、260个村民小组。年底,辖区总户籍人口为7418户21119人。是年,街道一般公共预算收入10402万元。

【工业与建筑业】 2021年,展茅街道推进工业产业转型提质发展,在疫情防控常态化前提下引导企业加大加快技术创新和新产品的开发研究,落实多项举措解决企业在疫情防控期间员工到位难、生产原材料供给不足等实际困难。5000吨/日污水处理厂和3000吨/日污水处理厂分别于10月底和12月底开始试运行。推进燃煤锅炉淘汰工作,为辖区内企业转型生产提供必要的条件。年末,完成浙江博仁食品有限公司、浙江裕珈林食品有限公司、舟山裕之府食品有限公司、舟山市正山智能制造科技股份有限公司、舟山福鑫水产品有限公司、舟山普陀新奥能源发展有限公司6家企业"小升规"转型。浙江丰宇海洋生物制品有限公司海洋生物肽、药品研发基地项目(一期),浙江海欣水产有限公司海洋蛋白源高值化产业项目(一期)和华泰检测基地项目分别完成投资120万元、610万元和1685万元。年内投资2040万元完成华超海洋生物厂房新建和烽顺物流现代智能冷链物流平台建设项目。街道全年实现规模以上工业总产值30.73亿元。建筑业总产值为22.08亿元,同比增长13.6%。

【农旅融合发展】 2021年,展茅街道坚持"绿水青山就是金山银山"的发展理念,依托辖区内山水、生态资源,实施乡村振兴战略,推进农商文旅产业融合发展,推动农业全面升级。分两期全面启动黄杨尖路下徐村和茅洋林吴区域基础设施改造提升工程。盘活30余套渔农村闲置民房,开发民宿、文创等新业态。集中研发具有示范性的旅游精品线路,打造优质研学旅游品牌,相继推出"外婆窝里小吃店""童年杂货铺""青禾农家乐""怪兽咖啡""黄杨尖蕴四季民宿""千施乔楠栖别院民宿"等农文旅商融合样板,完成晓辉市级精品村周边环境的改造提升。加快流域内水系综合整治,年度投资1500万元,完成山体洪水分流、水库扩容等二期工程项目建设,提升农业抗旱排涝抵御自然风险的能力。完成柴家、茅洋田畈的土地平整和复耕工作,确保辖区内粮食作物种植面积。实现辖区内各村集体经济年经营性收入增幅在5%以上。举办"中国舟山(普陀)第四届农民丰收市暨展茅街道第七届五匠文化节等大型节庆活动。1—11月,街道各景点接待市内外游客66.08万人次,实现旅游收入7714万元。

展茅街道入口 (展茅街道提供)

【渔业】 2021年,展茅街道开展渔业生产"一打三整治"工作,加强对辖区内船只危化物品运输、船舶修造,出海捕捞、伏休船只安全工作的监督和检查力度,提前完成"三无"船只的整治任务,伏休期间无违规。年底,有机动渔船共127艘,总功率为2.85万千瓦;其中一线捕捞渔船99艘,总功率1.68万千瓦。完成螺门小渔镇二期建设工程项目,渔村面

万洋众创城（展茅街道提供）

貌改观。街道全年实现捕捞产品产量 2.42 万吨，渔业总产值 2.70 亿元。

【教育】 2021 年，展茅街道有全日制学校 3 所(包括外地民工子弟学校)，年底有在校学生 1377 名(其中外地民工子女 656 名)。其中，初中学生 469 名，专任教师 120 名（其中初中教师 57 名)，幼儿园 2 所，入园幼儿 333 名。展茅中心学校建筑面积 8936 平米，有 21 个教学班级，在校学生 719 人(其中初中生 251 人)，在编教师 81 人。是年，学校实践课程改革，以提高课堂教学效率为重点，加强教学研究。通过开设第二课堂，结合展茅地域特色，开设“五匠”木雕、舟山木偶戏等校本课程，提高学生综合素质。是年，展茅中心学校获“舟山市首批智慧校园标准学校”“舟山市示范家长学校”“舟山市示范儿童之家学校” 等荣誉称号。

【文化与体育】 2021 年，展茅街道在中国共产党成立 100 周年之际，利用革命老区的红色资源提炼展茅红色文化、历史文化内涵，打造以茅洋会议旧址、展茅革命史迹陈列馆为主线的红色旅游线路，完成茅洋红色示范村建设。

展茅街道投入 120 万元完成室外篮球场、田径运动场观众台的改造提升工程和室外健身器材的智能化设备的添置。开展省级现代化社区学校各项创建工作，营造“书香展茅”社区学习驿站，建成街道有声图书馆，组建省级摄影小镇。6—7 月，结合中国共产党成立 100 周年庆典，开展“追光——沿着红色足迹出发”和“党建百年路，扬帆新征程”书画展览等系列活动，发挥辖区内“东海渔嫂”在活跃渔农村文化体育方面的模范作用。

【环境治理】 按照全国文明城市 2021 年版实地测评标准做好全国文明城市建设管理各项工作。推进数字化垃圾分类试点工作，在全市率先启用农村垃圾分类监管智能化系统。完成辖区内“污水零直排区”建设，加快水网络网管道建设提升改造。完成美丽乡村示范村晓辉村村庄道路美化，启动展城线、展螺线、临螺线美丽公路沿线建设。推进公厕革命，新建及改造公厕 4 座，年

展茅街道第七届五匠文化节（郑宝森摄）

内完成浙江省食品安全四星级基层食安办创建考核工作。国家卫生镇创建测评成绩位于全市4个创建乡镇街道之首。年末,有卫生服务机构12家,执业医师25名,病床20张。是年投资30万元,新建晓辉村卫生室,完成街道社区卫生服务中心室内外装饰和翁家岙、田公岙卫生室改造提升。

【社会保障与人民生活】 2021年,展茅街道在全省率先推进农村农业数字化改革,深化"最多跑一次"综合服务体系建设。投资800万元,分两年对茅洋新村进行基础设施景观节点的改造提升,投资300万元完成对晓辉村最美公路入口处的道路、景观亮化和晓辉村文化礼堂的建设工程。继续推进展城线、展螺线、临螺线美丽公路沿线景观带建设。投入80万元用于辖区内路面整修、污水管道铺设、改造公厕、新建绿化带等工程,规范公共服务机制。新建晓辉村居家养老服务中心,完成省级示范性居家养老中心升级改造项目。开展文化惠民活动,全年开展各类文艺活动近30场次,组织开展健康教育、技能培训124场次,惠及各类群众11761人次。

1—11月,展茅街道共发放低保、低边、特困救助金377.4万元,残疾人补助175.3万元,各类临时救助49.8万元,受救助家庭453户,基本实现辖区内困难群众救助全覆盖。年末,街道城乡居民养老保险参保人数7113人,城乡居民医疗参保人数为14685人。金融机构存款余额1772亿元,同比增长21.0%;其中居民存款余额14.36亿元,同比增长11.5%。入选全国乡村特色产业十亿元镇。

晓辉文化礼堂(展茅街道供稿)

【道路与交通】 2021年,展茅街道推进美丽乡村建设工程,完成展茅至沈家门、大展至螺门和螺门至临城公路沿线景观带建设,完成海防公路全路段的混凝土浇筑和美丽乡村示范村——晓辉村村道的景观提升美化。公共交通线路多条,往定海方向有561路、15路和310路,往临城方向有39路,往沈家门、东港方向有315路、311路、312路、310路和313路,辖区内交通环境进一步改善,为乡村向全城旅游发展提供道路交通保障。东港至展茅的舟山最美沿海公路沿途景观带完成完善,成为普陀全域旅游新的打卡地。

(撰稿:柴国定)

朱家尖街道

【概况】 朱家尖街道位于普陀区中部偏东,东、东南、南濒临东海,西南、西与桃花镇、登步岛隔海相望,西北临普沈水道与沈家门街道、东港街道隔海为邻,北、东北与普陀山镇隔海相望,大桥连接东港街道通舟山岛。陆域总面积78.78平方千米(含白沙岛管委会辖区),实际管辖75.3平方千米,包括朱家尖、西峰、羊峙山、柱子山、后门山5个有居民海岛和79个无居民海岛。朱家尖岛东部28.8平方千米与普陀山同属普陀山国家级重点风景名胜区。街道办事处驻福兴社区福兴路1号。

2021年,朱家尖街道下辖中欣、西岙、莲兴、莲花、南沙、三和、莲和、新桉、沙湾、大洞岙、顺母新村11个村,福兴1个社区居委会。户籍人口(不含白沙岛管委会辖区人口)8752户、26563人。全年一般公共预算收入20118万元;限额以上住宿餐饮业营业额同比增长4.3%;限额以上批发业销售额同比下降58.7%;限额以上零售业销售额同比增长8.7%。全岛旅游接待689.99万人次,同比下降15.5%;全岛旅游收入49.68亿元,同比下降15.5%。其中,大青山景区接待游客44.72万人次,增长16.63%;旅游收入约3360.28万元,增长17.9%。是年,完成固定资产投资32.66亿元,同比增长5.4%;其中服务业固定资产投资增长5.4%,5000万元以上固定资产投资项目31.37亿元,同比增长3.7%。

【农林牧渔业】 2021年,朱家尖街道实现农林牧渔服务业总产值193919万元,比上年同期增长3.98%。其中,渔业总产值183889万元,比上年增长3.89%;农业总产值6836万元,同比增长9.48%;林业总产值203万元;牧业总产值283万元,同比减少37.11%;服务业总产值2708万元,同比增长4.47%。

朱家尖街道全年经济作物播种面积7012亩(约467.47公顷),比上年减少14.36%。其中,油料作物播种面积1099亩(约73.27公顷),同比减少20.13%;油料产量153吨,同比减少22.33%;蔬菜播种面积3880亩(约258.67公顷),同比减少1.42%;蔬菜产量3003.1吨,同比增长19.38%。水果产量6230吨,同比增长58.9%。全年肉类总产量15.52吨,同比减少21.63%。其中,羊肉产量0.13吨,同比增长25%;禽肉产量15.39吨,同比减少21.84%。禽蛋产量3.27吨,同比减少46.04%。年末,羊存栏量10头,出栏4头。全年水产品总产量50847吨,同比减少2.26%;其中捕捞产量49083吨,同比减少1.48%;海水养殖面积2130亩(142公顷),养殖产量1764吨,同比减少11.71%。年末有机动渔船313艘,总吨位54365吨,总功率83037千瓦;其中,捕捞渔船250艘,捕捞船总吨位42909吨,总功率61762千瓦;辅助渔船63艘,辅助船总吨位11456吨,总功率21275千瓦。

朱家尖蜈蚣峙码头(沈磊摄)

【工业】 2021年,朱家尖街道实现规模以上工业总产值10.67亿元,同比增加15.09%;实现规模以上工业增加值15524万元,同比增长5.8%;水产品精深加工企业实现产值7.9亿元,同比增加15.36%;实现工业利税3316.7万元。全年实现工业出口交货值5.68亿元,同比增长11.3%;水产品加工产量31272吨。

【旅游服务业】 2021年,朱家尖街道坚持"一村一品、连线成片"的美丽乡村建设路径,推进"万村景区化"建设,实现省级A级景区(村)全覆盖。推进全域增绿添彩行动,打造市级"最美庭院"10户,街道级"美丽庭院"300户;坚持"一园一规"打造荷塘小公园。

是年,朱家尖全岛旅游接待689.99万人次,同比下降15.5%;全岛旅游收入49.68亿元,同比下降15.5%。其中,南沙景区接待游客72.28万人次,同比减少31.9%;白山景区接待游客17.84万人次,同比减少23.38%;乌石塘景区接待游客23.59万人次,同比减少34.03%;大青山景区接待游客38.34万人次,同比减少14.48%;名流陶艺(特产城)接待游客5.41万人次，同比减少47.13%；舟山旅游集散中心(慈航广场)接待游客87.07万人次，同比减少37.08%。

朱家尖街道全年限额以上住宿餐饮业营业额27238万元，比上年增长4.3%；限额以上批发业销售额44735万元，同比下降58.7%；限额以上零售业销售额824.3万元，同比增长8.7%；规模以上服务业企业营业收入6.94亿元，同比增长11.8%。

【文化、教育、卫生】 2021年，朱家尖街道有学校4所。其中，大中专院校1所，在校学生3109人，专职教师236人；中小学校3所，在校学生1768人，专职教师147人；幼儿园2所，在园幼儿561人。

朱家尖街道加强公共卫生服务体系建设，成功创建市级学前教育示范乡镇及省级示范卫生服务中心。街道共有医疗卫生机构15家，其中，社区卫生服务中心1家、村级卫生室10家、个人卫生室4家。卫生技术人员79人，其中有助理医师以上职称42人。

【社会保障和人民生活】 2021年，朱家尖街道有6059人参加城乡居民基本养老保险，16585人参加城乡居民基本医疗保险，失地农民养老保险转轨83人。街道慈善分会开展助困助学助医，发放慈善款18.5万元；市慈善总会开展关爱尿毒症患者活动，救助6人4.3万元。是年，街道享受重度残疾人护理补贴者463人，发放补贴140.7万元；享受困难残疾人生活补贴者137人，发放补贴47.04万元。年末有低保户140户181人，全年发放低保金166.15万元；低保边缘户17户40人，全年发放低边金14.25元；特困户14户14人，全年发放特困金18.05万元。

(撰稿：丁璐)

观音圣坛内景 (张豪摄)

六横镇

【概况】 六横镇位于普陀区南部，东濒东海，南、西南临磨盘洋、牛鼻山水道与宁波市象山县涂茨镇、贤庠镇隔海相望，西、西北濒汀子门水道、佛渡水道与宁波市北仑区梅山街道水域相连，北、西北傍佛渡水道与宁波市北仑区、白峰镇隔海为邻水域相连，东北隔条帚门与虾峙隔海相邻。由六横、佛渡、悬山、凉潭、大蚊虫、对面山、砚瓦山、笔架山、野佛渡、汀子山、牛山、外青山、大铜盘13个有居民海岛和140多个无居民海岛组成，陆域面积139平方千米(含小郭巨围垦区20平方千米)。镇政府驻峧头三八路101号，距普陀城区24.8平方千米。

2021年，六横镇辖30个渔农村，5个城市社区居委会和35个股份经济合作社，年末户籍人口18900户61398人。全年实现规模以上工业产值102.21亿元，同比下降9.2%，规模以上工业增加值增速-7.4%；财政总收入9.77亿元，其中一般公共预算收入5.43亿元，剔除调控因素后，比上年同口径增长22.5%；城镇和农村居民人均可支配收入分别增长8%和9%。

【重大项目招商引资】 2021年，六横管委会抢抓浙江自贸区油气全产业链和舟山绿色石化拓展发展机遇，按照舟山"一岛一功能"要求招引好项目、大项目，

7月6日,"北京招商推介"会重大项目签约仪式(六横管委会提供)

全年到位市外资金16亿元,实际利用外资2500万美元,完成全年目标任务。举办北京招商推介会,顺利签约中国化学新能源材料一体化、浙能六横CCUS示范电厂、中圣LNG冷能综合利用等一批重大产业项目,总投资超320亿元。对接中国化学、华能集团、宝武集团、英威达、中石化新星等行业龙头企业,加快推动产业项目尽快签约落地,增强发展动能。7个省、市级重大产业项目全年完成投资11亿元。推动中石化LNG、浙能LNG接收站、浙能电厂CCUS示范项目等前期工作,2个LNG接收站项目取得国家发改委赋码,办理自然资源部项目用海预审,进入项目核准阶段。中奥能源油品储运扩建工程完成29座储罐主体安装任务;鑫亚1号舾装码头(20万吨级)改造工程已完工,投入运营;盛达燃料油中转加注基地、浙江盛海六横清洁能源等重点项目建设稳步推进。氢能示范项目落地成型,全市首条氢能公交示范线路开通运营,全市首座加氢站计划年内建成投运。

【临港工业】 2021年,鑫亚船厂修理舟山首艘LNG船舶,中远海运重工推进新能源船舶修造项目前期工作,制定省级船舶行业绿色制造标准,开展智能工厂、数字化标杆企业试点建设,六横镇全年累计修船834艘,其中外轮584艘,实现产值50.9亿元。综合能源产业全年完成火力发电量113亿千瓦时,光伏发电3800万千瓦时,海上风力发电6.6亿千瓦时。引导五金仪表产业集聚化、规模化、高端化发展,加快推进万洋仪表船配产业园建设,完成22家低效工业企业整治提升。

【现代服务业】 2021年,浙能港口、宝武港口等物流企业全年吞吐量8700万吨,同比增长6.2%,创历史新高。依托六横东南部海岸岛礁资源与海岛文化底蕴,融入舟山全域旅游发展。打造渔旅融合发展新业态,全面启动国际海钓公园建设。举办浙江省海钓锦标赛、全球网络直播钓鱼公开赛等大型赛事,全球网络直播点击量超150万次。全年接待游客347.2万人次,实现旅游总收入20.1亿元,均同比增长10.8%。

【渔农业】 2021年,六横镇开展耕地"非农化""非粮化"专项整治,全年实现渔农产值8.49亿元。深化佛渡紫菜、六横蜜橘、六

6月7日,舟山首次修理LNG船舶开工仪式(六横管委会提供)

横土豆等品牌推广力度，组建六横特色渔农产品展销店，提升渔农产品品牌知名度。筹划推进“月老杜庄”婚庆基地、“土豆公社”直播基地、沙浦新村美丽新农村建设、青山村橘地改造提升等一批富有六横本地特色的乡村振兴项目。30个村全年集体经济总收入达1.39亿元，其中经营性收入达1.29亿元。

【城乡建设】 2021年，六横镇开展第四轮小城市培育试点工作，完成小城市2020年考核工作，取得良好考核等次。补齐海岛城市基础配套，六横首个商业综合体天合广场正式开业，三联供一期工程、大岙码头全新候船大厅、中央公园工程等配套项目建成投运，豪成房地产开发项目、悬山交通(旅游)码头等重点项目稳步推进。推进城市有机更新，扎实做好农村危房、城镇危房、老旧小区改造和物业服务管理提升工作，完成农村危房改造6户、城镇危房改造4幢、老旧小区改造2幢，巩固居民小区物业管理100%全覆盖成果。

【城乡环境管理】 六横镇开展城乡环境综合整治大会战，落实“发现即整改”机制，全年劝导整治流动摊贩、越门经营、非机动车辆违规停放等2万余次。做好第二轮中央环保督查中3个信访件现场及台账验收工作，做好黄岩潭填埋场问题销号工作。完成中远、鑫亚、龙山船厂3家船厂和小湖工业园区临时固废堆场存量工业固废清运工作。推进治水治污大会战，开展“污水零直排区”建设，完成截污纳管工作，推进六横岛中小流域(双塘片)综合治理工程，完成龙山片防洪扩排工程总工程量的60%。推进渔农村垃圾分类，建成投运全岛环卫设施提升工程，完成7个点位生活垃圾集中投放点选址。完成岑夏、洋山新村市级新时代美丽乡村建设，完成渔农村生活污水治理工程治理户数730户。

推进城市“治堵”攻坚行动，完成16个停车位更新，完成六横岛主干道路口改造工程。开展“无废城市”创建，集中力量推进“三改一拆”“城乡生活垃圾一体化”“道路交通安全”等专项整治行动，全年拆违面积4400余平方米，排查整治各类交通安全隐患点200余处。完成22家亩均3万以下低效企业、六横双塘长山嘴工业区块提升整治任务，整治率100%。

【行政服务改革创新】 2021年，六横管委会推进“放管服”改革，优化六横政务服务大厅服务质量，全年办理政务服务事项34620件，日均152件，基本与上年持平。推进基层智慧服务平台建设，梳理完成适宜纳入工作台事项74项，上线第一批政务服务2.0自助办事项26项。持续优化项目审批，依托投资在线审批监管平台3.0，项目审批“最多80天”实现率100%，低风险小型项目审批实现率100%。

推进数字化改革，完成数字六横门户开发建设，实现“浙政钉”统一入口授权扫码登录，推进“e海钓”“船舶云医”等多跨应用场景建设。推进科技创新工作，推动智能工厂、数字化标杆企业试点建设。完成3家国家高新技术企业、6家省级科技型中小企业申报，舟山中远海运重工有限公司被评为2021年市级智能工厂(数字化车间)培育试点企业，舟山市鑫亚船舶修造有限公司被评为2021年市级数字化标杆企业。深化“标准地”改革，全年出让工业地块2块，面积1086.35亩(约72.42公顷)。

【民生保障】 2021年，六横管委

六横城市中央公园工程（六横管委会提供）

会推进六横中学改扩建二期以及中小学改造提升工程，获批六横海水淡化科技研学基地，海岛办学条件提升。支持医疗卫生设施完善升级，推进医护队伍及六横医院中医馆建设，促进六横医院与杭州市儿童医院签订共建医疗技术合作协议，海岛医疗服务水平提升。推进文化惠民工程，新建文化礼堂 5 家，开展文艺下乡系列演出活动。城乡居民社会养老保险率 99%。贯彻落实低保低边动态管理，确保不漏一人。落实优待抚恤政策，建设镇本级及台门村 2 家全国示范性退役军人服务站，均通过验收。做好就业创业登记管理，办理失业金领取 55 人，“4050” 灵活就业社保补贴初审 31 人次。

【平安六横】 2021 年，六横管委会开展第二轮安全生产三年综合治理和“遏重大”攻坚行动，开展各项安全检查出动 290 余人次，检查生产经营单位约 130 家，排查隐患 302 条。开展水路货运船舶安全及反走私专项检查 104 次，出动执法人员 610 余人次，查处违规作业船舶 20 余艘，其中 11 艘“三无”船舶拆解完成。全年办理来信、来访、网上信访事项 103 件，化解 4 个信访积案。以省级“枫桥式”司法所创新、省级培优育新项目创建为契机，优化基层调解员队伍，加强专业培训，开展以案释法、观摩庭审活动，夯实基层调解基层。全年妥善调处重大疑难纠纷 16 起，其中人身意外死亡案件 8 起。

（撰稿：张家玮）

桃花镇

【概况】 桃花镇位于舟山群岛东南海域，包括桃花岛、悬鹁鸪山 2 个有居民海岛和 60 个无居民海岛，陆域总面积 45.20 平方千米。东北与登步岛、西北与蚂蚁岛合围成桃花国家一级群众渔港，西南隔虾峙门水道（国际航道）与虾峙岛相邻，东南临东海洋鞍渔场。2021 年，桃花镇辖青龙、茅山、盐厂、对峙、公前、沙岙、塔湾 7 个村和公前 1 个居委会。年末户籍人口 5410 户、15689 人。

2021 年，全镇社会生产总值 27.3 亿元，同比增长 5.81%。其中渔业总产值 5.28 亿元，农业总产值 0.78 亿元，旅游门票收入 6488.33 万元。全年财政总收入 12133 万元，其中一般公共预算收入 6863 万元。渔农民人均纯收入 2.95 万元，同比增长 5%。固定资产投资 2 亿元。桃花岛是省级风景名胜区，国家 AAAA 级旅游景区。1 月，桃花镇获评 2020 年度农业绿色发展省级示范区与“森林浙江”建设工作突出贡献集体；3 月，获评全省 2020 年度“五水共治”（河长制）工作考核优秀乡镇；4 月，获评市级 2019 年度平安建设优秀乡镇；7 月，获评全市双拥模范乡镇；11 月，镇食安办被评为省级四星级食安办。

【党建宣传】 2021 年，桃花镇制定党史学习教育实施工作方案，通过召开党史学习教育动员部署会、举办专题党课、开展“六个一”专题学习活动等形式在全镇开展党史学习教育。结合中国共产党成立 100 周年进行专题报道，围绕全域旅游、民生实事等内容，在各媒体发布新闻报道 118 条。其中，省级平台上发文 7 条，《浙江日报》专版 1 条，市级媒体发布 22 条，区级媒体发布 88 条。推进媒体融合，IP 人物“桃小红” 定稿上线并发布同款表情包，基本完成微信小程序基础建设，完成手绘地图资料搜集

“智慧海”管理系统（六横管委会提供）

桃花岛红色纪念馆（桃花镇提供）

及智慧导航系统搭建。利用“桃园义警”巡防队、景区纠纷特邀调解员等品牌，在旅游旺季动员百余名兼合式党支部党员参与景区治理，优化旅游环境。新建桃花岛红色纪念馆，6月正式对外开放，并列入2021年红色旅游活动线路。

【网格综治】 2021年，桃花镇社会治理综合服务中心落实平安乡镇创建和维稳工作各项措施，强化镇、村两级中心建设，构筑社会治安防控体系。综治工作实行综治、司法、网格管理“三位一体”，资源共享，承担网格走访、民情收集、巡逻维稳、信息汇总、综合研判、流转督办等基层基础工作。整合村“两委”班子、联村干部、驻村民警、巡回法庭、村法律顾问等力量，组建便民服务、老娘舅调解服务、“东海渔嫂”和巡查监管4支队伍，深化构建“三治合一”治理体系。网格员协助镇机关干部做好“一户一策一干部”结对帮扶工作。建立困难群众数据库，联系结对机关干部走访低保低边户，掌握并解决群众实际困难。

【旅游建设】 2021年，桃花镇整合景区和交通资源，探索景区“大门票”和景区交通融合新道路。引入长三角旅行社合作联盟，解决旅游人才短缺问题，融入长三角旅游市场；通过景区基础设施和新项目建设投入打造“海上桃花源”，建设桃花岛旅游新形象。全年接待游客376.7万人次，门票收入6483.33万元，旅游及相关产业收入25.62亿元。

实施一体化管理，完成桃花寨景点收购并运营，完成射雕影视城的租赁并运营，开展四景区一票通工作。完成塔湾金沙外立面色彩化改造，开启“海上飞拉达”项目建设，完成工程量的90%；完成射雕影视城景点亮灯工程；推进悬鹁鸪岛交通码头建设工程，完成工程量的50%；完成公前和塔湾三段通景道路“白改黑”工程、塔湾滩场头停车场改造工程，完成桃花寨景点游步道及景观工程设计和预算工作。

规范景区标识标牌，重新设计符合各景区特色的景区导视图、导向牌、危险警示牌等各类标识标牌。按旅游厕所标准，在小桥头田园综合体新评定AA级旅游厕所1座，A级旅游厕所1座，在茅草屋码头新评定AA级旅游厕所1座。

完成对峙村、青龙村、盐厂村、茅山村A级景区村复评工作。召开93舟山旅行社联盟桃花岛旅游市场推介会，赴江苏宜兴参加文旅推介会暨长三角一体化旅游联盟战略合作会议，赴嘉兴参加第十一届中国旅游合作联盟大会，与“豆芽部落”合作推广桃花岛特色旅游景点、民宿及餐饮。举办环游舟山自行车骑游赛桃花站热身赛、6场沙滩集装箱音乐节等文化节庆活动。开通“普陀山—蚂蚁岛—桃花岛”跳岛游旅游专线和“新城长峙—桃花”旅游专线。完成桃花寨景点、安期峰景点、塔湾金沙景点“无废景区”创建工作。改善景区环境卫生水平，加强景区安全环境整治，联合执法部门明确卫生标准、实行明码标价。在射雕影视城景点门口设置临时摊位，放置一批与景区环境相协调的垃圾桶，加派人手对景区周边环境开展常态化治理。

提高信息化服务建设程度，加强智慧化服务建设，完成旅游巴士二维码装贴工作，开通语音播报系统。统一全岛旅游投诉和咨询服务电话。完成景区、客运站、集镇区等 Wi-Fi 全覆盖,实现线上、线下一体化售票管理。年底,桃花镇有星级民宿 16 家,其中四星级民宿 2 家,精品民宿 6 家。

【渔业】 2021 年年底,桃花镇有渔船管理服务站 1 个,休闲渔业公司 1 家,近岸涉渔生产村 1 个。全镇有渔业户 2233 户,渔业人口 6368 人,其中捕捞劳动力 2080 人、养殖劳动力 34 人。另有市外捕捞劳动力 195 人。全镇共有各类渔船 143 艘,其中近外海大中型渔船 118 艘、60 马力以下小型渔船 25 艘(含休闲渔船 1 艘),总吨位 19726 吨,总功率 29852 千瓦。水产养殖围塘面积 2300 亩(约 153.33 公顷)。是年,全镇水产品产量 43618 吨,创渔业经济产值 32167 万元,渔民人均收入 35656 元。

是年,桃花镇完成对峙村"特色渔村"建设项目全部建设内容,完成国家级普陀东海海域桃花岛海洋牧场建设项目的评审及招投标前期工作,完成桃花镇水产养殖尾水治理工程的招投标工作并完成主体工程,完成对鹁鸪门养殖塘的提升改造。巩固科技养殖示范户 20 户,推进工厂化大棚精养高效技术与浅海生态式围网养殖工程。

【农业】 2021 年,桃花镇有耕地 6399 亩(426.6 公顷),山林面积 47530 亩(约 3168.67 公顷),其中国家级重点公益林面积 40750 亩(2716.67 公顷)、果园 1200 亩(80 公顷)。年底,全镇有家庭农场 22 家,农业龙头企业 2 家,各类农业专业合作社 20 家,农业联合社 1 家,入股农户 485 户,全年产值 1200 万元。

是年,重点推进农田非粮化整治和农业水利基础设施建设,发展特色效益农业。全年投入 7200 万元对公前村、盐厂村、塔湾村和茅山村的 2800 亩(约 186.67 公顷)耕地进行非粮化整治,整治对象主要为橘园及部分其他果园和苗木。对整治土地进行统一流转和整体规划,其中的 2100 亩(140 公顷)耕地划成 4 块,统一对外招标出租。经农田非粮化整治后,全镇留存橘园面积 700 亩(约 46.67 公顷),大棚葡萄、大棚小白瓜、大棚柑橘等设施农业种植面积 220 亩(约 14.67 公顷),其中大棚小白瓜(甜瓜)种植面积 150 亩(10 公顷)、大棚柑橘(红美人)种植面积 30 亩(2 公顷)。茶园面积 1080 亩(72 公顷),其中有机茶园 780 亩(52 公顷)。全镇共有桃园面积 380 亩(约 25.33 公顷),水仙花种植面积 200 亩(约 13.33 公顷),年产水仙花商品球 50 万只,其中黄色普陀水仙 20 万只。

【工业与海运】 2021 年,桃花镇有工业企业 73 家,其中,产值 500 万元及以上 1 家、产值 500 万元以下 72 家。按企业注册登记类型分有集体企业 4 家,股份合作企业 3 家,有限责任公司 2 家,私营企业 7 家,个体独资企业 2 家,其他企业 55 家。工业总产值 7046 万元。桃花岛工业经济的发展由于受旅游经济为主的总体发展规划的制约,在政策上得不到更多的扶持而处于停滞发展的状态,主要以引进海运企业来发展工业,增加财政收入。

年底,海运(海洋工程)企业注册在桃花镇实际运营企业 48 家,分公司为 95 家,个体单船 29 艘。全镇海运企业和单船 223 艘,总运力 101.97 万载重吨。其中,油船 159 艘,总运力 46 万吨;化学品船 32 艘,总运力 11.69 万吨;货船 28 艘,总运力

7 月 17 日,桃花岛 2021 年沙滩集装箱音乐节(桃花镇提供)

42.78 万吨。海运行业全年创税 5237 万元。

【教育、文化】 2021 年,桃花镇有中心学校 1 所。其中,小学部有 6 个教学班,在校学生 124 人,教职工 16 人;初中部隶属东港中学桃花分部,年末有 3 个教学班,在校学生 57 人,教职工 11 人。中心幼儿园 1 所,有 3 个教学班,在园幼儿 48 人,教职工 15 人。成人文化技术学校 1 所,有专职教师 3 人,兼职教师 15 人,村(居)教育干事 8 人,社区教育义工 20 人,社区教育志愿者 42 人,开展居民素质提升教育活动 74 次,教育培训 3161 人次。《海岛小镇老年教育办学模式的实践与探究——以桃花镇为例》获评省社区教育老年教育优秀案例。

是年,桃花镇有文体业余团队 16 支,各类业余文艺教练 41 人,文体骨干 300 余人。全年开展节庆和群众文体活动 42 场次。安期生休闲文化广场占地面积约 1 万平方米,建有综合文体大楼、露台中心舞台、健身(路径)器材、健身广场、门球场、健身游步道、安期生雕塑、文化走廊、休闲凉亭、儿童游乐区等配套设施。完成镇图书馆和各村农家书屋图书更新工作。做好文保点的巡查及保护工作,文物点"陈顺泰民居"因年久失修,渗漏严重,区、镇两级筹集 20 万元资金,于 11 月 5 日正式动工,进行为期 45 天的屋顶防漏加固修缮。

年底,全镇 7 个行政村都建有文体活动室和室外文体广场、健身器材(路径)等,计有健身器材(路径)441 件,室内外乒乓台 20 台。新增沙岙村文化礼堂,全镇文化礼堂增至 9 家。5 月 22 日,桃花镇被省政府、省文化和旅游厅评为浙江省文化强镇。12 月 23 日,桃花镇综合文化站被省文化和旅游厅评为一级文化站。

4 月 11 日,环游舟山自行车骑游赛桃花站热身赛 (桃花镇提供)

【医疗卫生】 2021 年,桃花镇有中心卫生院 1 所,下辖 6 家村卫生室。服务网络覆盖整个桃花镇,构建"二十分钟服务圈",为桃花镇居民提供便捷的基本医疗和公共卫生服务。年底,健康电子档案建档率 82.41%,居民规范化电子健康档案覆盖率 73.04%;签约率 47.42%,重点人群签约率 88.18%;高血压患者规范管理率 76.03%,管理人群血压控制率 69.57%;糖尿病患者规范管理率 75%,管理人群血糖控制率 68.04%;严重精神障碍患者规范管理率 90.91%,严重精神障碍患者稳定率 97.98%;辖区内适龄儿童建卡率 100%,五苗接种率 100%;早孕建卡率 95.45%,孕产妇系统管理率 95.45%,产后访视率 97.73%;7 岁以下儿童管理率 100%,高危儿及营养性疾病儿童管理率 100%,0~6 岁儿童眼保健和视力检查覆盖率 92.79%。是年全镇新出生人口 63 人,其中二孩 13 人。

【基础设施】 2021 年,桃花镇完成拆除违章建筑面积 860 平方米(占地面积 480 平方米)。完成"四边三化"点位 4 处。加强地质灾害防范,稻乌线茅山水库边坡治理二期工程于 10 月开工,12 月中旬完工,总投资约 134 万元;沙岙村下长坑东方船厂旁边坡应急抢险项目于 11 月底完工,项目总投资 11 万元。致力于美丽乡村建设,创建青龙村、塔湾村 2 个省高标准垃圾分类示范村创建,总投入 33.1 万元;完成公前村、盐厂村、茅山村 3 个垃圾分类巩固提升村创建,总投入 18 万元;完成茅山村生活垃圾资源化处理站点技术改造,提升投入 15.5 万元。创建塔湾村为市级清廉村居，盐厂村为省级善治示范村。全年上报闲置农房盘活利用8户。完成团涂山边坡人岛口标识形象建设工程，项目于11月开工，总投资约38.4万元。投资65万元完成公前集镇区生活污水处理厂清洁排放改造工程。推进河长制提档升级工作，优化河(湖)巡查，完成村级河长使用"掌上基层"App巡河工作。

桃花镇公路全长57.696千米。其中，县道4条25.35千米，乡道3条17.664千米，村道15条14.682千米。是年，筹资300余万元提升改造沙乌线、公蚂线、茅塔线、宫客线全长约6千米，维修稻梼线、稻乌线、宫客线；扩建塔湾停车场，新增停车位65个。上船跳货运码头运营，悬鹁鸪码头完成工程量80%，完成投资800余万元。

9月，桃花镇自来水厂(镇属企业)并购于舟山市自来水有限公司。是年，自来水厂铺设至乌石子PE110主管12千米，生产能力8000吨/日；年工业用水5.6万吨、旅游用水10万吨、居民用水22万吨，年人均用水量约27吨。污水处理厂1座，设计日污水处理能力2000吨，日处理污水1500吨；污水处理站1个，设计日污水处理能力500吨，日处理污水为200吨。

年末，桃花岛上有35千伏及以上变电所1座，主变压器2台，总容量30兆伏安，高压输电线路2条，总长度22.5千米，用电负荷6000千瓦。年供电量0.402亿千瓦时，年销售电量0.386亿千瓦时，供电可靠率99.9%。

是年，桃花镇有1家养老服务中心和6家养老服务照料中心。镇养老服务中心和残疾人之家由舟山市普陀区馨悦养老服务中心托管，庇护25个残疾人。社会养老服务中心有30名70周岁以上老年人居住，为18名老人开展送餐服务。

桃花邮政支局有1个营业厅和1个邮政储蓄所，投递路线单程总长度71千米，乡村通邮率100%。电信企业1家，服务网点1个，固定电话用户1348户，电信宽带接入用户928户。移动企业1家，服务网点3个，移动电话用户6720户，移动宽带接入用户930户，移动基站23个。舟山普陀华数广播网络有限公司桃花虾峙分公司下设华数桃花营业厅，年末有数字电视用户3368户，华数宽带用户1357户，互动终端2542户。

(撰稿：史久斌)

虾峙镇

【概况】 虾峙镇位于普陀区中南部，东濒东海，南、西南临笞帚门与六横镇隔海相望，西北濒峙头洋与宁波北仑区白峰镇隔海相眺，北、东北隔虾峙水道与桃花镇为邻。陆域总面积23.59平方千米，包括虾峙岛、湖泥山、东白莲、西白莲、大双山5个有居民海岛和110余个无居民海岛。2021年，辖晨港、兴港、灵和、东晓、黄石、湖泥6个渔农村村民委员会，灵和1个居民委员会，6个经济合作社。年末户籍人口6977户21008人。镇政府驻灵和村大岙一区20号，距普陀城区21.5千米。虾峙镇以渔为主，山多地少，种植番薯等少量旱粮农作物，大涂面、沙峧地块零散种植有大棚蔬菜。沟头井土猪肉是虾峙镇名优农特产品。

2021年，镇党委、政府攻坚重大项目建设，稳经济、惠民生、强党建，构建共同富裕海洋强镇新格局。实现规模以上工业产值6.25亿元；完成全社会固定资产投资4.17亿元；实现公共预算收入1.4853亿元；渔农民人均纯收入49050元，同比增长9%。虾峙镇获评2021年度浙江省文明村镇，年度市级平安建设优秀乡镇。

【渔业】 虾峙镇是全国最大群众远洋渔业基地，远洋鱿钓船只占全区的1/3，有"鱿钓之乡"美誉。2021年年末，虾峙镇有渔用机动船274艘，总吨位14.90万吨，总功率19.67万千瓦。是年，完成41艘渔船制冷保鲜设备更新；投入2800万元更新改造鱿钓船。全年实现渔业总产量25.76万吨，总产值25.02亿元。

【工业】 2021年，虾峙镇有规模以上工业企业3家。东白莲油品储运项目完成油品码头主体和一期库区基础工程，达到立罐条件；金钵盂临港产业园项目列入省重点建设预安排项目库，启动配套基础设施建设。全年接洽客商24批次，实际利用市外资金2.5亿元。虾峙镇有海上运输企业19家，海上工程企业3家，从事油运、货运、化学品、工程船等

河泥漕景区（虾峙镇提供）

各类船只135艘，总运力42.3万载重吨。

【旅游服务业】 2021年，虾峙镇深化运营“恋上渔岛”旅游开发公司，推进河泥漕AAA级旅游景区创建，相继完成“五彩渔村”、村庄亮化、标识系统、绿道建设等项目；碧海蓝天、大屿等民宿二期相继投入运营，河泥漕学校地块民宿开工，新增民宿6家，全年海岛旅游业接待过夜游客超5万人次。

【环境建设】 2021年，虾峙镇推进国家卫生镇和省级美丽城镇样板镇创建工作。落实渔农村环境卫生长效管理机制，各村环境卫生面貌显著提升。巩固全国文明城市创建成果，开展常态化创城工作，完成文明城市创建复评和国家卫生乡镇创建工作，完成“污水零直排区”样板镇创建，提升人居环境。

【教育、文化】 2021年，虾峙镇有小学1所，在校就读21名学生，共4个班级；幼儿园9名学生，专任教师3人（均有教师资格证3人）。镇成人文化技术学校1所，专任教师3人，兼职教师10人。举办各类培训班33期，其中长班3期，培训95人次；短班30期，受训人数1955人次。科教基地3个，村成校6所。设文化站、广电站各1个，村（社）文化圈8个，图书室7个，图书箱200只，村村设老年活动中心。

2021年，组织群众性文艺演出1场，参与群众演员100余人次，观看群众1000余人次。举办第八届渔民文化节及中国共产党成立100周年文艺会演。

【社会民生】 2021年，虾峙镇开设各类职业培训12次，新增就业150人次。全镇参加城乡居民基本医疗保险12800人，参保率99%。完成晨港村居家养老服务照料中心、湖泥幸福驿站建设；完成敬老院及东晓托老所提升改造，全镇养老机构入住率70%。完成湖泥卫生室、晨港村卫生室、镇中心卫生院发热门诊建设，完善海岛医疗基础。博爱家园全年受惠人群近5000人。

2021年年底，虾峙镇有中心卫生院1所，卫生服务室7个，卫生从业人员80余名，初级卫生保健网覆盖全镇6个行政村，开设视频诊疗。投入100余万元实施虾峙籍老年群体公交优惠政策、建立急救病人出岛送沈基金。全年降低、免除收取城乡医保体检费、殡葬服务费等5万余元，发放城乡居民医疗保险补贴80余万元。

【基础设施建设】 2021年，虾峙镇完成自来水厂、村级供水站扩建，渔农村用水得到保障。加强综合交通建设，虾峙客运站正式启用，栅大线“白改黑”提升和凉

7月31日，虾峙镇第八届渔民文化节暨祭海大典（虾峙镇提供）

湖泥幸福驿站（虾峙镇提供）

湖、礁岙等一批村道相继完工，2辆公交车完成更新。

（撰稿：郑博尹）

东极镇

【概况】 东极镇位于普陀区东北部，东、南濒临东海，西南临黄大洋与朱家尖街道、普陀山镇、展茅街道隔海相望，西滨岱衢洋与岱山县长涂镇隔海为邻，北濒岱衢洋与嵊泗县嵊山镇隔洋相眺。由庙子湖、青浜、黄兴、东福山、西福山5个有居民海岛和150余个无居民海岛组成。陆域总面积11.72平方千米。镇政府驻庙子湖岛，距普陀城区45.5千米。

2021年，东极镇党委、政府聚焦“蓝海小镇、和美东极”发展定位，打造高品质宜居宜游典范。全年实现社会生产总值14.08亿元，比上年增长8%。渔业总产量8.9万吨，同比增长5.3%；渔业产值14.53亿元，同比增长3.9%。旅游人数29.25万人次，旅游收入3.59亿元，同比增长6.8%。渔农村常住居民人均可支配收入4.96万元，同比增长8%。全年完成固定投资6500万元。1月26日，东极镇获评浙江省AAAA级景区镇；11月23日，东极镇食安办获评浙江省三星级乡镇食安办。

【旅游业管理】 2021年，全镇有登记在册渔家民宿192家，房间1987间，床位3803张。其中，省级金宿2家，银宿6家；市级岛居舟山最美民宿15家，市级精品渔农家乐18家；区级星级海岛民宿68家。推进各岛民宿升级，实现民宿由“低小散”向“高精尖”转型。

2021年，东极镇推进“旅游+”，投入400万元，完成庙子湖沿港16幢房屋立面提升（三期）工程；完成庙子湖港湾900米防浪堤亮化美化工程，用色彩和灯光美化沿岸风景线；实施庙子湖沿港外立面及倒陡街亮化工程，打造“渔家灯火”主题的外立面和特色街，设置融人灯塔、布达拉宫、福字石、日出等东极特色元素夜间打卡点，开辟16家文创夜市，提升港湾“夜游”氛围。改造基础设施，优化旅游环境。投入26万元，对标融入漂流瓶、福文化等海洋海岛元素对东福山、青浜全岛标识标牌、解说牌、警示牌重新设计制作安装；投入30万元，新增钢琴键休憩点、“一帆风顺”船型景观、环岛路“微景观”等5处打卡点；修缮景观休憩亭、旅游厕所、游步道、景观墙画等零星节点和基础设施等。投入80万元，还原电影《后会无期》拍摄地场景，打造环岛文旅驿站；开展东极渔嫂文化节、“唱支渔歌给党听”等文化交流活动，献礼中国共产党成立100周年；将东极历史文化博物馆（里斯本丸纪念馆）、东极庙子湖革命烈士纪念碑（东海游击队）、财伯公主题公园（清廉讲习所）、老海岛精神传承馆等一批红色景点串联成线，宣传庙子湖精神，在山海风情外打造新的文化旅游板块；在原有影吧和酒吧业态基础上整合自由歌手，丰富庙子湖夜间旅游体验。全年实现旅游人数29.25万人，旅游收入3.59亿元，同比增长6.83%。是年获“浙江省AAAA级景区镇”等荣誉。

2021年，东极镇督促民宿做好疫情期间常态化防控。落实民宿装修联合审批机制，对民宿的风貌、周边环境、店招店牌进行管控。组织召开旅游行业会议、“蓝海小镇、和美东极”民宿培训、五一安全会议及民宿座谈会等多层次培训活动，提高文旅行业管理、策划、服务水平。指导协会制定和发布海岛民宿环保倡议书，宣传公益环保理念，带动游客自觉加强对环境保护的责任意识。结合重大“安全生产月”活动，与镇域内旅游企业签订安全生产责任书，开展全镇涉旅行业安全隐患大排查，联合东极镇派出所、应急办、城管、市场监督、卫生监督等30人次进行12次安全检查（燃气、消防、食品、卫生），对存在安全隐患的部分商家责令限期整改并回访检查，对违反法律法规的依法处罚。对旅游景点、非经营性沙滩、旅游休憩点、沿港一带危险区域及在建旅游工程项目等进行安全排查，对存在隐患的责令整改到位。提升恶劣天气应急处置能力，严格落实值班制守制度和安全协管员游客劝导制度，通过微信微博加强恶劣天气预警和游客劝退工作，启动滞留游客处置预案，全年未发生旅游安全事故。

【数字化建设】 2021年，东极镇投入200万元推进数字化改革。以“生活、生产、生态”“三生融合”为主线，统筹运用数字化技术、搭建综合信息集成平台，打造数字海洋、数字渔业、数字旅游、数字治理4个通道，加快构建“海岛大脑+产业地图+未来乡村”建设格局。推进交通游览、公共服务、海洋治理等数字化应用，实现岛域数据“全面共享、互联互通”，业务应用“横向协同、纵向贯通”，为民服务“上下联动、实时高效”。实现“数字+民宿”“数字+海洋”“数字+渔业”“碳汇+养殖/旅游”多元化产业为一体的数字未来海岛乡村。

【渔业】 2021年，东极镇以拖、溜、涨、捕、钓、养等多种作业方式为主。年底，全镇有渔业机动船497艘，总吨位85769吨，总功率109726千瓦，捕捞作业主要以拖虾和刺网为主。直接从事渔业生产的劳动力共3940人（其中本地劳动力1984人）。全镇有水产养殖户14家，养殖面积1081亩（约72.07公顷），主要养殖大黄鱼和贻贝。全年渔业总产量8.9万吨，同比增长5.3%；渔业产值14.53亿元，同比增长3.9%。

推进渔船安全救助信息系统船载设备的更新改造工作，100%完成渔船北斗示位仪的检修和安装，出海登船检查全覆盖，全年共检查渔船592船次，排查出各类隐患232处，100%完成整改。组织开展船东、船长安全“面对面”教育3期，受教育船长580人次。

东极“渔家灯火”主题夜景（东极镇提供）

【基础设施与环境整治】 2021年，东极镇巩固美丽城镇建设成果，集中力量推进基础项目建设，全年完成固定投资6500万元。投资750万元，完成青浜饮用水保障工程；完成青浜黄胖山覆绿工程，覆绿林地500亩（约33.33公顷）；新建黄兴庙岙400吨蓄水池及山塘，完成黄兴供水点管网安装工程。完成东福山大岙星级厕所新建工程，加快推进东福山海水管网安装。完成庙子湖后岙山塘周边景观栏杆工程。启动庙子湖污水三期提升工程。投资3700万元推进庙子湖交通码头建设，改善海岛交通条件。

2021年，东极镇实施“美家园”整治行动，对庙子湖、青浜、东福山、黄兴岛主要道路乱堆乱放、乱扔乱倒、乱摆乱卖、乱停乱放等违法现象进行集中专项整治，劝导处理占道经营、乱摆乱卖摊点300余次，处理乱停乱放车辆900余辆，清理各类“僵尸车”102辆；结合国家卫生乡镇创建契机，推进“洁净东极”，重点对全岛主干道、房前屋后等区域进行集中清理，清理陈年垃圾2000余吨；组织发动各党支部开展各类净滩行动，清理海滩垃圾20余吨。完善东极卫生长效管理机制，制定《东极镇环境卫生长效管理机制》《东极镇环境卫生考核督查制度》等制度，做好环境卫生日常监督巡查和落实整改。

【社会服务与社会治理】 2021年，东极镇落实低保救助、大病救助、残疾人补贴等政策，发放各类救助金114.92万元。完善居家养

庙子湖岛沿港护栏美化亮化工程（东极镇提供）

老服务，为全镇70周岁以上的166户空巢、独居老人提供上门养老服务，为118户老人安装烟感安全报警器。对接市区医院专家每月下岛支医，开展各类医疗健康授课培训12次，合计诊疗服务289人次，开通海岛医疗室夜间24小时服务。推进远程医疗会诊信息系统应用，申请远程专家门诊18例，远程放射会诊267例，远程心电图会诊115人次。深化办事不出岛服务应用，完成乡镇政务服务2.0大厅事项配置，全年办理服务事项240件。完善“三防”应急机制，强化地质灾害点监测，完成边坡治理10处。

落实重大矛盾纠纷事项“一人一策一专班”包案责任制，全年收集各类民情民意30余条，调处矛盾16起，处理投诉103件。开展反诈骗、反邪教、禁毒、扫黑除恶和法律服务等活动，强化流动人口常态化管理工作，及时更新相关数据，构建良好社会治安秩序。加强食品安全监管力度，完成东极镇三星食安办创建。

【教育、文化】 2021年，东极镇挖掘东极“财伯公”“里斯本丸”“舟山群岛游击支队”等特色历史文化，优化文化礼堂、历史文化博物馆、渔民画展厅和农家书屋的场室配套，开展“唱支渔歌给党听”“七一文艺晚会”东极渔嫂文化节元宵节党史灯谜会等文化交流活动，献礼中国共产党成立100周年。

（撰稿：吴汶真）

普陀山镇

【概况】 普陀山镇位于普陀区中部偏北，东濒东海，东南与白沙岛隔海为邻，南临普沈水道与朱家尖街道隔海相望，西南、西隔莲花洋与东港街道相邻，北滨黄大洋与岱山县长涂镇隔海相眺，东北隔黄大洋与东极镇海域相连。由普陀山、洛迦山2个有居民海岛和17个无居民海岛组成，陆域总面积17.8平方千米。普陀山管理服务局与镇政府合署办公，驻梅山路119号。2021年年底，全镇辖龙沙、白华、中山、合兴4个社区，户籍人口2095户5089人。

普陀山是中国四大佛教名山之一，素有“海天佛国”“南海圣境”之称，是著名海岛风景旅游胜地、国家AAAAA级旅游景区。2021年，全镇实现渔农村经济总收入集约2116万元。

东极镇庆祝建党100周年灯谜活动（东极镇提供）

【旅游服务业】 旅游经济是普陀山镇经济主体，产业结构、就业结构、经济收入基本依靠旅游业。居民以经营家庭旅馆、家庭饭店、销售旅游工艺品、提供导游服务为主要就业形式。2021年，普陀山镇有四星级酒店1家，主题酒店(金鼎)3家，客房数716间，床位1301张；有工商登记在册36家酒店，床位5202张。普陀山全年接待香游客761.05万人次，实现旅游经济收入66.07亿元。

【教育文化】 普陀山镇初中实行异地委托办学。普陀山学校保留小学部，设6个教学班，2021年有学生88人（本镇就读12人），在编教职工20名。实行普陀山籍优秀学生奖励政策，2021年奖励3名学生，发放奖励金1.1万元；完成2020—2021学年教育教学成果奖励工作，奖励24项1.16万元；奖励2020—2021学年优秀教师和先进教育工作者奖励7人0.96万元。普陀山镇有幼儿园、成人学校、老年大学各1所；有图书室6个，建筑面积125平方米，图书8500余册，文体活动场所7个。

【医疗卫生】 2021年，普陀山镇有社区卫生服务中心（普济医院)1家，社区卫生服务站1家，社区卫生室1家，全部实行紧密型一体化管理。未开设住院服务，住院部改造项目列入2021年计划，但进度因疫情防控影响暂停。固定资产总值576万元，专业卫技人员67人。完成2021年城乡居民医保筹资缴费工作，1302人参保。老年人福利统筹金每月发放620元。

【基础设施建设】 2021年，普陀山镇基础设施建设按普陀山风景名胜区总体规划实施，实施项目8个，总投资1213万元。其中，投资400万元用于慧济寺（佛顶山）景点环境改造提升工程；投资260万元用于金沙路原硬路肩改造工程；投资280万元用于香林庵入口至千步沙角停车场原步行道提升改造工程；投资55万元用于洛迦山候船厅及连廊排危工程；投资38万元用于2021年各社区化粪池、管道清运采购项目；投资60万元用于普济幼儿园大院前景观提升改造工程；投资60万元用于外畈水库边坡应急治理工程；投资60万元用于海塘闸门维修改造工程。

（撰稿：冯琳郁）

普陀山一隅（蒲斌军摄）

蚂蚁岛管委会

【概况】 蚂蚁岛管委会辖区位于舟山群岛东南部海域，东与登步岛、南与桃花岛隔港相邻，西濒峙头洋，北连沈家门渔港海域，距沈家门8.5千米。包括蚂蚁岛1个有居民海岛和附近3个无居民海岛，陆域面积2.9平方千米。2021年，辖1个村民委员会，1个经济合作社，年末，户籍人口1186户3634人，流动人口1541人。蚂蚁岛森林面积1760亩(约117.33公顷)，覆盖率达70%。

2021年，蚂蚁岛管委会坚持疫情防控与经济发展两手抓，岛内经济稳步发展。全岛生产总值7.5亿元，渔农民人均纯收入31777元。以庆祝中国共产党成立100周年为契机，加强蚂蚁岛精神红色教育基地建设，获评浙江省红色旅游教育基地、浙江省党史教育基地、首批浙江省习近平新时代中国特色社会主义思想研究中心调研基地等称号。蚂蚁岛村党总支获浙江省先进基层党组织荣誉称号。

【党史教育与文化建设】 2021年，蚂蚁岛管委会党委组织党史学习教育，宣传弘扬蚂蚁岛精神。设置蚂蚁岛精神红色教育基地精品课程，以专家辅导形式邀请高校老师宣讲；开展蚂蚁岛精神讲解大赛，提高宣讲团的党史宣讲水平;安装普陀区第一台党建E体机,丰富党史学习教育活动形式;青年宣讲员参加2021年浙江省青年志愿服务项目大赛并获铜奖,参加舟山市青年理论宣讲大赛暨第十一届微型党课大赛并获一等奖;筹备"党课,开讲啦"舟山主场活动;举办"蚁心永向党 礼赞百年红"七一文艺晚会。召开庆七一党员大会并颁发"光荣在党50年"纪念奖章。

组织《光明日报》《意大利华侨报》等30余家海内外媒体深度采访蚂蚁岛推出"图说蚂蚁"主题拍摄活动。6月7—9日,中央电视台《国家记忆》栏目3集纪录片《蚂蚁岛的奋斗》播出。7月,《弘扬蚂蚁岛精神 守护浙江"红色根脉"——蚂蚁岛的6个红色视觉样本》在北京中华世纪坛"百年奋斗百年答卷——庆祝建党100周年新闻摄影展"展出。是年,蚂蚁岛被国家级媒体报道37次(含《光明日报》《中国旅游报》头版头条),登上"学习强国"学习平台9次,被省级媒体报道41次。"读懂浙江红色精神谱系"系列丛书之《读懂蚂蚁岛精神》由浙江人民出版社出版,献礼中共建党100周年。"2021全国文化遗产旅游百强案例"发布仪式上,"蚂蚁岛人民公社旧址保护利用案例"作为"乡村遗产"主题旅游入选百强案例。

【渔业】 2021年,蚂蚁岛管委会辖区有下海劳动力600余人,其中外来劳动力300余人。大小船舶76艘,总吨位10691吨,总功率16312千瓦。其中,大小渔运船12艘、休闲渔船1艘、捕捞渔船63艘。主要作业为单拖、拖虾、围网、流刺网、海底串、涨毛虾及近洋内港涨网。完善渔业配套设施,网厂、水产品加工厂、渔船修造厂、渔具及石油供应站等能较好满足生产需要。发展海水养殖业,从资金、承包费等方面给予优惠和倾斜,延长承包期,鼓励养殖户增加对养殖业投入。是年蚂蚁岛村有海水养殖面积225亩(15公顷),主要养殖梭子蟹、日本对虾、南美白对虾等品种,养殖年产130吨,产值460万元。

蚂蚁岛蚁穴打卡点(蚂蚁岛管委会提供)

【工业】 2021年,蚂蚁岛内企业14家,工业产值3.885亿元,全岛规模以上工业产值增长6.15%以上;全年实现固定资产投资1153万元;完成招商引资市外资金2750万元。浙江东海岸船业有限公司克服船市低迷、资金短缺、交船困难等不利因素,寻求政府、银行支持,生产经营情况总体平稳,全年完工交付船只4艘,分别为7800车滚装船3艘、18000吨级成品化学品船1艘。

【社会事业】 2021年,蚂蚁岛管委会推进"四个平台"建设,完善"最多跑一次"服务项目,做好浙江省"一网通办"2.0版"云上大厅"建设。开展"我为群众办实事"活动。围绕党建引领民生工程重点工作,开展环境整治、志愿服务、健康义诊、政策解读等47次专题实践活动。提升改造居家养老食堂,改善就餐环境。在码头设置3个渔用充电桩,解决渔民修船休整时用电困难问题。举办"贤公益"乡贤医生义诊开展疫苗接种服务,提高疫苗接种率。安装烟雾报警器。对全岛路灯进行排查维修。做好抗台部署与台风后重建工作,补充防台物资、购买抽水泵,提升外小山泵房,拓宽工业小区河桥洞,做好长沙塘山塘预排。加强居家养老服务照料中心建设,该中心有就餐老年人70余人。为近50名行动不便的老人开展上门送餐、洗衣被等上门服务。

做好低收入渔农户脱贫帮扶工作。2021年度列入低收入渔农户37户，干部结对联系走访。城乡医疗保险参保2228人，参保率99%。加强对弱势群体、困难群众帮扶，为村内183名低保、低边、80周岁以上老人办理意外伤害保险。全年慰问困难家庭96人次，累计发放低保金、慰问金、困难救助金等12.38万元。

【基础设施建设】 2021年，蚂蚁岛完成总投资300万元的蚂蚁岛渔农村生活污水处理改造项目，提升岛内治水治污能力；完成总投资400万元的三八海塘—避风塘一期项目（三八海塘外立面展示墙改造工程、避风塘入口及周边景观打造工程），成为红色教育研学培训点；完成总投资200万元的蚂蚁岛长沙塘特色街打造项目，形成文化特色街；完成总投资60万元的蚂蚁岛村文化礼堂提升项目，完成总投资30万元的蚂蚁岛游客服务中心提升工程，完成总投资40万元的蚂蚁岛文化广场提升项目，丰富红色教育基地基础服务配套设施；完成总投资130万元的蚂蚁岛绿化提升打造项目，提升全岛绿化景观环境；完成总投资40万元的蚂蚁岛后岙渔民仓库提升改造工程，完善渔区基础配套渔用设施；完成总投资25万元的蚂蚁岛入岛口星级公厕打造工程，完善基础民生配套设施；完成总投资120万元的线路整治项目，提升岛内环境卫生及生活用电安全性；总投资1500万元的蚂蚁岛创业广场工程开始进场施工，完成总工程量的20%。

（撰稿：周雨晖）

蚂蚁岛客运站（蚂蚁岛管委会提供）

白沙岛管委会

【概况】 白沙岛管委会辖区位于舟山群岛东部海域，四面环海，西距朱家尖2.2千米，西北与普陀山隔海相望，北与洛迦山相邻；由白沙、柴山、外洋鞍3个有居民海岛和38个无居民海岛组成，陆域面积2.88平方千米，海域面积51.3平方千米。2021年，辖白沙港1个村，1个股份经济合作社，年末户籍人口877户2560人。是年，渔业总产量22458吨，渔业总产值18563万元；接待游客43.04万人次，旅游经济收入22639万元。白沙岛是国家AAA级旅游景区，有国家级生态乡、国家级海钓培训基地、国家级休闲渔业基地、全国精品休闲渔业示范基地（休闲渔业主题公园）、省级旅游特色村等荣誉。

【渔业】 2021年，白沙岛管委会完成全岛56艘“三无”船只整治工作，建立码头、岙口、沙滩点位长制并加强巡查，完成渔船职务证书、“六小证”培训工作。完成5艘帆张网减船转产工作，完成渔船柴油补助款发放。与东港街道合并渔船点验中心，落实3名专职点验人员常驻东港，实现渔船安全管理专职化，落实10级及以上大风恶劣天气渔业主管领导带班值班制度。召开渔业安全工作会议，组织渔船长面对面教育，加强安全培训。年底，有渔业船舶36艘，其中，帆涨网2艘、流刺网9艘、单拖1艘、围网1艘、渔运4艘、油运2艘、近海小型渔船7艘、休闲渔船10艘（其中2艘闲置）。

【旅游业】 2021年，白沙岛管委会出台疗休养扶持奖励政策，举办白沙岛管委会疗休养政策推介会,面向全省推广白沙岛省级疗休养基地旅游线路。参加“融动普陀,一起UP”粉丝节活动,提升淡季游客量。重新编写旅游宣传手册,启动旅游宣传视频拍摄。更新完成景区所有破旧破损护栏、游步道、主干道花箱、主干道分类垃圾桶。完成主干道景观路灯安装,完成春季绿化彩化工程。编制渔俗馆提升方案,提高旅游可观性。新增白沙一亩海民宿、岛歌民宿、东临碣石民宿,陌领·佑舍二期正式对外营业,三、四期项目开始动工,本土民宿渔我同行、听涛居完成提升改造。2021年,有中,高端各色民宿共25家(其中柴山岛民宿1家),客数260间,床位435张。旅游从业人数256人(本地村民从业人数201人,占比78.5%),旅游业年收入3398.46万元。村民人均从旅游业获得年收入1.3万元。民宿中有银宿1家、四星海岛民宿2家、三星海岛民宿3家、精品渔农家乐4家、海岛民宿综合体1家。

【基础设施与项目建设】 2021年,白沙岛管委会启动“朱家尖—白沙岛—柴山岛海底输水管道联网工程”,完成白沙至柴山段海底管网铺设及白沙岛陆上段连接管网铺设。朱家尖至白沙段海上预选路由通过审批,海上路由勘察招标完成。白沙岛沙头交通码头改建后于7月重新启用。

完成“三线”落地工程、北部环岛路灯光亮化工程及主干道路面更新改造工程,提升整体旅游视觉环境,为白沙旅游做好基础保障。开展海塘安全隐患大排查,实施大沙头海塘应急修复工程、港里海塘维修工程。完成海塘安澜工程前期工作,统筹海塘安全与生态海岸融合发展。对接国家能源集团舟山发电厂,利用港里—黄沙头海域建设漂浮式光伏电站,项目提交国家能源集团科技项目立项,2个小型试验方阵于12月底投放至项目海域。推进海洋牧场建设,协助潜伏式消浪堤、海上渔旅平台、体验馆、渔礁公园等项目落地,人工渔礁项目完成60%。

【海岛交通】 2021年,白沙岛设有2条海上交通航线,朱家尖樟州至白沙普客航线,全天正常运营航班4次,交通轮由区交投集团运营。朱家尖蜈蚣岐至白沙快艇航线旅游旺季4次,快艇由新海华公司运营,基本解决白沙岛际交通问题。

【社会事业】 2021年,白沙岛管委会对白沙岛5户独居困难老人、军人烈士家属免费提供整屋线路整改,为40户独居老人安装独立式烟感报警器,确保用电安全。摸排完成适老设施改造家庭6户。支老团队入驻白沙港托老所,提升养老服务规范化和专业化水平。6月17日下午,白沙岛开展“白沙情·中国梦”党群企联谊健康环保行活动,50余名志愿者环岛步行,捡拾沿线垃圾,助力全岛生态文明。

(撰稿:鲍佳乐)

登步岛管委会

【概况】 登步岛管委会辖区位于舟山群岛东南部海域,北距沈家门10.2千米,南距桃花岛1.5

6月17日,白沙岛开展“白沙情·中国梦”党群企联谊健康环保行(白沙管委会提供)

千米，东北为朱家尖和普陀山。由登步、西闪2个有居民海岛和25个无居民海岛组成，陆域总面积17.53平方千米。2021年，辖沙头、大岙、竹东3个村，3个股份经济合作社。年末，户籍人口1918户5569人，常住人口1600余人。全年渔业生产总值12988万元，农业生产总值1533万元，工业生产总值7686万元。

【基础建设】 2021年，登步岛管委会排摸全岛实际需求，计划投入7670万元分类实施20个重点项目，将基础设施从瓶颈制约转换为优势支撑，为全岛经济社会发展提供坚强保障。推进除险加固，投入1100万元继续推进大联海塘加固工程，改建水闸和排水泵站；投入802万元实施冯家海塘加固工程和东升海塘配套闸站建设工程，进一步提升塘坝防洪（潮）能力；完善交通路网，投入221万元实施炮台山至竹山海防执勤道路改建工程，完成后门岗墩至石弄塘海防道路，修建大岙村主干道路、3000米养殖塘道路，活化岛内交通“小血管”。

【农业】 2021年，登步岛管委会紧扣培育、生产、销售等各个环节，推动黄金瓜产业发展，惠民增收。成立管委会下属集体企业五色农业有限公司，打造精品黄金瓜经典礼盒系列，通过“电商+物流”模式拓宽销售渠道。是年，登步岛有35吨多黄金瓜销往宁波市场，带动全岛农户突围疫情下的销售困境。针对老弱贫残小户销售难问题，对接社区菜店、农商超市等单位增设黄金瓜代销售摊位，精准帮扶，保产增收。按照“1个园区+N个基地”架构建设，实施氮磷生态拦截、高效农业节水灌溉等工程，将黄金瓜主产地打造成干净整洁高效的农业园区。从高效农业和景观农业入手，投资100余万元建设玻璃大棚，探索黄金瓜立体栽种以及特色农产品种植，推动形成多元发展的特色农业园区。通过土地流转的方式盘活闲置耕地，挖掘集体经济发展新增量。在100亩（约6.67公顷）闲置土地上种植富硒大米，全年产量15吨，增收10余万元。

【渔业】 2021年，登步岛传统渔业平稳发展，海水围塘养殖是支柱产业之一，主要养殖三疣梭子蟹、南美白对虾等品种。全岛有围塘近4000亩（约266.67公顷），其中高标准塘2940亩（196公顷），年产量3000吨，产值10463万元。各类渔船44艘，其中大型钢质渔船4艘。作业方式有流刺网、帆张网、拖虾及传统作业近洋定置张网、蟹笼等，年产量4600吨，产值2360万元。

【工业】 2021年8月，舟山市恒海矿业有限公司搬离登步岛。年末，登步岛有工业企业11家，其中水产企业1家、船舶企业2家、虾皮加工厂7家。舟山市天元船舶修造有限公司是规模以上工业企业，全年工业产值2313万元。舟山市普陀区鸡冠船厂全年工业产值826万元。舟山市普陀骏海水产有限公司全年工业产值747万元。

【旅游业】 2021年，登步岛管委会以“全域旅游”为引领发展民宿经济。租赁闲置农房10套，投资1178万元实施李家岙美丽宜居示范村项目和李家岙民宿建

登步岛黄金瓜基地西入口（登步岛管委会提供）

登步岛李家岙民宿（登步岛管委会提供）

设工程，展现乡村风貌，打造以中高端旅游为特色的民宿度假、休闲观光和文化体验的旅游产品体系，自6月试运营起，接待游客260余人，逐步将“半日游”转变为过夜经济。组建由老党员、党员干部等组成的志愿宣讲队讲好红色故事，登步岛战斗纪念馆全年接待学习培训团队80余批次3000余人次，挖掘“登步岛战役”革命历史底蕴，打造红色教育品牌。

【民生服务】 2021年，登步岛管委会结合全国文明城市创建工作对全岛进行环境整治。开展“全民清洁日”活动12次，全年垃圾压缩外运600余吨，处理建筑及大件垃圾300余吨。投资3720万元启动污水治理、文化礼堂建设、鱼塘提升等8个项目，重点推进蛏子港渔农村生活污水治理、高标准农田改造提升、竹东村文化礼堂及便民服务中心建设等项目，提升人居环境。

登步岛管委会建立困难群众定期探访制度，落实惠民帮扶政策。每月走访困难群众，完成困难群众信息采集并备案。全岛有低保户97户122人，低边户20户40人，特困人员10户10人。全年发放低保金111.57万元，低边金20.82万元，特困金14.19万元。全岛有残疾人299人，均落实残疾人“两项补贴”申报。其中，97人享受困难补贴，173人享受重度护理补贴，管委会组织党员干部不定期对困难残疾人进行走访慰问。做好困难学生助学救助申报、发放工作，发放鲁冠球“三农”扶志基金“四个一万”工程2020年度助学资金5800元，受助学生3人。浙江永跃控股集团有限公司定向助学资金“永跃助学金”6400元，受助对象8人。对接宁波市南山老年疗养院开展“海岛支老”个性化养老服务。组建登步岛渔嫂助老队伍参加渔嫂联盟培训，提升渔嫂服务老人能力，帮扶空巢老人。

（撰稿：李奕璇）

编辑：胡永久　陈思羽

区直机关及街道(镇)负责人名录

区委工作部门及直属单位

区纪律检查委员会监察委员会机关

中共舟山市普陀区纪律检查委员会与舟山市普陀区监察委员会合署办公,实行一套工作机构、两个机关名称。

书记、主任　徐俊军(续—2021.12)
书记、代主任、副主任　施静海(2021.12—)
副书记、副主任　贺方忠(续—)
　金　科(续—)

区委办公室

与台湾工作办公室(区政府台湾事务办公室)合署办公。挂区委区政府政策研究室、区保密委员会办公室(区国家保密局)、区委机要局(区密码管理局)、区档案局牌子。

主任(局长)　陈明雷(续—2021.12)
　周磊斌(2021.12—)

区委组织部

挂区委机构编制委员会办公室、区委直属机关工作委员会、区委老干部局、区公务员局牌子。

部　长　吴红卫(2021.4—)
常务副部长　陈　忠(续—)

区委宣传部

挂区新闻出版局牌子。

部　长　李　明(续—)
常务副部长　戴燕红(女,续—)

区委统一战线工作部

挂区民族宗教事务局、区政府侨务办公室牌子。

部　长　诸葛明海(续—)
常务副部长　林海达(续—2021.9)
　庄小波(2021.12—)

区委机构编制委员会办公室

在区委组织部挂牌。

主　任　李捍东(兼,续—2021.12)
　邓　晶(女,兼,2022.1—)

区委直属机关工作委员会

在区委组织部挂牌。

书　记　吴红卫(兼,2021.4—)

区委老干部局

在区委组织部挂牌。

局　长　朱　慧(女,续—)

区委新经济与新社会组织工作委员会

在区委组织部挂牌。

书　记　邓　晶(女,续—)

区公务员局

在区委组织部挂牌。

局　长　陈　忠(兼,续—)

区委党校(区行政学院)

为区委、区政府直属正科级事业机构。

校　长　虞万军(兼,续—2021.4)
　吴红卫(2021.4—)
常务副校长　田启录(续—)

区精神文明建设指导中心(区政府创建中心)

为区委直属正科级事业单位,委托区委宣传部管理。

主　任　陈　洲(续—)

区融媒体中心(区广播电视台)

为区委直属正科级事业机构，委托区委宣传部管理。

主任(台长)　倪立刚(续—)

区新闻出版局

在区委宣传部挂牌。2021年4月起,局长由副科长级干部但任。

局　长　戴燕红(女,续—2021.4)

区委政法委员会

书　记　孙丹燕(女,兼,续—2021.12)
黄林伟(兼,2021.12—)

副书记　任清祥(常务,续—)
李朝晖(续—)
缪　斌(续—)

区社会治理综合服务中心

为区委、区政府直属正科级事业机构。

党组书记　任清祥(续—)

主　任　缪华杰(续—)

区档案馆(区史志研究室)

为区委、区政府直属正科级事业机构。

馆　长　贺林峰(续—)

区委全面深化改革委员会办公室

为区委议事协调机构的办事机构，设在区委办公室。

主　任　孙丹燕(女,兼,续—2021.12)

区委依法治区委员会办公室

为区委议事协调机构的办事机构，设在区司法局。

主　任　孙丹燕(女,兼,续—2021.11)
黄林伟(兼,2021.12—)

区委国家安全委员会办公室

为区委议事协调机构的办事机构，设在区委办公室。

主　任　陈明雷(续—2021.12)
周磊斌(2021.12—)

区委网络安全和信息化委员会办公室

为区委议事协调机构的办事机构，设在区委宣传部。

主　任　戴燕红(女,兼,续—)

区委财经委员会办公室

为区委议事协调机构的办事机构，设在区委办公室。

主　任　陈明雷(续—2021.12)
周磊斌(2021.12—)

区委外事工作委员会办公室

为区委议事协调机构的办事机构，设在区政府办公室。

主　任　戴明益(续—2021.12)
周　挺(2021.12—)

区委军民融合发展委员会办公室

为区委议事协调机构的办事机构，设在区发展和改革局。

主　任　张海斌(兼,续—)

区委审计委员会办公室

为区委议事协调机构的办事机构，设在区审计局。

主　任　沈舟军(续—)

区委教育工作领导小组秘书组

为区委议事协调机构的办事机构，设在区教育局。

组　长　周磊斌(续—2021.12)
王岳军(2021.12—)

区委区政府农业和农村工作领导小组办公室

为区委议事协调机构的办事机构，设在区农业和农村局。

主　任　张峭岭(续—)

区委社会建设委员会

2021年11月成立,为区委派出机构,与区发改局合署办公。

主　任　黄林伟(兼,202112.—)

区委巡察工作领导小组办公室

主　任　俞　红(女,续—)

区人大常委会工作部门

区人大常委会机关党组

书　记　黄芬蕾(女,续—)

区人大常委会办公室

主　任　　黄芬蕾(女,续—)

区人大常委会研究室

主　任　　胡贤表(2021.1—)

区人大常委会代表工作委员会

主　任　　虞虎彪(续—)

区人大常委会财政经济工作委员会

主　任　　张新龙(续—)

区人大常委会法制与监察司法工作委员会

主　任　　唐洪涛(续—)

区人大常委会教科文卫与民宗侨外工作委员会

主　任　　陈春艳(女,续—)

区人大常委会渔农业和渔农村工作委员会

主　任　　任建军(续—)

区人大常委会城乡建设环境资源保护工作委员会

主　任　　徐莞军(续—)

区人大常委会社会建设工作委员会

主　任　　吴海笑(续—)

区政府工作部门及直属单位

区政府办公室

挂区政府外事办公室（区政府港澳事务办公室）、区大数据发展管理局牌子。

主任(局长)、党组书记

戴明益(续—2021.12)

周　挺(2021.12—)

区委区政府信访局

与区委办公室合署办公。机构列入政府序列。

局　长　　朱　伟(续—2021.12)

张剑锋(2021.12—)

区民族与宗教事务局

与区委统战部合署办公。

局　长　　杨雯忠(续—)

区政府侨务办公室

与区委统战部合署办公。

主　任　　王海刚(续—)

区发展和改革局

局长、党组书记　　李俊伟(续—)

区经济和信息化局

挂区科学技术局牌子。

局长、党组书记　　郭开明(续—)

区教育局

局长、党组书记　　周磊斌(续—2021.12)

王岳军(2021.12—)

区公安分局

局长、党委书记　　张宏华(续—)

政　委　　刘江龙(续—2021.11)

姚文杰(2021.11—)

区民政局

局长、党组书记　　唐磊盛(续—)

区司法局

挂区行政复议局牌子。

局长、党组书记　　俞海峰(续—)

区财政局

挂区政府国有资产管理办公室牌子。

局长(主任)、党委书记　史海祥(续—)

区人力资源和社会保障局

局长、党组书记　　缪剑刚(续—)

区住房和城乡建设局

挂区民防局牌子。

局长、党组书记　　张　挺(续—)

区交通运输局

局长、党组书记　　刘琦波(续—)

区农业和农村局

挂区水利局牌子。

局长、党组书记　　张峭岭(续—)

区商务局

挂区粮食和物资储备局牌子。党组称中共舟山市普陀区商务局、中国国际贸易促进委员会舟山市普陀区委员会党组。

局长、党组书记　　庄小波(续—2021.12)

辛永波(2021.12—)

区海洋与渔业局

挂区海洋行政执法局、浙江普陀中街山列岛海洋特别保护区管理局牌子。

局长、党组书记　　汤佩军(续—)

区文化和广电旅游体育局

党组书记　　王少领(续—)

局　长　　孙燕芬(女,续—)

区卫生健康局

挂区医疗保障局牌子。党组称中共舟山市普陀区卫生健康局、舟山市普陀区红十字会党组。

局长、党组书记　　徐海虹(续—)

区退役军人事务局

局长、党组书记　　张剑敏(续—)

区应急管理局

局长、党委书记　　徐军安(续—)

区审计局

局长、党组书记　　沈舟军(续—)

区统计局

局长、党组书记　　夏海雷(续—)

区综合行政执法局

挂区城市管理局牌子。

局长、党组书记　　龚　敏(续—)

区机关事务管理中心

为区政府直属正科级事业机构。

主任、党组书记　　郑科华(续—)

区审批服务与招投标管理办公室

为区政府直属正科级事业机构。

党组书记　　张海斌(兼,续—)

主　任　　周　军(续—)

区投资促进中心

为区政府直属的正科级事业机构。

主任、党组书记　　郑珏琤(续—2021.12)

朱转干(2021.12—)

区供销社

为区政府直属正科级事业单位。

主任、党委书记　　袁海轮(续—)

区旧城改造中心

为区政府直属正科级事业机构。

党组书记　　张　挺(续—)

主　任　　柴国平(续—)

区经济建设咨询委员会

主　任　　朱国傲(续—)

普陀经济开发区管委会

为区政府派出机构。

主　任　　蔡亿栋(续—2021.10)

郑　磊(2021.10—)

党工委书记　　蔡亿栋(续—2021.10)

俞　能(2021.10—)

中国(浙江)自由贸易试验区普陀综合事务中心

党组书记　　胡　洁(女,续—2021.4)

刘科峰(2021.4—)

主　任　　胡恩凯(续—)

区蚂蚁岛管理委员会

区政府派出机构。

党工委书记、主任　　周　挺(续—2021.12)

郑珏琤(2021.12—)

区白沙岛管理委员会

区政府派出机构。

党工委书记、主任　　林　敏(女,续—2021.9)

叶增浩(2021.12—)

区登步岛管理委员会

为区政府派出机构。

党工委书记、主任　　曹　余(续—)

区政协工作部门

区政协机关

区政协秘书长　　林　伦(续—)

区政协机关党组书记　　林　伦(续—)

区政协办公室

主　任　　张　伟(续—)

区政协提案委员会

主　任　　缪红波(续—)

区政协委员工作委员会

主　任　　徐方恩(续—)

区政协经济委员会

主　任　　项安达(续—)

区政协渔农与资源环境委员会

主　任　　胡学明(续—)

区政协教科卫体委员会

主　任　　周　艳(女,续—)

区政协社会法制民族宗教与港澳台侨外事委员会

主　任　　王晓敏(续—)

区政协文化文史和学习委员会

主　任　　方卫东(续—)

法院和检察院

区人民法院

党组书记　冯曙波(女,续—2021.11)
　　卢增华(2021.11—)
院　长　冯曙波(女,续—2021.12)
代院长、副院长　卢增华(2021.112—)
副院长　丁汉民(续—)
　　蓝前飞(女,续—)
　　王军伟(续—)

区人民检察院

党组书记　寿利根(续—2021.11)
　　卢宏辉(2012.11—)
检察长　寿利根(续—2021.12)
代检察长、副检察长
　　卢宏辉(2021.12—)
副检察长、党组副书记
　　袁伟定(续—)
副检察长　陈炳灵(续—)
　　刘碧波(女,续—2012.12)

群众团体

区总工会

主席、党组书记　陈建东(续—2021.12)
　　李捍东(2021.12—)

团区委

书　记　杜　若(女,续—)

区妇女联合会

主席、党组书记　张赛娜(女,续—)

区科学技术协会

主　席　林韩群(女,续—)

区归国华侨联合会

主　席　顾飞波(女,续—)

区工商业联合会

主　席　金虹芸(女,续—2021.9)
　　董伟国 2021.8—)
党组书记　孟阿荣(续—)

区文学艺术界联合会

主　席　戴燕红(女,兼,续—)

区残疾人联合会

执行理事长、党组书记
　　张惠女(女,续—)

区社会科学界联合会

主　席　戴燕红(女,兼,续—)

街道(镇)

东港街道

党工委书记　丁　勇(续—)
人大工委主任　杜平伦(续—)
办事处主任　丁　勇(续—2021.4)
　　胡　洁(女,2021.4—)

沈家门街道

党工委书记　余　舟(续—2021.12)
　　夏　毅(2021.12—)
人大工委主任　王　平(续—)
办事处主任　夏　毅(续—2021.12)
　　杨平湖(2021.12—)

展茅街道

党工委书记　顾磊洲(续—2021.12)
　　陈明雷(2021.12—)
人大工委主任　鲍丽敏(女,续—)
办事处主任　叶增浩(续—2021.12)
　　王　哲(2021.12—)

朱家尖街道

党工委书记　潘碧光(2021.3—)
人大工委主任　余协鹤(续—)
办事处主任　潘碧光(续—2021.3)
　　贺　磊(2021.3—)

六横镇

党委书记　沈建明(续—2021.12)
　　任　挺(2021.12—)
人大主席　俞鹏军(续—)
镇　长　任　挺(续—2021.12)

桃花镇

党委书记 周吉敏(续—2021.9)
徐宝俊(2021.9—)
人大主席 乐科杰(续—)
镇　长 徐宝俊(续—2021.9)
洪　达(2021.9—)

虾峙镇

党委书记 贺恩盛(续—)
人大主席 殷安琪(续—2021.8)
虞志跃(2021.09—)
镇　长 郑　磊(续—2021.9)
丁　晨(女,2021.9—)

东极镇

党委书记 张忠代(续—2021.9)
何俊杰(2021.10—)
人大主席 王国平(续—2021.4)
孙恩波(2021.9—)
镇　长 洪　达(续—2021.9)
刘　涛(2021.9—)

普陀山镇

党委书记 张　晖(续—2021.8)
戚红海(2021.8—)
人大主席 孙勤雷(续—2021.1)
徐友良(2021.1—)
镇　长 沈姗姗(女,续—)

附一:新区或市驻普陀直属机构

新区六横管理委员会

为浙江舟山群岛新区管理委员会直属机构。

党委书记 张立军(兼,续—2021.11)
孙志龙(兼,2021.11—)
主任、党委副书记 何国忠(续—)
副主任 吴子奇(续—)
李广东(续—)
吕　辉(续—)
忻丁世(续—)
周金荣(2021.4—)
白希勇(续—)
办公室主任 刘普杰(续—)
党群工作部部长 沈建明(续—2021.12)
任　挺(2021.12—)
政策法规处处长 郭　勇(续—)
财政局局长 陈宇宙(续—)
经济发展局局长 刘圣峰(续—)
社会发展局局长 任　挺(续—2021.12)
刘　挺(2021.12—)
规划建设与交通局局长 张秀义(续—2021.12)
城市管理局(综合行政执法局)局长
陈　斌(续—)
六横投资促进中心主任 朱转干(续—2021.12)
六横综合服务中心主任 王苗军(续—2020.12)
林海峰(2021.4—)

新区普陀山-朱家尖管委会(市普陀山风景名胜区管委会)

党委书记、主任 干松章(续—)
党委副书记、常务副主任
陈琳尹(2021.03—)
副主任 郑方胜(兼,续—)
孙军尔(续—)
许文峰(续—)
张　晖(续—)
刘方晖(续—)
郭涤寰(续—)
蔡敏波(女,续—)
纪检监察组长 郑方胜(续—)

新区航空产业园管委会(市民用航空管理局)

2021 年 9 月，机构并入舟山市高新技术产业园区管理委员会，挂舟山航空产业园管理委员会牌子，办公地点随之搬迁至舟山市高新技术产业园区。

主任、党组书记 李友国(续—2021.2)
陈　麟(2021.2—)
副主任 刘生波(续—2021.2)
戎其跃(续—)
王怀金(续—)
王全忠(续—)
王浩斌(续—)

附二：市属工作部门驻区机构

不含六横、普陀山机构。列正科级以上负责人名录。

国家税务总局舟山市普陀区税务局

局长、党委书记　许　磊(续—)

市市场监督管理局普陀分局

局长、党委书记　朱　波(续—)

市自然资源和规划局普陀分局

局长、党组书记　史旭东(续—)

市生态环境局普陀分局

局长、党组书记　张红军(续—)

舟山市港航事业发展示中心普陀分中心

主　任　陈伟军(续—)

沈家门海事处

处　长　马金勇(续—)

政　委　冯　纲(续—2021.11)

区烟草专卖局

局长、党组书记　余良峰(续—)

区人民银行

行长、党组书记　顾宏斌(续—)

区银保监组

组　长　方存飞(续—2021.5)

王月会(2021.5—)

区气象局

局长、党组书记　周宽宏(续—2021.5)

市住房公积金管理中心普陀分中心

主　任　楼文奕(续—)

(资料提供：区委组织部等)

编辑：胡孟波

先进集体与先进人物

模范集体与劳动模范

【2018—2020年度舟山市模范集体】2021年4月29日，市委、市政府表彰：

舟山金星水产有限公司

中石化浙江舟山石油有限公司

【2018—2020年度舟山市劳动模范】2021年4月29日，市委、市政府表彰：

林仲岳　舟山市正源标准件有限公司董事长

刘　纬　普陀港福开发建设有限公司总经理

周佳永　舟山市龙山船厂有限公司机电工区副主任

郑金岳　国家税务总局舟山市普陀区税务局四级高级主办

张明华　普陀区沈家门街道墩头社区党委书记

翁志海　舟山市普陀山环卫管理服务有限公司党支部书记、总经理

江国松　普陀区公安分局副局长、市公安局交通警察支队普陀大队大队长

先进党组织

【浙江省先进基层党组织】2021年6月28日，省委表彰：

舟山市普陀区沈家门街道蚂蚁岛村党总支

舟山市普陀区虾峙镇海运商会党总支

【舟山市先进基层党组织】2021年1月29日，市委表彰：

舟山市普陀区疾病预防控制中心区健康教育所联合党支部

舟山市公安局普陀区分局沈家门派出所党支部

普朱管委会朱家尖街道社区卫生服务中心党支部

2021年7月1日，市委表彰：

普陀区展茅街道黄杨尖村党总支

普陀区桃花镇青龙村党总支

普陀区沈家门街道中洲社区党委

浙江海中洲集团有限公司党委

市公安局普陀山分局普陀山风景名胜区派出所党支部

普朱管委会朱家尖街道莲兴村党总支

舟山中远海运重工有限公司修船管理部党支部

【普陀区先进基层党组织】2021年7月1日，区委表彰：

六横镇杜庄村党总支

六横镇台门村党总支

六横管委会城市管理局党总支

普陀区第二人民医院党支部

六横海蓝社会工作服务中心党支部

桃花镇中心卫生院党支部

虾峙镇灵和村党总支

虾峙镇晨港村党总支

东极镇机关党支部

沈家门街道中兴社区党委

沈家门街道大干社区党委

沈家门街道大蒲湾社区党委

东港街道中昌社区党总支
东港街道机关第一党支部
东港街道文康社区党总支
展茅街道茅洋新村党总支
蚂蚁岛管委会蚂蚁岛卫生院党支部
白沙岛管委会机关党支部
登步岛管委会大岙村党总支
区公安分局东港派出所党支部
区税务局六横分局党支部
普陀医院内科党支部
区审招办机关第六党支部
区社会治理综合服务中心党支部
区海洋与渔业执法大队党支部
区旧城改造中心机关党支部
普陀区沈家门小学党委
普陀区华发水产有限公司党支部
平太荣远洋渔业集团有限公司党总支
舟山市嘉誉新型建材有限公司党支部

优秀共产党员

【市级优秀共产党员】2021年1月29日,市委表彰:
虞丹旎　普陀医院重症医学科护师
周　通　普陀区六横镇中心卫生院党支部书记、院长
王　威　普陀区虾峙镇中心卫生院护士长
马丹红　普陀区沈家门街道茶湾社区党委书记、居委会主任
李浙舟　舟山市公安局普陀分局治安大队大队长
郑　斌　普朱管委会普陀山医疗卫生党支部书记
赵月萍　普朱管委会朱家尖街道办事处卫健办主任
2021年7月1日,市委表彰:
顾磊洲　普陀区展茅街道党工委书记
周　挺　普陀区蚂蚁岛管委会党工委书记、主任
郑　成　普陀区法律援助中心主任
刘雷杰　普陀区疾病预防控制中心副主任
张明华　普陀区沈家门街道墩头社区党委书记、居委会主任
顾朝和　普陀区六横镇佛渡村党总支书记、村委会主任
蔡亚军　普陀区综合行政执法局副局长
林　敏　普陀区白沙岛管委会党工委书记、主任
张立成　普陀区桃花镇盐场村党总支书记、村委会主任
郑华平　六横管委会招商局副局长
鲍晓明　普陀区虾峙镇党政办主任
刘　凯　浙江舟山东大置业发展有限公司总经理
罗卫峰　浙江自贸区锐赛生物医药科技有限公司董事长
周安达　舟山港海通客运有限责任公司副总经理,普陀山客运站党支部书记、站长
梁　舟　普朱管委会综治办(应急局)副主任(副局长)
刘　挺　市公安局普陀山分局巡特警大队(城市管理治安大队)大队长
钟素亚　普朱管委会普陀山医疗卫生党支部副书记、普陀山社区卫生服务中心主任
郑代龙　中国水产舟山海洋渔业有限公司舟渔810船船长

【区级优秀共产党员】2021年7月1日,区委表彰:
汤　磊　六横镇中心卫生院副院长
王朝宝　六横镇双塘新村第二党支部党员
刘明跃　六横镇工会专职副主席
沃人才　六横镇台门社区党支部党员
洪国英　浙普渔12825船长
叶科兵　桃花镇渔农办副主任
虞哲林　桃花镇便民服务中心副主任
周安儿　桃花镇公前村党支部委员、村委会委员
贺　磊　舟山市市场监督管理局普陀分局桃花市场监督管理所党支部书记、所长
陆飞军　虾峙镇晨港村党总支委员、村委会委员
陆良科　虾峙镇东晓村党总支副书记、村监会主任
倪晓介　虾峙镇经贸办副主任、团委书记
王建立　东极镇办公室副主任
吴方忠　东极镇东极村党总支委员、村委会委员
张剑锋　沈家门街道党工委副书记
夏小飞　沈家门街道便民服务中心平阳浦分站站长
王　璐　沈家门街道西大社区党委书记、居委会

主任

夏贤军 沈家门街道小干社区党总支书记、居委会主任

周志国 沈家门街道马峙村党支部书记、村委会主任

张　金 沈家门街道城西执法中队中队长

贺冬冬 东港街道文康社区党总支副书记、居监会主任

汪明伟 东港街道红旗村党委副书记、村委会委员

刘　晓 东港街道兴普社区党委副书记、居委会委员

徐　明 东港街道灵秀社区党委副书记，路下沙股份经济合作社党支部书记、社长，灵秀社区紫瑞联合“兼合式”党支部书记

史海娜 东港街道莲安社区党委副书记、居委会委员

张月英 东港街道南岙村党委原委员

贝松才 展茅街道党政办副主任

翁科飞 展茅街道沙井村党总支书记、村委会主任

吴静飞 展茅街道社区卫生服务中心副主任

张友备 展茅街道综治办主任

罗燕红 蚂蚁岛管委会党工委委员、副主任

李哲盛 蚂蚁岛红帆文化发展有限公司总经理

曹奇波 白沙岛管委会党工委委员、副主任

顾克东 白沙岛管委会综合安全管理中心主任

王志道 登步岛管委会沙头村党总支书记、村委会主任

余存方 登步岛管委会农旅办主任

徐　汀 普陀区海福社会福利事务服务有限公司董事长兼总经理

刘继达 区住建局办公室(政策法规科)主任

姚建国 舟山市普陀华通公路养护工程有限公司项目设备部部长

刘汗军 区委党校后勤科科长，东港街道文康社区东方铭苑小区“兼合式”党支部书记

张诗弦 区发改局体制改革科科长

张　渊 区经信局工业发展科科长

缪舟辉 区精神文明建设指导中心副主任

余懿洋 区审计局财政金融科科长，区妇联党组成员

刘　涛 区综合行政执法局城乡联合执法中队中队长

马佳莹 区自贸中心办公室办事员

林威威 经开区管委会办公室主任

陈四军 普陀区成人教育中心党支部书记、主任

林岳平 普陀区六横镇中心小学校长

张鹏恩 舟山市普陀第二中学校长

贺贤恩 舟山市普陀乐尔利农业生产资料有限公司经理

方海涛 中国电信股份有限公司舟山普陀区分公司网络部经理

乐五益 舟山普陀交通投资发展集团有限公司党委委员、副总经理，舟山市普陀环岛客运有限公司党支部书记、董事长兼皓通轮渡有限公司董事长

沈兵兵 浙江东鹏船舶修造有限公司技术质量部经理

周玉娣 舟山市蓝祥生态农业有限公司董事长

余昌军 舟山宁泰远洋渔业有限公司董事长

周海燕 万邦船舶重工(舟山)有限公司外协主管

王　姝 舟山市元海海洋船舶物资有限公司副总经理

孙素文 恒尊集团有限公司项目部技术负责人

王　玮 舟山市爱比家政服务有限公司董事长，普陀湾众创码头党支部委员

优秀党务工作者

【浙江省优秀党务工作者】2021年6月28日，省委表彰：

沈明杰 浙江飞鲸新材料科技股份有限公司党总支副书记、工会主席

王沛国 浙江舟山群岛新区普陀山-朱家尖管委会朱家尖街道莲花村党总支副书记

【浙江省担当作为好支书】2021年10月12日，省委表彰：

郑雷飞 六横镇杜庄村党总支书记

林仲岳 舟山市正源标准件有限公司党支部书记

周安达　舟山港海通客运有限责任公司普陀山客运站党支部书记

【市级优秀党务工作者】2021年7月，舟山市委表彰：

陈雪芬　舟山市公安局普陀区分局党委委员、机关党委副书记、政治处主任、一级警长
刘权永　舟山市普陀区东港幼儿园党支部书记、园长
周朝琦　区海洋行政执法中队中队长、支部书记
吕芳芳　舟山市普陀区沈家门街道西河社区党委书记及居委主任
袁红波　舟山恒尊集团党委委员，舟山恒尊预拌混凝土有限公司党支部书记、董事长
王宪富　普朱管委会朱家尖街道福兴社区党总支书记、居委会主任

【区级优秀党务工作者】2021年7月1日，区委表彰：

胡盛盛　六横镇东靖社区党支部书记、居委会主任
乐武江　舟山市六横环岛汽车客运有限公司党支部书记、副总经理
李华波　六横镇双塘新村党总支书记、村委会主任
张意行　六横镇大脉坑村党支部书记、村委会主任
应钰涵　桃花镇专职组织员、党建办副主任
杜丹丽　虾峙镇专职组织员、党建办主任
余芦燕　沈家门街道泗湾社区党委书记、居委会主任
翁潇潇　沈家门街道专职组织员
顾珊红　沈家门街道新街社区党委书记、居委会主任
庄　燕　沈家门街道蒲湾村党支部书记、村委会主任
杨涵淇　沈家门街道小蒲湾社区党委书记、居委会主任
严伶俐　东港街道专职组织员、党建办主任
翁琰碧　东港街道中昌社区党总支书记、居委会主任
王秀芬　东港街道安康社区党委书记、居委会主任
方　玲　展茅街道专职组织员
史海秋　展茅街道螺门村党总支委员、村委会副主任
朱安军　蚂蚁岛管委会蚂蚁岛村党总支书记、村委会主任
朱宇嘉　白沙岛管委会团工委副书记、组织干事
刘盛盛　登步岛管委会机关党支部委员、组织干事
马孟启　普陀湾众创码头党支部书记、普陀湾众创码头服务中心主任
杨羚弘　区纪委区监委机关党委委员、区纪委区监委机关第一党支部副书记、区纪委区监委干部室主任
陆琪凯　区公安分局六横分局党支部书记、政治教导员
徐双双　区卫健局直属机关党委委员，区卫健局组织人事科副科长
张梦嫣　区综合行政执法局政工科科员、党务工作者
刘　怡　区商务局副局长，区商务局、区贸促会党组成员
杨　莹　区应急管理局机关党支部副书记
沈　艳　平阳浦幼儿园党支部书记、园长
舒孝诚　东港集团第一党支部书记、集团党群工作与人力资源部部长
吕志强　舟山市普陀区东极海运有限公司党支部书记、总经理
王　颖　舟山市龙山船厂有限公司生产党支部副书记、生产部副经理

抗击新冠疫情先进

【舟山市抗击新冠疫情先进集体】2021年1月29日，市委、市政府表彰：

舟山市普陀区疾病预防控制中心区健康教育所联合党支部
舟山市普陀区六横镇中心卫生院
舟山市普陀区沈家门街道社区卫生服务中心
舟山市普陀区东港街道社区卫生服务中心
舟山市普陀区六横复工复产接返工作组
舟山市公安局普陀区分局沈家门派出所党支部

舟山市普陀区渔港建设管理有限公司
舟山市普朱管委会朱家尖街道社区卫生服务中心党支部
舟山市普陀山管理服务局

【舟山市抗击新冠疫情先进个人】2021年1月29日,市委、市政府表彰:
汪云明　普陀区卫生健康局党组成员、副局长
虞丹旎　普陀医院重症医学科护师
周　通　普陀区六横镇中心卫生院党支部书记、院长
王　威　普陀区虾峙镇中心卫生院护士长
王少儿　普陀医院呼吸内科护师
兰建阳　普陀医院感染科副主任
姚宝峰　普陀医院重症医学科主治医生
戎　妍　普陀医院泌尿、胸外科副护士长
沈露丹　普陀医院重症医学科护师
刘晶晶　普陀医院PCR实验室负责人
张浙东　普陀医院六横分院内科病区主任
刘琪英　普陀区蚂蚁岛卫生院医务科副科长
傅纪波　普陀区疾病预防控制中心主任
刘　妙　普陀区沈家门疾病预防控制中心检验科副科长
马丹红　沈家门街道茶湾社区党委书记、居委会主任
刘淑妙　东港街道文康社区党总支书记、居委会主任
张　萍　桃花镇茅山村党总支委员
李浙舟　舟山市公安局普陀区分局治安大队大队长
刘红慈　普陀区互联网信息中心主任
李朝晖　普陀区委政法委副书记
王　益　舟山市港航行政执法队港航执法三队副队长
蔡成林　普陀区政府办综合科科长
汪　洋　普陀区交通运输局办公室主任
王文斌　普陀区经济和信息化局四级主任科员
刘华杰　普陀区六横管委会经济发展局经贸科科长
张　行　普陀区虾峙镇远洋渔业党总支书记
钟碧峰　普朱管委会朱家尖街道社区卫生服务中心主任
郑　斌　普朱管委会普陀山医疗卫生党支部书记
刘海立　普朱管委会朱家尖街道社区卫生服务中心副主任
钟素雅　普朱管委会普陀山社区卫生服务中心主任
陈守顺　普朱管委会普陀山社区卫生服务中心健康管理部副主任
朱　冰　舟山市公安局普陀山分局普陀山风景名胜区派出所副所长
楼鲜明　普朱管委会社发局局长(委防控办常务副主任)
赵月萍　普朱管委会朱家尖街道办事处卫健办主任
孙　亮　普朱管委会普陀山镇人民政府社会事务服务管理办公室主任
包其根　舟山商贸集团普陀分公司党支部书记、经理
许蔷薇　舟山联通普陀分公司六横区域经理
李　利　舟山中远海运重工有限公司办公室主任、党工部部长

脱贫攻坚与见义勇为先进

【全国脱贫攻坚先进个人】2021年2月25日,中共中央、国务院表彰:
钟佩玲　舟山市普陀区六横镇政府科长

【见义勇为先进人物吴小洋】吴小洋,男,安徽阜阳人,1992年10月出生。2021年7月16日上午,东港街道宁兴金色海岸小区一居民厨房着火,小区保安队员吴小洋持灭火器冲进火场,忍着被烧伤的剧痛帮助居民灭火。火被扑灭,危情解除,但吴小洋在救火时被喷溅出来的猪油严重烧伤,主要集中在脸上、颈部和双上肢,全身烧伤面积达30%。8月19日,区政府发文给予吴小洋记三等功。9月29日,市政府发文给予吴小洋记二等功。11月22日,省政府在杭州召开全省见义勇为先进人物记功奖励暨见义勇为工作会议,吴小洋被省政府记一等功。

(资料提供:区委组织部　区总工会等)

编辑:胡永久　陈思羽

普陀中心城区

小蒲岙水库
庙园
施家岙
蒲岙
小蒲岙
对头
里山头黄
水家湾
洪洞岙
张家岭
G329
李家
敖干
外山头黄
舟山旅游商贸学校
大树下
徐家山
芦花
吴家
陈家
泉水岙
张家山
小湾岭
潘家岙
朱家
金家桥
李家塘
外龙桥
老屋基
沙塘
芦花涨
庙面前
上横
舟山市第一小学（勾山校区）
任家
渔婆婆食品
博炜食品机械
恒尊钢构
乐家
海王食品
舟
舟山市新城第六幼儿园
浦东花苑
曙光
浦东
水岸丽都
亿水产
凯虹集团
半塘
上威家
周家
上何家
陈家
中搀
刘家湾
广播电视大楼
浅水湾城市花园
浦西市场监管所
百嘉苑
和津广厦
和津
职教中心勾山校区
开元大酒店
东港街道
泓民海洋食品
陈家
弄塘湾
赵家
新塘
城北小学
宁兴上院
翰城
新北
九号府
红旗
商务
鑫材国际广场
浦西公园
浦西
滨海星城
恒尊园
浦西新村
平阳浦
舟海宿舍
明珠园
夏家
板桥头
普西二中
普陀长途客运中心
普西医院
阳光地带
洪家
舟山顾氏骨伤医院
黄子湾
舟山海洋渔业公司
中兴
沈家门中学
邬家
浙江海鲲食品
正源标准件
平阳
庵边
下段
舟渔公司渔港
翟岙
弄塘湾陵园
沈家
中段
花树岙
王家堂
沈
开元曼居酒店
家
大干
石弄
中沙潭
马鞍岗
门
大岗顶
小
干
港
大茶湾
小茶湾
大蒲湾
天打岩
长地片
普陀海洋与渔业局
海林名桂苑
接待寺
沈家门街道
茶湾
和润金樽花园
金外滩公寓
海珍苑
东海
渔市
银色海湾公寓
海星
马
岙
沈家门客运中心
墩头客运码头
舟山市港航事业发展中心普陀分中心
墩头
中联花园
中国舟山国际水产
岛
小干
舟山万邦永跃船舶修造
马峙
蝙头圆山屿
峙
头
洋
新城大道
新城大道
新园路
勾山街道
翁山路
新塘大道
新晨路
新晨大道
东海西路
天大大道
海天大道
东港大道
板桥路
东海中路
滨港路
海滨路
东海东路
天吴隧道
天吴大道
新北路
兴北路
兴业路
芦花路
塔
慧